在阐明论点　　1946年，纽约法拉盛

中国社会科学院近代史研究所

民国文献丛刊

中国社会科学院近代史研究所 译

顾维钧回忆录

第六分册

中华书局

中国首席代表顾维钧出席联合国大会　1946
约法拉盛

顾维钧新任驻美大使，与杜鲁门总统谈话
1946年，华盛顿

中国代表团首席代表顾维钧在联合国大会总务委员会第二次会议开幕前与
美国代表团首席代表奥斯汀参议员交谈　1946年10月25日，纽约法拉盛

顾维钧在美国堪萨斯州章克申城举行的联合援华全国运动首次会议上发表
演说　1947年1月

顾维钧在联合国国际组织会议上　1947年

顾维钧接受由霍根和艾森豪威尔将军授予的汉密尔顿奖章　1949月12月，
华盛顿

顾维钧与杜鲁门政府的国务卿安·艾奇逊　1949年，华盛顿

顾维钧和菲律宾的罗慕洛与尼克松谈话　　1949年，华盛顿

出版

　　顾维钧先生自 1946 年至 1956
之久，在本书中关于这一时期经历
其篇幅占全书的百分之六十以上，
原稿中关于这一阶段的回忆分为两
卷，1950 年至 1956 年为第七卷。第
将第一章至第八章（1946 年至 1948 年
两章（1949 年至 1950 年）编为第七分册

　　第六卷（第六、七分册）的内容有
调停失败、莫斯科会议、马歇尔的政策和
美龄访美、李宗仁去美、国民党政府乞求
内部复杂矛盾的内幕，以及三年内战国民
的诸多情况。对于我们研究这一历史时
化，具有很高的参考价值。

　　当时正值国内外政治、军事形势变化
人的政治立场、观点以及职务身份等原因，
见解，不可避免有所偏见，这是容易理解的。

　　由于译者能力所限和资料不足，有些人名
能音译，至于其他讹误之处，亦在所不免，敬希

目　录

第六分册

第六卷

再度出使华盛顿

上

（1946—1950）

第一章 开始时期

1946 年 7 月—12 月

第一节 使美之初

1946 年 7 月—9 月

我于 1946 年 7 月 5 日抵达华盛顿就任驻美大使。我先以两天时间了解我所面临的问题和工作。有几个重要问题急待解决，其中包括 1946 年 4 月指定拨给中国而迄未制订执行协定的五亿美元海军援华方案，以及 7 月份以后美方继续提供武器弹药援助的问题。我把这些问题和公使衔参事谭绍华进行商讨。他外交经验丰富，曾任中国驻墨西哥和驻巴西公使。我听取了陈之迈的报告。他是另一位参事，自 1944 年以来一直在驻美大使馆供职。接着，我们研讨了在美进行宣传报道的工作和问题，因为陈一直从事与美国国会的联络工作，他的活动领域与宣传报道密切相关。我还同中国国防物资供应公司董事王守竞博士谈了该公司情况及美国今后援华的长期偿付租借物资协定。该协定在 1946 年 6 月签订，规定用长期信贷方式，向中国交付原属战时对华租借法案项下，但在对日作战胜利前并未交付的物资。我接见了郑宝南，他是我国驻联合国善后救济总署委员会（联总）的代表和中国行政院善后救济总署（行总）代理署长。我听取了他就他的工作、行总在国内的情况及行总与联总的关系等方面的全面汇报。联总是由前纽约市长拉瓜迪亚领导的。据陈说，此人对中国情况缺乏了解,因此给他造成了很多麻烦。

不幸的是,我颇感身体不适。在伦敦和初到华盛顿时,我一直感到疲惫不宁。想来是由于从 3 月到 6 月之间,在重庆、南京、上海等地以及华北和东北之行,我终日忙于接见记者、酬酢社交、发表讲演等活动,因而忽视了自己的健康。6 月底我由华盛顿返抵伦敦后,便觉工作劳顿,加之离任大使的例行事宜,如觐见英王和王后辞行,向首相、外交大臣、其他阁员以及各友好国家使馆的同仁告别,出席各方为我举行的晚宴、午宴及招待会等,使我更感疲乏。我请我的私人医生麦考尔大夫为我检查身体。他认为我的健康虽然没有什么大问题,但我的体力已接近衰竭。我的血压很低,是 160/78,神经系统机能失调,两臂都没有反射作用,左眼见光时瞳孔也没有反射作用。

这时我接获政府急令,要我尽快离英前往华盛顿。因此,我抵达美国首都时,仍觉疲劳,夜不安眠。翌日,我便去找名医考夫曼大夫。他给我做了全面检查,三天后给我一份检查报告。该报告除证实麦考尔大夫的检查结果外,建议我注射维生素 C,以增强体质。从此我每天都打针。

但是大使馆工作不容停顿,尤其是我到任伊始,除常规工作外,又有一些官场礼仪必须履行,诸如正式拜会国务卿及国务院其他官员,向总统呈递国书,以及对外交使团中许多同仁作礼节性拜访等。这样勉强支持自然无益于健康。每日注射维生素 C,也只能使我免于病倒,健康状况并无改善。最后在考夫曼大夫坚决要求下,我去大西洋城休息了一个星期。在 8 月 3 日至 11 日的休息期间,我主要是卧床安睡。头三天每天睡十五小时,精神大感轻松。经过离开华盛顿休息一周之后,我精力充沛,不仅恢复执行大使职务,并且兼任了中国驻远东委员会＊代表。该委员会

＊ 编者注:顾氏在远东委员会的工作原拟在第六卷中另辟一节专题叙述,但现在未纳入《回忆录》。希望研究这方面问题者参阅第六卷的原始材料。

系为研究和处理所有有关日本问题而设置的,当时日本处于麦克阿瑟将军领导的盟军最高司令部管制之下。

这期间我拜会了代理国务卿并访问了礼宾司司长及远东司司长。我于7月9日与远东司司长范宣德的谈话意味深长,且涉及许多问题,诸如美国的朝鲜政策,在朝鲜问题上的摩擦,中国铁路设备借款,以及任命司徒雷登博士为美国驻华大使的实质和目的等。

司徒雷登的任命于7月11日获得批准,当时引起了各方的注目,因为他曾是大名鼎鼎的燕京大学校长。他从未任过公职,更不是一位美国职业外交家。但是由于他在中国生活和工作了大半辈子,因此他能说一口流利的中国话,当然也能阅读汉文。中国的重要人物,尤其是中国政界人物,他都认识。范宣德告诉我,司徒雷登出任驻华大使,其目的是在一段时间内襄助马歇尔将军。

由于我在就任驻美大使的同时还接任了远东委员会中国代表团团长职务,因此我和各位团员一起检查了代表团的工作情况。这也是一项十分紧迫的任务。7月10日,代表团专门委员马天则前来汇报该委员会的工作和性质。他说,据他推断,委员会的主要功能实际上是为麦克阿瑟在工作中以及在对日管制方面所发生的问题起掩护和开脱的作用。因为各盟国对于对日委员会管制权集中于美军统帅麦克阿瑟一身这点一直颇有非议,并迫切要求对占领下的日本参与共管。

另一个紧迫问题是联总署长拉瓜迪亚造成的。郑宝南曾对我说,他一直在给我方制造麻烦。在7月10日,他忽然下令联总冻结一切对华供应物资。事出意外,又显乏根据,我认为有必要发表声明以纠正拉瓜迪亚命令中所包含的曲解和误会。发表声明前,我先把郑宝南请来,他说该命令适用于除食品外的一切物资,并对导致这位署长采取爆炸性行动的前因作了详述。

同日,即7月10日,我接见了毛邦初将军。当时他是中国空军驻华盛顿办事处负责人。他向我介绍了空军技术装备计划,以及中国的空军设施和学校的情况。其中大多数项目因经费匮乏而完全陷于停顿。他说，虽然蒋委员长已批准他继续推进这些项目的建议，但行政院则认为这些问题并非当务之急。不久，我又听取了关于海军援助方案的报告，要求我设法尽速筹措二百一十万美元，以便使按方案建立的青岛海军训练中心能继续得到物资和技术服务。我给蒋委员长和行政院长宋子文发了电报。幸而这封要求给美国海军付款以求继续向青岛训练中心提供物资的电报，迅即获得了答复。两天以后，即7月14日，宋子文来电称，已令中国银行给美国海军部划汇一百万美元，使其下令继续向青岛供应物资。

海军武官刘永仁中校也于7月11日前来报告关于美国向中国移交军舰的情况。他谈已移交的八艘舰只，计驱逐舰二艘、反潜舰二艘（甚小，系按中方之意代替另二艘驱逐舰提供的），及扫雷舰四艘。他说，各舰都是美国海军不能使用的旧船。至于已经移交给中国的九十七艘舰只，则全都是坦克登陆艇，其中除少数外，都是原为进攻日本而用于远东水域的。

同日，我第一次出席远东委员会的会议。关于该委员会，我将专题叙述，这里暂且不表。接着，我在16日递交了国书，这是每位新任大使或公使必须履行的仪式。礼宾司司长伍德沃德先生到双橡园中国大使官邸，陪同我乘坐仪典汽车去白宫。抵达后，总统私人秘书康内利立即把我引进总统办公室。杜鲁门总统与我交谈七八分钟，然后我即按伍德沃德事先的指点，递交了我的到任国书和魏道明的召回书。通常递交国书时的致词附在国书的封套上。总统接过国书后，面交给我他的致词。两方书面致词仅作互换，并未宣读。杜鲁门总统表示了欢迎之意。他说我是他久仰的人物，此次来美就任大使，他个人深感欣幸，美国也为之增光。

他询问了中国的局势。我说，局势还不十分安定，中国政府正致力于在国内实现和平、统一和民主。杜鲁门总统说，这也是美国对华政策的目标。但是我指出，这些目标能否达到确实要依靠国内各方势力的合作，其中包括中国共产党在内。但该党的合作态度似有不足，它没有履行与政府业已达成的协议。我告诉总统，马歇尔将军曾不遗余力地促使中国问题获得政治解决，但欲求成功，必须取得另一方以及中国政府方面的坚决支持和合作。现在另一方为了取得政权，似在一心扩大其影响与实力，拖延和解，似乎缺乏对等的合作精神，这就使得马歇尔的使命变得相当艰巨。总统说，马歇尔将军最近的报告也开始给人以这种印象。

我们的交谈接着转向其他问题。杜鲁门总统提到我早年曾负笈美国并曾到美国出席许多国际性会议。我就司徒雷登出任新大使表达了我方欢迎之忱。我说，他能说中国话，可以和蒋委员长直接交谈。于是杜鲁门谈及在国际集会中互相了解的困难。他认为如果所有的人都能讲同一种语言，那该多好。我向总统谈了国联使用世界语的一段往事。伍德沃德也讲了一位巴西大使和一位智利大使的轶事，他们两个人都夸奖对方家乡话讲得好，其实彼此用的正是对方国家的语言。

我向总统告辞。伍德沃德按照礼仪陪送我返回大使馆。在大使馆，我按惯例以香槟酒款待，并将馆员一一介绍给伍德沃德。

次日，我拜会了国务卿贝尔纳斯先生，这是我和他第一次见面，因为他在巴黎参加四大国外长会议，刚刚回来。我们首先讨论了这次巴黎会议。该会就对德国的欧洲各盟国的和约问题作了准备工作。和约草案定于7月末在以对轴心国作战的二十一个国家为成员的巴黎和会上讨论。我提出了把中国列为和会发起国的问题，这个问题曾遭苏俄强烈反对。

贝尔纳斯说，苏俄外长莫洛托夫反对中国之举，确是对中国的侮辱，这点他在给莫洛托夫的答复中已经指出。因此他坚决主张中国出席和会。他说，大会将以包括中国在内的五大国外长会议的名义召集，并由五国轮流主持会议。他说，大会主席每三天轮换一次，法国作为东道国，首先主持会议，中国及其他三国则按字母顺序相继轮值。

我问贝尔纳斯,他在巴黎曾否有机会同莫洛托夫讨论日本赔偿和俄国拆迁东北资产的问题。

贝尔纳斯说,他们未曾谈过这些问题,因为会议要集中讨论欧洲问题。但他告诉我说,他曾在巴黎见到盟国赔偿委员会美国代表鲍莱先生。他由鲍莱处得悉东北的机器设备被苏俄拆运一空的骇人情况。

我说,我曾亲自到过沈阳,看了一些大小工厂,那里全部机器设备都被有组织有计划地拆运一空。

贝尔纳斯将于 27 日再赴巴黎。他说,马歇尔一直随时把中国事态通知他。他看到中国仍未统一,深感遗憾。他向我暗示,他目前无暇讨论远东问题,除非问题确实紧急。我说问题尚非急迫。

7 月 18 日我拜会了海军部代理部长约翰·沙利文。这是一次颇有意思的谈话,当时部长特别助理尼米兹海军上将在座。沙利文是一位十分风趣、善于思考的中年人。他指出,在最近的选举中,蒙大拿州参议员惠勒和明尼苏达州参议员希普斯特德因反对国际合作而落选,足以说明民意已转变为支持联合国了。尼米兹对此完全同意。沙利文说,过去,在第一次世界大战之后,理想主义在美国风行一时,而今则是恐惧感超过了理想主义,这使美国人民要求通过集体安全消灭战争。当他们问起中国的局势时,我谈了解决问题的难处在于得不到对方的合作。

7 月 19 日,我到多处拜会,其中曾去国务院会见负责经济事务的助理国务卿兼联总理事会美方理事威廉·克莱顿。我想同他谈谈联总反对中国的种种谰言以及中国政府准备对这些谰言作出的回答。稍事寒暄后,我就提起了联总的许多驻华雇员指责中国政府对善后救济物资分配不当,以及拉瓜迪亚遽然下令停止对华供应除食品外的一切物资。我对他说明了各种事实以及中国在此问题上面临的各种困难,并向他递交了一份同样内容的备忘录。我请他考虑全局,支持中方的要求。立即发运医药物资、化肥及运输器材,并恢复计划内的物资供应,因为这些物资上海都很缺乏。

克莱顿提出了上海仓库库容拥挤问题。他说,首先必须缓解仓库库容拥挤状况,腾出地方使其能贮存更多物资,否则继续发运物资也无济于事,而且有些善后救济物资已出现于黑市;但他承认这类事情在其他国家也有所见,而且马歇尔发现这些报道多属谣传。他说,无论如何,停运并非无限期的。他将立即和联总研究此事,而且如有必要,下周他赴欧出席会议时,还要同拉瓜迪亚本人面谈。他答应把结果通知我,并将全力促成恢复运货。至于中国政府的声明,经双方同意予以发表,以作为对各种谰言的答复,但指责联总缺乏同情的某些措词需要缓和一些。

同一天下午,我还拜访了法国驻美大使亨利·博内。我在日内瓦和巴黎与他结识多年,因此我们的晤谈饶有趣味,而且话题自然而然地转到了国际局势。我们双方都渴望了解彼此的见解。他说,在苏俄同意了规定召开二十一国和会的确切日期并同意在对意和约中解决的里雅斯特问题以后,本来已经出现了一种可以称之为"détente"(法语:紧张局势的缓和)的局面。他说他对局势好转感到满意,因为在此以前曾有一段极度紧张的时期,那时主要大国之间的关系充满了破裂的危险。然而,缓和所带来的一切良好效果,不久由于莫洛托夫拒绝贝尔纳斯关于德国和奥地利问题的建议而又烟消云散了。他说,贝尔纳斯建议要为德国建立一个中央政府,至少是只管经济事务的政府,可是遭到了莫洛托夫的坚决拒绝,甚至根本不予考虑。莫洛托夫还拒绝了贝尔纳斯关于奥地利问题的提议以及由各国外长的代表对奥地利问题进行研究的变通方案。结果,美苏之间的气氛比4月间更糟糕。关于萨尔区的问题,博内认为美国和英国当时都已大体接受法国的意见,但苏俄还是反对。

我问博内,据他了解,莫洛托夫反对中国担任和会发起国的真实动机是什么。他说，苏俄始终疑惧西方民主国家会形成一个反苏集团，因此，苏俄可能不愿盎格鲁撒克逊集团由于加上中国而壮大力量(这与我的揣测相同)。苏俄知道，它自己在任何国际会议上都将居于少数地位，因而不愿意这种情况有所发展。它本身惯于建立集团和依仗实力办事，就猜疑其他国家在国际交往中也热衷于此道。但博内并不相信苏俄想要战争或有战争的准备。它最终是会让步的。只是，形势将是继续维持苦斗的局面。苏俄的任何让步都将是最后迫不得已而为之的让步。

外交部长王世杰同日来电，说他未能让我和驻伦敦的郑天锡大使赴巴黎协助他处理和会事务，对此表示歉意。他解释说，政府原不拟参加巴黎二十一国和会，但他最后决定亲自出席。我推测来电意在答复我与贝尔纳斯关于和会的谈话的报告，因为他要我把中国最后决定参加和会一事通知贝尔纳斯。

下一周的 7 月 24 日，我应华盛顿新闻界之请，在大使馆举行到任后的第一次记者招待会。新闻界到会者约四十人，代表各主要报纸和通讯社。他们就中国局势的各个方面以及中俄和中美关系向我提问达一小时。一位记者提出一个令我特别关心的问题，这就是关于孙夫人最近就中国局势所发表的观点，特别是她反对美国继续援华的立场。她说，美援如若继续下去，她担心中美两国的"反动分子"会挑动一场美俄战争。对此提问，我颇有些诧异，但认为有必要予以答复。我告诉这位报界代表说，孙夫人和每个中国公民一样，有权持有她自己的观点。

按《纽约时报》次日报道，我在记者招待会上所表示的态度与美国海军陆战队退役上校埃文斯·卡尔森完全相反。卡尔森竭力支持孙夫人的警告。他说，孙夫人比世上任何人都更有资格代表中国人民讲话。他相信在美国直接或间接支援中央政府的情况下，中国的全面内战必将成为导致第三次世界大战的火药桶。

《时报》报道了我的答复：我说这只是对时局的见解之一。我还说，中国共产党未能切实合作以履行今春与中央政府达成的建立联合政府和统一军队编制的协定。我认为，即使现在才实现统一，尽管已经迟了一些，也还是可以消除持续内战的局面。

据《时报》报道，我没有说马歇尔来华的特殊使命已告失败。报道称，我说，马歇尔一直艰苦努力并得到中国政府的全力支持，而且蒋介石主席正坚定不移地继续执行其力求和平解决中国内部问题的政策。我说，我无法理解那种要求美军撤出中国的论调。美国军队是为了解除日军武装并遣送日军回国而赴华的，我确实认为这项任务还将迁延很长的时日。我并说，中国人民对美国的援助表示感激。至于中国同苏俄的关系，我说，我们仍奉行与北方强邻增进友好关系的坚定政策。

7月25日，我拜会了杜鲁门总统的私人参谋长李海海军上将和财政部长约翰·斯奈德。我同李海上将探讨了战争的可能性和俄国的军事潜力。他本人不相信俄国会发动或有能力发动战争。他认为乌克兰和白俄罗斯等地区必已遭到严重破坏。同时他认为苏俄要建立一支海军也需几代人的时间。我问及俄国人发展新式武器和从加拿大获取原子弹知识这些方面的进展情况。他答道他们正在试验导弹，但原子弹方面进展不大。他们已经获得一定的知识和一些用于制造原子弹的现成矿物，但关于实际制造所需的知识则所获甚微。

这位海军上将询问了中国的局势。他说，孙夫人的声明引起各方面广泛的注意。他已在《纽约时报》上见到了我的陈述，不过他认为孙夫人的名字很有影响，一些专好推波助澜的人已经在讲什么连她都转而反对中国政府了。听我说起她向来同情对方时，他感到惊异，因为他还以为她的声明表明她的立场发生了转变。他说，人们也都不了解这种情况，因此他把这一情况看作是揭露真相的重大消息。

随后我拜访了斯奈德。他这个人一向讲究实际、不苟言笑，但我们的会晤气氛颇为亲切。他说，中国与美国可以进行广泛合作，他希望和我共同致力于此。他说，中美两国是注定要为共同利益而携手合作的。

次日，我拜会了参议院外交委员会主席康纳利参议员。他谈到了巴黎会议和俄国的僵硬态度。他说，他极端反对行使联合国宪章规定的否决权，除非是表决实施制裁的问题。他对我受命使美表示欣幸，因为他相信我在华盛顿，至少也能像在任何其他国家一样大有作为。

之后，我随即拜会了众议院外交委员会主席索尔·布卢姆。我们就双方共同关心的各项问题交谈了四十分钟。他说，鉴于中国的现状和孙夫人的声明（据他谈，该声明已对美国左右舆论的朝野各界人士产生了巨大影响），他拟建议将他 6 月 15 日提出的对华提供军援法案留置在本委员会而不交付大会审议，这特别是因为参议院目前很有可能予以否决。他认为最好力避辩论失败，以免有损中国政府的声望。他说他当然可以在下届国会中重提该案。他想用同样方法处理为拉丁美洲各国就同样目的而提出的法案，以免对比之下使中国在公众心目中处于不利境地。他还提出一个颇有意思的建议，就是派一个工业代表团赴华，向中国出口商传授加工中国原料以输往美国的方法。他说，因为他本人希望中国能在美国市场上取代日本（大战刚结束，这是很自然的感情）。我衷心赞成这一建议。

同日，我拜访了英国驻美大使英弗查佩尔勋爵，即原英国驻重庆大使寇尔爵士。我们谈了印度尼西亚局势，这一问题已在联合国安全理事会提出讨论。他说，若非荷兰人——特别是在印尼投资的荷兰企业界——坚持不妥协立场，他几乎已促成一项解决办法。他说，不过英国到 11 月无论如何要把军队撤出印尼。荷兰虽然要派兵进去，但他估计他们终将被印尼人打败。他说，比较明智的办法是承认大战以来所发生的变化，而与本地人达成协议。荷兰人应当正视时代的潮流。

我回到大使馆时，中国国防物资供应公司驻华盛顿负责人王守竞带着托马斯·科克伦来见我。科克伦是华盛顿的著名律师，当时担任中国国防物资供应公司的法律顾问。他是非常熟悉华盛顿政局及其动向的人士之一,几乎了解每天的情况变化。我向他询及拉瓜迪亚时,他解释道,此人遽然下令对华禁运物资,倒不是出于对中国的敌意,而完全出自对他本人政治前途的考虑。他想当纽约州参议员,但另有几位候选人和他竞争。拉瓜迪亚利用联总恶作剧有双重目的。第一,他企图迫使国会通过给联总增加拨款,以使该机构能延续一段时期。这样,如果他当不上参议员,便可继续当他的联总署长。第二,对付国会的唯一好牌是中国,他想利用这张牌把联总扩展到意大利。由于纽约有大量意大利居民,此举可以为他赢得人心,从而增加他选入参议院的机会。他说,拉瓜迪亚素来工于心计,善用手腕,他认为美国将不胜欧洲之累,迟早会停止拨款援欧。我觉得科克伦这番议论非常精辟。

最初几个星期除忙于到任后的初步访问和会谈外,我还不时遇到其他各种问题。譬如,7月22日有人请我参观一台新型中文打字机。这台打字机是一位高先生在国际商业机器公司赞助下发明的。一位中国姑娘表演了机器的操作,每分钟可以打三十五个字。这种打字机的基本设计原理是用四位组合的数字来代表一个汉字,和现行商用电码相似。每打一个汉字时,姑娘都凭记忆按下不同的四个数字组。机器中有一千个最常用的汉字,另外还有一些次常用字作为补充。

29日,我陪同何应钦将军拜会了杜鲁门总统。何作为联合国军事参谋团中国首席代表兼驻美军事代表团团长,最近刚到美国,因此急于正式拜会总统。这次拜会最初国务院不予安排,后来是我恳请李海海军上将代为安排的。在谈话中,总统特别提到他一直重视中美之间的传统友谊。他说,他希望两国保持亲密的友谊,并希望中国不要改变主意而设法去和俄国人结成密友。这话出自美国总统之口,实在非同寻常,因为就我方来讲,我们一向认为美国的友谊对中国是必不可少的。

次日,我陪同何应钦拜会了李海海军上将。何提出了中国军队所用美式步枪和机枪缺乏弹药的问题,105式和337式尤为急需。李海说,我方必须提出要求,他当尽力协助促成其事。何应钦谈及中国的形势,并说明共产党的威胁继续存在。李海说,他知道中国共产党人为数实在太多。他表示希望中国日益强大,能够摆脱其往日的朋友(俄国人)。

那天午后,我接见了查尔斯·安德鲁斯上校。那时他在美国总统驻华特使马歇尔将军幕下任工业顾问。他说,他曾与中共军队总司令朱德将军晤谈。他对造福中国农民的农村土地改革印象颇佳。他衷心赞成国共达成停战并同共产党建立联合政府。由于孙夫人声明对美国舆论的影响,他为之惋惜。他对我说,外间所传孙夫人声明云云,他觉得实际上未必是她的原话。

傍晚,中国总领事张平群由纽约来到华盛顿。他说,此行的目的是就在美的宣传报道工作,特别是有关当前中国政局的宣传报道,请求指示。我告诉他,局势的实质问题在于需要统一,如有可能,就以和平方式统一;如有必要,则以武力统一,以使国家复兴大业得以开始并进行下去。他问,有些中国官员,来美执行为期仅限一年的使命,他们的护照是否准予展延期限,我请他给我一份书面报告,由我报请行政院作出统一规定。

美国全国新闻俱乐部于7月21日为我举行午餐会。我应邀向三四百位在座者发表了讲话。我未备讲稿,而以中国在战后世界为题作了即席演讲。我对听众说,中国的内部困难是在统一工作方面,困难主要来自共产党;中国的外部困难,主要来自苏俄。但是,我说中国幅员辽阔,人口众多,自然资源丰富,人民勤劳而智慧,因此我国渴望能对世界和平与安全事业作出相应的贡献。随后人们提出了许多问题,我尽力一一答复。

这里我还愿提一下我休息两周回来后,于8月13日同海军部长福莱斯特的一次谈话。他十分客气,特在海军航空基地他的"阿纳科斯蒂亚"号游艇上设便宴招待我。我知道这是海军部长专用的游船。在座的还有麦克雷海军上校、丹尼森海军上校和部长的儿子。我们一开始谈论各种话题,诸如邱吉尔的性格和事业、英国的政治、英国工党的政策以及中国的对日政策等。我们都认为日本人十分拘泥形式,用福莱斯特的话说,他们像儿童似地喜欢故弄玄虚,令人难以捉摸。他说,中国人的个人主义很牢固,日本人则依然是封建主义的。他深信在远东谈民主是一种错误,因为那里的传统与民主格格不入。从日本人的天性和日本社会的精神实质来看,他认为日本人很难做到民主化。他说,天皇是日本人当中自认为解放得最彻底的一个人,因为从日本投降之日起,他已经能够在日本自由自在地行动了。

我们还谈及中国的问题,诸如通货膨胀、贪污腐化及共产党动乱。这位海军部长和两位海军上校听到我说中国共产党并非产生于华北,其领导人都是华中和华南人时,他们都觉得很诧异。他们说,宋子文也对他们这样讲过,但美国公众却误认为中共是代表华北的。我对他们说,中共毫无地区性,其起源也没有任何地理因素。

翌日,我在双橡园举行招待会,为三十七位美国军官授勋,以象征两国之间的紧密关系,并表示我国对美国武装部队在抗日战争中援华业绩的感谢。这次招待会有一件事值得一提。在三十七位军官中,有一位妇女,就是陆军妇女队少校理查兹,她因战时在中国空军方面所做的工作而受勋。

8月19日,胡世泽来访,把他在联合国秘书处遇到的几个问题向我面告。其中包括中国迟缴1946年会费余数的问题,以及秘书处曾就如何理解非自治殖民地这一概念的问题征询过中国的见解,要求速作答复。他说,他想到了西藏的地位问题。

这个问题由他提出来就格外有意思,因为他是联合国秘书处负责托管部的助理秘书长。我对他说,西藏不能视为非自治殖民地,因为根据国家宪法的规定,它是中国领土的一部分;事实上国会内有西藏的代表,不论是从前的国会或现今的国民参政会都有西藏的代表。

8 月 28 日印度驻美物资供应代表团团长由印度驻远东委员会代表韦苏迦先生陪同来访。谈话中，我们探讨了亚洲国家的工业化问题。韦苏迦已是八十六岁高龄，但在印度工业界仍居重要地位。他是塔塔钢铁厂董事长，曾任迈索尔邦总理。他是一位有志于促进印度工业发展的工程师。他问我，中国的内政是独立自主的，并没有过去印度在英国统治下所受到的种种限制和阻难，为什么在工业发展上却没有多大作为？

　　我告诉他，主要原因是缺乏资金和技术人才，再加上治外法权对中国的种种危害，干扰了中国的工业发展。这些都是工业计划进展迟缓的主要原因。治外法权首先意味着中国按条约规定不得自行规定其进口关税。从近半个世纪甚至更长的时期以来，输入中国的外国商品进口税一直限于百分之五。况且，实征的税率还大大低于百分之五，因为不是从价征税，而是从量征税。其次，主要商港和工业中心都位于沿海和长江两岸，集中于条约规定的所谓通商口岸。西方国家和日本在这些地方都据有租界，由外国人掌握统治权。重要的工厂大都设于这些外国租界里面，因而课税和管理都不在中国政府管辖范围之内。

　　以上两点足以说明为什么中国在实行工业化方面力不从心，但我还愿进一步加以阐述。譬如，资金缺乏就要靠举外债来解决。外债一般不易借到，中国必须接受外国银行提出的各种苛刻条件。然而我觉得这还比不上治外法权为害之大，因为一方面低关税妨碍着中国发展自己的工业，另一方面外国制造厂商在中国像经营进口货一样生意兴隆。许多英国和日本资本家的工厂就是因为设在租界，不在中国政府征税和管理权限之内而兴旺发达起来的。它们几乎不受任何约束，只受租界的外国当局管辖。结果，中国工业就无法与这些享有特权的外国企业竞争，尤其是它们还有缺乏开办企业的资金和技术人员等困难。而一旦工厂建成，当局也不给它们以同等保护，这也使困难益发严重。所有这些都是必然的，都是殖民主义罪恶的一部分，不论明目张胆的殖民主义还是伪装的殖民主义,都是一样。

这里,我愿简单说说中国的局势,用以阐明杜鲁门总统致函委员长的背景。该函是 1946 年 8 月 10 日交我转送的。在国内,北方的战火行将蔓延到热河省,然后再蔓延到东北。一旦共军进入东北,他们就可以取得进一步发展壮大的机会。建立五人委员会的工作已有进展,该委员会包括国民政府和共产党双方的代表,其任务是达成协议,以便按照政治协商会议 1946 年 1 月 31 日的决议,迅即组成国民政府委员会。(国民政府委员会的委员半数为国民党人,半数为其他党派及无党派人士。这个委员会在国民大会召开之前,将作为最高政府机构。)然而真正要达成协议,看起来不是短期内所能办到的。

这就是杜鲁门总统把 8 月 10 日的函件交给我转送委员长的背景。那天,谭绍华公使报告说,国务院中国科的范宣德交给他一封杜鲁门总统致委员长的信,并要求大使馆以最快方式转呈上去。我在日记内写道:

> 这封信意味深长。它表明总统对中国目前局势极为失望,并且希望能从委员长那里得到一些给人以希望的表示,使之有助于用和平与民主的方式解决中国问题。否则总统本人将不得不重新确定美国的对华政策,并向美国人民进行说明。我认为这封信措词严峻,甚至唐突。当然,我立即将全函译成中文,以便火速转呈委员长。

由于杜鲁门总统的这封信可以使人了解当时美国政府态度和公众舆论的动向,因此我愿全文予以引述如下:

> 本人自向阁下派遣马歇尔将军作为本人特使以来,曾密切注意中国之局势。深以为憾者,本人不得不断言,马歇尔特使之努力似属徒劳无益。
>
> 本人确信,马歇尔将军与阁下会谈时,业已确切反映美国政府以及熟悉情况之美国舆论的全面态度与政策。

中国政局近月来急剧恶化，已为美国人民所严重关注。美国固仍一如既往，瞩望一个强有力而民主的中国终能在阁下领导下实现。然而本人必须坦率指出，最近事态之发展已使本人不得不断定国共双方极端分子之私欲实为中国人民实现其热望之障碍。

1月31日政治协商会议达成协议，深为美国所赞扬，认为是实现国家统一与民主，具有远见卓识之步骤。然而未能采取具体措施实现政协协议不能不令人大失所望，此点已成为美国展望中国前途的重大因素。

美国现有一种与日俱增的思潮：鉴于中国内部纷争日益扩大，压制知识分子发表开明见解以及压制新闻自由之势日甚一日，尤为明显，因此认为我国对华政策亟需全面重新予以审定。最近昆明发生暗害中国著名自由主义者事件，不容忽视。这些残暴的谋杀事件不论其责任谁属，其结果已使美国注视中国局势，且日益认为中国当局只图以军队或秘密警察等暴力解决重大社会问题，而不采取民主手段。

美国对中国人民渴望和平与民主的信念并未因最近事件而泯灭，但已有所动摇。美国人民与美国政府的坚定愿望仍为协助中国在一个真正民主的政府领导下实现持久的和平和稳定的经济。然而日益明显可见，中国人民的愿望正受到黩武主义者与少数反动政客的阻挠。彼等不懂时代潮流趋向自由，正在阻碍国家大计的推进。美国人民对此事态极感厌恶。

除非短期内能见明证，使人确信中国内部问题之和平解决已有真正进展，否则欲期美国舆论继续对贵国持优容态度已不可能。进而本人必须重新确定美国立场并向美国人民加以说明。

切盼不日可闻阁下之积极表示，冀其有助于实现贵我双方共同宣布之目的。

1946年8月10日于华盛顿

我于 8 月 26 日收到委员长的复信,并奉命转致总统。复信谦恭有礼,但对中国局势并未详述。委员长强调了他与马歇尔将军的真诚合作,但指出中共在东北和关内攻占某些城市,从而继续破坏停战。他们在此信发出时,仍在进攻开封,企图占领,另外还在进攻江苏省的徐州,目的是占领关内这两座具有重大战略价值的城市。委员长指出,共产党方面的合作对确立和平与民主至关重要。他说,要达到这个目的,共产党必须放弃凭借武力夺取政权,推翻政府、并建立东欧那种极权统治的政策。

委员长表示希望共产党接受政府的观点。他强调他本人在抗日战争胜利日宣布罗致各党派及无党派人士以扩大政府基础确系出于至诚。他期待杜鲁门总统继续给予支持,以达到他的目标。

杜鲁门总统于 9 月 9 日函告收到委员长的复信。总统在这第二封信中表示愿以援华计划继续帮助中国,但他说必须立即消除内部纷争,实现政治统一,才有可能进行援助。

8 月 12 日,即我收到杜鲁门总统致委员长第一封信后两天,我邀请范宣德到大使馆共进午餐。谭绍华也在座。午餐是便宴方式,这是为了便于我们就各方面的问题进行长谈,特别是关于杜鲁门第一封信的真实用意。我们进行了不供发表的意见交换。谈话中,范宣德相当坦率。他说,该信的目的和他自己的想法一样,即要建立一个稳定、统一、民主的中国。我问他,他认为这个共同目标应该如何达到,以及倘若美国从中国退出,结果国民政府与中国共产党进行长期纷争,从而诱致我国北方邻国的干预,造成中国的共产化,将会形成何等局面;而这种情况正是美国想要避免的。

他同意有此危险。他说,美国的目标与中国相同,尽管为实现这种目标所选用的办法可能不同。他说,在目前情况下,美国根本没有退出中国的意图。至于美援,不管怎么说,现在给得不多。其用意不过是一旦调处失败,就暂时不管。但他向我保证,这并不意味美国就从此不再过问。在西方，一旦诉诸武力，政治活动就全部放弃，而听任武力解决问题；在中国，即使采取军事行动，也是着眼于最后的政治活动。经过一段时期之后，美国也可能还有机会重作斡旋进行调停。中国的当务之急是要采取某种有助于解决问题的具体措施或步骤。他说，中国政府在此难以摆脱的僵局中作出某种姿态，便会给美国舆论造成一种良好的印象。

我说，美国一直向国府而不向中共施加压力。当然，美国也许是没有办法向中共施加压力，但这样做便对政府起到了不利作用。范宣德说，这是无法避免的，因为任何得到国际承认的政府对外部世界都负有一份责任。他接着说，美国仍然信奉现行政策，这一政策是在莫斯科得到俄国和英国认可的。至于俄国，他们没有援助中国政府，即便有些间接援助，那也是援助共产党。（写到这里，我想起了在这次谈话的前半段，范宣德曾说，他无法理解俄国反对中国担任二十一国和会发起国的真正原因。他说，这个问题本是在莫斯科会议上已经完全解决了的。）

至于杜鲁门总统信中所要求的姿态到底应该是什么形式和什么性质，范宣德说，重开政治协商会议便可算是一步。我说，政府准备随时执行政府与中共1月间签订的协定。他又提出，另一步可以是按原协议组织联合政府。（这一步却没有实现，因为共产党延缓提出联合政府共方成员的候选人名单，更因为他们坚持其在联合政府席位分配上的主张。而且看来他们不会改变这一立场。）

我从这次谈话得到的印象是总统的信并无恶意，倒不如说是旨在使中国作出一个答复，以向美国政府并进而向美国舆论再次保证中国政府寻求和平与民主解决的诚意，并从而反映出共产党缺乏诚意。于是我就致电委员长，报告我对杜鲁门总统函件的真实用意的认识，但没有透露我的情报来源，没有提及与范宣德的谈话。

在那个月和下一个月份中的其他许多拜会、约会及集会也都反映了美国舆论和政府对华政策的新动向，以及我本人为阐明中国实际形势所做的努力。例如，8月16日，我接见了美国产业工会联合会(产联)的一个代表团。他们说，据中国劳工组织著名领袖朱学范先生的报告，国民政府查封了中国劳动协会的一所医院和一个福利组织，为此他们前来抗议。代表团说，产联许多成员一直反对援助中国，但他们这些代表压住了这种反对意见，而一直赞同国务院援助中国国民政府的政策。然而如今他们的反对者可能要说："如何，我们不是早就对你们讲过了么。"

他们还要求国务院核实朱学范的报告。他们说，如果报告属实，他们就要发表更改其援华政策的声明。他们现在来提出抗议，我便趁此机会对他们说明局势的真相，尤其是当时政府部队与得到中国政界左翼支持的共产党又已重开战火的消息。

8月22日，毕范宇博士和施里夫上校来吃午饭。我们研究了如何使美国舆论界了解中国民主运动的进展情况。他们就施里夫根据委员长的建议所拟订的对中国军队进行民主教育的计划以及其实行办法，专门征询我的看法。我觉得该计划草案内容相当全面，但我建议增加放映教育影片，用美国政党预选，地方政府选举或各种自治委员会开会的实况，举例说明实行民主的具体方式。

8月27日我举行宴会招待南京农业大学的农业代表团，席间，一位代表苏教授向我个别地谈了他对中国局势的态度。他想知道如何回答美国人的提问，特别想知道在当前战火复燃的情况下，有关中国局势的问题，他该如何回答。我给他提示了几点。第一，要强调中国必须统一，如同1861至1864年间的美国一样，不过解决办法应以和平方式为先。第二，要指出中国局势在实质上是世界局势的一部分，在世界局势中，苏俄是推进国际安全与合作的主要障碍。第三，要牢牢记住并在适当场合下指出，中国人的天性具有民主气质。第四，要指出美国人根据中共宣传使用的标语口号来衡量中国情况的危险性。

同日，王守竞前来汇报他为中国军队争取某些物资出口许可证的情况。他说，战时特为中国制造的一亿三千万发 7.92 毫米子弹，国务院拒绝发给出口许可证。拒绝发证主要以中国当前的局势为依据。这无疑是对华禁运作战物资的一种行动，因为禁运的手段，一般来说就是拒发出口许可证。禁运给我们造成的问题特别严重，因为我国的军事装备绝大部分来源于美国，这就必须使用美制弹药。

王守竞还汇报了他同负责经济事务的助理国务卿克莱顿就重开台湾炼油厂和完成天津新港两项工程进行的一次会谈。王说，他已向克莱顿控诉了进出口银行的工作方法，简言之就是该行办事拖拉的情况。前美国驻重庆大使高思当时任该行董事，凡是中国申请援助，他无不从中作梗。

9 月 4 日，我召开了一次重要会议。会议讨论了美国舆论的动向，和根据中华民国的实际局势，美国是否会改变对华政策的问题。大使馆、各军事部门及工业代表团的负责人员都出席了会议。我想听听他们的见解，这样做确实很有意义。公使衔参事谭绍华力主必须强调苏联在中国国共两党对峙局势中所玩弄的阴谋诡计，以使美国公众提高认识，从而对我国采取更为同情的态度。王守竞认为既然对华援助怎么也多给不了，我方就有必要采取主动，向美国讲清中国打算怎样对付当前的局势，而不要等着美国拿主意，而后又发现这些主意是行不通的。

陈之迈参事说，中国的经济政策是导致美国人不满的根源，因为美国关心的是提高中国人民的购买力，而中国人民百分之八十是农民。因此，在美国人看来，土地改革是不可不办的大事。他说，政府的现行经济政策实际上意味着发展国有企业和官僚资本，这只能使少数人致富，而不会提高广大民众的购买力。他认为美国人更感兴趣的是把大量的鞋卖给中国农民，而不是把尼隆丝袜卖给少数有钱人。他们更希望的是农民买他们的拖拉机，而不是富翁买高级轿车。

崔存璘参事说,美国人对我国政府人士实际没有好感,因为他们认为这些人反动而且不愿意实行改革。虽然目前美国人在中国有战略上的利害关系,但对政府那些庸人则已极其厌烦。王守竞认为美国公众总的来说是同情我们的,而且对于中国所受共产党威胁是世界问题的一部分这一点,他们的认识实际也比表面看来更为深刻。他说,然而美国政府人士都对国民党和中国政府感到不满并表示谴责。

我指出,马歇尔将军是奉派专门从事促进中国政府与共产党之间的政治解决的。他觉得他必须取得成功,否则就意味着杜鲁门总统的对华政策归于失败,甚至意味着民主党败于共和党,美国败于英国和苏联。我对大家说,我担心马歇尔一旦失败而返,将全部归罪于中国政府。王守竞和陈之迈都认为马歇尔不大可能宣告其使命已完全失败并主要归罪于国民党,因为这样做就会鼓舞中国共产党人。但是他也不大可能归罪于中共,以免迫使他们全力发动叛乱以作为他们摆脱困境的唯一出路。

9月26日我到纽约华美协进社发表演说,向曾在中国战区服役的美国退伍军人授予十个奖学金名额,以表示我国对他们当年所作巨大业绩和援助的铭感。晚间,我出席了该社举办的宴会。约有十八位客人,其中有陆军部长霍华德·彼德森、鲁斯、汉森·鲍德温、艾伦·杜勒斯、布鲁克斯·阿特金森和董显光。宴会后,按照预定程序,大家就中国的局势,特别是国共两党的关系和冲突,坦率而友好地交换了意见。

大家向我提出了许多问题。因为事前宣布了这次会晤是不对外发表的,我便直言相答。我阐述了政府的境况,并说明我国必须审慎从事,否则难免重蹈抗日战争孤立抗拒强邻的覆辙。当然我心目中所指的是北方邻国苏俄。我提到了共产党在美国进行宣传中的一些论调。这些论调实属虚构,我尽力予以说明和批驳。我这样做显然使大家都满意。彼德森积极提问和议论。看来他对苏俄即使不怀敌意,也显然心存疑惧。我有机会参与这次讨论,颇感愉快,因为大家交换意见是在友好而客观的基础上进行的。

10月3日我赴旧金山,在美国全国退伍军人协会大会上讲话。这是一次难忘之行。之所以难忘,不仅是因为我有机会见到许多美国舆论界的显要人士,而且我除发表自己的观点外,还能听到他们的见解。他们原来给我安排的演讲次序比较靠前,后来推迟了一些。由于司法部长汤姆·克拉克要赶赴华盛顿参加一次重要的内阁会议,大会就让他先讲了。他直率地把共产党的活动斥责为非美活动,并保证只要他在职一天,就要打击他们一天。司法部长讲完之后,我就接着演讲,与会者起立向我鼓掌欢迎。因为我早已备好讲稿,我就照本宣读起来。继我登台讲演的是美国全国制造商协会主席。我认为他的讲话是对共产党在美国的活动进行了强有力而且可以说是猛烈的抨击。

当晚,我召集我国驻旧金山、洛杉矶及波特兰的三位总领事和驻西雅图领事举行特别会议。会议讨论了各该地区华侨界的问题、美国人对中国的态度问题,以及他们要求指示宣传工作方针的问题。我还敦促他们设法结识各该地区的重要领袖人物,即对舆论格外有影响的美国公众领袖。我对他们说,要使我们的美国朋友随时熟悉中国局势的真相并让他们为我们讲话,这总比我们自己向美国公众作解释更为有效。

在这段时间里,我还不断对外国驻华盛顿外交使团的成员和美国政府的主要官员进行礼节性访问。在这些会谈中以及同美国政府各领导人、各国驻华盛顿外交代表及其他关心世界事务的人士的谈话中,经常的主要话题是苏俄问题,是从维护国际合作和世界和平的角度出发来看待苏俄的问题。譬如,我在8月27日同荷兰驻美大使劳东谈话时,他着重指出了美国与苏俄在巴黎和会问题上的明显裂痕。他认为世界全局动荡,但主要问题在于俄国。

8 月 28 日,我同范恩加特晤谈。他以联总外交顾问身份出访中东刚回美国。他告诉我,中东地区局势实际存在三个重要因素,即伊朗、巴勒斯坦和埃及。他说,阿拉伯联盟的出现应该说是犹太复国主义运动的后果,但这个组织还不够健全,还不能有效地实现其目的。他说,埃及开始感到英国撤出造成的军事方面的影响。土耳其局势紧张,已经动员了一百万人,国家已经处于备战状态,采取了诸如储备粮食等措施。但是动员的部队无所事事,其后果是士气低落,而且全国的生产也下降了。

他认为苏俄正在对伊朗、土耳其及巴尔干各国施加影响,其主要意图是为了推行沙皇时代一样的帝国主义政策,倒不一定是为了传播共产主义。在他看来,共产主义如今在俄国似乎已被打入冷宫。他认为苏俄力图不战而取得尽可能多的东西。

提到伊朗局势,范恩加特说,现任伊朗首相非常精明,他尽量设法使伊朗免受苏俄之害。伊朗北部的阿塞拜疆人得到苏俄的公开支持,但他们的运动并没有深入人心,因为他们已经开始感到旧日在地主统治下所过的生活比没有地主的今天还要好些。但伊朗的亚美尼亚人已开始成群结队走向苏俄的亚美尼亚。库尔德人也在骚动,但他们处于分散状态,有些在俄国,有些在伊朗,有些在伊拉克,而且还没有发展到能够形成一个国家的程度。

9 月 4 日,斯弗尔紫伯爵在意大利代办为他举行的宴会上与我晤面。他认为苏俄正在拉丁美洲执行一个积极的宣传计划,在古巴、墨西哥、智利和委内瑞拉都设有总部。这个说法出自他口使我格外重视,因为他自墨索里尼上台后就一直在拉丁美洲过流放生活。他是一位细心的观察家,只有在自信所见正确无误之后,才肯发表议论。他是意大利杰出的政治家,在墨索里尼上台以前,曾任驻华公使和意大利外交部长。我们相识多年;他虽年逾七旬,但仍精神矍铄。他还对我说,他不喜欢职业外交官,因为职业外交官缺乏主动精神,尽管他们肯定不会犯错误。他并引证我国前外交总长陆徵祥为例,加以说明。

9月17日，我对美国司法部长克拉克作了礼节性拜访。我们谈话之间忽然来了一个电话。他在电话中向白宫汇报了共产党人在芝加哥鼓动铁路工人的活动情况。他告诉我，在美国，共产党人时刻受到严密注视，并说加拿大曾是苏共活动的中心。我把斯弗尔絷伯爵对我谈的话告诉了他，他证实了苏联曾在拉丁美洲积极活动的报道。

在土耳其驻美大使馆参赞泰贝伦和夫人举行的宴会上，我同国务院的洛伊·亨德森交谈，非常有趣。他是一位苏俄问题专家，看来他谈论苏俄问题是直言无隐的，不过我认为他的观点确有令人信服的依据。他说，苏俄人民吃不饱、穿不暖，但并没有起来反抗苏维埃政权，这是因为他们过去从来没有过富裕生活，所以现在并无不满。然而他又说，苏俄人民没有任何自由。他说，苏俄共产党时刻监视和清洗其广大党员以至其领导人员。他认为苏维埃统治肯定会延续下去，因为人民没有任何机会掀起将它推翻的运动。

在其他各次会谈中，话题中心自然是中国或美国的事态发展。9月9日，我见到了刚从包括中国在内的世界各地走了一趟回来的邮政管理局局长罗伯特·汉尼根。我觉得他和蔼可亲。他同意中国在今日全球局势中具有战略意义。他还提了一个建议，使我颇感兴趣，就是为中国培训修理飞机的机械士。他觉得这是中国空军和中国的安全所迫切需要解决的问题。

但是次日我拜会美国最高法院院长弗雷德里克·文森，他的谈话却使我感到惊奇。他表达自己见解时态度直率异常，这点我颇赞赏。他对中国现状和中国政治家的廉洁问题表示谴责。他谈到了战时给中国的五亿美元援助借款。他说，这笔钱老百姓受惠不大，落入了少数人的私囊。我觉得他的批评主要是以报纸的报道为依据的，因为这五亿美元贷款大部分根本还没动用。我告诉他，中国虽曾多次要求动用这笔援款，但迄今尚未能办到。

另一次礼节性拜会是9月11日访问劳工部长施韦伦巴赫。

他是旧金山的一位律师。1937 至 1941 年间,他曾竭力主张美国对日禁运钢铁和石油。他多次向罗斯福总统陈述,但是,据他说,罗斯福当时受一些远东问题专家的影响,斥责他自称熟悉远东形势,而实际从未到过远东。我觉得他外表文静而内心充满活力。他对各报大事渲染罢工事件、批评劳工部无所作为,深表遗憾。但他说,他的权力有限,他只有说服劝导的权力。尽管如此,在最近的罢工浪潮中,有数以百计的事件是由于劳工部的耐心处理而防止的。但是这种情况却从没有引起报纸的注意。他回顾一次伊利诺斯州电话工人罢工,大有煽起全国电话工人大罢工之势。当时他刚休假归来,看了华盛顿报纸上的标题,立即着手处理,终于防止了事态的扩大。可是他这番努力,却只有一家报纸在内页一个不显眼的地方作了一两行报道。

同日,在艾森豪威尔将军和夫人为英国蒙哥马利元帅举行的招待会上,我遇见了美国各个方面的许多位重要领袖人物。其中一位是联邦储备银行总裁范德里夫先生。他对中国非常友好,并说在当今动荡不定的世界上美国有朝一日终将需要中国的合作。他说,美国政府中有许多人了解中国的局势,尤其是中国局势对国际的影响;如果不是舆论的关系,他们愿意在援助中国方面多作贡献,而舆论界仍然不了解真相。

9 月 18 日,我对商务部长华莱士作了礼节性访问。他很热诚,但在同我交谈中显得小心谨慎。他询问了中国的局势。我说,达成解决办法的障碍首先在于中共希图控制国家,其次是在于外来影响。为了使他表明他的观点,我说,战争结束虽已一年,世界仍然动荡不定,这种形势,与上次大战结束时完全不同。他说,他认为差别不大。我在回答他的提问时说,第一次大战后对德和约缔结于 1919 年 6 月,距停战只有六个月,而现在停止战斗和签订停战协定已逾一年,却仍未缔结和约。这时他似乎也改变了想法。显然华莱士当时已意识到他在麦迪逊广场花园的演说在美国报界和政界所引起的轩然大波至今未息。他在那次演说中,和国务卿贝尔纳斯以及参议员康纳利与范登堡的强硬政策唱反调,主张对俄采取温和政策。

我还和法国政治家卡米耶·肖唐先生进行了一次饶有兴味的谈话。我在巴黎时就认识他,那时,他任国务会议主席,即总理。他任外交部长时我们也有交往。他要来看我,我也愿意接见他。自从法国北部被德军占领和在波尔多的法国政府成立以后,他就一直旅居华盛顿。

我们于9月19日晤谈时,自然谈到了法国的政局。他对法国国内的一动一静,仍然了如指掌。这使我颇有感触。他说,一旦法共在国民议会中取得多数,戴高乐将军会凭借武力发动政变。他说,当年维希政府提出的新宪法应为人民所接受。他还极其郑重地对我说巴黎把他视为通敌者,这是不公正的。他解释道,当年同德国人签订停战协定,同意法国北部由德军占领,其责任应该由保罗·雷诺来负。

我拜会了内政部长克鲁格,这只是为了与他结识。他颇关心中国的局势,并询问我的看法。我向他说明了中国统一的重要性和中共不合作的情况。我说,国家必须先统一,而后复兴事业才能取得真正的进展或成功。我觉得他还比较年轻,为人机智而且显然热爱内政部工作。

国内也有很多人来访。9月13日,我接见了我国派驻最近建国的菲律宾共和国的新任公使陈质平。他在赴任途中来美同我探讨菲律宾的总的态度以及我们在菲律宾应进行的工作。他特别担心菲律宾的排华法令。我对他说要使这个新共和国体会我国现时的友好姿态以及菲律宾与中国确实必须合作,这是因为两国都是亚洲国家,因为中国的政策一向主张平等互利的原则,也是因为两国都奉行同美国友好合作的政策。利用上述三点理由,他大有希望使菲律宾人民及政府相信:如果鼓励或听任对当地华侨采取反对态度和行动,那是极不明智的。

前外长及新任四川省主席张群,在当年年中调处失败以前,是三人小组国民党方面成员和政治协商会议国民党代表,并一直以此身份同共产党进行谈判。他忽然遵医嘱前来美国检查其肿瘤是否恶性。9月14日晨他来看我。我不仅非常高兴,还渴望听他谈谈国内的实际局势。他向我详述了同中国共产党进行政治谈判的情况。

其中特别使我感到惊讶的一点是,中国共产党要求在国民政府委员会中有十四席少数否决权,这个要求的前提条件就是除了变更国共两党间的基本协议外,其他一切议案只须具备简单多数就可以通过。张群认为最终同意这一条件的困难不会太大,但他不相信局势真能政治解决。至于战争,则限于按政府的目标收复关内各铁路线和打通陇海铁路以南的交通线。他也不认为问题单靠战争便可解决,而是觉得政府的地位如能加强一些,便有可能促使共产党接受条件。换句话说,政府和共产党双方打仗的目的都是为了取得有利的战略地位,并利用这种地位在谈判中讨价还价。

第二节　第一届联合国大会

1946 年 10 月—12 月

其后两个月,即10至12月,是非常繁忙的月份。联合国大会于10月23日在纽约开幕。我担任中国代表团团长在纽约工作,同时仍需照管华盛顿方面大使馆及其分支机构的工作。10月份,在联大预备会议开始之前,我还连日忙于同美国舆论界领袖保持联系和建立新的联系,并尽量利用各方面的邀请,出席重要集会并讲话。

1946 年 10 月 10 日双十节那天,我真是忙得不可开交。这天是中华民国国庆节,我不但要在大使馆主持第一次盛大招待会,而且当晚还要赶赴纽约在纽约中国之友社为庆祝中国国庆节而举行的大型集会上演讲。我原来以为可以乘飞机及时赶到纽约，不料下午六点半忽然接到通知说，华盛顿上空有四十架飞机因天气恶劣而无法着陆，机场的飞机也一律不准起飞。

我的处境非常为难，因为我知道大批听众在等待我去演讲。经与纽约联系，双方同意由我通过哥伦比亚广播公司的广播电台向在纽约罗斯福饭店参加庆祝会的听众发表演说。但是这家广播公司的纽约台预告的当地节目要到晚上十点三十五分才能结束。听众从八点就一直等候；虽然他们先举行了晚宴，也早已散席。最后我想出了一个主意，用电话找到了参加晚宴的驻纽约总领事张平群。我请他代我宣读讲演稿，并得到了主持宴会的新泽西州州长查尔斯·爱迪生的同意。此时此刻，国务院的范宣德还提议派一架专机送我去纽约。然而气候实在恶劣，此议只好作罢，于是就由爱迪生州长出面，于十点二十分请中国驻纽约总领事宣读了我的讲稿。

翌日，我乘火车赴纽约出席纽约市立大学在阿斯特饭店举行的百年校庆聚餐会并发表演讲。知名教育家达根博士担任主席。其他演讲人有最高法院法官弗兰克福特和伯纳德·巴鲁克先生。我首先宣读了备好的讲稿，接着，法官在演讲中引用了我刚讲过的话。他赞赏我提到纽伦堡法庭采纳的新原则，这个原则宣称密谋、策划及发动战争就是对人类的犯罪。他讲完后还对我说，这个原则的重要性尚未获得公众的足够认识。我对他说，我特别喜欢他演讲中的一句话："民主是一种试验，自由是一种冒险。"巴鲁克的演讲在论述免于恐惧的自由时作了这样的论断，即恐惧曾经是新发明的起因和进步之母。我被他的这一论断吸引住了。

我于10月14日返回华盛顿，但两天后又不得不前往纽约以便在华道夫饭店举行的镇议会大会上演讲。约一千二百人参加了这个大会。20日，我又离开华盛顿前往纽约，这次是率领中国代表团出席联合国大会。因此从10月下半月到12月19日这段时期内我特别忙碌。这只是第一届联合国大会的第二阶段，而且是联合国第一次在美国召开的全体大会。这次会议的第一阶段是在伦敦举行的。联合国到那时候还没有永久性的总部,会议是在弗拉欣梅多斯借用一家大工厂举行的。

联合国刚刚开始工作,很多问题都是新的,因而中国代表团与其他代表团一样,工作忙碌异常。我们代表团需要研究新问题,决定政策,给代表团各位团员分派不同任务,以便照管各委员会和小组委员会的工作。此外,这届大会的例会虽在弗拉欣梅多斯一个空闲着的工厂里举行,而各委员会和小组委员会的会议则在成功湖进行,因为弗拉欣梅多斯没有足够的合适设备。结果,代表们就得匆匆往返于弗拉欣梅多斯与成功湖之间,以参加大会和各委员会会议,而各代表团的总部却又在曼哈顿区。这样,每天有很多时间消耗在往返途中。我还不时需要赶回华盛顿,这倒不是为了处理大使馆的工作,因为这些工作都是通过电话处理的,而是为了应接中国的显要来客和其他官方应酬。

日程安排得如此满,我在这一阶段的日记记得很不完全。我只是把每天的日程安排表夹贴在日记内,加注记忆所及和已向秘书口授的一些记录。譬如,有一天的日记只简单地记了我接见一年前曾任旧金山会议秘书长的现国务院特别政治司司长阿尔杰·希斯先生。他带着一份关于联大会议程序的备忘录来和我研究。我们就照他的意思逐条审阅,并交换了意见。但日记没有记下各条的内容和我们对各条的看法。

10月23日,联合国大会终于在弗拉欣梅多斯开幕了。开幕之前,举行了一系列正规仪式,诸如在市政厅举行欢迎各国驻联合国代表的仪式,市长奥德怀尔和格罗弗·惠伦为各国代表举行宴会等。开幕后,杜鲁门总统在华道夫阿斯多里亚饭店宴会厅举行招待会。在那里见到的人中有伯纳德·巴鲁克。他对我叙述了罗斯福总统对他谈的一些话,这些话颇有意思。内容是罗斯福曾决定把中国抬高到世界大国的地位,而且要赢得中国的友谊,因为美国如果有一个拥有四亿五千万人口的盟国,就可以无敌于天下。

10 月 30 日,我接见了印度驻联合国代表团团长潘迪特夫人。我们的谈话内容主要是怎样在 11 月 14 日庆祝她兄长的生日。她的兄长就是尼赫鲁先生。她说,她一直在筹划庆祝活动。她还要求我支持印度向联大提出的请求,我欣然予以同意。(但我未记下请求的是什么。)

第二天,即 31 日,我出席了在纽约唐人街举行的一次盛大集会并发表了演讲。这个会是华侨界为庆祝蒋介石主席的生日而召开的。我在演讲中提到了蒋主席对中国事业的贡献,尤其是在外交方面的贡献,因为正是在他兼任外交部长期间,虽然任期很短,中国第一次提出如果不是完全取消,也要修改不平等条约的问题。而且也就是在他兼任外交部长期间,中国的国际地位大大地提高了。

11 月 1 日,我与联合国秘书长赖伊在成功湖他举办的午宴上作了一次长谈。这次谈话颇有意思,因为他讲的是他为联合国会址及各国代表住地所考虑的计划和希望。秘书长表示希望联大授权他将弗拉欣梅多斯规划为为期五年的临时总部。他说,这样他便能在长岛兴建房舍供代表们下榻。他想如果联合国要在欧洲设立分部,那么远东也要有一个。至于远东分部的地址,他觉得英国会愿意把它设在香港。他说,他个人认为最好把香港移给联合国作为托管地,这样可以一举而解决两个问题:既解决中英间的政治问题,又解决联合国设置分部的需要。他希望中国能予以同意。

他在回答我的问题时说,此事颇关重大,因为英国人已告诉他,英国赞成他把香港交给联合国设立分部的意见。但我说,我很难设想中国政府也会同意这种意见。他很坦率地说,中国若不同意,他就要考虑在上海建立分部的可能性。

翌日是星期天,我去海德公园访问。按照事先安排,代表们在这一天到那里参谒罗斯福总统墓。莫洛托夫及其随行人员都到场,英国由哈特利·肖克罗斯代表出席。本届联大主席、比利时代表斯帕克在住宅前面的墓地致悼辞,罗斯福夫人用法语致答辞。斯帕克说,在美国,对罗斯福持非议者仍有人在,但他在国外,尤其是在欧洲,他的名字受到了众口一词的赞颂,人们称他为理想家和联合国的奠基人。斯帕克讲完以后,向这位已故总统献了花圈。随后,我们来到罗斯福家庭图书馆,这里陈列着罗斯福的全部私人遗物,各国君主、各国元首及外国其他显贵送给他的礼物,他的业余爱好品、书籍、手迹,他在学校时的作业等等。这些收藏是一位稀世通才、一位博学多识的人民领袖的光辉象征和见证。

12月17日,我又大忙了一天,因为我这一天要作四次广播,尽管这四次广播都是在成功湖进行的。一次是用汉语讲述联合国工作的广播,供国务院分发重播之用;另一次是圣诞节广播讲话,用英语,将由联合国新闻处播出;再一次也是讲述联合国工作,但用的是法语,是在代表休息厅内向世界各法语民族播讲的。此外还有一次是对欧洲的专门广播。这次讲话经录音后供联合国广播部播用。

12月20日,我原想会见我国代表团代表、中国驻安理会代表郭泰祺。我本打算同他面谈苏俄谋取冲绳作为托管地由苏俄治理的报道,以及我先行制止这种活动的计划。我的计划是抢先一步提出托管要求。我希望最终可以达成一个折衷办法,即冲绳由联合国托管。可惜的是郭不能前来我处。但我即将离开纽约,因为全体大会的最后一次会议已于12月15日举行,而且我在纽约的工作和许多约会也已于20日结束。我遵医嘱,准备前往弗吉尼亚州的温泉休养,并接受一期叫作"康复"或"恢复"的疗程。这个疗程历时约三周。我于1月6日返回了华盛顿。

在叙述新的一年的大事之前,我愿提一下联大会议期间我的华盛顿之行以及我与国务卿的会谈情况。前面已经说过,我抽暇从纽约回到华盛顿赴约和接待国内来客。譬如当时还在华盛顿的张群,亟望拜会总统及政府其他成员。10月29日星期二,我陪他到白宫谒见了总统。同一天上午,我同他前往会见了新任商务部长艾夫里尔·哈里曼。和总统的会谈记录已经找不到了。至于同哈里曼的会谈,我只草草记下了哈里曼和张群谈话时态度谨慎。张群问他有何信息可带回中国。哈里曼说,他将尽力从经济上帮助中国,并请张把这一信息转告宋子文。

午后,我自己拜会了贝尔纳斯国务卿。谈到中国局势时,他说,马歇尔将军一个月前曾对和解失去信心,但最近给他的报告调门又比较乐观一些。国务卿说,他和总统将请马歇尔自行决定何时返美。

这时候,马歇尔即将返美之说,已不是谣传,而是业经证实的消息。因为中国局势的演变情况说明,他继续驻节中国已不再起任何作用。在马歇尔看来,到1946年10月,中国的局势要达成和解,已是空前地困难了。马歇尔由于调停失败,似已感到灰心。前一个月底,共方拒绝提出参加国大的代表名单,政府宣布进攻共军占据下的察哈尔省的张家口。因此,他在10月1日送交委员长一份备忘录,其结语是:

> 我只愿申明一点,即除非双方立即停止拉锯式的建议和反建议,达成一项停火协议的基础,否则我将建议总统把我召回并结束美国政府的调停工作。

10月5日,他果然致电华盛顿,建议把他召回;但当委员长表示愿在一定条件下暂停军事行动时,马歇尔又请求国务院不要把他的建议转呈总统。

随后,委员长的有条件停火建议经由马歇尔和司徒雷登提交共方,而共方予以拒绝。谈判虽仍继续,但最后结果是政府于10月11日攻占张家口,同时宣布不论共产党参加与否,国民大会将按原定计划于11月12日召开。接着10月16日,委员长再次提出一项停火建议。虽然共方的反应是不同意,但政府与共产党之间总算于 10 月 21 日在南京恢复了和谈。我估计这就导致了马歇尔发出贝尔纳斯称之为比较乐观的调门。

接着我于 12 月 14 日在纽约同贝尔纳斯再次谈话。我这次所提出的问题之一是美国援华问题。我说，杜鲁门总统在上年 12 月美国对华政策声明中曾说，由于共产党不愿同其他党派协力建立一个统一、民主的中国，以致中国局势仍不安定。我说，但是这一僵局不应长此迁延下去，因为中国急需着手复兴和经济发展工作。只有这样，它才能在维护国内和平与秩序以及对维护国际和平与安全作出贡献这两个方面，都发挥应有的作用和完成应尽的责任。

我说，但是在过去十二个月中，美国政府曾明白表示，在战斗没有停止、中国没有统一和民主化之前，不会给予中国任何财政或经济援助。这就把一张王牌放到共产党手中，他们只要拒绝达成协议，就可以阻挠国家的统一和复兴工作。实际上他们就是这样做的，政府虽再三让步也无济于事。这种局面非常不幸，从当今动荡的世界形势来看，尤为如此。我说，中国政府愿意知道目前美国政策是否打算修改，因为我相信中国的早日统一和早日重建，不仅符合中国本身利益，而且也符合美国以至全世界的利益。我相信美国可向中国提供财政及经济援助，以便开发华南和华中。这些地区的共产党势力业已清除。

贝尔纳斯说，他认为审察中国局势的时机已经成熟，因为马歇尔使华已足一年。他说，根据马歇尔一年来处理中国局势所得的经验对中国局势进行这种审察是适宜而可取的。他还说，他本人长期旅居欧洲从事促进和平的工作，因此对中国和远东的局势无暇顾及。不过，他将在当天下午离纽约赴华盛顿，并希望提出远东局势同范宣德和艾奇逊（？）或史汀生（？）进行研究。

我说只要贝尔纳斯先生需要，我将随时听命。贝尔纳斯说，他稍后可能有事与我相商。

四天之后，杜鲁门总统又发表了一份美国对华政策声明。他重申了上文刚提到的他在 1945 年 12 月声明中所规定的美国政策,叙述了马歇尔在中国的调解工作以及自从对日作战胜利日以来美国的对华援助情况,并含糊地提了一下今后"中国形势好转时"进行援助。他没有透露修改美国政策的任何表示。

第二章　美国从中国部分脱身时期

1947 年 1 月— 3 月

第一节　马歇尔使命和美国调停工作的终止

1947 年 1 月

　　我从温泉回到华盛顿时,背部仍有些疼痛。说来真是令人啼笑皆非,在温泉"恢复"期间,我于圣诞节前夕,在附近一座小山上散步时出了意外。我跌倒在冰上,扭伤了背部的肌肉,因而不得不卧床养伤数日。可是我还得准备预定于 1947 年 1 月 9 日在克利夫兰世界问题研究会的会议上发表的演讲稿。这个会是克利夫兰世界问题研究会第二十一届会议,会议由《时代》、《生活》、《幸福》三家杂志联合主办,而由鲁斯主持。会议日程有演讲和讨论,历时三天,预定有美洲、亚洲和欧洲各国政治家多人到会发表演说。我应邀代表中国发言以说明我国面临的问题和愿望。

　　我觉得有一个问题谈起来很棘手,就是罗斯福总统在雅尔塔会议上曾同俄国人商定把中国的旅顺和大连租借给俄国,作为苏联参加对日作战的奖励,而事先没有和中国政府商量。然而我觉得应该把这件事告诉美国人民,以便使他们明了中国局势对国际和平的威胁实际是来源于雅尔塔会议,正是那次会议允许苏俄重新进入中国东北。我认为责任实际在美国,但我意识到这件事必须讲得小心谨慎,以免触怒美国或伤害苏俄的感情。我把这一点铭记在心,1 月 4 日周末准备好我的讲稿。我一点没有想到在这期间竟会发生了爆炸性的事件。

1月7日星期二，杜鲁门总统在白宫举行盛大招待会。战争结束以后，1947年是华盛顿恢复战前富有魅力的社交活动的第一年。要求各国大使及其他使团团长都穿制服或礼服出席。我到场时，看到许多大使身穿艳丽夺目的制服。丹麦驻美大使亨利克·德·考夫曼穿一身绯红色制服。意大利驻美大使塔基阿尼也穿制服，但系传统的黑色，两肩悬垂着金丝绦带。而英国驻美大使英弗查佩尔勋爵和我一样，只穿一身佩戴勋章的夜礼服。

仅在我从大使馆出发前往招待会之前约一小时，中国报纸驻华盛顿记者用电话向我报告了白宫的通告，内容是贝尔纳斯因健康关系辞职，并由马歇尔继任。这对华盛顿外交界和官场说来是全然出人意料的事件，也成了当晚招待会上交谈的唯一话题。许多在场的同仁都在交换意见，互相询问贝尔纳斯辞职的原因。除健康问题外，是否还有其他原因？人们最早是在什么时候听到这个消息的？有人曾预料到这件事情吗？

我向范登堡参议员提到这件事情时，他对国务卿的辞职表示惋惜。美国驻意大利大使詹姆斯·邓恩对我说，直到通告发表，他才知道，但他知道贝尔纳斯早已准备在3月份莫斯科会议之后提出辞职。首席法官文森说，他确实事前未曾听说，也不曾料到，但他感到上周末一定发生了诸如此类的事件。他告诉我，通告原定在1月10日才发表，但为一家报纸所迫，只好提前发表。法国驻美大使博内和英国驻美大使英弗查佩尔都对我说，在公布之前，他们一无所闻。

就中国来说，总统仅在一天前刚宣布了把马歇尔将军召回华盛顿，而马歇尔则在当天即星期二就离开了中国。召回马歇尔的公告，他启程返美，他被提名任国务卿，以及他对中国局势的声明（其中把他自己使命的失败归咎于国共双方），都是突如其来的。范登堡参议员对我说，马歇尔把国民政府也一并加以谴责是没有道理的，因为政府毕竟还是召开了国民大会，而且在会上通过了一部民主的宪法。他表示他将在克利夫兰发表演讲(意思是在世界问题研究会会议上),并将提到中国问题。他希望我会欢迎他的言论。我说,我觉得这是没有疑问的。

白宫通告发表时,贝尔纳斯与杜鲁门就辞职问题交换的信件也公布了。这些文件说明,贝尔纳斯早在1946年4月1日就已提出辞呈,1946年12月19日再次提出。总统接受辞呈的复函日期是1月7日。考虑到所有这些情况,我和外交使团一些同仁都认为国务卿不会出席总统的招待会,可是他和他的夫人却在招待会进行快到一半时光临了。他们二位显得有些局促,但又强作自然。贝尔纳斯夫人对我说,她感到她的丈夫终于从此刻起可以像普通公民一样自由地说话了。贝尔纳斯本人则告诉我,他将在华盛顿逗留几天,然后去出席克利夫兰世界问题研究会的会议。他目前不打算回到南卡罗来纳州的家里,因为由南卡罗来纳州乘火车径往克利夫兰是他体力所不及的。

在我看来,一个有趣的事实是早在4、5月间重庆得到一份来自华盛顿的报告,说马歇尔可能受命接替贝尔纳斯任国务卿。我记得委员长曾为此征询我的意见,特别问我会不会有这种可能,因为马歇尔是军人,没有外交经验。我记得我曾回答说,这种事情在美国并非不可能,并且提出了我的理由。

委员长关注这件事情,因为在大陆时他同马歇尔的关系是不太愉快的。他们曾多次争论,有时甚至不欢而散。委员长认为马歇尔如当上了国务卿,在制订外交政策方面将有更大的影响。我估计他对马歇尔的可能受任国务卿感到意外,而我的答复则甚至使他更加感到意外了。

总而言之,大战后期以来的中美外交关系的历史及其指导方式是很不愉快的一页。在我看来,两国关系中出现的许多事情都有损于密切合作的想法。这些事情本来是可以避免的,但情况偏偏是,在中国方面,委员长由于看到这一问题的无比重要性而把它抓在自己手里。他亲自处理和指导同美方的所有谈判。他一手包办了同马歇尔的谈判，认为这是国家大事，并且自认为对共产党的了解之深是没有人能赶得上他的。

在美国方面，杜鲁门总统的观点正好和他相反。他自认为对外交政策不很熟悉，而致力于物色一位公正、可靠、忠实的人来执掌外交。马歇尔便是其人。即使在马歇尔担任总统私人代表的时期，总统也赋予他全权。我认为杜鲁门总统从未对他下达任何指示，而是把任务交给他全权办理，相机行事。

杜鲁门总统颇有自知之明。他知道自己过去对远东或中国都不了解。由于马歇尔曾在中国担任过驻天津美军的指挥官，了解中国，而且在杜鲁门看来，他是个廉洁、公正而可靠的人，因此总统觉得在授命马歇尔赴华执行特殊使命时，可以赋予他堪称超级全权的权力。结果，这一时期的中美关系往往出现两位个性极强的人即委员长与马歇尔之间的直接对抗局面。他们两人的个性都是如此之强，如果他们能够合作，那倒真是奇迹了。

然而马歇尔被任为国务卿并没有使我感到失望。我觉得美国就是这样的，那就是理想的人选不一定能被派到适宜的岗位上。一项决定往往牵涉到政治方面的考虑以及总统与被任命者的个人关系。我觉得在当时，就马歇尔的成就而论，他得到这样的重用是当之无愧的。我还觉得他是个好学的人，而且照美国人的说法，他是个好人。我不因他的受任而焦虑。但关于他和委员长之间曾产生的龃龉和摩擦，我还是心中有数的。因此，我记得在这方面，我曾尽力使委员长了解美国政治的一般特点以及马歇尔与杜鲁门的关系。我认为委员长与马歇尔之间业已产生的分歧是可以消除或者转圜的。我觉得我是理解马歇尔的。我一直钦佩他为人正直，品格高尚。他多少还比较虚心。我还认为作为军人，他会感到自己缺少国际事务方面的专门知识。我每次同他会谈，都像朋友之间的谈话，谈得坦率而真诚。有一次我在重庆见到他，他不让我走，把我留下吃饭。就在那次，他吐露了当时的不满心情。

翌日，即 1 月 8 日晚，我前往克利夫兰。第二天我出席了克利夫兰商会举行的午宴。墨西哥出席联大代表团的帕迪利亚·内尔沃发表了即席讲话。他讲的是精神团结在抵制共产主义潮流的斗争中的必要性。他直截了当地说，共产主义是不择手段的。他告诉大家，苏俄在旧金山会议上极力反对阿根廷申请参加联合国，事实上它是最昌言无忌的反对者；然而莫斯科此刻却又殷勤地拉拢着阿根廷。他说，拉丁美洲已经面临日益扩大的共产主义威胁，他敦促各国齐心协力和共产主义作斗争。克利夫兰市市长托马斯·伯克和俄亥俄州州长弗兰克·劳希也在午宴上讲了话。

当天晚上，研究会第一次会议在克利夫兰音乐厅举行。到会的约有一千二百人。我坦率直言讲述了东北亚充满险象的局面。我说，这是雅尔塔会议造成的结果。那次会议决定把旅顺、大连及千岛群岛交给俄国，并为俄国占领北朝鲜提供了依据。我还讲了共产党在中国的活动和实现国家统一的困难。我尽量婉转地评论了当时由马歇尔在中国执行的美国的政策。

这是一席艰巨的演说，因为 7 日刚刚发生了令人震惊的大事，尤其是因为马歇尔向美国人民发表的声明吸引着各方的注意力；但福莱斯特、鲁斯和其他一些人都称赞我的发言是当晚最精彩的演说。我想他们很可能认为我的观点、特别是对共产主义的看法，与他们是一致的。

次日，我用华语就这次会议向中国作了广播演讲。我还出席了克利夫兰市市民举办的午餐会。鲁斯、劳希、伯克和克利夫兰市各族裔集团的好多位代表都发表了演讲。到会的约有四十个族裔的代表。伯克市长说，他采用了一切方法，极力在克利夫兰市奖励学习外国语言和文化。他告诉大家，克利夫兰市约有十九个不同宗教的教堂，各教堂使用各自的民族语言举行宗教仪式。鲁斯夫人对我说，他认为马歇尔的声明对中国政府是不公平的，因为这一声明说明他本人的态度不是现实主义的。

当晚,我哥伦比亚大学的同班同学法林顿来接我去他家吃饭并谈论中国局势。那是一次小型聚会,在座有克利夫兰市工商界的一些主要代表人物。大家谈论了种种问题,包括中国大陆和那里的共产党的情况。他们对共产党在中国的种种表现以及美国的对华政策都表示愤慨。有一位客人说他一定要在华盛顿采取一些行动,使那里的人睁开眼睛看清楚奉行现行政策将会给中国,同样也给美国造成的危险。这次聚会本身并不重要;我之所以提及它,主要是说明共产党问题看来已经引起了许多人的关注,克利夫兰市这种地方的普通市民就是一例。

1月11日,我同鲁斯进行长谈。他告诉我贝尔纳斯辞职一事与中国无关。他说,杜鲁门总统一直把马歇尔看作是最伟大的美国人。他认为总统12月18日发表的声明本不应该那样说。他反对那个声明,但他认为马歇尔的声明基本上倒还公正。我还听他说,杜鲁门请马歇尔任国务卿的电报不是通过国务院拍发的,而是用陆军部的密电拍发给这位将军的。

下午,克利夫兰华侨设宴招待我。因我晚间另有约会,这次晚宴便提前于5点举行。除中国客人外,还有五六位美国人出席。在主人的敦促下,我即席发表了演说,是用英语讲的,因为有美国客人在场。我以几位美国知名人士出席这次聚会为例,并且以世界问题研究会本届会议的日程为例,盛赞这种国际友谊的精神。我还强调指出,我们珍视美国人对中国和中国人民的友谊。下午六点半,我去参加另一个宴会,这是为贝尔纳斯国务卿、范登堡参议员及斯佩尔曼红衣主教举办的。他们三位都将在当晚会议上演讲。贝尔纳斯的光临是出乎公众预料的,因此特别受到欢迎。客人们起立为他祝酒时,他显然深为感动。

宴会后,我们大家都出席了克利夫兰会议的闭幕大会。范登堡的演说涉及外交政策的全部领域;他在表达观点时,讲话内容充实而具体。他倡议美国对华政策应该转移重点,措辞婉转而含义明确。他对美国对拉丁美洲政策的观点,也是这样。他大声疾呼,敦促立即召开预定举行的会议,以履行查普特佩克公约。贝尔纳斯的演说看来可说是他12月13日在联合国演讲的修订版,至少部分是如此。但是他很坦率,开始发言时首先提到他的辞职,并且说他来克利夫兰讲话前,还有些迟疑不决。他说,他是在鲁斯力促下而前来的。而且他也乐于出席。

十一点半,鲁斯夫妇在他们的房间举行送别酒会。范登堡问我对他的演说是否满意,我祝贺他的演说成功,并向他表示谢意。之后,贝尔纳斯同我长谈。他说明他辞职的原因和马歇尔被任命的经过,又说他十分欣赏我在纽约外长会议上关于否决权问题的讲话。为了阐明这几个问题,我愿引用一下这次谈话的记录。

贝尔纳斯说,他愿和我闲谈。他询问了中国的局势。我回答说,尽管马歇尔在他关于中国局势的声明中谴责了国共双方,但只是由于中国政府的努力,一部新宪法才得以在1946年12月25日通过、颁布。我告诉他,现在正拟扩大政府的基础,吸收所有反对党派,但共产党除外,因为它不愿参加。我说,马歇尔为实现中国的统一已竭尽全力,但是,正如他自己在声明中所指出的那样,他完成使命的真正困难在于中共的不妥协态度。在这种情况下,政府的唯一办法就是着手达到最大可能的统一和着手进行重建工作。我说,由于马歇尔即将回国,贝尔纳斯无疑会从他本人那里了解更多的情况。

贝尔纳斯说,马歇尔的回国,实际是他自己决定的,因为他对中国局势已经颇感沮丧。贝尔纳斯看了马歇尔的声明,而且也觉得事已至此,倒不如让中国政府自行处理共产党问题。不过,马歇尔认为中国政府在军事上还不够强大,不足以对付遍布各地的共产党游击队。

贝尔纳斯说,他的一些朋友,如范登堡和鲁斯等,都认为美国应当支持中国政府对付共产党,马歇尔则不这样认为。

我说,美国的支持和援助不必非是军事性质不可。华南和华中的共产党势力已经肃清,应该着手进行经济建设。美国的援助不仅是那里所需要的而且会是大有帮助的,同时还不致使美国的处境复杂化。我问道,马歇尔既已任国务卿,是否将派其他人赴华,接替他的工作。贝尔纳斯答道,他不赞成再派人去。我说,司徒雷登大使当然会长驻中国。贝尔纳斯表示同意,但他认为大使也不宜再在中国从事调停工作。

贝尔纳斯接着又一次说,马歇尔的离华实际是他自己决定的。他说总统是在马歇尔已经决定返美之后才给他发去电报的。总统在去电中要求他担任国务卿,并且提到他们两位在 1946 年上半年关于这件事情的谈话。但是这份电报是在他(贝尔纳斯)因健康关系决定辞职后,在他的建议下才发出的。

我说,我一直指望贝尔纳斯在纽约取得成功后,会在莫斯科继续工作。这句话引起我们就莫斯科会议简短地交换了意见。之后,贝尔纳斯说,他想告诉我一件事,那就是他认为我在外长会议上敦促大国研究否决权问题并就此达成协议的讲话是他所听到的最精彩的讲话之一。会后,他曾对他的助手波伦说,我的讲话太好了,他自己本来也愿意发表这样的讲话,因为他本人也认为解决问题的最好办法是大国之间达成协议。但是,贝尔纳斯说,当时他相信莫洛托夫是不打算作出重大让步的。

听到他提起我在纽约的讲话,我颇感惊喜,但我揣测他这番话的用意是为了说明在那次外长会议上,为什么在我给他提了个头之后,他却不愿把否决权问题继续讨论下去。换句话说,他觉得只要莫洛托夫不妥协,讨论也不会有结果。我事后得知莫洛托夫当时还没有接到让他采取和解态度的指示,这些指示是在会议结束后才由斯大林发来的。正如贝尔纳斯所证实的那样,这说明莫洛托夫后来在否决权问题上改变态度的原因;然而在我发言的时候,贝尔纳斯没有料到莫斯科方面这一可喜的转变。

1947 年 1 月 13 日,贝尔纳斯国务卿举行向外交使团话别会。16 日,当马歇尔还未到华盛顿时,我同艾奇逊副国务卿举行了一次会谈,当时范宣德在座。我的主要目的是研究日本对中国的赔偿问题,但也提出了中国在外长会议上的立场和菲律宾针对华侨零售商的歧视性立法问题。艾奇逊表示同情,似有赞助之意,但范宣德在谈论中却不很愿意在这些方面做工作。

我对艾奇逊说,菲律宾立法机关通过了一项目的在于使菲律宾国内零售业菲律宾化的法案,而且已由总统予以颁布;这个消息是我当天清晨刚由外交部来电中获悉的。据称,这项法案的主旨属于国内性质,但事实上它意在排挤华侨零售商,特别是零售店店主。这些华侨在日军占领时期曾饱受日本人蹂躏,如果新法令付诸实施,他们将大受损失。我说,中国外交部长王世杰要求我提请美国政府电告美国驻菲律宾大使,请他对菲律宾政府施加影响。

范宣德说,中国政府也已将此事向美国驻南京大使馆提出,他说,困难在于菲律宾政府对其他大国对该国事务的任何干预相当敏感。

我说,我还应补充一点,即中国驻马尼拉公使已在和菲律宾政府谈判,要求新法令延缓六十天实施。但马尼拉的华侨认为,由于战争给他们造成的困境,六十天期限远不足以另谋生计。王外长并非要求美国出面干预,而是请求美国驻马尼拉使节进行斡旋,这是国际关系中常见的一种友好协助行动。

艾奇逊对范宣德说,他认为国务院可要求麦克纳特大使汇报,并问他能否有所帮助。

我说,如果能予帮助,我非常感激,而且我希望能够办到。

1月21日晚,我在美国援华联合总会的一次集会上发表演讲。该会正在开展支援中国战后复兴工作的全国性运动。大会由堪萨斯大学校长、德怀特·艾森豪威尔将军的兄弟艾森豪威尔博士主持。前国务卿斯退丁纽斯继我讲话,他的语气似乎含有辩解性质。但他坚决主张对华友好。他说,战争期间中国曾被吹捧为完美无缺,实际并非如此,现在中国因为有缺点而受到批评,这是不足为奇的。从他讲的话来看,可以想见当时美国对华舆论存在一种普遍不满的状态。

次日,我赴弗吉尼亚州参加洛夫先生为弗吉尼亚大学校友举行的招待会。我是在会上演讲人之一。我讲的是中国问题,另一位演讲者斯退丁纽斯先生谈的是弗吉尼亚大学的发展计划,他是该校校长。两天后,即1月24日,我返回华盛顿并出席新任国务卿马歇尔在布莱尔大厦为各国使团团长举行的午餐会。这次聚会的方式在美国首都是别开生面的。每个人,包括全体来宾及国务卿本人,都按自助餐方式自行取食。国务卿穿便服,精神健旺。我对他说,在他赴莫斯科以前,我希望同他谈一次话,他说,他也想和我谈谈。

1月26日我启程赴纽约。行前,我曾用一天时间准备在华美协进社发表的演讲稿,并准备向一百零二位美国工商界领袖颁发蒋总统的感谢信,他们都曾在他们的工厂、实验室、办公室等地为中国培训技术人员。我在纽约还有其他一些约会,包括约翰·福斯特·杜勒斯夫妇在家中举行的晚宴。当时杜勒斯先生是美国出席联合国大会的代表团成员,也是国务卿在历次外长会议上的顾问。

杜勒斯的晚宴约有十位宾客,其中有法国财政专家、前中国政府财政顾问让·莫内的妻妹和《外交》季刊的编辑、外交关系理事会理事汉密尔顿·菲什·阿姆斯特朗。一席酒菜考究的晚餐之后,大家在书房交谈。杜勒斯极力主张使德国内部结成一个松散的政治联邦,经济上则使德国和法国及西欧形成坚强的联盟。这种想法招致了莫斯科《真理报》的抨击。(我估计他想把美国也包括在内,就是说以此作为北约组织的先驱。)

杜勒斯还对我说,他反对马歇尔同中共合作的企图。他主张让中国利用美国的经济援助解决自己的问题。

关于此事,我还想提一下,有一次我见到参议院美国远东政策调查委员会主席、缅因州的布鲁斯特参议员,他也告诉我,他反对马歇尔的政策,特别反对的是吸收中共加入中国政府的政策。

1 月 27 日晚,我向美国工业界的领袖们面交委员长感谢他们在战时向中国提供援助的信件。马洛里医生把我接去出席在大学俱乐部举行的鸡尾酒会和晚宴。宾主共约一百八十人,包括国际商业机器公司总经理沃森先生、威斯汀豪斯电气公司总经理鲁宾逊先生、亨利·凯泽先生以及通用汽车公司、美国钢铁公司、国际收割机公司及伯利恒钢铁公司的首脑人士。

　　魏德迈将军在我之前发表讲话,接着由我讲话并把一百零二封感谢信发给各代表。鲁宾逊代表受信者致答辞。他的讲话讲得非常得体。他说,中国政府是对美国工业界在战时提供支援率先给予表彰的国家,他们只是为中国培训了大约一千名青年技术人员,而委员长却惠予表彰。他说,然而尽管他们尽心致力,他们的本国政府却毫无表示。他们所得到的只是重新洽谈一些合同。他的话得到了热烈的欢迎,他无疑说出了在场者的共同感受。我在日记中写道:

> 仪式所产生的良好气氛和这么多美国工商界到会代表的友好态度,说明这次聚会的效果极好。有些宾客不远千里,来自美国西海岸。这些聚会的效果似乎比耗资巨万的宣传工作更为值得。

　　1947 年 1 月 29 日国务院发布新闻说,美国政府决定终止调处工作并撤回有关人员。这是对中国事业不太有利的宣传。此举意味着美国断绝同三人小组的关系,并且从中国撤出全部美军。

第二节　美国对中国内战扩大的反应

1947 年 2 月—3 月

　　1947 年 1 月,美国宣布终止在华调停工作,并立即从中国撤出全部军队。为此司徒雷登大使向蒋委员长和共方驻南京代表王炳南递交了正式通知。随后,2月2日,政府在山东发动了一次新攻势。过了一个多星期,国民党政府要求共产党人在3月5日以前撤离南京。

中国这种事态对国务院的对华态度和政策的影响是什么?对美援这一迫切问题的影响是什么?1947年2月17日我和马歇尔作了一次长谈。这是我在他正式就任国务卿后的第一次会谈。经济问题和美国经济援助问题是我提出的第一个话题。我对他说,中国政府最近采取的给予出口货百分之一百的补贴和对进口货征收附加税的措施曾引起严重的不安,特别是上海外贸界。结果是法币币值按外汇兑换率计算急剧下跌。情况极为严重,政府最后决定放弃所议措施。政府已另行采取了一系列全面性措施,以改善经济状况,原定的对出口货给予补贴和对进口货征收附加税等措施,其目的在于促进对外贸易,尤其是要推动出口,以缩小贸易逆差和尽可能保存外汇储备以支撑法币。我说,新措施容或严厉一些,但都属改进整个经济状况所必需。新措施包括禁止买卖黄金和外币,并将法币币值定为一万二千元对一美元。这与近日来公开市场公布的行市不相上下。希望这些措施全面实施后能遏制经济状况的恶化。

可是,我指出为了对法币和我国经济状况产生有益的作用,有必要得到国外财政援助。我说,宋子文曾要求我和国务卿联系,希望美国政府支持我们取得一笔救济贷款,或从联总取得紧急援助,或者是二者兼而有之。要度过今后半年左右的难关,大约需要二千万美元的商品贷款。我向国务卿说明了这笔款项打算用于购买棉花和小麦,小麦是为弥补中国粮食供应不足所需,棉花则为向公营和私营纺织厂提供原料用以生产布匹。因为由国外购买棉粮是造成中国贸易逆差的主要因素,所以举债购买棉麦,多少可以改善目前的情况。

马歇尔说,他对中国当前的危机并不感到意外。他在离华前曾向委员长和宋子文谈过，他认为这场危机必将来临，而且是不可避免的。但是他问道，为什么会需要棉花？他知道中国有大量存棉。

我解释道，我的棉业顾问告诉我，几个月前，中国还存有几百万包棉花，但现在数量已经减少。中国所需外棉，约在每年二百万包左右。

当时在座的范宣德插话道，最近他看到蒋委员长的一个谈话，其中提到中国战前的棉产量是能自给自足的。

我说，那个谈话是指中国本国的棉纺厂的需求。这些厂约占中国棉纺厂总数的百分之五十，另一半则为日本和英国所有。即使在战前，中国也进口棉花，主要购自美国。进口美棉大多为长绒棉备混合之用，因为中国棉花属短绒品种。

马歇尔问道，为什么棉花比其他东西更重要。

我说，购买棉花是外汇储备流失的主要去向。除此之外，中国农民历来习惯以布价衡量经济状况，而不很关心货币和其他商品价格的波动。只要布匹便宜，而且他们能用出售农产品所得买到布匹，他们便感到满足。

接着，在我们简短地交换意见中，马歇尔说，最好先调查一下中国现有的存棉数量。范宣德对他说，他希望联总中国分署能提供资料。我说，关于中国棉花库存的确实数字，我们可以派棉花专家同范宣德办公室联系，进行核实。马歇尔认为，这样安排很好，并请范宣德先查一下。

我问道，关于中国政府向联总申请二亿美元借款一事，联总的对华工作计划可否据此加以修改，我应该怎样回报我国政府。国务卿说，他个人对这项要求并无异议。我说，既然如此，便有必要知照负责审批此案的联总中央委员会的美国代表，说明美国愿予支持。

马歇尔对我说，克莱顿副国务卿业已获悉美国代表正在同联总当局研究此案。

我对国务卿的说明表示感谢,但同时指出,拨给中国的物资大部分都已编入计划并签订了合同,而取消合同势将造成很大损失,我担心能从联总取得的款额可能满足不了中国的急需。

马歇尔说,他将考虑此事,但他又补充说,鉴于美国的手续问题,即国会和其他监管资金机构的办事手续,美国所能解决的问题可能不多。

我问他,他所指的是否就是交由国会审议的联总结束后援助法案。我说,据我了解,这个法案原来是为了应付欧洲某些粮食急需而提出的;我还了解中国也将包括在内。因此我希望,如有可能,最好能拨给中国较大的份额。

国务卿的答复并不令人鼓舞,他还是说不可能太多。

我向他提出了另一问题。我说,关于美国的财政经济合作与援助,某些措施不需要等待中国政局全面稳定就可以实行。我解释道,我国人口最稠密的华南和华中地区并无战事。为了发展中美两国的贸易和经济协作,某些发展项目可以在这些地区开始进行。不仅是这些项目总有一天要执行,而且目前开始进行会对中国人民产生巨大的心理影响,特别是当前国民政府的反对者正利用美国政府最近采取的由华撤出海军陆战队和中止调停工作等行动,宣称美国对支持中国已经不感兴趣了。

马歇尔问我所考虑的是哪些项目。我提出了粤汉铁路的修复、黄河大桥的重建及某些煤矿的开发等。我说,这些项目目前就应当而且可以着手执行,因为它们与战斗或涉及中国政府的政治问题都不相干。

这位将军说,他在离华之前,已经同意粤汉铁路和黄河大桥的工程计划,并建议着手进行。他认为这些项目迟早必须执行,如果已经开工,可能已经节省一年的时间。他说,进出口银行有不同的见解,他们坚决主张此项建议必须有商业价值。由于他本人认为,事情不能单纯从商业角度去考虑,所以他将全力推动这些项目。至于煤矿,他问在哪些地方。我提到例如热河的阜新和北票,马歇尔一听这两个矿的地理位置,看来有些烦恼,而且毫未表示兴趣。

我接着提出了美国在华军事顾问团一事。我告诉国务卿,委员长亟盼把顾问团补齐,并开始从事中国军队的训练和现代化工作,以便中国能够充分履行其维护国际和平与安全的国际义务。

国务卿说,他一直记着此事,而且正等待着国会批准这类使团在和平时期执行任务。他说,事实上顾问团大部分人员约数百人已在中国。当他在中国时,他已下令开始执行工作,但涉及战斗任务者除外。这点尤其适用于空军军官的工作和飞机。即使在这方面,他也已批准上海、南京及汉口的训练工作开始进行。关于苏州的坦克学校,他曾命令美方人员给予指导,因其纯属教学和训练目的。至于海军顾问团的工作,那也包括在国会去年通过的一项法案中。

不过国务卿不能理解,训练计划方面有一件事本来可以立即着手的,却为何始终没有动静。他指的是建立一套陆军示范补给系统。他认为这个系统对任何军队都是不可缺少的,这方面的人员应该马上开始训练。他说明其步骤是先成立一个示范单位,待全国划分为若干补给系统管理区后,国内其他地区也都要按这一示范单位建制。美国已经试行这种建制,认为非常有利,特别是从这次战争的经历来看更是如此。(他这里推荐的方法当然是完全正确的。)他说,迄今为止,军队的将领和指挥官既要致力于战斗任务的完成,又要分神于补给和运输问题的解决。实行此新制度后,供应官员自成一个系统,并同地方当局打交道。这样军事指挥官便可全神贯注于战斗任务,也免得他们同地方当局打交道。这办法非常可取,因为军事人员处理问题的方法往往与地方当局完全不同,这样办就可以避免双方发生摩擦。

我提醒他道,据我了解,要求授权向包括中国在内的外国派遣军事使团的议案早已送交国会,并已转交到有关的委员会研究,但是未送回国会辩论和表决。我听说,存在着一个问题,就是要对中国提出一个专门法案。我问国务卿本人的看法。

他说,最好是由国会通过一项向各国派遣军事使团的全面法案。如果提出一项对华专门法案,则将导致一系列不会令人合意的讨论。假如通过一项全面法案,就可以把中国包括在内,免得因许多参议员和众议员所掌握的中国消息诸多错误而造成不顺利的讨论。

我还问道,考虑到他回国后,中国又有许多事态发展,他是否打算在赴莫斯科之前发表一个新声明。我觉得,形势如此,此时此际,再发表一个声明,那是再好不过了。马歇尔说,有此可能,但他不能说定是否发表和何时发表。这要看中国的事态而定。

在对联总和联总结束后的援助提供背景情况的同时,我想提一下,1月24日,即与国务卿会见前三星期左右,我同克莱顿在国务院进行过一次谈话。我走访这位负责经济事务的副国务卿就是为了讨论这个问题和美国准备给多少援款的问题。当时,由于中国的外汇收支状况不佳,中国偿付联总结束后计划的能力成了联合国联总后援助委员会会议上的争论点。郑宝南出席了这一会议。而在国务院有待决定的问题,则是是否把中国列入援助和救济欧洲缺粮国的新法案。

我在会谈开始时说,有三件事要同克莱顿谈。首先是联总对华援助计划。我说联总中央委员会的中国代表告诉我,美国代表曾提议把已批准的对受援国援助计划全面削减百分之四左右。据我了解,削减的目的是使联总能获得资金以满足欧洲某些国家的特殊需要,如意大利、奥地利及希腊等国。

但是,我接着说,我想指出就援华计划而论,本极有限。中国申请的数字只是中国整个救济与复兴计划的百分之四十五,即九亿五千万美元。联总分配给中国的金额为五亿三千万美元,实际只相当于其全部需要的百分之二十五左右。如果进一步削减,虽仅百分之四,则不仅联总供应给中国的必需品将减少,而且将相当严重地打乱中国整个救济与复兴的计划。因此我想敦促另行设法筹集必要的资金,以满足预料之外的欧洲特殊需要,并要求对华数字免予削减。

克莱顿说，削减是出于迫不得已，因为我所提到那些欧洲国家提出了特殊需要。但削减的仅限于工业复兴计划而丝毫不动粮食计划，这样，对任何一国的援助计划来说削减比例都不会很大。

我说，我知道由于中国粮食短缺，分配给中国工业复兴计划的款项已有一部分应中国代表的请求转用于购买粮食。一旦实行削减，中国实际上能购买到的粮食就要减少了。

接着，我提出了联总结束后援华计划问题。我说，这个问题已经成为最近在纽约举行的一系列会议的议题。中国驻联合国联总后委员会的代表向我报告称，中国的需要虽然已得到委员会的认可，但还有一点仍待解决。这就是从中国的外汇收支状况来看中国没有能力偿付这一计划。由于美国驻该委员会代表持有不同意见，最后决定把这个问题暂时搁置，待以后再议。

我说，事实是从账面上看中国的外汇储备足以弥补1947—48年度的贸易赤字。然而，其中有一部分不能动用，因为这部分已作为中国货币的储备金。这是绝对必要的，因为货币一直在贬值，再经不起任何风浪了。

克莱顿说，中国的外汇收支状况问题是一个应该考虑的决定性因素，美国代表之所以提出他的观点是因为他对中国外汇收支状况并未全面掌握。

我说，有一份关于中国外汇收支状况的全面而机密的报表已经送达国务院。在座的谭绍华说，这份报表因为是密件，是通过南京美国大使馆送交国务院的。他知道另有一份副本已交给美国驻联合国联总后委员会的代表，但是并未通知委员会的其他大国代表。

克莱顿说，美国政府将向国会提出一个法案，借以解决联总后援助计划中某些国家的需要，主要是一些欧洲国家。向国会要求的拨款总数不会太大，只有三亿美元左右。用途主要是满足欧洲某些国家的特殊需要,他知道法案几天内就可送达国会。听证会将于 2 月中旬开始,但很可能国会要到 5 月才能通过。

我问,该法案中是否将附有受援国的名单,还是只提所要求的总数。

克莱顿答道,将按后一方式提出。

我敦促不论是否列有名单,受援国中应有中国。

克莱顿说,中国的问题多少有些不同。在欧洲,联总到 3 月 31 日即将结束其活动;而联总的对华工作计划,要到 6 月 30 日才终止。此外,他知道由于中国港口设施的限制,运输和交货工作还将持续一个时期,大概要到 1947 年底才能结束。这就是说,联总的援华计划实际上要执行到本年年终。

克莱顿又说,美国政府在该法案中是考虑了中国的,不过仅考虑了中国可能发生的紧急需要,主要是粮食。不过,由于政府要求的金额不大,因此留出来用于应付中国紧急需要的数额,当然也就有限了。当我问美国政府是否打算为中国提出一份联总后援助计划的专门法案时,克莱顿答道,基于他已说明的理由,他们不打算向国会提出满足中国需要的特殊法案。

在回答另一问题时,克莱顿说,他们还没有考虑 1947 年以后的问题,无论对中国或对其他国家都是这样。他们不知道那时会出现什么局面,也可能到那时受援国已经充分恢复,而无须外界支援了。

由是,我再次要求进一步考虑中国的情况。我说,如果美国政府能考虑中国的特殊需要,我国政府当不胜感激。

克莱顿要我放心,说美国政府无时无刻不想到这些事情。

上述这些同国务卿及副国务卿的会谈大体上反映出了美国国务院在马歇尔回国后对中国的态度。由此很容易想象,国务院对中国提出的任何新的援助要求是何等地踌躇不决。然而追述一下我在这一阶段的另外几次会谈也不无好处,因为调停既已结束,这些谈话就反映了美国对中国以及对中国同中共及其背后的俄国人的冲突的一般舆论。譬如1947年2月,我仍在继续对国会中一些重要政界领袖进行礼节性拜访。会见的人士中有马萨诸塞州的众议员约翰·麦科马克;2月6日我还会见了参议院美国远东政策调查委员会主席布鲁斯特参议员。

布鲁斯特参议员曾两次到过中国,对中国人民是友好的。他说,不愿让该委员会怀疑科克伦在此代表中国所进行的活动,以免给中美关系投下阴影。科克伦是中国国防物资供应公司在华盛顿所聘请的美国律师之一。他在美国首都颇有名声,与政府人士交游甚广。我已提到同他的一次谈话。但是布鲁斯特认为,科克伦曾利用他与罗斯福总统的亲密关系谋取私利。我说,租借法案的谈判是我前任经办的,但据我所知,科克伦在这方面对中国的帮助是出于友情,无可非议。

接着,布鲁斯特说,如我以前所说过的,他不同意马歇尔让中共加入中国政府的政策。他还向我打听了当时的真实情况,我如实地向他介绍了当时的形势,清楚表明中共方面缺乏诚意。他对我说,在拉丁美洲共产党人也一直很活跃,他们在全世界都这样。他说,他个人认为拉丁美洲、中国及远东对美国都极关重要,美国的前途有赖于同这些地区的合作。他本人愿意让欧洲自作自受。他说,最近,又向杜鲁门总统谈了这种意思,总统被他说服了,现在已赞成他的意见。总统说,中国的友谊对美国关系重大,恰如拉丁美洲的友谊一样。

我还想提一下哥伦比亚大学裴斐教授在1947年2月14日对我进行的一次有趣的访问。他在中国旅行了四个月,刚回美国。他告诉我,他曾到过北平、天津、重庆、成都、广州、香港、南京和上海,并曾与若干中国朝野要人晤谈。举例说,他曾见过孙科、王炳南、毛泽东、朱德、张君劢和罗隆基。他还曾见过几所大学的校长,其中有北京大学的胡适和清华大学的梅贻琦。

我问他对中国现状所获总的印象如何? 这位教授直言不讳地说,他离华时感到比去年9月刚到中国时更为困惑和沮丧。他认为中国不仅是在政治和经济上陷于困境,而且中国人民的情绪也极低沉。人们似乎感到灰心丧气,前途茫茫。

当我提到争取中共合作以求国家统一的困难问题时,裴斐教授说,截至1946年9月他赴华时为止,他一直对中共有好感,相信他们或许有一个切实的建设新中国的方案。他厌恶国民党,因为他认为国民党的领袖们已经毫无热情,而且同人民毫无接触。但是经过这次旅行,他发现共产党同样不可信赖,这倒不是因为他们讲话时撒了谎,而是因为他们自己也明知在撒谎。他给我举了几个例子。他说,王炳南曾对他说,马歇尔已与蒋委员长达成了一项秘密协定,把中国所有港口统统交给美国控制,这样就使中国变成一个殖民地。王讲此话不仅是在撒谎,更糟糕的是,他明明知道说的是谎话。

裴斐教授不清楚中共与苏俄到底是什么关系。就是在我告诉他双方有某些密切合作的迹象后,他也不甚置信。不过他说,他已觉察到了莫斯科广播电台的某些言论同延安发言人出奇地协调和合拍。至于中国的全面局势,他说,他看不出有什么具体的解决办法。

我没有详细记下我所说的中共与苏俄合作的迹象是哪些。不过我们知道,譬如说,延安便驻有苏联的代理人,他们不是苏联公民,而是同莫斯科有密切联系的荷兰共产党人,这就很能说明问题。甚至很可能是有意识地不派苏联籍代表而派其他国籍的,以免过于引人注目。而且我们还知道,莫斯科的宣传报道工作,总是采取有利于延安的路线,而不直说。其他各地的极左新闻工作者都是既支持莫斯科又支持延安。莫斯科领导人私下里可能很不重视当时中共的影响和力量,但是他们对中共的斗争不乏同情。大家也知道,延安驻莫斯科的代表时来时往。在这些方面更清楚的情报还没有,这可能是由于当时莫斯科采取了审慎的策略,以掩盖其对中共的同情和支持。无论他当时给了什么援助,确实也不会太多,因为苏俄本身还在作艰苦的斗争。但我毫不怀疑,在那种情况下,他们是互相同情,并且是尽可能携手合作的。

我提到了中国的新宪法。我说,实施这部宪法必将使中国走上民主的道路。裴斐教授说,这部宪法在字面上是一部民主宪法,但是他怀疑,其精神和条文是否会真正实现。他认为国民党无意交出权力,也无意领导人民享受真正民主的幸福。

我问他,他认为中国动乱的真正原因是什么。他说,他认为动乱原因在上面。他从未见过蒋委员长,但委员长对民主作用有多少认识,对民主有几分真正信仰,他是向来抱有疑问的。他担心国民党大员们并没有在中国实行民主的真诚愿望,只是把民主看成用来迎合外部世界流行信念的手段而已。裴斐教授觉得委员长似乎是一个"超级军阀"。

我说,我认为这样对委员长评价不十分正确。委员长确实渴望尽力建成一个新中国。裴斐教授对这一点表示同意。我接着说,在我看来,问题与其说是在于委员长,倒不如说是在于他的左右,因为这些人往往不讲真话。

裴斐教授又说,他在中国看到的更多迹象证实了他过去的信念,就是国民党的领袖们相信用武力解决共产党问题是上策,他们认为共产党可以用武力予以粉碎。他认为这种政策是不能奏效的,因为中国政府不可能用战争来消灭共产党的军队。

我说,国民党内有一个死硬派集团,他们主张用武力解决共产党问题,而对于在中国建立民主制度则深感怀疑。我又说,不过他们的观点似乎并没有占上风,从过去一年的事态来看,委员长在马歇尔将军的劝告下接二连三地作出让步,以满足共产党的要求,便可以说明这一情况。委员长在国民党内有至高无上的权威,他一向按照开明分子的建议行事,这一派人数比另一派人数多,而且比较温和。国民党内的所谓顽固派向来是嚣张跋扈,不可一世,而开明分子则总是言行谨慎,在公开集会上尤其是这样。

裴斐教授说,中国有大批人才。他们能够建立起一个现代化的政府;以他们的资格和能力而论,他们足以胜任华盛顿、伦敦或巴黎的任何政府职位。但这些人却感到灰心丧气，希望破灭。他认为这不是好现象。

我说，我对中国的前途并不悲观，当前的困难是暂时性的。（我显然是想错了。）

对于中国的局势和中共与苏俄的关系，前美国驻莫斯科和巴黎大使蒲立德发表了另一种见解。他任驻法大使时，是我最亲密的同仁之一，经常见面。我们在 2 月 20 日共进午餐。他对中国的局势和整个世界的形势十分关心。他对苏俄了解很多，对国际问题具有丰富的经验。他告诉我，他觉得马歇尔给他的印象是与委员长相处不甚融洽，他问原因何在。他认为马歇尔不相信委员长能打败中共，用武力解决共产党问题。他问我此说是否有理。我说，总的来说，就中国来看，是有道理的，而在东北还有一个额外因素。由于苏联暗中支持共产党，政府的任务就更加艰巨而困难了。

蒲立德问我，哪些人是中国政府和国民党内的反动派，并说，曾有人要求马歇尔对这些人指名道姓，马歇尔拒绝了。蒲立德还向我透露，几周前在白宫举行的一次秘密会议上，决定不惜代价地支持土耳其顶回苏联的要求，即使引起战争也在所不惜。他说，这样终于使苏俄放弃了对土耳其和伊朗的要求。他并说，他认为对付苏俄的唯一办法就是态度坚定，丝毫不要露出害怕战争的心理。

在这方面，我可以提一下同美国驻南斯拉夫大使理查德·帕特森的一次谈话。我是 1 月 17 日在财政部长斯奈德夫妇举行的招待会上见到他的。在我们攀谈中，他告诉我，铁托是个共产党人，从来不信守诺言。他说，铁托完全处于俄国掌握之中。至于俄国的现状，他说，由俄国来的旅客报道称，那里十分穷困，并缺乏农产品，因为政府要把农民的劳动果实大部分拿走，所以农民除本身所需外，不愿意生产更多的农产品。帕特森主张赶紧对付苏俄，宜早不宜迟。他说，他在尽力对国内人民报道苏俄的实情，他希望国务院能授权他，把他所知的俄国实情公开告诉美国人民。

2月21日，我拜会了众议院议长小约瑟夫·马丁。他体格结实，敏捷精悍。看来他与蒲立德的观点很一致。他要我确信，中国是在同以俄国为后盾的共产党战斗，他衷心同情中国的斗争，因为他相信共产主义是美国最大的危险。共产主义的势力在美国是微不足道的，但它不仅正在美国抬头，而且正在拉丁美洲迅速蔓延，这就使形势严重起来。

紧接着，我拜会了众议院外交委员会主席查尔斯·伊顿。他说，他始终认为美国的命运将取决于太平洋和远东。他说，过去他经常向罗斯福总统提出这个问题，关于中国对美国的重要性，总统完全同意他的观点。

3月1日晚，我出席了白宫记者为总统举行的宴会。约八百人出席。宴会于七点半准时开始，未因任何接见而中断，还演出了文艺节目，好莱坞的明星几乎全部荟萃一堂。就在这次宴会上我遇到了巴比海军上将。他的座位与我相邻，我们进行了一次有趣的谈话。

他曾在青岛任第七舰队司令，后来由柯克海军上将接任。

谈到中国局势时，巴比告诉我，1945年11月，他、魏德迈将军和麦克阿瑟将军曾奉华盛顿指示开会研究一份促进中国统一的政策。他说他们经过磋商，一致建议中国应成为一个强大、统一和民主的国家。由于他们的建议，马歇尔由杜鲁门总统委任执行这个政策，以便防止同苏俄作战的危险。当时在欧洲，尤其是在巴尔干和中东，危机四伏，但由于中国东北和北朝鲜情况，特别是由于中共当时正积极反对国民政府，所以麦克阿瑟深信中国的局势有可能引起对俄战争。

巴比说，他认为马歇尔处理问题的方法错了，马歇尔先到南京，他所见到的人以及宴请他的人都是中央政府领导人，这就给自己招来了偏袒政府的攻击。照这位海军上将的意见，马歇尔不应以特使身份,而应以调解人身份出面;他应该以这样身份把委员长和毛泽东请到他的旗舰上,在那里发挥他的调解人的作用。他认为采取这种方式是会成功的。

3月3日星期一,我出席了国务卿马歇尔在布莱尔大厦招待远东委员会代表的午宴。国务卿看来情绪不错。他同我畅谈了他对中国局势的看法和他准备在即将举行的莫斯科会议上进行的工作。他觉得我们误解了他所提出的扩大政府的想法,以为他准是想扩大为联合政府。现将谈话笔记引述如下:

他一开始告诉我,他是星期日晚间由佛罗里达州的派因赫斯特飞抵华盛顿的,是为了出席国会关于总统要求为国际救济基金拨款的法案的听证会。他刚参加过两个小时的听证会。当时他想,如果中国军事官员有机会到国会各委员会这种会议看一次,对他们准是一次很好的教育。他说,委员会主席向他提出了许多问题,主席问完以后,又请其他委员分别提出质询。他们都要了解为什么需要此款,怎样用法,同时还评论过去有些拨款使用不当。马歇尔说,他对这些问题都一一作了回答,而且他感到这是一场使人精疲力尽的考试。有些问题是寻根究底的质询,以深入探讨美国海外政策的目标。

我问马歇尔,他是否能以维护国家利益为理由而对某一问题回避作答。他说,可以的,不过这样没有什么好处,因为只能引起猜疑。(我提出这个问题是因为许多国家政府发言人在国会都惯于用国家利益作为挡箭牌,就连英国也是这样。这就算做是已作答复而不再提出质询。显然在美国国会里,情况并非如此。)

马歇尔说,他在任陆军参谋长时,曾被授予一亿四千万美元秘密经费的使用权,他用这笔款不需报账,后来他给财政部退还了一亿一千万美元。所用的大部分支援了科雷吉多尔的麦克阿瑟将军,当时必须向麦克阿瑟提供物资和情报。但是,他说,他同国会打交道的经验说明民主制度下公款是如何处理的,行政部门又要对立法机关负什么责任,这才是真正的民主。

他再次说,他想最好是让中国一些高级军事首长到这里来出席一次这样的听证会,以了解一下民主制度是怎样起作用的。(我可以补充说一下,这大体上也就是我自己关于如何在中国促进民主政治的想法。记得我在同毕范宇的多次谈话中都表示过这种想法。他是委员长派来制定向中国人民进行民主教育的计划的。例如,我曾向他提出在他所拟计划中加上有关美国地方城镇会议和政党干部会议的影片。)马歇尔说,他在中国时,曾极力向中国政府首脑人物说明民主的含义和实行民主的方式。他和国会打交道的经历,确实是一种很好的说明。他毫不掩饰地说,在中国,政府用不着对任何人负责任,他从未见过一份财务收支报告。

我说,当年我在北京任了四个月的财政总长,我曾将任职期间的收支账目向内阁作了书面报告,并曾予公布。当时对中国并不很同情的伍德海也当真在《中国年鉴》上发表了我的财务报告,并加了按语说,即使在中国财政这样窘困的情况下,也同样可以正当管理,并可公之于世。

马歇尔说,他认识伍德海,这个人确实对中国不太友好。马歇尔还说,除非中国的财政以负责的方式进行管理,除非中国政府负责向人民说明公款支出情况,否则人民对政府的民主性质就永远不会充分相信。

我说,据我所得的消息,南京政府即将改组。我想知道他是否认为有必要用年轻人来代替一些政府现有成员,以便给政府注入新血液。

马歇尔答称,那倒不必要,在中国尤其不必,因为年长者受到尊敬。

我愿意补充说明,一位外交代表通常不会提出这样的问题。但这是一次非正式的私人谈话。我们彼此都开诚布公,与其说是国务卿和大使交谈,不如说是朋友间的谈话。

我问马歇尔,他在南京时曾否出席国民大会的会议。他说,出席过几次，开会时辩论之热烈使他印象很深。他说，有人发言非常有力，一度意见如此分歧，大会几乎根本无法完成通过宪法的使命。最后由蒋委员长出面干预，大会才得以圆满结束。他又说，中国最需要的是建立民主制度。他说，领导人必须对民主的含义以及实行民主的方式有明确的概念。

我说，我相信这正是委员长所希望并一直在努力实现的。然而，马歇尔觉得委员长没有真正体察到人民的心情和愿望。我说，有可能委员长周围的人不都是愿意对他讲真情实话的，这对他实在是非常不利的。

马歇尔接着又回顾了委员长诞辰的无锡之行；委员长显然深为无锡人民的敬爱所感动。但是，马歇尔说，那是很自然的，是对他品格的爱戴，这并不等于全体人民充分信任他作为政府首脑能够解决国家的问题。如果委员长能够了解中国人民的疾苦和需求，那才是真正有益的事情，因为真正的民主必须以全体人民的意愿为基础，并据以实行。

接着他说，在他刚去中国的时候，美国政府并没有考虑使中国成立一个所有政党都参加的联合政府，他和美国政府所希望看到的是中国政府扩大基础，把各方面人士都包括进去。但是中国领导人把这理解为联合政府，而且使它成为必备的条件，然而他个人认为没有必要每个政党都参加改组后的政府，而是政府改组后必须全面代表所有的开明分子。他又说，事情如何发展，还得等着瞧。

我说，他把这一点给我讲清楚，我非常高兴。没有想到他竟然回答说，希望我不要在这一点上引用他的话。我发现他对我如此坦率地讲话是令人感兴趣的，但我不很明白他为什么不让我引用他的话。为此，这次谈话虽然很有启发，但我根本未予汇报。

我认为，那时候马歇尔已经认识到共产党的行动不应该从表面上看，他们的观点也不应该照他们所说的予以相信。他终于感到共产党人不是可靠的或诚实的，他已经不相信他们了。共产党当时要求的联合政府并不是他们的最终目标。我认为他们要的是全面控制。马歇尔也已开始感觉到他早先信以为真实诚恳的共方政策并不尽然。所以我想,他觉得重要的不仅是让我理解他的立场,而且为了历史记载起见也有必要把同共产党组成联合政府的设想予以冲淡。那时候他必定已经认识到共产党人并非他原来所相信的那样。因此他的谈话多少有些间接地承认自己终于认识到了联合政府的想法并非上策,因为联合政府到头来是满足不了共产党的。他不得不说明他最初为什么要坚持成立联合政府,然后他又想用冲淡的办法来辩解。不过,他和美国政府原来确实是想要联合政府的,因为美国政府本身就是共和党人和民主党人和睦相处,以公认的两党制的体制为基础的。他否认联合政府的想法,我是不能同意的。1946年在重庆时,我想他就在努力把国共两党拉到一起在国民政府内合作。后来,在1948年人们又可以看到,他再次确认他支持联合政府的初衷,至少他有一次谈话是这样讲的。

3月8日我在双橡园举行仪式,为九位美国海军将领授勋,其中包括尼米兹海军上将,以表彰他们战时对中国战区作出的贡献。尼米兹在闲谈中告诉我,俄国人准备把大连港交给中国管理。我说,南京收到的最新报告也大体如此。我并说,他们正把铁路机车和机器搬走,显然是准备撤离。

三天后,我同艾奇逊副国务卿会谈了一次,话题主要是莫斯科会议。我借机问他,美国针对苏俄在远东的扩张采取了什么政策,可否略告一二。我说,具体到巴尔干和整个东欧,美国的政策相当明确,是以遏止苏联的扩张为目标。

当时在座的范宣德说,显然,麦克阿瑟将军在日本的行动就是要遏止苏联的扩张。情况彼此相同的有霍奇将军统治下的南朝鲜,另外还有大连,美国政府也曾就该地问题给莫斯科发去一份特别照会。

我说,我高度评价美国在远东的作用,尤其是就大连问题致莫斯科的照会。不过,我所想的当前形势中更大的方面也就是中国政府与共产党相持的形势。中国的政策旨在防患于未然,遏制某种局势可能的发展。这种局势会使整个远东国际形势复杂化。换句话说,中国政府正致力于国家的统一,有了统一的中国,对内就可以开始推行复兴计划,对外则可以防止国际局势产生不利的发展。我说,中国政府一向认为,美国政策对中国制定政策关系甚大,因此我想知道艾奇逊可否就美国政策作一些简要的说明。

艾奇逊含笑地说,迄今为止美国政策并未对中国产生多大影响。

我说,如果艾奇逊指的是政治局势,那是个非常棘手的问题。我知道美国政府所渴望的是对立的政党实行合作,然而只有在两党都愿意合作的前提下,才能达成合作。既然这种合作无法达成,政府只得采取其他办法来寻求统一。中国这样做不仅有利于本国的统一,也有利于美国的全局政策。美国的全局政策可以在欧洲看得清清楚楚。从这个意义上说,中国的行动也是有利于全世界的。然而,我总觉得中国政府的政策并没有得到美国应有的重视。

范宣德说,美国是让中国放手去解决自己的问题,如果中国决心按自己的主张办事,美国不打算对它施加压力。

我说,我想说的不是这个。我想要说的是,美国对于中国政府正在力求达到的对内对外各项目标,本可以表示更为积极的关注。换句话说,中国政府的政策同美国对欧洲的政策是完全协调一致的。既然如此,我不能不希望美国对中国的政策表示更大的关注,对于这一政策给予道义上和物质上的支持。

艾奇逊说,国务卿奉行的政策在他就中国问题所发表的声明中说得很清楚,那个声明仍然代表美国政府政策。

我说,杜鲁门总统早在12月份发表的声明想来也是这样。

范宣德说,这两个声明都仍然有效。

我回顾了总统在最近的和一年前的声明中都认为中国局势

构成对国际和平与安全的威胁。既然以如此严肃的目光看待中国局势(中国认为希腊局势非常严重,但总统对希腊局势从来没有使用过这样严肃的语言),那么中国局势就应受到和希腊局势同等的甚至更大的关注。

范宣德说,总统声明中并没有用这类严厉的词句,他记得,声明只是说中国局势对世界和平关系重大。

我说,我的记忆可能不准确,声明文本很容易查对。但我主要是想说明,如果中国局势从国际角度看来是严重的,那么美国对中国的关注,就应该远远超过东欧。我高兴的是我的设想得到了证实,那就是美国对远东的政策,同它针对苏联在欧洲的扩张而采取的政策并无两样。

当晚,在双橡园举行的晚宴后,在对英国记者的招待会上,我答复了若干有关中国及中国局势的问题,但我最感兴趣的是同英国大使馆新闻专员杰拉尔德·坎贝尔爵士的谈话,因为谈话说明了美国新闻界和国会的影响,以及善于正确估价这种影响的必要性。我们首先交换了对华盛顿的印象。他说,他认为美国的决策中心永远是在华盛顿,因此虽然他在纽约有更多的工作人员,可是他自己却常住在华盛顿。不过纽约的工作人员的任务是处理新闻交流和广播稿以及新闻稿的发布等技术工作。他自己在华盛顿的工作则是同英国大使保持密切联系,并同美国记者和编辑经常接触。

他说,凯恩斯勋爵在华盛顿同美国政府谈判一笔借款时,这位爵爷无疑是被美国国会和报界的反应弄得手足失措了。这些反应都是他的美国朋友和财政部副部长怀特和负责经济事务的副国务卿克莱顿等告诉他的。坎贝尔认为要不是凯恩斯如此惊慌失措的话,他本来满可以得到更多的借款和较低的利率的。

3月13日,我出席了远东委员会的一次会议。会后,我前往弗吉尼亚州的夏洛茨维尔,到伍德罗·威尔逊外交学院发表演说。演说安排在晚间爱德华·斯退丁纽斯为我举行的宴会之后。

宴会来宾共二十八人,包括弗吉尼亚大学校长库奇博士和威廉·哈尔西海军上将及夫人等。在外交学院,我发表了题为论和平与合作的演说,在主席台就座的有斯退丁纽斯、库奇及哈尔西。尽管那天雨雪霏霏,但大厅内还是座无虚席。事后,我应斯退丁纽斯之请又参加了一个集会,给那里大约五十位学生一个机会向我提问。我觉得问题提得有道理,相当尖锐,而且抓住了当前中国问题和中国整个局势的要害。问题包括中共与苏俄的关系如何,蒋委员长能否在半年到一年内打垮共产党,苏联的对华政策,所传中国大陆上的反美示威,从美国政府获得五亿美元贷款的可能性,中国民主化的进程,以及反动分子在中国人民中间的影响等等。

回答问题后,我同哈尔西海军上将进行了极有趣味的谈话。他极端仇视日本人。他说他对日本人深恶痛绝;不过看来哈尔西夫人倒是怜悯日本人,而不是憎恨他们。这位海军上将把打败日本归功于用轰炸与封锁的办法沉重地打击了日本的大后方和海上运输。他说,原子弹的作用实际比不上对日本许多城市的战略轰炸。跨岛作战的策略使得日本海军省大伤脑筋,使他们为了对外围岛屿守军进行补给而耗尽元气。这种见解,我认为十分正确。

我想顺便提一下 2 月末到 3 月间的其他几次有趣的场合。其中之一是 2 月 22 日星期六我赴佛罗里达州温特花园之行。此行是为了接受迈阿密大学授予的人文学博士荣誉学位,并在大学举办的几次大型集会上发表演说。星期日上午我同大学校长在学校附属教堂做礼拜,并听了查尔斯·特莱克斯特牧师讲道。他也是荣誉学位的接受者。那天他讲的是乔治·华盛顿。他称道华盛顿将军是一个"具有远大胸怀的普通人"。在下午一次群众集会上(这个集会是被称为"活动杂志"的,是这所大学的一次年会。)我以教育与和平为题作了演讲。发表演说的还有印度的达斯夫人及另外十余位,包括前大使沃德尔,他发表了即席演说,介绍了他的拉丁美洲之行。

正式仪式在翌日即建校节上午举行。在我接受荣誉学位的同时,另有几位接受其他学位的人,包括产联的凯里先生、美国最高法院的道格拉斯法官、纽约的特莱克斯特牧师等人。我是由讲英国文学的中国客座教授——中央大学的林教授提名的。接受学位后,我在学校附属教堂讲坛上发表演说,题为《人民与世界和平利害攸关》。

星期二,我返回华盛顿,于清晨抵达。但当天我又离开首都,前往纽约参加监察院刘尚清副院长的葬礼。他刚在纽约逝世,两周前我还去看过他。他是中国东北派要人之一,我与他相识十多年。星期三开完追悼会后,我于当天重返首都,因为星期四我的哥伦比亚大学同学、美国参议员威廉·兰格的女儿结婚,由于这位参议员不仅是我的同班同学,而且住过同屋,所以我特别高兴参加婚礼。

实际上,婚礼于星期六举行,星期四是为未婚夫妇举行宴会。设宴的人是路易丝·斯坦曼女士,在座的人个个喜气洋洋。有十多位客人起立祝酒,斯坦曼女士要求我也祝酒。我记得我说,新娘是西部人,新郎是东部人,但我与吉卜林不同,而是反其意用其诗句,我相信东是东,西是西,但是一根绳子的两股终会拧在一起。我说,霍克斯参议员祝愿他们人丁兴旺,我完全赞成,我祝愿他们多生双胞胎,并提议为这对未来的伉俪干杯。所有祝酒者都妙趣横生,因为我们都认为这个场合应该这样。

翌日,即 3 月 2 日,我应邀前往苏联大使馆,出席该大使馆为其武官即将离任回国而举行的鸡尾酒会。会上放映了苏联彩色影片《宝石花》。这部影片拍摄技术精巧,但情节稍嫌单调。在苏联大使馆,我还同远东委员会主席麦考益将军闲谈了片刻。谈话中,他告诉我,在第一次世界大战时,他在潘兴将军麾下,军阶高于麦克阿瑟将军。他本人是彩虹师师长,麦克阿瑟任其参谋长。战争结束时,潘兴将军举荐他(麦考益)晋升将军,但陆军部长却把这一军衔授给了麦克阿瑟。从此在陆军中麦克阿瑟的军衔就超过了麦考益。

3月29日,汉密尔顿·赖特夫人设午宴招待我。她的丈夫汉密尔顿·赖特于1910年或1911年曾在上海主持国际鸦片会议。她从丈夫去世就接替了他的工作,继续代表美国,特别是代表美国参加国联的毒品会议。她坚决主张美国采取政策尽一切可能来制止麻醉品、鸦片及其他有毒药物的扩散。午宴有十六人在座,包括布鲁斯特和弗格森两位参议员。弗格森参议员给我讲了共产主义对世界的威胁,并叙述了他当法官时同一个共产党人打交道的经历;这个人当时在假释中,条件是不离开本市,但他却秘密溜出去参加了华盛顿的游行。他说,于是他就要求联邦调查局的埃德加·胡佛把他逮捕,拍了照片,打下了手印。然而这个共产党人在回城受到法官审讯时,竟否认他曾离城去华盛顿参加游行。这位参议员说,谎言、欺骗以及其他种种手段只要能为党服务,就可列入一个共产党分子的行动日程。

　　在谈到外长会议和莫斯科会议的国际问题之前,我还愿意提一下那几个月里中国发生的两件大事。那就是1947年2月28日台湾人发生的暴动和3月1日宋子文的辞职。宋子文辞职的近因看来是他的经济政策受到了广泛的批评和不满。通货膨胀情况危急;租借物资被挥霍浪费;上海市场充斥着用战时经济援助余款买来的美货,其中许多是奢侈品,买这些东西的目的是尽快把余款耗尽,从而构成需要美国再给经济援助的局面;所有这些都归咎于宋子文制订的经济政策。

　　1947年9月15日,我拜会了当时在纽约的孔祥熙。谈话中他告诉我,当他卸任财政部长时,国库大约存有十亿美元和六百万盎司黄金。他说,他曾主张用这笔资金来进行币制改革,就是发行新纸币,收回恶性膨胀的旧纸币。但宋子文不同意,他主张维持当时仍在流通中的法币。

　　宋子文辞职,除了经济方面的近因,后面还有委员长与宋子文长期以来个性冲突的远因。从公务共事上看,二人之间关系不睦,不像是两人都身居要职、两家之间又有亲戚关系。事实上,宋与委员长二人性格迥异,无法有效地合作。他们之间存在着一种互相排斥的力量。两人的个性都很强,似乎双方都感到难以同对方顺利合作,彼此之间的分歧是冰冻三尺非一日之寒。

宋子文辞去行政院长职务也有这种背景。他感到自己已经失掉了委员长的信任,而别人则认为他的权势太大了。宋辞职后,行政院长职务由委员长暂行兼代了一段时间,4月中由张群接任。我还记得张群曾于1946年秋来到美国。那次他乘美国飞机飞来,主要是因为他身患肿瘤,需要进行检查。当时他因为必须进医疗中心接受检查,深感忧虑,但检查结果认为肿瘤并非恶性,他出院时非常高兴。当时我们大家都已经觉得他回国后将出任行政院长,此事已在酝酿之中。委员长计划让他接掌行政院,而不愿个性更强的人占此职位。

另一方面,刘锴对我说,宋子文是突然辞职的。刘锴任外交部次长两年后,新近来美任中国驻联合国托管理事会代表。我们的谈话是1947年4月3日在纽约进行的。他说,就在宋辞职那天上午,宋还曾要求他准备一份战前与当时驻外机构情况对照的报告。鉴于我国外汇储备减少了,宋可能要根据这份报告考虑削减和压缩。驻外机构的预算已由原来的三百万美元左右上升到1947年的一千四百万美元。由于宋氏在上午下达这样一项任务,刘锴断定他并未准备当天下午提出辞职。

至于1947年2月底台湾发生的暴动,我要说明,在事件发生的当时,这里并未给予多大注意,这与人们事后回顾时的想象不同。如果当时美国舆论反应强烈的话,我对此事必然会有深刻的印象,但我并无印象。直到后来,大陆失守的罪责问题在美国成为争论焦点的时候,这一不幸事件才受到了重视。可是美国国务院不得不考虑中国于1947年对财政经济援助的新要求,是以1947年的中国发生的这些事件为背景的。台湾事件有美国目击者的第一手叙述,诸如通过南京美国大使馆转交委员长的报告,因而对美国政府的决定可能起到了一些作用。

第三章　国际形势的发展及其
对中美关系的影响

1947 年 3 月—9 月初

第一节　莫斯科会议,杜鲁门主义
和美国的援外政策

1947 年 3 月—4 月

一、莫斯科会议,特别是这次会议反映了
中国在五国外长会议中的地位

在 1945 年 7 月召开的波茨坦会议上,杜鲁门总统和国务卿贝尔纳斯提议成立由美、英、苏、法、中五大国外交部长组成的外长会议,定期集会,处理多种悬而未决的问题。需要办理的第一件事便是草拟对德国过去的欧洲盟国的和约草案。尽管英国和苏联原则上接受这项提议,但苏联反对中国参与起草对德国各欧洲盟国的和约,反对法国除对意大利和约外还参加其他和约的起草工作。最后,各方同意,只有在各该停战协定上签字的各国政府方得参加和约的起草工作。

可是,在 1945 年 9 月在伦敦举行的第一次会议上,又决定五国外长都应参加起草委员会的全部审议工作,而条约的决定权则属于各该停战协定的签字国。但几星期之后,莫洛托夫又变了主

意。他说,上述决定违反了波茨坦协定;法国和中国不应参加它们未在有关停战协定上签字的和约的讨论。由于会议陷入僵局,贝尔纳斯经征得英、法、中三国的同意后,勉强地说,如果与会各位,同意于年底以前在巴黎召开一个由二十一个国家(包括组成外长会议的五个成员国、联合国的全部欧洲会员国,以及在大战期间曾对欧洲战场各盟国提供过军事援助的全部非欧洲会员国)参加的实质上的巴黎和会,他可以接受苏联对上述程序问题的立场。

1947年9月30日,外交部长王世杰和我同贝尔纳斯进行了一次颇有意思的谈话。这次谈话有助于理解莫洛托夫在伦敦改变主意的原委。当我们谈到怎样和俄国人进行谈判时,贝尔纳斯说,苏联领导人的真实意图从来都是高深莫测的。他说,当莫洛托夫在1946年9月在伦敦外长会议上就起草五国和平条约提出中国和法国的资格问题时,他简直弄不清俄国突然改变态度的真正动机是什么。后来在1946年10月的莫斯科会议上,他终于找到了答案,原来导致伦敦外长会议形成僵局的真正原因是日本问题。他想起来了,在伦敦时,莫洛托夫曾提议把日本问题列入议程,但被他拒绝了,因为他认为这个问题与商定的会议议程毫无关系。

(说也奇怪,假如苏俄像在伦敦表明那样,想在外长会议上讨论日本问题,它就应该在商订议程时提出来。可它当时不提,却想在伦敦会议时把它硬塞进来,当时议程已经确定,其他成员国,英国和美国当然很难接受这种更动。因为他们如果予以同意,苏俄可能又会提出其他问题来。另外,中国对日本问题当然是异常关切的,而莫斯科既没有把这一问题通知中国政府,也没有向中国政府建议,或者同中国政府商量,这里面也大有文章。不用说,这正是典型的苏联外交作风——一切守口如瓶。)

结果是巴黎和会一直拖到1946年7月才召开。开会之前,俄国人又一次提出了中国的地位问题。不过这一次提的是中国能否作为会议发起国的问题。还记得,我重任驻美大使后第一次会晤美国国务卿,是在他刚从巴黎开会回来以后。在巴黎,四大国外长先后于1946年4月、5月和6月,开了多次会议,草拟各项和约,以备7月间在巴黎和平会议上进行讨论。我在那次谈话时提出的问题之一就是中国担任和平会议发起国的权利问题,因为各国外长在6月间已经对这一问题进行了反复的讨论,并作出了决定。贝尔纳斯也在会上肯定了中国出席的权利。后来中国确也由外长王世杰任代表,出席了这个会议。

1946年10月29日,我又一次会晤了贝尔纳斯。这次是他从10月15日闭幕的巴黎和平会议刚返美国。我当时正率领出席联合国大会的中国代表团常驻在纽约,利用去华盛顿赴约的一天时间里拜会了贝尔纳斯。我向他提出了中国在外长会议中的地位问题。贝尔纳斯说,他在巴黎时曾极力为中国争辩,但莫洛托夫每次都站出来反驳,他说,中国连自己的问题都解决不了,怎么能有助于管好全世界的事呢。这位国务卿说,为了保持中国在国际事务中的地位,他一直在尽最大努力提高中国的地位。不过中国必须尽快解决国内问题,否则就将失去这种地位。

1946年12月14日,我在纽约见到贝尔纳斯。我再次提起了中国在外长会议中的地位问题,特别是因为这个问题关系到中国能否参加预定于1947年3月在莫斯科进行的对德和平条约的讨论。我对贝尔纳斯说,我知道他在纽约华道夫—阿斯多里亚饭店召开的外长会议上(1946年11月至12月)为争取中国参加德国问题的讨论作了巨大的努力,我问他结果如何。

贝尔纳斯说,他在12月16日(星期三)[原文如此]和莫洛托夫激烈地争辩了一场,为中国问题吵了三个小时。他对这问题太热心了,以致陷入了颇为尴尬的境地。他在争论中提到了皮杜尔的信,那封信全面地阐述了法国有权参加讨论德国问题的理由。美国对这些理由完全赞成。他极力主张这些理由对中国也同样适用。但是莫洛托夫反驳道,贝尔纳斯为什么要为中国提些中国自己也没提过的要求。他补充说,9月份中国外交部长王世杰给他去过信,他已于10月份作了答复。在王世杰的信中,中国方面仅要求参加讨论关于召开对德和平会议所应采取的程序问题。贝尔纳斯说,他当时对莫洛托夫的质问简直无法对答。他不能理解王外长为什么如此重视会议程序问题,这个问题实际上并没有多大重要意义。重要的是中国应该全面参加对德和约中各项条款的讨论。

贝尔纳斯接着说,莫洛托夫的论点是柏林协定(实际就是波茨坦协定)已经确定了对德国以及对其卫星国的五个和约的原则。既然如此,中国就不能参加对德和约的起草工作。既然中国不能参加起草,又怎能和其他各国一起召集讨论草约的会议呢?贝尔纳斯不同意莫洛托夫的观点。他说,波茨坦协定确定的原则仅适用于对德国的五个卫星国的和约,而不适用于德国。但是莫洛托夫仍然固执见,拒绝让中国参与对德和约的起草工作。

我问他英国持何态度,贝尔纳斯说,在和莫洛托夫争吵后的第二天,他曾同在纽约会议上担任主席的贝文交谈过。贝文同意他的看法。但由于莫洛托夫执意要把中国排除在外,而且会议即将结束,因此贝尔纳斯没有再提这一问题。

我问他这事到底会怎样。贝尔纳斯说,他估计,讨论对德条约草案的会议,将以外长会议的名义而不是以外长会议中各个政府的名义发出邀请信。

我插话问道,是否会和巴黎会议一样。贝尔纳斯说,是的。将由外长会议出面邀请,中国当然在被邀之列。

我问贝尔纳斯,他和莫洛托夫会晤时讲了什么或做了什么,使莫洛托夫似乎魔术般地改变态度。我说,在他俩单独会晤之后,莫洛托夫明显地缓和了他在许多问题上的不妥协立场,作出了一些让步,这才使许多长年累月悬而不决的难题终于达成了协议。贝尔纳斯说,我说对了,他和莫洛托夫的会晤确实是个转折点。在那次谈话中,他坦白地对莫洛托夫说,他已经让步到了最大限度,再没有余地了。假如莫洛托夫还不能改变态度,使协议得以达成的话,那么他们最好就公开向全世界宣布,他们双方愿意继续争论下去,然后干脆把外长会议停下来,等以后再说。他说,他为了设法使对意和约达成一致意见,已经花了十个月时间,再也不想重复那种没有结果的争论了。他认为暂不讨论意大利殖民地问题的决定是明智的。他看不出与意大利条约有关的其他未决问题为什么就不能同样推迟一年再说。他感到让外长们为了条约中某一具体词句是否应该删去而争论上几个小时,实在太荒唐。他们都是各自政府中肩负重任的领导人,都有许多别的事情要做,不能为了对意和约中某些无关紧要的词句而来咬文嚼字,消磨时间。

贝尔纳斯说,他这番坦率的言论打动了莫洛托夫,使莫洛托夫看到他的态度的严肃性。从那以后,外长会议的集会就顺利得多,并且能够取得结果了。贝尔纳斯感到莫洛托夫一直是在尽量作梗,而自从他看到贝尔纳斯的认真态度后,才决定合作。贝尔纳斯同意我的说法,认为莫洛托夫自11月25日以后,也就是与他个人单独会晤之后,态度确实有了转变,无论是在外长会议还是在联合国大会上,这位苏联外长都显出进行国际合作的愿望。

1947年1月11日,贝尔纳斯的辞职公布后仅四天,我在一次宴会上再次和他交谈,这次谈得比较随便,所谈的内容大部在前面均已提到过。我并说我一直希望他能在外长会议和联合国大会已取得的杰出成就的基础上,在即将召开的莫斯科会议上继续工作。我相信这次会议有可能要研究远东问题。

贝尔纳斯说,莫斯科会议的议程业已确定,主要是研究德国和奥地利问题,但他不会参加这次会议。他觉得如果他插手会议的工作,就得干到底,谁也不敢说那将需要多长时间。所以他决定趁这个时机就告辞,他认为现在离去最适时。他同意我的看法,去年是他工作最紧张的一年。不过到头来苏俄还是掉转了船头,使达成协议有了可能。

五天后,我与副国务卿迪安·艾奇逊会谈,提出了中国的与会权问题。在座的还有他的助手国务院远东司司长范宣德。我告诉艾奇逊，我刚接到外交部长就中国参加外长会议问题致贝尔纳斯的一封电报，我说明了这个问题的背景，我说，王世杰外长曾在巴黎和平会议上向贝尔纳斯先生提出这一问题。中国的立场是，波茨坦协定中虽然规定这六项条约应由在停战协定上签字的各国的外长负责起草。但并没有提到召开和平会议讨论这些条约的事，也没有提及召开和会的程序问题，仅规定和会应由外长会议召开。既然外长会议是由五大国外长组成的，那么和会的召开以及与此有关的程序问题都应由五国外长会议的全体会议决定。

接着，我又说，王外长已向莫洛托夫、贝尔纳斯、贝文和在巴黎的皮杜尔分别发出了同样的通知。莫洛托夫反对中国的立场。而贝尔纳斯在给王世杰的复电中说，美国政府同意中国政府的意见，并将全力支持中国的立场。贝文的答复也与美国的相同。皮杜尔的答复则不那么肯定。我说，我知道，贝尔纳斯在纽约召开的外长会议上也提出过这个问题，但又一次遭到了莫洛托夫的反对。现在王外长委托我转交他致贝尔纳斯的电报，重申中国的立场，并希望国务卿继续给予支持。

我补充说，中国对奥地利问题的立场更为强硬，而波茨坦协定对这一问题却只字未提。总之，王外长希望特别强调中国的立场，关于召开和平会议的问题，诸如邀请与会的国家、召开会议的时间、地点等等，应由外长会议全体会议决定。同时中国政府还希望保留对德、奥和约的条款提出实质性意见的权利。然后，我向艾奇逊递交了王世杰的电报，请他转交贝尔纳斯。我说，我本来希望会见贝尔纳斯，但鉴于国务卿正忙于准备向马歇尔将军移交职务，只好作罢。但我希望美国政府在即将召开的莫斯科会议上要继续支持中国的立场。

艾奇逊说他对此事不太清楚，但一定把王外长的信转交给贝尔纳斯。他并说，以往贝尔纳斯向王外长所作的各项保证，新任国务卿马歇尔将军一定会继续给予尊重。

到 1947 年 2 月，业经达成谅解，一旦对德和约草拟完成，中国将以外长会议成员国的资格出席诸如巴黎和会这样的会议，参加讨论。但是外长会议为起草条约而举行的集会，中国一概不参加。既然中国不能出席这些会议，而这样的会议 3 月份就要在莫斯科举行，于是我在这方面的主要目标就改变为设法确保没有人在会上提出中国问题或远东问题，即使有人提出来，也不会不先和中国商量就进行讨论。

2 月 17 日，我首次会见新任国务卿马歇尔将军便提出了这一点。我说，几天前我曾向美国国务院递交了王世杰外长的电报。该电中询问莫斯科会议是否将研究中国和远东问题，并表示如要讨论的话，必须事先与中国协商。

马歇尔说，莫斯科会议的议程已经公布，会上将处理德国和奥地利问题。他说，他认为这次会议光讨论欧洲的问题就够忙的了。

我说，根据波茨坦协定，外长会议应由五大国的外长组成。既然如此，那么外长会议在处理任何问题时就都应该由中国参加。如果要讨论有关中国和远东的问题，那就必须通知中国并征询中国的意见。

和往常一样，范宣德也在座，他说，国务卿不准备带任何远东问题专家去莫斯科，这就清楚地说明这次会议不打算涉及这方面的问题。

五天之后，2 月 22 日，我国政府接到英、美、法三国的通知，声明四大国莫斯科会议的议程在没有征得中国同意之前，不会越出讨论对德、奥和平条约的范围。因此，3 月 3 日，马歇尔即将启程去莫斯科之际，我再次见到他时，就把与莫斯科会议有关的话题转向比较一般性的问题。我问他认为莫斯科会议将开多长时间。他说有些人猜测要持续三至六个月。但他不准备在莫斯科待那么长的时间。他认为六个星期到两个月的时间就足以对全部问题作出决定,但他不敢说这些问题能够全部得到解决。关于德国,他说,如果这次会议能够把有关对德条约的主要问题确定下来,并将其交付给助手们去制订细则,然后在初秋召开另一次会议进一步讨论条约草案,他就很满意了。

马歇尔还告诉我说,由于他在中国待过一年,所以对中国问题比较熟悉,而对有关欧洲的问题却不那么熟悉,因此他自从上任以来,一直在熟悉欧洲事务,特别是在莫斯科会议上将要研究的那些问题。

同一天,我还和另一个人谈论过有关莫斯科会议和外长会议的工作。虽然我就任驻美大使已阅八月,但对外交使团的各国使节还没有一一拜访。因此,我每天的工作日程中仍然经常有一些和外国使节们的访晤往返。其中有一次就是我在 1947 年 3 月 3 日下午对捷克斯洛伐克大使尤赖·斯拉维克博士的拜访。我很感兴趣地听他谈到捷克斯洛伐克很重视上西里西亚地区,这是早先东德的重要工业区,现在已经划给波兰。他说,捷克斯洛伐克需要那里的煤炭,把其中一大部分卖给瑞士,一部分卖给苏联,藉以偿付捷克斯洛伐克的占领费用。

但是,我在 3 月 5 日接待波兰大使约塞夫·维涅维奇时,他却坚持说,波兰有权保留已经占领的东德地区,因为居住在波兰的寇松线以东的三百万波兰人中已有二百五十万人移居到东德的什切青线以东,而德国人也已经自动地撤离该地区,更向德国西部迁移。

五天之后,3 月 10 日,莫斯科会议开幕。当天,莫洛托夫就提议把中国问题列入会议议程。南京立即发出了愤怒的反应。王世杰外长就此事发表了声明。我在华盛顿也写了一份准备交给报界发表的声明。11 日,我到国务院要求与马歇尔出国期间代理国务卿迪安·艾奇逊研究这件事。

我说,艾奇逊先生大概已经看到了我的声明。我告诉他,我除了接到王世杰外长就莫洛托夫的提案发表的声明外,至今还没有接到我国政府的正式通知,王世杰外长的声明和我自己的完全一致。

在座的范宣德说,他已经看到了王世杰的声明。

我说,莫洛托夫的建议使我和我国政府都感到吃惊。这种做法显然是毫无理由的。中国已经多次表明了对这一问题的立场。1946 年 1 月联合国在伦敦召开全体大会期间,我本人也已经和前国务卿贝尔纳斯先生谈过此事,当时他刚在莫斯科开完一个类似的会议后到达伦敦。我当时对贝尔纳斯说,这次会议多次讨论中国问题,并在涉及波兰和韩国的公报中插入了好几段有关中国的文字,而事先根本没有和中国协商,这些都使我不胜惊异。在纽约召开的外长会议结束后,我也立即向贝尔纳斯表示,希望业经决定于 3 月 10 日召开的本届莫斯科会议,再不要谈中国问题,如果要谈,则无论如何都应事先和中国商量。另外我说,我已按照我国政府的指示,把这事同马歇尔将军以及艾奇逊先生本人都谈过了。

艾奇逊说,我曾给美国国务院发送过一份备忘录,国务院也已作了答复。

我记得答复的大意是,美国无意在本届莫斯科会议上提出中国问题。但如果有人提出中国问题,那就应通知中国并与之进行磋商。这就使我不禁要问,不知道国务院除了早晨报纸上披露的消息以外,是否接到过马歇尔将军更为详细的报道。

艾奇逊说,只有一份关于苏联提议内容的报告,别无其他。

我说,最使我不安的是当天早晨《纽约时报》上的一则苏联广播新闻,说马歇尔将军已经同意讨论中国问题,只是要求在讨论之前要让他考虑一下程序问题,不知道这一消息是否可靠。

艾奇逊和范宣德都表示这不可能。马歇尔将军只是要求在他发表意见之前要让他考虑一下。

艾奇逊说,我本人和马歇尔将军详细谈过这件事,了解国务卿对此事的意向。当然,由于将军现在正在莫斯科,须由他决定怎么办。艾奇逊估计,中国驻莫斯科大使已经把中国政府的意见转告了马歇尔将军。

我说,他当然会这样做。但我不明白是什么动机促使莫洛托夫提出这种问题的,不知艾奇逊先生对此又是怎样想法。我认为,莫洛托夫提出这一问题时,他脑子里可能闪现了这么几种想法:第一是想从精神上给中国共产党人打气,因为他们现在正受到中国政府军的重大压力;第二是想摸清美国对远东的真实态度。我说,就欧洲而言,美国政府的态度是一清二楚的,这有美国对土耳其和希腊问题的政策可资证明。但美国对远东的态度则不那么明朗,莫洛托夫自然想要摸清美国的真实态度,以便决定他自己的行动方针。苏俄既是一个欧洲国家,也同样是一个亚洲国家,它要照顾好几个前线。如果美国的政策对苏俄的远东前线不重视,莫洛托夫是懂得该采取什么相应的行动的。

范宣德说,上述的那些考虑只有当中国问题被提出讨论之时才有意义,如果会议不讨论中国问题,则这些动机都无须考虑。

我表示同意,并再次提出莫洛托夫提议的动机问题。艾奇逊说,莫洛托夫大概是想用它来做交易,用以换取马歇尔将军取消其所提出的苏俄所不愿意讨论的问题。

这时候,我们改变了话题,直到谈话快结束时,我表示希望美国不要同意莫洛托夫的建议,这才又回到莫洛托夫的提议上来。我要求艾奇逊如果接到任何有关此事的消息,就随时通知我。并说,我将乐于再次去拜会他,什么时间都可以,请他酌定。

艾奇逊说,他乐于随时把消息通知我。

马歇尔从莫斯科回国后告诉我,莫斯科会议终于没有讨论中国问题。我那次会晤马歇尔是在 1947 年 5 月 8 日,当时范宣德在座。谈话开始我首先表示,看他从莫斯科归来感到很高兴,特别是因为我估计,虽然再没有人能比他干得更出色,但他在那里一定遇到了不少难题。我还说,苏俄的战略是想把国务卿折磨到不耐烦的程度,然后从中榨取让步,这种战略准是被国务卿识破了，我的印象是苏俄代表团的企图肯定是失败了。

马歇尔说，这回可真把他弄得筋疲力尽。他在那里几次会见中国大使，把会上有关中国问题的情况告诉了他。莫洛托夫曾想和他研究这件事，但他坚决反对。他并说，美苏曾就朝鲜问题交换了信件，苏俄人同意恢复已经中断了的汉城会谈。我说，我从报上看到，美国国务卿正在等待莫洛托夫的另一次答复，他说，他不希望汉城会谈恢复后，又陷入以前同样的僵局而失败。他首先要求双方做到对波茨坦协定的精神理解一致。他说，苏俄政府是否打算真心实意地谈下去，还得等着瞧。

我说，关于朝鲜问题，我刚接到我国外交部长王世杰博士的电报，但我想过一会儿再谈这件事，现在我想请他谈一谈，他对苏俄外交政策的真实企图有何全面的看法。苏俄是横跨两个大陆的国家，在东欧、巴尔干、近东和远东都和许多邻国接壤。国务卿是否认为苏俄在这次莫斯科会议上多方刁难，是一种榨取多多益善的让步的战术，抑或是蓄意扩张，并无接受和解之诚意，因而决心阻挠合作，以推行其帝国主义的计划。

马歇尔说，他对刚才我所提的问题也曾反复思考，希望能弄清苏俄政府的真实意图，但是要得出肯定的结论是不容易的。他现在认为，苏俄外交政策的动机是具有多重性的。苏俄正在力图扩大它的势力，因为第二次世界大战的结果使它取得了举足轻重的地位。他说，这是很自然的事，美国或多或少也在这样做。他总觉得共产主义意识形态并不是苏俄政策的首要目标，但是由于共产党是一个组织最完善、纪律最严明的团体，苏俄不过是想利用在党内发展成熟的一套办法来推行它的外交政策而已。

他认为苏俄的政策在与其接壤的不同地区各有不同的目标。其直接目的是要尽可能多地取得经济资源和财富。苏俄感到自己在经济上的贫困，需要资金。如果得不到资金，它就要攫取经济资产。苏俄在奥地利极想获得德国人留下的资产。它的目标是攫取经济资源，这样就能使它在政治上控制这个国家。它谋求经济控制的最终目的在于政治控制。

他说,苏俄在德国第一阶段的赔偿政策是搬走德国的工业设备和机器。但他们发现想要利用这些机器设备,存在着很大的困难。他收到过许多第一手的情报,证实有成千上万吨的德国机器和设备堆放在铁路调车场的侧线上被雨淋日晒,如不投入巨大的资本,并派出大量的技术人员就无法把这些机器利用起来,而这是苏俄力所不及的。因此俄国人又改变了主意,他们觉得不如把这些工厂留在德国,让它们继续进行生产,而把这些工厂的现成产品拿来作为赔偿更为实惠。这样一来,引出了两个问题:(1)怎样保证德国最起码的经济水平。(2)怎样防止这种赔偿的负担落到各占领国的肩上。出于这两种原因,美国反对对德国目前的工厂产品征税。

国务卿还说,苏俄在满洲的目标似乎是让那一地区供应俄国西伯利亚东部地区发展工业的需求。苏俄已经把很多日本在满洲的工厂设备搬到了西伯利亚,但它同样无法充分利用这些设备。有一位波兰血统的美国工程师,曾做过宋子文的经济技术顾问,并访问过满洲。他对马歇尔说过,如果把满洲工业产品的百分之二十五给予俄国作为解决满洲问题的基础,俄国大概就会满意。

范宣德插话说,俄国已经在西伯利亚的布拉戈维申斯克(海兰泡)、哈巴罗夫斯克(伯力)和北部另一个地方建起了工厂,把满洲的工厂设备搬到那里,进一步发展那些工业中心。苏俄对满洲的目标是使这一地区提供东西伯利亚所需的粮食。

马歇尔说,他提的那位美国工程师曾在苏俄广大地区旅行过,并为兴建第聂伯河大坝出过力。他了解俄国人,而且俄语说得很流利。他要说明的是,苏俄感到自己贫穷,急于想把经济和武力建设起来。苏联人民也知道自己穷,认为俄国应当从战败国取得尽量多的东西。苏俄政府也不得不听从这种呼声。换句话说,俄国的目标在于经济振兴和经济控制,而这意味着在政治上控制邻国。不过这种目标并非在所有方面完全相同而是因国而异。

至于苏俄对另外一些国家的政策目标，马歇尔说，与其说苏俄是要推行共产主义，倒不如说是利用共产党组织在那些地方煽动不满和混乱，削弱和破坏那些国家政府的权威和力量，从而扩大苏俄在那些国家的影响。他认为，苏俄虽然是一个共产主义国家，但它的外交政策却和彼得大帝没有什么两样，那就是无孔不入地进行扩张。苏俄知道自己经济薄弱。那位美国工程师认为，苏俄要赶上美国的经济力量，还需要二十五年到三十年的时间。

谈到俄国的铁幕时，马歇尔说，这个幕早在沙俄时代就存在了。历代沙皇深知俄国贫穷，人民生活窘迫，他们不愿意让外界知道俄国的阴暗面。但是马歇尔说，他必须补充一句，在不久前召开的莫斯科会议期间，美国记者不仅比以前可以更自由地拍发未经检查的电稿，而且获得了较广泛的活动范围。有些记者还去了远离莫斯科的彼得格勒等地。一位美国摄影记者还混进了苏联老百姓中间，拍了许多照片，也没有受到阻拦。显然俄国人是勉强地接待采访会议的外国记者，因为如不接待，这次会议就不会在莫斯科举行（这显然是美国政府同意在苏俄首都举行这次会议的一项条件），但俄国人对待记者们还是不错的。另一方面，外国记者们总的说来表现也很好。国务卿说，一开始他很担心记者们惹事，但并没有发生任何严重问题。

范宣德说，记者们从莫斯科发回的稿件也是温和而有节制的，没有大量出现对俄国的不恰当的偏见性攻击。

国务卿说，这一切都是好兆头，令人鼓舞。

我说，俄国人常常没来由地疑神疑鬼，要不是这样，他们就会比较容易和别人合作。

马歇尔说，俄国这种疑心病由来已久，已经成了他们性格的一部分。但随着他们与外界接触越来越多，这种疑心是会逐渐减少的。

二、杜鲁门主义和美国的援外政策

1947 年 3 月—4 月

正当外长会议在莫斯科召开之际,杜鲁门总统在美国准备向专门召开的国会两院联席会议发表一篇重要讲话。召开这次会议的直接原因是希腊和土耳其两国的局势问题。希腊国内经济混乱,政府与共产党游击队正在进行着内战,土耳其是经济困难,并受到苏联的压力。2 月 20 日我和蒲立德谈话时,他告诉我,数星期前白宫召开了一次秘密会议,决定不惜一切代价,甚至诉诸战争,来支持土耳其抗拒苏俄的要求。这一行动促使苏俄从土耳其和伊朗让了步。接着,2 月 14 日,英国大使向美国国务院递交了一份照会,内称,由于经济原因,英国在 3 月底以后将无力在经济上继续支援希腊和土耳其,因此 3 月底以后很快就要撤出英国驻希腊的军队,请美国决定其行动方针。

3 月 12 日发表的杜鲁门主义,实质上是白宫决定采取的行动宣言。此外,这确实是美国外交政策史上一次划时代的大事。我记得,美国主动对希腊和土耳其承担义务这种高瞻远瞩的新政策,其眼界之广阔,着实使我深受感动。虽然这项新政策的直接要求是向希腊和土耳其提供经济和军事援助,但它的基本原则看来不仅适用于这两个国家,而且是适用于全世界的。据我看,这是美国的一项英明决策,也是当今世界面临共产主义蔓延和苏联扩张主义威胁之所需。我对这项政策的颁布也感到很高兴,因为我一眼就看出,这些原则和这项政策事实上可以,并且应该适用于远东,更主要的是适用于中国。

在那以前,我感到,并一直认为美国的政策缺乏通盘考虑的基础,仅仅是一种头痛医头、脚痛医脚,用以对付南美、远东(如义和团运动)或欧洲出现的某一具体问题的政策而已。相反,这项被称作杜鲁门主义的政策确实使人感到具有全面性。据我看,这确实是美国制定政策的传统的一次重大转变。特别是因为它意味着美国今后将不仅使用外交手段,还将使用经济和军事行动来实现它的全球利益。

显然,杜鲁门政府之所以采取这种行动有其原因,甚至可以说是迫不得已。因为苏俄已经崛起于世界政治舞台,成为一个强大因素,而美国的一些战时盟国则已江河日下。第二次世界大战的结果,竟使苏俄这个相对来说出世不久——不到三十年的共产党国家走上了世界一雄的地位,显然要以一个对手的姿态向美国的权力挑战了。与此同时,毋庸置疑的是,第二次世界大战前足以左右世界局势的强国,如英国、法国、德国,以及稍逊的意大利和日本等都已黯然失色,有些甚至销声匿迹了。尽管英、法两国赢得了战争,但在战争中遭到了严重的削弱,只好看着这个新生的共产党国家崛起而无能为力。杜鲁门治下的华盛顿,显然感到这是一个新的局面。

其所以新,还在于美国日益看清它自己的力量和相随而来的责任。美国帮助欧洲击败了纳粹主义和法西斯主义,从而成为欧洲各国的靠山之后,就开始感到自己力量和地位的重要。它还发现,富兰克林·罗斯福原曾非常希望能够和中国一起与苏俄合作,共同努力,重建新世界,但苏俄使它大失所望。苏俄的态度和行为如此明显地咄咄逼人而不合作,使华盛顿的领袖们深感它对自由世界的前途是个威胁。因此,杜鲁门总统作出决定,一旦英国要摆脱它在欧洲和地中海(即或不是全世界)的警察责任时,美国就必须站出来填补空白,竭力捍卫、支持和维护自由与民主的事业。因此,虽然杜鲁门的直接目的是要填补英国从希腊和土耳其撤出全部军队和影响后留下的空白,但他提出这项任务时却使用了更广泛的措辞,就是要支持"正在抗击国内少数派武装力量或者外来势力的征服企图的一切自由民族"。

在我看来,这在某种程度上,乃是由历史、美国政治特点和美国人民的普遍感情所造成的。每当美国领导人想要为整个国家或某个政党的某一政治运动解决什么特殊问题,或实现某种利益时,他们总要找些原则来支持他们的论点。换句话说,这是他们告谕全国人民的传统做法。领导人要采取某项变革的政策,都必须取得民众的支持。为了取得这种支持,他们必须把事情说得能打动美国全体人民的心。美国公民一向赞助具有重大原则意义的行动。忠实于美国政治传统和美国政治领袖思想方法的杜鲁门,大概认为他必须使他对希腊和土耳其的新政策具备普遍原则的基础,特别是因为这项新政策是一次变革。美国公众总是比欧洲人更理解这些普遍原则,这是很自然的。

但是这仅仅是原因的一部分。前面已经说过,杜鲁门总统讲演时使用的语言也反映了美国的力量和责任感,以及苏俄的扩张野心和桀骜不驯等这些新的现实。实际上,第二次世界大战之后的国际形势已经发生了极大的变化,美国人更感到他们传统的做法是现实可行而且必要的,因为美国已经上升到世界超级大国的地位。我想,毫无疑问,华盛顿的领袖们也一定为美国上升到这种举世无双的地位而洋洋得意。所以,当英国把地中海的担子卸到华盛顿的肩上时,他们觉得应该把它接过来,否则地中海东部就会出现一片权力真空。而且他们感到这是一场大规模斗争的一部分,必须承担下来。

这并不是说英国曾把近东形势当作世界问题的一部分来看待过。它毋宁是从大英帝国的角度来看这个地区的。它一向把那一地区看作是大不列颠帝国的一个重要环节,是通往帝国其他部分的一段主要通道。它的政策是保住英国在那里的绝对权威,从而保住大英帝国的要道,这纯粹是从英国的利益出发的。英国维护它在东地中海的权益时,并没有想到其他各民主国家共同的自由或安全事业。但是美国人承担英国在那一地区的责任后,就用另一种态度来对待那里的局势了。美国人的视野要比英国人宽阔得多,总统的讲话已经反映了出来。

对杜鲁门主义主旨的上述两种解释并不矛盾。在杜鲁门接任总统的时候,他必须全面考虑所有的重大问题,既要彻底打赢这场战争，又要缔造和平，而缔造和平的问题甚至在战争结束以前就需要加以考虑。他参加了波茨坦会议，决定了德国和日本的投降条件。他在这次会议上所采取的态度是正确的。我想他不仅感到很有必要按美国现有的地位行事，而且是以很现实的态度对待新的世界形势的。他不愧为一位讲求实际的政治家。

人们不禁要问，东地中海地区从来不是美国在海外活动的中心，为什么杜鲁门主义要就东地中海国家的眼前利益提出来，而不就与美国利害关系悠久、友谊深厚的远东提出呢？应该说，除了英国撤出在即，美国不得不接过这副担子而外，还有其他一些原因也很明显。在当时的美国人民心目中毫无疑问，远东问题和中国局势对美国的意义和影响要比希腊重要得多。客观地说，如果杜鲁门主义要付诸实施，那就首先应该在中国实施，至少也应同时实施于中国。我不相信美国政府首脑们在宣布这一主义的时候，心中会认为它永远也不能适用于中国和远东。不过，中国和希腊的政治情况是完全不同的，美国不大了解希腊，对那里的事也一向不大关心。相反，美国和中国的交往却非常广泛。因此，虽然美国批评中国的话也完全适用于希腊和土耳其，但是由于美国对中国有不满情绪，华盛顿尽量撇下中国问题不管，而径直投入对希腊的援助。在这一举动的背后，隐藏着华盛顿和重庆之间的裂痕。这一裂痕可以说是开始于 1942 年史迪威的使华，一直到马歇尔来华及其使命的失败。这些不愉快的事情统统都反映到了杜鲁门政府里边，至今仍在美国首脑们的脑海中回荡着。

还有，人们对希腊共产党和中国共产党的想法也不一样。有些人想甩开国民党中国，他们显然相信中国共产党人从事的是一场人民的反抗运动，是土地改革者，试图改变农民的命运。这些人认为俄国人没有在中共背后起多大作用。尽管人们猜测中国共产党的造反者们可能从莫斯科得到一些援助，但我却认为华盛顿不大相信他们背后真有莫斯科在撑腰。从某种意义上说，他们这样想可能是对的。在整个战争期间,斯大林不仅对自己的官员们,而且对其他人,例如希特勒和印度支那人都明确表示他不把中国共产党人放在眼里,也不想帮助他们。当时俄国人面临着双重危险,两个潜在的敌人,一个在欧洲,另一个在远东,就是日本。所以,斯大林领导下的苏俄为了防止日本的进攻,一反常态地援助国民党中国,鼓励中国抵抗日本。至于紧接着日本投降以后的实际情况,美国人就了解得不太及时了。这时苏俄突然改变了策略,把日本军队交出的武器,特别是在满洲的,全部交给了共产党人。这显然违背了1945年8月中苏协商时所互换的照会。但是我看这时华盛顿方面已经对蒋委员长领导下的国民党政府感到非常不满,甚至憎恶他们,无论如何也不想再去自找麻烦了。举例说,他们正在从青岛撤出海军部队,并撤回美国空军驻华人员。这种撒手的做法在马歇尔回国后,便成了最后的方针。美国就是在这种情势下决定插手希腊问题的,随后又宣布了马歇尔计划。他们想把中国一笔勾销,至少眼前是要这样办,要等到国民党统治下的中国人民自己演变到有了新的领导人的时候再说。

另一方面,杜鲁门所宣布的纲领在杜鲁门政府认为必要的时候,是可以适用于中国和远东的。我当然认为杜鲁门提出的原则应该适用于中国和远东。据我观察,共产主义在亚洲的危险要远远大于欧洲的东南角。我对杜鲁门宣布政策的直接反应是,这是一项正确的政策,体现了美国人民的理想主义。我也看到,这项政策使我可以得到有力的论据来说服美国,使他们认识到,从美国人的角度来看,抛弃中国和远东是不明智的。这项政策使我可以振振有辞,不断地去敦促美国修正它的政策(例如我在3月11日和艾奇逊的谈话,见第二章第二节)。这项新政策的基点是支持自由和民主事业,制止共产主义的扩张。到希腊去制止共产主义和维护自由民主事业和到现在正急需制止共产主义的亚洲去干又有什么区别呢?特别是现在在亚洲的共产主义威胁要大得多。很自然的结论是,如果说帮助希腊是值得而必要的话,那么帮助中国就更有必要。我觉得，这种论点最终在华盛顿占了上风。

到1947年底，中国共产党人在华北节节进展。在这种形势下，事情明摆着，如果没有外援，国民政府自己是挡不住这股洪流的，而能够帮助中国的只有美国。华盛顿这才看到，如果它那种消极的对华政策继续执行下去，那只能把事情弄得更糟。他们那种撤出中国的撒手政策根本不是办法。这种政策不仅有损于国民政府，（固然，当时华盛顿巴不得这个政府垮台。）而归根到底还是要反映到美国本身的利益上来。随着中国形势的发展，中国共产党的迅速推进，使美国人感到惶惶不安。他们开始担心共产党最终会把整个中国大陆全部拿下来。因此，他们尽管对国民政府仍有反感和不满，但已开始觉察到，如果国民政府在共产党的攻势下垮台，不但对美国没有好处，而且要给它带来灾难。他们想改变政策，但又不能转个180度的大弯子赶来营救。所以他们就试着慢慢地放松对援华政策的限制。实在可惜得很。

我要把这一历史阶段称作美国政治才略的空白时期。这段时期确实是由少数几个私怨满腹的领导人所左右的。这些人斤斤于一些个人的宿怨，既无必要，又不明智，可是一叶障目，就使他们看不到美国在中国和远东真正的和根本的利益。不管怎么说，我打算在随后的几个章节里集中地叙述美国对华政策的转变情况。现在我想要指出的是，杜鲁门主义是美国对外政策的一个转折，其中所肯定的重大原则为对华政策的改变提供了依据，也为我提供了论据，用以促使这一转变尽快到来。

杜鲁门主义宣布后，在美国国内和国际上得到了广泛的赞誉，也受到了很多批评，有些人对这一宣布的时机提出了质问，因为那时莫斯科会议刚刚开幕两天。他们问道，美国总统刚刚宣布了遏制苏俄扩张的政策，特别是要阻止俄国进入长期以来渴望得到据点的地区，从而妨碍了俄国人多少年来梦寐以求的要在地中海取得海港的目的，在这样的局面下，美国在莫斯科的代表们怎能指望得到苏俄代表们的合作？美国在宣布对希腊和土耳其给予援助的同时，又在莫斯科表示，出于经济上的考虑，不同意苏联提出的高额赔偿要求，这样美国代表们又怎能指望得到俄国人的合作？

美国人都比较天真，这倒不一定是要不得的品质，孩子们就是天真而真诚的。美国人似乎总爱把事情往好处想，他们本质上忠实可靠、善良而慷慨。成熟来自阅历，美国相对来说还是个比较年轻的国家。直到第一次世界大战以后，对外关系在美国才开始显得重要起来。在美国建国后的一百多年中，美国国会一直不愿意委派驻外大使，而以为数不多的公使作为驻外代表。到1910年，美国在四十九个外交使馆中仅有十个大使馆，而大使就更少了，因为一个大使往往要兼管几个国家的职务。实际上，在我第一次作为中国公使出使华盛顿时，美国基本上还是这种情形。

另一方面，杜鲁门总统小心翼翼地避而不提苏俄或突出苏俄的扩张，但人们心里明白，他指的就是俄国。他声称他反对的是极权制度的扩展、"武装的少数派"和"外来威胁"等等。与此同时，莫斯科装模作样，说它并没有插手希腊事件，而是南斯拉夫、保加利亚和阿尔巴尼亚在支持、训练并向希腊派遣游击队。这是莫斯科的一贯手法。就越南而论，你真相信河内游击队能坚持这样长久？不是的，是俄国在给他们撑腰，还有共产党中国。只是支援的规模时有起伏，有时苏俄援助得多一些，有时中国多一些，但他们都一直躲在幕后。由于苏俄在1947年3月的态度正是这样，美国人就可以说，他们的行动不是对付苏俄的。杜鲁门的脑子比之俄国人并无逊色。美国人可以堂而皇之地宣布他们是在帮助弱小的希腊，因为它的邻国都在欺侮它。这也正是莫斯科在其他场合的手法，华盛顿是从莫斯科那里学来的。你尽可以批评美国制定政策的人们，说什么都可以，但决不能说他们愚蠢不学，他们无疑是在学习。

对杜鲁门声明的另一种指责是他无视联合国，或者说撇开了联合国,因而削弱了联合国的声望和权威。虽然希腊问题曾提交到安理会,但杜鲁门总统并没有把他援助希腊的提案通知联合国,也不曾与联合国磋商。但是依我看,美国只能这样做,当时杜鲁门没有选择的余地。在联合国,苏俄对美国提出的任何议案历来都持反对立场,特别是对欧洲的问题,其中尤以苏俄所深切关注的一切局势为甚。所以,即使美国把希腊和土耳其问题的提案提到联合国去也是毫无意义的。假如美国当初果真那样做了,那么不可避免的结果必然是彻底的失败。美国和联合国的其他成员国都明白联合国内有两个誓不两立的死对头,就是美国和苏俄。不论美国提出什么建议,苏俄都要反对,在一旁支持它的还有一大堆卫星国,有时还跟着一些不结盟国家,真使人难以对付。

援助希土法案虽然受到了上述这些批评,但是经过一场冗长的辩论和补充了由范登堡参议员提出的关于联合国的修正案之后,参院终于以六十七票对二十三票通过了。根据总统的要求,参院批准向希腊提供三亿美元,向土耳其提供一亿美元的援助。四天以后,即 4 月 26 日,我意外地同范登堡参议员作了一次长时间的谈话。他是参议院的临时主席和参议院外交委员会主席。我拜访他的本意是和他商谈对华援助的问题,这一点下文当再叙述。谈话开始时,我们谈论到援助希腊、土耳其法案。我说,现在参议院已经通过了援助法案(实际上这是第一个这种类型的法案),他一定感到工作上轻松了,我说,我觉得该法案的通过并不像原先预料的那么顺利,他一定感到在参议院里有不少困难需要克服。

范登堡参议员说,法案的通过确实不像预想的那么顺利,反对力量相当大。他对那些要反对的人说,如果这次不能通过的话,以后将不会再有这么好的时机通过法案。至于在众议院,他说,希望不致出现困难或拖延。

我说依我看,参议院通过这项法案是件好事,因为这会鼓舞许多期待华盛顿鲜明表态的国家。我说,就连俄国拖延莫斯科外长会议的进展,也完全可能是为了看看美国国会究竟将怎样对待这个援助法案。

这位参议员说,他很想知道俄国人在莫斯科会议上的不妥协态度究竟意味着什么,我说,我看其原因之一可能是他们要等着看看美国准备走多远,以及美国国会到底会不会通过那个法案。我又说,参议员可能对没有去莫斯科感到高兴,不过参议院的工作如此繁重,也确实使他不可能当真去莫斯科。

范登堡参议员回答说,他当然为没有去莫斯科而高兴。但他即使想去也不可能。他也不想再担任出席下届联合国大会的美国代表,并说,如果总统知道他的这个态度,一定会感到很惊奇。

我说这将是一个巨大的损失,因为他对联合国的工作和制定联合国宪章做了极大的贡献。参议员说,他确实为制定联合国宪章内的几个部分做了大量工作。但他当时是作为少数党的一员在参议院外交委员会工作的,情形和现在不同。他现在身为多数党成员,担任着外交委员会的主席,就不能参加美国出席联合国大会的代表团。因为按法律规定代表团要服从总统的指示,那样,他的地位就会出现矛盾(这是美国宪法上很有趣的一点)。例如他不能遵从总统对代表团的指示,接受分摊由美国负担的某些款项。而现在,作为外交委员会的主席,他也无权确定国会提供经援的限度。

我再一次对他说,他不能出席联合国大会将是一个巨大的损失。因为在全世界的心目中,他不仅是美国国内政策的领导人,而且被看作是解释和决定美国外交政策的一位领袖人物。

参议员以他特有的谦虚态度说,我把他这个角色的影响过于夸大了,因为他不是美国的准国务卿。但他对美国的对外政策当然有自己的看法。我问他,等到众议院通过援助希土法案以后,下一步怎么办。参议员说,将把它交给拨款委员会审查,然后转回国会批准。我又问他,这一法案是否还有可能要进一步修正和耽搁。他回答说,拨款委员会当然要对该法案更仔细地审核,进一步讨论款额是否恰当以及应该怎样使用等问题，这就会有些耽搁。但是政府会先从复兴金融公司拨出一亿美元，在国会批准拨款法案以前，垫付使用。

第二节　1947 年 5 月—9 月的形势发展
（根据这一时期的正式和非正式谈话记录整理）

1947 年 5 月—9 月 6 日

我习惯于利用正式和非正式聚会和谈话的机会了解最新的世界形势和人们对形势的看法，以及与中国有直接关系的问题。例如 5 月 30 日，我应约瑟夫·戴维斯之邀，去安纳波利斯乘坐他的海云号游艇出游。同游的约有五十位客人，其中有首席法官文森、康涅狄格州的参议员海勒姆·宾厄姆、麦考益将军和空军中的康内利。

我听说海云号是当时世界上最大的私人游艇，于 1931 年建成，装有一切现代化的安全设施。主人告诉我它有三个船舱，即使一个船舱被切断或炸毁，其余两个仍可以继续航行。在游艇上戴维斯夫人的浴室里，水龙头是金子做的，整条游艇都装有空调冷气。一位苏格兰籍外交界同仁对我说，他觉得把一块法国奥比松花毯裁开来铺饰舱室和烧木柴的壁炉，未免过于奢侈了。

前参议员海勒姆·宾厄姆告诉我，艾丽斯·朗沃思夫人最近对乔治·马歇尔作了一个贴切的评论。她说，莫斯科会议是国务卿的巨大成就。他曾在中国花了七个月的时间了解共产党人，而在苏俄他只用了七个星期就把俄国共产党人的本性摸得一清二楚。（在美国，从高官到平民，人人可以随意评论各种大大小小的问题，因为美国是真正有言论自由的自由国家。这是住在美国令人愉快的事情之一。）

5 月 28 日，我拜访了波兰大使维涅维奇。他对订于 1947 年

11月在伦敦召开的下一次外长会议作了预测。在回答我的问题时，他说他认为11月的会议不会把对德条约确定下来，因为牵扯的重大问题太多了。他想还是再花些时间，找出正确的解决方法为好，那要比凑凑合合地对付过去，给后世留下麻烦强。

　　5月31日，我参加了威廉·蒲立德大使女儿的婚礼招待会，在那里碰到很多外交界同仁。使我最感兴趣的是与土耳其大使哈西因·拉日特·巴伊多尔的闲谈。他曾两次担任驻苏大使，他说苏俄人没有原则，也缺乏感情。他们不仅对外国人这样，对自己同胞也是如此。他第一次在莫斯科任职是从1929年至1934年，第二次是从1940年至1943年。他对第一次使命感到愉快，因为当时苏俄和土耳其的关系非常真诚。他去罗马时，驻罗马的苏俄大使随时都会到他那里过访，把意大利外交部长的最新声明告诉他。但20世纪40年代他再度去莫斯科时，苏俄外交部长规定他只能和外交部长、两名主管土耳其问题的下属官员和礼宾司司长接触。他说，他曾查看过他在1934年举行的一次宴会的名单。与宴的二十四个人，除六名土耳其人外，客人是十八位苏俄高级人物。据他了解在那以后的几年中，这十八个人中竟有十六个人被干掉。被清洗的那十六个人原先全是苏俄领导人的亲密朋友。他说在苏俄，一个人揭发老朋友使他遭受清洗那是家常便饭。这就是土耳其大使，一个两度出使，在那儿住过七八年的人对苏俄的印象。

　　6月7日，也就是马歇尔将军发表他著名的哈佛演说，概括地说明他的对欧经济援助计划两天之后，我和蒲立德在卡罗拉马街他的家中共进午餐。他去巴黎了解形势并给《生活》杂志写了报道刚回来。我急于听取他对欧洲的看法和反应。他说他在那里看到了有关法国政治、军事、经济和共产主义问题的一切最新情报。他到巴黎后第一个晚上便和法国前总理勃鲁姆共进晚餐。第二天他和1月份继勃鲁姆任总理的保罗·拉马迪埃进行了长达四小时的会谈。在座的还有另一位前总理，当时任外交部长的皮杜尔。此外,他还和樊尚·奥里奥尔总统一起吃过饭。他说,他看到了最新的报告,他给《生活》杂志拍发的文稿里写道,在法国军队和警察中,共产党员占百分之二十八,这个数字千真万确。

蒲立德认为帮助法国,防止它变成一个共产主义国家,对美国是个生死攸关的问题。因为法国必须作为西方民主国家存在下去,方能保证美国的安全。但是前途仍很难逆料。不过他已经向马歇尔将军说明了一切,使他认识到了法国形势的紧迫性。他不久前刚和国务卿进行了一小时的谈话,对国务卿提出的每一个问题都结合最新形势作了回答。他认为马歇尔在哈佛的演讲中提出了一个援助欧洲复兴经济的全面纲领,这说明他的报告已经产生了预期的效果。

蒲立德接着说,他现在也要为中国办同样的事情,他相信问题是一样的。这部分谈话,后面还要谈到。在这里我先要补充一句,就是在讨论中国问题当中,我们谈到了制定美国外交政策的问题。关于这项工作,蒲立德说,他曾向罗斯福总统自我推荐。但是总统婉言谢绝,说他自己能办。

当天晚上,我去华盛顿的国家广播公司办事处为"我们的外交政策"节目中的一次广播讨论预演,讨论的题目是"亚洲在国际上的作用"。参加讨论的印度大使阿萨夫·阿里直到六点半才到场。这时我们得到通知说,我俩准备一起播放的讲稿超限七十行须删节。由于阿里不愿多删减,我便表示可以尽量多删我的讲稿。但时间太紧,实在令人喘不过气来。当时已是 6 点 45 分,广播定在 7 点整开始。我竭力在这么短的时间里把稿子改好。我提提这件事只是为了说明当一名现代外交官,他的日常工作是何等错综复杂。这次广播仅仅是我在任期间的一例而已。过去驻外大使不论公务如何紧急,都可以把公文发回国内外交机构,然后歇上三四个星期,等着下班邮船把复文送来,那种时代已经一去不复返了。如今,通信的高速化无疑已经给外交官的生活和职业带来了革命性的变化。

6月10日，我举行家庭招待会，款待美国援华联合总会，请大家观看蒋委员长和蒋夫人的图片。出席的客人中有周以德众议员。他解释了何以他认为美国应该援助中国，然后又回顾了罗斯福总统在前往雅尔塔开会之前与他的一次谈话。他认为罗斯福根本不应该向苏俄让步，也不应该牺牲别国的利益来换取苏俄参加联合国大家庭。他说，罗斯福对苏俄插手满洲应该进行干涉。在周以德说这番话之前，英国驻华盛顿女记者弗丽达乌特丽说，中国本来应该拒绝签订1945年8月的中苏条约。我说，那是因为有人劝我们签署，我们不想反对我们的美国朋友。

在那以前，美国援华联合总会在4月30日举行了一次聚会。主讲人乔纳森·温赖特将军，他是驻菲律宾科雷吉多尔的美军司令，曾被日本人俘虏，直到战争结束才被释放。他在讲话中谈到中国的抗日持久战为美国准备参战争取了时间，赞扬中国对世界文明的贡献，并说中国需要发展教育、卫生和交通以及受过训练的人材。该委员会的主席，名字大概是卡尔·里奇伯格，曾做过罗斯福总统的首席助理，他在国民后备队时是斯退丁纽斯的上司。他对我说，他曾反对罗斯福争取连任第三任总统，但他发现劳合乔治和邱吉尔都支持罗斯福再度连任。

6月24日，我在使馆为美国海军部长福莱斯特和夫人举行宴会。宴会上群贤毕至，许多参议员、众议员以及现任和过去的政府官员们都来了，蒲立德便是其中之一。他谈了他对美国对苏外交政策的看法，还提到罗斯福总统在1942年到1945年间未能就战后安排和俄国达成协议。新罕布什尔州的参议员托比似乎被他的话吸引住了，要我请他给大家讲讲。于是蒲立德就讲了富兰克林·罗斯福实际上从1942年起脑子就迟钝退化了。有一天晚上在白宫里，他一直把蒲立德叫作吉姆，因为他把他错认成詹姆斯·法利了。他还说，1947年5月4日在巴黎，邱吉尔在他那儿吃午饭，饭后他问邱吉尔，什么时候发现罗斯福脑子退化的。邱吉尔说，在德黑兰会议时已经有了兆头，到雅尔塔会议时他已经完全精神恍惚了。蒲立德说,那时罗斯福签署的所有协定都是由奇普·波伦口授写出的。1942年罗斯福的私人秘书李罕小姐的去世给他带来的损失比珍珠港击沉的全部战舰还要沉重。他还说,他和周以德都曾向罗斯福力陈应先打败日本,周以德甚至主张不让苏俄参加对日作战,但都没起作用。

鲍德温参议员和托比参议员都特别友好。鲍德温告诉我,他曾对援助希腊和土耳其法案投反对票,因为这意味着同时实行三种政策,即占领奥地利,经济上援助希腊并插手希腊的内政,和军事上援助土耳其,试图使其军队现代化。

6月21日,我应邀参加萨姆纳·韦尔斯在家中举行的联谊会。这是一次令人难忘的聚会,因为来宾中有不少精通国际事务的卓越人物,例如澳大利亚大使梅金;泛美联盟理事长哥伦比亚人阿尔维托·列拉斯·卡马戈,他后来当上了哥伦比亚总统;还有威廉·富布赖特参议员、威尔逊参议员、埃尔默·戴维斯和沃尔特·李普曼。海军部长福莱斯特在喝咖啡时也到场了。

大家畅谈当前的各种问题。韦尔斯和李普曼都认为美国应该有明确的对外政策。韦尔斯认为应对苏俄加以遏制,但必须采用建设性的政策。他对当时美国对华外交政策采取放任自流态度表示遗憾。他认为这说明当局对真实形势缺乏了解。他认为马歇尔将军不理解错综复杂的远东问题,以及所有这些问题的紧迫性。他说,直到最近马歇尔将军才开始了解欧洲和苏俄在欧洲的政策。

正在和韦尔斯谈论远东形势的福莱斯特转过身来对我说,中国想把共产主义说成是妖魔鬼怪来迫使美国人动手是枉费心机的。他指的是立法院长孙科最近发表的强硬声明。孙科在声明中谈的是共产党的攻势和当时苏俄在东北的阴谋活动。孙科声称中国如果丢掉东北,那就将是第三次世界大战的开始。

于是李普曼和富布赖特参议员争论起来。李普曼说,出钱并不能制止苏俄的扩张,借给希腊三亿美元,借给土耳其一亿美元也制止不了。最好是明确地宣布美国将把对这两个国家的任何侵犯都视为非友好行动。他认为这样会更有效。也就是说:一项保证军事援助的明确对外政策将比金钱更有威力。富布赖特说,他不同意这种政策,因为这就意味着战争。他赞成任何不诉诸战争的政策。李普曼说,富布赖特所说的这种政策不会制止战争,而只会引来战争。我发表意见说,真正的问题在于,是现在就用一项强有力的政策去制止第三次世界大战,还是仅仅靠一项温和的政策去推迟它的爆发。李普曼说,门罗总统宣布他保护南美不受欧洲侵犯的原则不是光靠出钱,而是靠明确地宣布自己的政策。富布赖特反驳说,门罗总统那样做是因为他知道英国外交大臣坎宁已经决定用英国海军的威力来支持他的声明。

6月26日,我在双橡园为外交使团团长、巴西的马廷斯及其夫人举行宴会,出席的还有意大利大使塔基阿尼和夫人、美国副国务卿迪安·艾奇逊和夫人、薛穆爵士、格拉斯福德夫人、菲律宾的罗慕洛将军和夫人、土耳其使馆参赞泰贝伦,以及范宣德和夫人。在宴会上我有机会和迪安·艾奇逊交谈,使我获益匪浅,因为他使我了解到美国对外政策的形成过程。

我问道,现在外交事务实际上牵涉到政府所有各部,美国国务卿是如何与政府其他各部联系并把各种事情协调起来的。艾奇逊认为这是个很有意思的问题,他说,内阁每星期五召开一次会,国务卿、陆军部长和海军部长每周碰头两次,时间是星期一和星期四,而政府的最高级官员们,包括国务院各司的司长,则每天早晨九点半聚会一次。但国务院的重要官员们除此之外往往都有外面的工作。例如克莱顿要代表国务卿过问进出口银行的事务。他补充说,国务院还有六位助理国务卿和两位副国务卿,这些都是法律规定的,这样每位副国务卿手下就有三个助理国务卿。但各种各样的国际会议一个接一个,因此有些官员,像马歇尔国务卿、克莱顿副国务卿和负责民航、运输和交通的助理国务卿常常要出国或离开华盛顿。

他说，他自己担任代理国务卿时，一般每星期要见总统两三次，汇报国务院面临的各种问题，以及他作出的任命和与外国使节的会见。他告诉我，他发现人们最喜欢和杜鲁门总统共事。这不仅是由于他的魅力，还因为他为人忠诚。艾奇逊说，他从没有企图背着杜鲁门总统搞些什么名堂，不像罗斯福在位时那样，有些阁员为了取得他的同意而不让他知道会使他的同事们受窘的事。他说现在的情况是，当国务院偶尔犯错误时，杜鲁门总统情愿和他们共同承担责任，而当总统出了错时，国务院也情愿与他一起受责。在现在这种时候，出错是难免的。但是他说，7月1日他就要离职了，他很高兴。

6月28日，我请范登堡参议员和贝尔纳斯吃饭，席间和他俩进行了有趣的谈话。范登堡说，人们认为美国政府所谓的两党政策可以适用于美国所有的外交问题，而他本人则似乎是个准国务卿。但实际上，两党政策只能适用于联合国和外长会议，在其他问题上，特别是在美国对远东和南美的政策上，无论是总统还是国务卿都不曾征求过他的意见。在这两个问题上，他曾公开表示过和政府不同的观点。我婉转地提起他最近在布莱尔大厦和马歇尔将军的一次谈话，他说，他们主要谈的是对欧援助和改组国务院的事。他说，在那次谈话以后，他又给马歇尔写了封信，用书面方式提出，他认为在全面考虑需要援助的国家和美国的支付能力时，要把欧洲和亚洲都包括在内。

我问他是否会召集一次国会特别会议来研究一项援外计划。他表示有此可能，但是如果将苏俄列入受援国之列，国会就不会通过。他说，马歇尔将军后来曾考虑把苏俄包括进去，但美国人民对苏俄既反感又厌倦。国会在通过援助希腊和土耳其法案时已很勉强，现在不可能再通过什么零打碎敲的计划了，要么就是一个一劳永逸的全球性计划。他举例说，密执安州的人民又在回到他们战前的孤立主义中去了。他们对欧洲人求援的呼声感到厌倦。

范登堡参议员问负责中国科的范宣德准备在什么时间离开国务院。他说,范宣德是他反对提升的四个人之一,因为他们左倾。他本来想根本不让他担任现在的职务,但又觉得这样对他太过分。他认为范宣德很可能被派到外国去,例如到瑞士那样的国家去工作。

我和贝尔纳斯交谈时,他谈到了他刚写完的一本书,该书的内容是他在国务院的工作经历。他说他感到要制定一项关于中国的政策是最难不过了。他在担任国务卿期间,好不容易把苏俄拉进了承认国民政府是中国唯一政府的行列。那时他对自己努力的目标是清楚的。可是现在情况变得模糊不清了,他不知道马歇尔将军的中国政策是什么。他问我知道不知道,我说,我也一直在探索着。

6月30日,我与谭绍华公使研究国务院的态度对于对华经济援助有何影响。谭说据他了解,马歇尔将军之所以要援助希腊,是由于当年英国建议美军从巴尔干进攻德国,他没有同意,而坚持要从法国进攻,这样一来,他就无形中帮助苏俄在巴尔干取得了支配地位。现在他想用支援希腊和土耳其的办法来抑制苏俄在那一地区扩张的势头。他说马歇尔还把法国当作扼制共产主义向西欧推进的最后一个堡垒。在远东,马歇尔将军错误地判断了形势,看不清中国共产党人的计策和苏俄的扩张政策。由于他坚持要在中国组成一个有共产党人参加的联合政府,他给中国共产党人提供了时间来壮大他们的武装和力量。结果是现在他们不仅构成了对中国的严重威胁,而且在苏俄的支持下,也构成了对美国的威胁。

7月9日,我和立法院的五人代表团一起拜访众院议长马丁。这个代表团是刚到华盛顿来考察美国立法过程和民主制度的。这次拜访既成功又使人高兴。马丁的态度非常亲切,在谈到对华援助时,他说,特里普坚持认为最好的援华办法是美国把白银借给中国,制成银币,用以取代目前在中国流通而已经贬值的法币。

我指出,这一措施对中美贸易,对稳定和加速中国经济的复苏,都是非常必要而且非常重要的。马丁很同情地说,美国有大量的白银锁在金库里没有动用,而还有人要求美国财政部长用官价大量买进白银。他说,国会通过这一法令为的是取悦三四个出产白银的州的参议员,这些人加在一起的票数是国会要通过任何重要议案所必不可少的。

接着,他提到了吴先生(五人代表团团长)要求和众议院议员交换意见的事,同意指派一些与代表团特别感兴趣的问题直接有关的委员会委员与他们见面;还答应给代表团介绍众议院外交委员会主席查尔斯·伊顿,并打电话给他,安排我们马上去拜访他。伊顿特别客气地称我为最杰出、最有影响的中国大使,说我受到美国政府里所有人的极大尊敬。他说,长期以来,他一直坚信中国对美国的重要性。他说在过去四十年中,他一贯努力使这两个国家携起手来。在他看来,欧洲对美国的重要性不如中国。他说,在未来的五十年中,美国和中国在太平洋上有着共同的命运和利益。

7月17日,法国大使博内和夫人在法国大使馆举行的宴会,这是一次典型的外交聚餐。有大约三十位客人参加,其中有墨西哥大使,土耳其大使,进出口银行行长马丁和联邦储备银行行长埃克尔斯。宴会上的酒菜和服务都是典型的法国风味。但我最感兴趣的是席散后我和土耳其大使巴伊多尔的一席谈话。这里我想把这次谈话详细地叙述一下,因为我觉得他对近东的形势以及苏俄在那一地区的企图的分析很有道理。

开头,我问他,美国援助土耳其的安排是否已经就绪,他对这些安排是否满意。这位大使说,美国援助土耳其的安排与希腊不同。美国政府在对希腊援款的使用,以及某些措施的取舍,都采取了一定的控制手段,这是因为希腊的局势极不稳定。他指出土耳其并没有政治动乱,反对党对于政府争取美援的政策也丝毫没有异议。

他说,土耳其政府已通知美国政府,无论在美援的执行和使用上达成何种安排,都必须向土耳其国会报告,而任何有损土耳其主权的做法都将遭到国会的强烈反对,因为这样的做法不可能获得国会的批准。美国政府理解这种情况,接受了土耳其的意见,也没有要求附加任何形式的控制。另外,土耳其政府对这一亿援款不准备接受分毫现金。全部援款将用于购买和维修供土耳其军队使用的现代化装备。虽然美国将派一些军事技术人员去土耳其传授使用这些装备的方法,但不会像对希腊那样向土耳其派驻美国代表团。

我问他苏土边界上的情形,苏联是否仍有大量军队驻扎在那里。

大使回答说,"是的"。但又说,土耳其在边界上同样驻有军队。俄国军队至今还没有任何举动,显得很谨慎,他们知道如果越过边界,将会遭到抵抗。他说,俄国显然是想胁迫土耳其,但土耳其人决心要抵抗,这一点俄国人很清楚。他说在土耳其每个人都有工作,形势平静,人民安定而充满信心。他认为苏俄不会悍然冒险,因为那将导致一场武装冲突,土耳其决心不惜任何牺牲来保持自己的领土完整和独立。

我问他,一旦斯大林有个三长两短,他认为谁可能是继承者。他说,目前还看不出来,而且斯大林讨厌有人在觊觎他的位置。任何敢于对这一位置怀抱希望的人,都将立刻被干掉。我问他会不会是莫洛托夫,巴伊多尔大使说,莫洛托夫在莫斯科并不比在海外更吃香,因为他把在国外耍的手腕也同样在莫斯科的会议上耍弄。巴伊多尔不认为斯大林一旦去世会引起革命,因为俄国人像一盘散沙,被蒙在鼓里。他们的平均智能超不过中世纪时代的水平。国家秘密警察组织严密,能立即搜查出任何潜在的反政府动向。在苏俄的统治下没有爆发革命的机会或可能性。

他接着说,俄国人的脑子里是极端化的。1935年以前,土苏关系友好时,他在莫斯科任大使,当时苏俄人非常直率,他们把自己跟别国进行谈判的门道都告诉他。可是当两国关系不那么友好以后,土耳其便成了他们眼中的潜在敌人。他说这种性格也体现在人与人的关系上。为了说明问题,他又一次给我讲了许多苏俄知名人士被清除的事。他感到俄国的气候和其他一些自然条件是俄国人爱走极端的部分原因。他说在莫斯科,一年十二个月中几乎有八个月地上盖着白雪。但就在最严酷的寒冬里,有时也会突然阳光灿烂,出现一阵类似夏天的炎热天气。于是,俄国人那种被茫茫白雪压抑的沉郁心情,一下又被耀眼的阳光激发得欣喜欲狂,生气勃勃了。

我问他希腊和阿尔巴尼亚边界上的冲突会不会发展成严重事态,他说,这完全取决于苏俄的政策,苏俄是所谓的希腊游击队一切活动的幕后操纵者。如果莫斯科决定不支持保加利亚、南斯拉夫或阿尔巴尼亚,希腊边界上就会立即恢复平静。因为那些卫星国既无兴趣也不希望跟希腊找麻烦。但他担心俄国人会继续煽动希腊边界上的动乱,以期在希腊建立共产主义政权,把苏俄的势力扩展到地中海和北非。

他认为美国很了解苏俄的政策,所以决定支持希腊和土耳其。他的国家确实是阻止苏俄向南扩张的一个重要堡垒。土耳其全国已经组织起来,团结一致,决心抵御苏俄的扩张。正因为这样,苏俄正在把矛头转向希腊,这是苏俄扩张的另一条出路。美国人知道苏俄一旦入侵并征服土耳其,其势力就将直下近东和北非。美国援助土耳其是符合美国利益的,因为土耳其值得援助。特别是鉴于希腊目前的情形,这个构成苏俄另一条出路的国家已经处于动荡和混乱的状态中。

巴伊多尔大使告诉我,土耳其得到的援款为数不多,然而对土耳其有极大的价值。因为这一事实向俄国证实了美国不是空谈支援土耳其,而是付诸行动了。一亿美元的援助只是一个开端,但这是个良好的开端,因为这说明了美国明确支援土耳其的立场。

巴伊多尔大使在回答我的另一个问题时说,他不认为美苏之间会发生战争,因为俄国不具备进行战争的条件。但他认为,美国有必要保持强硬。只要把这种态度坚持下去,苏俄终归会屈服的。他们和赌客一样,是靠诈骗过日子的。

　　当我问他英国对援土的反应如何,他说,英国当然高兴。英土两国订有军事联盟,如果土耳其被苏俄征服,将会严重威胁英国在那一地区的根本利益,因为土耳其是保护英国利益的一道屏障。英国由于经济削弱,无力支援土耳其。美国援助土耳其的政策当然是英国求之不得的。

　　四天之后,我带南京立法院代表团成员对杜鲁门总统进行礼节性拜访。总统情绪很好,像往常一样幽默而风趣。我告诉总统这是立法院首次派代表团出国访问,而美国是它访问的第一个国家。总统非常热诚地向代表团表示欢迎,并说希望他们在来华盛顿的路上受到了良好的接待。

　　代表团的团长吴先生表示他和他的一行首先是向总统致敬。并说他们已经访问了旧金山、西雅图和波特兰。然后他向总统转达了国民政府副主席、立法院院长孙科博士的问候。

　　我向总统说明,孙科博士是中华民国创建人、已故孙中山博士的哲嗣。

　　吴先生还说,代表团此行的任务是考察美国制定法律和行使民主制度的程序。他说,去年12月通过的中国新宪法,将于1947年12月25日起生效。全国代表大会的选举也将于来年9月举行。会上将选出国家总统。他们此行想要考察的项目之一就是美国的选举法。

　　总统说,美国的法律还不能说尽善尽美。从使选举最公正地进行的角度看,在手续上仍有令人不能满意之处。不过,美国对这些问题已有长达一百多年的经验,在法律上当然可能会有些值得中国借鉴的有益的经验。

　　我告诉总统,中国决心以最公开和最公正的方式举行选举,力求使选举结果受到全国的尊重。然后,我又把话题引向国际形势方面,这是因为我一直对杜鲁门总统的各项政策深感兴趣。我提到所谓欧洲的杜鲁门主义,大家谈论了一阵,又谈到总统对中国的同情和不久前赴南京的魏德迈将军的使命。然后,我在回答总统的询问时说,立法院代表团将去纽约并在东部几个州访问,然后赴欧洲考察同一课题。总统说,他自己曾在参议院工作过好几年。我说,我知道他是一位非常杰出的参议员,因此对立法程序必定了如指掌。

7月31日晚,我参加远东委员会主席麦考益和夫人举行的晚宴。席间气氛愉快,客人中有新任负责政治事务的助理国务卿诺曼·阿穆尔和夫人,魏德迈将军的夫人,英国驻远东委员会代表格雷夫斯和前美国驻华大使詹森。同往常一样,我和几位来宾进行了有趣的谈话。其中一位是埃尔默·戴维斯。他对我说,他曾不断地告诫美国人民不要卷入希特勒对欧洲的侵略。他说,他向来不搞人身攻击,而是用文明诚实的广播讲话向人民发出呼吁。

新近进入国务院的阿穆尔向我谈起与俄国人打交道的难处。俄国人永无止境地要占便宜。可是我说我相信和平可以保持下去,因为美国和苏俄都不想打仗。但是阿穆尔说,俄国人有可能把事情推到他们既没有想到,又无法挽回的绝境。这是当时在国务院一些人中相当普遍的看法。我个人认为俄国人都很清楚,只要苏俄政府认为确有爆发战争的危险,哪怕在最后五分钟,他们也会悬崖勒马。这是一个苏联将军1945年在旧金山告诉帕斯沃尔斯基的。因此,尽管俄国人实际上并不认为他们已经准备好要跟美国认真地搞什么冲突,他们也会往前直闯的。

到下一个月,8月份,又有两个新问题引起了各国的密切关注。其中之一是荷兰和印度尼西亚的冲突,于7月底提到安理会,当时双方又已重启战端。另一个是朝鲜问题,当时在汉城进行的苏美联合委员会会议陷入了僵局。由于这两个问题对中国都有重大关系,我花了不少时间与有关各方进行磋商。例如8月

5 日,我接待了荷兰新任驻美大使范·克莱芬斯。他说,他除了作礼节性拜访外,还想和我谈谈印度尼西亚的问题。

关于荷兰—印尼冲突,他说美国政府提出愿意出面斡旋、调停双方的纠纷。我问他到底是斡旋还是调停,他说这不太清楚,不过他看不出这两者之间有多大区别。他说荷兰政府已经接受了这个建议,不过据他所知印尼方面没有接受。同时,安理会已在着手处理此事,并已通过一项决议,号召双方先行停火,然后通过仲裁或其他和平手段解决争端。他的政府接受了安理会的决议,但声明这是出于尊重人道主义的精神,而荷兰政府决不承认安理会具有处理此事的法定权力。作为荷兰政府的发言人,他已经提请安理会注意,依照联合国宪章第二条,印尼问题属于荷兰的内政。联合国的行动是否合乎法律的问题,不仅在这一具体问题上对荷兰很重要,而且对联合国所有的成员国也都有重大关系。

他说,荷兰接受了删去提到联合国宪章那一部分的安理会决议,其用意是想把安理会的权限问题留待以后提请国际法院裁定。他回忆说,前一年联合国大会投票通过了一项关于印度呼吁谴责南非联邦虐待印度人的决议,这里面也存在大会的权限问题。当时反对者中有不少人对于联合国根据宪章到底有多大权限表示了很大的怀疑。该项决议最后是依靠煽动感情的手段,并得到了苏俄集团的支持,才以一票的多数通过的。接着,他又重申一遍,尽管他的政府基于人道主义精神而接受了安理会号召停火的决议,但不能承认安理会的这一行动有任何法律依据。他说,法国已经建议将此问题提请海牙国际法院审议,荷兰政府认为这是应该遵循的正确途径。

我说据我了解,荷兰政府和美国政府已经承认印尼为事实上的政权。大使说虽是这样,但荷兰并不承认所谓的印度尼西亚共和国是一个政府。按照林芽椰蒂协定,印度尼西亚共和国要到1949 年 1 月 1 日才能正式成立。到那时这个共和国连同东印尼共和国和婆罗洲共和国将共同组成一个由荷兰管辖的印度尼西亚联邦。荷兰政府已经许诺,将为印度尼西亚联邦向联合国申请会员资格。但即使到那时,也不能认为印度尼西亚共和国是一个独立拥有主权的实体。这样做无异于承认美国的一个州,例如马萨诸塞州或佛蒙特州,也无异于承认巴西或墨西哥联邦国中的哪一个州,是独立的主权国家;这是显然不能接受的。所以荷兰无论是接受安理会的决议或美国的斡旋,都绝不意味着它承认印度尼西亚是一个拥有主权的独立国家。

他说,从所谓的印度尼西亚共和国本身行为来看,它并不是一个组织良好和负责任的权力机构。它是日本在向同盟国投降之前的两个星期内制造出来的。当时日军总司令畑俊六将军把苏加诺找到西贡,在日本人的怂恿下,在那里和他达成了各项安排。一些阿拉伯国家,如埃及和叙利亚等,都承认了印尼是一个独立国家。但这显然是为他们自己的利益着想,因为这样可以扩大阿拉伯国家在联合国的阵营和势力。他补充说,这些国家还和印度尼西亚共和国签订了条约。

他说荷兰政府对印尼采取的警察手段决不是出于要摧毁这个共和国或是违背林芽椰蒂协定的动机。其目的只是要恢复那里的秩序和保护在那里的荷兰人及其利益,保护在那里的外国侨民。居住在印尼的华人有一百六十万之多,他们在印尼人手下受尽了欺凌。出于某些原因,印尼人不喜欢中国人,把怒气发泄在他们头上。

我说我正打算向他提出这一点。根据中国的统计,在印尼的华侨不止一百六十万人,实际上有三百万左右。尽管他们在荷兰人和印尼人的敌对行动中一直保持中立,却在印尼人手中饱受欺凌,屡遭杀害、殴伤,财产受到破坏和劫掠。

荷兰大使说,情况正是如此。据在印尼的荷兰人报告,中国人竭力不介入敌对的任何一方,但却受到极大的残害。荷兰当局一直在设法保护中国侨民。他表示愿意将他所掌握的,从驻印尼的荷兰文武官员的报告中摘录的有关华侨遭受大肆劫掠的情报提供给我。我说印尼当局不能控制自己的人民，有些无法无天的帮伙，专事杀人抢劫，根本无视印尼当局发布的命令。其中有很多共产党人和极端分子，蓄意制造混乱。他告诉我，共产党的势力是通过四条渠道渗入爪哇的：（一）是在莫斯科受过训练和教育的爪哇人（他提到印尼领导人中有两个众所周知的爪哇共产党人）；（二）是通过莫斯科广播电台的宣传；（三）是从新加坡渗入印尼的共产党间谍；（四）是澳大利亚码头工人工会。它不同于澳大利亚工会，而是受共产党支配的。

他回答我的问题说，整个印尼运动是由三个因素激起的：就是民族主义、宗教和意识形态。荷兰并不反对这种运动，事实上还同情印尼人的民族主义情绪。荷兰也无意于破坏印尼人的宗教信仰，即伊斯兰教。但共产主义则是另一回事。它不仅对印尼有危险，也将危及其他的亚洲国家。印尼共产党人中有三名荷兰共产党人。他们显然想把印尼变成自己的总部，从那里进行宣传鼓动，赤化整个亚洲。

他说，荷兰政府不得不采取警察手段，因为他们发现无法同苏加诺及其同事们打交道。苏加诺在会谈中不管做出什么承诺，事后不是被他的同事们推翻，就是被他本人赖掉。他说本来还可以通过联合国进一步交涉，但荷兰对联合国权限问题提出的主张，表决时有可能被苏联集团击败。他知道中国对爪哇大批华侨的命运非常关心，因此他要求中国在联合国给予支持。

我说安理会既然已经着手解决印尼问题，它可能还要召开更多的会议。我知道，澳大利亚和菲律宾已经建议组成一个调查委员会。在以后的讨论中，我估计安理会将会要求印尼的代表出席会议。

范·克莱芬斯说，他的政府反对邀请印尼代表以同荷兰代表平等的身份出席会议。荷兰不认为联合国宪章第三十二条可以适用于这一问题。他说，这并不是说印尼不能发表自己的意见。

印尼代表可以根据安理会议事规则的第二十二条出席会议。该条规定说:"秘书长或秘书长之代表可以就安理会正在考虑之任何问题向安理会作口头或书面陈述。"

我对荷兰大使直爽地给我说明荷兰的问题和荷兰政府的观点表示感谢,并说一定把他的话报告给南京。我还表示,很希望能得到他掌握的有关华侨在印尼被杀害和受抢劫的一切情报。他说一定办到。

8月7日,我会见了助理国务卿诺曼·阿穆尔。陪同他的有中国科科长阿瑟·林沃尔特和东南亚司副司长沃尔特·查佩尔。我在这次谈话中提出了几个问题,第一个就是荷兰和印尼的冲突问题。我告诉他,自从荷印双方两年前在印尼开始冲突以来,住在荷属印尼的三百万左右华侨尽管一向严守中立,但仍然惨遭杀害、打伤,并在财产上受到损失。最近战端重开,已经使更多华侨丧失生命、遭受苦难和损失财产。因此我国政府迫切希望看到采取制止冲突的措施,使荷兰和印尼达成可靠的停战协议,使中国侨民得以安居乐业。

此外,我表示中国政府极愿和任何其他国家共同设法调停此事。但众所周知,美国政府提出调停建议以来,荷兰人已经接受,而印尼人尚未作出答复。我说,因此我国政府很想知道美国政府在这一令人赞佩的尝试中是否考虑取得其他国家的合作。

阿穆尔说,最近驻爪哇美国领事已向印尼当局转达了这个建议,美国政府仍在等待印尼的答复。但荷兰已经接受了建议。目前美国还没有考虑过要联合其他国家共同调停。美国希望使双方坐到一起,劝说双方按照双方在去年签订的林芽椰蒂协定第十七条解决纷争。

我说,联合国安理会已经讨论了这个问题,并通过了一项决议,令人欣慰地促成了停火。但据我所知,不是澳大利亚就是菲律宾已经向安理会提议派一个调查委员会前往印尼。不知美国政府对这个提议持什么态度。我说,如果印尼接受美国的调停建议,就会出现这样一个问题,即荷印谈判和安理会派出调查委员会这两件事能否并行不悖。我在报纸上获悉,印尼也已要求这个拟议中的调查委员会能够促成停火并向安理会报告详情。

阿穆尔说,他不认为这两项措施能同时进行。

兰登(?)说,安理会的决议主张荷印双方通过仲裁或其他和平方式解决争端。他想这大概可以和调查委员会的调查工作同时进行。

阿穆尔说,目前还很难作出什么定论,问题完全取决于印尼是否接受美国的调停建议。只有等印尼对这一点作出明确答复以后,才能考虑并确定下一步怎样走。

接着,我又提出了朝鲜问题。我说据报纸报道,最近在汉城重开的美苏委员会谈判看来又已陷入僵局,委员会的工作也已停顿。我说,由于朝鲜的局势历来对中国都有重大关系。我国政府指令我征询美国政府下一步准备如何进行。

我记得,马歇尔将军在开完莫斯科会议回国后(那次会议曾研究过朝鲜问题),在一次谈话中告诉我,他在会议期间曾与俄国人交换过信件,俄国人同意恢复业已中断的汉城会谈。在那次谈话结束时,我向马歇尔将军转达了王世杰的口信说,两天前,他曾接见苏俄驻华大使。在谈话中,王世杰提到他就朝鲜问题向国务卿发出的一封信,并说已把该信的抄件分送贝文和莫洛托夫。他告诉苏俄大使,中国极为重视早日建立朝鲜临时政府的问题。他表示希望苏俄政府能早日与美国政府达成协议。因为如果协商失败,中国政府将面临本国人民和各党派的提问和质询。这就将使中国政府无法继续持旁观态度。王世杰还说,他告诉苏俄大使,如果美、苏在最近期间不能达成协议,则对预定在1947年11月召开的外长会议上研究和平解决德国问题将产生不利的影响。马歇尔听完我的转达后没有发表任何意见,只是说希望我向王世杰博士转达他对这次通报的谢意。我在这里插入这件事是为了说明中国对这一问题的关切程度。

现在回到我和阿穆尔的谈话。阿穆尔说,美苏会谈又在以前的同一个问题上陷入了僵局,就是说,建立临时政府的事应该和哪些朝鲜人商量。他说目前僵局仍在持续中,不知道能否打开,不知道会谈能否恢复。如果不能恢复,那么朝鲜问题就得和美苏之间存在的其他问题放到一起去处理。

然后,我又提到外蒙古问题。我告诉阿穆尔,一年前外蒙古申请加入联合国时,安理会研究过这一问题。当时中国驻联合国代表按中国政府的指示支持了外蒙古的申请。那时我国政府的立场是,既然中国政府已经根据1945年8月签订的中苏条约承认了外蒙的独立,尽管中蒙间尚未建立外交关系,但中国在执行政策上应该始终如一。不过,最近两个月来,外蒙古不止一次地无端起衅,在新疆地区武装入侵中国领土。中国政府为此曾两次向外蒙古和苏联政府提出抗议。外蒙古的答复丝毫不能令人满意。这清楚地表明,不能承认外蒙古是一个爱好和平的国家。而根据联合国宪章的规定,这是加入联合国必须具备的条件。因此我国政府决定反对外蒙古加入联合国。我又补充说,既然美国政府过去反对接纳外蒙古加入联合国,我国政府希望美国政府考虑这种新的情况,不要在安理会支持接纳外蒙古的想法,而要继续保持其反对的立场。

阿穆尔回答说,美国政府不可能支持这种想法。相反,美国政府将继续保持反对立场。他许诺把我的话通知美国驻安理会代表奥斯汀参议员,使他了解中国政府对接纳外蒙古加入联合国的态度。

阿穆尔又提出了在华德国侨民的遣返问题。他知道美国大使馆一直在与中国政府磋商这一问题,并开出了一张七百名德国人的名单。这些人将被遣回德国。但是中国政府希望从这张名单上删去三十四个人的名字。这三十四个人中有七人属于应受谴责之列,美国政府希望看到他们被遣送出中国。他说这是为中国着想。美国政府只是想帮助中国把事情处理妥当而已。他并说,陆军部已经向中国派出了两条船,去接运遣返的德国人。另外还要再派一条船去,这是最后一条。这条船是布莱克将军号,目前正开往日本去装运那里的八百名德国人。然后再从日本开往上海,去装运那里的七百名德国人。阿穆尔回答我的问题说,这条船的客运量是二千二百人,将在八月的下半月抵达上海。

林沃尔特说,那是在麦克阿瑟将军批准该船载运游客去中国作一次旅游之前的事。现在这条船大约将在 8 月中旬为此抵达上海,然后再去日本执行遣返任务。

阿穆尔说,他希望我吁请中国政府协助办好遣送德国人的工作,特别是对名单上的那些德国人。他再次说,美国这样做确实是为了帮助中国。

我向他保证一定欣然向我国政府报告此事,吁请他们圆满完成遣返任务。

阿穆尔谈的第二件事,用他自己的话说,是对中国的一个好消息。他说美国驻北平的海军陆战队在前德国使馆大楼里发现了一批黄金和珠宝。现在美国政府决定把这些东西交给中国。但是根据 1944 年签订的三方黄金协定,美国当局必须把黄金交给设在布鲁塞尔的同盟国黄金委员会。如果有证据证明这批黄金是德国从各盟国抢劫来的,则该委员会将按照赔偿原则把黄金分给被德军占领过的各国。他说这样做的理由是,根据可靠的证据,德国在 1940 年就已用光了本国的黄金储备。所以,从那以后德国占有的任何黄金都被认为是来自德军所占领的各国。而且其中大部分极可能是德国人当作战利品抢来的。

我对阿穆尔告诉我这一消息表示感谢,并说我将转告我国政府。他说将在二十四小时之内把此事通知司徒雷登大使,再由他转告中国政府,不过他想提前通知我一下。

8 月 18 日,我与新任副国务卿洛维特讨论朝鲜和印尼问题。马歇尔将军不在国内期间由洛维特代理国务卿职务。我告诉他,出于多种原因,我国政府对朝鲜问题深为关切。我受命询问美苏联合委员会在汉城的工作目前进展如何。据报纸报道,美国国务卿曾向苏联政府提议,委员会应在 8 月 21 日就该委员会的工作写出一份联合报告。中国希望这个报告能够写成,但我很想知道,如果该委员会不能以整体名义提出报告,美国打算采取什么步骤,如果有可能,美国是否会着手在南朝鲜建立一个临时政府?我国政府要求我表示希望美国政府,通知汉城联合委员会美方代表,请他们把该委员会工作的进展情况随时通知中国驻汉城的代表。

洛维特说,自从国务卿发出通知,要求在 8 月 21 日以前写出联合报告以来,到目前为止美苏联合委员会还没有开成一次会议,因此实在无可奉告。

陪同谈话的彭菲尔德补充说,实际上,美国占领军司令部一直在不间断地把情况通知驻汉城的中国和英国代表。

洛维特说,目前还难说下一步将怎样走。实际上苏方代表并没有表示不愿写这样一份联合报告。他只是说要等接到莫斯科的指令以后,才能同意召开另一次委员会会议。如果他接到指示,那么 8 月 21 日就有可能举行会议。因此还要看委员会在 8 月 21 日以前是否还能开会,这就是说,还得等三天。

接着,我又提出了印尼的局势问题。我说因为有很多华侨住在印尼,中国政府极为关注印尼的局势。我说我知道,美国政府已经提出为荷印双方居间调停,并说我国政府指示我问明印尼的实际情况,以及印尼当局有没有接受美国的调停建议。

洛维特说,荷兰从一开始就接受了美国的建议。现在印尼人也已表示接受,但这种接受是有条件的。起初,印尼人说他们接受这个建议是希望美国政府能以调停人的身份促进安理会做出仲裁。但是美国的提议并没有这个意思。美国只是希望能通过调解使双方坐到一起,通过仲裁解决争端。联合国的仲裁方式是双方各选定一位自己的仲裁人,再由这两位仲裁人选定第三位仲裁人。这种方法符合荷兰印尼协定的第十七条的规定。但洛维特说,印尼在第二次表示接受美国的调停建议时,还要求美国利用其影响,组织一个由美、英、澳、印度和菲律宾五国组成的仲裁委员会,每国各出一名代表。由于美国政府不满意这种附有条件的接受,便指示驻巴达维亚的美国领事去会见印尼当局,要求他们对美国的提议肯定答复"行"还是"不行"。现在还没有接到答复。如果答复是"不行",那么美国当然就撤回一切提议。如果是"行",美国将尽全力使双方坐到一起,使他们能够安排仲裁,寻求一个解决争端的办法。

我表示希望印尼的答复将是肯定的,但又说,如果答复是否定的,我看这个问题还要再次交由安理会解决。如果是那样的话,我很想知道美国驻安理会的代表将采取什么立场。我告诉洛维特,据我所知,澳大利亚已经提议,或已经宣布它打算提议,由安理会成立一个仲裁小组。菲律宾也建议或是声称它打算建议成立一个国际调查委员会,赴印尼调查后,向安理会报告荷印争端的情况。我想了解美国赞成其中哪一个建议。

洛维特说,荷兰驻安理会的代表已经提议由联合国指示它派驻印尼的官员直接向联合国报告印尼的局势。至于由安理会成立仲裁小组的问题,则是另一回事。美国政府认为,第一个应该考虑的问题是安理会是否有合法权力受理这一问题。荷兰代表已经对安理会受理这一问题的权力提出异议。美国政府的立场是赞成通过安理会达成停火,但在法律问题上持保留态度。安理会所通过的号召双方停火的决议没有提到法律问题,实际上这个问题是被搁置起来了。已经实现过一次停火,但是双方看来都有违反协议的举动。不过法律问题必须首先进行研究并作出决定,因为安理会不能无视这一点,非法地处理荷印问题。洛维特强调说,衡诸联合国宪章,安理会是否具有处理印尼问题的权力对各国和中国都很重要。一旦安理会被允许处理超越宪章规定的权限以外的问题,就将造成一个不良的先例。

我对洛维特给我说明美国的态度表示感谢。我说这正是我国政府所希望知道的情况,我将据实向我国政府报告。

事实上,莫斯科到 8 月 23 日才对美国国务卿呼吁美苏联合委员会写出联合报告的提议作出答复。虽然苏俄接受了马歇尔将军这一提议,但并没有产生什么效果,因为委员会中的苏美两方不能取得一致意见,结果是各自写了一份报告。但与此同时,代理国务卿洛维特又向莫斯科发出一份照会,提议履行莫斯科会议就朝鲜问题作出的决定,并于 9 月 8 日在华盛顿召开一次与莫斯科协定密切相关的四大国的会议,研究这些问题。我在 9 月 2 日收到外交部的一封电报,要我向美国政府转达中国政府的意见,赞成美国建议召开有关朝鲜问题的紧急会议。

9 月 6 日我为范宣德举行午餐会,并邀请了国务院其他几位成员,其中有彭菲尔德和林沃尔特,还有新任命的三位驻华副领事。我们无拘无束地畅谈中美双方都关心的几个问题。彭菲尔德在回答我的一个问题时说,苏俄已经就朝鲜问题作了答复,拒绝了召开四大国会议的建议。但是他认为定于 9 月 8 日召开的美、英、中三国的非正式会议很可能起到相同的作用,尽管这次会议的议程安排还没有确定下来。林沃尔特也谈到了苏俄对朝鲜问题的答复。他说,苏俄对于美苏合作的态度可能要取决于美国是否会出现经济衰退。如果出现衰退(因为目前美国已经出现了出口额下降的迹象),苏俄就会进一步抵制合作。

对于印尼问题,范宣德说,中国一定不要指望印尼人会像荷兰人那样保护华人的生命和财产,因为还要给印尼人学习治理国家的时间。他认为尽管中国侨民遭受了很大的苦难,中国也不应反对印尼的独立。耐人寻味的是,多少年来,西方各国就是用所谓中国人不会治理的论调来反对中国收回租界和租借地的管辖权的。我对范宣德说,中国历来同情殖民地人民的政治愿望。但是以往的经验告诉我们,我们支持独立运动的政策使我们在华侨的利益上自食其果。这件事情在菲律宾、缅甸都发生过,现在又在爪哇重演。

第四章 中国要求经济援助

1947 年 4 月—6 月

第一节 中国要求十亿美元贷款

1947 年 4 月—5 月

  1947 年春夏之交，中国的经济情况迅速恶化。中国法币在 1947 年 2 月已经是一万二千元对一美元，到了 6 月底跌落到三万对一。物价飞涨，外汇锐减，交通、运输和工业活动由于通货膨胀和战争的双重打击而陷于混乱，内战在 3 月间再度爆发。世界银行董事会常务董事、前任中国银行纽约经理处区监理席德懋刚从国内回来，于 6 月 25 日前来拜访。他想给我讲述一下对于中国经济情况的印象，我也急于想听听他要说些什么，因为他不仅是一位银行家，而且是一位经济学者。他的叙述相当使人沮丧。他说，他在国内时中国的情况，特别是上海和南京，非常糟糕。甚至维持法律和秩序也成问题，因为大多数公务人员和老百姓由于经济困难而变得道德败坏，政府迫切期待美国贷款。至于军事情况，他说许多人都认为没有希望。这个报告使我感到很泄气，而且我相信，对他也是一样。

  第二天，毕范宇来访，他生长在中国，曾任蒋委员长的顾问。在谈话中他说，他收到的所有中国来信，都谈到由于经济困难，人们的信心迅速下降，认为没有美援就毫无解决希望。谈话是在 6 月底，当时情况变得比 4 月初更为严重。其实对于美国经济援助的需要 4 月间就很明显,而且早已如此。那时政府对于改组采取了一些步骤,人们希望这样可以使美国政府有更多的理由来对中国进行援助。一般认为,这种援助不仅仅是经济上的帮助而已,而且可以达到坚定中国公众信心的政治目的。认清这一点,就会明白为什么 3 月间宣布所谓杜鲁门主义时我感到那样高兴了。因为它给了我一个主要的论据,可以用来说服美国,那就是从美国的观点来看,现行对华政策是很不明智的。

4 月 1 日,我在双橡园宴请布鲁斯特、肯尼思·惠里和威廉·兰格三位参议员。我们的话题转到美国对华的一般看法,我要求参议员布鲁斯特谈谈参议院对于中国的一般观感,以及对华贷款议案是否能够顺利通过。他说,近两三年来,美国共产党的宣传毒害了许多人的对华观感,使他们反对中国。由于他的一些同事如参议员惠里和兰格态度不明朗,共和党在参议院中的多数是相当微弱的。他说,不能指望他刚刚提到的两位在表决外交政策时总能表示支持。我没有记下在座的其他客人如何反应。

4 月 3 日,我同范宣德讨论了这个问题。谈话实际上集中在两个题目上:对华贷款和琉球群岛问题。他说,就美国政府而言,中国所希望的贷款不是在最近的将来所能解决的事。至于琉球群岛,他证实了苏联曾经表示对它有兴趣,但是他补充说美国对莫斯科没有给予支持。他认为可能有好几种解决办法,可是他告诉我,有些美国人考虑到群岛的北半部居民的情况同日本很相近,可以归还给日本,而南半部可以用其他方式处理。

在回答他提出的问题时,我说,琉球群岛可以作为联合国的托管地,或者由中国和美国共同管理;不过在我看来,如果允许苏俄参加管理,那将是一个错误。范宣德说,谁也没有现成的解决办法,他很想知道中国是否能提出一个解决办法以供采纳。接着他提到千岛群岛。他告诉我,他那个部门常常苦于无法确定这个群岛应该包括哪些岛屿。有些非常靠近北海道①的岛屿,实际应属于日本,然而苏俄声称它们原属俄国,因而加以占领。我问他军方消息说,亨培克可能被派到中国接替司徒雷登,不知确否。他说,这一传闻没有根据,而且他认为,美国驻华大使馆也不需要一位美国专家。

谈话是在普林斯顿中国问题讨论会之后进行的。在那次会上交换的关于中国和中国留美学生问题的一些意见,很值得注意。我是当天下午动身去普林斯顿大学的,晚上七点半到达哈罗德·多兹校长的寓所。校长和校长夫人都出来热情接待我,我作为他们家庭的客人,和他们共同度过一个晚上。我参加的晚宴是为二百周年校庆而举行的中国问题讨论会的一个特殊节目。当我应邀讲话时,我用了七八分钟来表示我对于这次邀请的感谢,强调普林斯顿大学在培训中国的领袖方面的重要贡献,以及为研究中国文化而召开一次会议的重大意义。

那天晚上的主要演讲人是乔治·泰勒教授,他的题目是:《美国的中国研究之前途》。演讲过程中,他提出了对这个问题的新的探讨。他说,中国在世界上的作用是重要的,为了有效地研究中国,我们还必须研究中国的邻国,例如俄国、日本、朝鲜等国的文字和历史。美国作为世界领袖,必须鼓励人们怀着同情心,全面地研究其他国家的文化和问题,特别注意它们各自对整个世界的影响以及彼此之间的关系。他的观点是一个新方向,因为当时还没有人从邻国相互制约的观点出发探索某一国的文化,而现在这已是各主要大学中所熟知的所谓地区研究了。

会后,多兹校长和我在他的书房中闲谈。那里正是 1909 年威尔逊曾经接待过我的地方,就在那里,我曾与他就当时美国的政治形势和中美关系交换过意见。那些年里,威尔逊是普林斯顿

---

① 原文为 Shiramuna,应译为“白村”,惟在地图中查不到,据文意译为“北海道”。——译注

大学校长，我作为哥伦比亚大学《旁观者》的编辑，到那里去参加东部的一些主要大学的报纸总编辑会议。差不多四十年以后，我作为学生的日子早已过去了，此刻我向多兹校长谈论我们面临如何决定中国青年应在什么年龄送到美国学习为宜的问题。这个问题在中国经常引起人们的争论。我告诉他，那些太年轻的人，很快就在思想上和观点上变得美国化了；而那些年龄较大的人，到了这个国家之后，又发现很难接受美国的观念，也不易学到美国的协作、主动和事业精神。多兹校长提出一个有趣的建议。他说，他们出国以前，必须先学中国历史，他同哥伦比亚大学古德诺教授一样，认为对于中国学生来说，最关重要的不一定是关于美国制度和美国技术的一大堆知识，而是在他回国以后能够识别在美国所学到的全部东西里，哪些是对中国最适宜、最有益的。

4月7日，回到华盛顿，我接到外交部的电报，要我迅速答复关于租借法案的结算问题。电报还询问我对于贷款情况以及如何推动此事的意见，并说政府改组在两周内完成后，贷款事宜可能正式向美国政府提出。还问我们是否应该要求比五亿美元更大的数目。

第二天晚上，范宣德举行晚宴招待南京来的黄仁霖中将，我被邀参加。我问主人，美国于对华租借法案的清算持何看法。他说，没有什么需要清算的了，因为许多有关的事务都已处理完毕。他说，只有价值十五亿美元的军事装备，训练中国空军的费用，以及为数有限的一些其他偿还要求，还待发表正式报表而已。但是有关1942年的五亿美元贷款，他说最好中国能发表一个贷款使用情况详细声明，既可以满足舆论要求，又利于将来的谈判，那将对双方都有好处。他显然指的是报纸上出现的一些不满评论，批评一部分贷款的下落不明。据一些谣言和报道说，有一部分款项被人胡乱花用了。我很奇怪，而且至今也不明白，为什么对于这笔收入的用途当时没有发表过明确的声明或报告。当然，我那时任职在伦敦，美国的消息不是经常收到的。

据我所知,在战争中并没有把全部贷款用完。这是信用贷款,其中一亿美元作为所谓美金公债的保证金,美金公债以二十对一美元的比率发行。美国财政部以一亿美元的贷款作为美金公债的担保,购买时用中国货币直接付给中国政府。中国政府要求美国政府再从这笔贷款中运给中国一批黄金。但是这项请求在多大程度上得到满足,就不得而知了。

我想是我在华盛顿参加敦巴顿橡树园会议期间,在一次宴会上,美国财政部的一些官员说,他们得到报告,据孔祥熙家中一个佣人说,有人利用白银的行情赚了多少钱,这些行情是中国财政部定期从美国财政部那里获得的。这个佣人说,在孔家的一次宴会上,有很多中国财政部的高级官员参加,在开怀畅饮以后,大家互相夸耀那天从白银外汇的投机中赚了多少钱。我想财政部长摩根索听到这些报告一定大受影响。但是我认为这一类报告应该加以核实,弄清究竟有多大真实性,而不应把它放在心里一直猜疑。

在华盛顿和南京的中国人都知道,当时的财政部助理部长怀特对国民党不是太友好的。人们甚至说,他实际上倾向于支持延安的中国共产党。这可能使这些报告显得更可信了。但是我不知道有什么特殊盗用贷款的情况。例如我知道,只要指控政府中有贪污行为,蒋委员长一向是坚决查处的。最糟的是听任谣言到处传播。如果听到谣言就加以追查,最后总会弄清真实情况,像中国俗话所说的"水落石出"。即使是真有其事,事实的大小程度也可以弄明白了。想掩盖谣言而任它越传越离奇,那才是最坏的做法。

4月26日,我拜访了参议员范登堡。这是我们讨论希腊—土耳其援助法案的一次谈话。我上面说过,这是一次出乎意料的长谈,因为我们两人对于彼此的看法深感兴趣,像私人朋友那样交换了意见。不过我的主要目的是想讨论援助中国的问题。当参议员说,他估计我已看到他在参议院所做的关于希腊—土耳其援助法案的演讲,而且提到中国的时候,我回答说:"当然看到了。"
我说,事实上我来访的一个目的正是转达蒋委员长对他的问候,
委员长对他的演讲极为赞赏。蒋委员长在一封私人专电中,要我
向参议员表示他的敬意,并且告诉他,对于他的有关美国一般外
交政策尤其对华政策的演讲,委员长极为赞赏。委员长希望有一
天他将有幸在中国欢迎参议员。

范登堡谢谢我,然后说正像他经常谈到的,他不同意美国的
对华政策和拉美政策。事实上,他看不出政府对华政策到底是什
么。在他看来是非常模糊不清的。

我说,正像参议员在我去年9月同他的谈话中所了解的,我
一直希望美国对华政策能加以改变或修订。南京政府现在已经
改组和扩大,包括了国民党以外的所有政党(共产党除外)。

参议员说,他已从报纸上看到这一变更。本届美国政府理应
从这一变更中看到改变美国对华政策的必要理由。

我告诉他,中国的统一事业正在稳步前进,共产党正被击退。
政府是出于无奈才进行战争的,它宁愿用政治方法来解决问题。
但是共产党有军队,它一边高喊反对内战,一边毫不迟疑地利用
军队扩大其统治范围。

范登堡认为这种情况是很明显的。

接着,我提出了中国的经济情况。我告诉他,情况非常严峻,
中国比过去更需要从美国得到一些支援和帮助。我想知道参议
院的一般气氛怎样。我问他,假如明天在参议院提出一项援华方
案,参议院可能的反应会是什么? 通过的可能有几成?

范登堡回答说,前景不会很妙,因为国会正在力求削减开支。
希腊—土耳其援助法案的通过,不会使另一个新法案更容易通
过。许多参议员投票赞成希腊—土耳其援助法案时都是十分勉
强的,他们怕的就是这样做会引起一系列对其他国家的援助法
案。因此他想,在最近的将来,参议院批准援华法案的指望不大。
但是他问到进出口银行信用贷款的事。(他指的是 1946 年 4 月

该行对中国指定用途的五亿美元信用贷款,关于这笔贷款的安排迄未完成)。

我告诉他,这会有一些帮助,但是按照协定草案的规定,这五亿美元信用贷款只能在逐项计划的基础上使用。换句话说,即使协定签字以后,每一项特定计划需要一部分贷款时,都要经过批准。基本上中国并不反对每一项计划都应批准,但是这些计划批准起来自然要费时间。例如修建黄河铁桥的计划,改建华北塘沽港的计划,每一项都需要两三年才能完成,然后才能改善国家的经济状况。而我国的经济状况确实马上需要援助。我告诉他,现在需要的是有利于中国增加生产的办法,从而也促进中美两国之间的贸易关系。例如,中国缺少粮食供应,因此购买小麦是必要的。还需要石油和纺织厂的原料棉花,为购买这一类物资提供资金,对于中国的经济状况自会有很大好处。再加上生产资料,如机器,购买这些东西将会大有帮助。但是中国的外汇资源非常短缺,没有信贷就无力购买这些物资。

范登堡问到国际银行是否能做点什么,我说,国际银行主要是对于重建和发展计划有兴趣,而中国的需要却很急迫。我告诉他,进出口银行的贷款按规定到那年的 6 月 30 日就要终止,需要展期。如果这一届国会没有希望通过一笔新的补充贷款,那么进出口银行贷款的原有条款就要加以修改,才能应付中国经济局势的一部分急需。我问这一建议在参议院或众议院是否会有人反对。

范登堡说,国会不会管,也无需他们同意。这主要是国务院的事。他想中国可以向美国政府提出一个对于条款的修改方案。

我说,这是必需要做的,但是进出口银行的人们有他们自己的看法,不大受别人的影响,这一点参议员知道得很清楚。在董事会里,有两个人对于中国的任何计划都不怎么同情。(你可能猜到其中之一,那就是高思。)

范登堡笑着说,他知道他们是谁。但是,当我说到甚至国务院也认为在援华问题上，这家银行是一个不易对付的单位时，他向我保证说，如果杜鲁门总统决定援助中国，并且告知这家银行，他不能想象这家银行的董事们会置之不理。

我表示同意，并说，有参议员的影响，可能大有帮助，因为我注意到国务院的人们以及进出口银行的要员，对他发表的意见都有深刻的印象。

范登堡于是说，当然，银行的董事们认为，根据法律规定，他们有应尽的责任，这是可以理解的；然而他相信，如果杜鲁门总统决定援助中国，而且通知了他们，他们绝不会毫不理会。此外，他还说，希腊—土耳其法案既已在参议院处理完毕，他将催促对其他一些有关国际合作的法案采取行动。其中之一就是联合国善后救济总署结束后的援助法案，要求拨款三亿五千万美元。国会一旦通过这一法案，中国也将受到援助。

我对他说，据我了解，这一法案是准备向某些欧洲国家和中国提供紧急援助的。我不知道这一法案的受援国名单是否已经拟定，各国的需求是否已在听证会上讨论过了。

范登堡说，在听证会上提出过名单，中国名列其中。但是他想，这一法案最后通过时不会提任何国家的名字。分配工作要留给国务院去做，而且据他了解，分配给中国的份额不会很大。他还告诉我，除这项联总后援助法案以外，还要有一项法案，要求援助朝鲜大约三亿美元。我问到，他是否认为这也正是提出一项援华法案的时机，范登堡认为不是，因为援朝法案之所以必要，是为了应付美国占领南朝鲜各项职责的需要。但是他说，还有一个批准中美通商条约的法案，他问我是否特别急需批准。

我告诉他，这是在废除治外法权以后谈判的第一个商业条约。我知道美国政府把它作为两国之间进行贸易和其他关系的基础，对之极为重视。

三天之后，即4月29日，我在邮政总局局长办公室参加了一次为纪念第一张航空邮简发售而举行的特殊仪式：商务部长哈里曼由邮政局长的办公室走出,从华盛顿邮局局长手中接过一张邮简,然后付给他一角银币的代价,仪式就结束了。出席的有法、比、挪威、瑞士和一些其他代表团的首脑,还有我自己,但是没有人理会外交使团的成员。甚至没有一个人来同我们握手。可能没有人告诉哈里曼有大使们出席仪式。但是这种场合是蛮有趣的,因为它标志着美国历史上,也是国际通邮史上一个里程碑。

5月2日,我接待了哈伦·克利夫兰先生,他刚被任命为联总驻华办事处副主任。陪他来的是联总远东分署署长哈里斯上校。克利夫兰来访是一次礼节性的拜会,而哈里斯上校却是利用这个机会来告诉我联总中央委员会计划召开会议,会上将讨论取消某些供应中国棉花的条件(到目前为止联总同意,如果运去的棉花超过需要,他们可以购回多余的部分)。还要讨论的是,中国未能为行总提供行政经费的问题和中国各部门为贯彻商定的计划所应负的责任。

中国和联总的关系,是当时中美关系中的麻烦问题之一。中国寄很大希望于联总的具体经济和善后措施,望以大量的物资、材料和食品满足中国战后困难中的需要。我在联总中央委员会中有个席位,这是一个有利条件,虽然我不能经常亲自参加会议,我还是可以密切关注这个问题的。同时我还接待许多来访者,例如哈里斯上校,他们常来讨论联总的事务。哈里斯上校于5月15日再度来访,告诉我美国政府的下述建议:即把出售棉花的收入用于行总行政经费和贯彻计划的开支。他还告诉我,中央委员会坚持中国政府要为完成任务作出新的保证,保证从供应各部门的物资中提供实现计划所需的基金。换句话说,作为对联总所赠物资的交换,希望中国履行它的责任,实现联总和中国之间通过行总所商订的各项计划。

5月8日,在与马歇尔将军的谈话中(记述莫斯科会议时已经提到过),我正式向国务卿提出了中国政府的贷款要求。我告诉他,我国外交部长要求我特别向他说明中国的局势和对于经济援助的需要。他当记得在他去莫斯科之前,我曾告诉他中国政府即将改组。现在改组已实现,国民政府委员会和行政院都已改组,新政府已经开始工作,而施政的基础是由参加政府的各党派共同商订的纲领。这是一个旨在国家统一和经济复兴的有限纲领。

我补充说,中国意识到自己在促进巩固远东和世界和平的重要地位,急着手制订一个纲领来稳定最近变得更加严重的政治和经济局势。远东和世界一般形势如此,我国政府认为,俟与共产党达成协议后再行动是不明智的。他们认为必须尽早开始经济复兴工作,以免失去时机。为了这一目的,我受命请求美国政府给予财政援助。

我告诉他,政府还要我郑重声明,美国的财政援助决不会用来弥补预算上的赤字。赤字现在和将来都将以发行短期证券和发行内债(用发行债券的方法)来弥补。美国的财政援助将全部用于经济复兴,例如从美国购买器材和设备。这些器材和设备运到中国,安装和试行运转等也要花费大量钱财。这些开支不可能由中国人自己来解决,因为这只能靠发行更多钞票的办法,而这样做会使物价上涨,并使中国货币进一步贬值。此外,拆迁日本的赔偿物资,把它们装置在中国并加以运转,也需要大量资金。

我说,为了所有这些目的,中国政府认为单靠进出口银行最初指定用途的五亿美元贷款是不够的。因此我受命提出十亿美元贷款,一半用于购买美国的器材和设备,另一半政府建议用于三类规划:1.恢复和发展交通;2.建立发电厂和某些小型工业;3.恢复农业,特别注重水利和生产化肥。这些规划如果实现,对于改进总的经济局势和全国人民的生活水平,将有很大帮助。

我告诉国务卿,政府想从美国购买的物资有棉花、粮食和石油,可由政府在中国市场出售。其收益不仅将从市场吸收大量的通货,而且还能逐步用于贯彻我刚才所说的经济复兴纲领的需要。因此,我说,我很想知道他对这一要求以及如何才能满足这一要求的看法。

马歇尔说,他是一向迫切希望援助中国的,而且,正像他去莫斯科以前告诉我的,他正在等待这样的机会。中国政府的改组提供了机会。他愿意帮助中国,但是由于过去两天忙于其他问题,他刚刚开始研究这个问题,对于提供援助的最好方法还没有得出结论。他面对的一个问题是,此事必须与美国政府几个不同的代表机构商量,究竟如何办才能使他们都满意。他们要求,当财政援助给予中国的时候,保证不会把它丢进无底洞,那样对中国或中国人民都没有长远的好处。

他说,政府改组这一步很好,他很高兴改组已经完成。但是坦率地说,他自己也不敢肯定新政府是否能够行使职权贯彻纲领,而不受党——国民党的干扰。他告诉我,他在中国的时候,发现他的工作一而再再而三地受到这种干扰的破坏。蒋委员长可能接受他的一项建议,保证付诸实施,但到第二天便会突然发生什么事情,一批反动分子和蒋委员长本人便会采取某种行动,在事实上取消其口头上作过的许诺。

马歇尔一般不提到人名。他通常对于人物评议非常审慎。据我回忆,有一个参议员不喜欢并且不同意马歇尔将军的对华政策,他曾向马歇尔提出谁是反动分子的问题,但国务卿拒绝点名。蒲立德在2月间的私人谈话中也说了很多同样的事。但是在这次会见中,马歇尔却提到了一个人。他说,他对于那些反动分子非常反感,其中包括陈立夫这样的文官还有军界人士。他们会向蒋委员长说,用不着向共产党让步或者接受美国的建议,因为美国鉴于中国在对付苏联上所处的战略地位,不管怎样总要帮助中国的。但是国务卿说,那是毫无根据的。美国并不是非帮助中国不可。

我认为将军提到的那些人,可能不完全了解这里的情况或美国政府的组织和机构的性质,看来他们也不完全了解总的世界形势。

国务卿说,他指的是蒋委员长周围的人,一些地位很高的人,他们对蒋委员长能够进言,哪怕是在委员长已经接受了这种或那种具体建议以后。举个例说,他不理解为什么早就应该做的事都没有去做。中国的高级将领不肯去做那些绝对必要的事情。例如,在把士兵训练成为真正有能力的战士上,他们从不肯改进方法,从不肯实行改革。

他告诉我,他可以像一个军人那样堂堂正正很有把握地说,共产党有一百多万军队,而且训练有素,思想坚定。每四个人当中就有一个狂热的信徒,足以带领其他三人前进。然而在政府一方,士兵大多数是硬被驱赶到前线的青年农民,营养不良,缺乏训练。他回忆蒋委员长去年曾经告诉他说,不出 7 月份,江苏省的共产党就可以全部肃清。但是直到今年(1947)2 月,这一工作尚未完成。这不是容易侥幸的事。蒋委员长曾对他开玩笑说,在江苏的战争中,他是马歇尔将军的参谋长。他曾向他保证事情一定会成功,然而事情并未成功。

国务卿继续说,战线太长了,而交通线又太薄弱。共产党只要去到那些没有国民党军队防守的地区就行。根据他接到的报告,东北的情况绝谈不到让人放心。委员长非常重视拿下延安,但那只不过是一个小城市。在心理上可能是一个伟大的功绩,但从军事观点看,其影响微不足道。延安离得太远了,不值得费力气去打。全部结果是一场旷日持久的战斗,浪费了政府的财力,把中国带入了今天这样越来越弱的局面。他要求我不要把他刚才说的话电告蒋委员长,因为他在中国的时候已经亲自把这些话告诉他了,委员长已经知道。

我说,目前对付共产党的政策似乎已别无良策,因为他们不让政府安宁。马歇尔将军说,他谈论的可能是过去的事,放马后炮显然是没有用处的。但是它把中国搞得走投无路。然而,他还是极想帮助中国。他在莫斯科的时候,当时共产党企图夺取塘沽的弹药库,他冒着引起批评的危险,于 1947 年 4 月 5 日下命令把弹药库移交给中国政府。现在对于北平的弹药库也采取了同样的行动。

接着,他回到我曾特别提请他注意的那件事。他说,关于财政援助,他也急于要做一些事来帮助中国,他将研究方式方法。去年他曾提出这样一些方案:由进出口银行为修建粤汉铁路、塘沽新港和黄河大铁桥提供资金,而且他相信,还有一些公用事业也会得到批准。但是进出口银行的意见是,中国还没有发展到使他们觉得理应给予贷款的地步。同时他们也希望采取一种从商业角度看来比较稳妥的方针。

他回忆去年从中国回到华盛顿的时候,他费了很大力气才说服国际财政金融问题全国咨询委员会,使他们相信付给中国五亿美元贷款是合理而可取的。他还记得向他提出质询的各种问题一共十二个,但是他只回答了其中的两个,并且说服他们批准贷款,也就是进出口银行的五亿美元信用贷款。这件事他们做了,一切都安排停当,只待签字。但是,就在签字的前夕,蒋委员长发表了一项声明,实际上废除了与共产党达成的协议,宣称协议已不再可能实现。这一声明破坏了他的全部努力,因为进出口银行原来准备发表声明说,根据报告,中国已经完成了和平与统一,而现在则感到不得不等待形势的进一步发展。

记得这项声明发表的时候,我正在中国。华盛顿关于贷款已有指望的报道,以及蒋委员长发表的声明,据我看二者都是不合时宜的。只不过使对当时中国实际情况看法上的分歧显得更加突出罢了。

我告诉国务卿,我感谢他在安排贷款中所作的努力,并对于上述贷款安排没有圆满完成感到遗憾。我非常希望申请的贷款不久能够得到安排。如果需要一些时间才能安排,我就希望在现行专用贷款于 6 月 30 日期满时,马歇尔将军能采取一些措施予以延期。这一延期将使人民对于中国的经济形势产生信心。这是心理上的一步好棋。马歇尔将军说,离 6 月底还有一些时候,他希望刚才谈到的那三项计划能够成功。我表示同意他的看法,并说我希望能够成功。

马歇尔将军说,关于购买商品的问题,他认为购买棉花不是一件容易办到的事,他已尽最大努力,获准从联总基金中追加分配额来购买运往中国的棉花。但是他的专家顾问们非常怀疑是否真能利用棉花作为解除通货膨胀的有效方法。不过他表示基本上他还是要说,他是迫切希望帮助中国的。

关于我曾向他概括提出中国所需要的东西,以及申请贷款的用途,他要求我交给他一份非正式的备忘录。他说,他所以建议提出一份非正式的备忘录,是因为如果提正式申请而被拒绝的话,将会使中国处于一种很难堪的地位。

我说,我非常愿意交给他一份备忘录,并诚挚地希望美国政府能够答应这一申请。

我在记录上记下,关于贷款的这一部分谈话持续了一小时零五分钟。随后,范宣德陪我走出了国务卿的办公室,我们又交谈了片刻。他告诉我,他很高兴参加了这次会谈,因为他对国务卿心里想的是什么,知道的更充分了。国务卿从莫斯科回来以后他曾经见过他两三次,但是一直没能这样全面地了解他的看法和意图。

我说,我希望我已向国务卿说明白,我提出的请求是遵照政府指示而作的正式请求,而不至于给将军留下相反的印象。

范宣德说,他十分清楚地知道,我的请求是我们政府的正式请求。但是他认为马歇尔将军要求的非正式备忘录,并不是我原来所想的。他知道我原曾打算送一份正式照会来明确我的请求的。

我说,正是这样,鉴于马歇尔将军刚才的要求,我已欣然同意,现在先要给他一份非正式的备忘录。我不知道这件备忘录能把我对国务卿所讲的话详细阐述到什么程度。

范宣德说,凡是我曾考虑到要放在正式照会中的东西,都可以放在备忘录里面。他又开玩笑说,他愿意穿上一件中国衬衫

（意思是采用中国的观点）。他认为，关于专用的五亿美元贷款和第二笔五亿美元贷款的区别，我还没有对国务卿讲得很清楚，但是他猜想，第一笔五亿美元贷款是以一项一项计划为基础的，每一项计划都须经进出口银行的特殊批准，而第二笔五亿美元贷款却有些类似 1942 年贷款的性质，也就是说，不附带任何条件，只要中国政府认为适宜就能使用。他不知道他的看法是否正确。

我说，第二笔五亿美元贷款的不同之处在于它是要用来购买商品的。商品的采购和把它们销售到中国市场的过程，事先都要慎重计划，最好有美国专家协助，以便美国政府对于钱是怎样花的不致有所怀疑。

范宣德接着告诉我，关于 1942 年的贷款，罗斯福总统曾致电蒋委员长，告诉他不附带任何条件。换句话说，听凭中国政府随意使用。但是他对于我所说的印象是，计划中的五亿美元贷款好像是介于 1942 年贷款和进出口银行的专用贷款之间。

我告诉范宣德，这正是我的看法。我又告诉他，可能在两三天内，我们要按刚才向国务卿提出的方式，与司徒雷登大使谈谈财政援助问题。

范宣德说，他希望很快能听到我关于这一问题的消息。

八天以后，我接待了鲁斯先生，他把马歇尔将军的对华政策和中国获得所请求的贷款的可能性解释得更清楚了。他向我解释，他从纽约到华盛顿来见马歇尔，是为了即将开展的"联合援华"运动，请求他发表一篇友好的声明给运动以支持。他还想征询我的意见，看如何进行最好。我为此安排了这次非正式的会见，以便能够畅所欲言。他告诉我，他已于前一天见到了马歇尔将军，原来希望同他只谈十五分钟，实际上却呆了一个多钟头。他发现马歇尔很想帮忙，就是帮助的方式和方法不十分肯定。

鲁斯告诉我，马歇尔对于他的中国政策之失败仍然感到耿耿于怀，把这归咎于国民党中反动分子的破坏和阻挠。鲁斯自己感到遗憾的是，美国关于共产党危险的舆论转变和所谓杜鲁门主义的开创,没有早两年出现。如果那样,对华政策今天就会不同了。中国当时已经下定决心要有效地对付共产主义,可是美国仍然存在幻想,而且在内阁中有华莱士一流人物,仍然相信同苏联合作是可能的。因此,两年前的政策是对苏联要求的退让,为的是博得它的合作。但是现在情况改变了,马歇尔是知道的,并且知道他的对华政策和目前美国的世界政策两者之间存在着巨大的不协调。除非他改变对华政策,使之与美国的世界政策协调一致,否则他将信誉扫地。如果他不改变,鲁斯告诉我,他所控制的《时代》杂志将会指出这种不协调。但是鲁斯相信马歇尔是会改变这一政策的,他非常聪明,不会不改变。

至于美国的世界政策,鲁斯说,国务卿不久将发表两个重要演说。一个是阐述全球政策,并且估量一下要在全世界范围内制止共产党的扩张,广泛宣扬民主,其全面需要是什么(这一演说发表于 6 月 5 日,即马歇尔开始所谓马歇尔援欧计划的前夕)。另一个演说将要解释如何利用业已批准的基金来实施他的近东政策。在两个演说中,第一个更重要一些。

他说,国会急于要知道,新的政策将把美国引向何处,以及大体上需要多少钱才能取得成果。有些人说总数约需二百亿或三百亿美元,三五年内大致可能要花一百亿美元。用这样的代价购买和平总比花一千亿或更多的美元去打仗要便宜些。演说发表以后,国会就会知道估计的总额是多少,虽然会遇到反对和阻挠,但法案最后还是会获得通过的。

这些数字看来颇为庞大,但是新政策显然是一个将持续许多年的长期政策,因此,这个总数假如有出入的话,也是低估了最终需要的款数,而不会是高估了。我相信我在什么地方见到过一份报告说,截至现在(1965 年 1 月),对外援助,包括经济援助和军事援助,大约已用掉一千亿美元。

鲁斯接着说,这并不意味着国会将一次拨付这样一笔款项,而是逐年拨付。中国的需要包括在这一全球政策拨款授权之内。

若想单独提出一笔特殊的对华贷款,这一届国会恐怕不可能通过,因为它是很会打算盘的。此外,时间已经太迟了,国会将在6月底休会。

在回答我的问题时,鲁斯说,马歇尔对于进出口银行的方针和态度不满意。他将告诉杜鲁门总统,要求他对银行的成员施加影响。当我建议利用一部分美国白银储备来稳定中国的货币时,鲁斯对于财政部长是否有权为此目的拨付一部分白银储备表示怀疑。他说,假如没有这种权力,那就需要有国会的核准。不过他认为这一想法是好的,特别是因为我强调这一援助将有助于贸易,对于中国和世界贸易都会有长远的利益。

然后,鲁斯对那些将要负责执行美国新政策的官员们一一加以评论。他说,新任副国务卿洛维特将会强有力地执行清洗国务院中左翼分子的政策。艾奇逊过于相信范宣德一类的人,而对于共产党问题洞察不够。在内阁里,福莱斯特部长人很坚强,但是没有尽力推动工作。他认为帕特森诚实而直爽,但是既欠精明,又少才华。财政部长斯奈德是接近杜鲁门的,但是对制定主要的外交政策不起作用。至于马歇尔,他对于中国有决定一切的权力,杜鲁门只是照准而已(这是当时的实际情况)。

鲁斯说,美国目前的问题是,全球政策一经决定,就要找一班人去执行。职业外交家不一定总是行的。这需要勇气、判断力和主动性。我问他前驻莫斯科和巴黎大使蒲立德怎么样。他说,对于法国,蒲立德只是完成了《生活》杂志分派他的了解法国情况的任务。他的分析是好的,但是他认为美国的援助肯定会把法国从共产主义中拯救出来的结论,则不太令人信服。鲁斯认为,在最近法国政府驱逐共产党员的事件中,蒲立德可能插了一手,因为那时他恰巧在那里。

鲁斯于是把他从自己的通讯机构那里收到的关于与美国驻华大使司徒雷登谈话的一些报告拿给我看。鲁斯感到遗憾的是,马歇尔没有及时对南京的新政府说几句捧场的话。鲁斯说,当司徒雷登手下的人要求他发表一个声明时,他希望等国务院带头。结果什么也没有。马歇尔仍然不能忘记他在中国的失败,不过,现在想必他已经认识到有必要改变他的对华政策了。鲁斯还认为,美国驻华大使馆中有巴特沃思一类的人一直在妨碍着司徒雷登的自由行动。我说,根据报纸消息,在华盛顿,乔治·艾奇逊可能要代替范宣德。鲁斯说,在共产党问题上,艾奇逊的观点已被麦克阿瑟将军所修正,他到国务院工作可能是好的。

鲁斯对于中国的军事情况感到有些失望。所以当我告诉他从共产党手里收复了山东的泰安时,他高兴起来,并说他在报纸上没有看到。我说,这个城市失陷时,这里的报纸以显著地位作过特别报道,如今收复了,却仅仅在里页的不显眼的一角发表,谁也没有注意到。我问,是否能设法让报纸停止诬蔑中国。我觉得华盛顿好像有这一类宣传的情报中心。鲁斯说,只要华盛顿政府的对华政策不作友好的转变,公众和报纸仍会认为政府对中国的情况是不满意的。他给我看一家大公司总经理的来信,给"联合援华"运动送来七十五美元。信中说,他本来可以送来一张一千美元的支票,但是由于政府没有说过一句关于中国的好话,他断定捐赠超出七十五美元是没有用的。

这说明美国公众的情绪以及报纸对于中国问题采取的立场,主要是美国政府的态度和政策所决定的。正像我一向说的那样,强加给中国的不利宣传,实际上应归咎于美国政府中的情报来源,那就是国务院、国防部、白宫,可能还有财政部。这就使局势更加令人遗憾了。

例如,一个月以后,6月16日联总中央委员会举行了一次会议。我之所以提到它,因为那次会非常使人不快。澳大利亚代表(澳大利亚大使馆商务参赞)说,中国希望把联总的供应品作为中国国家银行发行贷款的附属担保品,是令人不能容忍的。他还说,对于中国政府的一切信任都由于这一行动而丧失殆尽。联总署长鲁克斯将军于是提议限中国政府于七日内答复。我对此事大为恼火，因为看来联总署长意在给中国政府最后通牒，因此，我坦率地说，把事情弄得更加复杂难办，是于事毫无补益的。我告诉委员会说，联总是国际合作与友好的一项伟大试验，而要使全部试验起作用，友好是必要的。

在讨论中国问题时，遇到这种误解，有时甚至是刺激性的，假如不是完全使人沮丧的话，也是使人颇为心烦的。可能这些都反映了华盛顿权威人士怀有的情绪。进出口银行、联总中央委员会和主要的报纸这类机构，都能密切接触到政府高级部门的感情和看法，例如国务院、国防部、财政部和白宫等。在华盛顿，这确实是中国的困难时期。

杜鲁门总统在白宫时，他对于美国的对外政策没有固定的主见，人所共知，遵循什么政策路线，他可能要依赖各部门副手的意见。毫无疑问，有关中国问题，他只是批准马歇尔将军得出的意见，而马歇尔，正像鲁斯所指出，对于他在中国的经历心有余悸。但是马歇尔在中国问题上的立场是不明确的。有许多迹象表明他可能改变他的对华政策。例如5月21日，在鲁斯会见马歇尔并与我谈话后不久，我参加了马歇尔举行的一次茶会，在福克斯赫尔路他的新居，那所房子过去是纳尔逊·洛克菲勒的住宅。我告诉马歇尔，他最近在波士顿所作的援华声明，使我颇受鼓舞。马歇尔对我说，他正在寻找适当机会发表一篇有关中国的声明。国务卿说，他一直想讲一些话，鼓励为"联合援华"运动募集款项。

5月8日下午，与亨培克在双橡园的谈话也显示出美国人对中国的态度，及其对美国援华的意愿可能具有的影响。在我们讨论远东一般局势与美国的关系时，他告诉我，在加里福尼亚的日本人一向很骄傲自大，但是现在变得十分驯顺，因而又受到了欢迎。反之，在美国的中国人现在看来也很骄傲自大，因此他们变得不太受欢迎。我了解他指的是我们政府驻美国的代表，例如熊式辉，而不是一般的美籍华人。这对我不是什么新鲜事，因为我也看到过一些事例。但是他得到这种印象，倒很有趣。

程天放(国民党要员,中国前驻德大使),于 5 月 9 日与我共进午餐。我告诉他,国民党必须多做一些联系群众的工作。美国的公众舆论变得对国民党领袖们很不利,因此迫切需要党的民主化。

5 月 21 日,我高兴地接待了中国财政部顾问约翰·布兰福德先生。布兰福德是美国人,刚从中国回来,前来做礼节性的拜访并同我讨论他对中国财经状况的印象。他认为,必须立即援助中国,否则以后就需要更大量的援助了。他告诉我,他研究中国的财政情况得出一个结论:必须马上采取一种政策,那就是由美国政府提供资金,购办美国商品在中国销售,使公开市场上过剩的法币至少回笼一部分。他对我说,1947 年 1 月所作的预算已经过时了。今年需要差不多二十兆元法币,而且这个数目只限于在法币不再进一步贬值的条件下。至于稳定中国货币的贷款,他怕这不会有什么实际作用,除非停止战争或者削减军事费用,使预算能够大致平衡。不管怎样,这必须由国际货币基金来完成。我提出一个建议,像我对鲁斯所提的一样,美国财政部如能为此目的发放一笔美国白银贷款,可能更有帮助。我要求他看一看,美国财政部是否能够不经过国会批准而合法地进行这一贷款。

5 月 23 日,我接待了扬曼先生,他是一位精通经济问题的律师。他也是来讨论中国的经济和财政情况,因为他是中国国防物资供应公司在华盛顿的代理人。他证实了我的印象,国会在这一届将不审核更多的援外法案;无论如何,美国政府将不向国会提出任何法案。他建议我可以向国务卿提出成立一个由国务院、进出口银行和美国财政部代表组成的委员会,研究中国的贷款申请。他认为,这可能克服进出口银行高思的恶意反对和影响。

那天下午,我接待了中国国防物资供应公司董事王守竞,他刚从中国回来。他说,南京不太了解华盛顿,特别是国会批准政治贷款的困难。后来,当他偕同也是刚从中国来的外交部秘书周书楷回到大使馆时,我们三个人,会同谭绍华,在晚餐时谈论了贷款问题。周给我带来中国政府对于贷款的最终详细计划,连同外交部长王世杰的一封信,说明中国经济情况危急,亟需美国援助,外交部长认为,比较理想的是与国务卿在原则上达成协议。如果仅能得到进出口银行的五亿美元贷款,王世杰请我要求国务卿就其余五亿美元同我们达成默契,补足所申请的十亿美元总额。外交部长说,在得到国务卿的协议和默契以后,他将派一些专门人员来帮助我。关于保证正当使用贷款收入的问题,他说,他将考虑美国政府提出的任何建议,只要该项建议不侵犯中国主权。

四天以后,即 5 月 27 日,拟议贷款的正式备忘录送给了国务卿,申请进出口银行提供指定用途的五亿美元贷款,以便为列举的产品购买设备和材料提供资金,并且要求国会另外拨给五亿美元,用以购买棉花、小麦和石油等商品在中国出售,为中国政府提供通货来支付国内建设的费用。后者在三年之内有效。

第二节　美国对于中国要求的反应

1947 年 6 月

在向国务院提出经济援助正式申请的同时,我又向美国公众和官方做了多次演讲,申述中国要求经济援助的情况。6 月 3 日,我参加了第七十八届和第七十九届国会俱乐部的聚餐会,俄亥俄州的埃尔斯沃思先生作主席,夏威夷的法林顿先生作宴会主持人。出席的差不多有三十位议员。作为约定的发言人之一,我讲了大约四十五分钟的话,强调中国与共产党战斗的目的,在于解决国家统一问题,并实现民主。我告诉听众,真正值得关注的是经济贫困,需要美国经济援助。我说,美国在经济上帮助中国,也就是普遍地援助了全世界,因为中国在保卫民主和世界和平方面,在世界上居于非常重要的地位。它越早日富强起来,就能越快地为这一事业做出充分的贡献。我在结束发言时说,从世界形势来看,中国是一个重要的因素,它渴望负起应尽的责任。

在我讲话之后,每一位在场的人都应邀谈一个问题。除了三四个人之外,都这样做了。周以德说,中国与日本打仗的时间比其他国家都长,战后得不到援助;然而日本在美国援助下,经济上却建设得远远超过了中国。因此,他说,一个敌国接受美国的援助反而比一个盟国为多。另一个议员问,为什么美国迅速援助希腊和土耳其,却拒绝援助中国,而两者的情况则非常相似。我的回答很简单:"我们中国人对此同样迷惑不解。"这句话引起了大笑和欢呼。有人说,"这真是外交答复"。

又有人问我,如果说日本投降的时候,中共在东北没有一兵一卒,那么他们是从哪里又是如何得到武器的呢?另一个人问,假如像我所说的,共产党在1936年已经陷入绝境,只剩下几千人,准备投降了,那么,他们怎么会有现在的两百来万党员呢?于是我解释了苏俄如何从日本人占领的中国地区拖延撤军,从而使共产党得以进入东北,得到他们刚从日本军队手中收缴的武器,以及国军如何发现辽东半岛南端的指定登陆地点被共产党游击队封锁的情况。

6月10日,我举行家庭招待会,邀请美国援华联合总会的人观看蒋委员长和蒋夫人的影片。据我的秘书统计,邀请的三百位客人中有二百九十七人出席。赫尔利将军是来宾之一。他作为罗斯福总统的私人代表,至少有两次到过中国,看来熟悉中国的情况。他慨允为促进中美关系而给予协助。他认为,前此美国对中国所做的事情并不恰当。

周以德议员也参加了这次聚会。他说,美国应该援助中国,因为这也就是援助美国自己。在他看来,美国需要中国更甚于中国需要美国。他说,据他的经验,中国向不放弃希望,向不放弃它一旦从事的事业。中国的政府可能更换,它可能不合我们的意,但是中国人民永远存在。接着说,他不同意罗斯福的雅尔塔决定。

6月3日,我接待了国际货币基金组织的中国执行董事顾翊群博士。他去中国八周,刚刚回来。他的叙述对中国的经济情景描绘了一幅使人颇为沮丧的图画。我问他,作为一个经济学家,他对于可能补救的办法有何设想,他表示坚决主张中国货币标准化。他认为,没有必要等待预算的平衡。他说,在正常的情况下,中国的预算经常只有百分之六七十平衡,赤字用内债来弥补。标准化将会促进贸易,增加关税税收,反转来有助于预算的平衡。我很重视他的意见,因为他曾任财政部次长。

6月4日,我为约翰·布兰福德举行午宴,其他客人中有中国国防物资供应公司的扬曼和王守竞。午宴是为了讨论贷款问题在美国方面的情况。布兰福德颇为沮丧,说他曾与国务院人员交谈,国务院正在探索援助中国的方案。马歇尔则认为,必须有一些东西能向他证明建议对华贷款是合理的,证明在他自己这方面改变态度是合理的,那才可以。

布兰福德认为,国民政府委员会和行政院的改组倒是理想的变革,不过已成明日黄花。他说,需要一些新的东西,特别是在目前镇压学生运动、逮捕进步教授和新闻记者引起美国政府不满和忧虑的情况下。必须再向进出口银行保证,中国政府不致崩溃,虽然在他们看来年底就有垮台的可能。

布兰福德最初好像不愿坦率、彻底地谈,但我敦促他提些具体建议,看有什么可能采取的步骤,他终于提了下列几条:

1. 派一个经济顾问委员会前往中国,其中包括农业专家。
2. 中国必须做出决定,采取措施,以改善占中国人口大多数的农民的生活和福利。譬如实行土地改革。
3. 成立一个包括普林斯顿大学多兹校长等人在内的美国委员会,以监督即将举行的选举,并帮助中国改革行政机构。
4. 要求国会授权拨款,以供派遣一个经济顾问委员会前往中国之用。数额未必很大,譬如说五十万美元。但因具有国会批准援华的含义,将有助于使进出口银行死硬的董事们宽解悭囊。

由于他急切想听我的评论,我告诉他,关于头两点,如果马歇尔将军提出建议,我将转给南京,并能制订出一些什么来。至于第三点,我说这里提出了一个不同的和新的问题,我预料会有困难。布兰福德回答说,蒋委员长也曾提到过行政机构改革,这是可能的。

扬曼再次建议任命一个由进出口银行、国务院、财政部和联邦储备银行等部门的代表所组成的委员会,或者任命一个国际财政金融问题全国咨询委员会的小组委员会,以便研究和汇报中国的贷款申请。他指出,这一步骤可以防止进出口银行的反对和迟疑不决,同时这样的委员会也能在批准五亿美元这笔指定用途的巨额贷款问题上,分担银行的一部分责任。扬曼还建议由蒋委员长给杜鲁门总统写一封信。但是布兰福德认为这太笼统,还需要有一些比较具体的东西,譬如定一个有关措施或步骤的特别方案和做一个坚决贯彻实行的决定。所有出席宴会的人一致同意:我们应当强调当前经济形势的严重性,除非立即给予援助,形势还将恶化,那将需要更多的款项来挽救。我们还同意,理想的办法是把中国为扩大政府基础业已采取的步骤一一列举出来。

布兰福德对于中国当前的一些事态发展,像学生罢课、军事上受挫,显得非常忧虑。他看到政府威信有进一步下降的可能。我强调美国方面需要做一些事情,哪怕是做一个姿态,就会对普通老百姓产生心理上的效果,鼓舞他们的信心。布兰福德表示同意,不过他仍然认为,中国方面也需要有一些新的进展或行动,使马歇尔将军能够行事,因为将军感到在这个关键问题上没有足够的实例来支持申请或建议巨额的对华贷款。布兰福德认为,当时对中国的任何贷款都只能从政治角度考虑。虽然国会在这一届不会通过另一笔贷款,但他认为国会采取一些姿态,表示同意援华还是可能的,应该一试。

我向在座的人们指出,如果中国垮台,中共赤化了中国,很难预料会出现什么情况。扬曼认为,假使那样的话,美国将会扶植日本,等待中国的某些地区起来反抗。一旦发生那种情况时,美国会支持那些地区反抗中共(这似乎就是现在的政策)。

6月7日,我与蒲立德共进午餐。我提到我们早些时候谈话的部分内容时,曾指出那次谈话是在马歇尔将军发表哈佛演说、概述对欧经济援助计划刚刚两天之后,也是蒲立德从法国回来之后不久。他曾在法国研究局势,给《生活》杂志写报道。蒲立德曾告诉我说,他觉得他回来后与马歇尔所作的关于欧洲,特别是法国形势的谈话已经产生理想的效果,这可以从马歇尔在哈佛演说中提到要求有一个援助欧洲复兴经济的全面规划这一点来判断。现在,他愿意为中国同样效劳。他认为问题是一样的,但是政府中没有人认识到这一点,或者愿意提议援华。他说,马歇尔将军与蒋委员长相处得不好而不愿意承认自己对中共问题判断错误。据他说,国务院中居上风的意见是,中国势将经过一段时期的混乱,无法阻止;现在帮助它也没有用。

蒲立德希望访问中国,会见蒋委员长谈谈中国问题的大概轮廓,然后再与一些政府官员深入讨论细节,这样他就能够回来敦促国家改变对华政策。他说,美国在反抗苏联扩张的斗争中需要中国。他还考虑访问东京、南朝鲜和印度支那。他不知道他是否能够从中国直接飞往印度支那,或从印度支那直飞中国。麦克阿瑟将军可以派一架飞机送他到西贡,但是他不知道是否能从那里飞往中国。

我对他讲了他所需要的信息,我说,中国在世界舞台上所起的作用,对于美国来说是极端重要的。中国与中共作战,这实际上已经是在反抗苏联的扩张。蒲立德说,某种形式的大联合是需要的,这正是他所著《伟大的全球》一书所倡导的。

那个月的晚些时候,我与萨姆纳·韦尔斯交谈,他同意蒲立德的某些观点。他对美国对华外交政策的主要趋向同样表示遗憾。在他看来,这表明对实际情况缺乏了解。他又说,人们还能记得,马歇尔不可能了解远东问题所包含的意义,以及所有这些问题的紧迫性。他只是在最近才开始了解欧洲以及苏俄在欧洲的政策。

我还愿意提一下 6 月 26 日我与毕范宇的谈话。那次他来征询我对许多问题的意见。他谈到最近与周以德的一次交谈，并说，他不久将就中国的形势去见马歇尔将军。他说，国务院愿意帮助，但是不知道怎样做法。马歇尔的中国使命遭到失败，使他感到自尊心受到了伤害。至于美国人民，他们由于中国的贪污和军事失败的消息而感到沮丧和迷惘。

我表示这样的看法：形势是坏的，但并非绝望。必须承认，正像我在最近的演说中指出的，中国的根本问题是国家的统一，只有统一才会带来和平与民主，这是国家走上正轨的起点。中国问题实际上是世界问题的一部分，也是美国自己的问题的一部分。我告诉他，如果希腊由于有一万五千名共产党游击队而值得美国注意和援助，那么，中国面对苏联支持的一百万共产党军队，当然就更加值得援助了。

然而，他相信解决中国问题的方法在于美国支持中国的自由主义者。在他看来，只有自由主义者才能把中国从混乱中解救出来。我告诉他，这是个好主意，但是必须知道，自由主义者在群众当中没有根基，因此不能对自由主义者阶层寄予奢望。他们实在无法独自完成这一任务。要大家一起来干。美国可以向我们明确指出希望中国做些什么来作为援助的条件。所有中国的爱国者都会努力去做对中国有益的事。

毕范宇对美国不能派遣甚至不能建议派遣观察员去参加中国即将举行的选举感到遗憾。这次选举非常重要，如果诚诚实实依法办事，会给美国人民留下极为美好的印象，认为是走上民主道路的一个明显成就。

6 月 17 日，我向负责经济事务的副国务卿克莱顿提出了贷款问题。在一般寒暄之后，我告诉副国务卿，我接到国务卿的信，建议我可以安排和副国务卿会面，因此我特来拜访。我解释说，大约四周以前,我曾会见国务卿,并就对华财政援助问题与他作了一次长谈。以后,曾送给国务卿一份谈话记录和一件带有附件的备忘录,其中详列了关于拟议中的贷款的基本设想,贷款的性质,计划用途等等。接着我具体地叙述了 1947 年 5 月 27 日备忘录的内容,强调了其中包括的经济和政治的因素。

在结束我的长篇介绍时,我说,中国政府迫切希望就对华财政援助问题与美国政府尽快达成明确的协议,我准备回答副国务卿为研讨或澄清此事可能提出的问题。

克莱顿说,对于这个问题,我的说明清晰明确,而方式简明扼要,对此他表示感谢。他研究了我送来的文件,根据他的体会,中国政府要求的第一件事,是去年讨论的五亿美元信用贷款的"重新指定用途"问题,另外是为了在美国购买消费商品的"一笔贷款或国会的拨款"。他已与国务卿详细讨论了这件事。国务卿极想在这些方面做一点事情,但是发现困难重重。重新指定用途在目前是不可能的,因为国务院无权这样做,虽然他在心目中已有一些具体的方案。国务院正在制订其中某几项方案,但他不便奉告研究已达什么程度。进出口银行一向是根据一般的、既定的原则来经营的,所有交易都要遵循那些原则。既然它一向按照既定的惯例经营,谁也不要打算使它脱离这些惯例。他再一次说,国务院在心目中有些关于中国的方案正在进行制订。一旦执行,那是足够中国消化的。

关于中国提出的第二笔五亿美元贷款,克莱顿说,这需要国会的行动。但是:"国会现在无意按照批准援助希腊和土耳其的模式来援助任何国家。我确信你在最近几天的报纸上已经看到国务卿和范登堡参议员关于给予某些欧洲国家经济援助的建议。这一计划需要一些时间才能得到实现的契机,因为我们必须等待人民和国会作出反应。关于对华援助也是如此,它必须得到人民和国会的支持。"

他接着说:"关于最近援助欧洲的建议,欧洲国家自己必须做一些事,从而证明美国的进一步援助是有道理的。首先,他们必须表明,为什么已往给予他们的援助收效甚微。第二,他们必须估量他们自己能做些什么来自助。第三,必须详细表明,他们希望从美国进一步得到哪些援助,需要多长时间才能重新自立。我们需要很多时间来做公众的思想工作,他们没有心情去为那些国家解决问题。换句话说,欧洲国家自己必须做出计划,并且告诉我们,他们希望得到的最低限度的援助是什么。”

克莱顿继续说,“希望在四五年后,国际银行能正常地活动。这家银行即将发行债券,以便为贷款筹措资金。美国支持债券,有其一定的限度。正因为这样,银行不能给予欧洲大量的信用贷款。”

我说,中国的形势非常紧急,不但含有经济的而且含有政治的意义,因此如能做出安排把去年答应中国的贷款重新指定用途,那是最理想的了。我问,我对副国务卿的讲话这样理解是否正确:即,尽管去年已经指拨对华贷款,但是现在形势不利,同时欧洲的形势需要援助。我还想知道,是否需要中国提出像某些欧洲国家为自己制订的那样的计划。

克莱顿立即回答说,“我们不要求这样做。但如果中国准备按照我建议的欧洲国家的方式制订复兴工业的全面计划,我确信国务院将非常乐意加以研究。”

他继续说,不过,在没有背景资料和情况不成熟的时候,要求国会采取行动,那是不恰当的。“为中国提出一项法案而被否决,那是不好的。”无论如何,不管中国有什么计划,必须表明需要的实际程度是多少,它自己能做多少,希望最低从美国得到多少援助,以及需要多长时间才能使经济独立。

我说,我们不但要考虑形势的经济方面,而且要考虑它的政治因素。我于是就中国目前情况的经济方面,还有共产党问题,作了长篇的叙述。我强调在中国内部和外部形势下开始经济建设和复兴工作的迫切性。

克莱顿说,他没有同国务卿讨论过局势所包含的政治因素,但是政治成分是公认存在的。大体上他可以说,国会希望确知援助将是给予自由和民主的政府,它是独立的,并且是由人民自由选出来的。

我说,反抗共产党就是保持国家的独立和完整,举例来说,满洲的战争就是为了维护中国的自由。我还说,中共是同各处的共产党一样的,因为所有的共产党都是紧密联系,并且具有相同的目标的。由于中共的阻挠,中国的恢复规划被大大地拖延了,拖延得愈久,形势就会变得愈加严重。中国人民是焦急不安的,因为形势可能恶化,并且变得无法控制。

克莱顿认为,他看不出进出口银行正在研究的计划对于这一特殊事件会有直接的帮助。有些计划甚至会加速通货膨胀。供应消费品当然可能有很大帮助,但是除非国会采取特殊的行动,美国政府所能做的事情就不会有多少帮助。

我提出了一个问题:是否能够做出一些安排,像中国政府的备忘录所建议的,使所贷款项的一部分可以用来购买消费品。

克莱顿说,在进出口银行制订的计划中,关于购买消费品的条款是有的,但是据他了解,那只是购买棉花的,而且是短期的。

这时,克莱顿转问内斯有何意见,内斯是金融和发展政策办公室主任,他同谭绍华一起参加了我们的谈话。于是我同他进行了讨论。在讨论中,内斯强调的一点是,按照进出口银行关于短期借贷的惯例,所贷款项的一部分可能用于购买棉花。我强调说,在过去,中国对银行的信用一向是好的。

我问克莱顿,国务院方面关于采取步骤保证有效地使用供给的资金是否有什么建议。我说,中国政府对于国务院提出的任何建议一定会给予慎重考虑,因为它与银行具有同样目标:这笔钱要用于建设的目的,到一定的时候要产生有利的结果。

克莱顿说,国务院现时并没有什么建议可提,但是他将与银行继续合作,直到能研究出一些更具体的东西来。

我认为,为了对中国有帮助,有些事情应该马上去做,因为时间因素很重要。克莱顿又转向内斯说,为了说明某些计划,会谈可以在技术一级上开始。内斯说,如果大使同意的话,似乎可以本着这一线索,和王守竞博士来进行。

我问,在本月底以前,是否可能在一些具体问题上达成协议。我说我在与国务卿的谈话中,提到过这件事。鉴于在去年提出的对华信用贷款中,建议中国可以在今年6月30日以前利用这笔贷款,如果在本月底以前还没有做出对华财政援助的具体安排,那将在中国产生不好的影响和不利的反应。

克莱顿说,据他了解,期限只有有关的官员知道,并没有告知公众。我和内斯都说,公众全知道了。内斯还说,假如有什么事情要做,那就要赶快做。

我认为,关于购买消费品的信用贷款,比较理想的是像中国政府备忘录中所建议的,包括石油、油料、小麦等等项目,因为假如没有美元信贷的话,中国就必须要用它微少的外汇来购买这些商品。

内斯认为,把这些项目包括进去是困难的,因为它违反银行的既定政策。至于棉花,那只能在短期的基础上做。包括棉花的理由是,中国可以利用它来生产出口的棉织品,出口时将换回外汇。他强调说,根据银行的政策,提供信用贷款来购买在中国消费的商品是不行的。

内斯指出,实际上除了海港规划,例如上海海港的规划而外,中国政府提出的全部规划都已移交给银行去研究了。

我问克莱顿,鉴于副国务卿谈到银行不能再给中国五亿美元指定用途的贷款,目前正在考虑的对华信用贷款的规模有多大。

克莱顿回答说,他说不准,因为这种事是依靠银行的,银行是根据所提计划的可靠性、可行性和迫切性来做决定的。他进一步说,他已经提到过,迄今准备好的规划的一部分,是足够中国消化的。

我说,我想问一个问题,可以说是个人事性质的问题。我希望听听副国务卿对于聘请美国专家帮助制订某些计划的意见,因为中国政府常常在各种领域中使用少数美国技术人员。

克莱顿说,假如雇用的美国人只是技术人员的话,那是完全正确的。可是美国政府应该处于幕后,免得国会怀疑中国的计划实际上是美国的计划。

6月23日,我同王守竞和谭绍华就美国对华贷款的态度进行商谈。谭刚刚见到内斯,内斯强调有必要向银行提出稳妥的、慎重制订的计划。而谭则强调美国政府有绝对必要和迫切需要发表一项有利于中国的对华政策声明,为的使中国人民增强信心,避免出现另一次经济危机。看来很清楚,我的目的是,如政府所指示的,除了贷款本身以外,还要寻求美国政府发表一项有利于我的声明,它将对中国公众情绪产生心理上的影响,对经济形势恢复信心。我们认为,在等待美国对贷款做出具体行动之际,这将是一种鼓舞。

我们三人还讨论了我们将在租借法案会议上发表的声明,这项会议将于当天下午在负责经济事务的助理国务卿威拉德·索普的办公室举行。会议将对租借法案问题做出最后的解决,会议于下午三时举行,我发现会议是非正式的,开得亲切热烈。八人代表美方,五人代表我方,彼此自由而坦率地交换意见。

在会议开始以前,我同索普进行了私人交谈。我希望通知他我接到新的指示,命令我向美国政府提出三点。我要求他把这些转告马歇尔,因为马歇尔将军两天后接见我,这样他就能事先加以研究,在我会见他时,能给我一个明确的答复。

根据谈话记录记载,我首先告诉索普,我已就需要美国经济援助以缓和中国的经济形势问题会见了克莱顿先生,并将谈话经过报告了南京,我告诉他,现在我接到了指示,即蒋委员长、行政院长和外交部长商讨结果所形成的三点。我强调事情更加紧迫了,因为早些时候的指定用途的五亿美元信用贷款,将于6月30

日,也就是说,在一周以后终止。然后我详谈了三点。

那三点是:1.中国政府焦急的是,五亿美元信贷必须重新指定用途,一年以前马歇尔提议的互换照会必须立即执行,俾使中国能够得到于 4 月份指拨的五亿美元信贷。关于此事,我告诉他,我国政府要求我催促尽量多的方案在 6 月底以前得到批准,对批准的特定方案达成协议,其余方案则留在一两个月内讨论通过。2.政府指示我敦促美国政府批准给予中国至少二亿美元的商品贷款。3.中国政府希望敦促美国政府发表正式通告,表明决意援助中国进行长期的经济建设。

索普问,"其余方案"是什么意思。

我向他解释,由于离 6 月底的限期太近了,我国政府认为,进出口银行要把送去的很多方案都批准,也许不大可能,但是在期限截止以前,应该批准尽可能多的方案。

索普解释说,重新指定用途是不可能的。事实上,指定用途本身并没有什么实际作用,对于援华政策也没有什么影响。指定用途是进出口银行在去年办成的,提到 1947 年 6 月 30 日这个日期,仅仅是因为不愿予国际复兴开发银行以一种印象,以为进出口银行想要垄断对华经济援助。国际银行本身预定将于 1947 年7 月 1 日开业,并将能够对中国和其他国家进行援助。

我告诉索普,我完全相信重新指定用途和对华援助彼此之间并没有必要联系。即使没有重新指定用途,只要美国政府保证向进出口银行提出资助的方案也就行了。

索普进一步坚持说,除已经提交的方案外,中国可以继续提出一些方案以供审查和批准。如果指定用途的满期产生任何不同情况的话,那也不过是:不用指定用途的五亿美元来为中国的方案提出资金,而从进出口银行的一般基金中拨付而已。在指定用途贷款失效后,五亿美元将并入到进出口银行的基金中去。

我告诉他,尽管这些都是实在的,但是中国的经济形势危急万状,如果指定用途的贷款不予展期,就会使中国人民感到很大的失望,并且可能产生可悲的后果。即使月底前只批准少数方案,那也有助于鼓舞中国人民的士气,防止中国经济出现另一次危机。这就是为什么我曾向克莱顿力陈,不管在此以前能够批准多少方案,美国政府应该在月底以前就它的援华政策发表一项声明的原因。

索普说,留给进出口银行审批方案的时间太短了,他怀疑在此期间能否做出什么事情。我告诉他,不管怎样,鉴于我刚才谈到的形势,美国政府的正式声明尤为必要。

转到棉花贷款的问题,索普认为,二亿美元的数目很大。他怀疑,这一类性质的贷款是否能有这样庞大的数目。

我向他解释,要求这一数目的理由是,在此以前联总是供应中国棉花的。但是联总的货运将于1947年12月30日停止,而中国在下一年度对于棉花的需要仍然很大。此外,我指出,更加需要用这一数目来解救经济局势,因为我国政府了解到美国政府不可能为购买石油和小麦提供贷款。

索普说,他能理解这一声明的必要性,并说,他一定把我提出的三点转达给国务卿。

6月25日我会见国务卿时,范宣德在座,索普也在座。谈话开始,我告诉国务卿,我与克莱顿就中国需要的经济援助讨论了什么,以及美国政府能够给予什么援助。我告诉他,我已将我们讨论的重点报告了我国政府,并于上星期六接获指示,它是由蒋委员长、新任行政院长张群和外交部王部长在一次会议上商订的。指示命令我提出三点要求。我要求克莱顿把这些情况转达给国务卿,我相信他已经这样做了。同时,为了加深印象,我交给马歇尔一份关于三点的备忘录。

马歇尔说,他已见过索普先生,索普已向他汇报了与我谈话的要点。他还说,他很高兴得到备忘录。他看了一遍,并把副本交给了索普和范宣德。他说,索普直接负责处理这件事,可由他讲一下美国政府对于这三点的立场。

索普说,关于第一点,进出口银行的五亿美元信贷重新指定用途,那是不可能的。银行指定这笔款项的用途,仅仅是因为国际复兴发展银行还没有开始全部营业。进出口银行承做这笔贷款是作为一项内部业务。问题的实质是,中国向银行提出了申请提供资金的方案。为了使这些方案有最大的可能获得银行批准,重要的是它们首先必须是慎重制订的,并具备充分的说明资料。方案不能太多,包括的金额不能太大。因为要紧的是使一些方案能在短时间内被银行批准,以便尽早证明银行愿意为中国的方案提供资金。

马歇尔认为,重要的是送给银行以精心准备的方案,这样,银行甚至用商业信贷的标准也能接受。

索普说,进出口银行之外,还有国际复兴发展银行,它现在已开始向其他国家发放信贷,中国也能向它提出申请提供资金的方案。

马歇尔于是说,去年他曾亲自批准了三四项方案,即:粤汉铁路、黄河大铁桥、塘沽港和上海电力工业等方案。

索普插话说,如果能够提出一些方案,有希望在短时间内偿还,在进出口银行看来就是最好的方案。

马歇尔认为,上海电力工业好像符合国际银行的要求。

索普催促我着手为这些方案向进出口银行提出申请,并且说,他的同事愿意会同中国专家仔细检查这些方案,以便选择其中最好的向银行提出。但是,必须由中国代表直接提出申请,因为国务院不能以官方名义提出这些方案。

在这一点上,范宣德发表意见说,在华美商对当前向中国进行财政援助持反对态度,不知中国大使是怎样就此向政府报告的。他说,他们向他抱怨在中国开展贸易的困难,因为中国政府在贸易上施加了种种限制。有一个美国商人想去汉口采购出口商品,竟遇到难以克服的重重困难。

由于范宣德提出了这一重要问题,我认为有必要来安定他的思绪。我说,我确实向我国政府全部报告了在华美商所持的态度。我还敦促我国政府采取步骤取消一些限制,而且南京已经非正式地通知我,他们正在考虑采取的一个步骤,就是准许出口中国货物的出口商利用得到的外汇经营进口商品到中国销售。这是放宽的正确方向,因为迄今为止,在华出口商人只能把出口商品所得的外汇全部交给中国的中央银行。

回到重新指定用途这个主要问题,我说,不这样做就会引起中国人民的极大失望,并将对目前棘手的经济形势产生不利影响。我解释说,这将被中国人民,特别是对政府不友好的人,看作是美国撤销了对华财政援助政策。即使进出口银行批准一些方案,并在短时期内提供资金,但反政府的人们仍将用来证明美国政策是要减少对华财政援助所许诺的数目。

马歇尔说,并不是美国政府现在不愿履行诺言。他不能说中国人民是否了解,但就蒋委员长和王外长而言,他确信他们了解那并不是一项诺言。他告诉我,上次谈话时他就说过,正是他自己,冲破许多困难,才说服了全国咨询委员会和进出口银行,在逐个方案的基础上安排五亿美元指定用途的对华信贷。银行在他所作报告的基础上同意了。那个报告略称,为了使美国提供援助,中国已努力促使和平统一有了很大的进展。但是就在大功行将告成的那天,整个事情被蒋委员长在重庆所作的一次讲话给破坏掉了。

他说,当时的中国大使魏道明拜访了进出口银行的行长马丁,做好了仅仅几小时以后就可圆满完成的最后安排。魏是十点钟来访的。但是到了中午,报纸电讯传来消息,蒋委员长作了一个报告,实际上全盘否认了与共产党已经达成一切协定,这就引起了反对援华的抗议和警告的浪潮。

马歇尔又说,指定用途的贷款是银行作出的安排,只有在中美间的安排完成以后才能生效。而安排却没有完成,因为中国情况的改变取消了中国使用五亿美元信贷的资格或前提。在美国,一年之间形势也改变了。例如,国会里共和党成了多数党。他说,他想把这些对我讲清楚,因为贷款不能实现,并不是美国没有履行诺言。

我向马歇尔解释说,我十分了解他刚才讲的话。我所说的终止指定用途的贷款,在中国确实会被误解为美国改变对华援助政策的迹象,指的是一般的人,特别是那些对中国政府不友好的人。

索普于是说,这就说明为什么他认为我最好尽快向进出口银行提出精选的方案,不过数目不要太大。

范宣德表示相信,如果银行哪怕能够批准一笔一千万美元的方案,这就证明不重新指定用途贷款并不意味着撤销对华财政援助。

我告诉国务卿,事实上我已收到完全齐备的方案,总数稍稍超出五亿美元,看来这些方案是慎重制定的,适合于提出来。

国务卿则认为,提出总数超过五亿美元的多项方案是不合适的,因为那将给银行一种印象,认为它们是为凑足那个数目而制订的。

我告诉国务卿,上星期一我同索普谈话以后,我在顾问的帮助下,事实上已从整批方案中选择了十五六个方案,合计稍低于总数五亿美元的一半。这些方案包括三类企业。第一是恢复铁路和交通。只包括两条铁路,那就是粤汉和浙赣铁路方案。我甚至把塘沽海港方案放在一边,因为当时天津市内和外围的情况有些混乱,进出口银行可能拒绝这一方案。第二是发展电力、水泥,诸如煤炭矿业等,以及出口产品的加工,例如桐油和锡。第三是农业的恢复,包括化肥的制造和可供出口的油料和农产品的加工。我解释说,这些方案有许多是在美国技术人员的帮助下制订的。我又说,为了不使数目太大,我已暂时把钢铁工业放在一边,那需要提供一笔庞大的款项。

马歇尔说,重要的是总数要偏低,方案要精选。他自己曾经认为,塘沽海港方案是好的,因为,为了发展华北经济,一个第一流的港口是必不可少的。但是他同意我的意见,华北的形势当时有些混乱。

我告诉他,塘沽海港方案是慎重制订和资料齐全的。如果马歇尔将军这样认为的话,可以把它包括在提交银行的方案中。但是我再次强调说,中国目前的经济形势如此脆弱,有必要做些救急性的事情。要是终止了指定用途的贷款的消息一经传出,将在中国产生非常不利的反响和后果。

索普说,进出口银行总经理可以发表一项旨在防止这种后果的声明。他相信目前银行批准任何方案,都不能对当前形势有直接的好处。关于铁路和港口,效果只能在两三年之后才能看到。他说,有些事情是当前所必需的。所以,关于备忘录中的第二点,棉花信贷问题,他认为可以办,但是金额不能有二亿美元那样多。

我说,这个数目被认为是必不可少的,因为想达成其他商品信用贷款,如石油和粮食,是办不到的。

索普建议,可以制订几个棉花方案,达到这个总数,不要放在一个方案里面。

马歇尔说,在这以前,进出口银行对于棉花信贷做过安排,但是对于利用收益来偿还贷款却没有做出安排。

我告诉他,我知道用棉花制造的一部分产品,例如棉纱,可以出口换取外汇。我接着提出第三个迫切需要的东西,即美国政府发表一项正式声明,表示要在长期的经济复兴计划中对中国进行帮助的愿望。我告诉他,据我看这与进出口银行首脑的声明同样需要。我解释说,这样的声明会使中国人民明白,美国援助中国进行长期复兴计划的大门仍然是敞开的。据我看,这在当时极端重要,因为这将使中国政府能够告诉人民,美国完全没有放弃对华经济援助的政策,而是准备考虑对它的长期计划大量援助。

索普解释说,关于美国的援华政策,实际是产生在国务卿宣告援助欧洲之前。美国绝不是想把中国排除在外。事实上,国务卿在今年年初早已宣布了。

我同意是这样,然而我指出,与此同时,在这种形势下,还要考虑心理因素。银行审查待批的方案,可能至少要费几天的时间,而只有美国政府发表一个正式声明才能抵消指定用途贷款已经失效的印象。

马歇尔对我的看法表示同意说,心理因素需要考虑。他看到心理因素的重要性,认为必须做些事情来解决这个问题。他说,他将按照我建议的路子考虑发表一个声明。他还告诉我,他在中国的时候,当时的行政院院长宋子文曾经敦促他早日缔结出售战争剩余物资的协定,并且解释说,剩余物资可以在中国出售,回笼一部分流通的钞票,缓和通货膨胀。

我告诉国务卿,我猜想他指的是太平洋岛屿的战争剩余物资。我说,协定早已签字,但是实际物品移交还没有很大的进展。

马歇尔听了显得有些吃惊,问范宣德怎么回事,并说,他原来估计实际移交早已完成了。

我告诉国务卿,主要困难是装运问题。范宣德补充说,华盛顿特别为此派出了代表,谈判还在进行之中,远东司的彭菲尔德已经前去推动谈判。他又说,当然,他相信迟误不能完全怪中国。

我重申中国方面的主要困难是装运的安排问题,中国没有多少船,需依靠美国来帮助运输。

马歇尔对于上述迟误一事表示关注,并说,太平洋岛屿的战争剩余物资是在露天码头存放的,一定很快就会霉烂腐蚀掉。他要求范宣德设法加速处理此事。

我向国务卿提出的另一件有关事项是联总以后的援华问题。我告诉他,我国政府指示我设法取得一笔充足的捐款,以便公平地分配给各个方面,并在沿海各省九个城市实行配给的制度。在回答马歇尔提出的一个问题时,我提到九个城市的名字,并补充说,汉口不包括在内。我说,这是一个新的试验,如获成功,就推广到中国的其他地区,以稳定全面的经济局势。

我解释那个考虑获得六十九万吨大米和小麦的计划。我知道南京的中国外交部已向美国大使馆提出这件事。外交部知道三十万吨将由联总以后的美国援助基金来提供资金,十九万吨设法在中国取得,其余二十万吨在国外取得。但是在国外采购也需要有外汇资助。

马歇尔告诉我,那天早晨,他接到司徒雷登大使的电报,提到一亿美元这个数字。他问索普,关于国会通过的联总以后援助法案问题在什么地方。

索普解释说,这要等国务院把金额分配给受援各国。他说,由于中国希望的数量很大,可能有再调整的余地。分配给中国的金额可能从再调整中增加。他认为这笔钱可以从分配给欧洲国家的金额中取得。

马歇尔似乎对拟议中的配给制度很感兴趣,并说,如果成功的话,不失为稳定局势的一个办法。

我表示同意他的看法,说沿海城市的经济形势对中国内地经济的影响很大,尤其是从心理学的观点来看。我接着告诉马歇尔,我愿借这次会见的机会提出两个关于其他援助形式的问题,这是我国政府要求我向他提出的。

我告诉马歇尔,蒋委员长个人几次打来电报,要求我提出军事供应的问题。这里有三个问题:(1)8⅓大队计划中的战斗机;(2)美式装备的中国军队的弹药供应;(3)需要四千一百吨炸弹和六百四十万发子弹。关于第二点,我告诉马歇尔,我知道吉勒姆将军曾经带回来一份所需物资的清单。

马歇尔说,他已经见到吉勒姆,看见了那个清单。至于子弹,想必他们指的是 0.50(吋)的。至于 7.92(毫米)弹药(战争时期为中国制造的子弹,只适用于中国步枪),业已宣布为战争剩余物资,因为它们对美国军队没有用处。他又说,他已主动作出决定,取消对非战斗机的禁令。至于 8⅓大队计划中的备件,没有作出战斗机和非战斗机的区分。但是他认为,战斗机不像弹药那样急需,因为它们需要修理,备件并不能使它们运转,而且光有飞机没有弹药是无论如何也没有用处的。然而,弹药的事涉及政策问题,要由政府来作决定。

我告诉他,军事形势,特别是在东北,迫切需要这些装备。

马歇尔说,他了解局势之危急,以及中国的迫切需要。由于他刚才解释的那个原因,他不能立即作出答复,但是他一定继续努力。说到这里,我们冗长的谈话告一段落。

关于东北的军事形势,我愿意提一下南京新派来的陆军武官皮宗敢准将的来访,那是在头一天,即 6 月 24 日,他解释共产党在东北的成功是由于三条原因:(1)他们的战略地位好,受到苏俄、外蒙和北朝鲜的保护;(2)共军对中国民众残酷无情,与负责的国军不同(如共产党在撤出延安时,强迫当地所有老百姓随同军队撤离);(3)苏联的训练和支持。

至于重新要求美国援助军事装备,我想谈谈 5 月 30 日的一次私人聚会中遇到的空军康内利将军。他告诉我,国务院现已通知他,中国可以得到 $8\frac{1}{3}$ 大队空军计划提供的东西,并能购买需要的武器或大炮,我感到非常高兴。因为他主管国外战争资产,这对我更有兴趣,但这也并非完全出乎意料。5 月 26 日,国务卿已命令撤销了对武器和弹药出口许可证的禁令,这一禁令自我1946 年 7 月到美国后一直在实行。

接着,6 月 27 日,在我与国务卿谈话的后两天,国务院宣布,已与中国政府签订合同,以剩余物资价格出售一亿三千万发步枪子弹。这是战争时期按中国规格特别制造的 7.92 毫米子弹。这是租借供应品的一部分,但是,正如 6 月 25 日谈话所指出的,运输问题阻碍了交货。

第二天晚上,在双橡园我举行的晚宴上,参议员范登堡和贝尔纳斯都问到中国的局势。范登堡参议员第一个与我交谈,他询问中国的局势,还问了军事问题严重到什么情况。我说,需要军火,特别是美式装备师需要补给。对于 7.92 弹药的撤销禁令是有帮助的,但还不够。我说,迫切需要经济援助。两种局势,军事的和经济的,是互相影响的。他表示同意。

贝尔纳斯说,除非美国政府准备支持中国反共到底,他不能理解重新出让一亿三千万发弹药有何用处。出让弹药本身就如同刺激对手,只能引起它的反击。他说,如果打算在军事上援助中国,美国就应当给予中国飞机和武器,并派军队去支援。我说,中国对付共产党的问题,实际上是美国问题和世界问题的一部分。如果美国认为援助希腊反抗一万五千名共产党游击队是恰当的,它就应该给予中国更多的援助来对付那里的共产党。贝尔纳斯完全同意,但他说,美国的政策并不明确,公众也因之迷惑不解。

7月2日,可能是为了回答有人提出的分析,马歇尔在记者招待会上宣称,出售军用物资,是前些时候早已经安排的,并不意味着美国政府在中国内战中支持国民政府。

6月25日,会谈之后,我离开国务卿的办公室,约范宣德同乘一车,在路上我问他,进出口银行即将发表的声明的性质如何,多久才能发表。范宣德回答说,他绞尽脑汁把稿子写得真正可以达到使中国放心的目的,现在草稿已经通过层层审查,送请马歇尔作最后批准。他想,可能在6月27日(星期五)发表。

我告诉范宣德,鉴于那天早晨马歇尔在记者招待会上的声明被报纸作了错误解释,银行的声明如果是个好的声明的话,最好尽快发表出来。

他告诉我,声明大致是这样的:为了继续执行美国对华经济援助政策,尽管指定用途贷款终止,银行准备接受并审查提供资金的方案。他又说,意图是尽量缩小终止的重要性,把重点放在援助政策的持续上。

我对范宣德说,同样需要另一项声明,宣布美国政府愿意帮助中国进行其经济复兴和建设的长期计划。我知道范宣德一定会被约请起草这个声明,所以我说我希望他尽可能写得对中国有利一些。我告诉他,为了使我的想法具体化,我自己曾经写过一些东西。他向我索取副本,我对他说,我乐于送他一份。但是他说,也许他宁愿自己起草。

我强调说,据我看,声明应该尽可能明确指出,美国政府援助中国经济复兴的长期规划,其意图与国务卿关于欧洲的宣言是一致的。

即将告别时,范宣德告诉我,他将要离开国务院,用他的话说,"不再给顾博士添麻烦了"。我向他保证,我觉得我们的私人关系是非常融洽的,我希望范宣德先生离开国务院只是为了度暑假,而不是永久的。他解释说,由于个人原因,他愿意休假以便多和家人相聚,以后他将找个职务,但不在远东,因为他想离孩子们近些。

第二天,在我为招待外交使团团长而举行的晚宴上,我向来宾之一的范宣德再一次提出进出口银行的正式声明和国务卿对华长期援助的另一声明问题。他说,国务卿原来以为,银行的声明在索普、他和我同意发表以后,在那天早晨就可以发表了。但是索普希望在发表以前先经国务卿批准,因而迟延下来。但是他向我保证,第二天早晨,无论如何也要发表,因为在马歇尔从纽约回来以后,他要立即向他报告。我告诉他,时间不要太长,因为中国的局势在每况愈下。据最近电报,中国法币已经跌到五万元对一美元。接着我强调说,国务卿的总的政策声明也是需要的,以便让中国人恢复信心。他告诉我,国务卿愿意自己起草声明,譬如他的哈佛声明,他事前从未看到过,是见报以后才读到的。

前一个声明,即进出口银行声明,按计划发表了。与此同时,我做好了会见进出口银行总经理和董事长小马丁的安排,交给他为申请银行信贷选择出来的方案。约会安排在 6 月 30 日。那天早晨,我检查了方案的定稿。遗憾的是,资料不全,而且没有偿还计划。下午三点,我在王守竞陪同下,到马丁的办公室拜访了他。在那里,我把二十一个方案正式交给他。马丁和他的董事会的同事高思和斯坦博以及一位助理顾问索尔等一起接见了我。会谈颇为正式，马丁非常谨慎。高思把我解释文件的信粗看一遍以后，直截了当地说，这里有一处"疏漏"，少了一项中国政府财政全面情况的说明书，没有这个，银行不能对交来的方案进行审查。他说，其他申请的国家都交了这样的说明。

谈话一开始，我告诉马丁，我拜访他有两个目的：第一，会见他，为了同他结识，第二，正式送给银行一批方案，以求得到银行的信贷。我告诉他，我已与国务卿、副国务卿克莱顿和助理国务卿索普谈过，我想马丁先生已经知道了谈话的要旨。我告诉他，中国的经济局势现在已经到了严重的状态，中国急于想要开始经济复兴工作。我收到了一大批方案，为了尽可能符合银行的方针政策，在我国政府的核准下，我选择了其中二十一件方案，分为三大类。

接着我向他解释那三大类是什么，每一类有多少方案。我说，我在选送这二十一件方案时，中国政府是从某些考虑出发的。第一是选择那些资料完备、容易满足银行要求的。第二是方案能直接或间接用来促进中美贸易，从而帮助改善中国在外汇资金方面的地位。第三个考虑是方案能够增加税收，因而能更容易地制订出偿还计划。

我又说，由于中国的经济状况非常困难，我愿强调银行早日采取行动的重要性。我不知道银行处理这些方案的步骤是什么，便说，我将乐于派遣我的专家来会见银行的专家，进一步讨论各种方案的技术方面的问题。于是我交给马丁一封信，解释方案三大类的一般性质，以及中国对这些方案的需要（这就是惹起高思生硬评论的那封信）。

马丁向我保证，银行将审查这些方案，并给予最大同情的考虑。他愿在全面审查这些方案之后，与我再会谈一次。这时，高思浏览了一下信件和方案以后说，这里有一点遗漏，那就是关于中国财政情况的全面说明，收入和支出情况，外部债务和偿付的办法，外汇状况以及改进的保证等等。

我告诉他，虽然我没有收到这类说明，但我很愿意要求我的政府去准备，可能不像银行希望的那样完备，但是我一定送交一件中国所能做到的完备的说明。接着我问高思，银行是否想要一份关于中国的外汇资金和由于贸易增加而使外汇增加的前景的说明，或者关于财政的全面情况，包括预算状况和负债、通货的情况。

他回答说，必须要有一个全面的说明，这是依据银行的既定原则和程序所需的。他于是交给我一份银行方针的说明，上面指出需要什么。

我利用这个机会指出，中国经济形势紧急，需要大量棉花。由于棉纱和棉布的缺少，棉花是非常需要的商品。已经制订了向银行寻求信贷购买棉花的方案，就像银行以前为此目的而给予中国的信贷一样。我本来是要把它送来的，但是因为某些资料还不全，我将在不久以后送来。我告诉他，棉花方案是为了许多目的而设计的，其中之一是供应纺织厂足够的棉花，使它们正常生产，这样中国棉纱和棉布的紧缺就能够有所缓和。它还能增加出口东南亚的棉纱和棉布的生产，可以为中国赚得更多的外汇。最后，我表示希望银行采取最迅速的方法来处理我送交的方案。

马丁向我保证，他很了解早日行动的重要性。并说，银行将尽力迅速审查这些方案。

第五章 美国对华政策的变化

1947 年 7 月—12 月

第一节 魏德迈代表团访华

1947 年 7 月—9 月

一、访华的经过

1947 年 7 月 11 日—8 月 25 日

7 月 11 日白宫宣布,派出以魏德迈将军为首的代表团访华。通告说,该团还要访问朝鲜。此次赴华赴朝,都是为了进行实地考察。参加该团的有财政部、国务院、海军部和公共关系部门的财政、经济、政治和工程技术等各方面专家。7 月 15 日,魏德迈在离美前夕前来看我。他说,当天他虽然忙于和总统、马歇尔将军及艾森豪威尔将军会晤,但仍急于在离美之前和我一见。

我对他被任命为访华代表团团长表示欣慰,同时表示,他对中国及中国人民如此熟悉,希望他能带回一份有价值的报告给杜鲁门总统和马歇尔将军。

魏德迈说,他有幸为中国的事业略尽微力很感到高兴。他说,总统授命给他的时候,他最初表示辞谢,因为他前次在华期间赢得了委员长和中国政府其他领袖的信任,所以不拟再接受可能劳而无功的使命。他对总统说,他在中国时就曾向马歇尔谈过,他并不完全赞成美国政府的对华政策,他有自己的不同想法。但总统和马歇尔都坚持认为他是承担这项使命的合适人选,他只好勉为其难。但有个条件是,任命他的训令由他自己来写,并准许他按自己的见解提出结论呈送美国政府。这些条件他们都接受了,于是他自己草拟了政府给他的几项训令送交马歇尔,马歇尔也都同意了。

我说,我为他的代表团中有财政、经济、政治、技术等方面的官员而感到高兴。他说,在团员人选问题上,他也对马歇尔讲明,他不喜欢要那些对中国问题有先入之见的人,只愿意要无成见而中立的人,因为他不希望在执行任务时耗费时间去和自己的团员们争论该做什么不该做什么。

我告诉他,委员长和中国其他人士得知他的使命后,非常殷切地期待他的莅临,他将受到极为热烈的欢迎。他被任命的消息已在中国舆论界产生了有益的影响。我告诉他,我个人把派他率团出访看作是美国政府对华政策可能有所改变的迹象。我认为这种改变很有必要,因为中国的局势,不论在军事方面或在经济方面,从中国看来都是远远不能令人满意的。

魏德迈说,中国的局势看来相当糟糕,但他对此并不感到意外。

我告诉他,此中原因很多,其中之一是缺少弹药。所幸马歇尔已批准在中国动用一亿三千万发 7.92 毫米步枪子弹。因为目前在东北作战的受过美国训练有美式装备的部队,大多数只能用美国子弹,但库存量已越来越少。我已经把中国急需军火供应的情况和国务卿谈过,并得知吉勒姆将军已将委员长给他的军需清单带回美国。不过,尽管马歇尔已经批准动用适于中国步枪口径的子弹,并已解除 $8^{1}/_{3}$ 大队空军方案中有关非作战飞机的禁令,但作战飞机和美国军火的放行问题,则仍在考虑之中,因为国务卿曾和我说过,这需要由政府作出决定。

魏德迈问我,已经解禁的备件是否正在运交中国。

我说,按照国务卿的意见,不论是否用于作战飞机,这些备件都事关重要。我本人已派技术人员去和陆军部联系。我知道在太平洋地区的备件现归国务院的空军将领康内利管辖,而在美国国内的则归陆军部管辖,该部正在编制库存清单。

魏德迈说,他劝我尽最大力量催促陆军部,因为不给他们一点压力,就会浪费很多时间。最好问他们,盘存需要多长时间,并进一步要一个确切的日期。日期一到最好去见他们,催促他们立即行动。

但魏德迈说,军事局势的恶化,并不完全由于弹药和供应品的短缺,还在于中国的指挥官们能力太差。他说,在外交方面,我被公认为是杰出干练的代表,足以和世界上最优秀的外交家相比。而中国的军官却没有一位能和别国同等级别的军官相比。他们的训练、眼界、态度都远非理想。他说,例如杜聿明将军是中国东北部队的总指挥,可是他完全不能胜任,孙立人将军虽然有些偏执,实际最适于这个职务(孙立人是弗吉尼亚军事学院毕业生)。但魏德迈说,他知道孙立人因为和杜聿明意见分歧,甚至被召回南京;后来虽然又派回东北,却没有任何实权。

魏德迈接着说,所谓美国训练和装备的几个师也已经和以前大不相同了。曾在印度受训的一些军官多已阵亡或调离。这些师现在是由仓猝应征入伍而且未经足够训练的农民组成的。他们的一般智力并不比战前的普通中国部队强。他说,难怪他们打不好仗。

魏德迈告诉我,他几次三番和委员长恳谈过,坦率地向他指出应该进行哪些改革。例如,他曾力陈诸如台湾和其他省份的省主席职位,应由文职人员而不宜由军人充任。美国和其他国家的经验表明,文人比军人更适于担任行政职务。他记得从日本人手里接管上海的时候,他曾强调必须任命一位第一流的文官主持市政,但委员长坚持任命钱大钧将军,结果他把上海搞得一塌糊涂。陈仪将军在台湾也是这样。魏德迈说,他也曾向委员长力陈派一位第一流的行政官员去担任那个职务如何如何重要,但委员长也没有采纳。然后魏德迈问我，一旦委员长有个三长两短，谁有可能是他的继任者。

我回答说，这个问题我久已想过，而且事实上在我和委员长以往的谈话中，曾婉转地向他本人提出过。但迄今还看不出有适当的人选。我还说，胡宗南、陈诚和张治中，一度都被说成有些可能，但目前在这方面谈论他们的已不多。但是我说，我高兴地看到国民政府委员会已设副主席一职，孙科博士已被任命为副主席。因此，按照约法，万一委员长发生什么问题，暂时由孙科充当政府首脑是合乎逻辑的。但物色继任者的困难在于这个人必须兼具控制军队的能力，至少在过渡时期应该如此。

魏德迈问起北平的李宗仁将军如何。我告诉他，李宗仁是人所共知的桂系首领，但他所受的训练不是很现代化的。我认识他已有多年，年前曾和他在北平谈过好几次。他有值得钦佩的品质，那就是他热情接待各界人士并和他们倾谈。这样，他就能顺应潮流和了解民情。

当我提到报载魏德迈将花六个星期完成使命，然后回国报告时，他说，他预期在中国逗留一个月。他将在南京盘桓几天，然后去其他各地。如有必要，他可以呆得久些。之后，他将去朝鲜，在那里逗留两个星期。麦克阿瑟将军曾邀请他到日本访问，他可能在那里也要逗留若干时日。

话题又回到了中国的局势。魏德迈重复说起他曾教促委员长任命最能干和最正直的人担任各项重要职务。他说，委员长必须摈弃那些妨碍革新的人们。当然，魏德迈懂得委员长的为人，对于跟随他出生入死的伙伴很讲义气。他说，这是一个良好的个人品质，但对于治理国家却是个障碍。

我说，忠义是东方非常赞赏的美德，但正如魏德迈将军所说的那样，它往往成为领袖人物革新的绊脚石。接着，我对魏德迈讲述了我向美国国务院及进出口银行所办的交涉，包括对华经济援助和工程项目，这些项目有的是紧急救济，有的是全面的工业建设。我告诉他,进出口银行现在考虑我们提出的项目。银行希望得到一份财政说明,我准备送去。

魏德迈表示希望能得到一份财政说明的副本。我说,我乐于通过谭绍华送给他。但我告诉他,财政说明只是草案,还没有最后定稿。然而我乐于给他一份副本,同时还要给他一份选定项目的副本。事实上,次日早上我到飞机场为魏德迈访华送行时,就把这些文件全部交给他了。

7月21日,我陪同立法院代表团向杜鲁门总统作礼节性拜访,其间,我提到魏德迈的访华使命。在我们讨论中国即将到来的选举时,我谈到了欧洲的所谓杜鲁门主义,并说中国对此十分欣赏,并且希望能把它推广到中国。

总统说,实际上那并非是他个人的主义。只是人们把他所提倡的主张挂上了他的名字而已,而他所提倡的则是美国的一项对外政策,这项政策应具有两党一致支持的特征。然后,他说,他非常同情中国并愿意有所帮助。

我说,我对总统特派魏德迈将军到中国去作实地调查感到高兴。总统选派魏德迈将军担负这项任务,真是再好不过了。我说,魏德迈将军到达时受到非常热烈的欢迎,足以证明他的使命受到何等重视。

总统说,他非常高兴听我讲起代表团很受欢迎。他派魏德迈到中国去了解全部事实向他汇报,以便他和马歇尔能够经过研究采取行动。报告还可以为他在国会和在全国人民中间发表意见提供资料。我问他魏德迈在中国将逗留多久,他说在远东要呆五六个星期。又说,他急切希望得到魏德迈的报告,以便及早加以考虑。

人们普遍认为,有关经济援助的任何决定或声明,须待魏德迈回到美国并提出报告以后才能作出。但这并不意味着不再需要为取得经援而继续催促有关的美国官员。7月24日,我会见了国务院负责经济事务的助理国务卿威拉德·索普,讨论联合国善后救济总署结束后对华救济及棉花借款事宜。会见时,索普的助手有处理联合国善后救济总署结束后事务的一位专家伍德先生、食品专家克雷吉先生、美国驻华大使馆公使巴特沃思先生(他刚从中国南京回来)、一位棉花专家和另一位助手。

我告诉索普,自上次就联合国善后救济总署结束后的对华救济问题会谈以后,我国政府通知我,一份包括沿海各省九个城市施行粮食配给制在内的中国急需品备忘录已通过驻南京美国大使馆送交国务院。实行配给计划需要六十九万吨小麦和大米。在和南京美国大使馆的代表讨论时,已安排从美国采办小麦和大米三十万吨,在中国采办十九万吨,其余二十万吨主要在东南亚采办。当然,这样的安排尚有待于华盛顿国务院批准。我说,配给计划原定 6 月至 11 月实施,但当时已接近 7 月底了。我国政府嘱我向美国弄清究竟有多少救济援助可以指望。最好总额是一亿元。这既可以为执行下几个月的配给计划提供资金,还可以满足此后一个时期的部分需要。

索普说,国务院正在非常仔细地研究中国的建议,发现它相当不现实。联合国善后救济总署结束后能拨给中国的款项最多也不到三千万元,而这已足够采办米麦之用而有余。因为不仅有国际市场能供应多少的问题,而且有国际紧急粮食理事会是否同意分配的问题,向中国增加配额要由这个国际组织决定。随后他请克雷吉说一说目前世界的粮食状况。

克雷吉说,国际紧急粮食理事会分配给中国的小麦数量,到年底为止为四万八千吨,每月一万二千吨。因为 8 月份供出口的小麦业已分配,今年只剩下四个月。四个一万二千吨共为四万八千吨。美国可供出口的小麦可以增加到十万吨,但这就意味着把目前国际紧急粮食理事会分配给中国的数量加倍。至于大米,克雷吉说,美国能供应十四万吨,而暹罗及缅甸能出口的存米至多为三万吨。合计约为十七万吨。加拿大已没有可供出口的小麦,但他知道尚存有面粉,最多为四万吨。中国可以通过和庇隆磋商从阿根廷获得若干小麦,但他不知道有多大可能性。在澳大利亚,麦收不如预期的好,没有余麦可供出口。因此,共可能采办到小麦、大米和面粉最多约二十一万吨*。我问,购买二十一万吨小麦、大米和面粉需多少钱,克雷吉说,大约需二千五百万美元。

我说,对中国政府来说,这未免令人大失所望,因为中国政府原指望从美国得到足够的救济,以使拟议中的配给制得以实施。中国政府认为配给制非常重要,因为如果成功,即可推广到中国其他各地。但开始施行配给就需要有六十九万吨大米和小麦。我怀疑,如果国外减少供应量,这一制度是否还能施行。

索普提出,是不是供应越少,就更迫切需要施行配给制,大多数别的国家正是那样做的,而且国际紧急粮食理事会认为施行配给制是进行分配的必要条件。

我对索普说,中国的配给制打算按最低标准供给民众粮食。低于这个标准行不行,值得怀疑,因为那将使政府处境非常困难。

索普说,他能理解情况确实如此。

我向他解释,政府采用配给制时,民众盼望能得到最起码数量的粮食。如果连最低的限量也不能供应,那就谈不到什么配给制了。

索普问道,有一个制度是否总比根本没有要好一些。

我说,确实如此,如果政府能维持最低标准的话。因为采用配给制的意思是政府将负起全部责任,适当而公平地进行分配。

索普又问,现在中国人民生活过得怎样。

我说,目前的制度不能令人满意,因为有钱人吃得太好,超过实际需要,而贫苦人能吃到的远低于他们的需要量。配给制在粮食分配方面较为公平,但要做得令人满意,起码要能维持一个最低标准。我说,中国政府想从国际紧急粮食理事会得到更多的配

---

* 原注:看来克雷吉谈的是三项,但大米和面粉两项合计即为二十一万,而三项的总吨数则应为三十一万。可是,原来所记的二十一万是三项一起在内的数字。

额,但在这方面还没有采取任何步骤。它首先要知道从美国方面有多少救济援助可以指望。如果分配额增加了,但没有必要的资金去买,那也毫无用处。索普说,这一步应该同时进行。我说,我一定向国际紧急粮食理事会提出这个问题,但是希望美国政府授意国际紧急粮食理事会的美国代表一定要支持中国的申请。

索普解释说,国际紧急粮食理事会是国际组织,美国仅仅是许多派有代表的国家中的一个。所以,他无法作出批准中国申请的任何保证。这需要由中国提出有力的申述,提出各种必要的证据,说明它的需要,并说明中国对所供应的粮食的处置方式,例如采用配给制等等。

伍德说,如果中国提出切合实际而且合理的申述,表明供应物品能得到有效的处置和正当的分配,美国将支持中国的申请。

索普说,无论如何美国不能把供应品交给中国由它任意处置。美国国会立法规定,美国需确保救济援助有效地发挥作用。必须采取某些措施,使处置和分配效果良好。

伍德补充说,这是授权救济援助贫困国家的国会立法中所规定的。

我告诉他,在这方面,我自己估计没有多大的困难。中国政府和美国政府一样,愿以最有效的方法处置救济物品,以使人民最充分地受益。我又说,事实上,据我所知,我国政府在和美国大使馆代表在南京讨论时,已经表示希望由美国有经验的技术人员合作,协助中国当局实现上述愿望。

巴特沃思说,在南京曾讨论并建议,吸收有经验的美国商人参加负责在中国处理美国救济物资的委员会。

然后,我对与会的人们说,据我了解,采用配给制的重要性已在上海有限范围内看得出来。得到配给卡的人可以买到供应品,而他们一旦买到配给物品,就开始动用原来贮存不用的物品了。这表明采用一种健全的配给制是何等可取。

伍德说,英国也有这种经验。英国政府曾估算在一定时期内需要九十万吨小麦,但到该期期末,他们发现只需要六十万吨多一点就够了,因为人民动用了他们贮存的物品。过了若干时间以后,才达到政府配给制所预计的九十万吨。

索普说,这说明中国的配给制有可能并不需要目前拟议的数量就能实行。

我接着谈到中国需要的其他物资,例如化肥、种籽和医药用品,包括兽医用的药品。

索普和克雷吉都说,化肥不必讨论,因为没有剩余数量可供出口。其他物品则将包括在三千万元救济款内。能到手的粮食约需二千五百万元,余下的五百万元可供采办其他物品之用。

我告诉他们,我将把会谈情况报告我国政府,但可以肯定,救济援助大为缩减之后,势必要修改计划,或是减少原来拟议实行配给制的城市数目,或是缩短实行的时间。

索普说,国会授权的联合国善后救济总署结束后的救济援助,系供在年底之前的短期使用,以使各有需要的国家渡过难关。

接着,我提出了拟议中的棉花借款问题。我告诉索普,我和几位专家已草拟了一份方案行将送交进出口银行。我准备送他一份抄件,供他研究。我说,我此刻不想细谈,但我想要求国务院,在索普得机会研究之后,支持这个方案。索普表示愿意得到方案的抄件,我说,方案的概要是 1947 年年底之前需要五十万包棉花,1948 年头九个月需要五十八万包棉花。这是当前急需,因为中国有四百万纱锭,每天要用四百万磅棉花。除中国现有库存及今后的棉花收成外,到 1948 年 9 月底止尚短缺一百零八万包棉花。

索普认为中国还有大量存棉。

我说,大致有八十万至九十万包棉花,这是正常情况,因为只比各纱厂必须经常维持的三个月需用量稍多一些。我接着说明了我们打算如何偿还借款。我说,打算七年付清,前三年付息,后四年分期偿还本息。索普立即说,七年太长了。进出口银行办过多次棉花贷款，但都是短期的。那些棉花贷款实际是商业性贷款。他肯定银行不会给长期贷款，因为那是违反银行章程的。再则，最长期限为三十个月。如果给中国以更长的期限，则对其他国家，银行将难以应付，因为已经有许多棉花借款申请书积压待办。

我告诉他，三十个月的借款期限未免太短，不便安排还款，因为今后的三年，中国情况将特别困难，中国只能在第四年开始归还。索普说，他很了解银行的想法，逼迫他们也没有用处，他们是不会照办的。我说，果真这样，整个方案只好修改。

索普认为在美国购买棉花运往中国，应出售给棉纺厂，把棉花织成布匹。并规定一个固定的比例，例如百分之五十，指定用于出口。

我告诉他，确有这种意图，但出口比重不能订得那样大。中国现在正向东南亚出口棉纱，以换取外汇。当索普说有必要在美元地区出售时，我告诉他，这在中国更是件难事，因为中国的棉纱在东南亚各国如马来亚、缅甸及荷属东印度等，可能比较好销。但我补充说，这个问题也许可以解决，因为据我所知，最近英镑已可兑换成美元。

索普表示同意，说谈到的困难可能不会发生。

最后，我告诉他，鉴于我们的讨论情况，看来有必要尽可能修改棉花借款方案，并说，我将把这些向政府报告。

约一星期以后，巴特沃思来作礼节性拜访，并再次谈到联合国善后救济总署结束后的援助问题。他敦促我们向国际紧急粮食理事会申请配额。他给我两个印象：一是因配额增加可能获得三千万元以上的援助；二是对用于在外国采办不得超过总数百分之六的限制可能进一步有所放宽。他说，增加配额的充分理由，一是拟议实行配给制，二是广东和广西的饥荒，三是东北的干旱。陈之迈参事实际上也曾告诉我，联合国粮食及农业组织总干事菲茨杰拉德曾对他说过，中国只要能得到美国的支持，则增加今后十二个月给中国的配额一事大有希望。

1947年7月31日,我奉我国政府之命,授予赫伯特·莱曼州长一级大绶景星勋章,表彰他作为署长在1946年以前组建联合国善后救济总署的功绩以及他对增进国际谅解及合作所作的贡献。授勋仪式以后,我设午宴款待他。为了做得周全,我邀请了联合国善后救济总署代理署长杰克逊和他的助理布朗及远东分署署长哈里斯上校等联总其他人员出席作陪,中国代表参加的有郭秉文博士、陈之迈和郑宝南先生。

8月5日星期二,我按照约定访问了进出口银行董事长马丁,交给他中国政府的二亿元棉花信贷方案。在座者除马丁外,尚有银行董事加斯顿和高思及助理顾问索尔。我发现接待如果不算冷淡的话,也相当拘谨。马丁只是说,他们将研究这个方案,目前他们正在研究我们的财政说明。这种态度给我的印象是他们在对中国申请的信贷作出决定之前,要等待魏德迈的报告和美国政府的决策。当马丁问他的同僚关于财政说明有什么问题要问时,他们都说没有。

我向他们解释了为什么在那天才递交棉花方案的原因,即我们不得不把偿还的时间从七年压缩到四年,但他们谁也不发表意见。银行人员的态度显得相当冷淡。他们不愿发表意见,以免会与魏德迈不久就能提出的中国情况报告互相矛盾甚至互相抵触。

两天后,我向新任负责政治事务的助理国务卿诺曼·阿穆尔提出了信贷特别是棉花信贷的申请问题。襄助他的有中国科科长阿瑟·林沃尔特先生和另外两人。这是会见时我提出的第四个问题。我先问诺曼·阿穆尔,魏德迈何时可望返回华盛顿,然后叙述了我关于向美国要求财政援助方面已经进行的工作。关于购买棉花的方案,我告诉他已于三天之前交给银行。我解释说,方案送得晚了一些,由于第一个草案原定七年还本,但在我和索普会谈时,他指出七年太久,银行不会接受这样长的期限,故而对方案作了修改,中国政府不得不勉强把所提的信贷时间改为四年,从第二年下半年起分五期平均摊还。

我告诉阿穆尔,我本无意为了这些事情麻烦他。我要指出的是,中国政府殷切希望国务院能敦促银行不要等魏德迈回来才考虑并决定中国的信贷申请,因为中国迫切需要这些信贷。我说,购买棉花的信贷特别急迫,它是用以直接减轻中国目前的经济危急情况的。

阿穆尔告诉我,他将把刚才我所说的关于申请信贷事宜转告索普。索普主管此事并和进出口银行联系。

接着,我提出了中国急需一千万发 M2.50 机枪子弹,供某些飞机使用。我说,此事也曾向南京的司徒雷登大使提出过;据我所知,他已报告国务院。我说,我国政府准备向厂商订购此数,但确知按订单制造交货需要很多时间。因此,我国政府嘱我建议美国政府陆军部先把此数借给中国,待讨货交货后再由中国拨还。另一个办法是,借用手续由中国向其订货的公司办理,使为美国陆军制造同样子弹的这家公司能先把已生产的子弹成品运交中国,然后用为中国政府生产的订货补还美方。

阿穆尔说,司徒雷登的报告已经收到,但他当时不能给我确切的回答。他能说的只是已在为国务卿准备一份备忘录,是否向陆军部提出此事将由他决定。但所提的两种办法中第一个,即直接由陆军部借用是不可能的。第二个办法,即与有关公司安排间接借用,或可考虑。

我表示希望在美国政府决定同意之后,在获得出口许可证方面没有困难。

阿穆尔向我保证不会有任何困难。他还认为中国政府向厂商订购所说的子弹时,不会遇到来自美国政府方面的任何障碍。

襄助阿穆尔的林沃尔特接着提出了中国国防物资供应公司(战后改称中国物资供应委员会)的问题。7 月 23 日星期三晚上,中国物资供应委员会主任王守竞博士向我报告,他接到南京行政院来电,宣布撤销该委员会,并命令他把该会事务移交给纽约的世界贸易公司。此公司也是中国政府的代理机构,系按美国法律组成的,它为中国政府办理商品购销并照管美国对华贷款事宜。午夜王守竞又来,他心绪不宁。我们两人都觉得命令有些突然,尤其是来电指定8月1日必须移交完毕。这样规定,移交期限过短,因为许多进行中的重要谈判,都正由该委员会办理。

在下一周内,不但王守竞,而且世界贸易公司副总经理夏鹏和执行副总经理任嗣达都应邀前来商谈如何把委员会的事务迅速而顺利地移交给该公司。他们一致希望了解我的想法和中国物资供应委员会正在主持进行的各项谈判的性质。

公司总经理为洛克黑德。他是美国人,曾在美国财政部工作,系由当时的美国财政部长摩根索应中国政府之请,推荐出任该职。经过反复与该公司这些人员讨论后,王守竞向我报告,他们已商定只在名义上于8月1日移交。实际上则还需要两个星期来仔细了解中国物资供应委员会各部门的事务,以便确定应接管的范围并弄清办理这些事务所需的经费。

过了几天,任嗣达来访,其目的有二。第一,向我叙述他在推销中国出口货方面所做的工作;第二,告诉我他准备如何接管中国物资供应委员会的事务。我告诉他,就大使馆而言,我将派公使衔参事谭绍华监交。我还把我所考虑的在处理各项事务中与大使馆保持继续合作的最好办法告诉了他,这些事务包括借款谈判、远东委员会、租借问题、军火的购买和运输以及为此而接洽船只等。我对他说,不但合作要继续下去,而且我认为公司有必要将总部迁至华盛顿,或在华盛顿设办事处以便与大使馆密切合作。在回答他的问题时,我还说了和进出口银行谈判各项借款的情况,魏德迈代表团的目的及其可能的成果和对经济问题以及中美间其他问题的影响。

可是中国政府为什么要在这个时候撤销中国物资供应委员会呢?它是政府的代理机构,办理有关买船、买军火、谈判借款和信贷等许多问题,一直起着极为重要的作用。但看来它曾多次得罪南京的某些部门。当它由宋子文领导时，宋当时是委员长的私人代表和居住在华盛顿的中国外交部长，他能够进行许多谈判，并对各种有关军事、政治和经济的问题作出决定，但与其他中国政府代理机构不无摩擦，不但与大使馆，而且与世界贸易公司都有摩擦。宋子文把权力集中在自己手中，这往往形成未经与委员长充分商量，便紧急作出决定。

宋子文的离开华盛顿，是很突然的。我已说过，魏道明是当时的大使。5 月，魏道明被召回重庆述职，但实际是安排他辞去华盛顿的职务。人们料想他会留在重庆，可是突然在一天早晨，他奉委员长手谕离渝。据说，他奉命离渝，甚至不让当时任行政院院长的宋子文知道他是重返华盛顿担任大使，而且他还奉委员长命全盘接管中国物资供应委员会。这事未经宋子文同意，他甚至连知道也不知道。

从此以后，人们普遍预料中国物资供应委员会迟早会撤销。这是在华盛顿与该委员会工作有联系的几个部的共同感觉。当张群接替宋子文出任行政院院长前夕来美国进行体格检查时，他向我证实了这一估计。张群回到中国后，当即就任了行政院院长，而且他发出第一批命令之一就是撤销中国物资供应委员会。这个命令得到委员长的完全赞同，事实上非常合乎委员长的心意。这说明了为什么命令来得如此突兀，而给中国物资供应委员会向世界贸易公司的移交时间，又为什么这样短促。在中国，他们觉得这样更便于控制世界贸易公司的活动。这个公司的业务主要是商业性的，并属财政部管辖，当时部长是俞鸿钧。

介绍了这样的背景，我就可以回来再谈林沃尔特有关中国供应委员会的问题。他说，他知道这个机构已经撤销，并想知道王守竞是否继续代表中国政府同进出口银行商谈申请借款事宜。

我告诉林沃尔特，中国物资供应委员会肯定已告结束，且已移交给在纽约的世界贸易公司。然而有关借款谈判和与美国政府各机构的其他谈判将继续由中国大使馆监督。我已请王守竞继续协助我办理这些事情，以便我可以派他或在必要时派大使馆公使衔参事谭绍华在谈判中协助我。世界贸易公司按照我的要求，将在华盛顿设立分公司，尽管必定是规模很小。

林沃尔特对在华盛顿设立世界贸易公司分公司表示满意。

8月19日我和代理国务卿罗伯特·洛维特会谈，主要议题是联合国善后救济总署物资在中国的分配问题。他的助手为远东分署代署长詹姆斯·彭菲尔德。我首先提到了当天早晨报载美国驻东京盟国对日委员会的代表乔治·艾奇逊因飞机失事遇难的消息，并表示哀悼。然后我提出了联合国善后救济总署物资在中国共产党占领区的分配问题。

我说，按照中国和联合国善后救济总署的基本协定，物资在中国共产党占领区应和在政府管辖区完全一样，毫无歧视地进行分配。中国政府勉强接受了包括在基本协定内的这个原则，并一直在尽力执行。但是共产党对政府的挑战以及随之发生战斗的局势已使在共产党区域进行分配非常困难。我说，最近在华北共产党区域分配五万吨联总物资方面，遇到了困难。大约三星期前，联总中央委员会决定尽一切努力，探索通过各种可行的渠道进行分配的可能性。联合国善后救济总署驻华办事处已向中国政府提出此事，并几乎在全部细节上都达成了协议，大意是把五万吨物资分别通过运河和烟台港两条路线运往共区。还商定在8月份把一万吨物资运到烟台，9月和10月份则各运二万吨。

这种做法的最大难点是，联总驻华办事处主任坚决要求中国政府明确承担将五万吨物资中的二万五千吨由运河路线运送的责任，而沿线有激烈的战斗。联总驻华办事处主任克利夫兰曾在司徒雷登大使陪同下，和委员长讨论这一问题。当时委员长表示，由于军事局势难以逆料，他自己不能担保通过运河路线所能运送的确切数量。但通过这条路线运送物资这个原则始终没有受到反对。

我说，我国政府现嘱我请美国政府支持中国的立场，这个立场看来是十分合情合理的。激烈的战斗毕竟是客观存在,而且其后果与国家命运存亡攸关,它关系到国家的统一,关系到在共产党向政府挑战的情况下,维护华北的法律和秩序。我说,委员长拒绝明确承担 9、10 两月通过运河路线运送物资的数量,决非由于他反对这种分配或这条路线,而只是由于他对今后两个月的局势没有把握。局势不是完全受政府控制的,在很大程度上还取决于共产党本身。因此,我说,联总驻华办事处主任的态度,看来不太现实。

彭菲尔德说,美国驻中国的代表对中国的立场深表同情。

我表示同意,并说,吉尔帕特里克(美国在联合国善后救济总署结束后的救济机构的主任)的意见比较现实。他认为准备用于华北共产党地区的物资应该运给他们,但由于实际的原因,这些物资不能像其他地区那样分配。我又说,可是在华盛顿的联总中央委员会会议上,美国代表多特先生的发言的意思是,除非中国政府就运河路线作出明确保证,整个中国计划应予重新审查,而按原计划用于中国的物资,可能转给别的国家。我说,那样一种结果将是最使人遗憾的和最不合理的。那等于说,如果共产党地区的某些人由于政府无法控制的原因,未能得到联总准备给他们的物资而遭受苦难的话,就必须使政府地区的一些人也同样受苦。这简直不符合联总整个事业的精神。因此,我奉我国政府之命,把这种情况向美国政府解释,并表示希望向联总中央委员会的美国代表发出指示,支持中国的立场。我当面交给洛维特一份备忘录,并说,方才我口头所谈的要点已尽在其中。

洛维特向我保证,他理解中国政府在这种情况下的处境,并将和参加联总中央委员会的美国代表谈一谈。

经我和国务院阿穆尔及洛维特会谈后,我高兴地看到 8 月 20 日的联总中央委员会会议作出了有利于中国立场的决定。尽管对于联总物资发送到中国共产党地区及其分配问题进行了激烈的讨论,辩论持续了将近三个小时,并且面对苏联和南斯拉夫代表的坚决反对,美国署长鲁克斯将军以及美国和英国的代表还是设法使会议通过了符合中国观点的决议。

现在我想说说我和一些来访者的几次谈话。这些谈话主要反映了他们对当时中国形势的看法。例如,8月6日,我接待了邹秉文博士并听到了有趣的报告。他是联合国粮食及农业组织的中国代表。我们两人共进午餐,畅谈了约两小时。邹秉文留学美国,获得农学博士学位,曾在中国农业部工作多年。在我看来,他对于如何发展中国农业和如何增加丝、茶、蛋、猪鬃、生皮和桐油等中国主要可供外销的农产品的出口量,都有很明确的见解。他说,到明年,即1948年,中国棉花需要量的四分之三可以自给。

但他对中国形势极为不满,对军事形势尤为如此。他说,士兵挨饿、军官贪污,就东北作战部队的士气而言,东北恐已难保。政治方面,他说,受过训练能高效率办事的人太少了。缺乏资金还是次要问题,中国的青年人看来对总的形势感到不平和不满。他自己的儿子参加了共产党,曾被胡宗南部队俘获,并送往苦役队关押,备受折磨。后来他好不容易才把他的儿子弄回来。他的朋友的女儿也是如此。他知道的青年人至少还有十二起类似的事情,就是说青年人由于憎恨国民政府而参加了共产党。当然,邹秉文如果不被认为是左派分子,也一向被认为是个自由主义者,他对南京和以前在重庆的许多事情都不满意。我相信,从那之后,他加入了大陆上的共产党政权。

8月23日,我接待了北京大学校长傅斯年博士的访问。他是一位历史学者,在美国求学时曾专门研究史学。因此,我有机会听到他对国内形势的印象非常高兴。他刚从中国来美就医并休养。他告诉我,使张群头痛的事情甚至比他的前任宋子文更多。他说,宋子文在任时仍有某些有利于政府的因素:第一,战争结束后,随着敌占区的光复,中国民众对政府有好感。第二,美国支持并帮助重占华北。第三,政府尚有大量外汇储备可资利用。但是,他说,现在的实际情况是,苏俄显然正在设法建立一个缓冲国,或类似第二个满洲国的某种东西,作为西伯利亚和中国之间的缓冲,以便利用东北巨大的自然资源为苏俄的利益服务。

一批中国高级官员,在瑞士参加国际贸易会议后来到华盛顿。我设宴招待了他们,其中有几位客人更加清楚地介绍了中国形势。来宾之中,有主计处、中央银行、财政部和农林部的官员。宴席间,农林部代表张信诚和财政部代表程远帆在中国经济贫困的原因上,发生了争论。农林部的这位官员主张采取有力措施反对贪官污吏,以改善中国的经济状况,而财政部的代表认为他的话没有切中要害。他认为真正的原因是各级政府官员的待遇不公平和不平等,以及薪金菲薄,不敷家庭衣食开支,他主张首先应增加官员的薪俸。他们争论得面红耳赤,几乎打了起来。主计处的统计局局长朱君毅说的一点似乎是证实了程的观点。他说,他在局里上班时,不断为日常生计发愁,比如给家里买米买油和盘算开支,简直使他心烦意乱无法倾全力于工作。

那次宴会是9月4日举行的。次日,我接待了前铁道部次长及国立交通大学校长黎照寰博士。他是上海民众领袖之一。他也谈论了中国的形势。他说,中国必须推行一些改革计划,以改善局势。他告诉我,最近中国发动了一场运动,以谋取国民党党内党外的自由主义者的合作。美国驻华大使司徒雷登对此大加鼓励,发动这场运动的想法是使自由主义者参加政府工作,并推动一系列的改革。他说,在五个月以前的4月份,他和另外几位志同道合的民众领袖访问了蒋夫人,请她对他们拟议中的运动予以合作。她告诉他们,如果他们声明拥护政府的反共运动,并声明在这番事业中愿意提供合作,就欢迎他们来协助扩大政府的基础。同日下午,他们受到委员长的接见。委员长对他们讲了同蒋夫人一样的话。委员长问,谁能领导政府来实现他们心目中的改革。黎照寰说,他和他的同伴都提到,这个人必须是一位国际知名人物。他们对委员长说,颜惠庆可以胜任,但颜表示年事已高,不能效劳。

黎照寰分析了形势,并说,当时的行政院院长张群尽管能尽力和各方面周旋,但过于软弱。CC 系和黄埔系都没有一个有资格领导政府的人,而所谓政学系,则在民众中没有根基。他说,委员长仍将当选总统,而且只要他还在,他就要掌管中国军队。至于银行界,则只想做生意,并找不出一个合适的人来领导政府。换言之,他说,国民党、军界和金融界这三者都提不出一个合适的人来领导政府。因此,他的一伙已经决定提我为最适合局势的人选。对此,我立即告诉他,我和国民党关系很浅,很一般。但他说,恰恰相反,这正是我有利之点,因为关于武装力量的控制,那仍将由委员长负责。

黎照寰还说,为了中国的整体利益,中国的战争应立即停止,政府应坚守中国本部。但春天的党、政、军会议上,以多数决定东北各省必须重新占领并全部收复。否则,过去十年抵抗日本侵略所作的牺牲变得毫无意义。但是,他自己认为,镇压共产党不可能在规定的时间内告成。他认为,恢复和平,让老百姓有机会休养生息则要好得多。最好是培养和发展中国内部力量,先不要从事无休止的对外战争。他所指的对外是对苏俄和共产党。

《时代》杂志社的约翰·比尔先生于 8 月 9 日来访。他谈到了中国的形势,而且也提出了许多重要问题,如马歇尔的对华态度,魏德迈的使命及援华的展望。他刚从中国回来,他是马歇尔推荐给宋子文当宣传顾问的。他说,他实际上主要与委员长本人来往。他现已辞职,但如果需要,仍愿相助。在回答我的提问时,他说道,在中国的外国新闻记者,主要是战争期间派去报道战事的,他们对中国问题的背景知道得很少。他说,他自己也一度有过错误的印象,以为中国共产党是土地改革者或民主派。但现在他改变了看法。不过,他又说,在他看来,共产党地区的平民百姓,在共产党的管辖下生活过得比较好。

然后比尔接着说,他刚才和马歇尔谈了十五分钟,所得的印象是,这位将军是真心诚意想帮助中国的,但目前因失败而感到懊恼。马歇尔把失败归咎于受了中国的蒙蔽。比尔犹豫了一下,然后补充说,"受了委员长的蒙蔽"。比尔认为不幸的是委员长一面听从马歇尔的建议,以表示合作的精神;实际上却发现很难把这些建议付诸实施,因而自食其言。比尔说,马歇尔一生事事成功,唯有中国之行是一次失败;他对此耿耿于怀。这就是形势的不幸之处。

比尔认为,人们可能设想魏德迈代表团会带来美国政策方面的改变。比尔自己有这样的印象,即凡是魏德迈建议的都会被采纳。他还告诉我,他认为中国行政效率低得惊人,在华盛顿这里的美国人,正谈论着从此以后给中国的大小借款都要加以监督。在中国,豪富和赤贫之间的差别或对比非常显著。

我告诉他,中国人民普遍希望看到各项资金用得正当并定期发表收支报告。目前,贪污的人酷爱管钱,而正直的人却最怕和公款发生任何关系。但是,我又说,事实上在中央政府,贪污行为极少,而且一旦发现,犯罪者必受法律惩处。

比尔于是说,关于美国财政援助前景,国会的看法是一大障碍。共和党人在经济上富于幻想,而且在本性上是国际事务中的孤立主义者。国会内的这种想法和形势,是马歇尔推行对外政策最感头痛的事情。

8月24日,魏德迈在完成了他在中国的考察和磋商任务,即将离开中国去朝鲜的前夕,向报界发表了一项极遭中国不满的谈话。南京政府及各领袖人物对这个谈话非常生气。我读了美国报纸刊登的谈话,觉得它很坦率,也许作为一位国际代表,是过于坦率了一些。毫无疑问,魏德迈在总结他访问中国各地所进行的接触和调查中的印象时,力求客观、公正和准确,但谈话中有些部分,纵然不是直言无讳,至少也是令人难堪的。例如,说到中国政府成员时,他强调很多人"贪得无厌,办事无能,或二者兼而有之,因而臭名昭著"。他又接着建议为了"重新取信于民并维持这种信任,中央政府必须立即实行彻底而广泛的政治和经济改革。口头许愿,再也不够了。绝对必要的是见诸行动。必须承认只凭军事力量是消灭不了共产党的。"有些人对这个谈话非常反对,理由是即使它是正确的,也不应公之于众。他们认为最起码也应用委婉的词句来表达它,因为任何政府都不愿意在自己的国土上被一名外国代表公开批评或谴责。

8月22日魏德迈在国民政府委员会和各部部长联席会议上的讲话,同样是关于政府及全国情况的极为坦率也许是过分坦率的陈述。他的讲话代表了他的真正的印象和结论,这一点也是没有疑问的。但这些结论引起了反感,因为被认为是从时间较短的访问和对所访问的少数几个城市的仓促调查中所得出的轻率结论。

他的讲话涉及面很广,税收、军队情况、征兵制度、军人与文官的关系、政府体制等都谈到了。他再次特别强调,他认为政府官员普遍贪污腐化,如他所说,上上下下无不贪污,而且还遍及全国经济生活之中。他认为政府体制的性质需要极大的改进。他认为责权的重叠,造成了行政管理上的摩擦和效率低下。他的印象是征兵制度执行得极不公平、极不正当。他说,有钱人的儿子花了钱就免征,富家子弟纷纷派送出国留学,而不留在国内共赴时艰。

我也相信这种情况是有的,但极少。确实很难查明中国富家子弟究有多少逃避了兵役。但他的讲话自然会激怒他的听众,听众中许多人属于一些有钱有势的名门大户,有些人可能已送子出国而逃避了兵役。但还得说这种情况为数不会太多。

在讲话中,魏德迈还曾提到"有许多对政治犯或其他罪犯惩处不当和滥用权力的事例。"他说,有的被开释了,"然而只是在付了大笔钱财之后才释放的,而且必须签署一个承认犯了反政府罪的声明。"他说,特务机关到处都是,就像俄国和以前的德国一样。他说,有些人失踪了;学生不经审问,不经宣判,便被关进监狱。"这样的行动不会替政府赢得支持。适得其反。人人生活在恐怖气氛之中,失去了对政府的信心。"

他说,国有制应予停止。"在台湾、东北和中国其他地方原属日本政府和私人的财产,已由中央政府接收,这是完全正常的步骤,但政府应尽快把这些财产转让给私人或团体,以促进自由企业。政府工作人员,不论文官或武官,一律不得参与投机买卖以及银行和商业企业,这应该是一条固定的制度。"

他说的许多话,按照全世界公认的政府一般标准,当然是正确合理的。但他提得未免生硬,因而更增加了听众的不满和愤怒。事实上,在他和委员长私人谈话时,他也说过同样的情况,并强调他认为各级政府普遍有贪污行为,尤其是高级官员。委员长听后颇为恼怒,并要求他指出姓名。委员长坚决要求他开列他怀疑有贪污行为的人员名单,并答应他将依法惩处这些人。事后,经委员长的一再坚决要求,他说他将在向美国政府报告之后提出名单。但我想他始终没有提出。这在以后当然使政府人员以至委员长本人更为失望。

二、魏德迈访华在中国和美国的反响
1947 年 9 月

9 月 2 日我从纽约回到华盛顿时,待办的电报之一是王世杰的来电。他通知我说,委员长和政府其他负责人员对魏德迈的讲话表示愤慨。来电指示我不要再联系进出口银行催办已经提出的各个项目。在中国经济形势紧急的情况下,这些不让催促进出口银行从速考虑我们的信贷申请的指示说明,委员长和各部部长显然对魏德迈的讲话十分反感。

在王世杰到达纽约的第二天,他在谈话中再次向我证实了这一点。他来纽约是率领我国代表团参加下届联合国大会的前一阶段会议的。魏德迈的中国之行和他对报界的谈话以及早些时候他在国民政府委员会和各部部长联席会议上的讲话所引起的愤慨是我们讨论的第四点。9 月 21 日晚,我们更详尽地讨论了这个问题。我急切想知道在这位美国特使专程赴华期间在南京发生的许多重要事件的确切情况,诸如魏德迈和委员长之间的关系等等。王世杰也愿意把这两位大人物之间的事实真相告诉我。

他说,由于魏德迈在 1944 至 1945 年间曾任过委员长的参谋长,委员长本人和他很熟,因而也许对这位美国特别代表团的团长的友谊寄予过大的期望;而魏德迈由于知道委员长的长处和短处,并体会到这次使命的权力和责任,在和委员长打交道时未免过于随便。从一开始,在委员长和政府人员眼中,魏德迈就显得相当傲慢。每到中国一地访问之后,魏德迈总是回南京把不良状况和他所谓的文武官员的贪污和无能对委员长大讲一通。他十分不满地报告了台湾的情况,对东北熊式辉将军和其他军事首领很有意见。他告诉委员长,中国官员聚敛了大量的财富存在美国。

王世杰说,委员长一再要求魏德迈提出他认为有贪污行为的人员名单,但魏德迈始则托辞美国政府不准他交出名单,后来又说待他回到美国就可提出。在魏德迈赴朝鲜的前夕,委员长又就他所言提出要求,并说收到名单后他将一一予以惩处。他还责备魏德迈只访问或接待反对政府的人,却拒绝接见河北省参议会参议员,而参议会是民众选出的代表机构。

我个人认为,他既已出此断言,最好是把名单交给委员长。但也许魏德迈是从他接待过的各方人士听来的指责,而正如委员长和王世杰说的,他接待的人大部分是批评政府的人士。这些人断言有许多贪官污吏,我个人也认为的确有几个,但很可能不像他们对魏德迈说的那么多。再则,那些告诉魏德迈文武官员中贪污盛行的人,也许只是道听途说,缺少充分证据可凭以具体查办。魏德迈肯定知道这点,并知道如果提出名单,就须以事实和数字为证据,以便委员长法办。我猜想魏德迈那时是提不出证据来的。他很可能认为有些是真的,但又不知道哪些是真的,因此他不愿提出任何人名。

我认为情况就是这样。谈这个问题的不止魏德迈一人。当时中国政界以至报馆记者中谈论的相当普遍。但如政府要采取正当行动控告某人,或如委员长说的他肯定要处理并惩罚违法分子时,就有必要掌握事实和数字,构成充分的证据,才能惩办那些有贪污行为的文武官员。

据王世杰说,魏德迈故意拒绝接见政府的许多高级官员并拒绝和他们谈话,而单单听取以反对现政府而知名之士的议论。王世杰说,他自己身为外交部长一直未得和魏德迈畅谈,张治中将军也一样,而他是首都的杰出的军事将领之一。王世杰说,他和张治中只是在社交场合曾与魏德迈晤谈,而谈话也是一般应酬而已。王世杰解释他有两次辞谢了魏德迈请他参加的鸡尾酒会,原因确实是他患牙痛。

他说,魏德迈离华赴朝的前一天,从江西牯岭下山,要设宴招待委员长,日期是两人事前商定的。可是到了那天,由于种种不愉快的原因,委员长决定不去了。他给魏德迈通电话,告诉他偶患小恙,不能参加,将由蒋夫人代表出席。魏德迈气恼难平。正当蒋夫人首途赴宴之时,他打电话给委员长说,他从牯岭下山疲乏不堪,委员长既不能来,宴会也就决定作罢。

王世杰又举了另外一个例子说明魏德迈如何骄傲自大。一天,委员长派副官请魏德迈前去谈话。副官到后,他继续写他的东西,而让委员长的这位使者等着,只说事情太忙不能从命。这又触怒了委员长。他一不做二不休,打电话要魏德迈上午11时到官邸来见。魏德迈碍于礼节,才不得不去,然而十分勉强。(所有这些,未免不幸,也无必要,原可避免。)

9月22日星期一,委员长的一位秘书,北平中国政府新闻处处长朱信民要来见我。我请他中午在弗拉欣即联大开会地点共进午餐。他直接从中国来。由于他是奉命帮助魏德迈代表团在中国办理旅行和其他事务的中国官员之一,我很愿听到他对代表团的看法。

他告诉我,他除在代表团有其他任务外,还负责照料魏德迈在北平的访问。他说,当时的北平行辕主任李宗仁曾直截了当地对魏德迈说,中国的动乱不宁,美国应负一部分责任。按照李宗仁的看法,马歇尔坚持国共合作,这使得共产党有时间积蓄力量,而马歇尔坚持取消新闻检查制度,又使中国反对政府的批评比以往任何时候都更为自由。此外,美国对中国政府的批评,更有损于政府在民众间的威望。李宗仁说,看来他们是光批评不帮助。

朱信民说,魏德迈的访问东北也很不平常。他在沈阳向熊式辉提出两个问题,终于使熊式辉倒台。我要求知道是哪两个问题。朱信民说,第一个是熊式辉指挥的各师兵员中,实有人数占百分之几,有名无实的占百分之几。换言之,魏德迈显然想知道熊式辉所指挥的各师实力如何,有多少空额,尽管官方数字说每个师都是满员。(通常,尤其是当总司令要军饷时,除非政府已接到队伍的空额数字,他总是报满员的。)第二个问题是军医院有多少床位,每个军医院能容纳多少伤员。熊式辉一个问题也答不上来。他不能承认有空额,他上报时未曾指出空额,他也没有到过任何军医院。魏德迈批评了他,或者按朱信民的说法,实际是责骂了他,因为他从未到过军医院。

这些问题,我还有过一次直接和魏德迈面谈的机会。我非常希望魏德迈完成特殊使命回来,能使王世杰和他会晤。因此我请魏德迈于9月30日来赴便宴,以便我们三人可以畅谈一番。宴会开始有些困窘,或者至少这位将军和外交部长似乎都不愿谈起中国形势。但宴会将结束时,出乎正世杰和我的意料之外,魏德迈提议为委员长的健康干杯。之后,我们退入客厅,把门关上。魏德迈没有特别提到他的赴华使命,也不提他关于中国的报告,而开始谈了他在中国的态度和行动。

他说,每当他访问一个地方后,他总回到南京把所见所闻报告委员长。他说,他真不想和中国国民政府委员会成员谈他的看法,但又觉得他有责任按委员长的要求办事。魏德迈说,他在国民政府委员会以批评的口吻讲过许多事情，但他觉得讲得坦率而真实一点是他的应尽之责。

他接着说，在访问东北之后，他告诉委员长，熊式辉工作不得力，不能指挥所辖的军队。他认为熊将军身兼东北行政委员会首脑及该地区国军总司令两职，责任未免过重。

王世杰插话说，熊式辉已经辞职，并已由陈诚将军接任。

魏德迈说，陈诚很好，无畏而正直。但他曾建议应派文官而不要派武官。他又说，这项调动，本来一年前就该办，但现在为时还不算太晚。

王世杰说，他一直告诉委员长，没有必要派军人充当省主席，老练的文官也许会干得更好，但委员长有他自己的道理。当时，反共战争必须进行，委员长必须慎重对待他手下的军事将领。任命某些军官作省主席，实际上是一个解除他们兵权的妥善办法。

我说，上海市长吴国桢是文职人员，干得很好。

魏德迈说，日本投降时，他曾建议委员长派一位有威望有经验的文官去当上海市长。然而委员长却任命了钱大钧将军。他记得钱大钧有一天晚上曾访问他，并说他对任命感到惊讶，但必须服从，因为他不愿表现为不服从委员长的命令。（钱大钧是委员长的忠实支持者和知己朋友。在中国，大家都知道，当委员长叫他当上海市长兼警备司令时，由于他谦虚谨慎，对是否接受任命曾表现十分犹豫。但经委员长坚持，他终于担负起上海的双重职务。）

王世杰说，关于钱大钧的任命，他也和委员长谈过，但委员长解释说他有他的道理。（我料想委员长感到上海如此重要，没有他百分之百的信任或不能坚决执行他的任何命令的人去接管是不行的。这点倒也是正确的。）王世杰解释说，日本投降时上海情况十分紊乱复杂。那里既有伪军，也有为国民政府工作的地下武装。没有哪一位资深望重具备条件的文官愿意前往就任并能控制那里的局势。委员长觉得只有他充分信任的军人才是可派的人选。当然,事实证明钱大钧并没有完成他的任务。

魏德迈接着说,他发现台湾情况是不能使人满意的;1945年他曾建议委员长选派能力高强的高级官员去当省主席。他说,台湾是富庶的岛屿,工业发达,交通运输方便。一个精干而有声望的政府可以使这个岛屿成为一笔巨大的财富。然而,派去的又是军人陈仪将军。

王世杰说,陈仪其实并不算坏。他诚恳勤奋。只是,他过分固执己见,不肯接受旁人的劝告。

魏德迈说,陈仪曾任福建省主席,证明是个失败。魏德迈不能理解为什么陈仪又被委以台湾省主席那样的重任。然后他说,他曾见到杜鲁门总统并告诉他,委员长在他离开中国之前,对他讲话的内容之一是,不管有无外援,他决心解决共产党问题。可是,同一天,孙科发表的谈话,看来适和委员长所说相反。

王世杰解释说,孙科1947年9月16日的谈话是他个人意见,而他的真实意思是,正当中国对共产党的政策日趋积极之时,美国对中国和远东的政策却越来越消极。因此,他迷惑不解,美国是不是有意把中国推到俄国的怀抱里去。孙科的政策并不是鼓吹与莫斯科亲密合作。

魏德迈说,他无论如何不能理解,因为孙科毕竟是仅次于委员长的中国第二号人物,他的谈话自然引起了极大的注意。

王世杰然后提出了东北问题。他说,委员长决心收复东北,不惜任何代价,不顾任何困难。没有东北,就没有和平,甚至没有中国的独立。因此,中国决不从东北后退。

这位美国将军说,他研究了东北的局势。国军的军事形势非常危急,勉强支撑,虚弱不堪,补给线既长,又无掩护。为了形象地说明问题,他握成拳头而把食指伸直,并说,形势正像这样。共产党随时可以切掉那个手指,从而掐断国军的补给线。共产党是不能用武力消灭的,东北也是不能单凭武力收复的。他补充说,1945年他曾计划由中国提请五强监护东北。他认为这样一个计划可以缚住俄国的手脚,使它不能像过去那样行事。他说,他仍然相信,对于挽救东北,这种办法比打仗更有效。(事实上,9月19日他送呈杜鲁门总统的报告中就建议包括苏俄的五强监护或联合国托管。但直至1949年8月发表白皮书,这才对外公开。)

王世杰认为那样的计划是行不通的,并认为除共产党以外,任何中国人都不会同意放弃东北。

魏德迈说,这个计划并不是抛弃东北,而是为中国保存东北。当中国在长城以南恢复力量时,东北安全有了保障,这就不给俄国以独自行动的机会。他认为只要十年就足以完成这个计划。

我说,我本人对挽救东北的方法手段向无成见;当然,至于该做什么,我的任务是听命于我国政府。我能看到这样一个国际监护计划的利弊,但俄国可能拒绝参加联合监护,甚至主张让东北人民——指共产党——决定他们自己的命运。

魏德迈也想到了俄国很可能拒绝参加监护,但他没有表示如果俄国拒绝又该怎么办。

我们三人的这次非正式的密谈极富启发性,因为我们坦率地交换了意见,而且王世杰和我自己都了解到作为赴华特别代表团团长的魏德迈,支配他的态度和行动的论据是什么。

我对他的某些建议,例如派文职人员充当省主席和市长,有一些想法。作为一般原则我赞同魏德迈建议任命精明能干的文官到上海、台湾等地担任行政首脑的重要职务。但我们不要忘记,当时委员长由于自己是位军人,不能不非常严肃地对待这些地方的纷乱情况,必然要派他认为百分之百可靠的人。形势是棘手的。委员长无疑十分注意,对这些地方从舆论和国际意义的角度全面考虑其重要性。上海终究是个国际港口,而台湾刚从日本收复,毕竟容易受国际纠纷的影响。但我认为,考虑到形势所涉及的全部因素,魏德迈的建议可能还是比较好的。

但我也认为委员长有充分理由信任陈仪。正如王世杰所说,陈仪这人不错,据我多年所知,陈仪受过良好的全面教育,是位认真能干的军人。他是有名的忠于委员长的将领之一,而且在他浙江省主席任内因误信秘书长之言犯了错误以前,不管委员长的什么命令,他都立即执行,毫不犹豫。但他任浙江省主席时,开始动摇,可能是不自觉地听了他的秘书长的谗言。此人即使不是共产党员,也是和共产党有秘密联系的。在此以前,陈仪从未有任何迹象能使委员长怀疑而不予信任。

以前我已说过,在使用和任命人员方面,委员长基本上考虑的总是此人是否可靠,是否无愧于他的信任,以及能否执行他的命令,并在任何情况下都效忠于他。这是首要标准,是委员长自己说的,不止说了一次,对魏德迈说过,对马歇尔也说过。因此,如果接受这种观点,自然就很难说在当时情况下还有什么其他办法。我一再想起当魏德迈、马歇尔和赫尔利提出中国国军的司令官们不完全是最称职的人时,委员长的答复总是"我必须用我相信的人,危难时刻尤其如此。"有很多能干的人胜任工作,但到了危急时刻可能变心,变成不忠于他。这个因素在东方政治活动中可能比在民主国家起着更重要的作用。

我说这些,并不意味着我个人赞同用人首要考虑忠于领袖的政策。如我刚才所说,我比较赞成王世杰的意见,即重要职位,不论文武,都必须由能胜任工作的人担任。否则,即使忠贞不渝,但不胜任,也就达不到派去掌管一省一市的主要目的。

11月17日我和魏德迈在五角大楼会谈,主要是探讨美国供应中国军需品的问题。这次会谈也涉及了他最近使华期间的经历和所得的结论。我说,中国的军事形势并不太妙,不知道魏德迈在山东时有何见闻。那时的情况似乎要好得多。

魏德迈说,形势确实不好。固然共产党正被赶出烟台地区,但华北其他地方的军事形势未可乐观。石家庄失守,黄河沿岸军事形势吃紧,对他来说并不奇怪。

接着,这位将军又说,同像中国共产党那样的游击队作战,谈何容易。中国共产党的游击队和别国的共产党游击队一样,总是袭击城镇、交通线和煤矿之类,目的在于破坏该地区的经济。的确,国军的装备好得多,他们要攻取一定的目标,总可以办到。但是,游击队在夜间行动,并避免和国军正面作战。他们还开往没有被国军完全占领的各地区。他认为中国共产党问题不能用武力解决,其故在此,问题只能通过政治改革来解决。

魏德迈又说,有一方面情况有所好转,那就是征兵。以往只征农民子弟,有钱人家的儿子花了钱就免征。现在他听说已在各阶层一律征召。有钱人家的儿子和农民子弟都要强制服兵役。

我问魏德迈出访东北时的印象如何,尤其是在国际方面。他是否以为情况已变得很严重。比如,朝鲜和东北毗邻,那里的形势也是个严重问题。

魏德迈评论了朝鲜形势,然后评论了东北形势。他说,他在那里时,形势相当坏,特别是军事形势。他很高兴已经把陈诚派去,并说,他知道他干得不错。他又说,陈诚是能干而廉洁的将军,可惜去晚了,一年前就该把他派去。

我或王世杰曾和不少美国人谈论魏德迈的使命和他的公开讲话,他们的反应大有出入。如9月6日在招待范宣德,并有彭菲尔德和林沃尔特作陪的午宴上,我询问华盛顿研究魏德迈的报告,要经过哪些程序。彭菲尔德说,首先是交给总统。然后国务院将会同政府其他部门进行研究考虑。他告诉我,魏德迈关于中国的谈话在发表以前,并未经华盛顿批准。范宣德说,他和我一样为其发表而感到遗憾。他认为魏德迈必定是受到在中国的某些方面的强大压力,很可能压力来自在华的美国侨民和驻华美军的一些将领们。

彭菲尔德同意我的看法,即魏德迈的谈话并未超过早些时候马歇尔的谈话而关闭了对华援助的大门。他相信援助还会继续给,但附有新条件。他认为难以提出的正是这些条件。正如他相信并说明的那样,中国是个大国,与希腊不同,不能要求中国像要求希腊和土耳其那样,接受由美国人全面管理资金的条件。我建议中美之间最好就美国希望中国做什么和中国认为能做什么的问题,友好地、秘密地、非正式地交换一次意见,以便达成全面的互相谅解。彭菲尔德表示这样一个步骤有可取之处,但认为应由最高一级进行,因为任何下一级人员都不能作出承诺。

9月14日星期日,王世杰在纽约宾夕法尼亚饭店和马歇尔,进行了一次长时间的重要会谈。事后他立即讲给我听,不仅为了供我参考,而且为了做成记录。我愿意在这里写下其中的一些部分。

王世杰说,马歇尔首先告诉他,他邀请他一起进餐是为了坦率交谈;他没有邀请任何其他人,就是说,只是两人密谈。然后马歇尔说,魏德迈的出使是他建议的,以便魏德迈研究中国的情况并回美提出报告。该报告将使他(马歇尔)据以检查美国的援华政策。他说,他自己从中国回来,已逾半年。他急切想帮助中国,但怎样帮助最好,却感到没有十分把握。他曾希望派出的代表团能解决问题。他遴选魏德迈的理由有二。第一,人所共知魏德迈持有反共观点。这有利于他的使命,因为他的个人观点和中国政府的总政策是合拍的。第二,魏德迈曾任委员长的军事顾问,他们可以自由而充分地讨论问题。

马歇尔又说,他从报纸上看到了魏德迈的谈话。但他没有表示在魏德迈发表该谈话之前,他曾否看到或予以批准。他说,无论如何那个星期魏德迈就要到华盛顿,他希望当他星期二去华盛顿时能见到他。否则,他将请魏德迈到纽约来向他汇报。他只看到了魏德迈关于台湾的报告的一个部分,那是魏德迈访问台岛之后寄给他的。从他读到的台湾情况来看,那里的形势相当不妙。但他那时还没有见到报告的其余部分。

王世杰对我说,他没有直接问马歇尔事前曾否批准魏德迈的谈话,但他确实告诉马歇尔,谈话的发表对中国政府不够公允。

马歇尔接着向王世杰说明了使进出口银行继续拨付中国五亿美元借款的难处。他说,该银行按国会通过的该行特许状办事。在罗斯福执政年代,每逢政府要向友好国家提供经济援助时,总统总可以在和国会少数领导人商谈后,说服银行发放贷款。但目前共和党在国会内占多数,杜鲁门总统不能像罗斯福总统那样说服银行。银行坚持按照其特许状的规程办事,而银行人员以对国会负责为己任。这位国务卿举了为欧洲一个国家申请贷款的事例。他说,进出口银行坚决抵制而不予同意。总统只好前往国会要求政治贷款,只是历尽周折才最后给了那笔贷款,原因就在于事先没有机会使国会议员对贷款有思想准备。

至于马歇尔本人与国会的共事关系,他告诉王世杰说,在他出任国务卿的短时间内出席国会各委员会会议的次数远比其他任职年限较长的国务卿出席的次数为多。这也占去他很多时间,但是有必要随时向国会沟通情况。随后马歇尔谈到了高思是一位从中作梗的人,并且说,这人现已退休。当王世杰说他知道高思仍在银行董事会时,马歇尔说,无论如何,此时高思已不会有多大影响。实权掌在银行的其他两人手中。

这位国务卿还对王世杰说,他选司徒雷登任驻华大使,是因为自己对他完全信任。他还回顾了1946年7月他出任国务卿的问题是怎样引起的。总统通过艾森豪威尔带口信给他,问他是否愿意接替因病要求辞职的贝尔纳斯担任国务卿。马歇尔解释说,当时他在南京,而且仍然相信中国有恢复和平的可能性,所以那时他并不愿离开中国。为此,他回复总统说,愿意接受,但两个月后才能回去。这意味着贝尔纳斯须参加5月在巴黎举行的外长会议,而这又使他也必须参加7月举行的对前轴心国意大利的和平会议。(显然,总统关于7月任命的信息一定早在4月就给他了。)

马歇尔说,他在南京接到杜鲁门总统另一信息的那天,他正在设午宴招待王世杰,有司徒雷登作陪。午宴开始时,他已收到该信息,但他没有告诉大使。信息非常简单地要求他为"那另一件事"回国,只有他和他夫人知道"那另一件事"是什么。直到晚上,马歇尔才有机会告诉司徒雷登那另一件事是什么。消息虽然是经由大使转递的,可是大使并不明白它指的是什么。无论如何,马歇尔说,他决定了立即回国。

马歇尔想知道并问王世杰,如果他7月受任国务卿,并再在中国继续逗留一段时间,同时要求贝尔纳斯继续工作到他回国,情况是否会有什么不同。他想知道,加上他担任国务卿的声望能否给共产党和中国政府之间带来和平。

王世杰说,他没有回答马歇尔的问题。他说,马歇尔可能由于他未能完成使命而仍感沮丧。

马歇尔提的问题很有意思,显然,对于这个在他回美国后仍然没有解决的难题他想得很多。这还表明马歇尔必定意识到他前往中国的和平使命没有成功,或是对此感触很深。但对马歇尔的问题的回答只是表示一下看法而已。我回想起委员长从华盛顿的新闻报道读到马歇尔可能被任命为国务卿时是何等的震惊,(他问我这种事在美国是否真有可能。)这说明委员长很重视这条新闻。虽然他没有再说别的,但他很可能感到,如果他知道马歇尔很快将在华盛顿的政府机构中占极其重要的职位,而且事实上在决定美国对华政策方面将起非常重要作用的话,那么在与马歇尔讨论各种问题时,也许有必要显得格外和解些。但这仅仅是猜测。

至于共产党人,他们对马歇尔的新任命不会与委员长有同感。共产党关心的是美国不要偏袒、不要支持委员长的政府。由于他们在中国尤其在南京与马歇尔直接打交道并感到满意,他们对马歇尔终于出任国务卿肯定不会认为有什么不利。但这也只是我个人的猜测。这种猜测来自观察当时的局势,以及共产党方面和政府方面在与作为特使的马歇尔的关系上的意向、态度和活动。像我以前指出的那样,共产党随时向马歇尔提供情况,他们由周恩来或他的秘书经常直接与他联系。事实上,马歇尔曾向我表示,他觉得共产党随时向他报告情况并且总能信守诺言,凡是所谓军事调处执行部有关军事调动、停火等等决定,他们答应做的,必定做到。但他并不因他所认为的政府各代表或委员长本人一而再、再而三地不履行诺言,而把对共产党的满意和对政府的不满这两种感情混淆在一起。

马歇尔与王世杰的会谈进行了好久之后,马歇尔问王世杰,中国的局势怎样。王世杰告诉马歇尔,他的使华完成了两桩有历史意义的事情。第一是大约三百万日本士兵和平民撤出中国返回日本,第二是挽救了东北。

马歇尔听了显得惬意而惊异。

王世杰在答复马歇尔的问题时说,作为外交部长,他觉得当时和俄国人打交道非常困难,他们没有信守帮助中国政府接收东北的诺言。相反,他们在谈判时采取拖延政策,同时施展手段,让共产党武装起来并威胁在长春的中国政府军事代表团。中国政府被迫撤回代表团作为抗议,俄国人则听任共产党威胁代表团和长春的安全。对于中国政府要求规定接收长春和东北的日期,俄国人给了不能令人满意的答复。但王世杰说,马歇尔使华的消息发表以后,他告诉苏联大使彼德洛夫,局势严峻,中国撤回代表团实属一严重步骤,因此而引起的任何后果应由俄国负责。之后,苏联大使很快拜访了王世杰,并说,苏联政府愿意协助中国接收沈阳和长春。

王世杰想要向马歇尔表达的意思是,宣布他的使华并由王世杰立即通知苏联大使后,这个消息影响了莫斯科,即使不是直接导致,至少肯定无疑影响了苏联政府,作出协助中国接收东北,尤其是沈阳和长春的决定。

马歇尔说,1946年4月委员长曾告诉他,必要时他将从东北撤走全部中国军队,但王世杰一直反对放弃东北。马歇尔说,那时他是赞同保住东北的。这一点很有意思,因为后来人们似乎忘了马歇尔曾经有过这种意见,许多人还以为他从一开始就反对保住东北。

第二节 联合国所反映的国际背景

1947 年 9 月—12 月

（联合国大会诸问题：选举联大主席，苏美关系日趋紧张，朝鲜问题和巴勒斯坦问题）

联合国大会例会定于 1947 年 9 月 16 日在弗拉欣梅多斯开会。8 月 18 日，我接到外交部长王世杰来电称，他将前来参加，并称中国代表团将由我、蒋廷黻、张彭春和刘锴组成。他说，他已呈请委员长和行政院长张群批准。但他又说，他还打算访问华盛顿，所以在纽约只能停留两星期。在他离纽约后希望由我继任代表团团长。

我在那个周末去新泽西州的阿斯伯里帕克度假时，接到谭公使和我国远东委员会代表团专门委员刘选萃先生的电话。他们说，王世杰部长决定从中国直接前往纽约，然后才到华盛顿。他想知道我对他的计划有无意见。我表示同意，因为我相信，由于委员长对魏德迈关于中国的谈话深为愤怒，又由于魏德迈预期要到 9 月 15 日才能回到华盛顿，而且杜鲁门总统也不在首都，王世杰于 9 月初访问华盛顿没有什么意义。

9 月 2 日我回到华盛顿时，待我处理的来电中有王世杰的另一份电报。电报要求我着手组织中国代表团，不要等他 9 月 8 日到达美国后再进行。他到旧金山后，打电话到华盛顿告诉我，澳大利亚驻南京大使要求他支持澳大利亚代表团团长伊瓦特当大会主席。但我所得的印象是，王世杰自己并不很喜欢伊瓦特。他还告诉我，马歇尔给他电报，说要在纽约和他商谈朝鲜问题和有关对日本的和会问题。后一问题自 7 月中旬已经在认真讨论，我将把它作为远东委员会面临的问题之一另述。前一个问题最后被列入大会的议事日程。

那天下午,澳大利亚大使梅金先生来访,谈的仍是伊瓦特想当大会主席的事。梅金要求中国予以支持,我告诉他,我们尚无定见,但在选举中将支持按地区或大洲轮流担任主席的原则。第二天早晨,我用电话告诉王世杰,意大利大使前一天向我请求支持意大利进入联合国,还告诉他梅金来访的事。王世杰同意我的观点,即需由联合国安全理事会推荐意大利加入联合国,然后才能由联合国大会决定。换言之,意大利加入问题在联合国大会讨论或决定以前,需先经安理会予以通过。王世杰还对我说,他在南京时,美国曾要求他在大会讨论希腊问题时支持美国。

当天下午利比里亚公使来访。虽然他是作礼节性访问,但我们对一些问题很有兴味地交换了意见。这位金公使聪明干练,和蔼可亲,曾任利比里亚国务卿,并曾出席凡尔赛和会。他说,他参加过巴黎十国委员会的几次会议,并告诉我,威尔逊总统曾对他谈及总统对我就山东问题的发言以及对种种有关政治问题的阐述,印象极为深刻。

9 月 12 日王部长到达纽约。翌日,我和他长谈交换意见,并就中国、美国及联合国的情况互通情报。讨论的问题有东北问题和苏俄在东北的行动。我们讨论了有无可能把苏联在东北的行动提交联合国的问题,这是中国政府和国民党许多领袖所主张的。但我们的结论是这将无济于事。我们也谈到了新疆问题和张治中关于苏俄在新疆地区的非法活动的报告。张治中是主张把苏俄的活动情况提交联合国的人们之一。

我们还讨论了朝鲜问题和美国提议举行四大国预备会议来决定解决朝鲜问题的总方针。我们讨论的第四个问题是魏德迈的中国之行和中国对他向报界谈话及其以前的讲话的愤慨。第五个问题是美国面临抉择的对华政策,尤其是美国显然有在和平问题上无视中国之意,犹如不久前它在战争问题上所做的那样。就是说,在诸如对日本的占领、朝鲜问题、印度支那乃至整个亚洲问题等和平问题的处理上,美国似乎有不重视中国的倾向,正如太平洋战争后期它不大重视中国一样。最后,第六个问题,是让印度的潘迪特夫人担任即将召开的联合国大会主席和是否应如我所建议,由王世杰去访问她的问题。

当天,即 9 月 13 日晚些时候,我们到潘迪特夫人所率代表团的住处罕布什尔大厦进行了这次访问。王世杰首先表示潘迪特夫人以前访华时,他未得机会和她相识,因此为这次能见到她而深感高兴。

潘迪特夫人对王世杰的礼节性拜访表示感谢,还为能见到我而表示高兴,因为据她说,她非常赞赏我一年前作为中国代表团团长所给予印度的合作。她说,这次她是从莫斯科来,离她就任印度首任驻苏俄大使之后仅十天。她从新德里到莫斯科用了三天,从莫斯科经赫尔辛基和斯德哥尔摩到纽约用了四十八个小时。她几乎还没有在莫斯科安顿下来就启程到美国来了。但印度政府曾和苏联政府商量,问他们对她离开苏联首都去担任出席联合国大会的印度代表团团长是否同意。她发现苏联政府毫不反对。她曾三次会见维辛斯基,但尚未见过莫洛托夫。当王世杰谈到她室内的美丽的花朵时,她说,她在莫斯科很想见到花,可是那里一朵也没有,那里的生活太枯燥。人们需要的一切东西几乎都缺乏。

然后王世杰提出了联合国大会的主席问题,并问她对此是否感兴趣。他告诉她,中国始终重视按地区轮流的原则,联合国大会会议既有过一位欧洲主席,其特别会议也已有过一位南美洲主席,他认为这次应该轮到亚洲了。他说,亚洲国家不多。中国是安全理事会的五个常任理事国之一,谈不上再担任大会主席,但印度是可以的,而且他觉得她是最有资格的。他想知道潘迪特夫人本人的想法如何。

潘迪特夫人说,她十分感激王世杰的好意,但她直至这天早晨才想到这件事情,当时代表团有些成员告诉她,有人在议论提名她为大会主席候选人。她告诉他们,下午王世杰将来访,她想先了解他的意见。她高兴地听到他刚才说的话并表示感谢。她认为她如当选联大主席,那是印度的光荣,并将提高印度的国际声誉。但她的代表团本年在南非对待印度人的问题上将有一场大的斗争,她如当选主席就会使她置身于斗争之外,尽管本届大会的形势与上届不同,由她亲自领导这场斗争或由她的一位同僚领导可能关系不大。她然后问王世杰,她当选的前景如何。

王世杰说,他还没有试探其他代表团的意见。联合国内亚洲国家不多,中国和印度都有许多国内的事情要做。在国际上,目前这两个国家都不很强大。但他还是认为按地区轮流的原则很重要,即使当选所需的票数或许不够,还是值得一试。

潘迪特夫人说,不幸的是中国和印度目前都不很强大。当然,她感谢给她的荣誉,但她愿意把此事完全交王世杰酌情进行。她深信王世杰决不会办任何影响印度尊严和声誉的事。(换言之,她乐于当选为主席,如果有相当把握的话。反之,如可能性不大,她不想冒险。)

王世杰说,在确定进行以前,他将试探其他一些代表团的意见。他向她保证,他将谨慎从事。

接着我们讨论了南非对待印度人的问题。我问她目前情况如何,已采取哪些步骤执行上年联大通过的决议,以及在 1947 年大会上潘迪特夫人希望达到什么目的。

她说,印度政府已致函史末资将军要求他按照联合国大会决议恢复谈判。史末资在复信中要求尼赫鲁把印度高级专员派回南非以恢复关系,作为重开谈判的先决条件。尼赫鲁不能这样做,因为高级专员是作为抗议予以召回的。在印度人问题的圆满解决得到保证以前,不能派回。可是史末资坚持由于印度对南非实行贸易歧视并断绝关系,所以在印度派回高级专员之前,他不能同意恢复谈判。她说,目前情况就是如此,很明显,史末资拒不承认联合国大会决议的效力。

王世杰说,上届联合国大会印度取得的成就主要应归功于潘迪特夫人的个人努力,决议的通过是她个人的胜利。潘迪特夫人说,在某种程度上,她的出席的确有助于印度代表团的成功。但是,她说,情况变了。首先,印度至少在目前是英联邦的成员国,因而这就成为大家庭中的两个同等地位的成员国之争。为此,伦敦正设法把这个问题在联合国大会之外解决。但印度政府认为,联大决议绝不应当作为一张废纸。她说,南非对待印度人的问题涉及联合国宪章规定的人权问题。它对联合国所有成员国都很重要。任何会员国都不应漠视宪章的规定。印度将要求执行大会决议。

我对她说,这是所应奉行的最有力的路线,它会使联合国大会的所有代表团都站在印度一边,原因是联大决议既已正式通过,没有一个代表团会否认其效力。另一方面,我注意到上年的票数很接近,所以如果没有必要,最好不要坚持没有十分把握的任何论点或可能不利于投票结果的论点。我告诉她,在大会上,必有许多法理型的成员持法律观点。他们会站在南非一边并抓住一切机会坚持就问题的法律方面举行投票使之有利于南非。这样的投票即使不是就问题的主要争论点进行表决,也有可能使上届大会的决议失效。

潘迪特夫人对我提出的论点表示感谢,并说,上年的投票结果确实是十分勉强的多数,是32对15。(这刚够表决重要问题所规定的三分之二多数。)她说,澳大利亚弃权才使这个勉强超过三分之二的多数成为可能。

我说,上年南非代表曾提出联合国大会的权限问题,支持者中有英国和美国。这是难以对付的一着刁棋,但最后被成功地反对掉了,尽管我记得最后表决时,美国代表发表了一个强硬的声明,表示赞成把问题提交海牙国际法院。这个问题可能本年再次提出,如果32个上年投票赞成印度的代表团中有任何一个改变态度,就会对决议本身产生不利的影响。

潘迪特夫人说,本年的形势不同了,困难可能很大。她愿秘密告诉王世杰和我,作为最后一着,她的代表团将接受把问题提交国际法院的建议,以便就大会根据宪章规定的权限作出法律判定,条件是南非作为表示诚意,首先应中止执行反对在南非的印度人的"少数民族居住区条例"。她解释说,印度政府和南非政府一样,目前处于困境。南非下一年将举行大选,史末资的政策是把这个问题推迟到大选以后摊牌,因为南非的公众赞成维持"少数民族居住区条例"的情绪是强烈的。同样,印度政府也处于困境,因为人民对他们在南非的同胞遭受的待遇非常愤慨,如果联合国大会的结果对印度是个失败,那会使印度政府非常为难,遭到削弱。她说,她感谢中国代表团上年的帮助,并表示希望中国本年继续给予支持。

王世杰说,他在这里仅逗留两三周,他走后将由我代他任代表团长。他还说,中国一定尽力支持印度。

潘迪特夫人说,她带来了印度和南非政府来往的函件,这些函件清楚地说明了当时的事态。她把函件交给王世杰看。在王世杰翻阅时,潘迪特夫人走到我跟前继续交谈。她回答我提问时说,她很幸运,苏联政府给了她一所小而舒适的房屋供大使馆用。在莫斯科住房很成问题,还有六位大使住在旅馆里等待苏联政府为他们寻找合适的房屋。她一来到就拨给房屋这件事引起了很多议论和嫉妒。美国大使馆曾对她说,这是苏联政府对她表示友好的特殊姿态,此话显然是暗示苏俄和印度有什么特殊关系。但她说,这并非事实,在这个分裂的世界中印度不会站在任何一边。事实上,印度有那么多的国内问题需要解决,它目前不能在世界上扮演重要角色。印度的愿望是和每个国家交朋友。

次日,9 月 14 日,是王世杰和马歇尔密谈的日子。记得他们首先讨论了魏德迈代表团和美国对华政策,但可以说,这仅仅是长谈的序幕,其中还包括马歇尔办事作风的一些趣闻。例如,马歇尔告诉王世杰,本届大会期间,他打算留在纽约参加大会的大部分活动,并以纽约为他的总部。他只在星期二早上飞往首都开会,会后立即返回纽约。我在这里提这些,用以表明这位将军是非常认真的,就像一位优秀军人那样,而且是一丝不苟的。他出席国会各委员会会议的次数较任何国务卿在同样长的任期内出席的次数为多,也说明他的认真。他感到他应尽力履行他的职责,他对王世杰的下一个问题的答复证明了这一点。

王世杰问马歇尔,他如何经常了解美国国务院各项公务的进展情况,并且说,贝尔纳斯任国务卿时,似乎不太了解华盛顿处理各种问题的情况。

马歇尔说,他想出了一套行之有效的方法。(这套方法他曾在另一个场合对我讲过,看来他很为他想出这套方法而感到得意。)他说要点是建立一个中枢。他组织了一个为他服务的秘书处,由卡特将军任处长。他规定,不论他在国务院或不在华盛顿,凡须由他处理的公务都必须通过秘书处。该处把送交他的全部函电、备忘录和文件加以分类,阅读后替他做好摘要。他举例说,澳大利亚外交部长伊瓦特曾给他许多备忘录,内容很细而篇幅极长,他不可能全部阅读。但经过卡特阅后往往归纳成两三行,足以使他掌握要点并和伊瓦特商讨。

马歇尔说,他还告诉华盛顿的各部部长,假如有事要和他说,而当时找不到他,他们可以告诉卡特,他肯定会转达。他同样明确地告诉他们,凡是卡特代表他对他们说的话,可以视同他直接对他们说的话一样。这样,他就能了解国务院一切事项的进展情况,如果有不了解的事情,也能一问秘书处就立即得到答复。(这种方法确是大胆的创造,也许在第二次世界大战期间他任参谋长时就已采用。当时必然是电报、电话和急件蜂拥而来,他就靠这种方法随时掌握情况并迅速采取行动。)当王世杰问马歇尔,他对国务院的整顿工作已否完成时,答复是已经大有进展。至此,结束了会谈的第一部分。

王世杰告诉我,这番长谈之后,马歇尔振作了一下精神说,"让我们言归正传吧",同时表现出很严肃的神态。他说,他想和王世杰谈有关对日本和会的问题。根据我在王世杰结束转述之后对他们这次会谈的分析,这个问题是马歇尔邀请王世杰会谈的真正意图,马歇尔是想说服王世杰放弃中国反对召开无苏俄参加的和会的立场。

他们谈完这个问题后,王世杰提出了联合国大会的主席人选问题。他说,他还有一个问题,他认为是和政策问题有关的。他问在美国代表团心目中是否已有了联大主席的人选。

马歇尔答称,他听到的有三个名字,即比利时的保罗—亨利·斯帕克、澳大利亚的赫伯特·伊瓦特和巴西的奥斯瓦尔多·阿拉纳。他又说,星期一(即次日)他将和他的代表团讨论此事。

王世杰告诉他,中国心目中没有具体的候选人,他本人来到美国了解情况后才对这个问题感兴趣。中国一贯重视按地区轮换的原则。在他看来,这次应该轮到亚洲了。既然这样,他认为主席应由印度担任,即由潘迪特夫人担任。

马歇尔向王世杰提了一个问题,王世杰说,潘迪特夫人似乎十分胜任主席,但他所关心的并不是某一个具体人。他只是渴望把印度保留在西方大国一边。这不但有利于中国,也有利于整个世界。按照王世杰的意思,不使印度倒向苏俄一边,对中国和美国都是极端重要的。

马歇尔说,他完全同意,但他还要考虑一下大会主席的候选人问题。

王世杰在结束对我详述他和马歇尔的会谈情况时说,他忘了提出朝鲜问题,忘了问马歇尔美国打算怎么办。我请他放心,可以下次再提,这不是特别紧急的事。我告诉他,虽然马歇尔并未联系中国的态度谈到朝鲜问题,但他曾说朝鲜情况不能令人满意,美国在南朝鲜的军事地位,与俄国在北朝鲜相比薄弱得多。他还表示这个问题可以在和会上提出。

王世杰再次告我,一部分中国军人主张把东北问题提交联合国。他比较详尽地谈了这一点,并且说,他曾告诉他们,这样并无好处,因为苏俄可能提出东北局面的法律地位这样一个技术性问题。他曾解释说,根据中苏条约,中国同意俄国利用旅顺港和大连作为对日作战的军事基地。从法律上说,战争尚未结束。虽然敌对行动早已停止,但如把问题提交海牙国际法院,他对中国能否胜诉一点也没有把握。他还说,他曾向马歇尔谈了这点,马歇尔同意他的意见。他没有说明他何时对马歇尔说的,因为这个问题不在那天会议提出讨论的问题之内。

王世杰还提到了张治中关于能否把新疆问题提交安全理事会的询问。人们该记得侵入或渗入新疆境内的,表面上是外蒙古的部队。但他们无疑是在苏俄的煽动和指挥下行动的。王世杰说,他曾告诉想控告外蒙古的张治中,如果要控告的话,就必须把苏俄作为被告,而附带把外蒙古牵涉进去。只有如此,才能在安全理事会表决这个问题时使俄国不能参加投票。

王世杰还向我解释了他不通过美国大使馆发电给马歇尔的原因。他说,他不愿意美国国务院看到文电。事实上,他不但曾请司徒雷登大使直接把文电拍发给在里约热内卢的国务卿,而且请他用他的私人密码以防泄漏。

现在再回到联合国大会的主席人选问题上。在澳大利亚大使梅金的招待会上,我跟阿根廷代表团团长何塞·阿尔塞谈了这个问题。他说,拉丁美洲支持选举巴西的阿拉纳任联大主席,但如果第一次投票伊瓦特得票比阿拉纳多时,他们就撤回原议。梅金告诉我,伊瓦特当选主席的可能性很大。我国代表团五名成员之一张彭春向我报告,印度的马杰拉·辛格爵士问他能否使印度担任副主席。这显然说明印度自己认为潘迪特夫人当选主席的可能性不大。张彭春说,英国也为这件事找过他,美国代表团则已告诉蒋廷黻,他们将支持伊瓦特。所有这些消息我都向王世杰报告了。这就动摇了他原来的想法,他决定不再推动提名潘迪特夫人为主席的工作。

与此同时,联合国秘书处的一位中国成员来电话说,伊瓦特比其他任何人都更可能当选为主席,而且除五大国为大会的当然副主席外,墨西哥和乌克兰将当选为副主席。这位中国成员还报告说,联大六个委员会的主席人选,也大致已定,第一委员会为卢森堡,第二委员会为智利或新西兰等等。其中没有亚洲国家。

次日,联合国大会全体会议在弗拉欣梅多斯开始。我和潘迪特夫人谈话时,她告诉我,她还没有接到任何有关她候选主席和可否接受提名等问题的指示。我把王世杰为她尽力的事告诉了她,并对她说,王世杰得知美国已经答应支持伊瓦特后,就不再坚决进行。她显然感到宽慰。后来,王世杰说,他想使印度当选为第二委员会的主席,询问了美国代表团,但他们没有表态。再后来,印度建议我们提名一位印度代表为第五委员会主席,该委员会是处理预算和财务问题的。由于英国代表团要求我们支持此项建议,王世杰在会上提了她的名。可是危地马拉抢在王世杰之前提了巴拿马。但当英国和苏联附议我们的提名时,巴拿马撤回了或谢绝了被提名,而危地马拉也撤回了提名。

在同日下午举行的竞选中,巴西的阿拉纳与澳大利亚的伊瓦特所得的选票非常接近。第一轮投票阿拉纳得 26 票,伊瓦特得 23 票,捷克斯洛伐克的马萨里克得 6 票。(当我以前和马萨里克谈到候选问题时,他答称他不参加竞选,但别人说,他是参加的。)第二轮投票,阿拉纳得 29 票,伊瓦特得 22 票,4 票弃权。按照有人在讲话中的分析,美国可能改投了阿拉纳,波兰和捷克可能也是如此,而苏联、乌克兰、白俄罗斯和另一代表团弃权。我注意到在大会率领美国代表团的马歇尔每次都以极为严肃的态度走向票箱投票。

至于副主席的选举,除由安全理事会五个常任理事国的代表团出任的当然副主席外,只有一件事出人意料。第二轮投票时,古巴和乌克兰各得 27 票,差一票不够 28 票多数,所以主席裁决通过抽签决定,结果古巴获胜。但这样的结果使大会有了两位拉丁美洲的副主席,再加上一位拉丁美洲的主席。这三人都将参加大会总务委员会。我不甚喜欢这样的结果,因为它打乱了在总务委员会给苏联集团三个名额的默契。同日下午,在美国代表团的招待会上,美国代表团的一位成员告诉我,主席裁决用抽签方法在两位候选人中决定副主席其实是错误的。他说,主席本应要求再投一次票才对。

9月17日,国务卿马歇尔在联合国大会全体会议上发言。那是一篇强硬的讲话,主要针对苏俄使用的种种掣肘手法,批评苏俄在对世界和平与安全的许多重大问题的处理上缺乏合作精神。国务卿叙述了苏俄如何在希腊问题上,在原子能委员会,在军事参谋团,在朝鲜问题等方面阻挠进展的情况。他建议把这些问题提交大会讨论。他还谈到了否决权问题,安理会五个常任理事国均有否决权,这是当初在苏联政府的坚决要求下明文规定于联合国宪章的。马歇尔提议在讨论其中第六章关于和平解决争端的问题时免于使用否决权。他还提议建立一个联大临时委员会来处理国际和平与安全问题,另外还提议关于接受新会员问题也不应使用否决权。总而言之,他的讲话是向苏俄挑战。所有人都意识到即将摊牌,并预期苏联代表团的维辛斯基会作出激烈反应。

此时美国和苏俄的关系,即使不能说是紧张,也是很不协调的。马歇尔在联合国的发言表明了华盛顿对莫斯科的情绪。之后,维辛斯基发言,显然是对马歇尔的回答,把莫斯科的情绪和两大国政府之间实际上存在着的摩擦更表示得一清二楚。事实上,维辛斯基9月19日在联合国大会全体会议一般性辩论中的发言,完全不出普遍的预料,果然是对美国国务卿发言的辛辣反击。

维辛斯基的发言实际是强烈指责美国的一篇长篇演说,还不时穿插着对英国、南非和澳大利亚的攻击,并且谴责法国和其他参加马歇尔计划中的十六国巴黎会议的国家。他使每一位在座的人想起了他在大清洗中所扮演的角色,当年他指挥大清洗而且作为苏联政府的检察官,表演得淋漓尽致。当然他一点也没有提这件事,但从他那发言的神态以及他批评和反对其他大国和出席大会的几个其他国家时所用的激烈言词,说明他正在把他在莫斯科审讯中的看家本领运用于公开发言。事实上,他充分表现了刑事法庭上一位大检察官的本领和手腕。结果是空气十分紧张,出席大会的别国代表团,大部分都感到厌恶和不安。

那天(星期五)下午,一些代表集合出发到塔里敦参加宴会。路上,我们在赫德森河青年女子协会停留,由负责该项事务的委员会的代表引导参观。然后我们径直前往塔里敦,进行这次我们全体都觉得愉快的参观访问。代表塔里敦城接待我们的费希尔先生和夫人是惬人心意的极好主人,节目有在当地中学校的一系列演说和塔里敦地区居民的文艺表演。

在华盛顿欧文学堂体育场约有八千人参加听讲,我是讲话者之一。但当我在扩音器前开始讲话时,下起了濛濛细雨,讲话进行中雨越下越大。这真是恼人,因为有这么多人露天听讲。我赶快压缩我的讲话,删掉了部分讲稿,趁许多听众尚未湿透之前结束了发言。

于是将会场移到室内表演文娱节目。波兰、希腊和捷克斯洛伐克的民间舞蹈与音乐都很好,难得的是演出者都是本地人,是塔里敦的业余文艺爱好者。其中竟然还有中国节目,由一个七岁的女孩表演中国舞蹈,可称最为优美动人。我觉得总有一天她的舞蹈天才会把她带到好莱坞去。

星期天早上,参加联合国大会的代表应邀到圣帕特里克天主教堂去作弥撒,为联合国和世界和平祈祷。红衣主教斯佩尔曼、巴西的红衣主教和利马的大主教都到了。联合国由大会主席,中国、法国和美国的首席代表和其他代表团的一些团长作为代表参加。仪式时间长达一小时半,但给人的印象很深,安排得很好。

因为时间紧迫,那天下午三点至五点,大会总务委员会开会。使我惊喜的是,有关朝鲜问题和美国提议的设立临时委员会问题的辩论并未占很多时间。辩论主要在苏联的葛罗米柯、英国的哈特利·肖克罗斯爵士和美国的奥斯汀之间进行。但由于采用了同声传译,进行很快。9 月 23 日,大会表决将朝鲜问题交第一委员会研究并提出报告。

约一星期后,9 月 29 日,我离开纽约偕王世杰赴华盛顿。他在华府有许多预定的约会。他拜访的第一位是商务部长艾夫里尔·哈里曼。1945 年中苏谈判时,王世杰在莫斯科曾遇见过他。他们先谈了中国的局势,然后谈了美苏关系。在这方面,王世杰提到了维辛斯基在联合国大会的发言,并说这种局面是令人遗憾的,使得美国和苏俄的关系更加紧张。

我接着说,使我惊愕的是,维辛斯基竟在大会发言里肆意谩骂并把美国和英国指责为战争贩子。

哈里曼说,这事他并不奇怪。那是苏俄发动宣传攻势的惯伎。维辛斯基和任何其他人一样,知道美国人民唯一的愿望是和平。美国政府也绝不想挑起战争。

王世杰说,这是可悲的,因为在战争年代同盟国共事颇为顺利,而目前他们似乎很难合作。

哈里曼于是回顾了在德黑兰的情景。当罗斯福表示在战后和平时期,美国和苏俄还要协作时,斯大林回答说,打败德国和日本以后,四十或五十年的和平是没有问题的。(我怀疑斯大林说这话是否言不由衷。)

王世杰说,1945 年在莫斯科,他也问过斯大林对战后的和平展望如何。斯大林答称,他认为战后十年或十五年内肯定不会有战争。(他已经把四、五十年缩短为十或十五年了。)

哈里曼说,对日作战胜利之后,正是苏俄自己蓄意改变政策,开始采取了挑起新的动乱和不稳定局面的政策。它开始肆意谈论战争和资本主义的危险性以及英美帝国主义的野心。它首先集中攻击英国,从它把针对英国的希腊问题提交安全理事会可资证明。之后,它把注意力转向美国。它的全部目的是执行扩张政策以及加强对卫星国的控制。通过把英美方面说成有种种阴谋,苏俄希望各卫星国经常为战争而提心吊胆,使他们更加顺从它的控制和支配。同时,这种宣传也让俄国人民承认服从严密管制有理。并使苏联政府得以在生活必需品和消费品不足的情况下继续号召生产武器弹药。

王世杰接着提出了对日和会的问题。我们讨论了苏联的立场和中国为会议提出的折衷建议。讨论将结束时,哈里曼说,他看不出苏俄最终不参加对日本签订和约会得到什么好处,因为同美国相比,苏俄目前在日本什么地位也没有。对此,王世杰说,俄国有所担心是不无道理的。

哈里曼说,他不以为然,因为苏俄知道得很清楚,英国不能发动战争而美国又不会和俄国作战。日本的军事力量摧垮之后,俄国没有理由害怕任何人。

王世杰说,目前美国的政策表现得如此坚定而缺乏耐心,可能使苏俄对这种压力感到害怕。

(我个人非常怀疑,害怕来自任何方面的压力是否可能是或曾经是共产党人的政策。他们是非常讲求实际的人,总是准备把争端推到战争的边缘,因为到了最后一分钟,如果他们猜测对方真有决心诉诸武力时,他们也总有办法退却。所以我才认为国务卿杜勒斯采取的众所周知的"战争边缘政策"是十分正确的。我记得我们曾再三讨论苏联的策略,而且总是一致认为共产党的手法是尽量逼你,但如果一旦他们看出你讲话认真而且准备或决定走向极端时,他们就会突然退却。)

王世杰想知道,关于俄国采取某种武力行动的危险,哈里曼有何想法。

哈里曼说,他认为没有这种危险,因为他知道俄国的国内情况远不能令人满意,而且与美国的实力相比,他不能发动可操胜券的战争。(我可以肯定,当时俄国政府清楚地知道情况确实如此。)哈里曼接着说,美国不但有经济实力,而且有原子弹。我的印象是美国原子弹库存有所增长,而且新造的原子弹的威力近来也在提高,哈里曼证实了这一点。

我说,但是目前美国在远东的地位和苏俄相比还是处于弱势,万一发生什么事情,美国必须派遣大批部队去增援。我问,美国人民会不会反对这样做。

哈里曼说,下次战争时,地面部队将因行动太慢而调动不及。此外,远距离运输大批部队更为困难。美国将主要用空军作战,空军动作迅速,而且效率较高,费用较少。如果战争到来,美国空军将飞越北极地区打击俄国的心脏。但美国不打算打仗,而只是加强防御力量,以免措手不及。最后,哈里曼重申他希望看到中国和美国永远合作下去。

次日早晨十时,我同王世杰去会见前国务卿贝尔纳斯。这次交谈是亲切友好的,持续了一个多小时。王世杰和贝尔纳斯先是一起回忆了他们两人都曾出席的伦敦外长会议和在巴黎举行的和会,还回忆了他们在莫斯科的各种经历。谈话中令人感兴趣的问题可以归结如下。

王世杰首先对贝尔纳斯任国务卿时的坚定而有耐心的政策表示钦佩。他说,美国政府目前的政策,似乎是坚定有余而耐心不足。他不知道目前美国和苏俄的紧张关系将导向何处。

贝尔纳斯表示同意,并说,他认为联合国大会上美国政府领导人和美国代表的有些发言无助于关系的缓和。他本人发现俄国人有一种自卑感。他们在和别人谈判时,往往估计对方有可能忍耐不住。他觉得莫洛托夫比维辛斯基更难打交道。他想起了上年12月五大国会商时,我在否决权问题上的发言,他认为是非常精彩而富于建设性,他非常赞赏。可是莫洛托夫听了之后,有意或无意地开始阅读其他文件。由于这种原因,他认为继续讨论毫无用处,因为莫洛托夫不会接受任何建议来改进由于俄国滥用否决权而在安全理事会造成的情况。贝尔纳斯继续说,苏俄领导人的真正意图往往难于捉摸。作为例子,他提到了莫洛托夫在外长会议上的强硬立场。

后来王世杰对杜鲁门总统进行了礼节性的拜访(将于下节另

行叙述）。那天晚上还有一次颇富兴味的谈话。当时我设便宴请魏德迈共叙，以便于他和王世杰交谈。我自己提出的问题之一是朝鲜问题。苏俄急于阻止美国的提案而把朝鲜问题置于联合国之外，曾对美国把朝鲜问题列入议程的提案提出了它自己的反提案，要求年底前撤出全部占领军，以使朝鲜人民建立自己的政府。我想到这一点，就对魏德迈说，目前美国在南朝鲜的地位比苏俄在北朝鲜的地位弱，俄国最近提出苏美两国都从朝鲜撤军，给朝鲜问题带来了新的因素。我说，虽然在原则上全部军队总有一天必须撤出，但在现阶段撤出只会使朝鲜听任俄国摆布，因为届时朝鲜将成为一个共产党国家，受北方的俄国训练的朝鲜人民军的统治和控制。我问魏德迈，美国是否能增派军队以加强其在朝鲜的军事地位。

魏德迈说，他担心美国人民由于不明问题真相而不会同意增援。但如果形势危急，美国将会加强它的地位。我问他，那里形势危急时，会不会引起军事冲突。这位美国将军答道，如果冲突发生，依靠地面部队是不可能的。和哈里曼一样，他说，美国将用优势的空军从外围全面打击俄国。

我说，下一次战争如果发生的话，时间不会长久，因为交战各方都要求速战速决。魏德迈认为是这样，尤其是俄国也已经学会制造原子弹。他认为如果第三次大战一旦发生，各种武器，包括毒气，都会被用来达到速决的目的。

10月2日下午，负责占领地区事务的助理国务卿萨尔茨曼由巴特沃思陪同到双橡园访问王世杰。我因另有约会未能参加。据王世杰说，萨尔茨曼主要想向王世杰了解中国对拟议中的对日和会的态度，以及王世杰在纽约和维辛斯基谈话以后，莫斯科有无回音。但他也问到了中国对已列入联合国大会议程的朝鲜问题的看法。王世杰的意见是，四大国对朝鲜问题的莫斯科协定继续有效，这也是中国政府的意见。他相信大会可以指定一个委员会来处理这个问题。他把这些告诉了萨尔茨曼和巴特沃思，并补充说,他已把中国的意见告诉维辛斯基,但据维辛斯基说,此事本应而且仍应按照协定由四大国讨论而不应由联合国大会讨论。维辛斯基个人表示,如果四大国准备开会,则大会议程上应去掉这个问题。不过他答应向苏联政府报告并将情况告知王世杰。王世杰说,莫斯科尚无回音。

下午,王世杰和我回到纽约。次日,巴勒斯坦委员会开会后,美国代表团顾问查尔斯·波伦和王世杰谈了朝鲜问题。他说,他知道王世杰已告诉萨尔茨曼,中国赞成四大国开会讨论朝鲜问题。但美国觉得很难同意四大国会议,因为它已把问题提交联合国大会,而且现已列入议程。他说,除非其他三国迫切要求开会,美国难以改变立场。王世杰解释道,他的意思不是要把会议置于联合国之外,而是建议联合国大会在四大国会议得出结果之前,暂停讨论朝鲜问题。

王世杰在纽约还会见了国务卿马歇尔,希望以前和他讨论过的许多问题能得到回答。这次会谈是 10 月 9 日在美国代表团总部举行的。马歇尔先告诉王世杰,他考虑了在拟议中的对日和会问题上中国应付俄国的困难处境。他们还讨论了中国以其应分得的日本的无主劫物作为担保,申请一笔商业贷款,以及美国以提供军火的形式援助中国的可能性等等。

马歇尔然后谈到了朝鲜问题。他说,美国政府正在草拟一项文件,还有两三段没有定稿。他解释说,美国政府将朝鲜问题提交联合国大会的目的,不是不再管这件事,而是寻求联合国的协助,以便实现莫斯科协定的各项目标。文件脱稿后,他将送一份给他,另一份送交英国,以了解他们的反应。至于苏联代表团,他可能在递交联合国之前二十四小时,才送交他们一份。

王世杰于是告诉马歇尔,他曾和肖克罗斯谈了朝鲜问题,二人都认为切不可作出任何能使俄国人乘机说他们不再受莫斯科协定约束的决定,而中国、英国和美国则由于在联合国的行动须承担义务。

马歇尔在会见结束时说,他理解王世杰的观点,并希望知道王对即将送给他的美国文件的反应。

次日,美国国务院的查尔斯·波伦和约翰·艾利森在纽约拜访王世杰和我。他们说,奉马歇尔之命,将他们准备好的关于朝鲜问题的文件送给我们研究。文件是一份决议草案,要求选举代表,组成朝鲜国会,在联合国的一个临时委员会的监督下至迟在1948年3月开会,以建立一个独立的朝鲜全国政府。波伦说,艾利森直接负责朝鲜问题,王世杰和我如有任何问题,他都可以答复。

王世杰说,他一定仔细研究。

波伦说,当天早些时候他已把另一份送给英国代表征求意见。至于俄国代表,他不能指望他们提出赞同的意见,所以可能要在提交大会之前二十四小时才送给他们参考。

我说,我也要仔细研究,但想知道,关于美国的第一点建议,如果苏联拒绝参加朝鲜问题的委员会,像它已经宣称不参加关于希腊问题的特别委员会那样,情况又将如何。我说,俄国人可能采取的立场是,他们认为把朝鲜问题提交联合国不符合莫斯科协定。

波伦说,如果俄国拒不参加委员会,很难说如何是好。那要看它持什么立场和提出什么理由而定。当然俄国已经要求美苏军队全部撤出朝鲜。如果它根本拒绝讨论朝鲜问题,可能需要进一步考虑。

我说,我还想问另一个问题。由于苏联政府曾经拒绝在执行莫斯科协定的规定方面全面合作,美国今后的立场是否认为协定已不再有效,抑或,虽然俄国不曾全部履行目前的莫斯科协定,美国依然认为美国、中国和英国在承担义务方面的立场仍照协定不变?把朝鲜问题提交联合国的结果是否可以理解为其余五十三个会员国都有平等的权利发表意见,拟定提案和提出解决问题的建议?在这种情况下,四大国的特殊责任是否仍然不变?

波伦说,美国的提案丝毫没有损及莫斯科协定之处。它的目的只是想得到联合国的支援,帮助四大国履行协定规定的义务。

我指出,按照莫斯科协定,由在朝鲜的美苏两国占领军司令部与朝鲜各民主党派和社会团体进行协商仅仅是要采取的步骤之一。但要进行这一步,两个大国负有特殊的责任去研究在朝鲜政府参加下,由联合委员会制定的各项措施,以求在政治、经济和社会进步方面援助朝鲜人民,并发展民主自治政府和确立朝鲜的民族独立。只有在进行协商和制订建立朝鲜临时政府的方案之后,四大国才有特殊责任去考虑有关向朝鲜政府提供经济和政治援助的措施以及同它讨论提供这种援助的方式方法。我想知道,美国提案经联合国通过后,对四大国根据莫斯科协定所负的特殊责任将会有什么影响。

波伦说,并无以联合国取代莫斯科协定的意图。

艾利森说,在经济援助方面,大国的责任只是讨论朝鲜政府的需要,莫斯科协定并未规定要承担任何特定的财政或经济援助的义务。

我说,我愿意得到澄清的是,如果俄国拒绝参加与其他三国合作,协商的特殊责任是否将落在三国身上。

波伦和艾利森都说,正是这样。暂时还不清楚俄国是否一定拒绝合作。也许,到最后局势会发展为刚才我提到的那种状况。

波伦最后说,如果有什么实质性修改或变动的建议,希望我们研究以后告诉他们。至于措词的改动,那当然可在委员会提出,因为美国的提案只打算用作讨论的基础,当然有改进和修正的余地,但他们希望三国之间就其实质先取得一致意见,然后提交委员会。

除朝鲜问题之外,巴勒斯坦问题在联合国大会那届会议上引起了很大的关注。为了处理这个问题,设置了一个特别委员会。当该委员会最后建议分治时,激起了犹太人协会和阿拉伯联盟代表之间的激烈辩论,前者热衷于巴勒斯坦分治,而后者则极力反对。

　　在这方面,提一下我和舍托克的一次谈话是很有意思的。舍托克是巴勒斯坦犹太人协会的代表,他早在 4 月份曾访问过我。来访的目的是告诉我犹太人对联合国秘书长赖伊正召开的联大特别会议的希望。他说,首先,巴勒斯坦的委任统治至少其实质,应予保持,并应允许每年移入犹太人一千名。他说,犹太人没有控制全部巴勒斯坦,但如果听任他们自行其是,他们会强迫阿拉伯人接受移民。可是那将意味着阿拉伯人和犹太人之间要有一段时间的冲突和苦难。他反对恐怖主义者,不反对巴勒斯坦最终分治。他说,只是英国在利用犹太人以保持它在巴勒斯坦的地位。只要犹太人和阿拉伯人对立,英国就能维持对巴勒斯坦的控制。由于英国已经撤离黎巴嫩和叙利亚,而且最终也必须离开埃及和苏丹,它剩下的能维护通往东方的战略生命线的唯一合适地方就只有巴勒斯坦了。他说,美国的石油界是支持阿拉伯人的,但美国政府的政策,由于遏制苏联扩张的需要,由于贸易的前景,以及考虑到美国国内有五百万张犹太人选票,却是站在犹太人一边的。最后,他要求中国在巴勒斯坦问题上,在特别会议上支持他们。

　　在秋天举行的联合国大会例会期间,范妮·霍尔茨曼小姐到我们代表团来探听中国对分治问题的态度。她也是代表犹太人协会的。她敦促我们支持分治的建议,但要保护犹太人在巴勒斯坦的某些利益。她似乎特别希望中国不要反对分治。中国代表团屡次讨论了这个问题,并由我起草了一份对提交特别委员会的提案的修正案。修正案将由蒋廷黻作为这个问题的中国发言人将其提出。10 月 10 日我见到了他,并和他讨论了我们代表团准备于次日向委员会发表的声明。

　　由于我的修正案已经王世杰同意,蒋廷黻又和他谈过一次,当我于 11 日再次接待霍尔茨曼小姐时,我以为修正案会为蒋博士所采用,因为外交部长已批准在先。但使我惊异的是,霍尔茨曼小姐在我和她谈话之后一小时打电话给我说,她已经听了蒋廷黻的发言,发现和我们原来草拟的声明没有什么出入,而原来那个声明对她的立场是不甚有利的。她甚至为"我们不能理解犹太复国主义"这句话而动怒。她要求为犹太人协会美国组主席西尔弗博士安排约会,以使我们听取他陈述犹太人在这个问题上的立场。她的意思是他们答应为中国在美国国会里和美国报界做工作;美国国会有很多议员是犹太后裔,美国很多报纸也控制在美籍犹太分子手中。

王世杰准备在几天内离美返回南京,因此我安排和他好好谈谈我们代表团必须处理的各种问题。我将接替他担任团长,我觉得我负有特殊的责任。所以我要确切了解他的观点并和他达成一致意见,以保持代表团的言行都能符合政府的观点。会谈在10月14日早晨进行。首先谈的是巴勒斯坦问题,我因而安排好请蒋廷黻参加我们的讨论。

王世杰开始就告诉我们他和西尔弗及霍尔茨曼的谈话。他说,他已经把中国的立场告诉他们。中国可以像特别委员会的多数所建议的那样投票赞成巴勒斯坦分治,但认为应由特别委员会的一个小组委员会作出新的努力,以缩小阿拉伯人和犹太人的观点之间的距离。(这一立场,原系由王世杰和我以前讨论商定。)他说,他已告知西尔弗,中国将在分治的基础上投票赞成一种商定的解决办法,原因是中国不赞成任何会引起重新使用武力的解决办法。西尔弗说,他理解这一点,并要求中国提议设立这样一个小组委员会,从而使五大国对分治的原则有一致的意见。至于霍尔茨曼,她曾提出,犹太人作为报答,将尽一切力量在美国帮助中国的事业。王世杰说,他的答复是,这对中国是个原则问题,我们并不因我们在这个问题上的立场而期望任何报答。

接着,我们谈了朝鲜问题。王世杰说,他并未过分重视中国根据莫斯科协定的立场。美国的提案仅仅是赞成一种新的步骤,用一种不同的方法,即通过提交联合国未履行有关朝鲜独立的联合保证。我们可以接受美国的这种提案,由联合国予以处理。至于四强小组委员会,他认为我们最好自己不提,而请别的国家提出。根据他的意见,要紧的是苏美军队从朝鲜撤走的安排应同中国商量,因为它会影响我国东北的局势。我提出,要是苏联不接受关于朝鲜问题的四强小组委员会,我们确实最好自己不提。但我认为,重要的是拟议中的朝鲜问题临时委员会应由大会任命,而不要照美国原来的建议由大会临时委员会任命,因为对于大会临时委员会的合法性问题苏联代表团提出了异议,辩论还在进行。王世杰认为也不宜由我们建议在朝鲜选举以前废除协商会议。

我们讨论的第三项是我和安理会苏联代表葛罗米柯前一天的谈话。我首先和王世杰谈到苏联有关"战争贩子"的提案。葛罗米柯曾告诉我,苏联代表团将提出一个反对战争贩子的决议案。其用意显然不仅在于批评而且是为了攻击美国的政策。第二点涉及由乌克兰而不由印度充当安全理事会席位候选人的问题。苏俄当然非常希望把安理会的席位给乌克兰。王世杰认为,我们应让苏联知道,我们给乌克兰投了九次赞成票之后,不能再继续支持它当候选人,这次我们要选印度。我同意他的意见,但说,我们这样告知葛罗米柯可能相当棘手。

由于我们两人都要去参加联合国的会议,讨论只好到此暂停,等下午再进行。下午五时,我们就又会晤了。王世杰对我讲了他和维辛斯基谈论朝鲜问题和对日和会问题的要点。他们的谈话是在当天下午早些时候进行的。因为这些问题对我们来说很为重要,我口授笔录了王世杰告诉我的会谈内容。

维辛斯基说,那天早上他在第一委员会的发言中,曾说到朝鲜问题是联合国大会权限之外的问题。他说,应由美国和苏俄继续讨论以便达成协议。

王世杰指出,问题已经提交联合国大会,而且将由第一委员会处理。他问维辛斯基,他对成立一个由参加莫斯科协定的当事国组成的四国小组委员会,就早日建立一个统一、独立的朝鲜所应采取的方法和步骤,拟定一个协议,有什么想法。

维辛斯基说,他对此不能同意,因为在他看来,美国没有理由把这个问题提交联合国大会。如果美国的愿望是早日重建独立的朝鲜,那么,苏联已经建议美苏双方从朝鲜撤军,并任凭朝鲜人民在没有美国或苏联干预之下自己建立政府。他说,他相信朝鲜人民完全有能力这样办,但美国政府未曾答复苏联的建议。他明白表示,王世杰可以向他的美国朋友提醒,说明情况就是那样。

王世杰说,在没有和维辛斯基深入研究苏联建议即美苏军队撤出朝鲜的利弊之前,他不能那样办,而如果要深入研究的话,他占用维辛斯基的时间,势必大大超出预期之外。

10月11日下午在成功湖举行的第一委员会会议上,我自己和维辛斯基发生了一次小小的争执。他在发言里批评了美国干涉他所谓的其他"弱"国,并举中国和印度尼西亚为例,这使我有必要作出回答。我回答了。但我的措词很有分寸,或者说,我用外柔内刚的话顶了回去,以免造成委员会里形势恶化。但在这里提到此事多少有点离题。

王世杰讲完他和维辛斯基的谈话后,我们讨论了关于美国对朝鲜问题的提案的意见和政策。我再次力陈朝鲜问题临时委员会应由联合国大会而不由大会临时委员会任命,且不说别的理由,这样至少能使苏联无法借口大会临时委员会不具备合法性而加以反对。我指出,按照美国的提案,朝鲜问题临时委员会的职能极为重要,因为它关系到一个国家的独立。我还建议王世杰问一下马歇尔,他对我们的建议有什么反应,以及如果苏联拒绝参加朝鲜问题临时委员会,下一步应做什么。他们两人就约定一小时半之后,在王世杰旅馆的房间里会晤。因为王世杰急于和国务卿作离美前的最后谈话,以便就他和我向美国政府提出的许多问题获得答复。

马歇尔于六时半和波伦一起到来。显然他的目的正和王外长心里想的完全一样,就是说,从他那方面讲,尽可能答复所有提出的问题。大部分问题是有关美国援华军需物资和财政信贷方面的,这些容后再叙。但我们也讨论了朝鲜问题。这个问题是马歇尔提出的,但他请波伦代谈,因为波伦更为熟悉。

波伦问王世杰在研究了美国关于朝鲜问题的提案后有什么意见。

王世杰说,他研究了这个提案,感到在主要方面一般都是合适的。但在某些地方他愿提些建议。比如,他说,在他看来,由大会临时委员会任命拟议中的朝鲜问题临时委员会,这似乎不太合适。

波伦说,他和他的同僚也想到了这点。由于设立大会临时委员会的本身尚有争论,那就不宜确定由大会临时委员会任命这个临时委员会。王世杰说,他的意见是最好由联合国大会自己任命拟议中的委员会。

我问道,这个委员会的规模和组成是否已有成熟意见。

波伦说,一切都未确定。原意是交由大会临时委员会讨论并了解大家都有怎样的意见。

王世杰说,其次,他愿意明确,在最终安排从朝鲜撤军方面,必须同中国商量。

波伦说,前几天王世杰和我曾提出两个问题。第一,如果苏联拒绝参加拟议中的这个委员会,下一步该怎么办。他们思考了这个问题,如他那时所说的,最好是等到苏联确实拒绝参加时再说。俄国可能认为联合国与朝鲜问题无关,或可能坚持它自己提出的从朝鲜撤出美国和苏联军队的提案。

王世杰说,那天下午他和维辛斯基谈论了朝鲜问题,并问他对任命四强小组委员会,就实现朝鲜独立的方式方法达成初步协议,有什么想法。维辛斯基说,他认为这个问题根本不应提交联合国大会,而应由美国和苏联制订解决办法。王世杰说,他曾向他解释,如果两个大国就应采取的第一步取得一致意见,那就好了。但既然出现僵局，就应设法打开，而联合国可能有所帮助。但是维辛斯基不接受这个意见，并称苏俄最近曾向美国提出把美国和苏联军队全部撤出朝鲜，完全听由朝鲜人民自己建立独立的朝鲜政府。维辛斯基相信朝鲜的人民完全有能力办到这一点。

王世杰接着说，他认为美国提案中关于组织一支保安部队的建议很重要。除非南朝鲜有了一支自己的军队，否则美国军队就不应撤出。不如此则北朝鲜很容易用武力接管南朝鲜，使整个朝鲜成为一个共产党的国家。

波伦说，前一个星期王世杰和我向他提出的第二个问题是，美国是否打算用它的提案取代莫斯科协定。他说，那不是美国的意图，提案中没有任何一处可以那样解释。四大国根据莫斯科协定的地位和义务仍然不变，而美国的提案单纯是谋求联合国的支助。这完全取决于苏联对进行选举持什么态度。最好是在联合国代表的观察下进行选举。专门委员会没有监督权，只是到现场观察。

马歇尔说，如果俄国执意不合作，局势会有许多困难需要克服。例如，在南北朝鲜的选举方面，选举法的问题就难于解决。他设想将听任北朝鲜按现行法律进行选举，而这就几乎排除了所有不赞成俄国的人们。

王世杰说，还有他提过的对日和会问题。他说，他曾问维辛斯基是否已收到莫斯科的答复。这是他第二次询问了，而维辛斯基仍说他还没接到指示。听到这种回答之后，王世杰说，他没有再谈什么。

马歇尔微微笑道，这一点不出他所料。那是典型的俄国拖延战术。

恰好一个月后，11 月 14 日，朝鲜问题决议案以 43 票对 0 票获得通过，苏联集团弃权。决议规定全朝鲜自由选举，并设立由九国组成的联合国朝鲜问题临时委员会以观察选举，并以咨询的身份就建立朝鲜全国政府及"根据实际可能尽早"撤出苏美军队进行工作。决议来之不易。对苏联和美国提案的辩论将近结束时，争论更趋激烈。例如，11月10日下午第一委员会在成功湖开会。维辛斯基用猛烈的语言批评美国的政策和联合国内反对他的人。由于这样那样的原因，他把我也作为攻击目标之一。但我注意到他在提到我时，方式相当和缓，当他提到单向合作时，用词比较有节制，并巧妙地把词锋一转说，我知道，用杜勒斯的话来说，谁是联合国内的"英雄"，谁是"坏人"。

他说话的含义是，美国期望苏俄和它合作，它自己却不与苏俄合作，而且我心里明白他所说的单方面合作指何而言。我猜想他是指许多事情，如朝鲜问题、否决权问题和其他问题，中国通常站在美国一边。他影射的就是这个。

形成对比的是，次日外国报业协会为联合国代表团举行的招待宴会上，气氛舒畅。我是讲话者之一。使我感到惊奇的是，我的即席发言很受欢迎。长时间的鼓掌使我不能不一次次地站起来鞠躬致谢。

我还愿意说说11月17日我在五角大楼访问魏德迈的情况。因为魏德迈曾作为特使访问朝鲜和中国，他对朝鲜问题，尤其是从军事观点，能更清楚地予以说明。我在提出这个问题时说，据我所知，北朝鲜的苏联军队比南朝鲜的美国军队多。北朝鲜还有受过俄国训练的十五万武装部队，和大约二十万有苏、朝双重国籍的朝鲜人。南朝鲜则没有正规的部队，而只有配备轻武器的警察。

魏德迈说，情况就是这样，只是根据朝鲜的报道，双重国籍的朝鲜人只有六万，北朝鲜的武装部队是十二万。但他又说，这已足以拿下整个朝鲜并使它成为俄国的卫星国。南朝鲜有百分之三十的朝鲜人是左翼分子。

我说，据我了解，北朝鲜人有一半是亲苏的。

魏德迈说，是如此。他又说南朝鲜百分之三十的亲苏朝鲜人与北朝鲜同样观点的人有联系。许多人离开北朝鲜到南朝鲜去。

有些人离开的原因是他们发现北朝鲜的情况不能忍受,还有一些是俄国派去作宣传工作的。

我于是问魏德迈,他对俄国人在朝鲜的意图有何看法,尤其是苏联提出了美苏同时从朝鲜撤军。我告诉他,我认为那只是为了宣传。

魏德迈说,还不只于此。一旦军队撤离,整个朝鲜即将成为苏联的卫星国。就朝鲜而论,一切都已为时太晚,美国所能做的只有完全退出这个国家。

我问,一个共产主义的朝鲜会不会威胁日本和东北,从而造成太平洋的严重局势。

魏德迈同意我的看法,但又说,在朝鲜的美国士兵都渴望回家,他恐怕美国对此不会加以阻止。他然后说,朝鲜的战略地位有些像西欧的奥地利。如果奥地利成为共产主义国家,它会威胁德国和法国。

在结束关于国际形势发展的这一部分的时候,我愿提一下我12月11日的日记,因为它反映了那年年终相当普遍的不安情绪。朝鲜问题和联合国的辩论只是标志1947年12月以前苏美关系紧张的一个方面。还有日本问题,伦敦会议未能制订对德和约,匈牙利、罗马尼亚与波兰朝着更大的受俄国控制的方向发展,以及共产党和工人党情报局的成立。我想,下面的例子说明在美国一部分地区的各界人士中,有多少领导人对这些事态发展作出了反应。

1947年12月11日,我离开华盛顿到得克萨斯州的达拉斯去作两次演讲,一次在城中区男子俱乐部,它不但有该城的商界领袖,而且有曾在外国作战的许多退伍军人。另一次在达拉斯妇女俱乐部,有人告诉我这是美国南方的一个重要组织。在男子俱乐部招待我的午宴上,在介绍我发言时,奥斯勒上校讲了极为有趣的话。他强烈主张在美国有原子弹的时候对苏俄进行先发制人的战争。他说,现在就打比等到苏联也有原子弹时再打或苏俄有了比原子弹威力更大的其他武器时再打要便宜。他告诉俱乐部，百分之七十五的美国人赞成他的意见。达拉斯的第一国民银行的戴维斯先生告诉我，依他看，十八个月之内对苏战争就要到来。他说，像现在这样的情况不能长期持续下去。

第三节　中国得到象征性的援助

1947 年 9 月底—12 月

9 月中旬联合国大会常会一开始，我就忙于联合国工作，但我同时继续加紧催办对华军事和财政援助事宜，并常常是和外交部长王世杰一起进行。他来美部分原因是为了率领中国代表团出席联合国大会。来访的另一原因，当然是设法说服华盛顿的领袖们满足我们政府提出的援助要求。

因此，9 月 29 日清晨，我和王世杰及其随行人员一起离开纽约前往华盛顿，以陪同他作一系列的访问。我已叙述了随之而来的一些会谈的部分内容，例如和哈里曼及贝尔纳斯的会谈，因为那些内容都是有关联合国大会工作的。但实际上和他们两人的会谈，主要是关于中国的局势及中国所需要的援助。

可以回顾一下，1945 年中苏谈判时，王世杰和这次首先要访问的哈里曼曾在莫斯科相识，当时哈里曼是美国驻苏大使。为此，王世杰很想尽早和他在华盛顿好好谈一谈。他们会晤时哈里曼一开始就询问了中国的局势。

王世杰说，中国面临着经济、政治和军事三大问题，其中经济问题最为严重。这主要是八年战争和共产党颠覆活动的后果。中国的货币贬值和物价上涨形成了恶性循环。为了遏止中国币值的进一步下跌，政府已注意避免发行过多的纸币。这是文职公务人员和军队薪饷较低的原因，而低薪自然又反过来影响了文武公职人员的廉洁和工作效率。

王世杰接着说,在政治方面,现政府是一个联合政府,不仅有国民党员,而且有除共产党以外的其他党派成员。虽不十全十美,但确实不次于以往的任何一届政府。中国的舆论认为现政府较前确有进步。在军事方面,刻不容缓的问题是共产党的叛乱,政府决心全力予以镇压。

哈里曼说,他一向珍视和中国的友好关系,并愿意看到美国能有所帮助。

王世杰说,中国需要美国在道义上的支援尤甚于物质上的支援。美国报纸一直严厉批评中国和中国政府,这种批评必然对中国国内对政府的舆论产生不利影响。在珍珠港事件以前,中国单独对日本作战。那时,即使是罗斯福总统的一篇同情中国的演讲,对抗日的中国人民的精神和士气也会产生巨大影响。但是,共产党问题,不论有无外援,中国总要予以解决。他相信再过十个月,共产党就会被肃清。他补充说,十个月内完全解决共产党问题,还是保守的估计。中国的军事人员,尤其是军事领袖们,相信可以在更短的时间内用武力将共产党镇压下去。

我认为王世杰的估计并不保守,尽管我没有这样讲。正如我曾对了这种或那种目的来美国的许多军事领袖坦率讲过的那样,我个人非常怀疑共产党问题完全能用武力解决以及政府军队能在战场上打败共产党人。我一直认为在中国的共产党问题上,除军事外,还有其他种种因素起着极重大的作用。

王世杰继续说,东北问题对中国是极端重要的,委员长已经决心不遗余力收复这块辽阔的土地。东北问题不解决,中国、远东乃至全世界就不会有真正的和平。共产党的军队有三分之二在东北。和他们作战,中国所要解决的不仅是中国自己的问题,而且从某种意义上讲,也是全世界的问题。中国人民无法理解的是,美国的欧洲政策,特别是对希腊和巴尔干各国的政策,日趋积极;而在中国政府对共产党的政策也很积极的情况下,美国对中国和远东的政策却反而日趋消极。

哈里曼说,他刚去欧洲进行调查回来。那里的情况比预期的要好,尤其是意大利,加斯贝利总理在恢复交通、重整工业、激励生产、重组财政金融体系等方面,做了大量的工作。但欧洲有许多国家缺乏粮食和煤炭以及工业生产所需的原料。那里对这些物质的需求极为迫切,冬季即将来临,情况至为危急。除非美国全力帮助他们过冬,他们就有倒向共产主义的危险。他说,重要的是不使西欧为苏联扩张政策所吞没。

我说,欧洲只是一条战线,如果想制止苏联的扩张和共产主义运动,则应有全球观点,考虑整个局势,不应把亚洲撇开。

哈里曼加重语气说,对,问题是全球性的,中国不会被忘记。可是欧洲局势紧急而且危险就在目前。如同房屋已经着火。而中国与远东的局势并不那么紧迫,需要的是长期援助。

次日,9 月 30 日,我陪同王世杰去访问贝尔纳斯。谈到中国局势时,王世杰也对贝尔纳斯讲了共产党问题,说中国政府决心要把它肃清,有可能在今后十个月内解决。他再次说,中国有求于美国的首先是道义上的支援。目前,美国报纸严厉批评中国政府。中国人民感到,中国政府对共产党问题态度日益积极,而美国对中国共产党的政策却日趋消极。看来,目前美国所关心的主要是欧洲。

我说,远东和欧洲的共产党的情势,实际是一个事物的两个部分,任何有效的解决办法都必须两部分兼顾。

贝尔纳斯说,他任国务卿时,曾想为帮助中国做些事情。因而他向总统推荐派马歇尔前往中国。马歇尔的使命是帮助中国完成统一,从而建立一个富强民主的国家。但是,贝尔纳斯说,马歇尔的报告使得他无能为力。报告把未能完成使命归咎于中国国民政府和共产党双方。马歇尔没有作出积极的建议,仅仅说应听任中国政府和共产党决一雌雄。

(事实上,那正是杜鲁门总统采取的政策,就是袖手旁观,让中国独自和共产党周旋。更确切地说那是一种姿态,还谈不到是一个政策。但我想它肯定在局势的演变中留下了一个有深远意义的对共产党有利的缺口。至于究竟是谁的"政策",当王世杰外交部长向杜鲁门总统作礼节性拜访时,杜鲁门曾亲自对我们表示,凡是马歇尔的建议,都会得到他的批准。换言之,杜鲁门把对华政策问题全部交给他的国务卿处理。因此,当马歇尔感到自己受到挫折决定不管中国,美国站在一旁袖手旁观时,我想,那就成了美国的政策。)

贝尔纳斯又说,三个月前即6月份,当时他正在写一本书,谈论他担任国务卿时所关心的几个国家的情况,他召见了范宣德,向他询问中国的局势,以求在书里把美国对华政策写得精确些。范宣德似乎赞成给中国某种限度的财政信贷,供某些特定工程项目如粤汉铁路等之用。

我说,是这样,因为美国政府曾决定不继续拨付五亿美元贷款,而中国是迫切希望得到这笔拨款的。

贝尔纳斯认为不继续拨付这笔贷款是错误的。他回顾了一年前他任国务卿时,曾决定给中国信贷,以帮助它进行恢复和重建工作。后来,由马歇尔建议撤销了那个决定,因为由他推动的中国共产党与政府间的协议未能实现。

在这一点上,回想一下我以前的记载是恰当的。那就是马歇尔本人把否决贷款的责任归于进出口银行和预定缔结贷款协定那天见报的蒋委员长讲话。事实上,马歇尔在1947年5月8日和6月25日的两次重要谈话中,都向我详述了这一点。

同一天,即1947年9月30日,我陪同王世杰到白宫对杜鲁门总统作礼节性拜访。谈话由我开端。我提到了总统最近访问里约热内卢,并对他或许由于海上旅行而容光焕发表示高兴。

杜鲁门说,旅途过得很好,但回来后发现工作成堆。他办公桌上的一大堆备忘录都是有关援助欧洲问题的,他必须研究各委员会的全部报告,前一天还曾和参、众两院四个委员会的领袖们交换意见。

王世杰说,他来美国,第一是出席联合国大会,不过不能在整个会期内全部参加,第二是和国务卿商谈中美双方共同关心的问题。他说,他来华盛顿向总统致敬并转达蒋介石委员长对他的问候。

总统说,他非常钦佩蒋委员长,他是一位伟大的人物并请王世杰转达他的良好祝愿。他说,他也非常钦佩中国人民,并真诚希望帮助中国。他一向相信,如果中美继续合作,那不但对两国来说有好处,而且对全世界也有好处。(这也是罗斯福总统在说明为什么他建议承认中国为保卫战后世界和平与安全的五大国之一时,多次亲自对我讲过的话。)

王世杰说,中国虽有种种困难,但已有了进步。现政府是除共产党以外的各党派及无党派人士的联合政府。共产党问题是政府决心要解决的,再有十个月,即可解决。(老是十个月!)东北问题对中国非常重要。共产党军队有三分之二在东北。中国决心要收复东北,以维护对东北的主权。没有东北,中国就不能长久保持独立,远东的和平与安全也就得不到保证。不论困难多大,蒋委员长决心要为中国保全东北。任何了解情况的中国人都不会想到退出东北或放弃它。

杜鲁门说,他完全理解东北的重要性,而且他或马歇尔或魏德迈都丝毫没有退出东北的想法。(显然,总统和王世杰用"退出"这个词有两种不同的含义。王世杰所说的退出是中国全部放弃东北,而美国方面也确实谈过退出,如马歇尔和魏德迈都曾谈到,但他们是从军事意义上谈的,并不含有东北在政治上从中国分离出去的意思。)

王世杰在谈到 9 月 14 日他和国务卿在纽约的会谈时说,他和马歇尔商讨的问题之一是有关对日和会问题。中国与日本作战时间最长,仗打得最多,中国人民认为否决权对保护它的利益是必不可少的。

杜鲁门说,他对中国的立场深表同情,并请王世杰和马歇尔充分讨论一下。就在这个时候,他对王世杰说,马歇尔代表美国所做的一切表示都会得到他的完全同意,因为他对这位将军无限信任。接着,总统又说,他觉得中国和美国之间的所有问题都很容易解决。美国不想从对日和会上得到什么,而只是要和平。美国希望在对日和会上,一切问题的解决都能使中国与菲律宾满意,这两个国家在对日战争中损失极大。

王世杰说,中国还十分重视中国和印度的关系。中国政府认为,促使印度站在西方民主国家一边会对全世界有利。(这是王世杰的一贯政策,也许是反映了委员长的看法;这时王世杰已经说服了委员长相信和印度密切合作的可取性。)

总统表示同意。并说,印度人口众多,对国际合作事业很宝贵。美国愿意和印度发展友好关系并扩大贸易。

次日,我和王世杰访问了索尔·布卢姆先生。他在众议院外交委员会少数派中享有很高的地位。因为是礼节性拜访,谈话自然是非正式的。布卢姆首先讲了他对中国的友好态度和他有意促成一项帮助中国训练军队的议案。他说,他曾倡议废除美国排华法,他并曾起草一项向中国提供军事援助的议案。他解释说,该议案搁置在参议院,唯一的原因是同时尚有一项同样性质的议案是援助拉丁美洲的,而当时和阿根廷的关系很紧张。为此,整个问题都搁浅了。他又说,他的委员会今年再次通过了这项议案,但还没有时间经众议院通过。

他还告诉我们,他的一位朋友,一位前国会议员,希望到中国去一次,研究投资的可能性。想法是引进美国机器,建立工厂,教中国人加工原料对美国出口。这样做符合中美双方促进两国的贸易往来和投资的共同愿望。

后来,我作了这样的记载,即我们发现布卢姆是友好的,而且很熟悉中国的问题。他向我们保证,他同情我们的事业,而且他深信援华比援助欧洲更有道理。

10月2日,我自己访问了助理国务卿阿穆尔。巴特沃思也在座,他当时已继范宣德任远东司司长。我访问这位助理国务卿的目的是讨论日本掠夺品中无主劫物的分配问题。远东委员会正在讨论这个问题,觉得难以作出决定或达成协议。美国提出的一项主张是,出售日本从被它侵略的国家所掠夺的财产,把所得的款项设立一笔"保证基金",用以为日本输入可以自偿的货物提供资金。

我对阿穆尔说,中国充分理解美国希望减轻占领费用的负担。可是将这笔资金用于日本的进口,势必在曾受日本侵略的各国人民中激起极大不满,特别是这笔资金来源于出售这些受害国家被日本掠夺的财产。被侵略各国都苦于外汇来源减少,无力为进口提供资金,而外汇减少的原因之一是日本侵略军对这些国家人民的掠夺。然而中国政府由于理解美国因单独负担全部占领费用而持的立场,不愿意坚持反对美国的提案,也不坚持立即分配出售无主劫物所得的款项。

然后我和他讨论了中国希望怎样办理。实际上中国确实想把出售这些财产所得的款项尽快予以分配,而美国的态度则是首先须确定精确的数额,然后才能分配。如我对阿穆尔所说的那样,中国愿意在1948年10月1日得到它应得的部分,以便把它用作向美国政府银行或商业银行借款的保证金。为此,我要求美国政府予以协助,为中国应得部分及其付款日期提供证明,以便于这种安排。

巴特沃思插话说,在接受款项的七个国家之间分配出售日本掠夺品中的无主劫物所得的款项,将根据所有十一个参加国的赔款分配百分比进行,而这些百分比还有待于远东委员会决定。由于这些份额尚未商定,他认为私人银行在这种条件下不会愿意按所提的条件贷款。他认为这样的事情由进出口银行处理,可能较好。

阿穆尔说,他也想到了由进出口银行来考虑那样的建议。

我敦促美国政府促成这样的贷款,因为中国政府的外汇储备已大为减少,到年底肯定要停止全部进口,从而使对外贸易陷于停顿,除非能得到诸如所期望的贷款之类的紧急援助。

阿穆尔说,提到进出口银行,他还想到利用拟议中的贷款购买商品运往中国。这就属于商品贷款的性质。

我告诉这位助理国务卿,是私人银行还是进出口银行,中国政府并无成见。但是,中国政府已经向进出口银行提出申请,为一批特定项目提供资金以及为购买棉花提供一笔约二亿美元的商品贷款。这些申请早已在7月上半月提出,即在该银行6月30日拒绝对中国继续拨付五亿美元信贷之后立即提出的。我告诉他,我曾先后和国务院的克莱顿及索普谈话,敦促继续拨款,但没有办到。所以按照索普的建议,于7月上半月向进出口银行提出了新的信贷申请书。之后,我曾两次会晤银行董事,在他们的要求下,还把中国政府的财政报告送给他们。但银行告诉我,必须有更多的资料,否则不能考虑已经提出的申请。补充说明已经提出三个月了,但至今音信杳然。

我然后指出,拟议中的贷款与刚才提到的那些不同,它不属于从美国取得财政援助的性质,而更富于商业贷款性质。我想要求美国政府办的,只是证实一笔属于中国的款项将于某日从特别保证基金中交付给中国,从而便于和一家银行或一个私人银行集团安排这样一笔贷款。我指出,这笔款项不管多少,是中国应得的收入,而且归还贷款的时间较短。因此,我认为商业银行会觉得有这样的保证,贷款比较有吸引力。

巴特沃思指出,出售无主劫物所得款的分配还没有明确到足以使商业银行愿意贷款的程度。特别是由于以日本工业资产作为部分赔款的中国份额尚未确定,所以不可能知道中国将从出售无主劫物所得款数中分到多少。

阿穆尔说,这一点比我所谈到的给予贷款便利更为重要。

于是我问,掠夺品中的无主劫物以金钱计算约有多少。我说,我从美国派驻远东委员会的代表团十分正式地获悉,估计数字约为二亿五千万美元至五六亿美元。

巴特沃思指出，他曾在某处见到一个估计数字，是在一亿三千五百万至一亿五千万美元之间。我指出，不管为数多少，可以先作保守的估计，按估计数的百分之七十五借款。巴特沃思说，要这样办，必须远东委员会就十一国各自的份额取得一致意见。

这就引起我们讨论中国占日本赔款总数的份额问题。这个问题我将另述。但这次讨论清楚地说明了确定份额仍然是远东委员会多次辩论的目的。后来，阿穆尔以同情的语调结束了会谈。他向我保证，他理解我所提出的问题对中国的重要性，他将和主管经济事务的克莱顿和索普讨论并将能办到的通知我。

那天下午王世杰和我返回纽约。10月9日，王外长第二次和国务卿长谈。外长提出的问题中有在日本的无主劫物的分配问题。他告诉国务卿，中国希望把它用作向一家银行或几家银行借款的担保。如我在华盛顿对阿穆尔所解释的那样，他向国务卿解释说，中国向私人银行借款的想法不涉及美国对中国的财政援助问题，它仅仅是中国想利用本来属于它的款项，但碰巧掌握在同盟国最高司令部手中。

马歇尔说，我在华盛顿提出此事后，国务院已向他报告。但他说，他还不能回答。他答应予以研究，待有结果再告诉王世杰。

王世杰接着谈到了东北的严重局势，原因在于缺乏弹药。（所需的弹药中国不能制造。在东北的中国军队以前是由美国训练和装备的，因此要靠美国补充所需的弹药。）他回顾了在美国的建议下，中国和俄国曾于1945年签订条约，那个条约的唯一目的是收复东北。他说，因此中国东北的严重局势，必然是中美两国共同关心的问题。王世杰接着回顾了他曾在巴特沃思离南京回美国时要求他带口信给马歇尔，大意是虽然有些中国领袖声称如果得不到美国的帮助，中国将自东北撤退，但他本人则决心不使美国卷入中苏纠纷。

马歇尔说，他记得那个口信。

王世杰再次谈到了在东北作战的中国军队急需弹药,但他说,在(正式)提出要求之前,他首先愿意知道美国的政策和美国政府能否同意此种性质的要求而提供更多的弹药。

马歇尔说,他一直在有些惶惑地或者毋宁说是有些深入地考虑,在这方面帮助中国,会不会给中俄关系带来更多的麻烦,而不是对中国有所帮助。

王世杰说,他理解国务卿所思考的问题,正因为这样,所以目前中国没有请求美国增加在中国的军队或补充顾问团成员。但就东北的局势而言,比过去更糟了,而且中国政府决心尽一切力量扭转它。王世杰提出,迫切需要的是美国训练的各师的装备及 $8^1/_3$ 空军大队的计划,还有 0.50 口径的子弹和某些炸弹。

马歇尔说,他记不得此事现在到底如何,但他将交给波伦并请他向华盛顿国务院查明实际情况再答复王世杰。

此后不到一个星期,即 10 月 14 日晚上,在纽约皮埃尔饭店王世杰的房间里,王世杰再次和马歇尔会谈。此次马歇尔系由波伦陪同,我想这是因为波伦对若干有关问题更为熟悉的缘故。如前所述,王世杰即将回国,因此急于要得到以前他和我向马歇尔提出的各项问题的答复,而在国务卿方面,看来他同样急于尽可能对问题作出答复。

这次国务卿首先提出了以日本无主劫物中的中国份额为担保的贷款问题。他说波伦一直在办,当天早上他收到有关此事的备忘录,但由于措辞费解,他已要求把它简化,以便他能看懂,然后他将送交王世杰带回中国。他已得知总额没有王世杰想的那么大。他听说有价值一亿三千万至一亿五千万美元的黄金原属日本,掠夺品总额则约为三千万至五千万美元。借款如何安排,还在商讨之中。他希望在王世杰离美返华之前能给他答复,如不可能,他将交我转送给他或各送一份,使王世杰到达南京的时候,肯定可以收到。

至于武器弹药问题,马歇尔说,他将先办一千万发 0.50 口径子弹。他已从陆军部查明，可以向中国提供此数，条件是中国日后予以补还。他知道中国已向奥林公司订货，但保密是非常重要的。他要王世杰保证中国方面严守机密。他知道美国方面不是总能轻易做到保密的，尤其是在安排运输时不易保密。但可能在菲律宾有库存，可用来运往中国。那样办，可以很快运达中国，也容易保密。

马歇尔说，至于运输机，约有七百二十架 C-46 存货可供。这个型号的飞机极好，而且大多数还很新。战时财产公司已把这批存货拨出，准备出售。这些飞机的原价为每架三十万美元，存货售价为一万五千美元至二万美元。但美国政府可以按每架五千美元的象征性价格售给中国。中国必须派员与美国政府磋商并订立协定。他听说这些飞机中的一部分目前存放在太平洋岛屿上。

至于作战飞机，马歇尔不能谈得很具体。他将查明是否有可供出售的。但有一个问题他想问一下王世杰。那就是供应这种飞机对中国有无帮助，以及这种帮助最终是否会给中国带来更多的困难。他相信王世杰最有资格作出判断。他自己则没有把握，也说不清。

王世杰说，这自然是一个需要考虑的问题，要在供应中国目前的急需和不得不应付可能产生的影响之间进行选择。他将审慎考虑，然后作出明确的答复。

马歇尔说，作为一个军人，他认为在中国目前的战斗中，作战飞机没有多大用处，因为共产党主要打游击战，冲向国民党兵力薄弱的地方。用作战飞机打击补给线上的卡车队是有用的，但他认为共产党方面没有这样的补给线。用作战飞机打击游击队必然会造成平民的重大伤亡。负责驻华美国空军的麦康内尔将军秘密报告称——马歇尔要求王世杰和我保密——中国空军用作战飞机对付共产党游击队是最大的浪费。但他重申，这个问题应由中国决定。然后他指出，从他在中国所看到的，像 C-46 型之类的运输机,在目前情况下对中国更有用处。重要的是把部队迅速空运到将被或正被游击队攻击的地方。他记得徐州就是靠在很短的时间内空运去二万军队而保住的。

王世杰询问了备件问题。

马歇尔答道,就备件而论,在过去一段时间内一直可供,而且不区分作战飞机与运输机用。然而他听说中国迄未提出备件清单。甚至关于他曾提到的子弹,也只是在波伦打电话给皮宗敢之后,他才得到清单的。

王世杰说,关于枪支弹药的全面情况,他不甚熟悉,并问我奥林是什么。

我对他讲,奥林是一家公司的名称。我说,大概五个月以前,我和马歇尔会谈以及另一次和他的国务院同僚会谈时,我曾要求提供这些枪支弹药。为了避免他们直接移交的困难,我曾建议可以由中国向一家商业公司提出订单,由该公司先借用美国政府的存货,以后再用中国订货来补还。

马歇尔说,这件事目前可按他提出的条件办理。但关于作战飞机,那又当别论。

王世杰说,将少数作战飞机送往中国,困难可能少些。马歇尔说,不是数量问题,而是目前向中国发运作战飞机这个事实。这种飞机容易辨认,因为共产党方面一架也没有。但如他所说的那样,在采取行动以前,一定要由王世杰估计可能的影响和反映。

王世杰说,上次见到马歇尔时,他曾谈到整个的军事援助问题。他想知道美国政策如何。

马歇尔说,他知道王世杰想的是长期援助,诸如三十九个师的计划和 $8\frac{1}{3}$ 空军大队的计划。他也想到了这些,但这些问题涉及的范围要大得多。他说不准确目前是否能把所需的东西提供中国,尤其从世界总形势来看是这样。还有财政问题,它必然需要一笔巨款。但这件事还是在他考虑之中,不过还不能确切答复王世杰。

马歇尔说，还有进出口银行的信贷问题。

王世杰说，他已经说过，中国目前不打算做说服银行的工作。

马歇尔说，中国催他也没用。他和克莱顿以及索普一直在敦促银行有所行动，他的意思是给中国约一亿三千万美元，为某些资料齐全的项目提供资金，这将是一个良好的开端。但银行的几位董事是非常难对付的。杜鲁门总统、洛维特和他本人都感到难于说服银行各位董事照他们的希望办事，不但是给中国的援助，给别国的援助也这样。银行各位董事觉得他们有国会的拨款委员会作后台，该委员会曾对银行的业务深查细究，目前银行坚持只办商业性贷款的政策。自从共和党在国会占多数以来，银行异常难于对付。这和共和党控制国会之前的情况不一样了。但他请王世杰把催促银行的事留给美国政府去做。同时他幽默地说，他愿意看到中国也有这种情况。意思是政府各机构有独立性，一切按法律办事。

10 月 19 日，王世杰向远东司司长巴特沃思提出了一些同样的问题。后来王世杰告诉我，会谈也是在皮埃尔饭店他的房间里进行的。巴特沃思首先说明，国务卿本想在王世杰返回中国之前再谈一次，但由于那天早上有事，要他代为访问。据王世杰说，巴特沃思接着谈了下述问题：

1.关于无主劫物问题和是否能以此为担保取得借款的问题，巴特沃思交给王世杰一份国务院的备忘录，答复王世杰 10 月 9 日送给国务卿的备忘录。巴特沃思解释说，无主劫物的总数尚不确知，也无法估计，但不可能像王世杰想象的那样大。再则此事远未确定，因此考虑用它作为借款的担保为时过早。

2.关于中国需要一千万发 0.50 口径子弹问题，巴特沃思说，国务卿已亲自向王世杰说明，如果中国向奥林公司订购一千万发，由奥林公司与陆军部安排先由该部库存垫付中国，然后再由奥林公司以中国订货如数归还库存，那就可以办到。

王世杰告诉巴特沃思,据他所知,虽然和奥林公司的洽谈很成功,但迄今还未提出订单,因为需款约在五十万美元以上,而中国政府目前外汇储备很少,不容易提供巨款。

巴特沃思说,他所谈的安排是满足中国目前急需的唯一可能的办法。

3.关于提供武器和其他装备以完成三十九个师的计划问题,巴特沃思说,马歇尔已经查明,应该交付中国的装备业已交付完毕,计划业已完成。

4.关于8⅓空军大队计划问题,巴特沃思说,据他了解,上海中国物资供应委员会(即中国国防物资供应公司)主任江杓将军和美国国外清算委员会的代表已洽商了一些时候,想把太平洋岛屿所存剩余物资中非作战飞机交付中国时的价格商定下来。国务卿现已决定以最低价格成交。

至于作战飞机,巴特沃思说,根据美国专家的意见,这种飞机对中国的用处值得怀疑。还有政治问题,即把作战飞机交付中国可能产生的后果和反应。这是国务卿要求中国作出答复的问题。

关于备件,巴特沃思说,作战飞机的和非作战飞机的备件都可供应。但美国政府迄未收到中国需求的清单。他说,8⅓空军大队计划也规定要一个维修工具车间。目前在夏威夷有全套维修工具车间的设备,是崭新的,包装好的,随时可以发运。这套设备原来准备供地下部队使用,但战争的结束比预期要早,所以从来没有安装,现在可以供应中国。中国政府需派员和美国政府的有关机构商办此事。

王世杰问在何处洽谈对中美双方最为便利。

巴特沃思答道,他认为最好在华盛顿洽谈,因为此事需由美国最高当局批准。

从9月份举行的多数会谈中可以明显看出,美国正趋向于改变它的对华政策,尽管到当时为止,出现的唯一具体援助只是军用物资的禁购禁运有所松动。然而到了 11 月份，形势变得更明显了，美国将向中国提供某种程度的经济援助。的确可以说，11 月是个转折点，最终导致了 1948 年 4 月的援华法。但这并不是说美国政府已改变了对华态度。恰恰相反，美国政府是为客观条件和国会行动所迫，作出援助姿态的。

11 月 12 日我和蒲立德先生在他家里进行了一次有趣的会谈我去他家是为了告诉他有关美国援华尤其是军援的进展情况。我到达时，国会议员、俄亥俄州的沃里斯已在那里。他正在与蒲立德讨论可否修改联合国善后救济总署结束后事宜的立法以便向意大利、奥地利、法国和中国提供救济，其办法是去掉原来包括在内的其他国家而增加法国。他认为这比单为中国提出新的法案更可取。我力陈把中国列入紧急援助计划的必要性，该计划是美国政府当时正在准备实行的。

两天之后，我和蒲立德一起进餐，继续我们之间的非正式会谈。因为蒲立德颇有怀旧之情，我们讨论了许多问题，但话题最终转到了对外援助问题。蒲立德说，他在国会和政府里有许多朋友站在他的一边。他提到了参议员范登堡和塔夫脱，国会议员周以德和伊顿，杜威州长，李海海军上将，海军部长福莱斯特，甚至还提到了财政部长斯奈德。他说，如有必要，他可以通过安排一次对马歇尔的赴华使命的调查，迫使他赞同援华。他认为高思这个人非常讨厌，应该下台。他说，他能使高思免职，而且当时已为这一行动掌握了一切资料，我还从他那里得知，根据最可靠的机密情报，就在那天早晨开了一个会，会上决定建议向中国提供紧急援助。但蒲立德要求我暂不向南京报告这条消息。

至于我们会谈的其余部分，他把他记得的若干有趣的经历告诉了我，特别是他在巴黎的经历。他说，那年 5 月，戴高乐亲自告诉他，1940 年法国政府撤出巴黎时，当时的法国总理保罗·雷诺把戴高乐派往伦敦而要蒲立德留在巴黎。雷诺的真正目的是先发制人，以防止戴高乐和包括蒲立德在内的其他人反对他向德国求和的意图。蒲立德还说,战时英法经济协定和合作是由他促成的,因为那是他向雷诺的前任爱德华·达拉第建议的。达拉第对此原没有打算,遂请蒲立德起草一份备忘录。蒲立德起草了备忘录并于转天上午把草稿交给了他。蒲立德说,达拉第认为把拟议中的英法经济合作委员会的会址设在伦敦确实是法国所反对的。但蒲立德为了得到达拉第的完全同意,采取了折衷办法,他建议由一位法国人,即让·莫内担任主席。当达拉第向内维尔·张伯伦提出由莫内担任主席在伦敦设立英法经济委员会的协议时,张伯伦毫无修改地接受了。签订的协议,又是毫无修改地照录了蒲立德所拟的备忘录原文。

蒲立德告诉我,他原和雷蒙德·莫利和卢·道格拉斯一起,对白宫的富兰克林·罗斯福有很大的影响,后来他本人在美国对苏政策上和总统意见不合。(在美苏问题上,蒲立德和总统之间出现了意见分歧和争吵,后来成为人所共知的事。但在此之前,蒲立德在白宫确有很大影响。他对社会生活感兴趣。他不但曾参加美国承认苏联的谈判,而且担任了第一任美国驻苏大使。后来他调任驻巴黎大使,也是个重要职位。他亲自告诉我,在整个这段时间内,他是用电传打字电报直接和白宫联系的。由于他是罗斯福总统的好朋友,两人保持密切联系,以致到了经常引起国务院不满的程度,而蒲立德常常忘记还有个国务院,也常常忘记设立国务院就是为了处理美国和各外国之间的关系的。)

蒲立德转到了中国问题。他回顾说,司徒雷登大使在南京向他抱怨美国国务院对他的紧急电报不作任何答复,他就劝司徒雷登辞职。蒲立德说,他自己在法国当大使时,确有全权,而且他毫不迟疑地行使他的权力。他说,他最近告诉法国总统樊尚·奥里奥尔,法国在当前的处境下,真正该干的是哪些,他说的每句话法国总统都记录下来了。

蒲立德说,今年8月,当他访问中国时,他在南京把所见所闻告诉了蒋委员长。蒋委员长问他,在他看来,哪些人能干,他提了不少人,其中有适于担任财政部长的贝祖贻,政治方面有沈怡,交通方面有俞大维,外交顾问有胡适。他告诉委员长,作为政府首脑,他需要一些顾问,把中国和世界的情况告诉他,并向他建议行动的措施。

蒲立德非常热情,个性很强。他认为应该做的事,他会毫不犹豫地把它做好。他为人刚毅,但有时脾气暴躁。我想正因为如此,他很容易结识朋友,也很容易为自己树敌。

再回来谈援华问题,蒲立德已说出了那天即 1947 年 11 月 14 日清晨曾召开一个会议,会议决定建议向中国提供紧急援助。这听来突然,但也并非完全出乎意料之外。当时,经立法手续通过一项欧洲复兴计划看来很有可能,但该计划仍待在国会例会上研究、辩论和通过,例会定于 1948 年 1 月召开。但国会各委员会可以在那时以前开会,而且在 11 月上旬马歇尔已经在委员会的听证会上回答了问题。11 月 10 日,马歇尔在参议院和众议院外交委员会讨论欧洲复兴计划的联席会议上发言中曾说明,未把中国包括在内,是因为国务院正为中国准备另一项援助计划。当他重复说只有"中国政府和人民能解决他们的基本问题并使中国重新成为远东当然的主要稳定力量"时,他补充说,尽管如此,美国还是能"有所帮助,而且根据我们和中国的长期而不间断的友谊和国际合作,我们应当向中国政府和人民提供一定的经济援助"。11 月 11 日,当参议院的委员会要求他说明他考虑要给中国多少援助时,马歇尔建议自 1948 年 4 月 1 日起的十五个月内共提供三亿元。但这是事后的记录所载,在当时并不那么清楚。11 月 13 日我去国务院,亲自对他说,我的第一个要求是澄清他的讲话,因为他讲话的要点大多是我从报纸上搜集来的。

我告诉国务卿,我前次要求约定时间和他会晤,原要和他谈谈我们提交进出口银行的棉花借款计划和银行的答复。但后来我从报上看到了关于参议院和众议院的外交委员会的听证会上国务卿发言的报道。不过报纸所载他关于援助中国的发言有些含混,所以我要求他澄清他的意图。我说,我注意到,一方面,推动欧洲复兴的长期规划的第一阶段是从1948年4月1日至1949年6月30日,此外还设想在1948年3月底之前向法国、意大利和奥地利提供紧急援助,另一方面,援助中国则打算从1948年4月1日开始。我猜想三亿美元的金额和所说的日期都只是暂定的,希望马歇尔惠予澄清。

马歇尔说,我的猜想是对的,他所说的数字完全是随口说的。他去参加国会两个委员会的会议,目的原是解释援欧计划,他没有想到会提出援华问题。但事实上这个问题是提出来了,他觉得有答复的必要。可是整个援华问题还在准备阶段,迄未制订出具体计划。提出4月1日为开始援华日期,是因为中国局势不如欧洲那样紧急。他接着说,意大利、法国和奥地利是工业国家,粮食和原料供应都靠进口,而中国主要是农业国,还能过得去。具体到那三个欧洲国家,用来进口粮食、燃料和原料的财源只能维持到那年12月31日,除非立即予以援助,他们将无以为继。而具体到中国,他相信局势不会那么危急,没有紧急援助,也能维持下去。

马歇尔说,国会议员周以德向他提了许多问题,摆出一副义愤的样子。周以德的论点是赞成向中国提供军援先于经援,并主张美国全力把军用物资送到中国,帮助它与共产党作战。国务卿说,可是中国军事形势的困难不仅仅由于缺乏美国的援助,还有其他原因,这些原因周以德必定是熟知的。但他不想和周以德辩论这个问题,因为那只会更加伤害中国。例如,中国的用兵完全错误。当他在中国时,他不止一次对委员长说,当务之急是训练士兵。他所说的士兵是指从农村征募来的每一个人。他在中国看到各师兵员不足规定名额的一半。一个正规师,应有一万人,实际只有四五千。每个师都是军官足额而士兵不足额。这意味着沉重的开支花在军官俸给上,而起不到每一个师的全部作用。近来,应中国政府的要求,他勉强指令帮助中国在台湾执行军事训练计划,作为试验,但他对这有多大好处不抱希望。

马歇尔说,委员长只想训练士兵以成立新师送往前线作战,可是这不是最重要的事情。中国所需要的不是更多的师,而是训练士兵以补充兵员。一个新的师训练完成并派去作战后,经过三四个月,伤、亡、病、开小差都在所难免,于是一个师减少了一半。中国习惯于以农村征募来的新兵去填补那一半缺额。他们都是无知的农村子弟,未经足够的训练和教导,不知道为什么打仗,也不知道如何使用复杂的美国武器,就突然投入军事生涯。结果是一师的实力已不是开始编成时那样,又变成了那种老式的没有战斗力的师。这种方法不但降低了师的战斗力,而且把美国供给的装备扔给了共产党。委员长告诉他,共产党的军队也大体一样,但国务卿说,他知道他们是不同的。在共产党的军队里,每四名士兵中至少有一名经过全面训练而且是坚定的共产党员,他知道他为什么打仗。他协助保持连队的士气。中国政府军则不是这样。

马歇尔在继续谈军事训练问题时说,在第二次世界大战期间,他发现了训练补充兵员的绝对必要性。在战争达到高峰时,美国在前线作战的只有 89 个师,但部队通过他设计的补充兵员制度,保持了最大的战斗力。经常有三百万经过训练的人员充当后备。每当由于伤亡疾病而需要补充时,总有足够的人数派到各师去填补缺额。这样,各师的战斗力总能保持稳定。

国务卿说,他曾再三告诉委员长训练补充人员的重要性。委员长对他所说的虽然似乎是默许或同意,但什么也不办,因为有成千上万的军官,必须给他们工作,这也许是委员长不得不维持比实际需要还多的师的原因。但除非实行那样的补充制度,马歇尔看不到中国军队会成为有效的工具。他记得他在中国时,何应钦和白崇禧总是反对他的建议。

马歇尔还说,他告诉委员长,以前东北的总司令杜聿明办事不力,并警告委员长,除非把杜聿明免职,那里的局势将每况愈下。但委员长从不采取行动，一直稽延到为时过晚。

我说，杜聿明已免职，由陈诚接替。（原文如此。——译者）

国务卿说，"不错，但是太晚了。"危害已经造成，而且无法挽回。接着，他重复说，委员长没有采纳他训练补充兵员的劝告，并说，他之所以和我讲这些，因为他觉得我能领会它的重要性。

我说，我虽然不懂军事，但能领会国务卿的建议的重要性。我要打私人电报给委员长。我确信他会尽力而为。我回顾了在5月份，国务卿曾告诉我中国需要采用现代化的军需供应制度，为此我给委员长拍了私人电报。结果黄仁霖受命前来研究美国的军需供应制度，以便在中国采用。这表明委员长总是尊重马歇尔的建议的。

国务卿说，黄仁霖来此研究这个问题，他很高兴，希望他能有所作为，尽管黄仁霖本人不懂军事，并且觉得责任重大不易胜任，特别是有鉴于中国困难重重以及有遭到中国军队将领反对的可能。

谈话重新回到紧急援华问题，我解释说，中国局势即使不比欧洲那三个国家更紧急，也是同样紧急的。我对国务卿回顾了在5月份，我曾送交国务院一份要求财政援助的备忘录，强调说明用在美国购买商品的五亿美元信贷是打算应付中国急需的，另外五亿美元则是为特定建设项目提供资金的。中国不仅有反对共产党的战争，而且通货膨胀也越来越糟。它需要立即援救，以便在一定程度上稳定物价，从而遏止通货膨胀。

我接着说，最近进出口银行答复了中国的棉花借款的申请，大意是根据银行得到的情报，中国没有必要立即再购买棉花，因此银行不能考虑中国的申请。拒绝的理由之一是中国已为1947年第三季度购买棉花划拨二千万美元，加上中国自己的收成，已足够用到翌年年中。我说，这是不确实的。实际情况是中国政府因为外汇匮乏，并未划拨二千万元购买棉花，棉花收成也不如预期的好。由于缺乏棉花，许多纱厂已经关闭。因此，所说中国无需更多的信贷为其纺织工业采购棉花是不真实的。

然而进出口银行还说，如果来春中国提出新的申请，银行准备加以考虑，但不能保证必然同意。同时，银行想知道，如果同意提供贷款，将如何分配给中国各纱厂，产品有多大数额用于出口换汇以偿还借款。银行还想知道1946年棉花借款的使用情况，即借款是怎样分配给国营和私营各纱厂的，以及产品出口比重和输出地区。我说，我国政府嘱我询问国务卿，由进出口银行获得借款是否确有希望。如果确无希望，我国政府不愿再向银行提供更多的资料以及为最终将毫无成果的事继续和它联系。

在场的巴特沃思说，根据国务院得到的情报，中国的棉花存货可以用到次年年中。

我说，根据我从我国政府得到的资料，情况不是巴特沃思所说的那样。进出口银行的复信里说，中国政府要求借款四年，为期过长。然而中国政府原来提出的期限是七年，经与克莱顿和索普讨论后才减为四年。

巴特沃思说，进出口银行的棉花信贷，通常期限为十八个月，只有特殊情况，才放宽到二十四或三十个月。

马歇尔说，他认为我最好向进出口银行提供它所要的资料。提供资料之后，中国对银行就处于有利地位。国务卿又说，他正打算要求国会采取必要行动使进出口银行能放宽它在经营上的种种限制。基于国会法案关于进出口银行的各项规定，银行不得不对外国政府的财政信贷申请执行严格的商业贷款方针。一旦国会授权银行放宽限制，银行的行动就较为自由，也就能比较容易地响应政府的要求。

我说，我希望这一点能办到，但即使如此，进出出银行作出决定也要费一段时间。无论如何，我希望不要把它看作是代替对华的紧急援助。

国务卿问，紧急援助打算怎样使用。

我回顾了远在5月份，中国除上述两笔信贷外，还要求一笔三亿美元信贷购买小麦和燃料供 1948 年全年及 1949 年部分时间之用。当马歇尔问是何种燃料时，我答称是汽油和煤，中国甚至一直在从加拿大买进。

马歇尔说，粮食和燃料倒是和欧洲计划一致的。他请巴特沃思研究一下这个问题。

我说，把棉花信贷交由进出口银行办理，紧急援助就会专用于粮食和燃料。

马歇尔解释说，他建议向中国提供财政援助的想法是要帮助中国在外汇基金短缺的情况下，解决进口所需资金问题。

我说，这很重要，但还有通货膨胀问题。因此首先要办的事是稳定货币。

马歇尔说，他在国会两委员会的发言中提到了这个问题，但尚未提出具体的建议。

我说，我感谢马歇尔将军为帮助中国所作的努力，在他研究建议和制订计划时，我国政府乐于和国务卿合作。如果国务卿需要什么资料或数据，我和我国政府将乐于提供。

接着，我提出了有关已送交国务院清单的军需品问题。马歇尔说，他一直在尽力而为，并问我进行情况如何。我说，关于一千万发 0.50 口径子弹，订货合同将于下星期初与奥林公司签订。订单分作两部分，第一部分为六百五十万发。我请马歇尔从西太平洋的库存中装运此数，以节省时间和从美国装运的费用。据我了解有这样的库存，并希望此事能够办到。

马歇尔说，此事虽不属于国务院，但他已下令查清能在太平洋地区供应的数量。

我说，关于其他项目，我希望美国能把他们宣布为"不合格"的军火卖给中国，因为我知道通过这个手续，就可以从美国陆军军火库中得到武器。

马歇尔说，他懂我的意思。陆军的用语是"宣布为性能不稳"，他已下令查明通过这种手续可以提供的数量。

我表示感谢,并说,第二件事和运输机有关。根据王世杰和国务卿在纽约会谈的结果,中国政府决定从美国库存的剩余飞机中购买三百五十架。我知道这些飞机现存于阿肯色、佐治亚和加利福尼亚三州。今天清晨我曾请空军武官派代表到上述三处选择合适的飞机,他们明天早晨即将启程。

马歇尔说,这批飞机目前可按每架五千元的极低价格作价。

我说,我很感激,但我听说美国商人也在买这些飞机,而且已买了二十多架新飞机。因为这批货中新飞机为数有限,我希望能为中国保留。

马歇尔说,他也听说了。虽然他无权保留,但他已下令为中国标出五十架新飞机。行动要快,还必须请对这种飞机有经验的公司帮忙。

我说,战时财产管理局建议由一家在尼亚加拉的美国空军服务公司办理拆卸和装运。我已告诉空军武官和该公司联系,以进行必要的安排。巴特沃思说,中国最好找别的公司比较一下价钱。我说,我也想到了这一点,可是觉得不妥当。因为这样会耽误时间,而现在需要迅速行动。

马歇尔表示同意说,速度要紧。

四天之后,我访问了国际复兴开发银行行长约翰·麦克洛伊将军。我告诉他,我访问的原因有二。第一,在和国务卿 13 日会谈时,我谈到了中国稳定货币问题。当时国务卿提出麦克洛伊熟知货币改革问题,特别是比利时的币制改革。第二,上几个月在讨论向中国提供财政援助的过程中,副国务卿洛维特以及负责经济事务的副国务卿索普曾提到国际银行或许也能考虑这个问题。因此,我想知道麦克洛伊对于该银行参与中国事务的可能性有何想法,虽然我知道该银行主要兴趣在于生产项目。

麦克洛伊说,确实如此。为此,他觉得货币改革不在该银行的业务范围之内。首先,具体到中国,进行这样的改革需要大量的钱。在目前情况下,战争尚在进行,稳定货币看来是不大可能的。他又说,法国要求过五亿美元,其中半数用于稳定法郎,而银行无法赞助法国的建议。

我说,在中国,通货膨胀和军事形势交织在一起,互有影响。这是恶性循环,必须设法从某点上予以切断。我知道在找到什么办法能平衡国家预算之前,很难进行稳定货币的工作。然而我认为如果划出一定百分比的国家岁入为军费开支,稳定货币也许是可能的。

麦克洛伊说,只要战争还在进行,军费开支就很难限定。但他说,他关心中国,他的一些工作人员正在研究中华民族的前景。他自己则更赞成恢复中国铁路的项目。

我告诉他,这是一个极为重要而且能有成果的领域,因为中国铁路一向是很赚钱的。在日本侵华之前,铁路除清偿债务外,还能向政府提供可观的收入。铁路运输对中国经济也至关紧要,一面帮助农产品的流通,一面把进口的制成品分送到各地。

这位将军认为像中国这样的国家要谋求发展,铁路运输非常重要。但他认为在目前情况下,即使是局部改善也不容易实现。他举了广州港的发展为例。他说,广州离战斗地区很远,但也难以计算人工和材料成本。(在币值方面,没有固定的标准可资依据。)

我说,据我了解,如果能有收益,世界银行愿予短期贷款。但这位将军说,"不一定如此"。他所想的是任何建设项目都应在两三年内见到收益,以便还本付息,但贷款本身的期限则可以长达十至十五年。这时,由于将军要到内政部去演讲,我说,我不想继续打扰他了。

将军说,他愿意再找机会和我长谈,因为他对中国很感兴趣。

虽然麦克洛伊给我的回答使人不抱多大希望,但我后来得知,尤其是从国际银行的沈元鼎先生和其他中国人员处得知,麦克洛伊曾和他们讨论中国的形势,事实上,还有人告诉我,在最近的银行董事会议上,麦克洛伊报告了我和他交谈关于在中国投资的前景的情况。

我和麦克洛伊会谈后,紧接着就到五角大楼拜访魏德迈将军。这时魏德迈任陆军部战略作战处处长。我告诉他,我的访问有两个目的:第一,专诚问候,第二,告诉他美国向中国提供军需品的若干情况。

关于一千万发0.50口径子弹问题,我说,现已和美国政府商定如数借给中国,最好是先从太平洋的库存内交付。待向奥林温切斯特公司(奥林公司)的订货备妥交货时,此数即归还美国。我说,上星期四我请国务卿马歇尔尽可能安排从最靠近中国的太平洋港口装运这批子弹,国务卿答复我,他已下令如此安排。

魏德迈说,是这样。他知道这事已在办理之中。

我告诉他,还商定由美国从已宣布为战争剩余物资并提供出售的库存中向中国供应一批运输机。

魏德迈说,这他也知道,是C-46型运输机。

我说,不错。中国愿意得到二百五十架,尽管起初把数量定为三百五十架。我已请大使馆空军武官安排从阿肯色州、佐治亚州和加利福尼亚州三处挑选。空军武官的代表这天早晨已出发,晚上即可抵达目的地。我已告诉马歇尔,这批货中有八十架新飞机,其中二十架已售给美国商人,因此最好请国务卿下令将其余的新飞机留给中国。我告诉魏德迈,国务卿说已听说此事,且已下令标出五十架新飞机给中国政府。

魏德迈说,这他也知道,并为已经作好安排而高兴。

至于上年售给中国的战争剩余物资的余留部分,我解释说,最近在上海签订了合同,我国政府嘱我请美国政府尽速装运交付。我已派谭绍华公使下午去通知国务院。

魏德迈记了下来,并说,他将催促国务院迅速办理。他又说,向中国提供物资的事,耽误的时间太多了。

我说,那显然是由于高层难于作出决定所致。

魏德迈说,几乎失去了一年的时间。可是他已对国务卿谈过此事,目前当能及时处理了,因为国务卿已安排随时将进度报告他的办公室,所以不会因下级人员将文件丢失或错放而造成延误。

谈到中国的局势,我说,对华经济援助和军事援助同样迫切。可是美国政府似乎认为欧洲局势紧迫得多,而觉得中国和远东局势只居次要地位。

魏德迈说,他曾和国务卿与杜鲁门总统交谈,他们都同意从全球形势看,中国具有重要性并赞成给以援助。但他正在全面研究局势,正在就苏联周围各动乱中心地区进行比较,而既定政策则为首先应付最危险的地区。这是发挥政策作用唯一有效的方法。在这个意义上,意大利、奥地利和法国的局势是极为紧迫的。

这时候,有人报告卢卡斯将军来到,我遂起身告辞。但在我离开之前,魏德迈告诉我,在他的部门内设有中国组,该组正在研究整个中国的形势。他还表示希望另找机会继续和我叙谈。

正是这一天,杜鲁门宣布了国会特别会议开幕,这次会议主要讨论在 1948 年 4 月整个对外援助计划正式开始之前为满足法国、意大利和奥地利的需要而拨付临时援助的法案。看来中国将被排除在紧急援外计划之外,尽管各种报道与此相反,尽管中国形势紧迫,就连白皮书也承认:"到 1947 年 9 月,已经很明显的是,中国政府所拥有的外汇到 1948 年初必将减少到不足用以进口必要的物资,以继续维持现有的最低水平的经济活动和沿海城市的安定秩序。"

次日,11 月 18 日,我从华盛顿来到纽约参加联合国大会第一委员会下午的会议。我见到美国代表团的杜勒斯也出席了这个会议,就乘机向他谈了把中国包括在对欧临时援助之内的重要性。杜勒斯很同情,并答应和他在美国政界的至交杜威州长商量一下。实际上,杜勒斯是杜威的国际问题顾问,如果杜威在 1948 年的总统竞选中获胜,他将是杜威的国务卿。

翌日,在第一委员会的另一次会议刚要开始之前,杜勒斯走过来告诉我,他已与杜威取得联系,一切将按我的要求去办。与此同时,他要我支持他将在会上提出的把当时正在讨论的否决权问题提交大会临时委员会的提案。该委员会最终是根据联合国大会 11 月 14 日的决议成立的。我告诉他,我乐于支持,并在那天的会议上照办了。

我在纽约逗留到 11 月 27 日。在此期间,11 月 24 日,大使馆把王世杰的一份备忘录抄件转交到国务院。备忘录提到了我和国务卿 11 月 13 日的谈话,当时国务卿指出,1948 年 4 月起可援助中国约三亿美元之谱。备忘录指出,中国财政情况极为严重,援助不能拖到 4 月开始。并说,必须立即紧急援助,希望"在制订全面计划以前……美国政府能通过国会授权提供临时紧急援助以弥补中国国际收支的赤字,自 1948 年 1 月起每月至少援助二千五百万美元。"备忘录又说,中国政府深知外援和国内自救措施有密切联系,因而"中国从事内部根本改革工作"的时候已经到了。为此,备忘录建议派一小型技术代表团到华盛顿制订援助计划。我记得我自己也曾这样要求过。但国务院还是坚持要了解中国确切需要的细节以及使美国经济援助更能发挥作用的办法。这些资料大使馆是不能全部提供的。因此需要中国派遣包括经济、政治和技术专家的经济代表团,以共同讨论和制订具体的使用计划,使美国的经济援助可以有效地发挥作用。

12 月 12 日,国务院就备忘录作了答复,表示欢迎小型技术代表团于 1 月到美,届时具体提案当已送交国会,两国政府当可开始磋商,此事即可同时进行。

11 月 25 日夜晚,我不无意外地接到蒲立德的电话,告诉我伯纳德·巴鲁克先生见了他,并表示强烈希望中国投票赞成巴勒斯坦分治。当时,这个问题尚未解决,但最后投票时间为那周的周末。刚过了半小时,蒲立德又来电话。这次我从他那里获悉,众议院外交委员会一致通过国会议员周以德的提案,自 1948 年 1 月 1 日起增加援华款额六千万美元。

12月3日,我在菲律宾大使举行的宴会上见到了周以德并和他讨论了此事。他告诉我,美国政府没有授意民主党投票反对在援外法案上附加援华条款。既然白宫方面没有什么说法,他相信国会定将通过把中国包括在内的修正法案。我说,他在众议院建议援外法案加上中国,把援华日期提前三个月,即从4月1日提前为1月1日开始,把这说成是支持马歇尔的援华政策,我认为这一立场非常明智。

过了四天,一个星期天的晚上,我设宴招待于斌大主教,并邀请了在华盛顿的一些中国知名学者和中国官员。我向于斌讲有必要设法获得天主教国会议员麦考密克的协助争取其他民主党人,以便使援欧法案中的紧急援华条款获得通过。于斌则告诉我,他最近曾见到杜鲁门总统。总统告诉他,苏俄通过消极和抵制行动,一直在阻挠美国采取向有需要的国家提供援助的对外政策。但总统认为美国无论如何最后总会获得成功。照总统的说法,由于苏俄的存在,世界一分为二了。总统还说,他想帮助中国,但他给于斌大主教的印象是对于如何帮助尚无具体计划。

12月9日,我在华盛顿接见了世界贸易公司副总经理任嗣达,该公司已接管中国国防物资供应公司的业务。他向我报告,就在那天该公司和奥林公司签订了订购六百五十万发0.50口径子弹的协议。他还报告说,世界贸易公司已准备把过去供中国国防物资供应公司总部用的坐落在马萨诸塞大街的房屋连同全部家具移交大使馆,并把中国政府各部驻中国国防物资供应公司的代表人员送往纽约。但他希望提供两个房间供世界贸易公司人员在华盛顿暂住。

这天早上,蒲立德来访。他说,12月6日巴特沃思会见了他,说中国应火速订立关于夏威夷空军物资的协议,而且根据陆军部消息,接着就要办理作战飞机之事。但我告诉蒲立德,国务院前一天还不能肯定我们何时可以拿到0.50口径子弹。据国务院说,太平洋方面最近的答复只是说明每人多少小时需用多少子弹而没有说明可供的总数。

蒲立德于是告诉我,巴大维少将已被任命为美国驻华军事顾问团团长。蒲立德认为这令人非常遗憾,因为巴大维并非重要人物。他说,巴大维过去一直是德弗将军的部下,德弗斯是美国驻法第一军和第七军的司令。但后来我知道巴大维的任命已被撤销,另有别人充任。

12 月 11 日和 12 日两天我在达拉斯度过,我在那里作了几次演讲,12 月 13 日星期六早上我回到华盛顿后,高兴地得知国会已经通过了参众两院委员会联席会议关于包括中国在内的临时援助的报告。但我心中又产生疑问,拨款委员会是否会在没有国务院具体的援华计划的情况下,拨出中国所需的款项,因为以泰伯先生为首的众议院拨款委员会曾表示反对任何拨款,除非援助计划已由政府提交国会。我自己问自己,拨款委员会能这样办吗?这样办不会侵犯政府执行对外政策的权力吗?

那天晚上,我参加了孔祥熙在华盛顿伍德兰道公馆举行的宴会,席间非正式谈话中,孔祥熙说,杜鲁门总统曾告诉民主党全国委员会新任主席霍华德·麦格拉思先生说,在援助计划中,中国应单独办理,他说这话是麦格拉思本人告诉他的。这恰好是我曾向自己提出过的问题,因而引起我极大关注。为此,在 12 月 16 日新闻发布官威廉·古德温先生的便宴上,我向参议员罗伯特·塔夫脱提出了这个问题,从那里得到了一些新情况。他告诉我,没有政府的计划要求,参议院拨款委员会也可以建议国会拨款。这位看来风度翩翩态度友好的参议员还告诉我,他一向认为远东对于美国的安全和欧洲同样重要。至于马歇尔的政策,他说马歇尔不喜欢中国,所以他的政策是不援助中国。

关于这件事,我和于斌大主教于 12 月 15 日举行了长谈,当时他就要回国。他来看我并说,他将把在美所见所闻报告委员长并提出自己对中美关系的看法。他问我有何特殊口信要由他带给委员长。我告诉他三点:第一,我认为马歇尔仍掌握着美国援助中国政策的大权,看来他本人仍对委员长心怀不满,一时不能忘却;第二,有不少不利于中国的宣传,可能是美国国务院授意的,批评和攻击的目标目前集中于中国政府的腐败无能,这种宣传大多出自共产党,但也受到华盛顿官方人士的鼓励,替不给中国援助的政策辩护;第三,在美国进行宣传,与其在报纸上宣传,不如和各界舆论领袖举行谈话和不公开发表的圆桌会议,这样最为有效。让他们提问,由我们坦白诚恳地回答,然后由他们自己根据提供给他们的事实作出结论。我还强调同在华的美国商界和官方人士保持密切联系的必要性,他们和在美国的朋友通信,往往起到重大影响而不为外界所知。

至于对华临时援助和拨款委员会的特权问题,我于 12 月 16 日和助理国务卿阿穆尔会谈时也提出来了。那天早晨我访问他,主要是扼要说明中国的需要,并重述中国政府对美国经济和军事援助的要求。临时援助问题是我提出的第二件事。

我回顾了 11 月 13 日我和国务卿的会谈,当时阿穆尔的助理巴特沃思也在座。我说,我知道国会已通过一项法案,授权给予中国紧急援助六千万美元,同时给法国、意大利和奥地利一笔较大的款项。我说,我于 11 月 13 日曾亲自敦促国务卿把中国列入临时援助法案,我很高兴现在中国已被列入国会临时援助法案。我说,据我了解,下一步要由拨款委员会把必要的数额拨给各国,但委员会如果手头没有具体的用款计划,就不易拨款。国务院已提交三个欧洲国家的全部计划,但未提出有关中国的计划,而没有计划,委员会就难于拨款。鉴于中国的紧急需要,我请美国政府支持拟议中的对华紧急援助,赶快提出具体使用计划。

阿穆尔说,国会本身主动把中国列入,这是立法行为,所以应由拨款委员会照它自己的意愿办事。

我说,如果国务院能送一份临时援华计划,拨款委员会的工作就会好办得多。

阿穆尔说,巴特沃思曾主管此事,或许能进一步说明。

巴特沃思说,他愿把这个紧急援助法案的来历说明一下。当总统请求召集一次国会特别会议时,他先邀请了国会各领袖商议。在总统和国务卿同国会各领袖商议时,后者表示可以召开特别会议以通过紧急援助法案,但有两个条件:第一,应提出援助三个欧洲国家的具体计划;第二,总金额不应过大,以免影响将在国会例会上考虑的长期计划。特别会议是在这种谅解下为了给欧洲三国以临时援助而召开的。

巴特沃思说,中国将列入长期援助计划但应单独办理,因为中国情况与欧洲大不相同,对此马歇尔已于11月13日对我作了解释。欧洲三国到本年底外汇即告枯竭,除非立即给予援助,明年一开始就无钱购买粮食供人民食用。而中国,有联总结束后的援助法案可以照管,米麦运送将延续到明年年初。即便提供新的援助,也无可利用。再则,根据联总结束之后的援助计划已经和将要安排装运的粮食可以满足中国往后几个月的需要。

我说,联总结束后的粮食装运虽确有助益,可是只能满足需要的一部分,如果中国在4月1日以前得不到临时援助,情况势必更加严重。我国政府认为中国情况至少和欧洲一样紧急。事实上,由于反共战争,其需要更大。虽然提出的金额与欧洲三国相比显得很少,这个金额实际上也决不能满足中国的急需,但它至少能对前线作战的部队及后方的人民产生良好的鼓舞作用。

阿穆尔说,国务院正拟订长期援华计划,尚未完成,完成后将送交国会。他希望在1月份送去,国务卿并已经通知国会。

我说,我希望把使用日期从4月1日提前到1月1日不至于有什么困难。

巴特沃思说,那将打乱全部计划,因为国务卿所说的总额三亿美元须分作几笔在几个月的时间内分期使用。

我说,拟议中的紧急援华款六千万美元似可单送计划,供4月1日以前几个月使用。

阿穆尔对能否这样快就赶出一个计划表示怀疑。

巴特沃思说，国务院正在拟订的计划，考虑了各种用途和项目，有供建设用的，有供粮食补给用的等等，时间长达十五个月，不可能为三个月这样一个短时期单订特别计划。

阿穆尔问我，照我的意思，拟议中的对华临时援助，最好如何使用。

我回答，我认为不难制订一个计划。事实上，我国政府在敦促进出口银行继续向中国拨付五亿美元信贷时，曾制订了两个计划，其中之一是商品信贷，用以制止通货膨胀，当时中国的通货膨胀已如"脱缰之马"，提出的商品有小麦、面粉、棉花、燃料（如汽油）、化肥和药品。我回顾了我和国务卿会谈时，事实上，他曾说过这些商品是与援欧计划一致的。我说，我认为拟议中的六千万美元可以用来购买这些商品运往中国。我说，以燃料为例，中国是产煤的，煤是维持中国工业生命的基本物资。但由于共产党破坏了中国的煤矿，煤产量下降到中国不得不以昂贵的运费从加拿大和美国的太平洋沿岸进口煤炭的地步。

巴特沃思说，继联总之后的援助计划已把分配物资全部占用，而且因为已没有分配给中国的物资，所以继续装运谷物是不可能的。

我说，这个说法不正确，因为我知道在继联总之后的援助计划项下已经或将要采办的只有五万吨小麦和四万三千吨大米，它们只占中国配额的一部分。由于外汇短缺，中国才未能利用给它的全部配额，因此在这方面不会有困难。

阿穆尔说，巴特沃思可以向索普报告，看看有什么办法。索普一直在草拟援华计划。

我提到了大使馆给国务院的备忘录和国务院12月12日的答复。大使馆的备忘录是把王世杰要求给中国紧急援助的愿望通知国务院，而国务院的答复则对中国要求派小型技术代表团来和国务院合作制订计划表示欢迎。我说，如果国务院确实认为目前难于制订计划，我愿意派我的技术人员同巴特沃思一起制订，或要求中国立即派技术代表团前来。

巴特沃思说，1月中旬之前不必派代表团前来，因为国务院的建议要到1月上半月才能准备好。

于是我强烈要求，不论国务院对临时援华抱何种态度，中国的局势和需要都应予以充分考虑。我希望国务院能支持这种对华援助。

会谈的第一部分以及我提问所得的答复同样是使人灰心的。我提问的是中国向美国国务院、进出口银行和陆军部提出的各项申请的进展情况如何。从军需品问题开始，我向他们回顾了在11月4日送交国务院有关中国最需要的军需物资的备忘录内，有包括八个项目的清单，其中有一千万发0.50口径的子弹。这八个项目，有陆军急需的，也有空军急需的。备忘录还附有一份更详尽的清单，说明中国空军的需要。本应也附上中国陆军的需要清单，但当时这部分尚非急需，现在则已备妥，不日即可送出。

至于0.50口径子弹，我说，我和我国大使馆的谭绍华公使都曾向国务院提出交涉，中国外交部长王世杰也在纽约亲自对马歇尔谈过。我说，马歇尔10月13日回访时曾告诉王世杰，这项需要将予满足，满足的方式还是我早在5月份提出的，即由中国向一家商业公司订货；具体到这次是巴尔的摩的奥林公司。子弹由美国陆军借给中国，在奥林公司按订单交货时由中国归还。但两个月过去了，而我仍然不知何时才能得到所需的子弹。

我说，我国政府每两三天来一次电报，强调迫切需要这批子弹。我曾每隔几天派我大使馆的公使去一次国务院。起初曾说有这种子弹可以提供，中国不一定要向那家公司订货，只须延续执行8⅓空军大队计划即可交货。上星期，国务院通知我国大使馆的公使，中国仍然需要为此向那家商业公司订货。至于通过这样安排可供多少，尚不确定。我听说国务院和太平洋各岛屿的代表之间曾就可供数量有过电报往还，可是资料尚不完整。鉴于中国因目前军事形势危急，迫切需要子弹，我要求知道这批急需的子弹能否获得,如果可以获得,需要多久的时间。

阿穆尔请主管此事的巴特沃思回答。

巴特沃思说,国务院只管签发军需物资出口许可证,能供什么则由陆军部决定。远在 5 月份,国务院即已通知中国大使馆,中国可以购买枪支弹药,国务院可以签发必要的出口许可证。

我说,我愿非常坦率地说明我所知道的情况。美国陆军部曾一再告诉中国派去商议此事的代表,此事在陆军部方面并不难办,但政策必须由国务院决定。要在国务院开出绿灯之后,陆军部才能办理。为此我才来弄清当前实际情况,以便报告我国政府。

巴特沃思说,国务院曾向陆军部索取可供物资的资料。第一次答复只说每个士兵的发射率而来说明数量,以后往来的电报至今也没有提供完整的资料。

我说,中国之所以需要这种弹药,是因为它自己不能生产,使用美国装备必须补充库存。长期拖延已在中国造成极为严重的军事局势。我实在不能理解拖延的原因。

巴特沃思说,那天早晨马歇尔从伦敦致电国务院指示:第一,不但这种弹药,而且在太平洋马里亚纳群岛的其他物资也可供应中国;第二,在包括夏威夷群岛和美国本土在内的国内地区的作战飞机,可以供应中国。马歇尔要求把这些转达王世杰以报告蒋委员长。巴特沃思于是请我电达王世杰。但他又说,由于伦敦来电报,他的办公室仍在草拟通知空军部和国外清算委员会的文件,他要求我当天不要派任何人去找他们,从转天早晨起则随时都可以。他说,这两个部门收到国务院的文件以后,他们就能迅速安排供应。

巴特沃思又说,关于 0.50 口径子弹,虽然可供数量的资料尚不完整,但他可以说中国政府即可着手向奥林公司订货,以便不论向中国提供什么存货,都可在新订单交货时补还。

我说,合同已于几天前签订,因为我预料到这是必要的,尽管国务院当时曾对大使馆说不必订货,至于补还美国供应中国的存货,可由中国安排。

巴特沃思指出,这应由奥林公司与陆军部商定。

我说,那是不言而喻的。事实上奥林公司曾设法和陆军部安排,但未能取得进展,原因是国务院未开绿灯。我又说,还有另外一个困难,定货中有一部分是某种燃烧弹。奥林公司没有制造燃烧弹的模具或设备,需向陆军部借用,但也未商定,可能还是那个原因。

巴特沃思说,现在马歇尔已经开了绿灯,不应再有困难。但他不知道在马里亚纳群岛有无其他东西可以提供给中国,并说,那可按最近中国和美国签订的作战物资出售协定安排(1947年11月4日在上海签订的协定)。至于作战飞机和中国空军用的其他物资,应与空军部和国外清算委员会安排。

我说,我一定立即电达王世杰报告蒋委员长,并派出我的工作人员于次日与空军部和国外清算委员会接洽。我这方面一定不会耽误时间。

翌日,12月17日,我参加了参议院拨款委员会的听证会。会开得很有趣,令人难忘。在我听来,提问和答复都是不留情面的。巴特沃思代表国务院发言,负责经济事务的助理国务卿索普也出席了。看来他们两人听到针对他们提出的种种问题简直不知如何回答才好,后来蒲立德告诉我,他们是聪明人,他们明白,明知无法辩护的政策却非勉强辩护不可,该是多么讨厌。当时魏德迈也在场答复委员会的问题,他的讲话却非常好,他对主席布里奇斯参议员提问的答复也很恰当,他显得真诚、坦率而又谨慎,无愧于一位公仆和一位军人的身份。与以前他8月份在中国的发言大不相同。他这次公开赞扬蒋委员长,更为引人注目,这有助于证实这样一个普遍的传说,即魏德迈8月的发言曾经国务卿修改过讲稿。更有甚者,他敦促在军事和经济两方面都援助中国,而且呼吁立即援助。

记得美国国务院远东司的彭菲尔德曾于 9 月初告诉我,魏德迈的 8 月发言未经华盛顿批准。这个说法似与发言系经国务卿修改的传说互相矛盾,但事实上,当时国务卿在巴西出席美洲国家会议,而魏德迈回到美国后亲自告诉过我,他是和国务卿直接联系的,马歇尔将军也曾告诉我和王世杰,他在巴西曾收到魏德迈报告的一部分,特别是关于台湾的报告。因此我认为从各种迹象来看,可以断言,魏德迈是直接和国务卿用电报联系的;如果一份像他在离华赴朝时发言的重要谈话,不直接告知在巴西的国务卿以免耽误时间,岂非怪事,如果他不听从国务卿的修改,岂非同样是怪事。魏德迈态度明显转变似乎进一步证实了这个看法。这种转变从以前他在华盛顿同我和王世杰的谈话中已曾表达出来过。这次他在 12 月中旬的拨款委员会听证会上极为友好而富有同情的发言也证实了这一点。

无论怎样,在众议院和参议院拨款委员会的听证会之后,以及在 12 月 19 日总统发表咨文说明他将向国会下届会议提出援华计划后,中国从继联合国善后救济总署之后的救济资金的未用结余中分配到一千八百万元的贷款或赠款。索普曾在 12 月 17 日委员会听证会上指出,按第 84 号公法(联总结束后的立法)授权的金额为三亿五千万美元,而拨款数为三亿三千二百万美元。因此,用一千八百万的差额来增加对中国的援助,是没有困难的。这是拨款委员会决定不给六千万美元拨款后,在执行全面援助计划前的一种姿态,而且还不是一种好姿态,显然这样做与其说是帮助中国,倒不如说是用来抚慰国会中热心支持中国事业的议员而已。

第六章　为援华计划而奋斗

1947 年 12 月下旬—1948 年 9 月

第一节　美国国务院的援华法案

1947 年 12 月下旬—1948 年 2 月中旬

　　1948 年初的中美关系,尽管有某些援助的姿态,但毫不夸张地说,仍处于非常困难的时刻。马歇尔使华一年前刚结束,并未产生双方期望的结果。他作为杜鲁门总统特使进行正式访问,目的是为了协助中国解决种种问题。这些问题的产生,一方面是由于长期的抗日战争,另一方面也是由于中国共产党不断进行颠覆活动。共产党不仅在军事方面而且在经济方面进行了不断的破坏,而且中国政府先在长期的抗日战争中,继而又在与共产党作战中耗费了巨额金钱,因此马歇尔的访问很不顺利。中国的经济蒙受了巨大的损失,处于极其危险的境况中,特别是币值不断下跌,更为严重。军事形势也十分不利,1947 年的最后四个月中,眼看共产党在黄河长江之间和汉水以东地区步步前进。

　　我在华盛顿不断接到紧急指示,要我竭尽全力从美国获得经济和军事援助;但由于马歇尔使命的不幸结局,致使这一任务十分困难。现在大家不难看出,马歇尔认为他的使命所以未能取得圆满成功,纯因中国政府未能全面合作所致。他出使期间,与中国政府、特别是与委员长交往时,处境甚不愉快,使他尤为不满。更有甚者,中国的经济和财政形势异常严重,渴望美国增加经济援助,这已成为命运攸关之事,而法币持续急剧贬值,需要便更加迫切。

尽管有这种压力,但对我来说年初还算是相当平静的。我在双橡园平静地迎来 1948 年的元旦后,便按照惯例,在大使馆为华侨、使馆人员以及中国政府各机构驻华盛顿和纽约的代表举行了招待会。下午,我出席了海地大使庆祝该国独立日的招待会。两天后,1 月 3 日,我在华盛顿的五月花饭店出席了海外退伍军人协会举办的午餐会。各国使馆的主要负责人都受到了邀请。我发现,除我自己和希腊大使外,许多大使馆都是由参赞出席的。到场者被告知,午餐会的目的为了宣传上届国会提出的建立一个经济合作公司的议案。五位参议员,其中有威利·约翰逊和米利金,以及四五位众议员也出席了这次午餐会,并且几乎每位都被邀请发言。但除一两位外,其余都婉言谢绝。谢绝发言的人显然是不愿就此问题表态。

我也被邀请发言。由于我感到难以拒绝,便即席讲了几分钟。但是令我吃惊的是,外交界其他同仁被邀发言时,一个个都谢绝,只是说赞同我的意见。(这是逃避单独回答问题责任的简便作法。)当然,对他们来说,这样说倒也不难,因为我选择的发言题目是"通过繁荣建立和平"。我说,通过帮助对外战争退伍军人协会努力建立一个经济合作公司,我们也就帮助了友好国家的经济恢复。我发言的主题是根据儒家经书中的名言"仓廪实而知礼义"、"衣食足而知荣辱"立论的。当时我想,中国的圣人在研究和领悟对于任何时代、任何国家、任何人民的幸福说来都是必备条件方面,实在令人叹服。

1 月 8 日星期四,我出席了安德烈·维松夫妇的私人宴会。维松当时是《读者文摘》的流动编辑。这对夫妇待客殷勤。那天晚上的谈话令人兴奋。喝咖啡的时候,维松请一位罗伊斯先生——他是国际劳工组织的理事,刚从印度和远东回来——向我们谈谈他对那里共产主义运动的印象,和苏联在印度的影响。罗伊斯说,他发现,印度共产党人受苏联的影响比他想象的要小一些,因此他认为他们的危险性也就较小一些。他还认为中国和亚洲其他地方的共产党人与印度的共产党人极为相似。他说,印度共产党人着眼更多的是从英国的统治下获得自由。

我感到有必要纠正他对中国共产党的这种错误印象。因此我说,不管印度共产主义运动的性质如何,中国共产党人是为了推翻中国政府,并在中国建立一个与莫斯科结盟的共产党政府。我还指出,他们是莫斯科的工具,并且列举了一些实例和事实来证明我的看法。我提到莫斯科通过像鲍罗廷、越飞和加伦等代理人在中国进活动,以及莫斯科的代表参加中国共产党在各地秘密举行的年会等。维松、参议员弗格森夫妇和罗伯特·培根夫人都说,他们高兴听到我把对中国共产党的看法说得清清楚楚。

在此之前,这天下午,我接待张悦联先生来访,听到一种令人感到不太愉快的调子。他是国际货币基金组织中国方面副理事,刚从中国来,因此我急于想知道他有何见告。然而,我发现他对中国情况的概括描述相当令人沮丧。他总的看法是经济措施欠协调,而政府部门的思想和政策混乱分歧。

有趣的是在某种程度上,他的概括至少在一个方面也可适用于当时的美国政府部门,因为在援华计划方面他们肯定也存在着思想和政策上的混乱分歧。在这个问题上,国会既有内部斗争,又有和政府之间的斗争。1947年12月的一千八百万美元的援华拨款并不是一个积极的援助措施,而仅仅是安抚对中国友好的人士的一个姿态。马歇尔和杜鲁门都曾经不止一次地说他们要援助中国,然而不知道怎样进行。

12月23日,即一千八百万美元拨款获得批准的那一天,李榦博士和王守竞博士来汇报他们在国务院会谈的情况。李榦以前曾在中国大使馆工作过,这时是输出入管理委员会的副主任委员,他汇报了他与负责经济事务的助理国务卿索普的会谈情况。

（当时李榦正作为中国政府代表协助起草援华计划。）他说，索普告诉他，马歇尔想的是长期援华，但是希望在不影响欧洲复兴计划的情况下提供这种援助。他还说，有可能把原来规定的开始援华日期4月1日予以提前。

王守竞汇报了他与远东司司长巴特沃思的会谈。巴特沃思曾告诉他，在美国国务院向国会递交援华计划前，中国需要宣布实行某些改革的政策。王守竞说，巴特沃思再次强调，国务院希望一个稳定的援华计划，而不像国会那样，只是出于一时的兴趣，而这兴趣随时都可能消失。另外，巴特沃思还指出，国会或国会议员大力鼓吹援助容易引起强烈反对，而使计划更难通过。巴特沃思赞成作些初步而立即可行的改革，如提高电费、房产税和汽油价格等。他还反对把各省的地方财政权力集中到中央财政部手中。

财政权力的分散与集中，是中国争论很多的一个政策问题。中央政府为了集中控制全国的财政，采取了控制各省财政的政策，不仅各省的财政厅长，而且整个省政府，在其各自的财政管理上完全依赖于中央政府，因为当时大部分税收属于中央政府，而地方预算则需经财政部批准。各省征收的各项税收，即使是在本省征收的，也得先上缴中央政府，再由中央政府如数划归各省。这种实际的控制措施，自然引起很多批评，不仅因为它控制过严，而且是突然采取的。我想，这就是巴特沃思的想法，而且把它作为他自己向王守竞提出的一项建议。

王守竞说，他已向巴特沃思说明，根据他自己的看法，整顿中国财政和经济应分三个阶段：第一，获得商品信贷，以实现外汇收支平衡；第二，获得信贷，更新中国的生产机器，以增加生产；第三，弥补部分预算赤字，使岁入和岁出之间的差距缩小到合理的限度，以便成功地实现货币的改革与稳定。

同一天，王世杰外长来电称，美国驻南京大使司徒雷登已向委员长递交了一份由国务院中国科副科长普赖斯起草的计划，并与委员长进行了讨论。该计划包括三点：第一，每年要求四亿五千万至五亿美元的信贷（并未说明多少年）；第二，中国政府宣布进行改革；第三，行政院设立中美委员会，其职责是决定美援的分配，并确定包括拟议中的美国信贷在内的中国预算。据王世杰来电称，委员长拒绝了第三点，因为那是违背新宪法的。但是委员长已经通知司徒雷登大使，他将提出反建议，并将对所提交的计划的内容进行更为全面的评论。

由此可见，谈论改革措施在当时甚为流行：这在中国政府人士中和那些负责美国对华政策的美国官员中，莫不如此。王世杰外长曾在11月24日致国务院的备忘录中称："这一点也十分清楚，即中国着手进行一项根本性内部改革计划的时刻已经到来。"备忘录还指出了可以实行这一计划的地区。之后，大使馆和政府各部门人员之间电讯往返频繁，以期制定具体的财政经济改革措施及发表具体意图的声明。我个人的意见是，政府可以立即实施的某些改革，比可能需要相当长的时间才能实现的全面改革计划更为重要。

至于政治方面的改革，1947年11月21日至23日已经进行了中国有史以来第一次的全国无记名普选国大代表，12月25日新宪法开始生效。关于这方面，我愿提一下和张君劢的谈话。他是众所周知的中国民主社会党的领袖。

12月25日晚上，在我招待他和教育部次长杭立武的宴会上，谈话自然而然地转向了中国的政治形势和国大代表的选举。这既是为了国民大会批准宪法草案又是为了随之而来的根据宪法选举中华民国第一任总统。我们讨论了选举，也谈到了在中国全国范围内进行这种首次尝试所涉及的种种问题。我们一致同意选举应是公开的和自由的，而且最近的选举结果应该得到承认，即便从政府或在野党的观点来看，这次选举的结果是多么令人遗憾。我们是指选举所引起的尴尬政治局面而言。尽管政府公开承诺对少数党采取比例代表制，但实际上没有少数党（具体说，就是民社党和青年党）的候选人当选。他们主要败给了无党派人士。于是，政府面临了棘手的局面，它必须力劝某些当选的国民党候选人退出，以便兑现扩大政府的诺言。（幸而最后没有这么做。）

12月23日，张君劢的得力助手冯今白代表张君劢带给我一份电报草稿，请我用大使馆密码致电委员长。这是一份张君劢与魏德迈将军的会谈纪要。魏德迈在他给美国政府的报告中指出并也向张君劢讲到，在中国进行货币改革的重要性。这个电报称，魏德迈说他在报告中曾建议给予中国政府一笔信贷作为实现改革币制和稳定货币之用，但是马歇尔未予批准。张君劢和魏德迈都认为这个问题可继续与国务院探讨，并建议先由中国派遣一个由著名银行家和金融专家组成的特别代表团。张君劢本人建议由诸如陈光甫和张嘉璈这样的人参加，可能的话，由王世杰任团长。

1月5日，张君劢亲自来看我。他说，他拜访了马歇尔并进行了有意义的谈话。他解释说，他是带着委员长的亲启信去拜访国务卿的。信的内容包括三点：第一，中国局势比一年前马歇尔在华时更为严重；第二，委员长认为对华的少量援助会比对欧洲的大量援助产生更大的效果；第三，新宪法实施后，政府将不能随心所欲地花费公款。据张君劢说，马歇尔对于张君劢告诉他的各政党许多候选人都败给了无党派人士这一点印象很深。这使国务卿对中国的未来产生了希望。他还问了张君劢一个意味深长的问题，即委员长的政权会被一个什么样的政权所接替。张君劢告诉我说，他的答复是不会有这样的政权。

张君劢说，马歇尔仍然认为中国的军事局势头等重要。他觉得除非中国政府能在战场上战胜共产党，否则国外的援助再多也无济于事。但是张君劢告诉马歇尔说，经济和财政援助会从心理上对中国总形势大有帮助。张君劢说，马歇尔对于任用傅作义将军和白崇禧将军感到满意，但表示为时已晚了一年。马歇尔说，他不喜欢杜聿明、陈仪和熊式辉这几位将军。他还告诉张君劢说，他在中国时，周恩来曾给他看过一份共产党从政府军手里缴获的武器清单，他（马歇尔）发现那份清单开列得很准确。因此，他对张君劢说，如果这一情况不予制止，美国援华还有什么好处，那就等于美国间接援助了共产党。

然后，张君劢和我讨论了局势，并交换了看法。我们一致认为，要逐步取得中国人民的支持和信任，就必须任用文官为各省的主席。实际上，我们认为这是政府应当采取的首要步骤。

次日，我到国务院拜访了索普，并进行了一个半小时的长谈，主要是财政和经济问题。在场的还有索普的私人秘书和巴特沃思。

我说明希望会见索普的目的是商谈临时援助拨款和长期援华计划。我说，我知道国会最终的一千八百万美元的援华拨款，是来自第 84 号公法所授权的联总结束后援助资金的余额。我还知道，吉尔帕特里克在和美援运用委员会主任委员缪云台的会谈中明确表示，根据第 84 号公法，有可能提供二千五百万美元之余额。但因为这要取决于占一定捐赠比例的其他国家的情况，我不知道，提供这笔较大数目的款项是否可能。

索普说，我的理解很正确。起初以为拨款条例中有关美国向儿童福利基金捐款的规定只是自愿性的而不是义务性的。但是经向总审计局了解，明确在其他国家的捐款达到百分之四十三时，美国政府的这笔捐款就成为义务的了。一旦其他国家捐赠达到这个比例，美国政府就必须把二千五百万美元的余额缴纳给这个基金。但是，他认为其他国家的捐款有可能达不到百分之四十三，这样，在这个条件未能实现的情况下，二千五百万美元的余额就可以根据第 84 号公法使用了。

我说，第 84 号公法将于 6 月 30 日失效，而联合国的其他成员国可以在那天以前自由捐款。如果到了那天发现其他国家的捐款没有达到所需的比例，中国是否还来得及使用那笔余额？

巴特沃思及索普的私人秘书福布斯都认为这几乎是不可能的。但是索普的意见是,虽然直到最后一刻才能采取决定性行动,但是可以提前制订一份中国最终使用这笔资金的计划。这就是说,没有理由不能在例如 4 月 1 日以前征求有关国家是否打算向儿童福利基金捐款的意见。然而他同意,从法律观点看,在 6 月 30 日以前不能利用这笔专款的余额。

我回顾了索普上年 12 月在参议院拨款小组委员会听证会上的发言,他当时谈到国会援助中国的任何拨款的可能用途,如购买小麦、大米、燃料、化肥和药品等。索普确认了这一点,并说这样做并不困难,因为这不过是继续应用根据联总结束后援助法对华拨款二千七百万美元所制订的计划而已。

我说,由于国会已授权给中国六千万美元,而实际拨款仅为一千八百万美元,应该可以再请求一笔拨款。但是我不能肯定是可以提供全部六千万美元,还是仅可提供四千二百万美元。

索普说,临时援助法的用语确实十分含混。他不明白为什么要用这么复杂的措辞。参议员范登堡曾明确指出一千八百万美元可以从第 84 号公法所设基金的未拨余额中拨付。临时援助法规定,根据现行援华法拨出的款项也应能用于对欧援助。

索普接着说,授权的临时援助总额是五亿九千七百万美元,提到的国家有法国、意大利、奥地利和中国。法案没有规定分配比例,最后拨出的款项是五亿四千万美元,其中包括第 84 号公法剩下的一千八百万美元。因此,已授权而未拨款的总额应为七千五百万美元。授权款项中四个国家各得多少则未规定。索普说,六千万美元这款项在众议院外交委员会的报告中曾提及,但在国会的最后授权法中并未列入。从技术上讲,应当可以请求国会从未拨的总额中拨出一笔款项。但国会正忙于研究长期援助,总统也已咨送了长期援欧法案,并在咨文中说明要在以后再提交援华法案,因此索普认为,不宜要求国会从临时援助授权法案所剩下的有限金额之中拨出一笔款项。

我说,就中国的情况说,一千八百万美元太少了,连 1 月份都应付不过去,尽管我理解尽早通过长期援助计划的重要性。我听说国务院一直在准备一项援华计划,不知道是否已经制订出来,不知索普能否告诉我这项计划的内容。

索普转身说,巴特沃思一直在办理此事,因此他能更好地回答我的问题。

巴特沃思说,他很抱歉不能奉告。计划草案虽已制订,但还要等待国务卿的批准,而实际上国务卿尚未阅读。因此,即使他告诉我一些有关计划的情况,对我也用处不大,因为这项计划尚有待国务卿的修改。

我问道,据索普先生看,援华计划还要多久才能提交国会,索普回答说:"大约两周后。"

巴特沃思认为也许需要更长的时间。因为提交国会之前,还必须经过一定的程序。他说,譬如,它必须经过国家经济问题咨询委员会的批准。据我所知,这个委员会是由国务卿、财政部长、商务部长和某些联邦银行的负责人组成的。这个委员会批准以后,计划还得提交预算局,这个局是总统办公厅的一部分。最后,在把计划送交国会前,还必须呈请总统批准。因此,在这种情况下,很难说要多久才能把计划提交国会。

索普看不出为什么这件事不能在两周之内完成。他说,参议院的欧洲复兴计划听证会第二天就要开始,它可能需要两周时间,众议院的意见听证会也要一周。接着国会讨论援华计划。他作为机密告诉我,参议员范登堡曾对国务卿说,他认为在援华计划提出之前,参议院是不会考虑援欧计划的,因为参议院希望综观全局才作决定。因此,援欧计划听证会一结束,就必须马上提出援华计划来,因为国务卿是迫切希望尽早使援欧计划付诸实施的。

巴特沃思说,他怀疑参议员范登堡的意见是不是仅仅为了对全局有个总体印象。范登堡并不是说,只要不同时准备好援华计划国会就不讨论援欧计划。这位参议员也是想优先考虑援欧计划的。

我强调说,就紧迫程度而论,援华计划即使不比援欧计划更迫切,至少也是同样迫切的。我接着说,关于援华计划,我认为有三个重要方面,第一,计划的规模,所需的总额和对所提供的款项的用途;第二,保证最有效地使用这笔款项的问题;第三,美国政府认为中国应如何做才能使美国国会和舆论认识到迅速进行援华的可取性。我还说,我认为就这几点交换看法是有益的,因为成功地执行援华计划必须依靠中美政府之间的紧密合作。在这方面,我提到了我给国务院的备忘录,其中通知国务院,中国选派一个由交通部部长俞大维将军、前中国银行总裁贝祖贻及一些参加磋商的助手组成的一个小型技术代表团。我希望这个代表团尽早到达美国,就援华计划交换意见,以便把计划毫无耽搁地提交给国会。

巴特沃思说,或许我第三点所提到的代表团,最有助于美国政府。

索普说,非常重要的是,中国要采取一些能对美国国会和舆论产生有利影响的改革措施。当然,美国不想在这方面提任何建议,因为那样会干涉中国的主权。但是如果中国政府能够自助,那就大有裨益,在国会行将考虑援华计划之际尤为如此。

我说,我曾向我国政府提出,不必为此通过非常全面的计划。最要紧的是政府能够立刻实行某些改革。

索普认为,这是个非常正确的建议。应该采取某些未必完善但立即可以行之有效的措施。但最需要的是行动。

巴特沃思举了允许远洋班轮航行到汉口的问题为例。他说,美国驻南京大使馆的一名参赞刘易斯·克拉克公使曾主动向俞大维谈到这个问题。但是俞大维回答说,那是一个不相干的问题。然而,巴特沃思认为,如果运往内地的进口货物能在汉口卸船,而不经上海转运,那对中国将大有裨益。中国出口货物的装船也是这样。这决不意味着外国船只在内河航行。

他说，目前，所有海外来的外国船只都必须在上海卸货再转运到汉口和内地。但是由于劳务费用和上海港口设备不足，转运费用十分昂贵。他举了他自己从美国运一部汽车到南京的经过为例说，他把汽车从上海运到南京的花费比从旧金山运到上海的还高。巴特沃思接着说，中国的某些货物是不容易转运的，南京附近一些工厂生产的蛋粉就是这样。这些蛋粉必须用特殊的冷藏船装运。他在汉口时，发现那里的鸡蛋比上海便宜得多，而鸡蛋是中国出口的一种重要商品，如果能从汉口直接出口，那就更为合算。

我说，我理解巴特沃思所提的这类措施是合乎需要的。事实上，宋子文任行政院长时，曾宣布汉口对远洋轮船开放。但是，他离任后不久，因为中国航运界施加的压力，政府终止了这种便利措施。从我个人来说，我能够理解这种便利措施是不同于外轮在内河航行的。

巴特沃思说，中国航运界受到了不必要的惊恐，这是因为宋子文在宣布开放汉口时，没有说清楚这与享有内河航行特权不同，而只是简单地宣布停止实行禁止外国船只在内河航行的规定。巴特沃思提到了外国船只可以上溯密西西比河，在美国的心脏地区圣路易斯卸货，但外国船只决不能只开到譬如说休斯敦或新奥尔良而在圣路易斯交货。他不明白为什么中国航运界对向外国船只提供这种便利会如此过分疑忌，而这样做却很能挽救中国目前的经济贫困。如果能让海上来的外国轮船把进口货物直接卸在汉口，这些货物的价格就能够便宜些，而这又有助于遏制目前的通货膨胀。

我说，中国航运界的一位代表最近曾到美国，而且我曾和他谈话。我了解到他们不愿向外国船只提供这种便利的原因之一是其他一两个国家迫切盼望恢复他们在内河和沿海航行的特权。当然，这是办不到的。中国人由于在所谓不平等条约下所遭受的苦难而对这个问题很敏感，这是可以理解的。

巴特沃思说，这种感情是可以理解的，但是对外国轮船重新开放内河和沿海航行并没有危险。美国驶往中国的船只极少，英国和法国的船多一些。允许从海外来的外国轮船溯长江而上，在汉口卸下外国货或装中国的出口货，不仅能证明中国可以自助，而且能使其目前的严重经济局势有所缓和。

我说，我一定会向南京汇报他所提出的建议。我又说，为了弄清美国认为如何最便于通过援华计划，中国已经选派了一个技术代表团。

索普说，这个代表团如果能向国务院详述中国政府在自助方面决定做些什么，就会大有帮助。因此，他认为这个代表团无需急于来美，最好是在南京用一切必要的时间和中国政府商讨，以便能向美国详述中国政府在采取措施方面的打算。

然后，我提出另一点进行讨论。我说，我国政府要我建议把援助资金拨入中国政府的外汇储备基金，以便为计划中将确定的采购项目提供资金，诸如粮食、燃料、化肥和其他商品。实际上，这并不会影响这些采购的筹款或支付，但它在人们的心理上会产生十分良好的印象，并加强国民对中国货币的信任。

索普说，他能理解中国政府方面的这种愿望，但是它不会有多大作用，因为国民迟早会知道中国货币有多少储备金。暂时增加储备基金不会产生任何真正的好处。

我把话题转到了稳定货币基金问题，这是我提出的最后一点。我解释道，我国政府最急切盼望的是，除了购买商品的援助和某些经济复兴措施的援助之外，还应提供一些稳定中国货币的资金。这当然是一件巨大的工作，要彻底进行可能需要一笔巨款。但是我国政府的想法是，鉴于通货膨胀十分严重，以及中国货币急剧贬值，有必要采取一些步骤，使之在一定程度上有所稳定。我接着说，在过去十二个月里，中国的货币贬值百分之一千二百至一千三百。换言之，物价上涨了百分之一千二百至一千三百。我知道，不可能一举而制止这种趋势，因为这不仅需要足够的巨款，而且需要预算平衡。尽管这样，我国政府认为局势已经紧迫到了非想出某些办法不可的地步，即使不能完全刹住，至少也要减缓货币的不断贬值，如果在这方面能有所作为，那将会大有助益。我说，我认为若没有这样的急救，则改革也将是劳而无功的。例如税制改革，或者增加政府的岁入，或者在合理的程度内平衡预算等，任何改革措施，都必须经过一段合理的时间才能见到成效。如果通货膨胀率不能降低，那么任何平衡预算或增加政府岁入的措施都将落空，因为当预期增长的岁入入库时，币值又已大大下跌，乃至从货币购买力的角度看，实际上不是增收而是减收了。

索普说，他能理解中国政府急于要在稳定币值方面有所作为的道理，但是他不理解，在中国的预算如此不平衡的情况下，如何能做这样的尝试。

我说，即使是通货膨胀暂时减缓六个月，那也是很有帮助的。

索普不以为然。他说，任何这类步骤的失败，都会由于进一步削弱了国民的信任而更为有害。从欧洲的情况来看，同样的建议也曾提出过，但是没有被接受，不仅是由于进行这样的工作需要大量资金，而且由于欧洲各国如要缩小预算收支之间的差距，还有许多事情要做。但是这项工作最后还是要做的，他认为或许是在两三年之后。当欧洲各国能平衡预算时，方能进行此项工作。具体到中国，预算的情况更糟。因为战争仍在进行，他认为任何折衷办法都不会有多大好处。但是他愿意研究我所提出的建议。

他对于我代表我国政府所提出的建议所持的同情态度，我表示了感谢，但是很明显，要得到稳定货币的资金，在当时是不大可能的。这看法在李翰1月10日前来汇报他与美国财政部官员的会谈时，得到了证实。他告诉我，他发现他们反对在当时提供任何稳定货币的援助，因为他们认为形势仍然十分动荡。

大约一周以后,中国技术代表团到达华盛顿。1948 年 1 月 9 日,我领他们会见了索普,进行礼节性拜访,并讨论了中国的需求,以及通过制订具体计划能从美国得到什么。陪同索普会见的有巴特沃思、内斯,石博思和梅尔维尔·沃克,他们都是他在国务院办理经济援助工作的助手或同事。技术代表团的代表是团长贝祖贻,团员李榦、陈良辅、洪绅和朱葆真。我们原希望俞大维作为团长前来,但是南京最后作了变动,他未能前来。

　　索普代表国务卿欢迎代表团,并称美国政府将尽力向中国提供援助。他说,他希望技术代表团介绍一下中国在应付其严重经济局势方面进行了以及准备进行哪些工作。

　　我对索普说,代表团是根据他的建议匆匆前来华盛顿的,目的是商讨有关所期望的对华援助方面的任何问题。我告诉他,代表团的成员带来了各种资料,这些资料可能有助于国务院制订提交国会的援华计划。代表团准备随时与国务院进行最全面的合作,我相信这种合作将是十分有益的,因为任何有效的援华计划都要依靠两国的紧密合作。

　　当索普表示他乐于聆听贝祖贻的意见时,贝祖贻说,中国政府在他离开南京前要他强调,中国经济局势已经非常紧迫,因此,不论什么性质的援助,提供得越快越好。

　　我对索普说,我听说国务院已制订一个临时计划,并将在月底以前提交国会。

　　索普证实说,我的消息是正确的。

　　我对索普说,如果他能透露一些国务院临时拟定的计划的内容,就会使代表团能够更好地提供所希望的合作。我又说,我听说这个计划将尽快提交国会,而不等国务院和代表团之间的商讨结束。

　　这位助理国务卿和我的看法相同,即认为应先提交计划概要。他说,即使在提交国会以后,计划也总还是可以修改的。

　　贝祖贻也力主尽早把计划提交国会,因为中国国民一直盼望能够得到美国的援助,早日提交计划会在心理上对中国国民产生有利的影响。他说,他很想知道,索普认为交换意见最好采取什么办法。

这位助理国务卿说,投资及经济开发司司长休伯特·哈夫利克先生将主持讨论。哈夫利克将为此和代表团或大使馆联系,安排第一次会议。(我记得他们第一次碰头是在 2 月 10 日。)

在这次会见中,巴特沃思还交给我一份美国评论中国自助措施声明草案的副本供我参考。中国的声明草案是最近交给国务院以便听取其反应的。于是我把我的报告和美方的评论电告了王世杰外长。他在 1 月 25 日作了答复,并寄给我一份声明的最后文本,这个声明将由行政院长张群于 1 月 28 日在南京发表。大体上,这个声明提出了中国政府打算进行的财政和经济改革措施的十点计划纲要,它承认了这样一个事实,即"为了确保从外援中获得最大的利益,需要有一个国内自助的适当而切实可行的计划。"

巴特沃思还向贝祖贻提出另一件事情。他谈到许多有关广州和上海的示威游行和暴力行动的报道,对贝祖贻说,广州的示威并不是自发的民众行动;它也不是共产党鼓动的,而是由某些政府人士授意的。他说,据美联社报道,那是当时的广东省主席宋子文的政敌组织的示威,目的是使宋难堪。

十天以后,我把代表团带去向国务卿引见。这次我和他的谈话似乎再次证实了我的印象,即华盛顿对援华仍在故意拖延,而马歇尔对于提供援助远不像中国那样急切。他对于向当时掌权的中国政府提供有效援助一事似乎另有想法。

在中国代表团礼节性地向国务卿转达了蒋介石总统和夫人以及张群行政院长的问候之后,国务卿也问候了蒋总统和夫人的健康,并问候了宋子文博士。然后他提了一些问题,而这些问题与其说是关于援助的,不如说是关于中国情况的。他问上海和广州机场的地勤工作是否已经集中管理,他说这是他在中国时亲自建议的一项措施。

贝祖贻回答说,中国航空公司已经大有改进,现在乘该公司飞机旅行相当方便。马歇尔询问了粤汉铁路的现状。

贝祖贻回答说,这条铁路是连接汉口和九龙的主要干线,需要大修才能担负繁重的运输工作。

国务卿还询问了浙赣铁路的问题。对此,贝祖贻回答说,这条干线需要修理,但是尽管条件很不好,仍在运行中,这应归功于俞大维的努力。一提到俞大维,马歇尔便问他为什么不亲自来。

贝祖贻解释说,因为俞大维的母亲病了。

(俞大维是哈佛大学哲学博士,后赴德国深造。在德国,他不仅对在哈佛时专攻的数学感兴趣,而且对军事学也发生了兴趣,他发现这门科学非常引人入胜。他是能直接用英语和马歇尔谈话的有限几个中国人当中的一个,国务卿一定对他有深刻的印象。实际上,由于俞大维深受马歇尔以及五角大楼某些要人的欢迎,后来他被派到华盛顿担任我的特别助手。这是一个新设的独特职位,因为俞大维是多年的交通部长,也就是说是一名阁员。我觉得在他所受命与美国政府,尤其是与五角大楼和军界领袖所交涉的问题上,对我的帮助很大。)

当国务卿接着询问汉口北面各矿的情况时,贝祖贻回答说,由于共产党的渗透活动,各矿开工不足。交通线被共产党严重破坏。

国务卿承认在战时情况下,中国为了修理和恢复所需的物资,肯定是要增加的。他还说,他在中国时曾向蒋主席建议多用汽车运输。代表团随即告诉国务卿,这方面的工作正在进行,交通部已在很多地区扩建公路,譬如从济南到青岛的公路。

我说,共产党在中国进行着两种战争,即军事的和经济的,其目的是恶化经济局势以使中央政府陷于困境。

马歇尔同意我的说法,并说,这的确是中国共产党的目的,欧洲共产党的目的也是这样,即破坏经济秩序。然后他询问了塘沽港的情况。

贝祖贻说,进行必要的建设大约需要一千六百七十万美元。

马歇尔连续提出这类问题。他询问了使用驳船的情况,巴特沃思肯定了这方面的工作有所进展。马歇尔还询问了有关黄河堤坝的情况。当他赞扬托德先生在堤坝方面的工作时,贝祖贻提到了共产党在长江流域的渗透活动。他强调指出,这些骚扰活动使中国老百姓深切感到局势的严重,他们认识到必须及早集中力量阻止局势的恶化。

马歇尔对此未加评论,而是重新提出他的专门性问题。他询问了山东各矿的情况。

贝祖贻说,据他所知,中兴煤矿曾数次被水淹没。

国务卿接着询问了台湾的情况。

贝祖贻谈到台湾需要化肥,但正生产着大量的糖、煤,在场协助国务卿的巴特沃思证实了他的话。

国务卿与贝祖贻的谈话,尽管都是些与中国经济局势有关的问题,似乎只接触到一些次要的细节,我很想把话题转到另一方面,以便我们可以从马歇尔那里听到美国援华的总政策。我似乎觉得,由于某种原因,马歇尔是在转移话题,避而不谈中国政府和我个人都最为关心的主要问题,因为决定做什么的毕竟是政策。此外,我想提出军援贷款问题,这是我国政府要求我这样做的。

我说,我想利用这个机会谈两件事。第一,我刚收到南京来电称,急需 M2 型枪 0.50 口径子弹,并嘱我请求国务卿费心协助速予安排。我对国务卿尽力使中国得到包括 0.50 口径子弹在内的某些军火供应表示感谢,但是我告诉他,虽然马里亚纳群岛的少量存货正在调运,美国同意正式供应的军火则尚未成为事实。

马歇尔询问了迟缓的原因。

我解释说,这是由于美国陆军部希望中国同曾经与之签署购买这种弹药合同的公司直接达成一项协议。于是马歇尔立即指示巴特沃思请陆军部速予办理。

接着,我告诉马歇尔,我国政府嘱我转告国务卿,中国在1948年急需一亿美元的军援贷款。我说,我国政府感谢国务卿以非常低廉的价格售予中国某些军需品,然而修整和运输费用十分昂贵。这些必要的开支对目前中国已经很少的外汇储备是一项重负。由于还需要更多的军需品,继续筹资是非常困难的,因此对购买以及修整和运输这些军需品所需的资金提供信贷,会有很大的帮助。我希望国务卿考虑美国政府提供这种信贷的可能性。如果不能另行安排,我想知道是否能以援助希腊和土耳其那样的方式安排对华援助。我说,听说在援助希腊和土耳其的计划项下,军需品和其他物资以及各项服务费用,是可以用,而且事实上也是用国会拨款支付的。根据这一先例,我希望能将拟议中的援华计划的总额再增加一亿美元,并在议案中列入一个一般条款,说明准许用以支付军需品的费用。我对他说,这样,中国急需的军用物资就可以得到满足。这可以说是一举两得。

这番话打动了马歇尔。他说,我所说的希土援助计划的情况是对的,他将研究我的建议。

这并不意味着我认为美国政府会赞同我的建议。美国政府主要由于选举前夕的国会压力,才不得不决定批准对华经济援助。因为它希望援欧计划能尽早顺利通过。但除了履行很久以前的把在华的和在太平洋地区的剩余物资售予中国的许诺之外,美国政府并不同意提供军事援助,而且即使是在剩余物资方面,看来也耽搁了很长时间。我个人只能认为马歇尔及在他影响下的美国政府实际上根本不愿考虑军援。如果我们回顾一下他与张君劢的谈话,就会想起他曾说过,军事局势是在与共产党的斗争中的决定因素,然而对军援态度如此,真是令人难以理解。

会谈将近结束时,马歇尔询问了一些中国人士的情况。除上面提到的几人外,他还问到了王世杰、白崇禧、陈诚、张治中、傅作义等人的情况。他对傅作义的评价很高,他是在中国认识傅的。他还认为张治中是一个才智双全的军官。他问张治中是否还是新疆省主席。

我回答说,张治中仍是委员长的新疆行辕主任。最近的消息表明,他的管辖范围可能要扩大到甘肃、宁夏和青海。

接着,马歇尔询问了周恩来和毛泽东的情况。他还询问了共军参谋长的情况,但是他的名字马歇尔和贝祖贻当时都未能想起来。(当指叶剑英。——译者)

当我听他提到各人的名字时,特别是某些国军将领的名字时,我觉得他内心很可能有些想法,即是否有可能在更大的程度上使用他们,甚至把他们安排到非常重要的职位上。当时,我并未设想马歇尔会考虑得那么远,远到认为精明干练的将领中的某一位,或许能担任中国政府的首脑。然而,我在与熟知马歇尔及其亲信的一些美国政治家和外交家的接触和谈话中能够清楚地看出马歇尔在这方面的想法和希望。我将在后面根据我的日记予以阐述。

关于这次向国务卿引见中国技术代表团,我必须补充一点,那就是马歇尔非常友好地设宴招待了代表团的全体成员和我本人。但是选择的设宴地点颇为异乎寻常,因为这个地点有点令人难以猜测。马歇尔自己对我讲,他极少设宴招待客人,因此希望对这次宴会保密。也许正由于此,他才选中了"阿利比俱乐部"。我几乎没有听说过这个地方,也从来没有去过。但是,当时我感到纳闷,马歇尔选择这个地方,究竟是因为他不愿让人知道他设宴招待从中国来美寻求经济和军事援助的中国技术代表团呢,还是真如他所说的那样,是因为他极少请客,还没有开始在华盛顿设宴招待过各国外交官呢。

无论如何,宴会是极好的,宾主也十分愉快。我们入席时,餐桌上只有用毛巾包着的几把用来撬牡蛎的球形圆柄刀,餐桌两端各有一个皮制的钵子,供客人吃牡蛎时扔牡蛎壳的。这是一席精致的美国南方菜。头道菜是甲鱼汤,接着是烤牡蛎、马里兰式鸡、糖浆和精乳酪荞麦饼和薄饼干。除了中国代表团的成员外,客人都是美国人,计有:罗伯特·洛维特夫妇、阿穆尔夫妇、巴特沃思夫妇、石博思、卡特将军和夫人、拜罗德将军和夫人、安格斯·沃德,和蒙内特·戴维斯夫妇。拜罗德将军那时在国务院供职,是马歇尔的亲密朋友。卡特将军和夫人也是他在军界中的朋友。沃德是美国驻沈阳总领事,戴维斯是驻上海总领事。

尽管美方的招待很热情,但是从美国取得军事和经济援助的进展情况却并不怎么乐观。2月9日,我约空军的毛邦初将军和谭绍华公使晤面,了解一下关于中国迫切需要的作战飞机的洽谈进展情况。我从毛邦初那里得知,很难得到足够的以飞机形式交付的援助。因此,我和他同意,先接受美国政府提出的九十五架飞机,其他一切问题留待以后解决。

第二天,蒲立德透露了很多有关援华问题的情况。我在日记里作了这样的记载,即自从他进行劝说美国对华提供援助的工作以来,这是他第一次流露出失望的情绪,和想得到更多援助的焦急心情。蒲立德说,他曾请克拉克·克利福德递交杜鲁门总统一封信,信中着重指出中国急需军用物资,否则东北肯定会丧失,而这是不利于美国安全的。信中还说,一旦东北丧失,共产党控制整个中国的危险就会出现,对此美国政府是应当负责的。蒲立德给我看了那封信的抄件,我注意到它的措词颇为强硬。

正如我已经指出的,当时的政治形势如下。一方面,国务院和在国务院、特别是在马歇尔的影响下的白宫,倾向于根本不提供军事援助,并倾向于几乎也不提供大量经济援助;另一方面,众参两院的意见,从我们的观点来看,却日益有利。国会主张尽量多给中国援助,以对抗中国大陆上日益增长的共产党的影响和力量,并主张仿照援欧计划的方式来进行对华援助。

同一天,贝祖贻给我看了一份张嘉璈准备的备忘录,其中概述了有关向美国寻求军事、经济援助的中国十点自助计划。他打算把这份备忘录直接递交美国国务院。我建议贝祖贻不要递交整个计划,而只递交在与国务院讨论后可能得到有利结果的那几点,其他各点则留供修改并于日后递交。我觉得,中国在与美国国务院打交道时必须非常小心,因为他们显然不愿对华提供大规模的援助。

2月14日,我再次与蒲立德进行谈话,他那时正在帮我游说一些国会议员,以期援华计划能获得最大限度的同意。我告诉蒲立德,塞班岛的弹药(贮存在塞班岛的剩余弹药)正向中国启运。我交给他一份美国各界人士中的中国朋友名单,国会有可能传唤这些人在援华问题上作证。我还把一个人的名字告诉了他(大概是汉森先生),他即将被国务院派往中国,他是毛泽东的朋友。

当天,我在加拿大大使休姆·朗先生举行的宴会上见到了《华盛顿邮报》董事长尤金·迈耶先生。那时,援华问题在华盛顿议论纷纷,不仅在政府人士和国会中如此,而且在新闻界也是如此。反映白宫和国务院观点的《华盛顿邮报》在社论中看来是反对给中国以更多援助的。因此,当我见到迈耶时,我避免直接谈论这个问题,而是谈中国的艺术。他和他的夫人长期以来一直对中国艺术有兴趣。我顺便对他谈到我在哥伦比亚大学以"真正的中国"为题的讲演,其中我强调了那些不仅对中国而且对美国和整个世界存亡攸关的根本问题。

2月17日,我接见了凌道扬博士。这时,获得美国的援助对中国极端重要,因此南京派出了一些熟悉美国情况并认识某些参议员和众议员的人。南京觉得这些人可以向国会议员说明,在即将制订的援华计划中向中国最充分地提供经济和军事援助的重要性和必要性。凌道扬是一位在美国受过教育的农业专家。他来告诉我有关他和以前美国在上海会审公廨的法官奥尔曼共同劝说参议院塔夫脱支持援华计划的情况。他说,国会将缓议国务院的计划,而自行制订一个援华计划。国会反对国务院计划的理由是那个计划过分强调救济而没有为恢复经济作准备。他给我看了摘自国会拟定的援华计划草案的四个项目。它们是:(1)稳定货币基金二亿四千五百万美元;(2)农业和工业援助五亿三千五百万美元;(3)交通约三千八百万美元;(4)军事方面无。

我强调说,有三件事是基本的。第一,救济与恢复有所不同,但也是必要的。换言之,我认为救济和恢复两方面的资金都需要。第二,为了应付迫在眉睫的经济危机,减缓日益危险的通货膨胀,必须有商品信贷。第三,宪法规定执行对外政策的权力属于政府,因此国会起草援助计划实际上可能使援助推迟。最后,我嘱凌道扬告诉国会各领袖,只要战争还在进行,真正的复兴计划是不可能实施的。

以后,技术代表团团长贝祖贻来向我报告说,他应巴特沃思之请,会见了哈夫利克,并大体上获悉了国务院援华计划的内容:计有提供五亿一千万美元用于购买商品,六千万美元用于交通设施的恢复等。哈夫利克没有给贝祖贻分类数字,也没有给他计划的副本,而只是说总统将于星期三或星期四向国会提交该计划(贝祖贻来看我是在星期二)。虽然所告并不详尽,但这毕竟意味着巴特沃思兑现了他的诺言,即在计划提交国会之前通知贝祖贻。

总统实际是在2月18日星期三中午提出援华咨文的。大约下午一点,他向国会宣读了咨文。我得到了一份提前发给报刊的副本,并在上午十一点半就仔细地阅读了。这是一份不起劲的咨文,从字里行间可以看出,其中没有丝毫热情。我在日记中写道,"它与欧洲复兴计划的咨文大不相同。"正如报纸所说的那样,马歇尔的心思根本没在这上面。有一条报道说,实际上是总统决定必须把援华计划送交国会,不应再事拖延。

当天下午,我同贝祖贻到国务院拜访了索普。索普像往常一样由巴特沃思陪同,参加者还有国务院方面负责与中国技术代表团进行商谈的哈夫利克。

我对援华计划终于提交国会表示满意,这是我和我国政府盼望已久的事。我对索普说,我已看到了总统提交国会的特别咨文,其中总统讲到了援华计划,但是我还没有见到计划的本文。

索普说,有一份议案草案和一本包括全部情况和数字的小册子,他在星期天已经看到了,它们已经准备好了,但是他不知道是否已经连同咨文一起送交国会。他说,他愿意解释一下援华计划的出发点。中国的局势不同于欧洲。中国正在进行内战,而且通货膨胀十分严重。因此,美国国务院很难确定在什么基础上才能有效地提供援助。他们得出的结论是,唯一可能的援助就是提供一笔款项,使中国可以支付某些必需品的进口费用。换句话说,就是满足中国到 1949 年 6 月 30 日这一段时期的外汇需要。这样,中国就可以用它现有的一切外汇资源和在这段时期用出口商品及其他资源换得的美元来支付包括军需品在内的其他必需品的购买费用。这个计划并没有打算满足中国的全部需求,而只是用于国际贸易中的商品的收支平衡。

索普说,整个计划还是属于建议性的,根据情况的变化,诸如美国供应的可能与中国的需要情况,美国政府可以做某些变动。他说,国务院在准备这份援华计划中花了一些时间,由于中国的局势的困难和复杂,就难免有所拖延。中国技术代表团的帮助很大,代表团的一些建议已经列入上述的小册子。由于前联合国善后救济总署一千八百万美元紧急救济款的交货购货任务,在 3 月底以前不会完成,这项计划准备继续进行以前两笔拨款所未竟的工作。

索普接着谈到了中国政府要求为实行中国货币初步稳定的计划而提供援助的问题。他说,国务院专家们研究后认为目前不宜采取任何行动。实际上,这个问题困难很大,所以企图采取任何措施均属为时过早。为了通过大宗贷款实现货币稳定,首要的前提是使货币达到或多或少地稳定的状况。要做到这一点,必须实现国际贸易收支平衡,以保持汇率的稳定。这个外部条件或许可以通过新的援助计划获得,然而内部的收支平衡则由于战争的持续和巨大的预算赤字而无从达到。货币稳定贷款的目的是支持一种已经达到稳定状态的货币使之保持稳定。除非已达到稳定状态,任何货币稳定贷款均不能实现其目的。索普接着说,由于同样原因,欧洲各国关于稳定贷款的请求也未予同意。欧洲各国必须首先尽力使其各自的货币达到稳定状态,然后美国才会向他们提供稳定贷款。

我说,美国在华的商业界看到由于中国的通货膨胀和物价飞涨而现在很难做生意,因此他们赞同设法稳定中国货币,以便能够恢复并发展两国间的贸易。

索普说,由于他刚才说明的原因,国会将反对这种计划。

然后,我提到了总统在给国会的咨文中曾声明,援助计划被国会批准之后,中国方面需要结合援助计划的执行采取某些财政、经济及其他措施。我问,这意味着中国应采取哪些措施。

索普回答说,那是指美国国务院与中国技术代表团之间讨论的那些措施,诸如改进税制、税收和预算支出的方法等。

贝祖贻着重指出,中国政府十分重视稳定货币,如果目前在这方面不能有所作为,那它将感到十分失望。

我强调说,如果全面而永久的稳定货币工作为时尚早,那么,局势也要求货币初步稳定,这将有助于中国政府力争平衡预算和减缓物价上涨和货币贬值的速度。这一步骤迟早是要采取的,并且因为援华计划的执行会在某种程度上产生稳定货币的作用,我相信,如果美中专家能聚在一起,研究草拟一个稳定中国货币和给予稳定货币贷款的计划,那将是大有裨益的。

贝祖贻说,他很支持我的意见,并希望予以实现。

哈夫利克说,货币问题已经在技术代表团和国务院专家之间的多次会议中讨论过了。

贝祖贻说,那些讨论都是非常有益的,但是由于国务院的专家都有其他待执行的任务,因此,如果能选派一些货币专家专心致志与中国专家讨论这个问题,必将有所助益。

索普同意这样做是有益的,但是认为到目前为止,还不到着手处理这个问题的时候。

我接着提到了把总额五亿七千万美元分为两部分的问题，即五亿一千万美元用于购买必要商品，六千万美元用于恢复交通设施。我说，虽然我理解在目前情况下不可能制订一个大规模的复兴计划，但是在那些没有共产党骚乱和战斗的地区还是可以兴建一些工程项目的。因此，依我看来，六千万美元是不够的。

索普说，实际上这样分配只是估计，而且在中国的目前局势下，不宜进行大规模的复兴计划。

索普认为这样分配只是建议，它将取决于国会最终制订的法案。行政官员有权斟酌调整，但是这两类支出的总分配额将维持不变。

我说，我注意到五亿一千万美元项下有"现有资本设备的更新部分"的词句，我想那即是供修复交通设施用的某些货品。

索普回答说，这类问题总是会提请行政官员注意的，他们有权斟酌决定。

于是我建议，为了利用援华计划提交国会到国会最后通过的这段时间，技术代表团和国务院可尽早开始起草协议的工作，因为我知道，两国政府为了执行援华计划，最终总是要缔结这项协议的。

巴特沃思同意这个很好的建议。他还说，技术代表团以国会法案的最终条款为准，在这方面可以做大量准备工作。

当我对国会是否能在六周内正式通过援华法案表示怀疑时，索普说，按道理六周时间是可以的。于是，我表示希望国会很快通过援华计划，因为它仅涉及一个国家，而且款额不到欧洲复兴计划的十分之一。再者，中国局势确实万分危急。

这位助理国务卿说，就某种意义讲，我说的话是正确的。但是另一方面，中国局势也有些使援华计划更难考虑的因素。就欧洲复兴计划来说，人们可以知道十二个月后计划执行的结果。但在中国则显然不行，由于战争还在继续进行，而且形势中充满许多未定因素，因此不可能预知十二个月后援华计划的结果。他相信国会将展开大辩论,虽然有些人坚决支持这个计划,但另一些人会提出反对意见。

我询问了国会根据临时援助法案授权向中国提供六千万美元的事。我知道已经拨款一千八百万美元,但是仍有四千二百万美元已经授权而尚未拨款。我说,中国局势紧迫,急需援助。

索普说,正如他已经说过的那样,根据联总结束后的救济法和一千八百万美元追加拨款项下的货物仍在装运中,而且大约要持续到3月底才能全部完成。因此根据临时援助法案再办理一笔拨款是没有用处的,明智的做法是集中办理目前拟议中的计划。他指出,为了应付可能的紧急需要,拟议中的计划提出,国会通过该计划后,复兴金融公司将为计划项下的采购垫款,以一亿五千万美元为限。

当我问这项计划是否能从4月1日开始执行,以便满足中国那时以后的需要时,索普回答说,计划的意图就是提供4月1日起可能出现的需要。他认为,援华计划通过之日尚未交付中国的货物,可以用复兴金融公司的垫款支付。

哈夫利克说,虽然提出了这个条款,但他不能肯定国会一定予以批准,因为国会不愿意使任何援助计划具有追溯效力,还因为制定具有追溯效力的条款有技术上的困难。但是根据拟议中的援华计划,任何采购的货物在到达中国之前,均可用援助资金支付。例如,如果一批货物是在国会通过援华计划的次日到达上海,那么它就可以从复兴金融公司的垫款中支付,然后再用援华计划项下的拨款偿还。

我就此提到了两周前我和马歇尔的会谈,在会谈中我转达了中国政府关于一亿美元军事贷款的要求。我说,国务卿曾允予考虑。我想知道是否已有结果。

巴特沃思说,国务卿对此事仍在考虑中。(这是一种表示未办的外交辞令。)

我说,我已经建议,如果不能以其他方式提供军事贷款,那么可以这样来制订援华计划,即在所提供的经济援助外加上这样一笔贷款。我说,援助希腊的计划就是这样办的。

索普说,提交国会的援华计划,与援助希腊的计划不同。前者是纯经济性的援助,而后者是军事和经济两方面的援助。

会谈后,我与巴特沃思一同到他的办公室去,作为我对他的回访。在那里,我又提出了军事贷款问题,并指出巴特沃思刚才的回答显然是一种外交辞令。这位远东司司长说不是外交辞令,事实是国务卿确实仍在考虑这个问题。但是,他可以补充一句,他认为国务卿不打算在他已经提交国会的计划之外,再提出任何其他计划。他提请我注意索普所说的在援华计划中提供一笔款项以支付中国的必要进口商品,从而使中国能用其外汇资源和其他美元收入来购买军需品和其他必要的进口货。

我接着提到了在发运中国急需的军需品方面,进展不大。譬如,关于六百五十万发 0.50 口径子弹,虽然我听说陆军部和奥林公司有可能在那天签订合同,但是迄未签订。

巴特沃思说,那个合同是应该签订的,他看不出有什么理由不签。

我说,关于中国空军急需补充的作战飞机,进展也不大。巴特沃思问是什么原因;我说,因为中美双方在数量上的差距太大。按照中国方面的数字,还应提供大约六百架飞机;而根据美国方面的数字,则仅为九十八架。从九十八架中再减去三架运输机,则只能提供九十五架。还有一个问题,就是能否供应太平洋地区的飞机。据我了解,太平洋地区是可以供应的,条件是华盛顿允予补充。关于这一点,陆军部曾表示将查明情况。可是虽然中国空军武官一直催问国外清算委员会和陆军部,但是到目前为止,关于太平洋地区是否可供应飞机的问题,尚未得到答复。我又说,至于数字的差异问题,陆军部也答应要查明实际情况。最新的情况是,国外清算委员会和陆军部已给美国军事顾问团发电报,但尚未得到答复。因而作战飞机的问题仍在磋商中。

巴特沃思作了一些记录,并称,他将立即调查此事。但是很明显,国务院不大愿意推动此事,而我则急切盼望中国的要求能予以尽速办理。

第二节　关于 1948 年援华法的国会辩论
1948 年 2 月中旬—4 月 5 日

2 月 19 日,我接待了魏德迈在华时的部下,前军需官皮尔尼上校的访问。1945 年他在张发奎将军从日军手中收复广东和广西时,曾在补给工作方面做过有益的工作。虽然皮尔尼这时的兴趣在于经商及推动华南的重建规划,然而他也愿意帮助中国从美国获得军事援助。他告诉我,他曾和几位参议员谈话,并发现塔夫脱和索顿斯托尔赞成援华。他认为国务院的计划是不适当的或不合理的。他赞成军援、稳定货币的白银贷款和复兴计划的信贷,但是反对商品贷款。我对他强调了中国对商品贷款的急需。我对他说,他提到的那三种援助都是必要的,但是不能因此而取消商品贷款。

当天,张君劢来访,带来关于援助问题讨论情况的侧面消息,很有趣。虽然他来华盛顿的目的是到华盛顿大学讲学,但是他说,他来访主要是了解我是否仍然认为俞大维有必要到华盛顿来。他告诉我,他曾向南京方面和王世杰外长建议俞大维访美,并曾告诉当时仍在美国作为中国赴美军事代表团团长和驻联合国军事参谋团首席代表的何应钦将军,让他电告蒋介石,说马歇尔希望俞大维为援华计划事宜访美。但是,据张君劢说,委员长复电称,俞大维访美时机尚未成熟。显然,张君劢和何应钦都不明白为什么俞大维一直切望访美,而在最后一刻却放弃了出使。

我告诉张君劢,这里有政治上的原因,也有俞大维个人方面的原因。我解释说,在这种情况下,贝祖贻及其代表团就经济援助进行了必要的讨论，我还说明了军需品问题的进展情况良好。困难和拖延并不是由于缺少一位专门的军事代表，而是由于华盛顿的高级人士不愿给中国以军事的或者经济的全面援助。我说，马歇尔对中国处理自己事务的方式有许多异议，他似乎对于委员长的政策、策略或军事管理有很多的不满。

张君劢证实说，马歇尔也向他提出过曾向我提出过的问题，即如果委员长失败或倒台，谁能取代他？据张君劢说，马歇尔甚至问到张治中，并对他颇为赞赏。他还高度赞扬了傅作义。这样看来，马歇尔在与张君劢的谈话中，又一次谈起了中国的这几位杰出的将军。正如我前面所说的那样，这种询问暗示他对委员长的不满，并想知道可能取代他的其他人选是谁。

关于援华计划和马歇尔对中国和委员长的看法，我在 1948 年 2 月 21 日有一段日记，其中记录了 2 月 20 日星期五上午开始的众议院外交委员会有关援华计划的听证会的情况。那天，当马歇尔向委员会说明这项计划后，许多人向他尖锐地提出了质询，尤其是众议员周以德。但是马歇尔固执己见，坚持认为只能提供使中国获得喘息的机会和减缓局势恶化的经济援助，而任何长期援助都是不可能的。他还给人以这样的印象，即美国对中国已经提供了大量的军事物资。我在记录中指出，这是不真实的。

那天上午马歇尔发言的会是公开的，但是当天下午众参两院外交委员会的联席会议是秘密的。那个会议的内容我直到后来才知道。在那次会上，马歇尔详细阐述了他的观点，力图驳倒中国及其在美国国会中的支持者的立场。这些支持者认为对华军援是既可行又必要的，而且远东和中国至少同欧洲一样重要。那年的《国际事务观察》在论及马歇尔那次讲话的第一部分时写道，这"等于说，无论如何，中国政府已注定不是一个有力的盟友了，即使共产党掌权，也同样会受到中国固有弱点的拖累，在人们对国民党的巨大的不满之中，那一点点共产空谈也将无济于事。"

第二天，即 2 月 24 日，我见到了蒲立德。我把不给军援和夸大已给的军事物资的情况告诉了他,当然这只是指国务卿在上午会议上的发言而言。(马歇尔所提出的论据,当然是说中国已经得到大量的军援,但都浪费掉了。)我告诉蒲立德说,中国只得到少量的军事物资,而且都是要付款的。他请我把实际情况告诉他。他个人的看法是,经援数字还是不少的,但是一定得有军事援助,而且中国最好有一个像李奇微或魏德迈那样的无党派的行政官。蒲立德还说,他以前就认为,中国肯定不会对国务院的计划感到满意,因为这个计划在准备时就毫无热情,而更多地只是为了平息一下国会的情绪。其态度是出于泄愤,让国会给中国这么一笔援助,这笔援助将是最后一笔,因为最终这笔钱还是会浪费掉,那时国会就会看到当初批准这笔援助是多么愚蠢。这就是蒲立德对马歇尔的态度的印象。后来,贝祖贻来告诉我说,蒲立德想要一份已向中国提供的军事物资的清单,如果可能的话,在星期日之前给他,因为参议员塔夫脱要就这个问题发言。

在这里,我想提一下和途经美国赴华就任的希腊驻华大使艾寄乐的谈话。他认为希腊和中国局势的严重性很是相似,并认为军事援助最关重要,没有军援,经济援助就不会产生有效的结果。

2月25日,我在双橡园设午宴招待奥尔曼法官、皮尔尼上校、凌道扬、李榦和贝祖贻。我们讨论了促使国会加速通过援华计划的最佳途径。皮尔尼说,国务院的援华计划根本没有通过的希望,国会将自行起草一份援华计划。他说,马歇尔不喜欢中国人,在他所拟的计划中并无意于援助中国,他之所以不得已提出一个援华计划,是为了应付某些参议员和众议员的强烈要求,他真正感兴趣的是欧洲复兴计划,而没有这些议员的支持,他将寸步难行。皮尔尼还说,参议员范登堡不再支持早日办理援华计划,而愿意先通过欧洲复兴计划。我则再次强调了中国既需要经援也需要军援。我提出四项要求:商品信贷,用于初步稳定货币计划的白银贷款,复兴计划和军事援助。

那天下午,马歇尔出席了众议院外交委员会的执行会议。据说有人问他为什么预料他的援华计划不会产生百分之百的效果。他说,他曾提出各种改革的建议,并曾建议更换某些文武官员,如陈立夫和杜聿明将军等,但都没有实现。对此,该委员会的一些委员对他说,中国是一个独立国家,他作为总统的外交特使,干涉委员长的任免权是违背外交准则的。

蒲立德显然对推动美国的对华援助非常关心。2 月 28 日星期六,他打电话询问我在所谓的 $8\frac{1}{3}$ 空军大队计划下中国已经收到的飞机数字。他之所以问这个情况,是因为美国空军部发表了一篇文章。空军部长赛明顿将军应国务院的要求,公布了绝密档案中的一份有关文件。这个文件发表在华盛顿的《时代先驱报》和《纽约先驱论坛报》上。它给人的印象是,美国曾向中国供应了一支与土耳其和西班牙的空军一样庞大的空军,包括轰炸机、驱逐机和运输机。蒲立德对这一报道很气愤,他相信这是不真实的。我把实际情况告诉了他,他立即用电话告诉了参议员布里奇斯。后来他又与我通了几次电话,我也给负责中国空军办事处的第二号人物向上校打过一些电话,因为我未能找到空军办事处的主要负责人毛邦初将军。我在那天的日记中写道:"所有这些紧张的工作,直到上午十一点钟才完,我的早餐也凉了,我也就不吃了。"

过了一会儿,十一点三刻,《时代》周刊的罗伯特·埃尔森来访。他想了解中国的最近消息和我们对援华计划的看法。他说,国务院对这个计划本身的成功没有多大信心。再后,考虑到反对援华计划的消息,我和贝祖贻一起前往会晤蒲立德,和他商讨推动国会通过援华计划的最好办法。我建议,如果必要的话,就提出像援助希腊和土耳其法案那样的修正案,对华提供军援,并使对华经援成为欧洲复兴计划的一部分。至于援华计划的管理办法,我同意最好是为中国设置一个单独的机构,或者是使之隶属于欧洲复兴计划的总机构。

蒲立德认为这已不成为问题了,因为国会中支持中国的朋友已决定把欧洲复兴计划、援华计划、对华军援和对希腊及土耳其的援助统统列为一项议案，因此要么全部通过，要么全部否决。他说，整个援助计划将由一位总行政官负责，并由一位副行政官负责援华计划以及若干副行政官负责十六个欧洲国家中的一个或几个国家。他还认为派往中国的应该是某一位有影响的军人，并认为麦克阿瑟将军、马克·克拉克将军或李奇微将军是理想的人选。

蒲立德很乐观。他觉得整个援华事宜现在已经没有问题了。他说，他现在很想去外地休息一段时间，因为他一直在这个问题上紧张工作，已经很疲劳了。他将被众议院外交委员会传去听证，时间可能在下一个星期一、二。因此，他要一份对马歇尔所说迄今为止给予中国军援的评述，以便在听证会上据以驳斥。于是我立刻安排宴请贝祖贻、李榦和世界银行中国方面执行董事顾翊群，商讨货币改革的问题；并且派人把谭绍华请来，请他准备一份蒲立德所要的关于美国已向中国提供的军援情况报告。

蒲立德实际是在3月2日星期二到众议院外交委员会作证的。在那次会上，他的建议中有美国向中国提供一亿美元全部用于军援，并且派遣"能够找到的最优秀人才"去配合中国的反共战争。第二天，外交委员会收到了麦克阿瑟从日本来电，他也建议向中国提供军事援助。3月4日，魏德迈到外交委员会作证，他同样力促对华提供军事援助。

3月6日，我再次见到了蒲立德，我们简短地进行了推心置腹的谈话。我把我们准备好的两份备忘录交给了他，一份是关于我们所拟的援华法案的修正案，一份是关于我们所拟的军援法案草案，以供他转交他在国会中的朋友。他再次告诉我，他对成功很有信心。他说，他将前往海地的太子港度假十天。他告诉我，参议员布里奇斯曾写信给国务卿马歇尔，请他加速办理对华提供军事物资，并且声称，如果不能做到此点，参议院拨款委员会将从预算中取消国务院远东司的编制。随后国务卿就对陆军部开了绿灯,准其与中国就全部剩余军事物资进行谈判并达成协议,而不必再像原来规定的那样,事先请求具体指示。蒲立德还说,马歇尔害怕了,他现在急于尽快办理整个事情。

综上所述,到这时为止的形势是,美国国务院所准备的援华计划并没有满足中国的希望。我希望的是不仅看到援助额增加,援款用途多样化,而且看到援助中包括军援。在马歇尔影响下的美国政府特别强烈反对军援;但是南京政府鉴于共产党对中央政府权力的挑战和他们企图以武装斗争推翻政府,认为军援是生死攸关的。因此,我再三向美国国务院交涉,力陈中国的观点。同时,中国大使馆协同南京派来的人员准备了两份备忘录,一份是我们所拟的对援华法案的修正案,一份是军援法案的草案。

南京各部也关心援华计划和这些修正案,他们各有自己的计划和目的。我和贝祖贻都收到了各部领导人的来电,敦促把他们自己的部列入新的项目或增加援助计划中已有项目的金额。譬如,3月9日贝祖贻来报告说,他收到了交通部长俞大维和经济部长、资源委员会委员长翁文灏的来电,他们都要求增加援华计划中工业和商业项目的分配额。

我感到很难答应他们的要求,我提出三点理由,说明为什么我无法满足他们的要求:第一,该计划本身已有充分的灵活性,足可以做出安排,满足他们的某些要求;第二,美国国务院已公开声明,不能修改它已提交国会的计划;第三,我认为在现阶段应致力于援助的总额,而不应化整为零使问题复杂化。我告诉贝祖贻说,在援华计划中各部各需多少,政府可在南京通过各部之间协议解决,驻华盛顿的中国大使馆很难决定如何满足各部的愿望。当然,对于各部来说,最简单的办法莫过于根据他们各自的希望和需要,在华盛顿制定的计划中,规定某种分配额,使他们有把握各得其所。如果将总额分配办法留待中国政府去决定,在南京势必发生竞争,各部也都会发现各自的目的难以达到。

3月10日,在华盛顿的一位支持中国的朋友汉密尔顿·赖特夫人希望见我,我约她共进午餐。她的已故丈夫是一位鸦片问题专家。我记得他曾主持 1910 年在上海召开的国际鸦片委员会。他们的女儿当时是美国国务院的一名工作人员。赖特夫人和我谈了援华计划,并表示愿意帮助促其实现。据她说,她认识很多参议员和众议员。她告诉我说,她在国会中的朋友们认为最好先通过欧洲复兴计划,然后用更多的时间致力于援华计划。他们觉得欧洲的局势已经非常紧迫,不容拖延;而另一方面,援华计划也应予以充分考虑。她征求我的意见。

我坦率地告诉她,我的印象是,这些朋友的观点是国务院的观点。我个人的看法是,援华计划应该是包括欧洲复兴计划和援助希腊与土耳其计划在内的一揽子计划的一部分。我说,中国和欧洲毕竟是构成一个整体的两个部分。美国遏制共产主义的政策不应厚欧洲而薄中国。实际上,我认为中国的局势更为紧迫,而且最终对于美国的安全和防卫更为重要,二次大战日本袭击珍珠港和马尼拉即足以证明此点。她说,她要把这些话告诉她的朋友们,因为她觉得我的论点是令人信服的。

3 月 12 日,陈纳德少将夫妇来访。他告诉我,他刚刚应召到国会外交委员会作证。他不知道该不该在记者招待会上说明,马歇尔所说的美国已经履行其援助中国的全部诺言和保证这一点并非实情。我说,他在众议院外交委员会上就中国局势所作的见证很好。事实上,我的案卷表明,他是不远万里从上海飞美作证的。据自动收报机 3 月 10 日收到的电报称:"他和其他军人一起,都力主对中国伴随经援提供军事援助,唯有国务卿马歇尔除外。"陈纳德说,不提供大量援助,就只会出现一个"反对美国的共产党政府"。他激昂慷慨,指出这样一个结局将大大冲击美国的战略地位。

接着 3 月 19 日,我正在大使馆茶会上与海军上将柯克夫妇谈话之际,中央社驻华盛顿的代表蒋荫恩打电话称,众议院外交委员会刚以十五比〇的投票结果通过了援华计划,这项计划规定提供四亿二千万美元的经济援助和一亿五千万美元的军事援助。听到这个消息后，我十分高兴，尤其是因为其中包括国务院一直反对的军援。但是，虽然众议院外交委员会最终通过了，这仅仅是个开端，我还不知道最终军援在援助法案中是否能够保住。最初不同意给予更多的军援，毕竟是由于马歇尔本人深信中国应该结束内战，中共与政府之间不管存在什么问题都应该和平解决。我料想他的这种信念必已体现在他使华归来给总统的报告之中。当时，显然认为共产党仅是要参加政府。我认为，现在美国政府似乎否认曾经有过国共在联合政府中进行政治合作的主张，尽管当时他们确是这么设想的。

当然，表面上，美国不应向中国政府提供更多的军事援助，以免使战斗加剧，从而更加恶化中国的军事局势，这看来像是很有道理。但是实际上在研究确定各时期对华政策时，是有人的因素和其他因素在内的。1946年，马歇尔和国务院认为禁运，即初步撤销军援，可以迫使蒋介石合作。到1948年，他们不愿进行军援是惧怕苏俄进行报复引起第三次世界大战或至少会加剧苏美的紧张关系。但是更主要的是，正如2月20日听证会上所指出的那样，他们相信或声称相信，任何军援均属浪费，除非军援包括美国的全面武装干涉，而这又是根本做不到的。然而，华盛顿，尤其是国务卿，在1948年所面临的实际情况是，共产党正在中国迅速地占据上风。国民政府极需更多的武器与共产党作战，因为，俄国人在苏维埃革命三十周年纪念时宣布已将在东北的日本武器转交中国共产党，并公布了清单。因此，中国政府就不仅是在与中共作战，而且是在与中共背后的俄国人作战。

在这种实际的困难处境中，还有另外一个因素要考虑。不给军援的设想似乎也是符合美国传统的对华政策的。美国一向主张一个统一的中国。它不愿看到中国分裂，尤其不愿看到由于一场自相残杀的战争而造成分裂。就此而言，中国国民也是要求一个统一的中国的。但问题是，当另一个有严密的组织、精良的武装、受外国思想体系影响的党,拿起武器反对政府,图谋推翻政府,取而代之,在苏联的支持下成为中国的统治者(在 1949 年,共产党正是这样做的)。在这种情况下,又怎么实现一个统一的中国呢?所以,美国政策的前提尽管正确,并且像美国人有时所说的那样,是代表了中国人民愿望的,然而,如何使这一政策贯彻实施,就完全是一个实际问题了。我觉得美国人似乎不大懂得问题的全部含意,他们单纯地坚持一个统一的中国这个根本原则,而不考虑前进道路上的实际问题。倘不首先找到解决问题的方法克服困难,则根本的目标是无法达到的。在 1948 年的现实情况下,不给军援不会导致一个统一的中国,而只会出现一个把国民党排除在外并由共产党取而代之的中国。

一旦美国人自己认识到不可能建立一个联合政府作为统一的基础,美国人思考的关键问题就要改变,他们要问,在谁的领导下统一中国?美国官员不只一次说过,中共并不那么坏嘛,他们不是俄国式的共产党人,他们是农业改革者,他们希望建立一个为中国人民的利益,尤其是为占中国人口百分之八十以上的农民的利益的政府。另一方面,他们也屡屡发现,国民党政府所采取的某些或大部分治国之策,并非良策,同美国民主政府、民主政治的概念相去甚远。这是不幸的一面。共产党人是很善于宣传的,他们利用了美国的这种思潮。

当我出使法、英、美三国期间,在新闻报道和记者采访中遇到许多对国民政府很不利的宣传,它们不仅出自像中国共产主义事业杰出代言人之一——孙中山夫人这样富于辩才的宣传家,而且也出自像埃德加·斯诺和安娜·路易斯·斯特朗女士等访问过延安共产党总部的许多外国记者和中国问题专家,他们之中有法国人、美国人和英国人,他们在延安受到了殷勤的接待,并听到了极好的情况介绍。与此相反,与国民党交往的美国代表们,既不是游客,也不是观察家。在许多场合下,他们访华的目的是劝使国民党政府改变政策、改变行动。其结果自然无法像外国人在延安那样感到愉快。

下面我将说明,幸运的是援华法案提交国会讨论时,国会站在中国一边,中国在国会内有很多热心相助的朋友。至于"院外活动"一词,我很不愿意使用,因为起一个坏名字贬低别人的成就总是不难的。"院外活动"一词就有这种味道。它含有贬义。中国大使馆根本没有花钱对美国国会施加过压力。国会中支持中国的人士都是中国的朋友,他们由衷地感到中国和美国是天然的朋友,美国应该帮助中国。有人企图把事情说成是美国给中国援助,而中国把其中一部分钱用来"运动议员",这完全不是事实。我们有许多朋友,我们用不着花钱 * 。只是在我离开华盛顿以后,指责我们宣传不力的论调才在台北甚嚣尘上。我的两位后任在政府的认可下,花了大量的金钱。但是,三年之后,他们发现这样做毫无价值,也就停止了。从第二年开始,他们把这种花销削减了一半,第三年削减到四分之一,第四年则完全停止了。这样做是毫无用处的,企图用收买的办法在美国扩大宣传,只会把事情越弄越糟。因为一旦这种做法被发现,反应就会非常不利。另一方面,真诚朋友的帮助总是更起作用的。因为那些丝毫没有想要报酬或报答的中国朋友们,站出来支持中国的事业,他们的话就会更有分量。这就是我所想到并要说明的。

我想以众议员周以德的态度为例。他对中国的情况很熟悉,因为他曾在中国度过童年,以后又在中国当过传教士。实际上,我记得他是在山西省出生的。他认识蒋委员长夫妇,跟孔祥熙这位山西人特别熟悉。当然,他对一切与中国有关的问题都有很大的兴趣,那个时候他对援华计划尤为关注。他竭尽全力促使援华议案在最大程度上对中国有利,这是出于对中国当时需要的考虑

---

* 原注:有一个例外的情况:在 1952 至 1955 年期间,我的大使馆以适当的报酬雇用了一名美国报馆记者,让他报道中国局势的实况,访问美国各大报刊的编辑,并试探他们的反应。但是,这笔开支是用于一般舆论方面的,而不是像"运动议员"这个词所指的用于影响国会的。

以及他根深蒂固地相信中国与美国在整个世界,尤其是在亚洲的主要利益是完全一致的。我和他以及其他几位参议员和众议员保持着密切联系,他们都是中国的朋友,准备竭尽全力协助处于困境的中国,以应付共产党对国民政府权力的挑战。

3月19日星期三晚上,我在几经努力后终于和周以德取得联系,因为我知道早些时候他曾设法找我。当他回电话的时候,他告诉我,他正在参加众议院外交委员会关于援华计划的最后一次会议。我说,他参加这个会议对中国说来,比他原定参加孔祥熙主持的华盛顿妇女俱乐部会议肯定更为重要。周以德解释了为什么他要提出并促使通过把分配给中国的经济援助的百分之五到十用于造福中国农民的农村建设。他说,这是针对美国出现的一种批评而发的,批评说,尽管美国向中国提供了贷款或赠款,中国政府却未曾利用援助来造福中国人民。他之所以说这些,是因为我把委员长来电内容告诉了他。来电嘱我向他转达蒋夫人对于他的电话的答复。周以德在打给蒋夫人的电话中曾请求委员长声明支持把一部分援助资金按照晏阳初的计划和运动的模式用于农村改革和平民教育。

当时晏阳初博士提倡的运动正在美国引起极大的注意和赞许。他的计划尤其得到了美国联邦最高法院道格拉斯法官的赞同。道格拉斯成为发起人,并且为晏阳初安排了一次招待会。招待会是在3月8日举行的,晏阳初应邀作了关于中国平民教育运动的演讲。他的演讲给人以深刻的印象。他强调了四点:第一,他发起的这个运动的性质是非政治性的和超党派的;第二,平民,尤其是农民,是构成国家的主要成分,他们以前从未受过政府的关心;第三,教育平民的费用平均每人只需要一美元;第四,这个运动的领导人即他和他的同仁的特点是全部都是知识分子,他们放弃了自己的职业而为农民服务。

他还说,他的计划有四项宗旨:用教育来与愚昧、贫困和疾病作斗争,用教育来建立一个自治的政府。他进一步说,当农民看到别人愿意帮助他们时,他们就会参加这个运动,并促使其开展。当他们的状况有所改善,以及合作社管理成功时,他们就会开始要求自治。他说,民主是一项实践的事物,并且需要准备和训练;平民教育运动也就是一种训练中国民众实行民主的运动。

这次会议的主席是道格拉斯法官,负责安排整个事务的是弗雷德里克·布鲁克夫人。参加会议的来宾中有:罗伯特·塔夫脱夫人、魏德迈夫人、孔祥熙博士和亨培克博士夫妇。在美国为晏阳初运动发起募捐的道格拉斯法官对美国全国教师协会的三万美元赠款感到很兴奋。该协会也派了代表参加。正如我所说的,当时晏阳初运动引起了巨大的兴趣,相比之下,它使南京政府在某种程度上显得黯然失色。因为,比如说,晏阳初的演说实际上就是要说明政府一直没有为农民做多少工作。

3月20日星期六,我写了几行日记,现在回想起来很有趣。原文如下:

> 春季从上午11点零3分正式开始。天气相当热,温度为华氏81度。这是自从1923年以来3月份的最高温度。

同一天我还写道,在新任负责国外教育和新闻的助理国务卿乔治·艾伦先生举行的午宴上,我见到了富布赖特参议员和布兰丁小姐。富布赖特是一个和蔼可亲的中年参议员,也是以他的名字命名的那条法律的倡议人和制定人。布兰丁小姐是瓦萨学院的院长,也是国际新闻和文化交流局的工作人员。这次宴会是为招待富布赖特教育委员会而举行的。缅甸大使和我是出席宴会的最高外交使节;中国和缅甸分别是签署文化合作协定的第一和第二个国家。

艾伦首先发言,然后请我和缅甸大使讲几句话,我们就都发了言。我根据他的要求,简短致辞,但是缅甸大使至少讲了二十分钟。他讲完后,艾伦小声对我说,要是给这位缅甸大使三个星期的准备时间,他说的话也不会更好些。这显然意味着对他的发言报以一支利箭,因为他在发言中说,当他到达纽约国家机场时,认为再也没有"空中陷阱"①了,但是他发现事实并非如此,后来得知,美国到处都是"空中陷阱"[指临时发言],他对此感到不胜其烦等等。他的讲话确实很不得体,然而他也讲了一个讨人喜欢很有风趣的故事。他说,沙夫茨伯里勋爵曾经讲过,如果教皇也结婚和妻子一起生活,他就会发现自己不是绝对正确的了。显然,他不是一位职业外交官(缅甸刚独立不久),因此,他讲话不做准备而且随便得很。这就是使艾伦感到恼火的原因。

李榦一直在了解众议院辩论援助法案的进展情况。3月22日,他来告诉我说,众议院的多条款议案把欧洲复兴计划、中国、希腊和土耳其的军援、中国的经济援助计划和国际儿童基金计划全都放在一起。这个议案提出,到1949年6月30日为止的十五个月期间,对华援助四亿二千万美元,而不是像原先报道的十二个月。于是,我据此给外交部发了电报。下午,贝祖贻和威廉·亨特一起前来。亨特在中国住过很长时间,曾在中国经商,是中国的一位美国朋友。他们来告诉我说,马萨诸塞州参议员亨利·卡伯特·洛奇曾答应亨特,时间将是十二个月,而众议院议长马丁也对他说过同样的话。因此,亨特说,他将坚决要求修正,把这段时间缩短成为原来的十二个月,并把这个修正草案送到马丁在老家马萨诸塞州的支持者手中,他们就会敦促他倡议这项修正案。

后来,我得到报道称,参议院外交委员会已决定对华提供经援三亿六千三百万美元,另外一亿美元则由美国总统根据他的意愿拨给中国,用于中国认为适合其目的和需要的用途。换句话说,这笔钱就是用于军事装备的,只是没有明说罢了。这显然是采取一种顾全国务院和白宫的面子的做法,因为他们曾坚持不提

---

① "空中陷阱":是迫使飞机突然下降的一种气压状态,缅甸大使利用这个词的双关意义开玩笑。——译者

供任何军援。这是国务院、白宫和那些竭力要求国会列入军援的人们两种立场之间的妥协。我立刻打电话给蒲立德,把这个消息告诉了他。他说,他还没有听到这个消息,但他对此感到非常高兴,尽管他觉得这个数字是不够的。他说,他前一天很忙,和参议院的好几位朋友,特别是和参议员布里奇斯谈了话,敦促他们坚持对华也提供军援。他告诉我,他一直工作到午夜。

从各方面来的消息都说,参议员范登堡在那天上午外交委员会的那次关键性会议之前曾与马歇尔进行过接触,征得他的同意而后在委员会支持拨款一亿美元的意见。但是马歇尔没有像预期的那样出席这次会议。

3 月 23 日,贝祖贻来电话谈到他奉召回国之事。作为技术代表团的团长,他对我帮助很大,我愿意他在华盛顿逗留到获得美国充分援助的问题结束为止。就在几天之前,我在发往重庆①的电报中提出这个建议。因此,我高兴地得知他刚刚和张嘉璈通了无线电话,(张嘉璈一度任中国银行总经理,贝祖贻在他属下曾任上海中国银行和广州中国银行的经理,所以他们是至交。)并得知政府已经决定照我的建议让他暂时继续留在华盛顿。张嘉璈还说,外交部长王世杰会打电报把这个情况告诉我。

第二天,我到国务院拜访了马歇尔。一开始,我就告诉他,我要与他谈的问题之一是对华军援问题。

他立刻告诉我说,他已经收到并看过我早上送给他的备忘录。

我对他回顾了王世杰上年 10 月曾对国务卿提到关于从美国获取军事物资的问题,并回顾了在临近 1 月底的时候,我自己曾对他谈及用于购买军事物资的一亿美元信贷问题。但是在那天早上送给他的备忘录中,我按照我国政府的愿望提出了一亿五千万美元的信贷或拨款,这是由于若干原因而需要增加的。第一,

---

① 重庆当系南京之误。——译者

最近两个月战争扩大了,因此中国军队的需要量大大增加。第二,美国国外地区的剩余战争物资定价颇低,而国内地区同类物资的定价则高得多。而且运往中国的包装费、保险费和运费往往高达价格的百分之十五至十七点五。

马歇尔插话问道:"什么价格?"

我回答说,我指的是这些物资的原值,而不是指他们的实际买价。接着我提出了第三点理由。我解释说,我的军事助手曾告诉我,根据有关部门和机构的看法,由于世界局势的变化,各方面的需求不断增加,因此今后可提供的剩余物资数量将大大减少。这就意味着可能必须向制造厂商订货,而在这种情况下,价格就会大大提高,需要的钱也就相应增加。

我对他说,我当然明白,国务院提交给国会的援华计划已经考虑到了中国的军事需要,在这个计划付诸实施以后,中国可以用它自己的外汇资金以及诸如流入中国的其他外汇收入作为购买军事物资的资金。然而事实上,中国的外汇资金几乎已经枯竭。中国法币币值从我上次在1月底与国务卿谈话以来,已经大大下跌。那时的汇率大约为二十万元法币兑一美元,而前一天的汇率已经跌到了五十七万七千元兑一美元。局势已经到了如此严重的地步,以致中国的中央银行不得不暂时停发进口许可证,而出口实际上也处于停顿状态。

我还告诉他,中国政府已经不得不以其在美国的黄金储备作抵押,向花旗银行申请借款,然而为数很少。中国政府还在试图用在中国的金银储备作抵押。但这并不是一件容易办的事,因为各银行不愿凭在华的金银储备做抵押贷款,除非能把抵押品运往美国。另一方面,把这些金银储备运出中国,会扰乱已经很敏感的中国金融市场。这也就是要求拨款或贷款一亿五千万美元而不是原先提到的一亿美元的第四点理由。我对他说,换言之,不但国务院提交的援助计划需要一些时间才能实现,而且即使这个计划付诸实施,中国政府的外汇收入也不一定会迅速增加到能支付其必须购买的军事物资的程度。

接着,我给他举了一个实例。我说,我的仆人过去一向请求我帮助他们通过纽约的一家银行汇钱给他们在中国的亲属。但是上年他们没有为此而找我。我听说他们是在通过银行以外的渠道汇款,因为中央银行对美元的官价汇率比黑市要低得多。这样,过去一向构成中国外汇资金重要来源的华侨汇款已经完全不能流到中国政府的手中了。

马歇尔好像对参议院有关援华计划的实际情况以及参议院外交委员会所采取的行动不太了解。

远东司司长巴特沃思解释道,参议院外交委员会已经表决同意给予中国三亿六千三百万美元的经济援助,另外一亿美元由中国用于其他目的——换句话说,用于购买军事物资——以十二个月为基础,相当于十五个月提供五亿七千万美元,但用于重建的六千万美元除外,因为这笔款项不能分成十二个月或十五个月提供。他还说,按比例计算,参议院的四亿六千三百万美元这个数字大体上与众议院提出的十五个月的数字相同。

马歇尔回顾了国务院的计划有这样的规定,即对国会通过这项议案时正在运往中国途中的货物,可以追付货款。

巴特沃思说,援华计划大致是按截至 1949 年 7 月 30 日的十六个月到十七个月计算的。

我要求马歇尔支持中国关于一亿五千万美元军事物资信贷的请求。

马歇尔问道,支持是什么意思。他说,他知道中国原先要求在五亿七千万美元经援之外,再给予一亿美元信贷以供军用,而参议院和众议院则都规定从国务院提出的五亿七千万美元中提供军事拨款。(显然,他不想扩大这个数目,也不想明确规定军援。)他说:"现在你要求我支持在五亿七千万美元之外再拨款或贷款一亿五千万美元。"并且问我,是不是这个意思。

我回答说:"是的。"

马歇尔说,他不能立刻答复,而必须请示总统决定。(这是一种推辞。)

接着,由于国务卿 3 点钟要去白宫开会(我是按照他的约定于 2 点半去访问他的),我便起身告辞,而没有提出原来打算和他讨论的另外两个问题,即:第一,美国对日政策的目标;第二,马歇尔对他曾称为欧洲非常严重的局势的个人看法。

在我那天的日记中有一点非常有趣,我写道,马歇尔的表情很不自然,比平常生硬拘谨。我还写道,我原打算谈三件事,但结果只谈一件就用了二十分钟,因为他对有关的细节、事实和数字非常留意,包括:第一,剩余军事物资运往中国的包装费、运费和保险费;第二,为什么我不同意美国国务院援助计划的预计,即中国用增加的美元外汇和现有的美元储备足以支付购买军事物资的需款,而毋须为此专门拨款或贷款。

我还在日记中写道,他说他得走了,因为他要在三点钟抵达白宫,而当时已经两点四十八分,所以我起身告辞。但是我在临走时问他,他为参加美洲国家的波哥大会议,预计需离开华盛顿多久。他未能告我,他说:"我说不准。"随后,在巴特沃思送我出来时,我对他说,我没有想到马歇尔的波哥大之行会如此机密,并问他是否如此。巴特沃思看了看我,没有回答。他显然不敢说同他上司矛盾的话。

我在日记中接着写道:

> 过去三十年中,我至少和十几个国家的三四十位外交部长谈过话,打过交道,其中包括六位美国国务卿,但这是我第一次感觉到难以开诚布公交换意见,不仅在普遍关心的问题上如此,而且在即使是中美双方特殊关心的专门问题上也如此。谈话的气氛几乎一直是生硬而拘谨的。这或许是由于马歇尔首先是一位军人,习惯于拘谨的表情和严肃的举止。但是毫无疑问,他是一个表里一致而诚挚的人,当他看到事情是正确的时候,就急着去办。

两天后,我拜访了参议员范登堡。他作为参议院的临时议长和外交委员会的主席,当时大概是国会中在美国涉外关系方面最有影响的人物。我与他很熟悉,因为我们两人在旧金山会议期间和在纽约的各次联合国会议上已成了非常好的朋友。他也是中国的好朋友。我去争取他在国会竭力以最有利于中国和适合中国真正需要的方式通过援助议案。我感谢他为支持援华而做的全部工作。我说,不仅我而且中国政府和中国人民都十分感激。每逢人们想起美国的对外政策时,不可能想起国务卿而不同时想起他这位参议员,因为他的影响是众所周知的。

听完我的这番话,他立刻坦率地说,他和美国政府的对华政策毫无关系,并说,早在一年多以前,他在明确自己的立场时就这样说过。(换句话说,他并不赞同政府的现行政策。)他说,他那时就不同意美国的对华政策,现在还是不同意。

我说,远东的局势和中国战线的重要性与美国对华舆论的变化有很大的关系。接着,我告诉他,我想提出两点请他注意。第一,中国急需军援。共产党的军队拥有大量的军火,而政府军却由于缺乏军事物资而处境不利。正在东北作战的所谓的美式训练和美式装备的各师尤为如此。美式装备的弹药中国自己不能制造,完全依靠美国补充。共产党不仅有俄国人从日本人那里缴获后转给他们的大量军火储存——这些存货是关东军原打算有朝一日用以进攻俄国的非常精良的武器弹药,而且俄国人还在用沈阳兵工厂的机器设备为共产党生产更多的武器弹药;沈阳兵工厂以前就是中国最大的兵工厂,日本人接管后又进一步扩建使之成为关东军军火供应的主要来源。

这位参议员说,他已经收到了中国军事局势的报告,对此颇感不安。他问道,委员长能否坚持下去。他实在不喜欢那里的局势。

我说,困难很大,障碍重重。除了前方不利的军事局势外,后方通货膨胀恶性螺旋式上升,经济形势也十分危急。例如,我们上次会见时一美元还换不到二十万元的中国法币，而现在则需五十多万元中国法币才能买到一美元。形势的确非常严重，这也就是中国迫切希望得到足够的经济援助和军事援助的原因。

我告诉他，委员长本人对局势深感不安，但是，我认为如果委员长不能控制局势，那么其他任何人也都无能为力。再说，即使华中和华北被共产党占据，中国由于主要还是一个农业国，因此不会像一个高度工业化的国家那样全面崩溃。此外，委员长是一位性格坚强的人，他不会轻易放弃斗争。但是急需及时获得军事和经济援助。

我说，由于军事局势恶化，军援的需要增加，至少需要一亿五千万美元。目前，中国一直在购买所能买到的弹药和其他军事物资。虽然可作为剩余物资供应的补给品价格低廉，然而包装、运输和保险费用往往几倍于购货总价。例如运输机，虽然每架的价格只有五千美元，但是修整费和保险费以及先到太平洋沿岸再到中国的空运费等实际费用，高达买价的三倍多。因此，十二个月所需要的最低军援数字就得一亿五千万美元。

我提出的第二点是，我希望有可能使国务院提出的经援数字，即五亿七千万美元作为经济援助保持不动，而把一亿五千万美元的军援批准为追加数字。我说，我希望他设法协助，使这两点能以实现。

范登堡说，第一点也许能办到，但第二点没有什么希望。追加总额而获得国会批准是不可能的。

接着，我询问了援华法案的时间表。

他回答说，他将在星期二把这项法案交回参议院辩论并表决（我们见面的那天是 3 月 26 日星期五），而且他相信参议院当天就能批准。随后众议院将在星期三通过这项混合援助法案。星期四将召开由众参两院议员参加的联席会议，以便消除差异而达成一致。他认为，如果星期四晚上能做到这一点，那么星期五就会把已取得一致意见的法案送回众参两院通过。他说，无论如何，就参议院而言，他将尽最大努力使整个事情于星期五结束。

这次谈话快结束的时候，我请这位参议员评论了一下欧洲局势。然后，我对他向我提供的情况表示了感谢，便起身告辞。

他说，和我谈话令人高兴，请我随时来看他。

虽然当时我忙于宣传中国在援助问题上的观点充分有理，但同时我也时刻关心中国的局势。由于美国对华政策对我们至关重要，并由于美国政府似乎十分密切地注视着中国局势的发展，企图根据其对中国大陆局势发展情况的看法而修订政策，我自然同样渴望随时了解中国的事态发展，特别是有关共产党叛乱及其与政府军作战的军事局势。因此，当中国一家大银行——金城银行董事长周作民于 3 月 29 日来拜访我时，我希望听到他对中国最新局势的评价。他是我在中国最老的朋友之一，我一直对他十分钦佩，因为他虽然是一位银行家，但所关心的却不局限于这一方面。他一直关注公众事业和政府的外交政策。他对日本尤为熟悉，在日本他有很多朋友。事实上，他很受日本商界和银行界的尊重。

周作民在回答我的问题时说，东北实际上等于已经丧失，华北也危在旦夕，因为国军已无心作战。他说，派到东北接替杜聿明将军任国军总司令的陈诚将军，像杜聿明一样，把东北的局势搞得一塌糊涂。他说，陈诚在处理人事和各项工作的方法上过于独断专行，因此他手下的军官或者全军上下都普遍对他不满。他说，何应钦之所以能够把他的地位保持十三年，就是说担任国民政府三军参谋总长的职务（具体的职称可能各个时期有所不同），就是因为他在掌握他自己的人员以及他政治上的敌友方面的手腕巧妙。

至于援助法案的进展情况，我想提一下 3 月 27 日参议员范登堡打给我的一个电话，也就是我们长谈之后的翌日上午。电话是打到巴克希尔瀑布旅馆的，当时我正在那里度周末。工作人员所准备的参议院外交委员会的报告，刚刚提交参议院，这个报告显然未经委员会仔细复核，其中包含很多贬低中国政府和中国军事将领的段落。范登堡打电话的目的就是为这些段落表示歉意。他答应我，或不如说是向我保证，他不仅要撤回这份报告，而且要在参议院按照他正发给我的电报的精神发表讲话，该电报表扬了中国的努力以及委员长的爱国精神和行动，并且祝愿委员长成功地建立一个统一的自由中国。

现摘引我3月30日的日记如下：

> 范登堡的话字字珠玑。他的发言有力地支持了援华法案，并说明了他撤回委员会的原报告和修改其内容的原因。他赞扬了委员长的爱国精神和所作的努力，并说美国必须向中国提供力所能及的援助。他还进而驳斥了反对该法案的种种论点，并为防止任何严重的反对意见而巧妙地解答了种种问题。该法案最后以口头表决方式通过，唯一喊不同意的人是我的哥伦比亚大学老同学参议员威廉·兰格。他仍是美国中西部一位坚定的孤立主义者，是北达科他州的参议员。

虽然兰格在表决时是反对中国的，但我觉得这是可以理解的，尽管我曾亲自访问过他，求他帮助，因为他是我的同学，而且甚至在哥伦比亚大学时就一直对政治感兴趣，但是，他一贯采取倾向孤立主义的立场，我想这是符合他自己那个州的人的普遍情绪的。在他被选进国会后，他仍然坚持自己的观点。这次他忠于自己的原则，敢于投唯一的反对票。当然，这对我来说是令人失望的，但是我能理解他的立场。这也使我感到，在美国，民主是真正的民主，一个人总是可以按照他自己的想法发言和投票，用不着害怕任何外界的干预或反对。这就是我的感想。

然而，我必须重提一下，在那些年代里，中国幸而在美国人民中间有非常多的真正朋友，其中有些还是很有影响的人物，在参议院，如参议员范登堡和参议员塔夫脱，在众议院有周以德，国会外的著名美国人士诸如蒲立德、海军上将阿瑟·雷德福,报界的鲁斯夫妇,新泽西州前州长爱迪生先生以及许多其他的人,他们都是中国的真诚的朋友,愿意帮助中国的事业,常常勇敢地面对美国政府的政策;而政府的政策先是朝着不利于中国的方向变化,后则逐渐表现为中国人以及许多美国人都认为是不友好的偏见。

有一件小事可以说明我所讲的在美国有很多真正的朋友,他们注视着中美之间的局势,并且的确对所发生的情况深为关心。4月3日,亨利·鲁斯夫人从纽约打来电话,对中国政府打算给爱德华·卡特授勋一事表示不满。她说话时口气很坚定,表示无法理解中国政府的这一举动。她说,当她和她的丈夫以及像艾尔弗雷德·科尔伯格这样的人都一直在竭尽所能帮助中国的时候,爱德华·卡特却竭尽全力反对他们的工作,因此她不能理解为什么卡特应该受勋。她说,中国从来没有赏识过他们的工作,没说过一句赞扬的话,也没有给过一枚勋章,而这个一贯反对中国的人却要受勋。(科尔伯格是美国对华政策协会的负责人。他是一位富有的实业家。我听说他是通过从厦门进口驰名的福建花边发家致富的,并且在美国创建了一家大公司。他领导这个协会,为其经费提供捐款,最后把全部精力都倾注于协会的工作。)

这件事我了解,我向她解释说,给卡特授勋的事是我的前任大使在两年多以前提出来的。鲁斯夫人反驳说,那正是他表现最坏的时候。我说,但是政府还没有最后决定。我告诉她,我百分之百同意她的意见,并且将设法制止这件事情。她表示满意。当然,授勋之事也就没有实现。

另一位反对这一授勋事件的是蒲立德。5日,他来电话谈到此事。他说,如果某位一贯反对中国的先生居然得到中国政府的授勋,那将是一件怪事。他说,是科尔伯格把这个消息告诉他的。我明白他指的是卡特。当我询问他所指的那个人的姓的第一个字是不是"C"时,他说是的。我请他放心,我告诉他这项动议已被取消,于是他表示满意。

这类事情在其他大使馆也有。往往使馆工作人员在开列授勋名单时有些疏忽,大使馆负责人没有发现就批准上报给政府。我恰巧与爱德华·卡特很熟悉。他无论什么时候到欧洲去,只要我在那里出使,他总要来访。我往往顺便就他所采取的立场与他争论,他则力图说明他的论据。他是太平洋学会的一位重要角色,而且我似乎觉得他对日本总是有点软心肠。譬如,他试图为日本的政策辩解,并为日本的对华政策找借口。

3月30日参议院通过法案,批准总数为四亿六千三百万美元的对华经济和军事援助,为期十二个月,即参议院关于欧洲复兴计划法案的期限。(参议院与众议院不同,坚持把援华法案和欧洲复兴计划分开。)在总数中,三亿六千三百万美元是商品援助,包括农村和工业的重建项目,其条件与欧洲复兴计划受援国必须接受的条件相似;一亿美元以赠款方式,通过行政手续,用于总统认为可行的"中国政府所决定的任何用途"。(此点已记入我命技术代表团为大使馆准备的1948年3月29日题为《援华计划进展近况》的备忘录中。)

第二天,众议院的多条款援外议案获得通过,并立即送往参议院。众议院外交委员会提出的对华经援及军援的总数没有变化,即四亿二千万美元经援和一亿五千万美元军援,为期十五个月。为此,下一步就是召开处理众参两院共同事务的委员会,以消除两个议案之间的差别。这次会议是4月1日举行的。晚九点,电台报道了会议商定的援华计划,内容如下:第一,众议院的委员接受把经援和军援的总额定为四亿六千三百万美元,为期十二个月的意见,放弃了原来为期十五个月五亿七千万美元的主张。第二,军援改为不规定用途的援助,而只是给中国赠款一亿二千五百万美元,由中国按照美国总统所指定的条件,用于它所乐意的任何用途。第三,提供经济援助三亿三千八百万美元。第四,众议院议案中的"晏阳初计划"条款仍将保留在最终议案中。

这个议案是 4 月 2 日由国会通过的,翌日总统签署后就成为 1948 年援华法,并作为《1948 年对外援助法第四号》公布。总数与中国原来希望在那年得到的援助额相差并不太大,而且尽管遭到了美国政府的反对,特别是在该法案提出初期的反对,但是最终还是得到了国会的批准。委员长和中国政府对此都十分满意。我收到了委员长和外交部长的许多电报,嘱我分别转致杜鲁门总统、国务院、参议院议长、众议院议长和国会内外其他对中国进行过帮助的朋友,如鲁斯和蒲立德各位先生。

这样,援华问题的最后结果对我和南京来说都是令人满意的,甚至可以说是令人满足的。在外交场合中,中国成语"宁为玉碎,不为瓦全"毕竟是不适用的,因为如果双方有矛盾,那么谁都不能百分之百地达到目的。中国当时的局势使我们关心的是获得实际可以得到的东西,而把其余所需的留待将来解决。确实是通过中国在美国国会中的朋友,在华盛顿的朋友,以至在整个美国的朋友们的一致努力,才最终得以满足中国的希望,不仅表现在数额上,而且还包括了军事援助(尽管没有明白说出来)。参议员范登堡很巧妙地修改了决议的文字,通过规定一笔留待美国总统决定的具体金额,由中国根据其愿望以任何方式使用顾全了美国政府的面子。这样就打通了妥协和最终能被各方接受的道路。

第三节　援华法的实施

1948 年 4 月—9 月

一、谈判与拨款

1948 年 4 月—6 月

援华法经国会通过,虽属可喜,但只是获得援助的第一步。如何开始贯彻执行,还有不少问题须花费时间加以解决:诸如将援款总数编制为分项细目;与设在华盛顿受权执行援助计划的经济合作署及其派驻中国的代表团商谈细节;两国政府互换照会;签订一项双边协定提出实施援助计划的原则和步骤;国会尚须拨给所需款额;并且在争取军事供应方面仍存在着很大困难。同时,在其他领域也出现了新的难题。例如,我很关心美国移民法影响中国移民。因此,我一如既往很注意美国公众对中国的意见。

迄今为止,在与美国人士多次会晤中,我一再指出,1948年初,中美之间的关系已经恶化到美国政府似乎对中国政府本身所处的困境已毫无同情的地步。他们勒紧钱袋,不肯对中国扩大军事援助与经济援助。对中国政府处理中共问题的态度和政策存在着明显的不满,对军事情况更加不满。在压力之下,美国政府最后决定对中国扩大经济援助,但决不扩大军事援助。就是在经济援助方面,也好像仅着眼于纾解人民所受的苦难,而不愿为减轻政府及其国库的财力重负而提供经济援助。

看来美国政府的这项政策改变也影响着美国人民对中国政府的普遍感情。在对中国的思想感情和了解上,同对日作战胜利以前的那些年月相比,特别是和珍珠港被偷袭后至日本最终战败前那些年月相比,有了明显的改变。为说明这种改变,我想提一下我去匹兹堡的一次旅行,在匹兹堡我度过了4月15日一整天,参观了匹兹堡大学,首先在匹兹堡林肯俱乐部欢迎我的午餐会上讲了话,然后又在对外政策协会的晚餐聚会上被邀讲话。

我在美国东部工业城市匹兹堡的林肯俱乐部午餐会上讲话时,这个城市的各界领袖人士四十人也出席了。我讲的是“中美贸易关系中的几个基本因素”,似乎很受欢迎。我估计不会向我提出什么问题,而且果真没有。但在对外政策协会的聚餐会上,当我以“远东形势的国际利害关系”为题约三十五分钟的即席演说结束时,听众中有些人站起来向我提问。他们热情激动,有时三四个人同时发问。这种情况持续了四十五分钟,表明听众对我选择的题目大感兴趣。

这个题目引起听众那样大的兴趣，我并不感到意外，但却为一些问题背后的指导思想而受到相当冲击。那些思想肯定对中国不是十分同情或友善的。例如，一个问题是："为什么美国支持蒋介石的独裁政权？"另一个问题是："美国的援助对中国政府能有什么好处？据说那个政府是腐败无能的。"另一个同一腔调的问题是："与中国共产党人的土地改革相比，蒋介石政府在这方面做了什么？"我强有力地回答了所有的问题，正像主席在他的闭会词中所说，有力的提问都被中国大使有力地解答了。

会后，听众中的一位女士对我说，她真希望我能更早一些时候去对她们讲话，那会有更大的好处。她告诉我，利兰·斯托和安娜·路易斯·斯特朗前此曾在对外政策协会作了反对中国政府的讲话。并且直到那天晚上，人们都相信他们。当她们听到我的说法，似乎使她们信服了。总的来说，约有十二个人走到座席前面说，我讲的中国实际情况给了他们以深刻的印象，并且现在了解了那里的存亡攸关的问题。不过总的看来，我在对外协会的经历并不是太惬意的。从向我提问题的数目来判断，表明了对中国实际情况的大量误解。我有这样的感觉，似乎美国人对中国的印象和理解以及战争年代对中国表示的同情已大大地改变了。

举例来说，当我 1943 年去到美国时，所到之处都感到满意，美国人民表示了他们对中国的同情、友好的感情和赞扬。但这也使我有些担心。正如我回国后蒋委员长问我对中美关系的看法时，我对他讲的，我在美国访问过的地方，到处都表现出过多的友谊和赞扬，对此我感到有些不安。我的话引起他极大的诧异。他问我为什么，我对他解释说，美国人赞扬我们过了头。他们似乎觉得我们所做的一切都是完美无瑕好到极点，特别是我们的抗日决心。他们好像不曾认识到我们的国家和政府在那个特殊的发展阶段所遭遇的困难和存在的缺点。我告诉蒋委员长说，当美国人对于实际情况知道得更多一些时，我恐怕这种对中国过度赞美的浪潮有一天会走向幻灭。这倒不是由于我们有意如此,或者所选定的政策使然,而是由于任何一个国家,想把自己建设起来时,无可避免地要遇到的一些主要问题,以及在寻求完满解决过程中所面临的一些困难。我说,我特别担心,因为一旦他们感到失望,他们就会把对中国的看法转向另一极端。我觉得这正是对日战争胜利以后那段时期里实际出现的情况,而且这种不能令人满意的局面,到了我正面对的 1948 年,还在继续发展。

在作这样的中美关系评价时,尽管作为一个中国人,我自然首先会想到中国,但我仍然力求采取客观的观点。我一直在尽很大努力来了解美国对中国的政策及其意图。我总认为而且今天仍然认为,或许因为在美国度过了这么多年,仅在美国教育机构中就学习了九年,并且交往了大量的各种年龄的美国人,我是更能了解美国的政策和美国人民的性格以及他们的弱点的。正是在这一基础上,我十分强烈地感到,美国有一个时期过分赞扬了我们,这正是令人可虑之处,特别是当我国政府和在政府中占统治地位的党过高地估计了自己,也就是说政府和党过高地估计了中国的力量及其国内外政策的正确性。

换句话说,珍珠港事件后,在华盛顿和一些欧洲国家首都,对中国政府和遭受了巨大痛苦及困难的中国人民的勇气,给予了过高的评价,这在中国国内引起有利的反响,也引起了不利的反应。我们政府的领袖们似乎认为自己是真正的英雄,期待着从国外朋友那里得到远比他们所能资助的更多的东西,而对这些友好国家本身在国内必须对付的困难问题,却没有给予应有的考虑。简而言之,我想这样来表达:在珍珠港事件与取得对日作战胜利之间的这段时期内,正是由于美国对中国的过分赞扬和我国的领袖们对于他们在国际政治影响中的地位所作的过于自信的估计,才在中美关系中,或者更确切地说,在两个政府的领袖们中间,播下了出现这样多误会和这样多摩擦根源的种子。

我一直觉得,在那一段时间里,由于我称之为估价和了解的错误,导致一个摩擦、误会甚至双方互怀敌意的时期。事件不断发生,有时是由一方或另一方故意引起的,以致两国间的关系更加恶化。这些是完全不必要的,并且事件的起因,有时是相当的天真、幼稚。我认为双方,首先是中国,其次是美国,在处理与对方的关系中,都过于玩弄手段。

当时我看到在华盛顿流行着对中国政府政策的明显误解,这种误解在美国公众对中国的态度上有着不良的影响。说到这一点,我想提一下广西桂林法政学院廖竞存教授的来访。他是立法委员,也是张君劢的亲密朋友。他于 1948 年 4 月 29 日带着何应钦的介绍信来访。他告诉我,他要代表中国人民的立场访问杜鲁门总统。他要强烈要求总统把中国内战问题提交联合国安理会解决,并说,只要战事在继续,一切美国对中国的援助都应停止。

我劝告他应当注意,并向他指出,任何站在一名中国人的立场上所表达的观点,都会被美国公众认为是反映人民的普遍的观点。由于他的观点似乎与政府的政策不同,可能很容易引起对中国政府和中国人民的真正感情上的误解。但他似乎对我这番善意的评论毫无所动。因此,我觉得有必要给外长王世杰发电报(他认识廖教授)并征求他的反应。王回电要我告诉廖教授,不要向美国政府提出他的建议,因为这些建议和三方在重庆达成的协议及发表的联合声明是不一致的。

以此作为导言,现在我想着重就 1948 年援华法案的贯彻执行问题,继续讨论美国对中国的援助。在国会通过援华法案之后,我们同国务院就整个数额的各种用途分项问题进行了讨论。不幸的是,大使馆和技术代表团与国务院双方对数额的分配和分配项目的管理方法,开始时意见有很大分歧。分配问题也由于我已经提到的情况而复杂化了,即南京各部提出各种不同的要求,要我在援华计划中为他们各自的部插入指定项目。这些要求既相互矛盾,又难以应付,因为它会使事情复杂化,使国会更难了解援华法案,从而妨碍其迅速通过。不管怎样,援华法案通过之后,还得处理各部之间不同要求的问题。

由于军事援助的需要比各部的具体要求更为急迫,我请技术代表团的李榦博士帮我考虑提出一份军事援助的分类细目,其中包括用于军事上的民用物资,例如汽油和通讯器材等。这样既可使军援金额尽量加大,又可使各部理解,为什么不可能满足他们列举的数量繁多的具体需求。换句话说,这一亿二千五百万美元的特别援助专款,不仅要用于购置军事物资,也要用于购置某些军事上所需的民用物资。4月5日,李榦把他按我要求拟好的致南京王外长的电报稿拿给我看,随后就发出了。

4月8日,贝祖贻和李榦向我报告了前一天在国务院技术会议上讨论的要点。讨论的问题涉及到:1.修订经济援助的分项数字;2.在国会拨给援款的全额之前,暂用复兴金融公司预垫的五千万美元,分为经济援助三千六百万美元,军事援助一千四百万美元,并附带一项建议,后者可以包括民用物品如汽油;3.草约。他们告诉我,国务院提出,实行援助计划必须有草约,而讨论中的困难之点则是草约的内容。国务院赞成采用1947年10月在南京签订的联合国善后救济总署结束后的协议的模式。但是从中国的观点来看却不太好,因为写在那个协议中的特殊机构中美委员会,相当有损于中国,并且因为那将使现在的经济援助计划又表现为救济性质(联合国善后救济总署及联总后计划均以此为目的)与欧洲复兴计划的经济援助性质是不同的。我们一致认为,美国的新援助不应按救济的性质来管理和对待,而只能作为真正的经济援助。

我对任命负责援华计划的副署长一事,以及可能由谁担任也很关心。因此,4月9日,由贝祖贻陪同我拜会了副国务卿罗伯特·洛维特。那次谈话相当令人不满意。约会的时间是三点钟,我们的谈话三点八分才开始,副国务卿告诉我,他三点半另有约会,必须离开。在我们的谈话中,我发现他对援华计划的实际情况并不熟悉。他甚至认为,军事援助须受与经济援助相同的条件约束。他还认为国务院的草约底稿已经送给我了，实际并非如此，就连他本人也还没有看到过。看来他显得有点无从措手，只是不断地说，按照经济合作法选派的署长，上午才刚刚宣誓就职，总统和国务卿还要和他商量他所主管的各种事务，这件事尚需稍待时日，才能处理。

我在那天的日记中写道，洛维特表现神思恍惚，不知是否由于听到波哥大发生暴力行动的消息（那次暴力行动使得在波哥大召开的泛美会议被迫中断），或是由于署长保罗·霍夫曼拒绝任用国务院的人员所致。看来国务院原打算在新的管理机构建立之前，先把这项援助工作管起来，等新机构正式成立后，再由国务院调人过去管理。换句话说，国务院似乎决心要由它自己来掌管整个对中国的援助计划，虽然我不知道国会通过的最后议案将国务院和政府原来提出的议案改变了那么多，国务院是否对此大大失望或生气。

问题究竟是怎么回事，或有多么严重，到 4 月 13 日贝祖贻前来报告国务院和署长霍夫曼之间的争吵时，我就更清楚了。他说，他曾见到国务院的哈伦·克利夫兰，他一直是联合国善后救济总署驻华办事处的主任。克利夫兰曾对他说，他本来打算参加援助的管理工作，可是现在有了变化。白宫的道森曾对穆尔（鲁斯的姻兄弟）说，他已被提名为经济合作署署长的特别助理，将不接受国务院的任何人。他说，这件事刺激了洛维特。洛维特曾试图劝说霍夫曼改变主意，说国务院那批人在准备阶段曾管理过这个计划，对他会有很大帮助，但是完全无用。贝接着说，目前署长要组成他自己的班底，而那是要花费时间的。迄今为止，只有穆尔是法律顾问，韦恩·泰勒是经营管理处长。关于派到中国去的人，贝听说，原五角大楼的奥姆斯特德将军最有希望被任命为代表团团长来中国掌握援款。

由于前述考虑，尽管那次和洛维特的谈话并不令人满意，我还是想谈一下其中某些部分作为有用的背景资料。例如我问洛维特关于贯彻执行援助计划的手续问题,我说,据我了解,在援外法经国会通过后,仍然需要有一个拨款法,并且众议院和参议院的拨款委员会不久都将召开听证会。但我指出,中国对援助的需要是很迫切的。不知道洛维特先生可否谈一下对中国提供的五千万美元贷款的实施步骤?那笔贷款已授权复兴金融公司在国会实际拨给全数四亿六千三百万美元以前先行垫付。

洛维特说,第一步中国要在草约上签字,他相信草约底稿已经送交中国大使馆。

我说还没有收到,虽然我知道在国务院的代表和中国技术代表团成员的一次会议上,国务院代表曾提起过这一点。

巴特沃思也在座,他说,草约已经拟就,但在送交中国大使之前必须和署长商议。

我表明我希望对中国的草约要尽量简单,并仿照对欧洲国家的模式,说明中国政府愿意和美国以经济合作法为基础订立双边协定,而不包括去年10月中美两国缔结的联合国善后救济总署结束后协议中的那些规定。

贝祖贻说,他完全同意大使的陈述,也希望草约不要包含联合国善后救济总署结束后协议的规定。因为那个协议主要是处理救济问题,而现在的计划则更多的是属于援助性质。

巴特沃思说,中国和欧洲国家的情况并不完全一样。就中国来说,联合国善后救济总署结束后的协议中曾规定了某些机构,这对于处理新援助是有用的。

我说,我认为草约是要使复兴金融公司提供的贷款资金能够利用起来,而双边协定是提供合作的基础,自然它应是一个更详尽的文件。我问,按照洛维特先生的意见,需要多长时间,双边协定才能订立,并且要在什么地方订立。

洛维特回答说,应和欧洲国家一样,在华盛顿订立。

我说,国务院的代表们在一次会见中国技术代表团时曾说,双边协定可能在南京协商,但我推测这一点尚未定下来。

巴特沃思说，协定在南京协商有很多好处。对此问题，他曾准备了一份备忘录，但还没有提交给洛维特先生。无论如何，他们必须等待国务卿回来，应由他决定协商在何处举行。

　　洛维特说双边协定须在华盛顿起草，因为要同署长协商。

　　我说，关于那一亿二千五百万美元的额外援助，我获悉不须按照管理经济援助的规定办理。我问洛维特，需要什么手续才可使这项额外援助得以使用。我想，在拨给这笔资金以前可以用五千万美元的一部分作为购买军需物资之用。我还获悉那五千万美元贷款的分配是，经济援助三千六百万美元，军事援助一千四百万美元。

　　巴特沃思说，这是两者之间的粗略划分，只是一个初步建议，还有待总统批准。

　　约一周后，4 月 17 日，我刚从匹兹堡访问回来，贝祖贻和李榦来看我。他们向我报告说，当我不在时，国务院的草约终于送到了大使馆。我们研究了草约，作了一些评注，然后立即电告外交部。国务院仍坚持以 1947 年 10 月 27 日联合国善后救济总署结束后的援助协议作为扩大新援助的基础，但可以有某些尚待商定的特殊例外和修正。例如，按新援助计划，要购买的商品不一定局限于 10 月协议的规定范围。国务院还坚持，草稿中应保留救济一词，但解释说，这并不表明新援助的性质。

　　第二天星期日，我和蒲立德同进午餐，他计划于月底访问中国。我对他谈的问题中有一件是关于取得军用物资的困难。它们来得太慢又太少；时而声称某些物品是剩余物资，从订货中删除；时而冻结其他一些物品，说是欧洲对同类物品的需要不断增加。蒲立德答应向布里奇斯参议员反映此事，并向我索取数据材料，第二天我就给他送去了。

　　关于获得足够的军用物资问题，也是我 5 月 4 日和约翰·福斯特·杜勒斯在一次相当长而有趣的谈话中提出的话题之一。当时我在波士顿参加美以美会举行的纪念在中国传教一百周年庆典,杜勒斯也为此来到波士顿。有来自五十个国家的大约五六千人出席了这次聚会。总干事迪芬道夫告诉我说,由于不好安排,这次会上唯一没有代表参加的远东国家是日本(暗示有几个国家反对日本代表出席)。

会后,我和我在哥伦比亚上学时的老朋友杜勒斯在饭店的一个单间里谈了一个半小时。他喝他的威士忌,我喝我的苏打水。他首先问我中国国内的情况和美援问题的现状。我告诉他,国会在通过给中国的军事和经济援助方面是肯帮忙的。我说,经济援助在适当时候实现,有助于缓和通货膨胀;但利用军事援助供应武装部队却是困难重重。我告诉他,我们愿意从太平洋和远东地区作为剩余物资取得这种供应。但美国方面的手续非常缓慢,迄今为止,我们为取得这些物资所作的努力鲜有结果。其所以如此,可能是由于欧洲也需要这些物资,以及国务院明显的不愿意。我说,然而局势严重,盼能迅速结束这种状况。不然的话,可能造成对中国和对世界的爆炸性局面。我对他说,我们非常迫切地需要物资供应和技术援助来训练我们的军队,不仅是台湾的一个师,而是全中国的三十个师。有了这种援助,我们就能战胜共产党人。

杜勒斯问,为什么马歇尔如此不愿帮助中国。据杜勒斯说,国务卿似乎不大喜欢中国和蒋委员长。我告诉他,在我看来,这是由于马歇尔的任务失败,这是他从未预计到的,并且也是很难忘掉的。每一想到他本人作为总参谋长赢得第二次世界大战胜利的辉煌成就时,这一失败使他不断感到痛苦。杜勒斯说,他也相信是那样。在回答我的问题时说,杜鲁门在对外问题上根本不知道他自己在做什么,而马歇尔则不能忘怀在中国的失败,并且总是归咎于蒋委员长。

他说几乎可以肯定,1948 年 11 月美国政府将要变动,在这以前,不可能希望有任何改变。但是,即便到那时,美国的对外政策,除了有关中国部分以外,也不会有多大的改变。随后,我们讨论了即将来临的美国总统选举的前景和国际形势的其他方面。

4 月 30 日，我去芝加哥在行政官员俱乐部的一次午餐会上讲话，并参加几个其他的集会。其中的一次是芝加哥华侨界招待我的午宴。在应邀讲话中，我强调了两点，第一是关于敦促国会通过一项特别议案的进展情况，这项议案旨在解除某些在美华人访华后重返美国的困难。第二是中国国内的混乱情况只是寻求国家统一过程中的一时现象。我对他们讲，人人应对中国的将来怀有信心。

上述第一点也是 4 月 10 日曾与檀香山第一执行法庭州监护检查官陈（Mrs.San Un loo Chan，音译）女士和邝兆荣先生谈话的题目。他们是来和我讨论她给国会提出的特别法案的。这一法案打算取消在 1924 年排华法和 1932 年 7 月 5 日移民法之间进入美国的中国移民在法律上不被承认的有关规定。移民法允许从事国际贸易的外侨入境和永久居住，并适用于考查排华法时期进入美国的中国人是否合法，而那个时候并不需要这项条件。结果，来访者告诉我说，他们不敢回国访问，因为他们不能得到重返美国的许可。他们说，陈女士发起的那一法案如能通过，就会使发给他们返回许可证成为他们的一种权利。我告诉他们，我愿帮着促请国会通过，并想法接触国会里几位中国的朋友，还要为参众两院的司法委员会举行一次鸡尾酒会。

同一天，4 月 30 日，国务卿和由我代表大使馆互换了美国援华的草约，尽管中方反对，照会上仍规定，在双边援助协定谈判期间，美国援助的扩大，除某些例外，要按 1947 年 10 月 27 日联合国善后救济总署结束后协议的规定办理。5 月 1 日，我从芝加哥回来，谭绍华报告说，国务院打算现在发表互换的草约，但他已表示，在上报外交部和得到指示之前反对这样做。结果，国务院最后说，要通过美国大使馆在南京处理，后来据报告，外交部已经同意在 5 月 4 日南京时间上午九点同时发表。

5 月 17 日，我和经济合作署署长霍夫曼举行了一次重要而有益的谈话,经济合作署署长特别助理莫里斯·穆尔也在座。霍夫曼马上介绍说穆尔是中国的一位朋友,他曾担任过《时代》杂志的董事长。我告诉霍夫曼说,我深为感谢他采取果断措施使援华计划很快付诸实施。我说,中国国内的经济情况已经迅速恶化而且变得非常危急,这种及时行动会很有帮助。

霍夫曼说,他已令在草约签字后,立即开始为援华计划获得物资并装运出去。他告诉我,穆尔当时负责援华计划,过去就曾为此工作过。他说,事实上中国所需要的商品相当少,而且大部分属于救济性质的物资。尤其是,中国方面早有一个按照联合国善后救济总署结束后的援助法案建立起来的组织,大大促进了援华计划的开始执行。初步取得的三千六百万美元(复兴金融公司垫付的经济援助部分),是迄今欧洲复兴计划项下对任何一国的最大的单项帮助。

我问,从事复兴规划的调查小组是否已经组成,什么时候出发到中国去。(这个调查小组的任务是调查恢复主要运输设施、发展燃料、电力资源、出口工业、采煤以及改善港口设施所应采取的步骤。小组还要提出建议,指出建设规划中首先应该考虑什么,以便在执行经济合作法所规定的任务,即在制订和安排工业复兴和重建计划时,能最有效地排除妨碍中国工业发展的主要障碍。)

穆尔说,查尔斯·斯蒂尔曼已经被选定来领导这个小组并承担物色其他成员的任务。大概要有十来个人,包括四位工程师。

霍夫曼说,他想在小组里配备最出色的人,他希望小组在一周内出发。

穆尔回答我的问题时说,小组的主要任务是和中国政府讨论各种不同的复兴规划,向霍夫曼提出建议,以供抉择。小组的成员将分赴中国各地区,他们准备访问的地方将视规划项目的性质而定。

霍夫曼告诉我,为派特别代表团去中国,他已得到罗杰·赖普汉先生的效劳,赖普汉是前田金山市市长,为人极好。并说选他最为合适,因为他对中国非常友好。

我告诉霍夫曼说,关于赖普汉先生的任命,不仅使我也使中国非常感激。我说,早于1945年在旧金山以及后来在伦敦我就认识他。我们还在一起工作过一段时间,争取使旧金山作为联合国总部。我感到赖普汉和蔼可亲,对中国有一种同情和友好的关怀。我知道这位前市长在旧金山华侨界中也深受欢迎。我对霍夫曼能罗致像赖普汉这样的好人来服务,表示钦佩。我说,选贤任能确实是一种非凡的才干。

霍夫曼说,物色恰当人选的确不容易,他本人为赖普汉答应担任工作感到高兴。赖普汉使团的人员大约在6月上旬前往中国。他相信赖普汉定能同中国政府合作。

我说,据我了解,双边协定(为贯彻执行援华法案所要求的中关双边协定)应在1948年7月3日前,即援华法通过后三个月内签字。我指出,倘该协定如我所料在南京谈判,我希望赖普汉先生的使团能尽早动身。

霍夫曼说,赖普汉将去中国并在那里签署协定,但讨论可在他本人到达以前开始。

穆尔说,可能我已知悉,双边协定要由国务院与经济合作署协商后进行谈判,但协定将由赖普汉先生签字。

我回忆起贝祖贻曾收到过一份议题备忘录,我推测,这些问题应体现在双边协议中。穆尔说,虽然由国务院负责谈判,但要考虑到经济合作法,而且已在南京开始讨论了。

随后,霍夫曼提出了很重要的一点。他强调,这次国会拨款的管理必须极其妥善,绝不许招致任何批评。原来美国政府只提出对欧洲援助,只是经过国会的坚持才对中国也给予援助。但对中国的援助以一年为限,不像欧洲复兴计划规定为四年。对中国的援助最初曾打算作为去年给予的救济援助的继续。但霍夫曼说,他觉得中国计划不应按救济处理,而应作为经济复兴之用(这正是我一直主张并极力促使国务院采纳的意见)。

霍夫曼接着说,刚才提到我本人在战时中国救济委员会的工作,他强调说,在 1942—1943 年为中国做些事情是比较容易的。他说恕他直言,在那些日子里,美国人民过分地估计了中国的优点,因而自然引起一种反作用。(这当然与我的结论不约而同。)最近二三年来,在美国有一种对中国很坏的评论。关于中国政府的腐败和无能讲得太多了。他说,所有这一切,使得想为中国做点事的人工作起来非常困难。现在他就不得不面对这种情况,虽说对中国的舆论最近几个月略有好转。霍夫曼说,他愿意看到对中国的援助在国会批准的现有数额用完之后,还能继续下去。但是,为了能做到这一点,主要的是要注意钱必须使用得当。他希望中国政府对此看法相同。

我说,中国政府的观点正是如此,我本人也但愿如此。我说我可以向他保证,如有任何方法能使援助更有效地利用起来,中国政府乐于给予全面合作。然后我问他,据他看来,批准的全部款额需要多少时间才会拨付。

霍夫曼说,当他最初答应杜鲁门总统要求他担任现职时,他曾设想,既然国会已经通过了授权法案,拨款自然要跟上,但现在他发现仍有大量的工作要做,并且在国会通过拨款法案以前,还要履行很多手续。因为听证刚开始,所以他很难讲何时才能通过。他本人曾在拨款委员会上作过证。不过,由于国会已决定在 6 月 18 日休会(还有一个月),他相信援华拨款不会有多大困难。他说,这是一个不大的数目,而且是国会自己提出援助中国的。他暗示,拨款若有困难,一定与欧洲复兴计划有关。

我对霍夫曼说,关于援华计划的执行,听说主要由特别代表团和中国政府双方在南京保持联系。但我认为,如能在华盛顿保持某种联系机构也很理想,最好就设在中国大使馆里,同霍夫曼的办公室保持联络。我指出,有几件事需要这个机构来做,如:(1)采购与装运;(2)如一种商品缺货或数量不能满足要求时,以另一种商品来代替;(3)向经济合作署提供特需的情报;以及(4)在经济合作署准备致国会的援华报告时,如有必要则对其提供帮助。我还告诉他,我曾想让贝祖贻负责这项联络工作。

穆尔说,美国方面也曾考虑过设立这种联络处。他认为,贝对援华计划具有特殊经验和知识,他如在南京与特别代表团讨论有关计划的贯彻执行,会起很大作用。而在华盛顿虽说有些联络工作,但不像在南京那样重要。

我对穆尔说,我很赞同他的观点,因为贝先生将是南京那种工作所需要的第一流人物。但我听说,贝为了他在中国银行的工作,正要回美国来,他作为董事会的一位董事,与该行已有多年的关系,现任该行派驻纽约分行的常驻董事。因此,应该利用他此次来美,让他担负华盛顿的联络工作。(我应该说明,贝先生已经完成了他在华盛顿的工作,并已于4月末返回中国。)关于南京方面的事,外交部正要李榦博士回中国去一趟,我认为这是为了要他回去帮助双边协议的谈判,并和特别代表团进行讨论。

(实际上,我觉得李榦更适合于华盛顿方面的工作。虽说贝祖贻是位很有才干的人,特别是在银行界,并且作为技术代表团的团长,曾对我有很大的帮助,但他对美国和美国的经济不如李榦熟悉。李榦曾在哈佛大学学习多年,并在那里取得了博士学位。李是位学者,也是一位经济领域的专家。说到他在中国的地位,他虽没有被提升到足以与蒋委员长接触的高位,但在一些经济和金融机构里,他是一位很有用的同事,并且作为在华盛顿和宋子文的一位合作者,在协商中美之间的商务条约中,他曾做过大量工作。换句话说,我既觉得他在美国最为有用,而在南京的工作也是不会有困难的。我和宋都曾以很高的评价来推荐他。此外,他是位有才干而又很谨慎的人,对政治不甚感兴趣。他主要是他那一行的专家,而不是有兴趣参与一般政治性问题的人。由于他是在这样的基础上进行工作,所以受到各方面的欢迎,没有政治上的敌人。最后,他同贝祖贻一样,回到了华盛顿,继续在中国技术代表团工作。)

穆尔说,李榦博士是一位很能干的人,并感到与他共事令人愉快。假如他协助在南京方面的工作,而贝负责这里的联络工作,也同样是令人满意的安排。接着他提出选择驻中国代表团总部地点的事,并表示愿意选择上海,他认为上海最为合适。

我表示同意,并说,为便于与政府保持联系,除在上海设立总部之外,在南京增设一个办事处也是有用的。

穆尔毫不犹豫地同意了这一建议。

霍夫曼说,他一向有这种看法,认为中国和太平洋沿岸国家,终究要更倾向于美国而不是欧洲。他说,对美国来说,东方确实比西方更重要,但穆尔插话说,"东方和西方同样重要"。霍夫曼随后提出另一问题。他说,他最近听说中国新闻界对他有些不信任,因为他曾提倡减少作为赔偿用的日本工业资产和提出援助日本经济复兴的政策。但这并非事实。事实是,首先,他不过是陆军部邀请去日本的委员会的一名成员,那既不是他的委员会,也不是由他率领的。第二,他在东京参加的盟军最高司令部的会议上,并未提出过什么明确的政策,或减少任何赔偿或提出经济复兴。政策问题要由政府决定。他所说过的是:不论赔偿政策如何,当前这种举棋不定的情况应该尽快结束,因为这样对于日本和盟国都不利。什么样的工业资产应当用作赔偿,什么样的资产应当留归日本自己使用,应该明确规定。

因为霍夫曼认为这个问题对美国有极大的利害关系,而我认为它对中国非常重要,所以我们继续谈了一段时间。随后,为了结束我们的谈话,我对这次友好谈话表示了谢意,并向霍夫曼保证,在寻求有效地执行援华计划上,他永远可以得到中国大使馆的全面合作。

霍夫曼向我致谢,并说,为办好此事,他当然需要这种合作。

我在那天的日记里写道,霍夫曼是一位稳重友好的健谈者,看来他是真诚地同情中国,但又很机警。关于穆尔我写道,他更具体地负责中国计划,据我看来,他在很大程度上受了吉尔帕特里克在这里和在中国搞的新闻报道活动的影响。穆尔认为,吉尔帕特里克是相当能干又合乎需要的人。吉尔帕特里克在赖普汉到达以前,将在中国负责中国计划。至于赖普汉,约在一星期后和哈伦·克利夫兰曾经来访。他告诉我,他已受命负责援华工作,并盼望着去中国完成使命。他对整个计划还不很熟悉,但好像对中国怀有好意。我觉得他会和南京相处得很好,虽然他的总部设在上海。

当我全神贯注于美国经济援助的准备工作时,使馆不断接到来电,并像往常一样,我不断同最近访问过中国的客人和新从中国来到美国的人们进行谈话,这样我对国内情况也能及时了解。一位我在中国认识多年的法国人,东方汇理银行的弗朗索瓦·库尔塞尔先生,刚刚访问了中国,路经这里返回法国。4 月 20 日我见到他时,我问他对中国情况总的印象如何。他说现内阁,也就是说南京的行政院,讨论研究,研究讨论,但是决定缓慢,没有宋子文博士时那样的勇气和行为。他说,上海市长吴国桢,干得很好,但无实权。上海警备司令宣铁吾直接听从南京的命令,特别是在逮捕人和发布紧急命令时,不与市长商量。经济警察很活跃,现时黑市活动不那么容易了。总体上,外国银行很少有业务可做,但是他的东方汇理银行曾做了相当数量的从中国向法国出口的业务。月息百分之十八很普通,却不总是有利可图,因为中国货币不断贬值,有时甚至变得比利率更快。他的谈论,使我对南京、上海以及全中国的情况,有了个相当清楚的概念。

我们没有讨论当时的中国选举,虽然蒋委员长在前一天,即 1948 年 4 月 19 日已经根据新宪法被选为第一任总统。关于副总统选举结果的推测和紧要关头的副总统竞选运动,将在以后的十天里定下南京的调子,我是有所了解的。后来在 4 月 29 日,李宗仁将军胜过包括孙科在内的其他五位候选人,被选为副总统。孙科有国民党的支持。在某种意义上说,李将军当选之令人惊异,不仅在于他战胜了党所支持的候选人,而且在于李将军和委员长之间存在着长期竞争。

李宗仁是公认的桂系领袖。桂系是国民党军队中最有影响的派系之一。桂系曾多次在广州支持孙中山,甚至反对广东省某些顽抗的军事分子。这些人反对孙中山在广东省内确立他本人的势力和影响,虽然他是道地的广东人。可是桂系本身也是分裂的。例如李济深和十九路军的将领们曾经试图推翻蒋委员长,或者更确切地说推翻那时国民党的领导,而桂系的李宗仁那一部分,一般地是和蒋委员长合作的。蒋委员长来自浙江,起初也是由一个地区起家建立了一个派系,这个派系能在党内对各方起举足轻重的作用。并且逐渐地,在所谓江浙财团的支持下,使蒋委员长得以组织南京政府,与汉口的国民党政府相抗衡,最后在党内建立了他的优势。

后来,在反对日本侵略斗争时期,桂系控制的部队决不是一支可以忽视的力量,并且有些像白崇禧那样的著名将领,全心全意地支持国民政府抗战到底的政策。因此,它是和政府一直合作的。但是在抗日战争胜利后,各派系间的潜在的相互竞争又复涌现出来。抗日战争胜利到来时,桂系和蒋系已经成了国民党内的主要对手。虽然以孙科为首的在南京的粤系努力树立其优势,但并不能表明具有多大的实力。这并不是说竞争是严格地按照省的界限划分的,但在传统上各种派系是按他们的省籍的关系而组成的。

5 月 3 日,亨培克博士来电话问我戴恩赛教授的任务是什么。戴教授曾要求亨培克给他介绍美国各界的重要领袖。亨培克说,他和我有同样的印象,即戴不满意政府的政策。在我那一天的日记中,我说,下午戴先生的来访,消除了我的揣测。他告诉我,他不反对南京,但不同意它的政策。他愿为各党派的统一合作而尽力,甚至包括共产党人,他说,他认识他们当中的几位重要成员。我了解到,他和广西将领李济深及其伙伴特别友好。他还告诉我，宋子文在广州的地位是不稳定的。当他就省长职时，曾经有过一个运动逼他出走，但戴说，他自己曾说服其领袖们停下来。他说，麻烦的是宋没有一支可靠的武装力量来保护他的政府。

戴教授告诉我，他希望在美国引起美国首都各界和经济合作署对华南的注意，以促进经济的发展，并同中央政府实行联合。我所得到的印象是，虽然他一再说他对政治不感兴趣，为的是能够更有效地为统一和合作而尽力，但他还是希望重新参加社会活动。戴是孙科博士的姐夫，他认为孙科太容易感情冲动，并且太爱虚名。他说他知道孙科发过脾气就完，通常是会回到房间来接受戴的建议的。戴发现，蒋委员长同样不喜欢听人批评。

1948 年 5 月 20 日是按新宪法选出的蒋介石总统和李宗仁副总统就职之日，我们在双橡园官邸和马萨诸塞大街大使馆悬挂国旗来庆祝这一历史性盛典。实行宪法选举国民大会代表之后，随之而来的总统选举，标志着孙中山建设新中国的第三个时期，即最后的宪政时期，前两个时期，也就是国民党的军政时期和训政时期业已完成。

从新任命和选举政府重要官员进行迅速，5 月 17 日我就听说孙科当选为立法院长，陈立夫当选为副院长。随后 5 月 24 日晚我接到报告说，著名地质学家翁文灏博士被任命为行政院长。在何应钦拒绝接受这一职位，张群突然辞职去成都后，他显然是一位折衷的候选人，因为据闻国民党曾经搞过一次党内推选，结果是拥何反张。

就在那一天，我接见一个从中国来的，以国防部兵工署署长杨继曾为首的军事代表团。这个代表团由六人组成，包括美国顾问穆迪上校。代表团来美目的在于解决获得并使用一亿二千五百万美元的军事援助手续问题。更具体地说，是关于复兴金融公司贷款五千万美元中可用来购买军需物资部分的问题。

我急于想从杨将军那里听到一些关于中国国内的情况，我们一直谈了一个半小时。他着重讲了击败共产党的一切困难。据他讲,政府军缺乏武器弹药的情况,简直是可怜的。他盼望从美国战争剩余物资中取得所需一切物资,但我给他描述了华盛顿的实际状况,华盛顿把注意力都集中在欧洲及其本身防卫的需要上。我在笔记里写道,杨将军的主要议论是一亿二千五百万美元贷款太少,不足采办中国军需之用。

第二天晚上,5 月 25 日,我设宴招待军事代表团。杨继曾和我又对中国的军事问题作了一次长谈。他详尽地讲了为什么马歇尔提出并强烈推荐的"军事供应体制"不可能执行,和为什么马歇尔建议的三个新机构也不能起作用。他解释说,用美国武器装备的新编师,和用过时的武器装备的正规师并肩作战,引起了一种困难的局面。(我猜想那是由于明显的差别待遇所引起的嫉妒和仇视。)他说,由于新编师是百分之百的全员,而旧师中只有百分之六七十的在编人员,使得情况更加严重。这个百分比讲的是实际作战兵员的数额。

让我援引一位曾在长沙与日军作战的少将师长的话来作解释。他在长江流域这个重要城市抵抗日本侵略时表现非常英勇,建立了巨大的战功。为了表彰他在长沙战役中的功绩,批准他出国周游世界。他于 1946 年到华盛顿看我,我对他提了一个直截了当的问题。我问他,中国军队的许多师,不论是战斗在前线的还是驻在后方准备开赴前线的,都不足额是否属实。出于礼貌,我告诉他使我诧异的是我曾听说,一个师假定应有一万名士兵,有时仅有六七千人,虽然财政部给该师发的军饷是按一万人全额发的。他的坦率回答确实使我感到吃惊。他说,他自己那一师有六千五百至七千人,但比起同在长沙战役中作战的别的师来要好得多。有的师只有三千人。他说国难当头,为了抵抗日本侵略者,他觉得应当为国家而牺牲私利,因此他的师比一同作战的其他各师的人都多。他说,发给师的给养很少,只好吃空额才能使收支相抵。

6 月 3 日,我从收报机上看到一份电报,后来又听一位美国朋友说，众院拨款委员会已将对华援助削减为四亿美元，并将援助期限由十二个月改为十五个月，使我不胜惊异。据说开始时尽管欧洲复兴计划作了削减，中国的计划并没有削减。但最后，在拨款委员会的报告里，搞了一个最后一分钟的改变。事实上，援华款项的削减，是在印好的文件上附加了一个打字的小纸条。比削减更令人惊异的是，在拨款法案里有一节文字坚持要按照希腊和土耳其援助法案的方式，对援助资金进行全面监督。

报告是夜间才得到的，因此我毫无办法。但第二天星期三，我打电话给参院拨款委员会主席布里奇斯参议员，希望与他会见，以便了解援华拨款的前景，和众院发生的令人不安的局面。不幸，他到市外去了，要到下星期二才能回来。于是我找到众议员周以德，可是周以德并不了解众院拨款委员会提出削减对华援助以及欧洲复兴计划对希腊—土耳其的援助，和恢复对德国、朝鲜和日本援助的背景。他认为，坚持把附加在对土耳其—希腊援助的条件应用于对华援助，必是委员们思想混淆所致。他说，在他们的头脑里，一定是只想到对中国的军事援助。对此，他认为，不会很严重。因为在欧洲复兴计划中有十二个条件，而在希腊—土耳其援助法案中才规定了五六个条件。参院早些时候曾确定对中国的军援除总统批准之外，不附任何条件。他说，为此曾引起国防部及希腊和土耳其代表们的抗议，理由是他们受到了歧视。但参院的行动是由于特殊的情况，而众院总是赞同对支出要有某些控制的，这在 4 月的法案里已显示出来了。

周以德指出，众议院正在酝酿恢复国会批准的对外援助法案中欧洲复兴计划的全部金额。周以德说，如能通过，他就提出也恢复对华援助的全部金额。如通不过，则以不提完全恢复中国援助免遭同样的失败较好。这样的失败，可能使以后更难于在与参议院的联席会议上提出此事。他认为，本应说服参院以求恢复全部金额。他说，目前众院中关于援华的前景是，总额将有所减少，但有可能把拨款委员会提出的十五个月的期限恢复到十二个月。

周以德认为,如对削减能附加一项声明,说明必要时新国会可以复审这一援助工作,并通过新的援款,这是留有余地的一着好棋,因为授权法是始终有效的。这是一项非常精明的建议,表明他对国会工作的深刻认识。

周以德认为,分配给复兴规划的六千万美元的延期拨付,可能在某种程度上与这次削减的动议有关。因为斯蒂尔曼的调查团就是那一天去中国的,并且因为该规划用款的期限只剩下九个月而不是十二个月,从而认为,在缩短了的期限内用掉所有的款项是不可能的。我解释说,那些规划都是独立的,每项规划所需的基金就是那么多,与时间的长短无关。但是他说,实际上九个月比十二个月需要的钱要少些,并且向我保证,未拨余额以后还可以拨给。他要我不必担忧。

尽管有他的保证,我当然还是很不放心。那天晚上我让一位朋友去找塔夫脱参议员,因为参院的行动现在是最关紧要的。我希望塔夫脱能帮忙在参院的拨款法案中保留对华援助的金额。我还让他带去一份布里奇斯参议员建议大使馆准备的可能提出的问题的单子,供他在参院援华拨款听证会上作为应付政府的证人之用。我急于要见到的另一个人是蒲立德,在援华计划上通过他在华盛顿和国会打交道是很有用的。当时他在中国,但我切盼他能尽快回来。因此,当我很快接到外交部王部长对我询问的答复,说蒲立德现在上海,两天后即将返美时,我非常高兴。

我于 12 日在参院大楼拜访了布里奇斯参议员之后,6 月 13 日就见到了蒲立德。在这中间,我曾到俄亥俄州奥克斯福德市的迈阿密大学参加毕业典礼并讲了话,同时接受了名誉学位。我是 6 月 6 日,即星期天,离开华盛顿的,当晚到达该市。在我的日记中有下面一段记载:

> 星期一甚忙。上午九点举行毕业典礼列队仪式。我和大学的校长哈恩一同在队内前进,该大学是全州最古老的大学。授予学位和证书的过程相当长,因有千余名男女学生毕

业,其中还有几名中国毕业生。随后在全体教职员的午宴上,校长很客气地向我介绍中国学生们,他们也被邀请在另一桌上参加午宴。

在扶轮社宴会上(当天晚上,在俄亥俄州格林维尔市。)我的左右邻座说,他们很高兴我参加了他们的聚会。在我讲话以后,他们都对我说,这对中国和对扶轮社都很有好处,因为两周前一位美国演讲人曾攻击了他们这些中国的朋友,并以中国官员和军官的腐化和压迫人民使之遭受苦难为理由,反对美国对中国提供任何援助。现在,我的朋友们告诉我说,他们很高兴,我的讲话揭穿了那些攻击中国的谎言,并且给予了他们以希望和勇气,使其继续对中国友好和帮助。他们说,他们曾因前者讲话而受到阻挠,失去信心,因为他们无法查明那种说法是否属实。大部分人于是得出结论,在澄清之前,最好先不为中国做什么事。

对我讲话的反应很像两月前在匹兹堡那次讲话。后来哈恩校长和我就中国的情况进行了一次很好的谈话。谈到中国对美援的需要和正在辩论援华拨款法案中的国会的态度,他表示愿写信给他那地区的议员们支持中国的要求,为此,我向他表示谢意。他告诉我说,美国人民基本上对中国人是友好和喜爱的,迈阿密大学中国学生的受欢迎即是证明。他们曾被批评中国的人的宣传搞得真伪莫辨,结果他们对做任何有益的事都犹豫不前,并希望知道更多的真实情况。这好像是道出了美国公众对于中国的普遍情绪。

6月8日我回到华盛顿,其后几天,忙于召开大使馆各部门间的一次会议、参加远东委员会会议以及为援助计划问题和李榦几次谈话。后来,在6月12日,接到报告说,因为马歇尔和他的国务院的代表们不同意,一亿二千五百万美元的军事援助拨款有危险。我急忙安排拜访布里奇斯参议员。这时我希望也见到蒲立德,虽说他前一天就应该到达华盛顿,但我还没有得到他的来信或关于他到达的消息。

我去到拨款委员会的接待室,布里奇斯参议员是该会的主席。布里奇斯的秘书说,他可以在会议进行中为我安排和布里奇斯会见几分钟。该委员会正在对中国特殊军事援助拨款问题听取政府的证言。我到达那里的时间约在上午十一点,候客室里坐满了新闻记者,有几位走过来问我会见布里奇斯有什么事。但我直到十二点过后才见到布里奇斯。对我来说,这是一次长时间的等候。尽管布里奇斯的私人秘书不断告诉我说很快就可会见,可是到了中午还没有回话。

在我等待的时候,我看到陆军部长罗亚尔在魏德迈将军陪同下,后面跟着拿大张挂图的随从参谋们从我身边走过,进入委员会房间,一个半小时后,我见他们走出来,在一群想要迫使他们回答某些会议消息的新闻记者中匆忙离去。他们简直是推开他们闯出去的。这表明政府各部都出席了,来自各部的代表们都积极参与提出证言,可以设想,大部分是反对批准援助的。大约十二点十分,一位男秘书终于出来,小声告诉我随他从出口处出去。他从一个边门把我带到布里奇斯的办公室里,为的是避免被记者们缠住耽误时间。布里奇斯说他见到我很高兴,为的是要告诉我并不是一切都好。他不明白,为什么罗亚尔发言那样强烈反对给予中国军事援助。并且他不是作为陆军的代表讲话,而是代表整个政府。布里奇斯接着说,他不能马上告诉我什么具体的东西,并问我能否在第二天,即星期日,有时间会见他。我建议在双橡园举行一次宴会,只邀请布里奇斯喜欢的人。他认为主意不坏,并提出规模不要太大。他建议邀请蒲立德和康斯坦丁·布朗。

星期日的宴会是中餐,仅有的客人是布里奇斯和夫人、蒲立德(他终于返回并与我取得了联系)、布朗和郭秉文夫人(这是为了陪伴女客),客人们似乎都很欣赏这种不拘礼节的形式和对他们像是奇珍的中国菜肴。饭后,布里奇斯、蒲立德、布朗和我去小客厅谈话。布里奇斯参议员不能理解马歇尔的态度,除非说他是蓄意要破坏对中国的军事援助。他说,在委员会星期五(11日)下午的会议上,国务院代表曾提出一份关于中国情况的备忘录,用的是可能想得出的最阴暗的字眼。其立论是,在现在的领导人管理下,中国的情况是没有希望的,而且也不是援助可以挽救的。备忘录说,援助期满之日,中国的情况还会和现在同样糟糕。但是,经济援助充其量只不过是白白浪费,是"填老鼠洞"(某些参议员谈到经济合作署一般计划时的一个说法),而军事援助,则可能有损美国的声誉,比不援助还要坏,因为它可能使美国卷入同苏联的一场冲突。对一位政府代表来说,我认为这是一种难以理解的说法。既然美国应当有它自己的政策,为什么要顾虑苏联对其他共产党国家的感情呢?

布里奇斯继续谈论国务院的备忘录,告诉我备忘录说,中国军队的士气非常低落,以致美国政府对它供应的武器和弹药,只是一条间接供给中国共产党的途径,因为政府军队训练不良,无心作战,并已损失掉或卖掉相当数量的美国武器和弹药给共产党。布里奇斯说,马歇尔显然不喜欢中国,恨不得蒋委员长领导的国民政府垮台,他说马歇尔给人以这种印象,即中国的唯一希望在于改换领导。蒲立德和我反驳了这个论点,并同意给布里奇斯一份他所需要的备忘录,提供中国的真实情况,以及因为国务院的反对,使中国无法从美国政府或美国商人获得任何武器和弹药的困难。

6月16日我为陈立夫访美举行宴会,席间再次见到蒲立德。关于陈立夫的访美,下面即将谈到。蒲立德告诉我,他曾见到众院拨款委员会的主席泰伯,发现他对中国是同情的。他说,泰伯并不想削减对华援款。他的立场是,自4月3日授权法案通过之日起,已经过去三个月,并且到明年5月或6月以前,新国会没有条件和新政府讨论并通过一项新的援外法案,这意味着从实际观点看,把中国的四亿美元的数额延长为十五个月而不是十二个月较好。总之,他认为,这个数额无论如何不可能在更短的时间内实际上花完。至于为什么蒲立德认为泰伯同情中国且不想削减援华款额，一时还不清楚。可能是他听说 6 月 3 日由泰伯主持的委员会提出的削减决定，主要是由国会采取的一个行动。总之，泰伯认为，援华法案既已照此通过，他自然不愿再遇到国务院的反对，使之更加复杂化。

拨款问题的结局是四亿美元的对华援助，为期十二个月。这是参众两院联席会议的结果，从而解决了众院拨款法案规定的四亿美元为期十五个月和参院拨款法案规定的四亿六千万美元为期十二个月之间的分歧。这是我在斯普林湖听说的，我去那里是为了度 19 日的周末。6 月 20 日星期日上午，谭绍华和傅冠雄从华盛顿打来电话报告说，头天夜里一点三分通过了最后的法案。他们说，所有核准的数额最后都削减了，结果是按众院的提议中国可以得到总额四亿美元，但期限为十二个月而不是十五个月。总额中的一亿二千五百万美元的军援数额保持不动，而削减的完全是经济援助计划中的数额。这个结果表明，国会对中国情况和中国对军援的需要与国务院的看法并不完全一致，而且国会并没有不适当地受到政府代表不利证言的影响。

原来政府提出援助的总额要高一点。当时军援紧急，国务院的数字虽然更高些，但不包括任何军用的物资。此外，国务院所设想的经济援助是要按照联合国善后救济总署的方式行事，并作为救济性质的，几乎完全在美国控制下进行管理。

在这里，我想把话题转向陈立夫对华盛顿的访问。他是 6 月 15 日抵达的，正式使命是作为新选出的立法院副院长率代表团考察美国民主体制的实施情况。他还希望会见华盛顿的某些美国知名人士，并且或许希望改变很多美国人对他的不良印象。我立即安排了几个约会，第一个是拜访马丁议长。这次拜访是 6 月 16 日在众议院进行的。

议长非常客气，特地放下他主持的会议来接见我们，可是陈却因日程安排特紧而搞得举止失措。他下午晚些时候和布鲁斯特参议员有个约会,下午四点又要会见魏德迈将军。我告诉陈三点去见马丁议长,时间是议长亲自指定的;但是马丁未能按时离开会议,当我们终于见到他时已经是三点三刻。因此,当马丁刚要与陈交谈,陈已不得不告辞了。

首先由我感谢议长帮助使援华法案得以在众院通过。他说,他高兴那样做,特别是假如他不尽最大的努力,援华法案将永远不会通过,他接着说,他认为美国必须在全球的基础上与共产主义作战,并考虑到中国在这方面的重要性。陈就在那个时候忽然站起告辞。局面很尴尬,马丁先生显然吃了一惊。实际上,他没有离开椅子把我们送出办公室。

那天晚上我为陈立夫设宴,因为事前未能及早获知他来华盛顿的消息,因此宴会安排仓促,好几位被邀请的参议员和国会议员不能参加。只有兰格参议员和夫人接受了邀请,但在临开宴时,他通知说不能分身离开参院,因为有许多工作待他处理以结束那次例会,然后要去费城参加共和党提名大会。而据我所知,则是因为他在和亨利·华莱士的竞选伙伴格伦·泰勒参议员进行活动以阻挠法案的通过。幸好,在这次宴会上蒲立德对我解释了泰伯在援华拨款上的立场。

6月18日星期五,我为陈立夫会见新闻界代表而在双橡园举行了一次记者招待会。不幸的是,这次招待会颇不顺利。记者们向他提出了很多直率的问题,似乎使他难于答复,更糟的是他的译员常常不能很快抓住他讲话的要点。结果我只好承担大部分翻译工作,记者才能听懂。问题出在事前几乎没有作准备,而举行任何记者招待会,事先准备总是非常必要的。但陈的学者风度及和蔼的性格,给记者们包括几位女记者在内,留下深刻的印象。

四天后,我陪同陈立夫去司法部向汤姆·克拉克部长作礼节性的访问。这次谈话进行得很顺利,是一次有趣的、无拘无束而且很亲切的谈话。陈在谈到他对中国共产党的经验时讲得很好。事前我在这个题目上给他作了些提示,并在谈话时给他开了一个头。

克拉克显然很感兴趣,他说,美国大约有十万共产党人,忠诚调查局曾通过各部的忠诚调查委员会调查美国政府雇员的档案。联邦政府的每个雇员或官员都必须留指印存档,他本人就曾打过指印。他告诉我们说,政府现有档案多达一千九百五十万份。陈立夫解释说,共产党的成员和同情者共分三层,真正久经训练的党员为数不多,但他们实际掌握着和领导着该党的工作;其次是预备党员;再其次是同情者和同路人,他们被巧妙地利用来为该党工作。

我也一再设法安排陈立夫到白宫向杜鲁门总统致敬,但未成功。在等了几天之后,国务院负责人伍德沃德回话说,由于总统的日程安排已满,很抱歉难以办到。因此在 6 月 29 日我见到伍德沃德时,(那晚我举办宴会,他恰好是客人之一。)我要求他再设法安排一次约会,并解释说,我完全理解上次他给我的回信,不过现在陈先生已返回华盛顿,希望以新宪法选出的第一届国会即立法院副院长的身份专诚对总统进行礼节性访问。(陈立夫曾暂时离开华盛顿,刚刚回来等候我第二次安排的结果。)

我告诉伍德沃德,陈的使命是来考察美国民主制度实施情况的,与道德重整运动无关。当时我想到,中国报纸曾宣称陈立夫到美国来主要是参加这项运动的一个会议。所以我想强调说,虽然他参加了那个会议,但那不是他来访的唯一目的。陈在国民党内的活动和在中统的工作,一向为很多美国人所反对,但他实系来美学习民主制度实施办法。我对伍德沃德说,杜鲁门总统一贯宣称他的夙愿和政策是看到中国发展民主制度,这在他关于美国对华政策正式声明中已有明证。我告诉伍德沃德说,现在中国已经走上民主的道路,杜鲁门总统可能喜欢听听已被国会选为副议长的陈先生的说明。我还表示,如有必要,我可以再次给伍德沃德先生写信,重复这一要求。但伍德沃德说,没有必要,并乐于在第二天上午作为第一件事予以安排。不过他提出,因为总统从 7

月 2 日到 4 日将忙于接待委内瑞拉总统的正式访问,还要陪他去密苏里州的博利瓦尔,所以总统接见陈的最好时间将是 7 日和 11 日之间。

7 月 9 日,我派谭绍华去探询约会之事,国务院再次给了否定的回答,仍说总统工作繁忙,而且民主党代表大会即将召开,抱歉不能接见陈先生。这是一个借口。因此我让谭绍华给国务院远东司司长巴特沃思去电话,要求面谈,以便向巴特沃思解释,说明陈是新宪法选出的第一届国会的副议长,此番率代表团前来考察现行美国民主政治,如不能会见杜鲁门总统,将感到非常失望。再者,中国在某种程度上按照美国的意见,排除种种困难,已经迅速地走上了民主的道路,估计杜鲁门总统可能乐于并急于想从陈先生处了解中国的民主实验进行情况的第一手材料。我还进一步提醒谭绍华,应该告诉巴特沃思,陈先生是特为向杜鲁门总统作礼节性拜访并看望马歇尔将军回到华盛顿来的。马歇尔将军也曾做过大量工作促使中国迅速采用民主政体的政府。

为什么会见总统对陈立夫如此重要?我已经提出过一些原因。对此我愿补充的是:陈立夫是一位美国留学生(我想他是匹兹堡大学的毕业生),没有疑问他来美国是蒋委员长的旨意,或经他亲自批准的。蒋委员长可能要他会见总统、马歇尔将军以及国会的成员,俾便解释中国的困难,特别当时中国和美国之间的关系,尤其是蒋委员长与杜鲁门政府领导人之间的关系,是有点紧张的。事实上,白宫坚决拒绝约见陈立夫,就表明关系是多么紧张。

7 月 9 日晨,蒋荫恩来访,提供了一个有趣的情况。蒋是允许参加白宫记者招待会的唯一中国记者。他和白宫很接近,能自由出入白宫,在总统秘书处有很多朋友。他对我说,他听说陈立夫未能得到一次约会,感到惊异,因此,想找出真正的原因。在同秘书处的朋友们的谈话中,他得悉国务院为陈要求一次约会的请求被白宫中的左翼分子所扣压,无人向总统报告。蒋说,他已将此情况转告陈立夫。

虽说这不足作为佐证，但蒋的消息系秘书处人员知悉的情况，其中很可能包含高度的真实性。和国外客人的约会，通常是由国务院通过秘书处转呈总统的。对此，负责安排约会的秘书们享有较大权力，并无必要及时把所有的请求报告给总统。例如，我曾发现，安排约会的最好办法是通过正式手续，但同时要和一位负责安排约会的秘书通个电话，通常他们是大有帮助的。如果你说明因为你打算很快外出，希望在两天之内安排一次会见的话，他们有时会特别为你调换约会时间。

在陈立夫这件事上，虽说我尽力安排会见，但不能以我自己惯常的办法促其必成。因为一旦开了头，就会形成一个先例，许许多多的中国高级文武官员都将要求访问美国的主要政府官员，都想见到总统，那就会没完没了。实际上，我总是想法劝阻他们。

前面提到陈立夫访问司法部长是在 6 月 22 日。第二天 23日，我和助理国务卿诺曼·阿穆尔在国务院进行了一次重要的长谈。内容包含八点，但在这里我只想提一提援华双边协议，这个协议当时正在南京美国大使馆与外交部之间进行谈判。我要谈的几点对协议的内容和中国政府面临的问题，可以提供一个清楚的概念。

我告诉阿穆尔，国务院提出的协议草案，其中某些条款与欧洲国家的双边协议相同。这是可以理解的，因为国会法案曾明文规定对外援助法中关于欧洲复兴计划的条款，凡可以适用的，同样适用于中国。虽然对欧洲几国双边协议分别谈判，但谈判是在同一时间进行的。中国政府要求，在中国和欧洲两套协议中，凡适用于同一问题的有关规定，应该大致相同。换言之，中国不希望在同样问题上接受低于欧洲协议的规定。

我说明对中国政府来说这是一种很自然的顾虑，因为中国国会（立法院），像所有其他国家国会一样，要对政府订立的任何协议进行非常仔细的研究。假如中国的协议在同一问题上所包含的规定,与欧洲相比,较为不利,政府在中国国会面前将很为难。因此,我问阿穆尔,能否作出一般的保证,不会给予中国这种有差别的不利待遇。

阿穆尔说,对外援助法对于中国和对欧洲复兴计划不尽相同。由于欧洲和中国的情况不尽相同,因此,国会感到有必要为中国规定某些对欧洲所没有的条件。

我说,我要求的不是这一点。既然对外援助法已为中国规定了特殊的条件,我知道美国政府不能随便改变,例如关于促进中美贸易关系的条款就是这样。但我指的是在中国协议草案中,包括了欧洲复兴计划中所谓可适用的规定。作为说明,我举出对被占领国家如德国、日本和朝鲜适用最惠国待遇的那一条为例。我告诉他,中国政府觉得难以接受中国协议中的这一条款,而且中国国会成员们强烈反对这一条。我说,现在听说在欧洲协议草案中也有同样规定。假如美国政府坚持中国在协议中接受这一条款,而同意从欧洲协议中将之删除,这将使中国政府很难向国会解释这种差别待遇。

阿穆尔说,他了解我的论点。事实上,他曾看过司徒雷登博士的电报,也转达了中国政府对协议草案的看法。但在此问题上,他虽不能给予保证,但将牢记在心。

我提出的第二点是关于利用中国国民在美国的财产的条款。中国政府感到,既然美国政府不能允诺在执行这一条款上给予帮助,他们将很难有效地行事,因为这关系到中国司法权范围以外的财产。

阿穆尔说,这一条款也包括在欧洲协议之中,并认为很难将其删除。而且这是国会法案要求的任务之一,美国政府不能变动。

接着我提到促进中国和美国的商务关系的条款,这也是国会在援华法中所要求的。我听说多少由于疏忽已将一份初步草案送交中国外交部,而最终的文本仍在研究之中,以后还要提出明确的条款。我问这种明确的文本是否已经作出并准备提交中国政府。

远东司中国科科长石博思也在座。他解释说，在这个问题上，曾将一份草拟的条款送给南京美国大使馆，但大使馆由于疏忽转给了中国外交部。它的确是个未定稿，最后的稿子仍在研究中。

于是我提出关于农村复兴的协议草案。（还记得授权法曾要求成立一个中美农村复兴委员会，在其领导下开展农村复兴工作，最大的开支额为经济援华资金的百分之十。我记得在叙述众议院 1948 年 3 月的援外法案和晏阳初的平民教育运动问题时，我曾简短地提到过这一点。）我告诉阿穆尔，中国政府认为难以接受美国草案中的提法，即农村复兴委员会在经济合作署的指导控制下，有权有责与各个有关机构协同制订并执行一项复兴农村计划。中国的意见是，这是一个联合的合作事业单位，从实际的观点来说，中国政府的批准是必不可少的。因此中国政府要求在"受经济合作署的指导和控制"后面增加一句"并须经中国政府批准"。

阿穆尔说，协议草案所用的文字是从法案原文摘录的，如我所知，法案的措词是不能改变的。

我说，我不是要求改变法案的原文。据我看，我国政府要求的只是加上实际已包含在法案本身里面的一个条款，因为我不能想象国会的意图是使经济合作署成为批准农村复兴委员会所作计划的唯一的最后权力机关。由于经济合作署制订的任何计划都要在中国领土上实行，也是为了中国人民的利益，因此，由中国政府批准十分必要。

阿穆尔说，委员会是由三位中国成员和两位美国成员组成的，而且中国成员是由中国政府任命的，因此可以认为，中国政府的意见将会保证受到全面考虑。

石博思插话说，协议草案本身也规定了在制订某项计划时，委员会要与中国和美国政府商量。

阿穆尔说,这就更清楚了,委员会正式通过的任何计划事先都已经得到中国政府的默许。

我说,这种论点同样适用于美国方面。但法案既然规定了制订的计划要受经济合作署的指导和控制,如不增加需经中国政府批准的话,将会出现经济合作署是居于中国和美国政府之上的最后权力机构的情况。我重复说,这一点肯定不是国会的意图。

我接着说,在委员会制订计划时,不论采用什么手续,不能保证委员会所通过的事项就可以视同已事先得到中国政府或美国政府的批准。就中国政府来说,最后批准更有必要,因为委员会通过的任何计划,必定是具有限定性质的计划,这是因为用于此项目的资金就是有限制的。中国政府自己的农村复兴计划还包括其他地区,因此,中国政府有必要注意委员会通过的任何计划应该符合其农村复兴的总的政策。

阿穆尔说,既然国会规定农村复兴工作是一项合作事业,那么最关重要的应是合作的精神。他觉得,在实际实践中,没有多大困难。但对我所强调的要予以考虑。

我说,至于说到精神,我可以向阿穆尔先生保证,我国政府对美国政府这项特别援助的慷慨和好意是深为感激的,并愿予以全面合作,使它成功。但在中国有些我国政府不得不考虑的特殊困难。首先,应注意不要使立法院以协议牺牲中国主权为理由而对之加以批评。援华法序言本身,有许多规定,其目的之一就是维持中国的独立和行政完整。在可能有问题的特定条款上增加我所提出来的词句,是与序言的精神完全一致的。即使不作这样的补充,实际上中国政府的批准仍然是必要的。

第二,我说,叛乱的中国共产党人,在宣传技术方面是能手,会抓住这一点,并利用它在不同情中国共产主义运动的其他中国人当中散布不满。从这一观点来说,撇开作为中国的代表不谈,只作为中美合作事业坚定的朋友而言,我觉得,增加所提出的那一词句,也一定会维护美国不受无端的攻击。中共在他们的宣传中无情地称美国人是帝国主义分子,美国政府正在推行帝国主义政策等等,这当然完全不是事实。因此,我再次坚持增加所提出的词句,可以预防对中美政府任何不利的批评。

阿穆尔和石博思似乎对我的说法都明显受到感动,但没有表示接受我提出的增加词句的意见。

我说,也许阿穆尔先生愿意对这点再事研究,我主要的希望是提醒他从多方面考虑我所提出的问题。

在其后的几天里,我与希腊和法国大使进行了谈话,他们的国家也是根据 1948 年援外法的美国援助的接受者。这两国,法国当前和中国一样,正在为完成援助计划的双边协议进行谈判,希腊自然对这种谈判的结果感兴趣。因此,我和大使们讨论华盛顿同欧洲国家举行的谈判,对南京举行的同样谈判可能起到一些参考作用。

6 月 24 日和希腊大使增兹拉米斯的第一次谈话相当简短。大使回答我的问题说,他没有参与欧洲复兴计划的双边协议谈判,谈判是由英国和法国代表进行的。但把谈判的进展情况随时通知了他。他说,在谈判中是有些困难,但由于互相让步已经消除。唯一遗留的问题是将国际贸易宪章中的最惠国条款应用于被占领国家如德国、日本和朝鲜等。这是欧洲国家,特别是英国强烈反对的一点。他相信,除非美国在这一点上让步,欧洲国家将坚持不在双边协定上签字。

第二天晚上和亨利·博内的谈话较长而详细,因为他曾直接参加谈判。我首先提到新闻报道美国和欧洲国家之间在就欧洲复兴计划缔结双边协议问题上遇到了困难。我问,其中有多大程度属实,并问博内,预计同法国的双边协定何时能够签字。我告诉他,在对中国的协定草案里,某些规定是采自欧洲复兴计划的对外援助法的,并且告诉他,我国政府期望两套协定中凡属共同性质的问题应当尽可能采用完全相同的规定。我说,例如关于最惠国待遇适用于被占领国的规定,我国政府实难接受。我听说,在欧洲国家的协定草案里也包括有同样的规定。

博内说,新闻报道有些夸大。在任何时候都既无摩擦,也无暂停谈判的危险。美国准备的最初草案,文字上相当严厉,欧洲国家表示不同意。结果,制定出一份好得多的新草案。除去一点,即关于对德国、日本和朝鲜等被占领国家适用最惠国待遇的规定以外,实际上在所有其他问题上都已经达成了协议。

在回答我的问题时,博内说,谈判系在华盛顿举行,欧洲国家由法国、英国、瑞典和丹麦代表。其余十二个国家经常由他和奥利弗·弗兰克斯爵士通知。总共有八九个问题遇到很大困难,但现在已经消除。

我问起关于外汇汇率调整的问题。根据美国起草的提交中国的草案规定,一旦美国表明需要改变时,应即与国际货币基金组织开始商讨。

博内说,在这个问题上,欧洲国家的最后文本比原来的好得多。只要求欧洲国家承担为稳定各自的货币采取措施的责任。关于美国政府表明其意图的条款等已经删去。在回答进一步的问题时,博内说,关于美国公民开发战略性矿藏时,和法国人享有同等地位的最初条款,经过充分讨论,增加了"尽可能的"短语之后,已经缓和下来。这是巴黎坚持的,目的是为了避免改动关于开发这些矿藏的现行法规。

博内说,美国的草案还包括一项禁止"卡特尔"的规定。这项规定现在已经修改为,以能促进出口并能改善欧洲复兴计划国家的国际支付平衡地位为条件而允许它们存在。

再回到最惠国待遇适用于被占领国的规定,博内说,美国人对此十分坚持,欧洲国家已经感到压力。这一争论现在已经解决,因此欧洲国家已在有保证的条件下接受其适用于德国,即倘其结果对他们的贸易或外汇地位有不利的影响时,可以暂行停止,并且受援国将有权采取步骤,抵制有害的影响。这一保证要在交换照会中规定。

至于这一规定适用于日本和朝鲜,欧洲国家仍坚决拒绝。博内相信美国会在这一点上让步,从而消除最后缔结这些双边协议的所有障碍。欧洲人采取的立场是,双边协议是为了处理对欧洲复兴的援助,与日本和朝鲜无关。再说,在战前和战时,日本惯于在世界市场上倾销商品,对欧洲国家的经济有极大损害。英国另一个反对理由是,如果适用于日本和朝鲜,会影响澳大利亚、新西兰和英国在亚洲其他属地的贸易,因此,英国不事先得到他们的同意不能接受,而在当前形势下,要他们同意几乎是不可能的。博内补充说,这一问题在星期六(6月26日)还要讨论,并说,对法国来说,通过交换照会,说明此事应另行单独谈判处理,它就会满意了。

博内然后又说,还有一个关于美国公民向国际法院对法国政府要求赔偿的问题。在这一条的文本中,已经作了一些改进。虽然原则上是接受了,但是修改为受援国政府在一定限度内有作出决定的自由。

我问到关于受援国家公民在美国财产的使用的条款,并提到,虽然受援国提出要求,但美国政府却不承担任何协助的责任。我认为,没有那种协助,实行这一条是有困难的。

博内告诉我,法国已经接受了这一条款,因为法国政府在过去相当一段时间内,曾设法获得法国公民在美国的国外财产,实际上已说服了美国政府给他们以必要的协助。他补充说,还有一个在法国的美国特别代表团人员的地位问题。美国政府曾要求给他们以外交特权和豁免权。最后的折衷办法是只作为美国驻巴黎大使馆的工作人员给予他们以外交特权,从而避免了树立一个新例。(这是一种很合理而又聪明的折衷办法。这进一步证明法国外交的机智性。)

我问到要求受援国承担任务的有效期限。

博内说,最后商定是把期限定为援助终止后两年。实际上,考虑到终止的条款要在六个月前通知等等,这两年的期限只不过是一年零三个月。在回答另一问题时,他还告诉我,他相信法国协议将在星期一即 6 月 28 日签字。签字将在巴黎举行,皮杜尔先生将代表法国。这可以有四五天时间以便法国政府将协议送交议会进行辩论。若 7 月 3 日协议不能签署,援助可能暂行停止,但在那以后签署协议,仍可恢复援助。他认为,假如不能在 7 月 3 日前签字,将会造成一种不良的印象。最后他说,至于欧洲,将签署一个十六国的总协议,每个国家还要单独签署协议。按现在的协议草案,他觉得比原来的草案有很大的改进,虽然不是十全十美,却是一个相当令人满意的草案。

至于对中国的双边经济协议,谈判也在 7 月的头几天结束,1948 年 7 月 3 日,由司徒雷登大使和王世杰外长签署了协议。另一方面,农村复兴协议,则以司徒雷登大使和王外长互换照会的形式,规定建立一个中国农村复兴联合委员会。直到 1948 年 8 月 5 日始行签字。在这里,我不准备详谈任何一个协议的内容,因为这两个文件的副本随手可得,但看看在最后的草案里中国政府的反对到底被重视到什么程度则是很有意义的。

二、军事物资的采购

1948 年 6 月—9 月

早在 1948 年 5 月 4 日杨继曾将军率领的代表团就到了美国,目的是尽快地开始讨论中国的军事计划和取得一亿二千五百万美元的特别军事援助专款,尤其是取得复兴金融公司垫付的一千三百五十万美元的军事援助以便用来购买极端需要的军事物资。

开始时,中国方面有些混乱。例如,我在 6 月 4 日收到王外长的电报,使我感到惊异。电报说,经行政院决定,由政府授权我按指示在特殊军援拨款支票上签字。我在日记里写道:

> 昨天我给他(王)拍出电报说,总统(蒋委员长)来电,指示毛将军(驻美中国空军办事处处长毛邦初)应负责签字,并

且该一千三百五十万美元贷款将由杨继曾将军支配。此乃蒋委员长命我通知美国政府者。另外,他给我的指示出自总参谋长顾祝同将军的提议。真是何等混乱!

但是,在利用援助基金进行采购方面的另一个阻碍,是国务院迟迟不通知我们有关取得贷款的手续,以及美方迟迟没有指定必要的官员,以便代表团与之接触。

1948 年 6 月 2 日,我曾给国务卿送去一份备忘录,通知他代表团的到达,并要求他指示使用特别援助基金的手续,并指定中国代表团的官员们可以与之联系的机构,以便向其提供资料和说明关于中国需要的计划。这并不是我第一次向国务院提出这一要求。早在 4 月份国会通过对外援助法之后,我在和阿穆尔及洛维特的谈话里就曾要求了解使用贷款的手续。然而,直到 6 月 23 日,复兴金融公司贷款数额可用的时限即将到期,我仍然没有得到回答。因此,在我见到助理国务卿阿穆尔,及其助手石博思时,我提到军事援助专款和 4 月份与他和副国务卿洛维特的谈话。我曾提醒他,6 月 2 日我给国务卿备忘录的内容。我还告诉阿穆尔说,听说在参院拨款委员会的公开听证会上,国务院的代表谈到国务院曾收到杜鲁门总统 6 月 2 日的信,提出了利用特别援助专款的要点。我问,关于手续的说明,需要多长时间才能通知中国大使馆。

阿穆尔说,他刚刚查询过此事。总统的信已送到国务院,正准备给我发函,他估计次日我即可接到。

我为此向他致谢,并且说,我极盼收到该函,因为国会法案批准的复兴金融公司贷款的使用期限已经为时不多。随后我提出 1946 年 8 月太平洋战争剩余物资协定项下需要交货的尾数问题。我记得,考虑到中国政府承担的某些义务,这一协议规定应交的某些物资金额达五亿美元左右。直到目前,已经交付约三亿二千万美元的物资,尚有约一亿八千万美元的物资应予拨交。我告诉他,根据太平洋各岛中国代表的报告,剩下可供拨交或可利用的物资已经很少。因为距完成拨交期,即1948年6月30日,已经很近,我国政府打算提出某些问题。即虽然不能期望美方在那样短的期间内完成这样的交货任务,但想了解一下,美国能交付其他什么物资以代替太平洋岛上的物资,以及数量、品种、日期等以便补足五亿美元之数。

我指出我国政府切盼得到这项通知,因为中国政府根据此项协议之规定,已将这些可交付的物资列入下年度的财政预算。我说美国政府关于此事的任何情报,都将有助于中国政府应付这一局势。但是阿穆尔似乎没有掌握这方面的资料。他说他将把我的要求转给负责经济事务的索普先生。

指定负责与中国代表团进行商讨的人员或机构,是我和石博思会谈的主题,我是和他在同一天下午单独会见的。石博思通知我说,他刚刚接到福莱斯特办公室的口头通知,国防部长已经命令陆军部长和空军部长,按照6月2日大使馆照会的要求,指派官员与中国代表洽商有关事务。他还补充说,国务院方面将指定国外清算委员会办事处的金曼上校参与洽商。

就此问题,我提出是否会授予金曼比国外清算委员会职权范围更多的权力来讨论中国军事计划问题。我说,他为人耿直很讨人喜欢,我和他曾愉快共事。但他总是告诉我们说,他只能根据上级指示处理问题,例如给我们多少架飞机等。我所希望的是,既然他被指派,就应给他比国外清算委员会专员更大的权力,以代表国务院处理有关问题。

石博思答应他将就此问题和金曼上校进行谈话。他还告诉我说,国务院一经获知国防部指派的军官名字,就会对我们6月2日的照会给以答复。关于中国利用"特许"项下提供的基金所应遵循的手续,石博思说,国务院现有一份函稿,将要发给我们,一俟6月19日联席会议通过的四亿美元拨款法案经过总统签署后,就会发出。

6月26日星期六,贝祖贻前来报告他和蒲立德的谈话情况。

贝当时已返回华盛顿重新担任中国技术代表团团长的工作,代表团的任务是帮助我处理经济合作署计划项下的所有经济援助工作。贝告诉我说,蒲立德曾向他索取经济和军事援助计划执行情况的资料,他觉得进展太慢。他坚持要贝帮助他核对一下事实。蒲立德说,他必须得到完全准确而全面的事实和数字,这等于是他为中国争取美援而作战的弹药。他告诉贝说,他很愿充当先锋,但他必须得到贝的合作。蒲立德还说,假如他不能为中国有效地工作,他将要承担起组成一个欧洲国家联盟的工作,他相信,这项与共产党控制作斗争的工作和为中国的独立及军事胜利而工作同样必要。

蒲立德对贝表示,他打算对马歇尔发动一次进攻,强烈要求国会调查马歇尔在中国的失败。但贝告诉他,任何这类问题都要同我商量再作决定。我告诉贝,我愿和往常一样,供给蒲立德所需的作任何用途的真实资料。但是我说,给马歇尔更多的刺激于事无补,而且可能使他对实现对华军事援助制造更多的困难。我对贝说,虽说仍很缓慢,但至少我们现在正在获得一些物资,并且我们可望在今后六个月内更多得到一些,这对中国将是一个生死攸关的时期。当天晚些时候,我听说蒲立德也向毛邦初和我的武官皮宗敢要过资料,因为他们都来向我报告此事以及他们同他的谈话。

6月27日星期日,蒲立德亲自来访,要求和我仔细核阅一下我送给他的关于利用特别援助拨款的备忘录。蒲立德说,他和布里奇斯参议员不甚理解那种复杂的文字,要我加以解释。他打算为国会对外援助监督委员会起草一封信,并因该委员会主席兼参议院拨款委员会主席布里奇斯将于星期三离开华盛顿,蒲立德说,他星期一要这封信。我答应改写一遍供他参考。他还告诉我,他已被任为对外援助监督委员会顾问,并且将到欧洲和中国旅行,了解对外援助计划执行的情况,以便向该委员会报告。在他离去后,我口述一份新的备忘录,如约于当晚十点钟给他送去。

6 月 30 日,我陪陈立夫去拜访范登堡参议员。这时共和党提名大会刚刚结束,范登堡由于败于杜威,神情有些沮丧。然而这次谈话反映了下届新政府和新国会将来的前景。范登堡自认曾做过些工作,使得援华法案在国会通过。当陈立夫谈到由于共产党得到苏联的充分援助,中国的军事形势很严重,需要更多的武器和物资援助时,范登堡说,美国的资源不是无限的,众议院在通过拨款法案时削减对外援助数额的行动,就可以表明国会的心情。他相信,重要的时刻将是明年 1 月以后,那时国会要检查欧洲复兴计划及其他援助计划的效果,并决定向受援国进一步提供哪些援助。

与此同时,我们终于收到了国务院关于使用特别军援专款应履行的手续的函件,并已报请南京审复。南京的答复于 7 月 1 日收到。第二天上午我和军品采购代表团及其顾问们举行了一次会议。我告诉他们,南京的指示已于前一日收到,我并已答复国务院,接受国务院建议的动用一亿二千五百万美元特别援助专款的应办手续。我敦促他们准备好申请付款的必要文件,并将当时国务院正在考虑中的提供这笔款项的一些细节,告诉了他们。

杨将军急于要使用一部分援款作为他的办事处的经费开支。关于此事是否能被接受还不清楚,但我告诉他,我们将向国务院提出研究。不过,用拨款支付服务项目如保险、装运、通讯、商务用费和银行费用是没有问题的。我告诉他们,在我的建议下,国务院也在考虑可能指定某些银行收受从美国国库拨付的款项,并根据提出的签证发票和其他证件或大使馆为同样目的提出的要求,付款给商号、公司及工厂。

大约一周后,王守竞来见,告我已会晤国务院有关人员商谈指定某些银行从美国国库收取特别军援专款一事。王当时是大使馆负责军事和经济援助事务的参事。王说国务院同意在华盛顿两家银行开设中国政府帐户的意见,一家为中国空军采购开户,一家为中国陆军采购开户。7 月 29 日由国务院将第一批军事援助专款存入华盛顿里格斯国民银行中国政府帐户,此事终于落实。这至少使我们无须再作更复杂的安排。

7月7日星期三,大使馆召开每周举行的各部门联席例会,这是我坚持的一项工作安排,也是一种交换情况和听取中国政府设在华盛顿的各个办事机构的意见的便利形式。会上,付款问题又占了一部分时间。我告诉驻华盛顿中国空军办事处的向惟萱上校(该办事处主任毛邦初的得力助手)送一份报告给我,开列空军已经购妥、尚未付款但需立即付款的清单,以便送交国务院,请留出专款,作为支付此项物资价款之用。

当天下午,国防部的军医署署长林可胜将军说,中国陆军军医署在医药上需要许多物资,要求美国政府代为购买。在此问题之前,他解释说,联合国善后救济总署供应的医疗物资,已全部移交给国家卫生署使用,根本没有给军队医务部门任何东西。

第二天,7月8日,杨继曾将军、朱世明将军和皮宗敢将军由王守竞陪同向我报告使用军援专款进行采购的实际困难。他们告诉我,他们曾探询五角大楼的军官们,想请他们负责代中国采购。回想起来,我觉得在他们向五角大楼提出要求的背后,暴露出驻华盛顿的中国军方不同部门的代表之间,在分配军援专款问题上的意见分歧,因受援款数额的限制,更加激化了。由于每一部门的需要超过可能考虑的合理份额,所以每个代表都希望为其本部门分得最大的份额。虽然提供的援款不可能满足他们的全部需求,但没有人打算缩减要求。王守竞在8日来访之后不久,曾请求免去他在这方面的任务,可见其中必有很大的争执。很明显,每个代表都与其他代表或大使馆有抵触,并希望得到对他的同情和支持。当然,他最后打消了辞意,我之所以提到这事,只是为了说明事情的原委。

他们在8日向我报告时说,五角大楼的军官们表示愿意代我们采购,但须经国务院授权给他们才可以。五角大楼还表示,最好是从美国剩余物资存货中购买必要的物资,不然,援款的数额会远远不足以购买我们真正需要的东西。

中国的将军们于是提出另一建议。他们认为，如果不能从美国剩余物资存货中购买足够的数量，我们应当与美国政府磋商，从美国军需品仓库中借用中国所需要的东西。这项借贷可在中国向制造商买进后归还。（取用现成存货可省时间，因为制造厂商需要一定时间完成生产订货任务。）

关于要求美国方面为中国负责全部采购的想法，我作了某些保留。我说我们请美国政府要求五角大楼负责采购是容易的，但一旦我们把这项任务交给美国军官们，我们就只能是时时催促他们尽可能地快办。假如有所耽搁或拖延，在中国目前情况下，将对我们非常不利，而且无法可想。再者，如我们发现他们的安排不当，再想自己进行购买也办不到了。

7月12日，王守竞又来看我，这次报告的是他曾向国务院提出过两次付款要求。第一次是为了和国外清算委员会签订一份合同，要按照价格的一定比例预付一部分货款方能签字，而价格上还存在着一些问题。我曾要王特别注意付款的需要。对此，他告诉我说，国务院认为，可与国外清算委员会研究，不要坚持在签字前付款。

7月13日，我接见了朱世明将军。这位将军为了采购于6月间来到华盛顿，同大使馆和军事代表团一起工作。他是麻省理工学院、诺威奇军事学校和设在利文沃思堡的指挥参谋学院的毕业生。他曾在华盛顿中国大使馆担任武官，在中国担任过蒋总统的侍从武官，以及盟国对日委员会的中国成员。他和马歇尔将军很熟，特来告知我，已经约好去拜访他。

我建议他对马歇尔说明他自己的任务，并且，如有可能，就请马歇尔指定一位更负责的军官同中国军事官员商谈下述问题：1.采购军事物资；2.主要从美国战争剩余物资存货中购买；3.从被宣告为美国军队剩余物资或性能不稳定的存货中取得某些物资；4.按照麦克阿瑟将军的建议，从他控制下的物资中借给中国一部分,然后在华盛顿归还。朱世明说,他的访问仅是一次私人礼节性拜访,马歇尔如不首先提出,他不想提业务问题。他告诉我,他的主要愿望是弄明白马歇尔对中国的真正态度。

在访问以后,朱世明似乎相当得意,并来告知我会见的经过。他说,马歇尔问他的任务是什么,和他将留在美国多久。当朱告诉他打算住两个月,但一整月过了,毫无成就,他好像感到惊奇。于是马歇尔问困难在哪里,以及中国军事官员是否已和指派的美国军官们取得联系。当说到他们已经联系过了,但没有结果时,马歇尔叫来了戴维斯上校(朱将军曾说过此人是被指定的几个军官之一),要他汇报情况和耽搁的原因。戴维斯的解释似乎不能使马歇尔满意,他告诉戴维斯说,他的解释反而更混乱了。因此,他要他第二天去见巴特沃思向他做全面的说明。

关于指派一位更负责的军官,马歇尔说,国防部长福莱斯特的参谋长冈瑟将军可能是最适合的人选。他答应去和福莱斯特谈谈。朱世明于是问美国政府兵工厂是否能为中国制造最需要的轻武器和子弹。马歇尔说,过去一个时期在国会法案规定下曾为拉丁美洲制造过,他看不出为什么不能为中国制造。他答应调查一下。

朱世明告诉我,他会见后留下一个清晰的印象,即马歇尔是愿意帮助中国的。按照他的解释,国会法案一经通过成为法律,马歇尔作为一个军人是要竭力执行的,不管他个人对于对中国的军事援助有何意见。很显然,在朱世明的心目中指的是马歇尔早些时候根本反对给予中国军事援助。

我告诉朱世明,可能还有另外的原因,我愿从我的记录中引用我对他的讲话内容:

> 马歇尔将军本人是喜爱中国和中国人民的。实际上中国是他多年来唯一熟悉的外国,并且他曾经以此自豪,虽然他对中国统治层的很多领导人完全不抱好感。另外的原因是共和党人正在为杜威竞选,并将攻击民主党政府对华政策

失败，而马歇尔将军作为杜鲁门总统属下的主要负责人之一，遂成为众矢之的。布里奇斯参议员最近给马歇尔将军的公开信已经警告他，等在他前面的将是什么。因此他急于在对华军事援助这个问题上取得一些及时帮助中国或采取援华行动的佐证，以便反击在目前对他的攻击。这样，很明显，近来国务院是真正想在这方面办成一些事情的。

实际上，当天他们就给了我一份正式答复，提出一份被指派与中国军事官员联系的美国军官名单，并告诉我们，中国的军事人员应在当天下午会见被指派的军官，以免耽误时间。

这里可以看出，他们突然变得多么着急。关于中国政策的问题，已经成为提名大会和新闻界的一个突出的政治争论，那些知名的共和党人，像密执安州的范登堡参议员、新泽西州的史密斯参议员、新罕布什尔州的布里奇斯参议员、俄亥俄州的塔夫脱参议员以及明尼苏达州的众议员周以德，都支持美国对中国的军事援助。杜威州长本人把对中国的援助和友谊作为他竞选演说的主题。6月25日，在他被共和党提名为总统候选人之后不久，杜威曾声明，他将帮助中国反对共产主义，并说，美国将为中国提供军事顾问、物资以及更多的财政援助。当时，像所有的政党一样，共和党作为在野党，想从民主党手中夺取总统职位，自然对政府采取一种批判的观点，并对政府政策表示不满。曾被认为是犹豫不决和拖延应付的对华政策，本身就成为一个被攻击的明显目标。

这样的压力可能使得政府出于政治上的需要，为了应付政敌的批评，不得不设法在态度上作某些改变。其他事态的发展也可能影响政府，使其愿在对华军援方面进行协作。6月间苏联封锁柏林和美国国内反对共产主义情绪的不断增长，以及种种迹象表明，中国局势的不断严重恶化，都可能对他们产生较大的影响。但是这些情况在决定政府行动上所起的作用，自然都是些猜测。

在任何情况下我都要指出的是,当国务院开始为贯彻执行通过的法令而进行协作时,它并没有改变反对给国民政府军事援助的成见。马歇尔和国务院对国民政府及蒋委员长依然保持同样的态度。他们仍然觉得美国的经济和军事援助不可能改变国民政府的军事或政治命运。他们仍然希望避免那种可能把美国卷进中国内战而不利于其欧洲政策的承诺。最后,我要指出,尽管表面上合作,按照1948年4月援华法应该运出的第一批军事物资,在生死攸关的七个月之后,即11月份,才运达中国。

7月15日,在朱世明访问国务卿几天之后,我按约定陪同陈立夫去国务院拜访马歇尔。巴特沃思也在座。我介绍陈是立法院即中国国会的副院长,他愿对国务卿作一次礼节性的拜访。

陈立夫说,当他离开中国前,蒋介石总统曾要他转达对马歇尔将军和夫人的问候。

国务卿说,他最近接到蒋夫人从西安写来的一封信,她和委员长曾去到那里。他们两人都很好,只是那里小虫甚多,蒋夫人颇受其扰。随后,以军人的直率态度,马歇尔问陈立夫打算对他谈些什么,是重整道德还是其他什么。

陈回答说,他没有特别的事要提,只是想向国务卿致以敬意。他是蒋总统让他来学习美国的民主制度实施情况的,并且在费城已经看到了共和党和民主党的大会,感到非常有趣。

国务卿说,这些大会是典型的美国政治集会,是实施民主制度不可缺少的部分。但实行民主制度并不总是一件容易做到的事。他随后把谈话转到特别援助专款的讨论,他说他那天上午用了四十分钟和联邦预算局讨论了利用对华特别援助拨款的某些困难。

我说,那正是我打算提出来和他讨论的一点。我想知道所说的困难的性质。

国务卿说,局长认为,按法令规定,陆军部不能为了代中国购买军事物资或归还借用的军事物资,而保有从援华拨款中支付的任何款项,必须将这笔款项上缴财政部,这就使得陆军部无法补进那一部分卖给中国的军需存货。当我问到是否已拟定出什么方案来克服这一困难时,国务卿回答说,他们正在想办法。并说,可能要求总统发布一道新的命令,修改他以前决定的程序。这一切,他补充说,表明民主政府繁复的工作程序。

围绕那个问题,马歇尔开始讲了他在援华计划方面的经历。他说,他为中国要求五亿七千万美元援助曾遇到很多困难。首先,国务院必须制定一项方案,内容包括所有必要的资料和花销的详细测算。由于中国的内战和混乱的财政及经济状况,国务院感到制定这项方案不像为欧洲制定方案那么容易。在后者的情况下,由国务院和欧洲国家经过几个月的研究,根据有关财政、生产等实际情况和数字,就为制定计划提出了大量资料。但在中国,没有为任何方案作过准备工作。

其次,他必须把这件事提交国际货币金融问题全国咨询委员会,以便得到批准。这个委员会是由联邦储备银行的总裁、进出口银行行长、财政部长、商务部长和作为国务卿的他本人组成的。该会的成员们最初觉得根据国务院提出的资料批准对中国援助的要求是没有道理的。他不得不进行解释并坚持。

在得到全国咨询委员会对援助的批准之后,他还须得到联邦预算局的批准。该局局长在国务院提出的资料数据上,也看不出有任何充分的理由赞同对中国的援助和向国会要求的数额,于是国务卿不得不请示总统,总统把局长请来,并告诉局长,他想按马歇尔国务卿的建议办。他要局长促成此事。但局长告诉总统说,他有法律上的责任,并说,如果总统坚持要这样做,他将不承担他的法律责任。

马歇尔说,他也会见了局长,彼此进行了讨论。局长告诉他说,如果必须批准他认为根据不足的五亿七千万美元援华款,他将不负法律上的责任而必须由国务卿承担。对此,马歇尔说,他不能这样做,因为一旦国会得知情况如此,就将毁掉国务院。另一方面,他认为,五亿七千万美元是使计划能起作用的最低数额。像建议的三亿七千万美元的数额,那是不够的,并且要比没有更坏,因为它什么问题也解决不了。

他说,总统是愿意帮助中国的,在总统的支持下,得到全国咨询委员会和联邦预算局批准之后,他必须应付众议院和参议院。他曾多次被国会的一些委员会要求作证。在听证会上对他提了很多问题,他必须尽最大的努力进行解释,以证明五亿七千万美元的数额是正当的。说服国会通过对中国援助的法案很不容易,但最后,授权法案终于通过了。(马歇尔暗示是他说服了国会的反对,才使法案得到通过的!)

马歇尔说,但这还不算完,当国会拨款委员会开始讨论拨给必要的资金时,举行了另一场听证。拨款一度曾有被大大削减的危险。他被召去对每个项目作证。授权法通常是批准一项在某一段时期内不得超过某一数额的拨款,并且不意味着一定拨给这么多数额。那不过是一个最高数额,众议院和参议院的拨款委员会都有权仅仅拨给被批准数额的一部分。他们的问题常集中在微小的细节上,为的是证明他们的拨款是正当的。为了使拨款委员会最后同意拨给接近国会批准的数额,就用了国务院两个多月的时间。

我说这种双重的国会手续,即先授权后拨款,是美国政体特有的。我想起我曾给我国政府发出许多电报对于这一情况进行解释。

国务卿说,他认为,这种双重的手续虽然给行政部门增加了一些麻烦,但不是一个坏的制度,因为它有助于保护国库和国家的利益。尽管如此,他认为拨款委员会在与国家外交有关的事情上想法削减国会已经授权的数额是个错误。他深信,他这次关于援外拨款在国会最后的拨款法中为恢复原授权的款额所做努力之取得成功,创立了区分执行国家外交政策拨款和国内目的拨款的有益先例。

马歇尔将军回忆起当他从中国返回就任国务卿后六周,就被国会召去为国务院的预算作证。虽说议员们很友好,并一再说他们了解国务卿才上任一个半月,但仍然毫不犹豫地向他提出了一个又一个的问题。这使他为了说明预算的每个主要项目以及为什么要有这个项目的理由,占用了相当的时间。这一切对行政部门是很难堪的,但他认为这是民主程序的一部分。政府动用公款的所有复杂拨款手续,既很麻烦而又耗费时间,但总统对此也没有办法,而且必须遵从。马歇尔知道,中国对于这种制度完全陌生,在那里政府首脑的意愿就能行得通。在那里文职部门管理公款,他们对军方索取款项无法抵制,这是一个严重的缺点。对军人而言,不论他们的要求是否正当,或能否提出任何详细的计划,他们总能得到他们所需的东西。他认为缺少这样一种制度,是个大缺点。

国务卿很遗憾没有邀请在美国访问的中国军官参加国会委员会的一些听证会,亲自看看在听证会上,行政部门的首长怎样被召去为他们各自的预算或预算中的某一特别项目进行辩护。他想建议何应钦将军来看看国会议员们是如何警惕地控制着公款的拨款的。国务卿知道,国会的这类麻烦的手续不是最合乎需要的,并且不如英国制度那么好,例如,英国议会的做法就不相同。但他认为美国人民还是个年轻的民族,英国的制度对他们并不适合。

谈到民主,马歇尔继续说,主要条件之一是要有反对派,并需要丰富的经验来从事这项工作。英国和美国都有一个两党制的政府。在法国则有许多党派,法国人是轻浮而且比较容易冲动的,这使得他们的政府远比英国政府更不稳定。显而易见,法国的多党制政府没有英国和美国的两党制好。但管理一个两党制政府需要丰富的学识和经验。

国务卿说,中国是一个古老的国家,具有古老的文化,但缺乏民主政治的经验。可能需要一些时间才能建成民主政府。但作为开端,需要有一个反对党对执政党进行监督,监督其政策,防止其极端行为。他在中国时建议把共产党纳入中国政府,其故在此。有共产党在内的联合政府会给中国树立一个有效的对立面,有助于实行民主政治。联合政府中的小党有时会和国民党持同样的看法而战胜共产党的反对,有时会站在共产党一边而战胜政府中国民党的看法。这种不同政党意见的相互影响,可能使政府工作比较困难,但能促进民主事业。

国务卿接着说,蒋委员长曾和他争论说共产党一心摧毁政府攫取政权。但马歇尔说,那是毫无疑义的。因为每一个政党都以取得政权和掌握政府为目标。哪一个政党不是如此?美国的共和党在本次选举中,正在公开地为取得政权而努力。不过,在没有反对党的情况下,每个政府很容易不明智地行使它的权力。(他似乎忽视了中国共产党反对派有自己的军队和外部援助。)马歇尔断定,就中国而言,他仍然相信把共产党纳入政府中使其在会议桌上争论问题,比将其留在外面,为实现其目的而诉诸武力要好得多。

在此我想暂先评论一下美国支持包括共产党在内的联合政府问题。马歇尔将军在这次特殊的会谈中公开宣布的这项政策和他早些时候对我说过的话大不相同。例如,1947 年 3 月 3 日,他和我在一次午餐上随便交谈中曾告诉我,当他第一次去中国时,美国政府的打算,不是要形成一个包括所有政党在内的联合政府,而是希望政府建立在较前扩大的基础上,包括不同成分的人民。但是,他说,他被误解了,把“扩大”误解为“扩大为一个联合政府”。他补充说,无论如何,他不愿意在这一点上被人引用。(这次会谈和我的反应,见第二章第二节。)

一年以后,1948 年 3 月 11 日,杜鲁门总统在回答关于他 1945 年 12 月 5 日发表的中国政策声明是否仍然适用的问题时说:“如果我们能够办得到的话,我们不希望在中国政府里或任何其他地方有任何共产党人。”这一声明是只适用于 1948 年的美国政策抑或适用于 1945 年末以来的政策有些不明确。很多人理解为他们现在或永远都不提倡在中国联合政府里包括中国共产党人。他们把它当作是对构成马歇尔使命之整个概念的正式否定。

以此为背景来对照考虑马歇尔将军在 1948 年 7 月 15 日明确支持联合政府的谈话,是饶有趣味的,特别是在不到一个月之后,即 8 月 12 日,马歇尔害怕中国政府可能被迫与共产党达成协议,曾在一份公报中通知南京美国大使馆的工作人员说:"美国政府一定不要直接或间接暗示支持、鼓励或同意在中国成立有共产党参加的联合政府。"

下面继续讲 7 月 15 日和马歇尔的会谈,他接着说,他举出的关于为行政部门拨付公款的复杂手续的实例表明,行使民主政体的困难,需要耐心和合作。这样的程序可能被认为不方便并使人厌烦,但它对于保护国家整体利益是有用的。国务卿希望中国军界来宾们在这里会看到此项制度在美国如何行使,并介绍到中国去。他重复说,在中国,军人想从国库中得到什么,总是随心所欲的,并且,在那里没有审计和向人民报告的制度。

我说,最近几年来,在中国文职部门采用了一种审计制度。像我国大使馆的会计,就是名为外交部委派、实际上是由主计处任命的。会计掌管大使馆的经费并负全权。有时我想为使馆购置东西,会计会告诉我,因为缺少经费,不能办理,事情只好就此作罢。这种制度有时使人为难,但却有解除我对资金进行监督的好处。处理和审查帐目完全是会计的责任,我作为使馆之长,大可不必为此操心。而在过去,每当我调动工作时,我却必须提出一份在职期间经费收支报表。总之,这一制度,可使经费按照法律加以控制,并使其不按领导人的主观意愿行事。

马歇尔说,这一点非常正确。在美国政府里,所有的事都要受法律的控制,没有任何人,包括总统在内,能够超越法律。民主的政府,只有在法律至上的基础上才能发挥作用。

陈立夫说,他有与我相同的经验。当他任教育部长七年之后离职时,用不着为处理任职期间的帐目操心,因为部里的会计对此负有完全责任。他对国务卿说,对他的谈话非常感兴趣,想请他推荐一人以便向其请教有关预算控制和审计的问题。

国务卿提出负责行政的助理国务卿约翰·普里福伊先生,并说,会见联邦预算局局长和陆军部长将更有帮助。

我把谈话又拉回到特别援助拨款上。我说,关于使用这项拨款采购军事物资的手续问题,听朱世明将军说,国务卿曾提出冈瑟将军,在需要时中国军事官员们可去见他,对于国务卿的好意,我很高兴。中国军官们一直期待着能选派一位美国高级军官与他们联系。至于国务院送交大使馆的美国陆军、海军、空军及国外清算委员会办事处的官员名单,中国军官可以从技术上与之接触,讨论有关采办军事物资事宜。但我听说那些军官不能承担更多的责任,因此委派一位高级军官将是非常必要的。

马歇尔说,他曾对朱世明将军提出冈瑟将军的名字,可是中国的采购计划最好是由熟悉他们各自方面的军官来办。只有在中国代表和美国较低级军官之间的讨论遇到困难时再去见冈瑟将军为宜。

我说对此我很理解,但我希望国务卿最好能和福莱斯特部长讲一下,并请他告诉冈瑟将军,以便在无论何时中国代表去会见冈瑟将军时,他都有所准备。我补充说,中国军官们要我了解一下中国的军事物资采购可否由陆军部代办,因为他们相信,这样会更经济、迅速、效率更高。

国务卿回答说,朱世明将军也曾提到这一点。但这个问题与付款相牵连,联邦预算局经过研究发现有困难。

我说,中国政府非常希望尽可能多地从美国战争剩余物资存货中采购物资。不仅省钱而且可能更快地买到,虽然我听说内地包括夏威夷在内,遗留的剩余物资已经不多,并且 1944 年的剩余物资法已于 6 月 30 日满期。

国务卿说,按新法律规定,总统已不能宣布任何剩余物资。

他请巴特沃思进行解释,巴特沃思说,这是国会拨款法为独立行政机构规定的一项附加条款。

我说鉴于这种情况,我愿表明我的希望,即能按照马歇尔将军不久前对我讲的办法,宣称某些存货为"不稳定",可从陆军这类存货中购买中国所需要的东西。

国务卿说"不稳定"这个词只适用于弹药,至于武器和设备,只能用"不能使用"字样。这个问题究应怎么办,他将进行研究。但是,首先一条,关于由特别援款付款给陆军部所造成的预算上的困难,必须澄清。只有到那时,才能考虑从陆军存货中拨给物资的问题。

我说,我听说太平洋各岛的剩余物资的情况仍保持未变。我想知道,有什么物资能提供给中国。从实际观点看,由太平洋的剩余物资中获得物资最为理想,因为距中国近。我还听说,如果华盛顿开绿灯的话,驻日盟军最高司令部控制下的某些剩余物资就可能移交给中国。

国务卿说,朱世明将军也曾提及此点,并且他已对此事进行了研究,但那天上午在一次国家安全会议上,福莱斯特部长报告说,现在是麦克阿瑟将军掌握着对其控制下的剩余物资是否交给中国的权力。

我指出,我的理解是,如果华盛顿开放绿灯,而且陆军部也同意对移交给中国的部分物资给予必要的补充的话,驻日占领军的部分军需存货是可以移交给中国的。但是我不了解这是否也可认为是剩余物资。

国务卿说"不能"。在太平洋诸岛上有些剩余物资归麦克阿瑟将军控制,他指的就是这些物资。关于盟军最高司令部的军用存货,那是一个"轻打球"。我问这是何意,他向我解释说,这是个棒球术语,意思是很快要传给别人。

我说盟军最高司令部本身的部分存货如能移交给中国以满足其急需,将会对中国有很大帮助。

国务卿答应对此进行研究。

巴特沃思说，关于美国政府同意从太平洋诸岛存货中供给中国的九十架飞机，现决定将其中一部分交到台湾，作为这项交货能否保密的试验。假如泄漏出去，就要选定某些其他岛屿，例如在冲绳岛向中国交货。

在此约一周前，陈立夫作过另一次访问，7月9日他告诉了我。陈和国防部长福莱斯特之间的会见是蒲立德安排的，他计划请他们两人一同吃饭。但那天上午福莱斯特作东约请他们在五角大楼午餐，因此，打乱了陈和前大使施肇基的午餐约会以及与《华盛顿邮报》和《明星》的主编们的约会。陈说他对福莱斯特讲述了中国急需军事物资如武器弹药等。他并说，中国共产党一直在接受苏联的援助，而中国从美国得到的却很少或者没有。福莱斯特立即反问，自战胜日本之日起已经给了中国多少东西，并找来负责的军官，该军官说，合计达三十亿美元的物资。部长又问陈，国民政府的武器丢了多少给共产党，是否有美国供应武器的一半。陈回答说，约四分之一。福莱斯特还告诉陈，美国援助的能量是有限的，而且美国有其自己的需要。据我看来福莱斯特的态度是相当严厉的，虽然他没有直接讲出来。

7月30日，采购代表团团长杨继曾将军来见我。杨和代表团的其他成员当然与我保持密切联系，共同为中国采办必要的武器、弹药及其他军事设备而工作。但在此工作中，常会遇到一些令人关心的错综复杂的问题，对其解决办法，意见常常不能一致。例如，越来越明显，究应如何采购中国急需的必要军事物资的问题已经变成我和军事代表团讨论极多的问题。

杨将军此次来说他想把有关采购和运输军事物资的所有事项交给美方，并将军援内拨给中国陆军的全部数额交由美国陆军代我们妥善保管和分配。他觉得，如果这些任务全由采购代表团自己办理，肯定会因缺乏胜任的人员和增加管理费用而发生困难。他自己不敢承担这一重大责任。（显然，当他以代表团团长身份来到美国时,他没有预见到他的使命范围会包括对整个数额及其分配负责。而且,像以前提过的,他曾希望他的办公费用也出自这笔援款,但这一点未能实现。)

我没有被他的论点说服。我告诉他,凡能从美国陆军存货中购买的军事物资,要陆军部负责采购是可行的,为了支付货款,存放必要的资金在他们那里也是可行的,但是从美国私营公司采购,为了避免把我们的全部自由和主权放弃给别人,由我们自己办理才是明智的。我指出那样决定的结果——我们想买的任何东西,不管我们的需要多么迫切,我们只能等待美方为我们办理。我还告诉他,他刚才向我提出并已呈报蒋委员长的建议,委员长已要我提出意见。我对委员长的答复就是我刚才对他解释的那些。

经我考虑,似乎杨继曾之所以想把任务完全委托给美方,使其负责从美国政府存货及私商采购全部物资,显然是想简化中国方面的问题,同时,也可排除美方猜疑或抱怨中国采购官员贪污的可能性。他对美方断言中国陆军贪污腐化感到不悦和生气,是很自然的,并认为他已找到消除猜疑的最好方法。关于对贪污腐化的指责,在中国已成为一个十分严重的问题,或许他也考虑到这点。因此他肯定要保持两袖清风,避免嗣后贻人以口实。

我虽然同情他的处境,但不完全同意他的观点,他们代表团内部意见也有分歧。鉴于国内军事形势十分危急,我推想军事采购十分急迫,需要特别谨慎处理。若把整个采购计划委托给美国陆军当局,可能引起更多的问题。我已指出,一旦做出这样安排,采购将完全依靠他人,而我们对任何可能出现的耽搁和延误将会毫无办法。其次,如将采购工作委托给美国陆军,还可能出现中国要出高价的问题。那时任凭他们的官员选定我们清单所开物资,对所选物资,我们可能要按现行价格付款,而不是按剩余物资价格付款。也就是说,如果我们从美国剩余物资存货中申请购买,根据美国法律,我们可按美国法定价格购买,每一美元可省几分钱。但如我们把采购工作委诸美国陆军当局,他们就会任意开价,以便补进售出的物资。

鉴于这种情况,我提议,至少应将我们对美国当局的要求限制在剩余物资上,对此我们还可以引用有关处理剩余物资的法律。但我们肯定不应把向私营公司的采购也交给他们。不过大使馆无权坚持己见,代表团到这里来是专为负责这项任务的,而杨将军又是代表团的团长。但是,既然我有怀疑,并觉得我提出的几点意见值得认真考虑,因为我担心我们最后会白白多付很多的钱,而我们的资金又非常有限,所以我想杨将军或许会同意呈请南京做最后决定。

在事情悬而未决之际,南京何应钦将军的指示进一步增加了负责采购工作的中国官员们的困难。8 月 5 日,我和军事代表们举行了一次会议。这次会议很重要,因为何应钦在给他们的指示和在给我的电报中,对军援专款应当交给美国当局代为我们采购的陆军、空军和海军各自的确切份额是多少,并未讲清。我让他们讨论提出各自的数字,结果我感到很高兴,因为我发现他们是通情达理的,虽然由于何应钦指示要从军援款中为迫切的军事需要付出二千万美元的汽油和飞机燃料费,使分配更加复杂化,但没有多大困难就取得一致意见,经我认可。

随后在 8 月 16 日,我收到何应钦和王世杰联名发来的回电,接受我对采购的建议。第二天我召集另一次军事代表们的会议。虽然联名回电已经接受了我关于汽油采购和分配给陆军、空军和海军三方的份额,以及不必将全部军援拨款移交给美国陆军部,以保留我们从私商采购的权力等意见,但联名复电的指示与陆军、空军代表所接南京总部首脑们直接给他们的指示之间有矛盾,又成了难题。这次会议的目的就是为了澄清并解决这些矛盾。

可是,将近 8 月底时,又出现另一难题。一份来自南京的电报通知我,已在南京直接和司徒雷登大使与西太平洋美国海军司令白吉尔上将谈妥一项安排,即从太平洋美国海军陆战队的物资中购买总值约二千七百万美元的武器和弹药,用以装备七个军和三个师。虽说我还不清楚美方对此项安排已经同意到何等程度,却使杨继曾十分困扰,因为这意味着他从美国陆军存货和美国私营制造商采购物资的全部计划和方案都要修订。

9月2日,我邀请军事代表团全体人员午餐,以便讨论这一问题。我极力主张在澄清南京的安排以前,在与此地美国当局打交道时,要小心谨慎。南京方面还通知我,给大使馆的有关文件业已发出。但我同时强调,代表团成员应对美国陆军部门和政府方面保密。我指出,美国陆军与海军之间存在着传统的妒忌,而海军控制着海军陆战队,因而由海军陆战队采购留在太平洋的剩余物资的安排,可能对我们和美国陆军的关系有不利的影响。我告诉他们,从美国武装部门的立场来看,这是自然的。他们都想为我们经手采购,因为这可给他们一个机会用新的物资和设备来替换他们已经陈旧的存货。

9月9日,军事代表团成员之一、国防部采购技术官员钱立将军向我报告因美国陆军为我方采购物资而产生的一些困难,他说,由于洽谈和缔结采购合同必须遵循成规,所以由美国陆军经办采购需要更长的时间。而且不仅如此,以步枪和橡胶轮胎为例,比直接从美国厂商采购要贵得多。他告诉我,轮胎的国内价格从9月1日起提了价,但出口价未动。美国工厂愿意直接对中国按出口报价,但美国陆军当局却只能按国内价格计算,约高百分之十。再者,他说,美国陆军需要几个月才能交货,而私商答应只须一两个月即可向中国交货。

钱将军向我说明他和杨将军的意见分歧。他坚持不能把整个采购计划,包括从私商的购买,委托给美国陆军当局。我说,在杨将军未直接向南京国防部提出此事以取得最后决定以前,我不能立即建议改变原定办法。我说,从一开始我就怀疑要美国陆军为我们从私商采购是否明智,而现在出现的困难,正是我所担心的。我曾向杨将军和在给外交部的电报里作过说明。蒋委员长就完全委托美国陆军当局为我们采购（不只是从美国陆军存货中采购，而且包括从私商采购）一事来电征求意见，我在复电时也作过同样说明。

第二天，有人告诉我，杨继曾现已接到国防部长何应钦的电报，强调杨在美国提出的采购计划需要调整。电报还通知他，计划从太平洋美国海军陆战队存货中采购的数字约为三千八百余万美元，比外交部给我的电报约多一千一百万美元。

考虑到这些情况的发展，我与杨继曾和武官皮宗敢召开了一次会议，邀请王守竞和谭绍华参加。我们讨论的主要之点是，何应钦给杨继曾来电提及的美国海军陆战队存货的价钱和外交部给我来电的价钱不一致，后者是二千七百万美元，前者为三千八百万美元。美国陆军正催促杨答复美国陆军是否可以着手采购，并限于9月14日前回信。但杨弄不清从美国海军陆战队存货中将要购买哪些物资，和这项安排究系确定的安排抑或仅是司徒雷登大使和白吉尔海军上将给华盛顿的一项建议。在弄清之前，不能作出肯定的回答。我们最后决定通过外交部澄清上述情况，暂时把问题拖延一下。同时要求杨继曾第二天会见海军陆战队的凯茨司令官，查明杨和我收到的电报中的两个疑点。

9月15日，杨继曾前来报告他和五角大楼关于海军陆战队物资的谈判中遇到的一些意外困难。他说美国海军说他应和陆军去谈，但陆军却说应该去找海军。最后杨将军的僚属在陆军部见到海军的人，发现实际上是陆军说了算。真是折腾人！但陆军的人一味支支吾吾，含糊其词，并说应由大使馆备文连同需要物资的清单，正式提出与国务院接洽。王守竞是经常与国务院保持接触的，上星期国务院还对他说应与陆军接洽。杨继曾最后说，海军似乎想帮忙，但由海军免费运输则不大可能，并且按照1945年原成本价也有困难。待他报告完毕，我对他说，恐怕此事并没有在南京明确肯定下来，政府对此事显系过于乐观。我还说，此事仍须由这里的美国政府决定,我将访问国防部长福莱斯特澄清整个情况。

我于星期一,即 9 月 20 日访问了福莱斯特。略叙片刻后,部长将参谋长联席会议的勒鲁瓦·卢茨将军召来参加会谈。一开始,我就告诉福莱斯特,我拜访的目的是对他讲关于以中国国防部长何应钦将军为一方,与以司徒雷登大使、美国海军的白吉尔上将和在中国的美国顾问团团长巴大维将军为另一方,共同讨论并商定采购某些武器和弹药之事。我说,在何将军给我的电报中,我得到的印象是,事情业经美国政府批准,只待执行。可是实际上,其后我接到两次政府来电,要我从国务院保管的特别援款中申请所必需的资金。

我说,中国军品采购代表团的杨将军,是特为采购军事物资派到这里来的,他曾设法通过他的代表们与美国陆军和海军取得联系,但这些联系没有得到任何进展。杨将军了解到,此事需要由最高层作出决定。因此,我要向福莱斯特先生请求帮忙,因为他是能为中国代表团指出一条走出泥塘之路(意为解脱困境)的人。

我说,简而言之,南京制订的计划是采购二千七百万美元左右的武器和弹药。鉴于中国的军事情况,对武器和弹药的需求急迫,我们希望尽快使此事有个结果。为此,我想请福莱斯特先生为我澄清几点:首先,我能否认为这件事在原则上已得到福莱斯特先生的批准,只待执行? 其次,为了使此事有个结果,中国代表团应该与哪个部门接触才是获得结果的正当渠道?

国防部长问,南京是否熟悉使用特别援款采购的付款手续。

我作了肯定的回答,并且说,以杨将军为首的一个专门代表团已派到这里。

卢茨说,上星期三杨将军曾送来一份所需物资的清单,陆军正在查对所能提供的项目。

我说那是一份另外的清单,在 7 月中旬,杨将军曾送交一份中国军队需要的总清单。听说美国陆军曾于 9 月 1 日对第一份清单的某些项目作了答复，下余项目在继续办理中。

卢茨说，美国陆军用了很多时间研究第一份清单，并查明可能提供某些物资，对其余项目仍在进行工作。但在第二份清单中包含有第一份清单中的四项，因此，尚需研究能提供哪些列在第二份清单上的物资。他听说第二份清单是打算在华北使用的。

我问国防部长，在我给我国政府的报告中，是否可以说此事已得到他的批准。（我试图从他口中得到较具体的说法。）但福莱斯特回答说，我可以说他将对此事进行研究，看可能做些什么。然后他转向卢茨询问有关情况。

当卢茨谈到主要问题是作价问题时，我说，这也是我要提出的另一个问题。我说，南京方面认为应按 1945 年的标准价格表计价。而这里的美国陆军却报出高得多的价格。作为一个例证，我指出中国计划的定价是每千发 0.30 子弹 43 美元，而美国陆军报给中国军事代表团的是按现在新制造的成本价，每千发 105 美元，此外因制造和包装的改进还有一项今后进一步提价的附加条款。换言之，要付出的重置成本比原来的成本高两倍还多。

福莱斯特问卢茨，这是什么原因，按照法律，能为中国的价格做些什么。

卢茨的回答是否定的，他说，因为付给陆军库存物资的钱，如果不用的话，必须上缴财政部，而要补进卖给中国的物资，必须按重置成本付款。

福莱斯特问，是否中国想要的物资都可提供。

卢茨说，这要从整个形势来考虑中国需要的急迫程度而定。

我说，作价是重要的，因为它对物资的数量将会造成很大的差别。如果中国必须按原成本的两倍付款，则采购数量势必由于受到一亿二千五百万美元特别援款的数额限制而大为减少。按照南京的安排，中国陆军的份额大体上为九千万美元，还要按不同类别的军事物资进行再分配，不只包括武器和弹药，还有运输设备、通讯设备、汽油和医疗设备。此外,还有运输问题。按照我收到的南京备忘录,上述武器和弹药可由美国海军免费运往中国。如能那样,对中国来说,将可大量节约,并可用这项节约运费来采购更多的物资,因为据我了解,运输费用约为物资价值的百分之二十。

卢茨说,已经提出这个问题。并打算把物资直接运往华北。

福莱斯特说,他希望这些物资尽快地运往中国。

我说这项考虑非常重要。如果美国海军能负责运输,不仅意味着是对中国的一种节约,而且还能迅速装运和交货。我问福莱斯特能否考虑接受 1945 年的标准价格表和是否已同意由美国海军为中国免费运输。

福莱斯特回答,他将对此事调查一下,看看能做些什么,并指示卢茨将军办理这些事情。

当我问及福莱斯特中国军事代表团应当接触的正当渠道时,福莱斯特说,魏德迈将军是应当接洽的人。

我告诉他,以前中国军事代表团也和陆军的戴维斯中校和海军作战部器材局的卡尔霍恩上校联系过。

卢茨将军说,对魏德迈将军提出的任何要求都会转给戴维斯上校,他是魏德迈将军管辖下的陆军部后勤司对外援助部门负责人。

我于是提出要交给福莱斯特一份何应钦将军备忘录的副本,连同两份清单——一份是购买武器和弹药的清单,另一份是价格表。按照他的意见,我都交给了卢茨将军。当我辞别时,我说,卢茨将军可能已直接从南京的美国代表那里收到了该文件的副本。但我告诉他,在我刚才交他的清单中有一点纠正,要请他注意。在南京送来的清单中所列机枪的数目是一千七百多挺,而在价格表中只列了该数的一半。在南京的清单中还有三四处数字上的错误,已由这里的代表团予以订正。当卢茨将军问及大使馆的清单是否可以认为是正确的时,我作了肯定的回答。

后来,我在日记中写道,福莱斯特非常支持,但很小心,不肯把自己牵连进去,他只是说他将调查此事,并认为迅速将物资运到中国比作价问题更关紧要。至于卢茨将军,我的日记说,他似乎是造成我们进展迟缓和困难的主因。我随即把杨、朱、皮几位将军请来告诉他们谈话的经过,并要求杨继曾当天去见魏德迈,如有可能,把事情向前推进一步,因为福莱斯特已告诉我魏德迈能和我们的军事代表进行安排。

　　9 月 25 日,杨将军和韩上校前来报告他们前一天与魏德迈将军和廷伯曼将军会谈的情况。韩上校那时和采购代表团一起工作。他们把那天上午送给魏德迈的信件副本拿给我看,内容是关于何应钦将军、白吉尔海军上将和巴大维将军在南京制订的采购武器、弹药计划表。杨说,他的印象是,魏德迈对此事或这项计划不很熟悉,而且他和廷伯曼想把拖延的责任推在中国一方。他们不同意减低美国陆军原来的索价,不肯把 1948 年的重置价格改回 1945 年的标准价格。他们甚至建议使用已经分配给中国空军和海军的钱来弥补从美国陆军存货中进行采购的不足金额。(上述差额约计一千三百万美元——考虑到从一亿二千五百万美元中,分配给中国陆军的份额很少,这个差数就相当可观了。此数是按 1945 年价格采购并由美国海军免费运输所需的三千七百万美元与按美国陆军重置成本采购所需的五千万美元之间的差额。)

　　杨、韩二人说,魏德迈认为,中国要空军和海军没有多大用处,并且讥诮地问,中国共产党有空军、海军吗。当杨回答说,迄今为止,空军是个很有用的军种时,廷伯曼说,在空军完成轰炸任务之后,中国的士兵仍然对付不了共产党赤手空拳的军队。(显然,他们不赞成加强中国的空军,如果他们有权决定的话,他们宁愿把援助空军采购的金额转给中国陆军。)

　　杨说,鉴于山东省会济南出乎意外地陷入共产党之手,形势紧急,中国军方首脑们的结论是要求美国陆军立即代为购进可以提供的项目,并由美国海军运往中国,而把价格问题和运输是否收费问题留待以后解决,以免耽搁采购和装运任务。(济南陷落已由同一天的南京美联社专电证实。该电还补充说,济南陷落的消息使南京大为震惊。记得我曾询问当时在华盛顿参加世界银行和国际货币基金组织年会的财政部长王云五,怎么会发生如此惊人之事,因为济南距离共产党在东北的主力部队很远。他也同样地惊异,不能给我一个满意的回答。)

杨继曾和我讨论了他们同美国的将军们交涉的最终结果。我同意了他的主张,因为赶快开始装运总比在价格上讨价还价,等价格问题解决后再装运更为重要。不过我告诉他,我觉得美国陆军还可能坚持它的价格方案,要么在开始购买前要求杨将军同意按重置成本计算,要么认为杨要求立即采购和装运必然意味着同意了重置价格。我说,魏德迈谈过,他要向福莱斯特部长提出此事,当他以后向福莱斯特提出时,可能对整个价格问题产生不利的影响。总之,卢茨才是真正的幕后权威。(不是魏德迈,他只是一个代理人,并被指派负责与中国人打交道而已。)卢茨给我的印象是他坚定地支持按重置价格计算的方案,尽管福莱斯特本人似乎是一位同情中国的朋友,并在满足我们的需要方面对我们怀有善意。

尽管如此,我同意把南京的三千七百万美元采购计划立即送给国务院,俾便直接转交美国陆军部。由于需要紧迫,我只好不顾在价格问题上可能吃亏。但我告诉杨将军,按我的看法,为了日后备查,并于必要时供国会参考,最好把情况用白纸黑字记录下来,说明军事援助专款对中国军事局势之未能产生效果,是由于实际采购的武器弹药数量过少所致。而数量过少又是由于要付出高价,即美国陆军坚持按重置成本作价所造成的。因为重置成本比剩余物资存货价格高出几倍,自然使我们所能购得的武器弹药数量减少。这既非我们所愿,也出乎我们始料所及,从而也就减少了供应军队的物资数量。

在此，我想按下执行援助计划不谈，略述一下 1948 年夏季其他方面的发展情况。否则可能给人以印象，似乎我无限制地花费全部时间促成并执行这项复杂、困难的援华任务，而那样做是错误的。但要结束本节，我打算首先提一下，我认为，凭我在华盛顿的地位，我的活动在此问题上所发挥的作用。

我确曾竭尽全力寻求各方支持，以使援华列为美国政府对外援助计划的一部分。一方面，在国务院及其他政府部门如五角大楼、商务部、财政部、特别是在国会的领导层竭力推动这项工作。实际上，我发现对后者需要付出更大的努力，因为在政府方面有许多异议，必须借助他们的力量加以克服。另一方面，我发现国会两院和两党中的许多主要成员似乎都较有卓见，他们看到如果在华盛顿不能正确、明智地处理好中国问题，很可能不仅对中国，而且对美国和全世界都会产生深远的后果。这最后一点自然是我努力使中国得到所需援助的动力。

我还寻求并获得了一些公众领袖们的积极支持和帮助，这些美国朋友中有蒲立德、援华委员会主席阿瑟·科尔伯格和较早的鲁斯。而且除去争取这些美国公众领袖的同情和帮助外，我习惯于在这个国家四处走动，应各种公众团体如商会、大学和工商俱乐部的邀请去作演讲，在演讲中我总是设法使中国的问题更易于为公众所理解，并总是力求促进美国公众对中国的同情和了解。我还通过接待记者来影响公众。

当然，我并不认为我自己足以影响美国对华政策，使之采取完全新的不同的态度，但我所发现的是对中国的一种潜在的同情感，很多国会成员与美国各界公众不能理解为什么政府看来竟是如此冷漠无情。毕竟，猜疑和误解甚至对中国国民政府的厌恶情绪的发展，是近来才出现的事情。因此，开导他们并告诉他们我所见到的真实情况是我的愿望，也是我做工作的良好机会，更是为中美共同利益所需的最好服务活动。

虽然我谨言慎行，但聪明的美国人知道我对美国政府特别是国务院的对华政策,怀有不满和含蓄的批评。我没有错过任何机会利用那些对美国政府政策持不同见解的内阁成员的同情和有利态度。因此,我的行动引起了政府和国务院的注意,使他们暗中不快,乃是十分自然并在意料之中的。虽说我相信我为促进中国的利益所作的工作也是为了美国的最终利益,但他们并不总是如此理解的。

以上是我的感觉,然而我必须立刻补充一句,这只不过是一种猜想。因为我从未亲自遇到过政府成员或在国务院里有任何公开的、直接的敌意或不友好的表示。政府中没有一个人对我的行动曾直接或间接地表示过任何不快,在我和他们的关系中,也没有他们对我不满的印象。但这只是对我本人如此。在我和他们联系的过程中,特别是在与国务院的成员和有时同其他部门的首脑交谈中,有人就曾直率地问到我,何以某某人仍然留在南京政府中之类的问题。他们时常说,听到这种那种传闻,他们认为这些事不会给政府脸上增光,只会在国外引起很多误解。

对一名外交代表来说,这是一种相当特殊的情况,比从表面看来要微妙一些,因为这涉及国内政治问题。虽说我在美国国会中促进中国事业的工作由于在两院中共和党占多数这样的事实使工作较为省力,但这一事实肯定也使民主党政府对我的行动更为敏感,或许他们觉得我在干预内政,虽然这根本不是我的意愿或目的。

我开始经常思考,我个人应如何改善这一情况。或许在如此微妙的情况下,我在这里对中国的事业并不有利。处理使馆和美国政府的关系,或许由另外的人接替会更为合适。有时我想,应当放弃我的使命,让另外的人来接替,而我自己退出积极的外交生活,加入其他某种更令我个人满意的领域,例如司法工作。

我曾多次把这种想法对一位好友金问泗讲过,当时他是驻比利时大使。在日内瓦、华盛顿、特别是几次在别处举行的国际会议上他都是我最亲密的合作者之一。我对他倾吐个人想法,因为他即将返回南京,汇报他代表中国在联合国国际贸易组织中的工作。我希望南京预先知道我想卸职的打算,以便一旦国务院果真想要更换中国驻华盛顿的代表,而南京又不好拒绝时,不致感到难于对我启齿。这样就可以避免在中美之间的关系上出现难题。但幸而情况从未发展到这一地步。

金大使从中国回到美国时,自然要来和我一叙,报告他在国内的见闻。那是在 8 月,华盛顿最热的月份,每逢周末我总要去巴尔的摩附近吉布森岛我避暑的地方,从华盛顿乘汽车去那里只需一小时。8 月 8 日星期日,金应邀来访。我在巴尔的摩迎接他,请他到吉布森岛俱乐部午餐,然后陪他回到巴尔的摩,送他去纽约。在他来访期间,他向我叙说了他和蒋委员长、张群将军的谈话。张群是蒋委员长的两个最亲密的朋友及合作者之一。实际上,他是蒋委员长和黄郛将军的结义兄弟。金深知张群,而且过去曾多次在一起共事。金说,张群反对我去国际法庭,并认为,如我当真要离开华盛顿,最好回国。(他实际说的是台湾,这暗示当时已经制定了作为最后手段的撤往台湾计划。)张认为国际法庭不是一个有多大作为的地方,而国家需要我在更能起作用的领域里服务。

为什么他提到国际法庭呢? 我在哥伦比亚法学院上学和毕业后在著名国际法权威约翰·巴西特·穆尔教授指导下做研究生时,我曾表示过对外交和国际法深感兴趣,而且模糊地持有一种想法,即日后要从事于那种把国际法原则坚定地应用于国家间关系的工作。1948 年,我感到个人从事国际关系工作,为维护国家切身利益,经历过两次世界大战和几度外交危机,而辛勤不懈地努力三十七年后,我的外交生涯日益艰难。我开始模糊地想到退休,从中国的政治旋涡和中美关系的迷宫中引退。我觉得联合国的新国际法院对我将是一个宁静而切合实际的地方,可以应用我在学生时期学到的东西。我觉得在这样的工作中,我能继续对国际主义与和平事业发挥作用,而且还能在国际大家庭中为中国增光。

虽然金问泗肯定已将我的想法向张群讲过,但这只不过是一些模糊的想法。当时参加国际法院工作是不切实际的打算或希望,因为那时海牙国际法院的中国成员徐谟无意离去。实际上也是如此,他的三年任期是自 1946 年开始的,按照我的看法,如他再次竞选国际法院的席位,几乎肯定会再度当选,而且也应该当选。他是学法律的,并在供职外交部的同时曾教过法律。在 1931年我任外交部长时,他是我的次长之一。当初我曾推荐他作国际法院的候选人,并且在选他作 1946 年联合国大会首席代表时,曾为他的竞选进行指导。但,或许由于某种原因,徐谟本人曾经讲过些什么(如今我已想不起来),导致金问泗比较具体地把我的想法向张群提了出来。不管怎样,作为一项附言,我要提及王世杰在 1948 年 10 月末曾从巴黎报告说国际法院重新竞选的中国候选人获得最多票数。

至于张群要我回到中国的建议,我当时回国也没有什么特别的事情可做。尽管在蒋委员长的劝说下,我加入过国民党,但我不是一个积极分子。不过党的领袖们,特别是蒋委员长,在分配国民政府中的重要职位上,至少在那时,倒不特别重视这一因素。我曾在北京政府担任过一些最高职位,即在南京也大致如此,此时我无意在国内再接受什么新的任务。我只想好好休息一下,而且我觉得在南京政府里连续十七年积极为国效劳之后休息一下也是理所应当的。因此,我未曾要求金问泗在南京积极为我活动,而只是要他向上层打听一下是否有可能让我休息。

金大使还向我讲了另一点。沈昌焕曾对他谈过有关我在华盛顿使命的事。沈是当时外交部礼宾司司长,我对他相当熟悉。记得 1942 年我为陪同英国国会访华团并照顾其成员从伦敦回到中国,曾选他为助手。他工作非常出色,蒋委员长对他印象很好,提出要他到侍从室去工作。根据金问泗的说法,沈曾告诉他,美国大使司徒雷登在 1948 年 2 月或 3 月间,有一天在南京对他讲过,中国驻华盛顿代表最合适的人选莫过于胡适博士。司徒雷登当时问沈能否对蒋委员长提出。沈告诉金说,他本人曾向司徒雷登表示反对,但后来还是把司徒雷登的话对委员长讲了。委员长问沈,他是怎样回答司徒雷登的,沈如实相告,委员长表示同意沈的意见。

我对金说,此事对我不足为奇。为澄清情况,我用了一些时间给他作了说明。我对金说,这不可能是司徒雷登个人的意见,一定是国务院因国会反对并批评其对华政策感到烦恼而授意司徒雷登这样做的。我并补充说,国务院早就怀疑我是国会的头号煽动者了。

金大使还谈了许多其他事情,留待以后再说。这里我只补充一点,即沈还对金讲他很想到华盛顿大使馆工作。这对我并不奇怪,因为他一向表示愿意和我一起工作,甚至我在伦敦任大使时他就曾有此表示。实际上他原本可能派往伦敦大使馆的,因为当时我已欣然同意。但在最后时刻,他被当时缅甸远征军总司令陈诚将军调去了。

三、外交背景

1948 年 7 月—9 月

1948 年仲夏,我对中国国内形势的发展,特别是由于法币不断贬值,经济情况迅速恶化,以及因此对人民生活水平和公众舆论造成的一切后果,感到有些不安。我听说军事情况也很糟糕。据报,共产党在北方的地位不断加强。为此,我决心尽最大可能掌握正在发生的情况,虽说中国现状的真实而全面的图像绝非那么容易得到。

从南京政府不断的来电和报告中,自然不可能,而且我也未尝奢望能够得出一个完整的图像。因此,我更多地依靠从国内来客那里听到一些情况,包括正式的和非正式的会见。这些会见非常有益,因为我的客人,特别是我认识多年并把我当作他们的朋友的客人,他们会相当随便地把他们认为真实的情况告诉我。

7月22日,一位卓越的中国实业家,英美烟草公司(一家很大的公司,在中国很多地方有重大投资。)总经理沈昆三前来看我。他是我在上海的一位老朋友。他说使他担心的是,从军事观点来说,军队的士气非常低落。士兵们已无心作战。政府控制一切的政策变本加厉。人民希望政策有所改变,允许在经济方面有更多的行动自由,从而促进人民谋生的能力。

他所谈的真实程度如何?我只能说他从未担任过国家、省、市政府的任何职位,他直言对政治不感兴趣,而且不喜欢政治生涯。换句话说,他是百分之百的实业家。政府的政策使他遭受了什么财务上的损失吗?据我了解,他属于一个相当富裕的家庭,他本人生活也非常优裕。就他本人和家庭来说,没有经济困难问题。但在他公司的业务上,我想,他作为一个重要的成员,一定遇到过很多困难。但有些困难要回溯到宋子文任财政部长时期,那时宋实施一项奢侈品的印花税,当然也包括他公司的主要产品卷烟。直到那时为止,一些主要在外国租界里经营的工业是不容易被征税的。

8月4日,贝祖贻在汇报其他工作时,提及他和《时代》杂志社派往中国为该杂志调查中国情况的斯蒂尔曼的一次谈话,或者毋宁说是经济合作署中国复兴计划调查组组长斯蒂尔曼也负责向《时代》杂志报道中国的情况。贝告诉我,斯蒂尔曼的印象不太好。他感到中国的情况没有改善的希望。不仅如此,斯蒂尔曼还将他调查的结果和印象向正在考虑改变其对中国同情态度的《时代》主编鲁斯作了报告。据斯蒂尔曼说,鲁斯所要知道的是,中国如不改变做法能否改善现在的情况。换言之,即现掌权者是否真正能给中国人民带来进步和幸福。鲁斯基本上是在斯蒂尔曼报道的基础上开始怀疑这一可能性,并将此想法讲给蒲立德听,旨在取得蒲立德的同意,以便他们一起谋划,促使中国发生一个变革。鲁斯的意见是在著名的中国自由主义者中找出某些领导人接管政府,然后全力支持他们,以使他们能给中国带来和平与繁荣。可是蒲立德和他意见不一致。他说,除委员长外,无人能够真正支撑中国的这种危急形势,并同时领导反共运动。按照蒲立德的想法,谁能在中国境内领导中国与共产党作战,谁就是美国的真正朋友;美国人应尽其最大努力助他成功。

同一天,8 月 4 日,我接见了中国邮政总局的代理局长。他在中国邮政界服务了三十七年,正去参加万国邮政联盟大会。照例,我很想知道他对中国形势的印象,但他的描述使我不胜惊讶。他说中国邮局发生了赤字,因为收入只有开支的百分之十。共产党已经占领了中国国土的四分之一,而且就像完全是另一个国家那样管理着共产党控制区。共产党控制区和政府控制区之间的通信完全被禁止了,虽然,据他记忆,即使在建立了"满洲国"的日本侵略时期,东北四省与中国其余部分之间的通信仍旧保持不断。

但是,他说共产党近来改变了态度。在共产党军队占领一个城市后,他们不再逮捕和处决当地的邮局局长了。反之,共产党对占领区的邮局局长现在采取了完全不同的态度,他们给予那些邮局局长以特别优待,并要他们受三个月的训练。训练完了之后,他们可以自由选择,是决定留在共产党占领区继续在邮局服务,或是离开共产党占领区回家或是重新参加中央政府。假如他们决定回家,还发给每人路费。

8 月 5 日,我在北京大酒楼参加贝祖贻为查尔斯·斯蒂尔曼夫妇和哈伦·克利夫兰夫妇举行的宴会。在和斯蒂尔曼的谈话中,他给我的印象是中国的情况非常困难。根据他的说法,重要的不是中国要求更多的援助,而是利用已经收到的东西,例如联合国善后救济总署的货物和物资、日本赔偿的物资和设备,以及更多的将要陆续到来的东西。

三天后,我同金问泗大使进行了我在前节中已经提到的谈话。他所说的某些情况与我个人在中国政治或外交上的问题无关,但使我很感兴趣。他揭露出中国的实际情况和令我难以理解的某些政治、经济和财政方面的幕后事实。他告诉我,有一次谒见蒋委员长,委员长鉴于当前中国的严重局势,问他有什么好的应付方法。金说,他当时感到犹豫,只是简单的表示他不适于回答这样重大的问题。但委员长最后还是说服了他表明他的看法。他回答说,鉴于这种严重的形势,他认为委员长在中国的南部准备某些稳固的后退之地,作为将来对共产党的作战基地是重要的,看来要抵抗目前共产党的前进是不可能的。

金大使也和外交部长王世杰谈了话。但他说王部长只和他讨论了国际贸易组织宪章的问题,金大使这次回国主要是汇报他作为该联合国组织的中国代表的工作。他同行政院长翁文灏、财政部长王云五的谈话中倒透露出更多的情况。翁曾对他说,军事和经济情况变得太严重了,他对此已束手无策,无法改善。至于财政部长,在回答金问到通货膨胀的危险时说,他只是应召填补财政部长的空缺。总结他在国内观察所得,金说,由于当前的不利情况,有一种普遍要求变革的愿望。

另一信息来源表明十分相像的情况。8 月 6 日,我招待南京交通部航政司司长李孔劭(音译)和其他从中国来的客人午宴。目睹政府地位的不断恶化,他隔着桌子问我,中国是否还有希望。因为当时还有许多别的客人,这样的问题使我觉得有点为难。但我告诉他,虽说表面现象动荡不安,肯定中国是有希望的。我说在中国五千年的历史中有过多次危机,有些比现在的还严重,但最后都被克服了。我说我们一定不要对中国的将来失去信心。我们必须有远大的眼光。假如在我们这一代看不到中国和平和安定,我们的儿女们将会看到。中国人民基本上是健全、明智而勤劳的。国际局势总的来说同样对我们有利。在中国抵抗日本侵略的早些年代里,很多人认为中国永远不会战胜,而应与日本讲和,但我从来没有那样想过。我曾毫不怀疑地相信世界最后会来援助中国,而且真这样援助了。现在的情况并不比 1938 年更坏。我们一定不要对中国的将来丧失信心。

这就是我所对他讲的,并且这也是我的真正信心。这不是一种随机应付的说法,也不只是我自己抱有那种感情。这可说明这样一个事实,即全体中国人民,特别是有教养的阶级,总是相信中国的永存,这或许是由于受儒教的经书和中国文化培育之故。但我之所以提到这次谈话,是要表明有多少中国的领袖人物对于总的形势感到沮丧。他们似乎已经丧失了对将来的信心,并非常深切地感到共产主义压倒国民政府的威胁。

我在1948年9月23日的日记中有一段关于招待王正廷和他的续弦夫人午宴的记载,这位续弦夫人是北京的一位有名的女黄金投机家,过去的刘太太。王博士的样子比1946年在重庆遇到时好多了。只是见老,行动更像一位老年人。他认为中国的共产党问题不可能用战争办法解决,因为人民对政府已经丧失信心,并对其缺乏热情。但他说不出有什么办法可以改变这种情况。他急于想从我这里知道第三次世界大战是否即将来临,不过他倒有点同意我不相信战争迫在眉睫的看法。

总之,我从刚刚来自中国的人们——包括中国人和美国人,得到的所有关于中国形势的消息,都不大令人鼓舞。实际上,他们已沮丧到那种程度,即便对中国事业最热心的美国朋友——我心里想的是鲁斯———都开始放弃他们的信念。这种情况对美国政府的领导成员不会不产生影响。例如驻华盛顿的中国空军办事处主任毛邦初,于9月15日参加大使馆召开的周会后,特地到我办公室看我时说,空军部长赛明顿将军曾要他提出中国空军需要物资的清单,并请助理部长惠特尼中将和他一起讨论此事。在他们进入会谈的正题以前,惠特尼将军曾问起有关蒋委员长对中国的控制正在崩溃的报告是否属实。毛说他的回答是,前些时候在中国总统选举时,曾有人担心蒋委员长失去对形势的控制。但现在,蒋的地位目前并没有危险。虽然赛明顿和惠特尼都曾表示他们相信蒋是唯一能对共产党作战的人,但他们提出这个问题却表明美国政界对中国全面政治局势的稳定性的看法。

这种形势对一些人们想不到的地方也有反应。西藏贸易代表团对美国的访问就是一个例子。此事是在 7 月 15 日陈立夫对国务卿作礼节性访问时提出的。当时会见已延续了一小时二十五分钟,国务卿刚刚站起来准备结束谈话,这时我说,我还想和他谈一下西藏贸易代表团的事。不过我说我不愿多占用他的时间,所以递了一份说明中国政府对代表团访问美国的态度的备忘录给他。内容是:

1. 西藏是中华民国领土的一部分,根据民国宪法,西藏无权和外国政府进行外交谈判,其与外部世界的关系,要受中国中央政府的指导和批准。

2. 以夏格巴为首的西藏贸易代表团成员所持的旅行证件,不能代替中国政府为出国旅行签发的必要的护照。美国驻香港总领事签证于这些异乎寻常的旅行证件,事先并未通知或磋商于代表外交部的中国驻香港外交特派员,是一项出乎意料之事。估计他这样做也未曾事先向其政府请示。

3. 夏格巴和该代表团的其他成员无权和美国政府发生直接关系,但中国大使馆将乐于为他们访问的目的,即为了贸易利益的目的,提供便利。

4. 美国政府一向承认中华民国的领土主权。因此,中国政府相信,美国总领事为西藏贸易代表团签发旅行证件以代替中国政府的正式护照是一种疏忽,而不是有意违反美国政府尊重中华民国领土完整的传统政策。

马歇尔说,他已知道这个问题,他可以告诉我,美国政府会完全按照中国政府关于西藏的看法和愿望行事。

巴特沃思在送陈立夫和我出来时说,驻香港美国总领事给代表团成员的签证不是附在旅行证件上而是写在另外一张普通纸上的。

我说,这些旅行证件不能代替中国政府的护照。我不知道美国总领事那样做是否事前曾报请国务院批准。

巴特沃思说,他不能就此问题作出明确回答,但他将去查阅卷宗。不过,他保证,美国政府没有任何侵犯中国对西藏主权的打算。

我说我理解美国总领事的行为不是有意要在美国对中国领土完整的传统政策上作什么文章。

巴特沃思说确实如此。

西藏代表团是达赖喇嘛派来的,几天后到达华盛顿。7 月 20 日我首先接见了他们,随后在 22 日为了能坦率地交谈,我在双橡园设宴招待了他们,想要查明他们此行的真正意图。我发现他们全体,代表团团长夏格巴和他的四位顾问,随员和秘书,非常恭敬,但相当沉默。他们对我的问题回答得都很客气,但既不提供资料又不透露情况,因为他们全都讲藏语,必须由他们的译员译成汉语,这使交谈问题更加复杂化。

我告诉夏格巴,我听说他已经请求谒见杜鲁门总统,据国务院相告,他打算向总统呈交一张达赖喇嘛的照片及一封信。我说,很多来此的中国重要客人,包括官方和非官方的,都希望谒见美国总统,这已属常事,并且所有的约会都是由大使馆代为安排的。因此,我完全愿意并准备为他和代表团安排一次谒见,并愿陪同他们到白宫为之介绍。

西藏的使节说,他已告诉美国人,代表团计划在华盛顿只停留两周。他得知由于将要召开一次国会的特别会议,这些天杜鲁门总统非常忙,甚至会比平常更忙。因此,他本人难以预料何时能够晋谒总统。

我说,这自然很难确定何时才能订下约会,但如代表团不能长时间在首都等候,我愿代为转交达赖喇嘛的照片和信件。我还一再谈到,听说他曾带来一封达赖喇嘛致总统的信,不知信的内容是什么。我并补充说,中国和美国的关系是非常友好和真挚的,任何关系到中国的事项,美国政府总是通知大使馆,并设法和大使馆一起商定。

听到这里，夏格巴说，他带到美国来的达赖照片和信是写给杜鲁门总统的。此外还有另一封信是西藏政府写给美国政府的。但在离开拉萨时，他曾接到指示，这些信和照片必须亲自呈递。因此，他准备等候这个时机。至于我提出的由大使馆安排约会和由我陪同代表团去白宫的建议，他说他想回旅馆和他的同事们讨论后再给我明确回答。

在那一天我的日记中，末尾有这样一句："使团在回答我对他们的问话时，好象非常谨慎。"但实际上，我已经知道他们来美国就是凭香港美国总领事给他们的旅行证件，而且他们没有国民政府发的护照，这事我已向国务院提出。当国务院解释这是总领事对发给签证规定的误解，因此不必过于认真时，我认为相当令人吃惊。西藏是中国的一部分，而且西藏人如果申请也有资格取得中国护照。没有护照，我不能理解总领事如何会发给旅行证件为他们到美国旅行提供方便。

这件事的确不像表面现象那样单纯。这不仅是中国显要人物进行访问的正式手续问题，代表团的访问也太突然。他们不仅没有正式的政府护照，甚至也未事前通知并经国民政府批准。于是我电告行政院长、外交部长和蒙藏委员会委员长，急切要求他们提出措施和办法使西藏人安心，加强他们对中国的忠诚。我在电报中说，这是因为西藏代表团给我一种印象，即他们鉴于中国和印度无力帮助他们，并且考虑到俄国在亚洲和欧洲进行扩张的压力，所以对局势深抱忧虑。我给南京的另一份电报报告了国务院对代表团的态度，以及不必声明他们的旅行证件无效和改用正式的政府护照的意见。简言之，因西藏代表团的突然来访而出现的问题，比眼前明显表现出来的问题涉及到更大的争端，我的意见是，此事应当细心谨慎地处理，不使争端激化，从而避免拉萨和南京之间公开决裂。

电报是 7 月 23 日发出的，外交部长王世杰的回电很快在 26

日就到了。电报要我告知国务院不要为代表团安排杜鲁门总统接见。关于我提的不要美国政府撤销代表团旅行证件的建议,外长说,如不易办到,他愿让我斟酌处理。但他补充说,发给他们护照用以代替旅行证件还是比较好的,护照有效期限定为三个月。

7月28日,国务院的巴特沃思了解到中国政府坚决反对西藏贸易代表团谒见杜鲁门总统,要会见谭公使。巴特沃思对谭说,美国政府对中国与西藏之间的关系的态度和政策仍保持不变,但国务院觉得不能拒绝西藏代表团向杜鲁门总统致敬的请求。他解释说,在战争时期,美国的工作人员和官员去到西藏,达赖喇嘛曾接见过他们,那是达赖提出要见他们,并且杜鲁门总统也愿意接见这个代表团。因此,他要求大使馆理解美国方面的困难。谭得到的印象是,国务院正在为代表团谒见杜鲁门总统进行安排。

在和谭公使研究之后,我电告王外长,鉴于国务院的情况和态度,由大使馆为代表团提出要求最为得策,并且我将亲自带他们去白宫。我强调这是一种妥协的解决办法。否则,如果国务院径行作出安排,代表团前往白宫并被总统接见,将会造成一种困难和尴尬的情况。后果可能是,代表团觉得愤慨而采取一种更不友好的态度,随之而来的可能情况是拉萨会有同样反应,并采取某些步骤宣布独立。我指出,这是应当考虑的可能性。我补充说,因为国务院安排接见西藏贸易代表团的日期就在第二天,我将以某种借口拒绝参加。很明显,从夏格巴所说和他在华盛顿的行动,给我的印象是,他和他的同伴怀有为西藏寻求独立的想法。我急于注意谨慎地和他们打交道。

王世杰对这一电报回复也很快,同意我的建议,嘱我只管按我的打算去做。8月3日夏格巴由其顾问陪同来看我,我告诉他我已写信给国务院代他要求安排在白宫谒见杜鲁门总统,以便我带他去那里,由他呈交照片和信件履行他的使命。

夏格巴好像有点吃惊,问我的信是否已经发出。他说,他到美国访问,没有政治目的,并说当他还在"内地"时(他的意思是说中国），他率代表团访美的目的已经很明确，除了作一次旅行看看这个国家外，目的只为促进贸易，希望得些外汇，并递交三封给杜鲁门总统的信，——一封是达赖的，另一封是摄政的，还有一封是西藏政府的。信里没有任何具体的建议。他说他想不出要我陪伴代表团进行访问的先例。在印度，当他拜访尼赫鲁先生和其他印度高级官员时，那里的公使馆没有任何人陪伴他们。因此，没有西藏政府的许可和批准，不能同意我陪伴他。

我用十分严肃而坚定的语言告诉他，中国中央政府原来的意见是代表团根本没有必要谒见杜鲁门总统。但是在我这方面，我们第一次见面时曾经提到，如他愿去白宫向总统致敬，我可负责为他要求安排一次约会，并陪他前去访问。我告诉他，我这样做是因为我知道他既是第一次访问美国，自然会想到向美国总统致敬。随后我说，我曾尽力要求中央政府接受我的意见，而现在已经勉强地这样办了。并且我建议的安排，依我看是真正恰当的安排，并完全符合国际惯例，因为任何中国官员要见美国总统总是由大使馆进行安排的，并且在访问时总是由大使馆的一位成员陪往的。

我再次告诉夏格巴，中国和美国之间的关系是非常真挚的，并且美国政府和大使馆保持着密切接触，假如发生什么事项总是要和大使馆合作。在他的访问这一特殊实例上，国务院同样在等着大使馆的答复。如果他和他的代表团认为他们访问总统没有必要，我将立刻告诉美国方面把此事完全放下。但如仍愿见到杜鲁门总统，我准备催促美方尽快约定接见日期。

最后，我告诉他，这只是我个人的看法，而不是作为大使，我要说，现在国际形势动荡不定，并且鉴于中国和西藏真正像一个家庭，西藏如要自己寻求新路，是鲁莽的。一旦卷入国际政治的旋涡，对西藏的危险是非常严重的，并且，如果西藏的地位变得很危险，中央政府也会受到影响。我说，不管西藏政府在政治方面有什么意见，最好是坦率地向中央政府直言相告。我肯定政府一定会非常乐意和西藏讨论这些意见,并作出正确和妥善的安排。对这种说法,夏格巴说,他将向西藏报告。关于我提出的陪同他的代表团去白宫访问一点,他希望能回旅馆和同伴们商量一下。

8月9日星期一,参事傅先生报告说,西藏代表团曾打来电话说,对我的好意表示感谢,并说,他们已决定不去谒见总统了。他们把公函和达赖喇嘛的照片留给了国务院的礼宾司。傅还说,他们已于星期日上午一点离开华盛顿,谭公使曾派我的秘书代表我为他们送行,因为当时我为躲避华盛顿的暑热正在吉布森岛度周末。据秘书报告,在车站上只有一位美国商务部的官员。傅说,他们将在纽约停留三四个星期,可能还要返回华盛顿。

第二天我命谭公使去见巴特沃思,查明西藏代表团的说法是否属实,并且确定将来如不通知大使馆不要在白宫接见该代表团。我还说,他应提请国务院注意,我要求会见礼宾司司长伍德沃德,以使他们不能再推说不了解大使馆在这个问题上的立场。

在这同一时期,还出现一些其他类型的问题。事情本身不是真正严重的问题,但由于当时在中美关系中存有误解和不满,致使一些问题变得棘手和难以解决。作为例证,我愿举出航空汽油的问题。那是中国政府对共产党作战急需的主要物资之一。要想继续得到汽油就完全要依靠美国的善意相助。

在1948年7月26日的记载里,我记有委员长亲自发给我的来电,说中国现有的空军航空汽油只能维持十天。此后,如无新的供应,整个中国空军只好停留在地面上。他说那将不堪设想。他指示我向美国政府和民众提出紧急呼吁,促使美国政府同意售予中国急需的航空汽油。

贝祖贻前来报告说国务院巴特沃思曾非正式地向他抱怨此事,在此之前我已经知道对方对此有所误会,不愿合作。巴特沃思抱怨的重点是,中国政府招标同三个不同方面签订了三份购买航空汽油的协议,由斯特恩公司(包括中国石油公司)供应十二万桶,这不符合原定的分配计划。巴特沃思更抱怨负责此事的中央信托局处理投标不当,因为不是公开进行的。再者,中国石油公司是应中央信托局的要求而参加的,信托局因此可以得到百分之一点六佣金的一部分。因为这些理由,巴特沃思说,他已将此事非正式地提请贝注意,商务部将拒绝对此项汽油发给必要的出口许可证。

我当即告诉贝祖贻,这个问题适当的处理办法应是美国政府马上允许这批汽油出口,以满足中国急迫的军事需要。巴特沃思提出的抱怨,可以讨论,合理解决。但应向巴特沃思指出,美方不应以投标手续不当为借口给中国军事造成严重后果。

贝祖贻立即离去,不久回来报告说,巴特沃思同意我的意见,并表示此事可按特殊情况处理。巴特沃思说,实际他愿就此事与商务部研究,设法签发必要的出口许可证。但有一条,贝要负责收集有关斯特恩公司参加公开投标的全部事实,并且由中方保证不再发生类似事件。

贝祖贻虽经努力,并未取得满意结果,未能完成我的指示,商务部续继拒发出口许可证,于是我要求会见马歇尔,以便亲自促成此事。8 月 17 日中午,我见到国务卿,远东司司长巴特沃思也在座。我告诉国务卿,约于一个月前,为采购十七万桶航空汽油,曾和三家公司签订了三份合同。现在的困难是无法从商务部取得必要的出口许可证。我告诉他,中国大使馆曾与国务院和商务部接洽,以期从速解决。虽说国务院,特别是巴特沃思先生很帮忙,但此事仍在商务部搁置未办。我指出,中国需用航空汽油非常紧迫,委员长、国防部长、外交部长,都为此事给我打来电报。蒋委员长在一份电文中说,除非立即如数得到订购的航空汽油,否则整个中国空军就有因为缺油而不能起飞的危险。在过去三周中,大使馆商务参事曾多次向商务部请求,但仍未签发许可证。

我说,我不想详述细节给国务院增添麻烦,但我愿告诉他,听说商务部对一家得标公司提出异议,该公司得到全部生意的四分之三左右,对投标手续也提出某些异议。我告诉他,商务部拒绝签发许可证的另一个理由是,1948年第三季度给予中国的航空汽油配额还没有作出决定,但我听说对其他几个国家的配额均已得到解决。商务部的立场是,在解决配额问题以前,很难在三家公司的出口许可证问题上作出决定。虽说他们已经清楚地了解到这是一项军事急需,而且不论有什么技术上的困难,都可以在以后澄清加以解决。我补充说,大使馆已向国务院和商务部表明,我们乐于提供有关三份中标合同所经过的手续。但首先发给航空汽油所需要的出口许可证是绝对必要的,并应对中国申请的第三季度配额三十万桶迅速作出决定。我解释说,中国空军的月消耗量以前是六万桶上下,因为最近要加强军事行动,每月约需十万桶。

马歇尔说,这是他第一次听说此事。他说国务院和商务部在某些问题上确实有不同意见,例如关于苏联及其卫星国就是如此。他问巴特沃思,商务部的真正意图是什么。

巴特沃思解释说,问题涉及两个方面。第一,商务部说在中国上海和天津有足够的航空汽油存货,因此情况不像所说的那么急迫;第二,在最近投标中,一个新公司得到了四分之三的生意,商务部的政策则是根据公司过去的表现,而不鼓励新公司参与该项业务。国务卿问商务部这项政策是否由于航空汽油供应短缺而定的,巴特沃思回答说是。

于是我说,关于巴特沃思先生的说法,中国大使馆得到的中国航空汽油存货的数字与商务部的资料不符。恐怕后者估算的数字中包括在香港的存货。但是,国务卿很清楚,那不在中国的管辖之内。关于巴特沃思先生所说的新公司和它获得了所说生意的四分之三,我愿指出,斯特恩公司早在1938—1939年就和中国政府做生意,当时中国正单独与日本侵略者作战,那时其他石油公司受其政府的政策之限,不愿供应中国空军航空汽油。这家公司在对日战争胜利以后也在供应中国空军航空汽油,虽然不像其他美国公司供应数量那样大。我补充说,我听说斯特恩公司的货源供给者城市石油服务公司,是一家美国公司。并且它的代表也找到商务部,催促发给斯特恩公司出口许可证。

马歇尔很关切地问巴特沃思能为此问题帮点什么忙。

巴特沃思回答说,既然中国有大批存货,中国政府不难获得汽油。

国务卿说,他所要知道是美国能做些什么。

我表示希望国务卿能设法和商务部长亲自谈谈,因为我觉得国务卿的一句话肯定会对他有很大的影响。我说,目前此事已因技术细节被商务部搁置下来,为了求得解决,需要商务部长的直接干预。

马歇尔答应去对商务部长索耶说说,他一直认为此人是非常通情达理的。我对国务卿的帮助表示了谢意。

大约一个月后,9月15日,中国空军办事处毛邦初的副手向上校向我报告美国商务部一次会议的情况。他看来有些激动。他告诉我,会议是为澄清中国申请购买航空汽油的情况而召开的,约有二十几人参加。其中包括商务部远东科科长迈克尔·李、商务部出口许可科和石油科的科长、陆军和海军石油局的人员、国务院的代表和几家大石油公司的代表。向上校说,这已是第三次开会了,目的是要核对迈克尔·李对中国政府的攻击。

李的谴责是,第一,中国未能立即付款。他声称,以前供应的航空汽油,至今还有一百多万美元欠款未付给石油公司。向说,以前的几次会议没有石油公司的代表参加,李曾要求中国大使馆出具书面保证,将来购油立即付款。向上校说在这次会上他曾指出,自从那时以来,迄无石油公司和商务部的信件通过国务院转请中国大使馆认可、签字。他进一步问李,何以没有如他所说的这种信件,通过国务院送交中国大使馆。一位石油公司的代表随后说,李的谴责不是事实。中国政府向来是照付货款的,并不拖欠他们。李显然很难堪,一句话也说不出来。

李的第二点是当时在中国有大量的石油存货。石油公司的人再次反驳说,那种油不能供应给中国政府,因为没有分配给他们配额。李提的第三点是中国应按照传统的贸易方式设法由石油公司购买。(所有这一切都是由于认定中央信托局关于投标的安排和最后使斯特恩中标的做法不妥之故。对此甚至国务院也曾表示不满。)但是这一点,向说,激怒了加州德士古石油公司的代表,他敲着桌子说,既然如此,为什么李拒绝给他们公司全部配额而只给百分之五十。他说,在小公司有配额而他们没有的情况下,他们公司不反对中国改变传统方式从小公司购买石油。

迈克尔·李的第四个论点是中国大使馆从未按正规手续提出过申请。但是诘问起来,李又承认大使馆最近的申请是完全正规的。向上校说,整个会议使李十分狼狈。他对中国进行攻击,不料在其他各部和石油公司的代表面前,证明是自食其果。

这一切表明,大使馆必须应付的局面何等复杂。这里面甚至有出自个人反对中国政府和中国当局而故意引起的困难,例如迈克尔·李本人就很明显。我不知道李的态度是否反映着他的上级的情绪,或者反映着马歇尔和巴特沃思领导下的国务院或白宫的气氛。仅说这些情况肯定还不完全清楚,再说一些,情况就更加清楚。

9月16日,向上校来报告,商务部的迈克尔·李曾打电话约他作一次私人谈话。向上校说他最初有些犹豫,说须先请示,但李一再说是私人间的机密谈话,所以他答应了。根据向上校的报告,李说,在昨天会上他本可以解释并答复石油公司的人,但他没有这样做,因为有军事援助专款为中国购买石油支付货款,石油公司自然急于同中国做生意。显然,李是要解释他的态度。可是,当向上校要他讲出具体事例时,李却提不出来。但他还说他是想帮助中国的,并要向上校等着看,他说到做到。他说,一两天后第三季度的补充配额即可公布,并且中国可以得到到年底所需的全部石油。

李还提到他个人的忠诚,并说,联邦调查局有他最完整的档案。他说,在过去一年里他承办了一些最秘密的文件,并指着几份卷宗给向上校看。他还说,他的背景是毫无疑问的。他出生在中国,并在东北大学读过书。莫德惠对他很清楚,胡适博士也清楚。向上校说,整个谈话给他的印象是李怕我们怀疑他蓄意利用职权,采取反对和妨碍中国的行动。

我对向上校说,我可以回想起在和斯特恩公司签订石油合同问题上李所造成的巨大困难。当时国务院鉴于中国军事形势紧迫而一再催促商务部采取积极行动,甚至代理国务卿罗伯特·洛维特写信支持我们要求该部迅速签发所需出口许可证时竟然如此。最近,我们向麦克阿瑟商借一千万桶(?)航空汽油,麦帅本人已经表示同意,可是我回想起,在第一次有美国三军、国务院和大使馆的代表同他和商务部其他官员参加的会议上,李又提出一些反对的意见。不过,向上校最后似乎被李突然改变态度和他近乎可怜的请求所感动。因此他建议我不必采取任何行动对他的态度表示不满。我也倾向于同样的想法。我告诉向上校,我们急于得到石油,既然他答应尽最大力量帮助中国,并要我们等着看结果,我很愿予以"察看"。

最后,9月30日,好像地平线上出现了希望之光。向上校报告说,美国空军现已同意从在日本的远东存货中借给我们三千桶100辛烷值的航空汽油。这次借油是为了在根据新订采购合同由美国运到之前暂先满足我们10月份的急需,所借汽油,要从经过东京的船载汽油偿还。这是为满足中国大陆紧迫军事形势急需的通融办法。

不公正的抱怨绝非来自一处,我想提一下在购买航空汽油上一个令人啼笑皆非的节外生枝事件。虽说斯特恩公司在9月份中标使国务院和商务部都不满意,但在11月斯特恩公司却发现它本身被遗漏了。11月19日,斯特恩公司的董事长兼总经理沃利奇来访对向上校发出怨言。他说,向背着斯特恩公司和城市石油服务公司直接签署了一份购买航空汽油的合同(城市石油服务公司是斯特恩的货源供应者）。沃利奇说,这对他们的公司是不公正的,因为它是中国购买航空汽油的代理商。

我对他说,中国的唯一愿望是又快又便宜地买到航空汽油。假如斯特恩公司与城市石油服务公司协议规定它是出售其石油给中国的独家代理人,他应当首先去找城市石油服务公司。沃利奇说,城市石油服务公司全力以赴为自己拉有利的生意,向它提出此事,它是不会理睬的。使他感到惊奇的是,中国一向以遵守商业道德著称,为什么竟会背着斯特恩公司而作出此事。但我后来发现,事实的真相是,直接从城市石油服务公司购买每加仑仅四十美分,而通过斯特恩公司购买是四十五美分另加相当于八美分的中国钱。而且后来向上校告诉我,他曾拍电报要斯特恩公司报价,结果他们的报价比其他报价都高得多。

另一件原无必要的复杂之事是企图把进出口银行的三千三百万美元棉花贷款延缓六个月偿还。7 月 7 日晚,贝祖贻向我报告说,他曾向华盛顿进出口银行的高思先生提出展缓偿还棉花贷款之事,但没有获得成功。并说,高思的态度似乎很坚决,但对贝提出的关于缔结一项从中国购买茶叶的新的贷款协议,以便筹措资金归还棉花贷款的建议,则似乎是有意考虑。贝说,他还会见了国务院的巴特沃思和美国财政部的爱德乐。巴特沃思也同意这后一建议,爱德乐则愿意考虑这一建议,但指出,重要的是该项茶叶一定要从云南运到香港或海防,然后装船运到美国卖给美国政府。

7 月 27 日,贝来谈,高思的一位好朋友威廉·亨特答应从中帮忙。亨特从 20 年代就在中国从事商业活动,是中国的一位朋友。贝说,亨特已经非正式地得到高思的同意,支持六个月的展期,条件是由我出具公函提出要求,连同有关必要文件,偕同其亲自递交。这肯定是高思的主意,他总是非常注重细节的。我告诉贝,谭公使可以替我前去,但自然要由我在公函上签名。

致进出口银行董事长马丁的信件初稿准备好后,由贝送给亨特。亨特阅后认为可以，贝作为技术代表团团长，让秘书朱葆真送来一份副本报批。要我签字后送出的信件共八页，还有十个附件和表格。我认为总的说来准备得很好，我建议将其分为两部分，即一份是中国银行的资产负债表备忘录，另一份是中央银行现时财务状况备忘录，列举其资产、负债、外汇资源、应付款项和应收款项等等，除此建议外，我批发了信和附件，由他们送往银行。值得欣慰的是，8月4日，贝先生就来报告说，已获同意展期六个月偿还棉花贷款，这样欠款过六个月后可以分月付还。

虽然我签批了信件和所附表格，在我审阅时，发现中央银行的外汇资产情况非常危险，使我大吃一惊。这种情况自然是由于通货膨胀和法币贬值所致。这种情况影响到所有为了牟利或为了在美国的花用而要购买美元的人们，包括在美学习的中国学生在内。这也影响商业方面的事情，例如在美国出售中国矿产如锑、锡、钨以换回外汇。所有这些问题都提到大使馆来处理。

8月2日，自费留美学生第二组代表朱志泰到大使馆要求帮助。他们的困难涉及留美学习费用汇款问题。朱提的主要问题是给国外留学生的所谓优惠汇率不够他们留在美国的生活费用。因此，他代表全体中国学生要求维持原来一万二千元兑一美元的汇率。朱还告诉我，一年前，他出国前美国领事要求每个中国学生在美国银行里至少有足供一年用费的存款，才能发给美国的入境签证，只是在外交部出面交涉，答应对此款额担保之后，美国领事才同意改为要求半年的生活费存款。

虽然我愿意为中国学生向南京提出这个问题，我也向他指出，中国当局手中的外汇非常短缺，学生们应该体谅政府的困难处境。事实上，中央银行金库美元短缺的情况是当时很多国家共同的问题。7月27日，阿根廷大使到大使馆作礼节性拜访，我们曾谈到当时的经济情况。他也强调阿根廷的外汇赤字问题，和从国外采购需要美元的问题。

后来，陈之迈参事在纽约遇到过第二组的自费留学生。陈于

9 月 17 日向我汇报说,他们对教育部最近的救济办法不满意。为了解决他们的困难,政府答应对今年回国的学生提供回国旅费,限额为四百美元。可是,学生们坚持要求特殊汇率并给不能自行设法的学生以临时经济补助。陈补充说,留美学生会可能要分别和他们各自的院校研究一项推迟交费的办法,即将交费期推迟到学生们从中国收到汇款之后。他还告诉我,哥伦比亚大学校长艾森豪威尔根据学生们的请愿,极力反对把所有中国学生遣返回国从而中断美中两国之间的重要文化联系。中国学生们显然是没有准确地理解政府的立场,政府原无把他们送回中国的打算,只是说如果他们不能继续留下去,可为他们准备路费,陈说他已对此作出了解释。

三天后过午不久,大使馆得到报告说,有三四十名中国学生,大部分是第二组的自费留学生已经从纽约来到这里,将在当天下午到大使馆前进行示威。为此我特地安排在下午三时到大使馆,但等到四时他们才来,人数只有七个,其中四人来自纽约和纽黑文,三人来自华盛顿。他们表现沉着有礼而通情达理。我接待他们一个小时,倾听他们诉说不满和难处,同他们商讨应付困难的最好办法,估计一下在南京外汇奇紧的情况下能从那里得到什么。我发现他们当中两人已经身无分文,便安排借给他们一些钱来度过最近的几天。

我向来对青年人非常关心,特别是对中国学生,因为我清楚地认识到他们对中国未来的重要性。例如,7 月 29 日,我曾接待一个由六人组成的中国基督教青年会代表团,他们是来自北京、昆明、济南、上海和重庆的干事,在战乱频仍的中国辛苦工作多年后来美国进行考查和休养旅游的。他们要求我提些意见,我讲了一些我认为对他们工作较为重要的事。第一点是对将来的学生领袖应特别注意。此外,我建议他们对美国人民讲,目前在中国的所谓反美示威风潮并不代表大部分中国人民的思想感情。我向他们解释说,我赞成坦率讨论我们两国人民之间的分歧,但不同意任何一方感情用事。我还认为青年会工作应多注意农村青年，为此即应开始面向郊区和乡村的工作，而不应局限于大城市。

这年夏季另一件大事是发行金元券，实行币制改革。8月份通货膨胀达到不可收拾的地步，致使中国政府决定收回贬值的法币而代之以一种新的货币——金元券。1948年8月19日公布，在采用这种新币的同时，在主要城市里实施一种价格管理制度，凡个人、银行、和机关持有的黄金和外币都要交给中央银行，为了补偿因大量买进黄金和外汇而扩大发行的货币，以及为了缩小政府预算赤字，决定把国有企业和财产向公众出售。

次日，即8月20日，我去美国财政部会见斯奈德部长向他引见陈立夫。一开始，斯奈德就提出中国币制改革和采用金元券代替法币的新闻报道。我乘机说，虽然保证新币制成功的技术要求并未完全具备，但法币的通货膨胀严重，迫使政府必须采取果断措施。我希望斯奈德能够对此给予同情，把这项措施看作是中国政府为贯彻中美双边援助协议精神而决心自助的证明。我还希望美国负责当局即令不能公开表示赞同中国政府所采取的步骤，至少可给予精神上的支持。他们对中国所做努力的任何同情赞许的表示，都会在中国产生巨大的心理影响，从而有助于促进改革的成功。

财政部长说，美国政府中居于负责地位的人不会有人说出不利于新币制的话从而影响其成功的机会。（这里面有一种否定的态度！）然后他说，他听说我将主持国际复兴开发银行9月的理事会，因为中国的财政部长不能亲自来参加。

我说他仍然可以来，而且我已敦促他来这里。（由于中国财政情况困难，财政部长认为他不能前来参加。因此，世界银行理事会的中国执行董事曾亲自来看过我，要我同意代替财政部长参加理事会。记得我对他讲，最好财政部长亲自来，因为理事会议将完全处理金融财政问题。实际上，我已致电南京行政院、外交部及财政部请如此安排。除根据会议性质，最好由他亲自参加外,我觉得他还可以借此机会会见其他主要国家的财政部长们,这对他也是有益的,尤其可以和美国政府的领袖,特别是财政部的官员们及其他财政当局接触并交换意见。)

陈立夫说,中国货币改革的成功不仅是货币的问题,而且与其他问题和情况相联系。我说考虑到美国自己的巨大预算和财政计划,联系到欧洲复兴计划和对中国的援助,斯奈德堪称当今世界上最有影响的国际财政家,陈接着问起美国是否有减少债务的计划。

斯奈德说,是这样,虽说美国必须执行欧洲复兴计划和对华援助以促进世界的复兴,但美国的资源毕竟是有限的,其他国家不能希望太多。至于美国的债务,已经达到二千五百亿美元,但在过去三年中他曾使之减少了二百六十亿美元。斯奈德说,追收逃税起了些作用。调查和起诉用了约六千万美元的投资(拨款),结果给国库带来十亿美元的收入。

经过安排,财政部长王云五终于来到华盛顿参加世界银行理事会的年会。9月24日,我们作了第一次长谈。这次谈话持续了一个半小时,内容大致是三个方面的问题,都是我事先准备和他讨论的。第一是我为他准备的在华盛顿的活动计划和日程安排,这自然要征得他的同意。这项安排包括拜访财政部长斯奈德;拜访经济合作署署长霍夫曼;为欢迎他在大使馆举行一次招待会,还要举行一次宴会,我将邀请斯奈德部长参加。我还将安排一次对总统的礼节性拜访,当时总统正在西部进行竞选。

第二是新币制改革的进展。我急于想了解事情搞得怎么样。他告诉我,到9月13日,人民交到中央银行的金、银和外汇约一亿五千万美元,另有私营企业的四千万美元,换言之就是它们的储备金等等,还有约一亿一千万美元来自其他国家银行,总共已有约三亿美元。出售的政府企业,即从日本接收过来的企业(主要是纺织厂),收入了另外的二亿美元。因此,他说,宣布新金元券已有百分之百的储备,事属真实,汇率定为四金元兑一美元。

第三个问题是他这次访问的计划和目的,他说还没有准备好提交国际货币基金组织,规定中国金元和美元比值的建议。有必要再等待、观察三个月为好。但他想会见国际复兴开发银行行长麦克洛伊先生,为中国取得复兴贷款。至少,他要向麦克洛伊谈谈这项贷款的可能性。

我们还讨论了美国进一步援助和我国大力改革的必要性,如果国会要考虑这个问题的话。他说他也完全赞成大力进行改革。他曾为币制改革计划准备了两个月,才得到蒋委员长的批准。他说,行政院长翁文灏对他全力支持,虽然王世杰原先不同意,但在委员长和政府批准之后,他也给予了全力支持。于是我提出国家预算平衡的问题,并问能达到什么程度。

王云五说,新的国家预算是三十六亿金元,约等于九亿美元。他说,预算的三分之一要靠发行流通债券和贷款。(军事开支约占预算的百分之七十。)按照最近三个月的平均价格而不是按前一年的价格改革盐税和其他税项的收税办法,会增加税收金额。(因为价格在不断上涨,如税收以前三个月的价格为基础计算,自然由于价格较高税收也会随之增高。)他说,政府事业的价格计划也将再有增加,例如铁路的运费和邮资,那也会带来较多的岁入。这样,他希望把税收提高到国家预算的三分之二。我对他讲,把这项工作坚持到明年 4 月是重要的。(换句话说,我们不能指望国会在明年春季以前能做什么事。)他说,他能控制这种局面到1949 年 6 月 30 日,但在那以后,就必须得到美国的援助了(他是非常乐观的)。

关于这一点,我常感奇怪,他在长期致力于出版、翻译和编辑书籍生涯之后,是如何突然变为通晓财政的,他必然具有非凡的天才,因为他是在中国最困难时期被请出来担任财政部长任务的。另一方面,他在 1947—1948 年曾担任过行政院副院长,他后来告诉洛维特,他曾负责预算工作并熟悉政府的财政问题。

从我和王的谈话中,好像他认为发行新货币代替旧法币,同时实行各项严格措施,需要有很大的魄力。他说这项计划是由他研究制定的。不过有人说这是别人出的主意,他不过奉命执行而已。也许最初的主意不是他出的,但他制定了执行计划。别的人包括银行家、金融家或对财政有经验的人都不愿意承担这一任务。他们都反对此举,认为此项办法不可行。因为它既难解决眼前的问题,也不能产生预期的效果,相反倒会使政治形势恶化。

9月28日,我陪王去会见代理国务卿罗伯特·洛维特,因为马歇尔当时正在巴黎参加联合国大会。在座的还有代理中国科科长富尔顿·弗里曼、财务处处长哈罗德·施皮格尔和国际贸易科的一位官员。

我首先对洛维特说,王先生是中国新币制改革的规划者,并且为其实施作了大量的工作。我说这是中国政府不得不采取的一项大胆的尝试,因为旧币制持续贬值,已经给人们经济生活和精神方面造成了严重的影响。

洛维特问,在实施中有什么进展,其前景如何。

王解释说,当他担任行政院副院长时,他负责预算,熟悉中国政府的财政问题。他曾对币制问题作了一番准备性的研究,并为采用金元券草拟了一份计划。王接着说,新币制的成功是超出预料之外的。在8月19日和9月6日之间,人民交到中央银行的金银和外币约一亿一千万美元。交出这些财产的截止日期是9月30日,他希望到那时个人交出的总额会达到一亿五千万美元。

我说,听说国家银行和私营银行也在向中央银行交出他们的外汇资财。

王说,国家银行已经交出约一亿美元,私营银行约四千万美元。到本月底,将有约值二亿五千万美元金银和外币作为新金元的储备。这将达到新货币储备的百分之五十左右。可是迄今为止,仅仅发行了五亿金元,即为最高发行额二十亿金元的四分之一。王补充说,为了促进人民对新币制的信心,已经成立了一个由政府和人民的代表组成的委员会监督检查发行金元的储备。

全国人民对币制改革反应极好,把他们的金银和外币都换成了金元券。

他进一步说,另一个令人鼓舞的迹象是物价,除广州外,都保持在 8 月 19 日实行新币制那天的水平。实际上在天津和北平还有所下跌,现在比 8 月 19 日还低。广州是个例外,在那里价格曾上升了一些,但那是由于从旧币变为新币带来的混乱所造成,他觉得那里的价格肯定也能降下来。

施皮格尔问,新货币对中国的出口有什么影响;洛维特则问,贸易是否还在进行或者已经暂时停止。

王回答说,出口贸易量已经上升。以 6 月份为例,出口超过进口值四百万美元,8 月份出超已达一千二百万美元,他预期将来还会进一步增加。重要的事情是使物价降下来。

我说,另一个问题是使预算平衡,或尽量减少岁入和支出之间的不平衡。

王说,那是他在处理的另一件事。现在有百分之三十的赤字,他打算以发行债券和利用美国对中国的援助来弥补。当洛维特问及预算的多大比数用于军事开支时,王回答说,"约百分之六十五。"

洛维特然后问,中国士兵的待遇如何。

王回答说,中国士兵现在比战前要好。

我说,公务员的薪金曾有削减,使得他们的生活相当艰苦。

王说,那是事实。根据旧法币原薪,高级公务员按百分之四十左右付给金元券,低级公务员付给约百分之六十至八十。

施皮格尔随后问,中国预算的赤字是怎样弥补的。

王回答说,他建议发行相当于一亿美元的金元券债券。这将弥补目前约九亿美元预算中赤字的百分之四十。对九亿美元预算他打算从岁收中筹出七亿美元,设法弥补下余两亿美元的赤字。洛维特问及王先生对新货币未来的前景怎样考虑,王回答说,如果物价停留在低水平上,他觉得完全有信心取得成功。

我急忙补充说，还有另外的条件，就是如果军事情况不打乱现行预算的话。

王说，那也是重要的，但他已采取步骤应付这种意外情况。如果一切进行顺利，他无论如何将使财政局面一年不出问题，直到1949年6月底。

洛维特说，他很高兴不仅认识了王先生，而且听到关于中国财政和经济形势这样乐观的说明。

于是我说，中国有一位乐观的财政部长，真是幸事。我说，在当前情况下，乐观是个重要的因素，因为它能在人民中产生好的心理影响，这种影响反过来又对中国的政治和经济形势产生有利的反应。但是中国的财政和经济问题在一段时间内还不会脱离困境，还需要外部的援助，例如从美国得到的外援还要继续下去。

王说，他当然希望这种援助能够继续下去。

在那一天的日记中我写道：

> 王云五和洛维特的谈话是不拘形式的，除我曾引导或提示他讲些有关货币改革和采用新金元券的问题和经验而外，好像是并无目的，他看一切都有光明前景，并且表现得如此的自信，在一年之内或者至少到1949年6月30日不会有困难，致使洛维特说，他很高兴不仅结识了他，并且从他那里了解到在经济上中国一切都会很好。我插话说，我们很幸运有一位乐观的财政部长，因为必须乐观才能激发起对新货币怀有不安心理的中国人民的信心。他们的不安大部分是心理上的，王先生的乐观对他们的信心很有帮助。但是我强调中国的经济或财政情况远远没有脱离困境，并且需要外部的援助，等等。

当天下午，我陪王部长拜访了经济合作署署长保罗·霍夫曼，第二天我陪他对财政部长作了一次礼节上的拜访。由于王先生以前已经对斯奈德讲了中国货币改革的事，这次谈话主要是关于社会方面的。我曾问及美国政府是否还继续购买白银,以及已经买了多少和美国政府持有的黄金有多少。

斯奈德回答说,美国政府持有的黄金价值超过二百二十亿美元。虽然公众认为全部黄金都藏在诺克斯堡,实际上只有一部分存在那里。下余部分多存在美国三个造币厂的地下室里。美国政府仍在购买白银以达到黄金储备百分之十的法定要求。现在白银存货的数量达到二十亿两。

于是我问,白银是否能借给任何外国政府,由于我心里总是想着中国需要更多的美国援助。

斯奈德回答说:"能。"事实上,英国和其他一两个国家在战争期间为了铸造辅币曾从美国借了白银。英国使用这些白银是没有困难的,只有一部分铸造了货币。现在英国已经归还了所借的白银。但从美国政府库存借用白银必须经国会批准。换句话说,要借白银需有国会的立法。

我说,最近听说美国不只一家政府造币厂铸造辅币,中国中央银行为铸造辅币迄今为止一直在向宾夕法尼亚造币厂订货,该厂现仍存有多种类型中国辅币的标准铸模。

斯奈德说,美国政府有三个造币厂。除宾夕法尼亚的一个外,在旧金山有一个,另一个在怀俄明州。它们能按照中国政府订单铸造货币。但在回答问题时,他说,造币厂不能提供金属,必须由中国政府自行提供。

王问美国纸币流通的数额。

斯奈德递给他一张明细表。他解释说,每天上午都送到我桌上一张新表,精确列明纸币流通额和储备率。他补充说,流通中的纸币最近曾缩减到约二十亿美元。

我问表列总数中是否包括在国外流通的美国纸币,以及流到外国去的纸币占多大比例,斯奈德说他回答不了。美国纸币在国外流通的数额可能永远不会查明,不过纸币损坏或销毁的总数一年约有五千万美元,换言之,每年要发行约五千万美元新纸币以替换损坏或销毁的部分。

随后谈话转到伪造者把伪钞投入流通的危害。斯奈德说,财政部有特工处,除有保护美国总统的职责外,还有一些另外的任务,包括侦查伪造货币犯。不久前在法国马赛发现一个伪造者的隐匿处所,抓住了十多名伪造犯,还有二百多万美元的伪钞。伪造非常精致,需要大量的检验工作才能确定其不是真正的美钞。

我详述了上海一家美国银行的一位中国出纳员认出一张二十元美钞是伪钞而拒收的案例。银行经理听了无辜的持有人的申诉,就接受了它,但是出纳员不服,于是把这张钞票送到美国总行由专家鉴定。总行专家也判定是真的。但这位中国出纳员仍不满意,坚持他的意见。于是这张钞票又送到财政部检验,经过财政部专家检查后,肯定了中国出纳员的判断。那确是一张伪钞,但伪造得非常出色,竟骗过了那家美国银行的好几位专家。

斯奈德说,那些伪造者非常聪明,他本人就见到过一些印得非常好的五十元伪钞。很多这样的伪钞进入了流通,欺骗了很多人。

后来,在我的日记里写道:

> 和斯奈德谈话是随意的漫谈。我想这也许是因为过去几天在世界银行的理事会和货币基金组织的会议上王先生已和他多次见面之故。我把谈话引导到从美国白银库存中借用白银来铸造新货币的辅币的可能性问题,并询问美国联邦造币厂能否为我们铸造。

同一天晚上,财政部长偕夫人来到双橡园参加为他举行的宴会。王云五、美国财政部副部长托马斯·麦凯布和夫人、还有一些国务院的官员在座。宴会非常热诚友好,几乎达到狂欢痛饮的程度。斯奈德和麦凯布对为他们安排的晚会兴致极佳,其他的客人,除中国人以外,都是他们的挚友。他们饮酒、说笑话、讲故事,甚至猜拳或干杯,使我感到又惬意又惊异。他们问了很多关于中国的问题、历史和风俗习惯,我或是让王先生回答他们,或是亲自回答,利用这一机会弄清楚某些我们无法正确估计的美国对华政策,和美国对中国人民及中国政府的错误观念。我强调了中国对共产主义斗争的深远意义,并强调如果中国的努力失败,对美国和世界可能产生的后果。我还告诉他们,中国共产党的武装部队如何通过苏联得到外蒙古人、朝鲜人和相信共产主义的日本原战俘们的供应和协助。那些战俘是在对日作战胜利后经过苏联改造或受过特殊思想训练的。

王云五去纽约赴几个约会之前,在华盛顿又住了五天。在他动身的头天晚上,我又为他举行了一次宴会,这一次是在大使馆,一方面为他送行一方面和他讨论一下租借法案帐目以及解决与美国政府结算可以采取的最佳办法问题。因为美国政府一直在催促中国尽快地解决。(在战后年代里,美国政府非常急于和战争中的盟国结算租借法案帐目,到1948年秋季,实际上所有它和盟国的租借法协议都已结清,中国是包括苏联在内的尚未与美国结算的两三个国家之一。)

我因心里怀有这个目的,所以客人里面不仅请有财政部王部长的顾问们,而且有驻美中国技术代表团团长贝祖贻,他是一位银行家,对租借法问题相当熟悉,还有纽约世界贸易公司常务董事梁敬镎博士,这个公司是中国政府按照美国财政部的建议,设立起来管理贷款业务的,如棉花和桐油贷款等,此外谭绍华公使和前中国国防物资供应公司董事、当时大使馆参事王守竞博士也参加了宴会。

我主张早一点结算是获取最有利条件的最稳妥的方法,并提出一些建议,促使王云五谈谈他的意见作为对我的指点。王云五完全赞同我的意见,并按我的要求就我们的债权和债务分别提出最高和最低的数字。他答应报请行政院会议作出最后决定,在10月20日通知我。换言之,这次会见的目的是给这些人一个发表他们意见的机会,并请财政部长给我以指点,这样日后他们就不会说,假如当初和他们商量过的话,他们本会给予帮助的,也就不会无论实际上对中国如何有利,他们都对所达成的任何解决办法进行批评。

10月4日,大使馆为王部长接见新闻记者并回答他们的问题在双橡园安排了一次新闻记者招待会。这是给他一个机会更详细地说明中国新货币改革的理由及其成功的前景。在招待会上王先生回答问题时说明了许多情况。在回答一个问题时,他说,中国的军事开支预算占正常赋税收入的三分之二,并解释说,比例所以如此之高,因为中国正在准备对共产党采取"侵犯"行动。我赶紧更正说,是采取"攻势"。听众听了这无心的错误都笑了,王部长也笑了。据我的记录,王部长在回答问题时表现出的那种自信口气,似乎并未能给在座的记者们以深刻印象并使他们信服。

第七章 国际新形势，美国国内政治及其对中美关系的影响

1948 年

第一节 1948 年国际形势的发展

1948 年，国际形势的发展对中美关系的影响已不像二次大战刚结束后的几年间那么显著。不过决不能忽视美国毕竟是个世界大国，其领导人必然要从全球观点出发来考虑对外关系。美国的对华政策就是受其全球政策和观点制约的，其中最突出的因素是到 1948 年时，一则是愈来愈多的人认识到世界正在分裂成泾渭分明的两大集团——一方是以苏联为首的共产主义集团，另一方是以美国为首的自由世界——再则是人们愈来愈害怕两个集团间将发生战争。实际上，这意味着美国要把国家大量资源用来重整军备，要在遥远的地区建立许多新军事基地，并广泛承担一系列军事和经济义务。尽管在反共斗争中，美国不可能找到比中国更为坚定的盟友，但是当时的局势却使美国原本可能和愿意给予中国的支援，受到了限制。

通常，我了解国际形势发展的最有效的途径是社交场合中不拘形式的闲谈和因公会见美国首脑和外交人员时较为正式的谈话。回顾这些谈话，令人吃惊的是大家注意力集中在苏联力量不断增强，共产主义阵营、尤其东欧中欧，势力逐日上升的问题上，

这种重视竟然达到恐惧程度。事实是,到 1948 年,对共产主义的恐惧几乎已经牵涉到国际上的每一个问题。

1948 年 1 月 6 日,我接待了两位前来进行礼节性拜访的大使。我发现苏俄新任驻华盛顿大使潘友新是我 1942 年在重庆时的老相识。他比我所认识的他的多数同僚更健谈。我问他是否喜欢华盛顿的气候,他说他在华盛顿将会遇到各种各样的气候,现在还不好说,言下之意显然是暗指除了天气以外还有政治气候和外交气候。我的第二位客人,匈牙利新任驻美公使鲁什泰·姆·万贝里博士是一位颇有学者风度的人物。他告诉我,他已七十五岁了,以前一直在美国伊利诺斯州一所大学里任教,他是专攻政治学的。他说,他之所以被派出使华盛顿,显然是为了向美国表示,尽管大家可能说所谓不民主的匈牙利如何如何,但他的国家的理想和对外界的关系没有多大改变。我认为他讲得很坦率。

16 日,我对万贝里博士进行了回访,还是觉得他非常直爽。他说,虽然他的外交部长是个共产党员而他并不是,但他们相处得很好,因为他知道外交部长和任内政部长的另一位共产党员合不来。他说他曾接到内政部一项命令要禁映贾利古柏、兰纳特纳和另外一个好莱坞明星的影片,因为他们都有反共思想,这使他感到很为难。他认为这件事办得太愚蠢。在下达指示时,竟然没有和外交部长商量。他说所谓的自由选举是事先安排好了的,老百姓一点也不关心投票的事。只有组织严密的共产党人才懂得如何控制选举。匈牙利的老百姓根本没有享受过民主,例如,在哈布斯堡王朝统治时期,只有数百人享有选举权。匈牙利的民主可以内定。民主在那里没有基础,人民需要经过很长一段时间才能学会投票和关心选举。他说得很对,想要民主真正对人民有好处就必需先经过一定的时间使之深深扎根并且得到发展。只有到那时,人民才懂得民主的真谛和民主的价值,从而全心全意地支持它。

次日上午,即 2 月 11 日,我参加了一次不寻常的聚会。那是印度大使为甘地举行的追悼会,他于十一月底在新德里遇刺身亡。总统和各国外交使节都出席了,由于仪式是临时安排的,因而有些混乱,有的人竟然找不到座位。好几位大使,包括英国的英弗查佩尔勋爵在内,有的一直站着,有的坐得很靠后。但是,这个仪式本身很不寻常,因此我要把它记下来。仪式是在宪法大街国务院的礼堂内举行的,开始时由十四个印度姑娘唱挽歌,然后由主持追悼会的印度大使阿萨夫·阿里请各方面人士朗诵经文:由一位印度教作家朗诵薄伽梵歌,一位回教徒念了古兰经,一位锡克教徒念了古鲁·格兰特经,一位古犹太教徒念波斯古经和一位希伯来人念犹太教经。由于被指定念新旧约圣经的人未到场,有另一个人自愿代念。接着两位参议员、一位众议员、作家赛珍珠和一名黑人妇女先后发表了演说。这是一个不寻常的追悼会上的最不寻常的悼念仪式。它的复杂性使我意识到印度这样一个独立国家所面临的问题。

　　3 月 26 日,我和范登堡参议员进行了一次谈话,主要是谈美援问题。会见将结束时,我问他对欧洲的局势有何看法?局势的严重性如何?因为他和欧洲保持着经常的联系,对欧洲最新的发展情况很清楚,所以我急于想知道他的观点,提出了上述问题。布拉格 2 月份发生了政变,这是共产主义在捷克斯洛伐克取得的一次胜利。在德国,最终导致柏林封锁的紧张局势正在不断升级。在斯堪的纳维亚半岛,俄国正在对芬兰施加压力,要求该国与它结成军事联盟,而芬兰人则希望苏军不要未经芬兰政府提出要求就来援助他们。在西欧,很多国家的财政经济困难已经达到了极其严重的地步,因此杜鲁门总统当时正在力促议会迅速通过欧洲复兴计划。

　　这位参议员说,欧洲局势很严重,他为此很不高兴。两年来,他参加过多次有俄国人出席的会议,他总觉得,每当美国代表团对某个项目问题的态度坚定不移时,俄国人就会出头想法达成某种解决办法。但这次俄国人的态度似乎变了。他们好像认为美国人民并不团结，美国总统的权威也不受尊重。在他们看来，工人的罢工和反抗以及华莱士的演说代表着美国人民的真实情绪。此外，俄国人看到美国在军事上并无准备。因此，他们相信这是推行扩张政策的一个好机会。但是他说，俄国人根据自己对美国局势的看法行事，究竟走多远，现在还很难说。我感到他所提供的情况很有启发性，为此向他表示感谢。我起身告辞的时候，他说这次谈话使他很高兴并请我随时去看他。

4月7日，在华盛顿为比利时查尔斯太子殿下举办的欢迎会上，我看见驻华盛顿各国外交使团的首脑都到场了，惟独苏、英两国大使没有露面，确乎令人注意。我在那天的日记中写道，俄国可能已经单独会见过太子；英大使则由于政治原因而没有出席。不久前荷、比、卢、法、英五国根据布鲁塞尔条约签订了一项军事防御协定，此次查尔斯太子奉其父比利时国王利奥波德之命来美，显然是为了取得美国对该盟约的支持。

比国首相兼外交大臣斯帕克先生及比利时驻美大使西尔弗克鲁亚男爵都陪从太子与会。当我告诉斯帕克中国驻比大使现在华盛顿时，斯帕克半开玩笑地说，他希望能有幸会见中国驻比大使。意大利大使塔基阿尼告诉我说，在意大利即将来临的大选中，政府将获得多数席位，多得足以排除共产党入阁的资格。他还说，美国应在军事装备及供应上采取物质援助方式来保证对荷、比、卢、法、英防御协定的支持，空谈保证不足以引起俄国人的重视。和我们在一起谈话的希腊大使也同意他的说法。当时，政界及外交界领袖们的主导思想都集中于苏联武装力量的增长及共产主义在欧洲及整个世界抬头的问题。他们对共产主义在那些非共产主义国家的影响日益增长，并在那里进行渗透和颠覆活动以便将共产主义事业推向全世界的既定计划都感到非常恐慌。

约一个星期之后，我去见美国负责占领区事务的助理国务卿萨尔茨曼先生，主要是和他研究有关日本的某些问题。当时，我对中欧地区的不稳定局势有些担心,起身告辞前,我问他估计苏俄领袖们会作何打算,是否会摊牌。萨尔茨曼说,这事很难讲。如果俄国人摊牌,他们就要对其严重后果负责。他告诉我说,上星期他在德国,那时苏俄想把美国拒之于柏林之外。但是美国就是决心要待在那里。他又说,当然俄国人也很了解铁幕外面的形势,他们应该知道他们会碰到些什么问题。换句话说,美国的态度也在强硬起来,并将采取必要步骤来对付苏俄把它拒于柏林之外的企图。

作为对比,我想谈些轻松的事——就是我在匹兹堡参加一些招待会并发表演说后,返回华盛顿途中的见闻。那次旅行颇为轻松,我在火车上遇到几个人,我们谈得很有趣、很融洽。其中一人是兰帕大理石公司副总经理兼管财务的杰·伊·克劳福德先生,他还是银行家、会计师。另一位是他的同伴,一位非常精明的维也纳律师。克劳福德认为,通货膨胀扶摇直上,1949 年内肯定要导致经济崩溃。当时我援引了本杰明·富兰克林一句名言,"经验学校学费高,笨汉非此学不好",他的伙伴,那位维也纳律师则说了一句奥地利谚语,"经验使人明判断,错误使人长经验"。克劳福德先生接着讲了两段关于经验教训的故事。

他说 1907 年,那年经济发生恐慌,当时他在匹兹堡工作,收入甚微。有一天他肚子饿了,可是衣袋内只有一角五分钱。由于物价上涨,买一个面饼和一杯咖啡就要把钱花光。可他离家还有六英里路。他用最后的一角五分钱买了饼和咖啡,然后搭上一辆公共马车,把姓名、住址告诉了售票员,并说第二天一定付他车资。不料无情的售票员在附近的拐角处把车停了下来,赶他下去。他步行了三英里,走进一家马车行,他常在这里租马及轻便马车携女友出游。这次他把自己的困境告诉车行老板,要求借五分钱当车钱。老板冲着他的脸看了一眼,然后说了声办不到。

1933 年,经济恐慌期间,罗斯福总统下令全国银行停业一周,那时他和一位百万富翁的朋友在迈阿密度假。这位富翁因支票无处兑现,变得身无分文。当时他正需要五百美元现款,可是银行行员告诉他,总统已下令全国银行停止营业,不能支款。他只好威胁行员说,要把他解雇,行员才把现金送上。他说,你看,这事就足以说明,经验是教会人们谨慎小心的最好学校,即使在处理个人生活上也是如此。

4月24日,我参加了在圣使徒马太教堂为已故菲律宾总统曼努埃尔·罗哈斯举行的安灵弥撒,这是一次气氛抑郁的集会。后来我又参加了美国国际法学会举行的晚宴会,才感到比较舒畅一点。英国大使英弗查佩尔爵士作了一次虽说很不恰当但颇令人发笑的发言,讲的主要是他在美国两次被捕并被关进监狱的他自称为可悲的经历。他说他在狱中带着手铐过了一夜,监狱里"阴湿而不舒服"。——有一次,他是在华盛顿纪念碑附近的暗处由于裸露癖发作而被捕。那次他刚从树上取下自己的衣服穿上后就被关进了监狱。他补充说,人们总有一天感到已经过够了外交生活,他说"过够了"意味着"过腻了",现在他可以指望在一个月内登上伊丽莎白女王号邮船,随便对哪一位美国总统候选人表示拥护而不必害怕被免职了。

人们记得他原名克拉克·卡尔(寇尔),我在巴黎时,他任英国驻重庆大使。他个性特殊,意志坚强,固执己见。有一个时期,他和委员长、蒋夫人以及外交部长相处甚得。但他经常直言不讳地对中国的政治和政策表示他的看法,妄加评论。这种情况越来越多,特别是有一次他同驻在国政府首脑交谈时说得实在太不像样,以致友谊就此中断。此后,委员长拒绝接见他。直到他卸任回国之时,外交部才好不容易地为他安排一次接见。

那齐亚是30年代后期的另一位前驻华大使,随后他调任驻美大使。他来使馆和我谈一件有关远东委员会的事,因为他兼任着该委员会的法国首席代表。他是4月27日来访的。他说他刚在法国逗留了几个星期归来,发觉法国和欧洲人民情绪都很不稳定。虽然意大利共产党在大选中失利,而且法国共产党也在人民中失去了某些影响,但总的来说,局势仍未改观。国会 4 月 3 日通过的欧洲复兴计划(ERP)虽能有所裨益,但要见效,尚需时日。用于经济复兴的资金结果如何,要几个月后方能分晓,而人民却对眼前形势忧心忡忡。他们深怕苏美之间爆发战争。因为一旦战争爆发,则法国,以至整个欧洲大陆将再次沦为战场。

那齐亚说,欧洲人民最关心的问题不是欧洲复兴计划,而是美国在军事方面打算怎么办,并对西欧五国共同防御协定能支持到什么程度。如果美国在军事上不能给他们提出保证,则欧洲人民对未来就不会有信心。因为一旦红军决定进攻,这五国的联合军事力量也阻挡不住红军的前进。

次日,即 4 月 28 日,我和罗马尼亚公使米哈伊·拉列亚谈过一次话。拉列亚也是回国几星期后刚回来。他对中国为罗马尼亚代表团申请加入联合国所给予的支持向我表示感谢。尽管由于英美行使否决权,他们的申请在安理会未获通过,但罗马尼亚政府同样感谢中国的友好支持。

我问拉列亚对他本国和欧洲的局势有何看法。拉列亚答道,罗马尼亚的经济形势远胜于欧洲大陆其他许多国家。他们国家收成良好,贸易顺利,主要是向瑞典及俄国出口产品,多亏罗马尼亚是个富饶的农业国,因此他们的经济状况比欧洲其他许多国家好得多。

拉列亚说,他此次欧洲之行,发现人民苦于对战争的恐怖,不过在罗马尼亚并无此种恐惧。苏军几乎已经全部撤离他的国家,生活又迅速恢复了正常状态。另一方面,例如英国的情况就比战时更差,食物、衣服及汽油的配给较以往更为严格,即使住在最好的旅馆,也吃不上一顿满意的正餐。他认为目前弥漫于欧洲的关于第三次大战的恐惧是毫无依据的,因为俄国确实不想再打仗。不幸的是,在美国关于战争的谈论,还有重新武装的种种活动,使人惴惴不安。

5 月 4 日,我在波士顿和杜勒斯进行了一次重要的长谈,其中一部分也是欧洲局势问题。他说联盟运动进展不大,制订一项经济及军事集体防御体系的计划也遇到了困难,因为英国社会主义的政党对于英国究应和欧洲共命运还是帝国自谋出路的问题仍然举棋不定(这是英国各政党间意见不一致的主要问题)。他说英国外交大臣贝文对此事似乎特别踌躇,并认为和欧洲大陆的经济联系过密可能不利于英国实现社会主义计划的政策。

关于苏俄,杜勒斯认为苏俄既没有备战也不想打仗。他说,苏俄玩弄的一切居心叵测和阴险的花招,都是它的恐惧和疑虑的结果。但苏俄推行的是一种危险的政策。它有可能过高估计自己的力量,而局势可能变得超乎它的预料使它无法控制。杜勒斯认为,苏俄目前更关心的是欧洲。但我们双方一致认为,归根到底,对苏俄生死攸关的还是远东。

虽然一星期前曾传说范登堡参议员、马歇尔将军、洛维特副国务卿及杜勒斯一直在研究参众两院某些议员提出的旨在修改联合国宪章,改组联合国,以取消否决权的各种提案,但杜勒斯说,实际上他们研究的是在安理会五个常任理事国间制订一项共同防御条约的问题。他说,根据联合国宪章第51条至54条规定,此议是可行的。

翌晨,杜勒斯和我在一起用过早餐后,同机飞往纽约。他把一份他准备在纽约邦德俱乐部发表的讲稿拿给我看。他在讲稿中,分析共产党的渗透技术比其意识形态的宣传及军事战备更加危险。他认为,对作为共产党政治武器的其他国家的共产党,必须以同样有效的武器予以还击。他说,马歇尔计划仅是一种经济性的武器,为了对付共产党的政治活动,必须训练专门人员从事该项工作,并须设立训练这种人员的学校。

从波士顿到华盛顿的飞行一共用了九个小时,其中包括在波士顿停留一小时和在纽约因遇暴风雨耽搁三小时。在拉瓜迪亚机场,我们坐在机舱内等候了一小时之久,飞机马达一直在开着。我让我的秘书顾毓瑞填了一张意见单,空中小姐把它交给了该公司的代表。那人原来正是该公司的总经理,他走过来为延误起飞向我道歉。

5月18日,西班牙人何塞·弗·莱克里卡先生把我的注意力引到了另一个问题。此人和我是老相识,他在战时曾任西班牙驻维希法国政府大使,我们曾在一起共事,后来他担任了西班牙外交部长。他说他是以西班牙国家的名义,专为要求中国承认佛朗哥将军领导下的西班牙政府前来看我的。他敦促两国政府恢复外交关系,因为自长枪党人击败共和政府掌握西班牙政权以来,两国关系中断。他直言不讳说过去西班牙对待中国犯有错误。他说,但是世界形势已经发生了变化,为什么不能重新建立官方关系呢,尤其是由于中国和西班牙面临着共同的威胁,而这种威胁确已成为世界大部分地区共同面对的现实。他认为历来保有传统友谊的中、西两国不建立官方关系是完全没有理由的。他指出在中国有很多西班牙籍传教士和商人,他们对中国人民怀有最友好的感情,但他们在中国却没有一个代表。他说,因此,他请我把西班牙有意和中国重新建立外交关系的愿望转达给我国政府,并希望我赞助这个想法。

我也同样坦率而诚恳地对他说,由于当时的环境,致使我们两国之间的关系中断,这是很不幸的。我同意他说的,自从大战结束以来,世界形势已经发生了巨大的变化,西班牙现在所面临的国际形势确实和中国无大差异,虽然中国没有遇到他刚才提到的那种危险。我对他说,我一定把他转达给我的口信向我国政府报告并且一定会把我国政府的反应告诉他。

接着,我们的话题转到了欧洲共产主义的危险性上来。我问他对欧洲的实际形势作何看法。他说,形势很危险。比1938年希特勒准备向西欧进军的时候还要危险。他说,今天红军控制着大半个欧洲,如果苏联决定采取行动,就无法阻止红军前进,它可以毫无困难地到达大西洋岸边。他说,这就是真正的危险。各个不同国家内部的共产党没有那么危险,如果有关各国政府有勇气采取果断的立场,就能控制共产党,甚至将其压制下去。问题是竟没有一个国家愿意采取这种勇敢的行动。

我问起共产党问题时,他说西班牙没有共产党,以前曾有过,但已被压制下去了。也不存在共产党的地下活动,因为西班牙人民嘴不紧,不能保守任何秘密。他还说,共产党过去是靠散布恐怖气氛来维持影响,其战术是煽动人民的不满情绪。然而,他认为共产党不可能在任何国家内长期支配人民,因为所有的人都热爱财产和自由。

莱克里卡博士又一次提醒我他带给我的口信。

我说,将毫不延误地电告南京。但由于中国新选出的总统和副总统即将就任,接着还要改组政府,因此短期内难望获得答复。

他说不忙,他将乐于耐心等待,特别是因为他打算在华盛顿呆一段时间。

6月23日,我和副国务卿阿穆尔及中国科的石博思就执行援华方案问题进行了时间颇长的谈话之后,提出了两个与此截然不同的问题——美国对捷克斯洛伐克的政策和印度在联合国安理会取得一个席位的问题。我问他美国政府的对捷政策是否有所改变。我说报纸上发表了美国驻捷克大使劳伦斯·阿·斯坦哈特在捷克新总统就职典礼上发表的友好讲话,这使我国政府感到迷惑不解,我愿借此机会请问此事是否意味着美国对捷克新政府的态度有所改变。

阿穆尔答道,他已从报纸上看到这篇讲话的梗概,但国务院事先并未获悉,也未批准这篇演讲。他说,这纯系一次应付外交礼仪的讲话,他认为该大使是以外交使团团长的身份发表讲话的。他向我保证说,无论如何,该讲话并无任何重要意义,因为他觉得斯坦哈特肯定无意使其讲话具有任何重要意义。

次日,我与希腊大使进行了一次有趣的谈话,那天我在双橡园举办了一次宴会,他是来客之一。我们首先谈论的是援助问题,这在前面已经提过。然后我问他希腊共产党游击队的活动情况。

　　大使答道,局势有所改进,他相信到 9 月份所有游击队都可肃清,可是这比预计的时间至少晚了六个月。他告诉我,去年一年中,他的政府一直催请美国政府增加武器、军需品及其他军援的供应,即使削减复兴计划也在所不惜。因为除非军事形势彻底改变,重建任何东西都没有用,共产党人会把一切重建起来的东西毁掉。他说,美国人终于懂得了希腊人的见解是正确的,从而采取了相应的行动。由于美国态度的转变,才使希腊的军事形势有了改善。(中国也一直在敦促美国认清中国的同样问题,但不像希腊人做的那样成功。)

　　他接着说,下一步,是封锁苏俄各卫星国的边境,同时由联合国派驻观察员,并以联合国名义派来一支国际部队,这支部队可以是一种象征性的军队由希腊政府邀请几个国家提供。他说,英国已有三千名军队驻在希腊,可以将其调往前线。法国可能派一千名,美国可能派五百名。这支部队规模并不很大,但其背后的权威和力量,能够压制苏俄并迫使其停止进一步制造麻烦。英国政府已同意将这一提案提交预定在巴黎举行的下次联合国大会,现在希腊的联合国委员会将在其致联合国大会的第二个报告中提出此项建议。(这个观察及汇报希腊局势的委员会由安理会常任理事国的代表组成,因此中国也有代表参加。金问泗大使是中国的代表,并有几位中国军官协助。)

　　我回答希腊大使的提问时说,相信苏美之间近期内不会发生战争,因为双方都不想打仗。俄国知道倘若挑起一场战争,它将会遭遇到什么样的情况,它的军力既比不上美国,也比不上联合国的联合力量。

　　然而希腊大使却另有想法。他说俄国人知道今年将是美国大选之年,美国政府必然会想尽一切办法避免摊牌。他举出柏林的局势为证,在那里,苏联正在步步进逼,其目的是要把另外三个大国挤出柏林。

这里,我想谈谈两次招待会的情形,在这两次招待会上,我有机会注意到苏俄卫星国家的一些代表们的表现,因为这种观察,可对苏俄的立场提供一项间接说明。第一次是罗马尼亚公使拉利亚和夫人在6月17日举办的宴会。来宾多半是捷克及罗马尼亚驻华盛顿使团官员,可是布拉格共产党新政权任命的捷克大使也在场。他还没有对我进行过礼节性访问,好像对此有所顾忌。也不和我说话,只是在东道主为我们作介绍时极简单地讲了几句话。我感到这次宴会实际是为他安排的,但是出于外交礼仪却让我坐了首席。主人确实对他非常恭敬。为此,整个宴会缺乏通常外交宴会上那种同行之间的热情和亲切气氛。

　　第二次招待会是6月29日我自己在双橡园举办的。那是一种一般性的宴会,至少在我那个时期外交使团举行宴会是习以为常的。出席宴会的有巴基斯坦大使、秘鲁大使及夫人、罗马尼亚公使拉利亚及夫人、美国国务院礼宾司司长斯坦利·伍德沃德及夫人和其他人等。

　　在短短几个月前和我谈到他自己的国家时还表示非常乐观的罗马尼亚公使,在这次晚宴上却显得心烦意乱,整个晚上几乎一言不发。这使我特别注意,因为他原是旧政权的人——是一位旧式外交人员,习惯于发表意见,和人们随便而亲切地交谈。到十一点光景,他起身告辞,说还有公事待办。我在那天的日记中写道:

　　　　他可能是要去迎接即将返任的苏联大使潘友新,或者是由于铁托与莫斯科和共产党情报局决裂而引起的危机。当仆役长来报告罗马尼亚公使的汽车来到时,后面跟着一名司机,司机用罗马尼亚语和公使说了几句话,结果使这位公使显得很不自在。他竟没有和与宴的其他来宾道别径行离去。

他显得很不高兴,我则非常同情他,因为他曾是外交使团中颇为友好并和蔼可亲的一员。事后不久,他就离美回国去了。据说,那个自称是司机的人实际是监视他的特务。

9月14日,我和来作礼节性拜访的土耳其大使费里敦·杰马尔·埃尔金先生研究了国际局势。他对我说,他来美前原在罗马任驻意大使,在那里驻节约有两年,目睹意大利政局引人注意的发展。

我说,德·加斯贝利能够保持意大利有一个稳定的政权比法国的舒曼强。我问他以陶里亚蒂为首的意共在政治舞台上的影响正在日益衰落,是否属实。

土大使说加斯贝利是一位善于要手腕的人,而且除了他不想要的共产党和社会党外,他的基督教民主党能够取得几乎所有其他各政党的合作。在去春大选中,加斯贝里一方面得到了公众的支持,另一方面得到了美国的帮助。梵蒂冈挺身而出呼吁意大利人民保持对上帝的信仰并帮助自己的国家,这就在投票中起到了挫败共产党人的作用。美国对意大利的援助远远超过了欧洲复兴计划所规定的数额。基于这样或那样的理由,意大利竟然获得了不少船舶、物资以至黄金储备。

我问起了曾一度担任意大利驻北京公使并和我相识多年的斯弗尔紥伯爵的政治生涯,埃尔金说,斯弗尔紥的威信很高,但在政界并不太受欢迎。他也许可能当选意大利总统,但他个人认为虽然他的竞选对手在头两次投票之后退出选举,把当选机会让给了他,他仍然必须放弃竞选,因为他无法取得法定的三分之二多数。至于意共,埃尔金说,它会在莫斯科的支持下继续前进。苏俄把意大利视为它试图进入地中海的一个侧翼而希腊和达达尼尔海峡则作为另一个侧翼。(这是对苏维埃政策的上好概述。)

同一天,我在双橡园设午宴,饭后贝祖贻留下和我密谈。他告诉我,蒲立德已从欧洲回来,对那里的情况印象很坏,特别是英国和法国。蒲立德说,英国人仍然自高自大,并不愿与经济合作署合作,而法国的情况则更糟。另一方面,蒲立德则为听到经合署计划在中国取得进展而感到高兴。贝补充说,经合署署长霍夫曼对他的属员说,他对欧洲颇感失望,而对在中国取得的成绩感到惊异。因此,蒲立德认为中国在明年取得更多和更大援助的前景是很美好的。

迄今为止,我所谈的都是欧洲形势的发展及其反响。然而欧洲并不是世界上由于逐步升级的紧张局势而引起各方关注的唯一地区。当然在远东还有中国以及朝鲜。1947 年 11 月联合国大会决议号召为建立一个独立的朝鲜政府而进行的"国民"选举,于 1948 年 5 月举行,但只是在南朝鲜进行。这就无可挽回地把朝鲜分割成了共产主义的北朝鲜和亲西方的南朝鲜。在印度支那,法国已经感到无法与胡志明政府达成协议,正在试图捧出前皇帝保大作为纠集一切反对越盟胡志明力量的中心。在双方试图进一步协商的同时,于 1946 年年底就已开始的战争还在断断续续地打着。在印尼,由于 1948 年 1 月签订了停战协定,荷兰和印尼间的战争曾一度中止,但双方始终未能达成协议。到 1948 年底,荷兰又发动了进攻。

在中东,巴勒斯坦问题是最迫切的问题。不仅安理会在相当一段时间内被这个问题捆住了手脚,而且为了研究这一问题,于 1948 年 4 月中旬联合国还召开了一次特别大会,因为那里的冲突已经使联合国大会 1947 年 11 月的决议无法实现。到 5 月 14 日,联合国仍未解决这一问题,于是在巴勒斯坦的阿拉伯人和犹太人之间的战争日益加剧的情况下,英国对该地区的托管宣告结束。就在这一天,犹太临时政府宣告以色列国正式成立。

为了提供某些重要背景,我想提一下我和巴勒斯坦犹太人协会驻华盛顿代表伊·爱泼斯坦先生的谈话。他是在 1948 年 2 月 3 日来大使馆找我谈话的。

爱泼斯坦谈到了联合国大会关于划分巴勒斯坦的决议的执行问题(1947 年 11 月决议)。他为执行这一决议出现了困难而感到遗憾。但他认识到由于犹太人问题已经拖了两千年之久,看来是不可能在一夜之间顺利解决的。英国政府的态度使局面变得更加困难了,它不仅拒绝履行其应尽的职责,帮助联合国实现其决议,反而从中阻挠,一方面,怂恿阿拉伯人持抵制态度,另一方面,不准犹太难民在巴勒斯坦登岸。联合国大会决议要求在巴勒斯坦设置一个让犹太难民入境的口岸。但英国驻安理会代表贾德幹爵士在答复直接向他提出的问题时说,英国政府不能同意这一要求。

爱泼斯坦接着说,关于执行决议问题,不久将提交安理会解决。虽然我不是中国驻安理会代表,但我同情犹太人事业,他想要求我为他劝说中国政府支持下列三点:

1.凡联合国成员国在投票表决中不论表示赞同还是反对或者弃权,都应尊重大会通过的决议,并在执行该决议中给予合作。换言之,联合国的信誉和权威现在面临着危机。不管个别会员国在表决时持什么态度,全体会员国必须一致维护联合国对这一问题的决定。

2.根据联合国大会决议的要求,联合国应协助巴勒斯坦的犹太人建立一支警察部队,用以维持拟议中的犹太国的法律和秩序。

3.应当促进建立和组织一支国际部队,用以执行联合国的决议。

爱泼斯坦说,日本侵占东三省时,中国也有过同样的经验。犹太人的问题与当年中国东三省的问题如出一辙。因此,他们希望中国能理解他们的事业。国联之衰亡,实际上就是由于它在东三省问题上未能坚持按国联盟约行事。由于国联未能采取有效步骤,制止日本侵略,意大利和德国就效法日本,推行他们征服和统治欧洲的计划。就巴勒斯坦问题而言,可以说联合国现在正处于生死存亡关头。他要求我把上述三点转达中国政府和中国驻安理会代表。

我说,我乐于照办,并问,美国政府已对巴勒斯坦实施武器禁运,不知是否属实。

爱泼斯坦说,情况属实,不过他还应该补充一句,才算公道,那就是美国国务院曾解释说此项禁运早在联合国作出巴勒斯坦分治的决议之前即已实施。禁运的目的是为了在联合国进行商讨期间不使形势恶化,只是在联合国作出决议之后才公布的。事实上,禁运对犹太人不利,因为阿拉伯人可从世界各地获取武器。从理论上讲,犹太人也可这样做,但实际上我们只能从美国获得武器。

我问,听说大批因战争而逃离原住地的犹太人要求准许他们从巴尔干迁入巴勒斯坦,不知是否属实。

爱泼斯坦回答道,情况属实,但其实际意义却被英国人渲染夸大了,英国人是千方百计地想把世界对这一问题的舆论引入歧途。英国人说,这些流离失所的犹太人中有许多共产党人及亲共分子,但这并非事实。实际上,罗马尼亚的犹太复国主义者反对那些流亡的犹太人离开罗马尼亚,而罗政府则希望他们迁走,因为他们无法谋生。而且,这些人由于流亡在外,不免对罗政府有所不满。首批离罗的流亡人员包括儿童四千名、妇女四千至五千名。犹太人本身无意让任何共产党分子进入巴勒斯坦。犹太复国主义者很清楚,他们必须依靠在美国的犹太人和美国政府的支援,二者都是强烈反共的。

爱泼斯坦说他可以用亲身经历来说明这一问题,因为他本人曾在俄国被苏联当局囚禁,到1927年才离开俄国,来到美国。他是个犹太裔的白俄。至今仍有好几千犹太人被关在西伯利亚的集中营里。他接着对我密语说,因为巴勒斯坦已有六万名受过良好训练的犹太人,所以无需再输入更多的犹太人了,所需要的只是武器和弹药。

我问,爱泼斯坦本人认为俄国对执行巴勒斯坦决议的关心程度如何。

爱泼斯坦答道,俄国显得非常关心,葛罗米柯在最近一次公开讲演中还敦促执行联合国关于巴勒斯坦问题的决议。(当时葛罗米柯是苏俄驻安理会代表。)但爱泼斯坦说,犹太复国主义者并不急切希望苏联以联合国事业唯一拥护者的身份出现。如果其他国家站在幕后裹足不前,而让俄国来保卫和维护联合国的威信,那将是很不幸的事。这对美国的公众舆论将会产生不良影响。因为在当前国际关系情势下,如果让俄国以联合国拥护者的身份出现,那么不仅美、俄所共同支持的巴勒斯坦决议的良好效果将化为乌有,而且还将使犹太人的事业出现另外一种局面。

我问爱泼斯坦所理解的美国政府态度如何。我说美国推动此项决议已经起到显著作用,当不致对决议的迅速全面执行漠不关心。

爱泼斯坦说,国务院内存在着不同派别。负责联合国事务部门的人士强调真正的问题是,被公认为联合国主要支柱的美国现在是否应该不顾艰难险阻,全力以赴地去促成决议的实现。另一方面,阿拉伯国家事务部门的负责人则态度冷淡,而他们急切要保护世界这一地区的石油及其他战略利益,因此对任何可能有损阿拉伯人感情和友谊的事都踌躇不前。他总括一句说,真正的关键是要维护联合国的威信。他相信俄国希望看着联合国遭到破坏,而捍卫联合国则符合美、中及其他国家的利益。他并且相信,在不久的将来,当巴勒斯坦问题提交安理会时,美国代表将极力敦促把决议付诸执行。

5月24日晚,我出席了法国驻远东委员会的代表团团员让·达里东举办的宴会。达里东和我纵谈了印度支那局势问题。我的这位法国东道主承认战争仍在进行而且难以收场。他说,巴黎正在试图以寓居香港的保大皇帝为核心,建立一个政权,他们认为越南首领胡志明是个彻头彻尾的共产党人,不相信他。

席间,我邻座有一位美国客人埃德加·莫勒夫人。她谈了一些政治性和世界性的问题,很有见解。她对我说,杜鲁门承认以色列这个新国家,使以色列总统钱姆·韦茨曼和别人一样感到意外,有一次他以主宾身份出席在华盛顿举行的鸡尾酒会,当时她也在场,韦茨曼告诉她,当他从收音机里听到这一消息时,他还不敢相信,事后给白宫挂了个电话,得到了证实。原来白宫在特拉维夫宣告以色列国诞生仅仅一个小时之后,就宣布承认这个国家了。

美国参议院中最有影响的参议员之一罗伯特·塔夫脱对犹太人的事业持赞助态度。这是一些来找过我的犹太人告诉我的,因为他们过去找过我,同样也找过塔夫脱参议员,力劝我们尽量支持犹太事业。因此,5月27日塔夫脱从国会大厦给我打电话,向我强调巴勒斯坦问题的重要性以及维护联合国威信的必要性时,我并没有感到意外。塔夫脱说,他不能理解美国政府的政策,他本人对政策又没有影响力,虽然11月以后也许能有些影响。(这个暗示我在后面还要提到。)他表示希望中国采取某些建设性政策,在该问题上协助支持联合国。他说,他无法提出什么具体的解决办法,但希望中国尽力而为。我答应把他的这一席话写信给中国驻安理会代表蒋廷黻博士,并电告南京。

现在我想谈谈1948年9月21日我在大使馆和埃及大使卡不勒·阿卜杜勒·拉希姆的谈话,因为这次谈话对巴勒斯坦和中东问题以及埃、美两国对这一问题的态度,都有详尽的阐明。我还提到了在埃及学习的中国回教学生。

这位埃及大使说,他在外交部时,曾建议加强与中国的文化联系。中国政府一直重视促进与埃及的文化交往,有不少中国回教学生在埃及穆斯林大学从事学习可资证明,但是埃及却从未派过一名学生去中国。他历来主张埃及应致力于这种事业。

我当即向他保证,凡在这方面所做的努力,中国将无任欢迎。随后,我提出了埃中贸易关系问题。我说,虽然埃及一直向中国出口棉花而中国亦相应地将产品运往埃及,我愿看到中、埃两国能进行更多的贸易。

他说埃及主要出口的项目是棉花,约占出口总额的百分之九十。英国通常购进埃及出口棉花的百分之九十二以上。即使现在,运往英国的埃及棉花的比例也约占百分之八十五。出口减少的原因是埃及在对英贸易上已有巨额英镑顺差,英国不愿差额进一步扩大。作为回头货,埃及则从英国进口制成品,其中大部分是机器。

他回答我另一问题时说,近几年来,埃及不得不进口大量小麦,因为该国把大部农田用于种植更有利可图的作物棉花了。虽然埃及也种植一些稻米,但消费量很少。他补充说,埃及的棉花是很受欢迎的产品,因为它的质量确实是再好没有了。部分棉花甚至远销美国,尽管美国也出产长纤维棉花。

我说,虽然战前中国粮食几乎可以自给,棉花并有多余可供输出,但近来也不得不大量进口棉花,甚至大米和小麦。目前的短缺是由于共产党进行破坏活动,造成国内交通混乱所致。我回答他的一个问题时说,中国历来主要从暹逻购买大米,也少量从缅甸购买。然而,缅甸近来由于共产党的扰乱,已停止对中国出口大米。

拉希姆说,他观察到共产党在东南亚国家如印尼、马来亚和缅甸等都非常活跃。

我说,自从共产党和工人党情报局那年年初在加尔各答安排召开会议以来情况就已经如此。

我问,埃及是否也有共产党问题,埃及大使答道,"有哪一个国家不面临这样的问题?"他说,这确实是一个普遍的问题,他不能理解为什么美国竟短视到看不见中东地区的重要性。他认为,美、英两国应与埃及以及其他阿拉伯国家合作建立起一个类似西欧集团的中东组织,作为抵制共党扩张的生力军。

当我问他这一组织的范围应包括哪些国家时,拉希姆回答说,应当包括希腊和土耳其。埃及占着很重要的地位,在遏止共产主义洪流方面能起很大的作用,现在共产主义正想通过希腊、土耳其或波斯寻求一条通向地中海的出路。他认为美、英两国执行的是一项非常短视的政策,它们无视中东的重要性,却把注意力放在确实有损于它们自己的利益的问题上。

我问他心里惦记着的是些什么问题,并设想其中也包括巴勒斯坦问题及意大利的殖民地问题。

拉希姆说,他想英埃共管苏丹的问题也应包括在内。他认为对于创建犹太国一事,美国正执行着一项有利于犹太人的政策,这种政策实际上是在牺牲五六千万阿拉伯人的友谊。美国在苏丹问题上支持英国的政策正在产生同样不利的效果。如果共产主义势力在中东扩大,这将给美、英带来巨大的损失。由于中东人民不满美、英的政策,该地区势将成为共产主义宣传的沃土。

我说,由于中东是世界石油最大来源之一,无论从战略还是从经济观点来看,都是世界重要中心之一。

拉希姆同意此点,并说美国由于一味支持犹太人,并在很多对中东国家有重大利害关系问题上执行着目光短浅的政策,正在危害其本身在该地区的战略和经济利益。伊拉克和其他阿拉伯国家的阿拉伯人民可以轻而易举地把输油管道及炼油厂毁掉,从而切断对美国的石油供应。由于石油的关系,他相信美国国防部长福莱斯特完全知道中东的极端重要性。可是美国政府仍然在推行着一种不利于阿拉伯国家的政策。

我说,拉希姆先生的想法是,中东集团应取代阿拉伯联盟作为一个核心,并应包括一些其他国家。

拉希姆说正是这样。他认为,中国作为大国之一也应该参加这一组织。

我说,今年是美国总统选举年,很多重要问题似乎都要服从于国内政治上的考虑。这一事实就足以说明,美国为什么显然缺乏一项全面而协调的对外政策。

拉希姆说,目前的重大问题似乎是柏林问题,但其他有关中东的问题也很重要。

我说,依我之见,现今世界只有一个主要问题,就是如何制止共产主义扩张的问题,他所提及的中东局势也是这个问题的一部分。我问他埃及是否有共产党。

拉希姆答道,这是不允许的,虽然埃及和俄国保有外交关系,但组织共产党是违法的。当我谈到,我知道苏联驻开罗大使馆人员很多,并问他们的活跃程度时,他答称非常活跃,而且不仅依靠他们自己的人,也依靠其他人,利用这些人的不满情绪把他们当作宣传和扩张势力的工具。

下个月,我回拜了拉希姆大使。也许由于中国局势正处在关键时刻,南京认为中东问题对中国意义不大,因此我未把这次谈话记下。不过我那天的日记是这样写的:

> 埃及大使对于美国对巴勒斯坦的态度似乎很为不满,并告诉我说,美国对其本身在中东的战略和政治利益已经无知到令人惊讶的程度。他不再认为国务院和白宫有不同的看法,因为前近东及非洲事务司司长洛伊·亨德森已经被犹太势力撵出了国务院,并外放到印度当大使去了。他说阿拉伯人起初反对由犹太和阿拉伯自治区组成一个联邦国家的构想。但是因为英国和美国已经同意了这项当初由伯纳多特(我想他是作为观察员为此问题专门派出的联合国代表)在他给联合国的最后报告中提出的建议,阿拉伯人愿意接受这一建议,但外交政策、国防和交通要由联邦政府掌管。

9月1日,苏贾特莫科先生以印尼出席联合国大会代表团驻华盛顿代表的身份对我进行礼节性拜访,并要求中国继续支持印尼的事业。印度尼西亚企图从荷兰人手中重新获得独立的问题,自然而然地成为我们之间谈话的主题。

我问他,荷兰和印尼代表在爪哇谈判的实际情况如何?关于政治解决的前景怎样?是否有重新开战的危险?

他说,外传双方决裂之说指的是政治谈判,任何一方都没有宣布废除停火协定。但他担心海牙内阁改组,范莫克总督(他正在返荷兰途中)辞职后,荷兰驻印尼军队会发动另一次进攻,企图强迫印尼政府接受荷兰的条件。他说，就这一问题而言，范莫克占有特殊地位。他的见解既然受到他本国政府的反对，同时印尼人也不能全部接受，他很了解这种情况。苏贾特莫科担心范莫克的辞职将使局势恶化，预示着荷兰对印尼将采取更强硬的政策，也就是更不妥协的政策。

我问联合国派去的调解委员会抱什么态度，该委员会的美国委员对局势又有何看法。

苏贾特莫科说，委员会同情印尼，美国委员也完全理解印尼的愿望，并认为荷兰的态度不合理。但是美国政府的政策无疑是在华盛顿决定的。

我问他美国的政策怎样，苏贾特莫科说，他曾走访国务院，并和东南亚事务司副司长研究过此事。该副司长表示同情印尼，但使人感到似乎美国不能完全自由行事，因为必须把印尼作为世界总形势的一部分加以考虑。换句话说，当前苏美之间在欧洲以及整个世界的关系都很紧张，要不是这样，美国就可以对荷兰施加较大的压力。苏贾特莫科还说，英国也希望印尼问题早日解决，该国并对荷兰的态度感到不满。但因现在欧洲面临着苏俄所制造的紧张局势，需要团结，因此英国也不便对荷兰施加过大的压力。至于委员会中比利时委员的态度则不太友好。同样，由于印度支那对法国有利害关系，法国在安理会的代表似有偏袒荷兰之意。

我问，印尼与莫斯科的关系怎样，共产党在印尼活动的实际情况怎样？

苏贾特莫科说，苏俄政府一直同情并赞助印尼的事业，在印尼到处都有共产党活动，特别是在苏门答腊，那里有些武装组织完全是在共产党人控制之下。我问，印尼政府对其统治的领土上的武装力量实行控制的有效程度如何？武装力量对政府法令能遵守到什么程度？苏贾特莫科说，印尼政府正在设法统一指挥其武装力量，但由于其中很多是小股地方武装，有些则由共产党人所控制,因此难以全面实现有效的控制。不过,这种努力正在取得进展。现总理哈达先生不同情共产党人。苏贾特莫科担心,如果荷兰重新采取军事行动,则共产党武装及印尼军队的活动都将更为显著,这就可能使共产党在印尼扩大其势力。

我问,印尼在目前局势下的最大愿望是什么,特别是关于印尼向联合国提出的申诉所抱的希望,现在这一申诉已经成为安理会讨论的议题。

苏贾特莫科说,他们国家的最大愿望是由联合国继续处理这一问题。他说,不论联合国作出什么样的决定,印尼都将遵守不渝,因为印尼政府认为联合国对印尼利益的不懈支持乃是使其民族愿望最终实现的最好保证。

三个半月以后,苏贾特莫科所最担心的事发生了,12 月 19 日,代理国务卿洛维特设宴招待十二个宾客,我是其中之一。席散后,大家在书房中,洛维特接到电话,报告荷兰谴责联合国的停火协定,也不和联合国派去的调解委员会商量,就对印尼重新发动了进攻。洛维特显得很心烦。他认为荷兰的行动只能激起共产党人反对反共的哈达总理的活动,这位总理曾经有力地镇压过一次共产党人的叛乱。他相信,安理会应该立即过问此事,为了约束荷兰,即使对它采取国际制裁也不为过分。在我询问之下,他说,十天前,他曾告知荷兰人,美国反对该国重新诉诸武力,并促其继续谈判。

另一个与东南亚局势有关的问题是印度在联合国安理会的候选资格问题。我在 6 月 23 日曾提醒助理国务卿阿穆尔及石博思,安理会三个非常任理事国的任期将在当年届满,新选举即将举行。我告诉他们说,中国对印度希望入选安理会的愿望予以最大的支持,叙利亚的席位应由印度接替。埃及申请安理会席位时,中国曾表示同意,其后五个常任理事国代表在伦敦协商时,中国又重申支持把埃及选入安理会,但有一个附带条件就是亚洲国家也应取得一个席位。在埃及当选时,中国再次重申了这一条件。这个条件已为其他四个常任理事国所接受,美国也不例外。我说除非改变目前六个非常任理事国席位分配方案,实行轮任制,否则亚洲国家就永远没有机会选入安理会,因为欧洲一直享有两个席位,拉丁美洲也享有两个席位而且英国自治领还享有一席位,只为中东和亚洲剩下一个席位。

我继续解释说,应当尽可能地把印度拉到民主国家一边,这符合民主国家共同事业的利益。虽然印度政府根本不赞成共产党,但共产党势力还是在印度积极活动。去年,当印度与苏联接触,争取苏联支持其选入安理会的愿望时,苏俄代表团曾坦率地询问印度对朝鲜问题的态度,暗示如果印度在朝鲜问题上站在苏俄一边则苏俄可以支持印度。我补充说,如果美国和中国观点一致,支持印度在安理会的候选资格,我国政府还希望美国尽量争取拉美国家的支持,这样就可以形成一个非常有力的投票集团。

石博思说,司徒雷登大使也曾将此事向国务院做过汇报,阿穆尔补充说,他已阅过一份与此有关的电报。

我说,我也曾派崔参事把印度的要求告知国务院,并征询美国的态度。我知道,在作出决定之前,还得和奥斯汀参议员商量。(奥斯汀当时是美国驻安理会代表。)

阿穆尔说,关于今年安理会非常任理事国的名单问题还在研究之中,但他不知道巴基斯坦对印度入选将作何看法。他说目前印、巴为克什米尔问题正在安理会上进行争吵,在这种情况下,让印度进入安理会是否适宜,是个值得考虑的问题。

我对这种论点反驳道,说到巴基斯坦可能有对抗情绪一点,既然只有一个席位,那就只能有一个国家入选。等印度任期届满后再次选举时,巴基斯坦参加安理会也不会受到阻拦。当然,克什米尔争议是个值得考虑的因素。

次月初,即7月2日,南京来电,指示我尽一切可能支持印度进入安理会的竞选。我召集谭绍华公使、崔存璘参事和一等秘书傅冠雄开会研究电文。经过研究后,我们得出结论,认为南京之所以要大力支持印度是由于考虑到在反共斗争中,毕竟需要印度的同情和援助。一如在抗日斗争中,我们曾经得到过的那样。

联合国大会会期迫近,届时将选举安理会非常任理事国,我于 8 月 17 日和国务卿马歇尔谈话时提出了印度候选资格的问题。我说,最后我还要对他谈一件事,就是印度希望能入选联合国安理会的问题。我说,前此我大使馆已提请国务院注意这一问题,现在王世杰外交部长又要求我尽快取得答复。我说,王外长认为印度的地位对世界局势极关重要,他一直担心印度即使不是受到苏俄的压力,也难免受到它的影响。由于整个东南亚的局势动荡不安,王外长对此事益增关切。因此鼓励和支持印度与民主国家合作,对民主事业万分重要。我记得有一次,印度主动找莫斯科要求支持它在安理会取得席位,而莫斯科则想要摸清印度对朝鲜问题的态度,这就暗示着印度对朝鲜问题应和苏俄政府采取一致立场,作为交换条件。

马歇尔说,美国对安理会选举的问题,要从全局出发,加以考虑。他理解王外长所作的考虑,但印度入选对西欧在安理会中的地位会产生什么影响,也必须加以考虑。这会不会意味着把西欧排除在这一机构之外呢?而且这对阿拉伯国家及近东局势将产生什么反响呢?

我说,印度所要求取得的席位就是目前叙利亚所享有的席位。安理会已经连续两届有阿拉伯国家代表,此次选进一个亚洲代表完全公平合理,至于西欧的地位是不会受到什么影响的。

马歇尔接着问道,王外长是否打算出席在巴黎召开的联合国大会?我说,我虽然还没有得到直接的通知,但是我相信中国外交部长是会出席大会的。国务卿说,这样很好,因为他就肯定能有机会在巴黎和王外长面谈此事了。但迄今为止,美国政府对此事并未作出什么决定。

我之所以提出此问题,因为虽然中国政府早在印度恢复独立之前就是印度事业的最有力的支持者之一,但是回顾几年来印度在联合国内的政策和态度,对中国来说,只有感到失望而已。记得我曾提过委员长强烈希望看到印度摆脱掉英帝国的束缚并恢复独立。委员长在访印期间,对此怀着异常强烈的感情,以致当他要探望关在监狱里的甘地的愿望遭到英国驻印度总督林利思戈勋爵阻挠时,甚至威胁说要中断访问,返回重庆。实际上,委员长希望看到印度重获独立的愿望是如此诚挚,以致在与英国谈判竭力促成此事时,几乎和邱吉尔发生极大的误会。由于当时我任中国驻伦敦大使,我感到有责任——特别是接到委员长多次来电,强烈催促此事之后——亲自和邱吉尔磋商,力图消除两国领袖之间的日益加深的误会鸿沟。

委员长的主要追随者如现任国民党党史编纂委员会主任委员罗家伦,以及王世杰、朱家骅等其他一些人,都是和委员长一样同情和支持印度事业的。其结果是中国方面做出了许多对印度事业的友谊及支援的表现。在委员长的指示下,重庆不断派遣友好代表团及文化代表团前往印度,主要是为了加速把印度从英帝国解放出来的进程。甚至在第二次世界大战结束后,印度的独立愿望最终已经实现时,中国仍然继续对印度表示友好,并且在可能条件下随时在国际舞台上支持它的事业。由于印度是另一个亚洲大国,又是中国的紧邻,中国自然乐于增进和印度的友谊并支持其合法愿望。这在一定程度上说明,为什么中国支持印度为1948 年安理会的候选国,并极力主张选举潘迪特夫人为联合国大会1947 年9 月那届会议的主席。

但是中国所给予印度国家事业的一切同情和衷心支持,看来并未引起相应的注意。印度人民和他们的领袖如尼赫鲁等人,似乎并不十分欣赏这种善意。当中国大陆为中共接管的时候,正是印度及其驻联合国代表团挺身而出,支持中共事业并一再提议让共产党中国加入联合国,同时还对国民党中国进行诽谤性批评。甚至在这以前,驻华盛顿的菲律宾同行告诉我说,他参加由印度大使在华盛顿印度大使馆召开的亚洲国家会议第二次会议时,未见我在场而感到震惊,他这番话使我十分惊讶而出乎意外。其实,那个会议是实现我所倡议的主张,就是不时在华盛顿召开亚洲国家会议,以便互通情报并齐心协力促进亚洲国家的利益。他向该会议提出,他发觉中国大使没有出席,很奇怪何以一个由亚洲国家召开并且是讨论亚洲共同利益的会议竟能没有中国代表参加。当他获悉中国根本未被邀请时,就坚决要求邀请中国大使,随后就来我处告知此事。这使我顿然醒悟,原来印度虽然刚刚获得独立国家的地位,但已经在想使自己上升为亚洲的领袖。正如菲律宾同行罗慕洛将军告诉我的那样,毫无疑问,印度似已觊觎着亚洲的地位,并想把中国排除在外。

不管怎么说,中国毕竟曾为促成印度的独立,促进它的利益出过力——例如为印度争取安理会中的席位。印度怎么可以居然要把中国排除在外,以使自己成为亚洲的领袖呢?就我个人来说,这事很难理解。我觉得一个国家对另一个为了支持自己而出过大力,而且几乎是没有先例地出过力的国家竟无感激或感恩之情,实属罕见。

8月10日,新上任的印度大使拉马·劳爵士在华盛顿对我做了一次礼节性访问。他没有提印度希望入选安理会的问题,但是我对他的谈话还是颇感兴趣,因为它使我了解到印度政府的某些特点。这位印度大使以前是个文职人员,曾在英国伊顿及剑桥受过教育,而且是个浸透了英国文化和思想的人,这些情况都使我印象很深。他很坦率、友好,他对我说,印度要不是由英国管理过一个多世纪的话,现在的印度作为一个基本独立的政府是无法维持下去的。他说这支由英国人精心训练、经验丰富的文官队伍是新印度的一份宝贵的财富。现在印度军队中还有几百名英国技术人员,而巴基斯坦的军队中则保留着几千名英国军官。这位大使认为巴基斯坦的前途是不太光明的。他怀疑巴基斯坦能否长久地作为一个独立国家存在下去。这句话也许是无意说的,而我却认为这是印度对巴基斯坦基本政策的一种暗示。

他认为美国是难以应付的。凡是印度在各种国际性会议上就美、苏之间有分歧的问题所采取的重要立场总是被美国认为是亲苏的。他说,在财政上印度在英国的巨额英镑存款并没有什么用处,因为印度需要美元,用以在美国及其他美元地区购买物资。

一个月后,我对印度大使作了一次礼节性回访。这次我们围绕着日本问题,作了颇为有趣的谈话,因为他作为参加在日本举行的盟国对日委员会会议的印度代表团团长,刚刚结束他在东京的逗留。虽然我原打算把有关日本的细节留待远东委员会一章去谈,现在把这段谈话插在这里也饶有兴趣。

谈话一开始,我就提到他在东京逗留的事,我说麦克阿瑟将军最近宣称日本已经成为一个民主堡垒,日本人民已经民主化,不知他自己对这些说法有何观感。

拉马·劳说,他居住在日本一年期间,曾与麦克阿瑟将军会谈多次,觉得他非常直率。他认为麦克阿瑟办了一件好事。但民主并不是一种可以种植的东西,也不可能在一夜之间就成长起来,而是需要一个发展过程的。日本早先是个原始的封建国家,到19世纪中叶,在明治天皇统治下采取了君主立宪制的一套办法,才出现了现在的日本。但实际上,日本政府实行的是一种独裁政治。他说,麦克阿瑟所做的真正重要工作是拆散了日本武装部队的不同派系,粉碎了日本军国主义者和财阀们的势力;土地的分配——把大片土地分配给个体农户;把劳动人民组织起来并建立了工会,以及制订了保证集会、言论、新闻自由的各种法律,这一切已经成为引导日本走向民主道路的巨大里程碑。

然而,这位大使认为,最近宣布禁止政府经营的国有铁路及其他交通系统的雇员罢工这一点,却是倒退了一步。因为他认为,仅仅由于这些工作人员是在为政府工作,就把他们的罢工权剥夺掉是不应该的。他体会不给政府公务人员罢工权是因为政府本身全靠他们的忠诚及严格遵守纪律。例如,他自己国家的公务人员就受到特别法律的保护,规定给予他们退休金并不得任意解雇。然而对于那些在因实行社会主义政策而成为国有企业、铁路和工厂里工作的工人来说，他们应该享有和私营企业的工人同样的权力。

他相信现在已被废除武装力量的日本对任何邻国来说，至少在二十五年到三十年内，不可能构成危险。麦克阿瑟和他个人谈话时常常表示，将来的亚洲和平与自由要依靠中国、印度与日本三国的密切合作，对此看法，他有同感。只有这种密切合作才能对付和遏止西方一切帝国主义的复活。麦克阿瑟认为，欧洲一旦从当前的虚弱状态中充分地恢复过来，有可能再度变成帝国主义；也有因俄国扩张招来的危险。他还说，麦克阿瑟也曾表示，如能劝说印度和日本帮助中国复兴则对中国是有利的。麦克阿瑟认为印度和日本的工业都是比较发达的，可以给中国提供大量援助，以便使中国加快复兴和发展。

我问他，印度人民对美国扶植日本经济和贸易的政策有何反应，这种政策不但在中国而且也在菲律宾引起了极大的关切和不安。

拉马·劳推心置腹而又坦率地说，他认为这种恐惧和不安是没有什么根据的。他完全同意麦克阿瑟的说法，日本丢失了满洲、朝鲜和台湾——拉马爵士认为这是应该的——在经济上将有一段非常困难的路程。据麦克阿瑟说，日本过去一直依靠这些地区，为了取得工业上必不可少的原料和销售产品，曾在这些地方投资约五百亿美元。现在日本已经变成了一个贫困的国家，但在技术上却比中国先进。

谈到日本人民的纪律性，拉马·劳说，最使他难忘的是，在天皇生日那天，他看到成千上万的日本人成群结队地走向皇宫门前，站在那里向天皇脱帽致敬。尽管天皇现在国内到处旅行，以表示较为民主，但人们对他尊敬之意毫未减退。

当我谈到在日本人看来，崇拜天皇是一种值得钦佩的品质，以及他们的纪律性比德国人还强时，拉马·劳插话说，"强得多。"

我说，正是因为这样，在日军侵略时期，和我国以及菲律宾一样曾遭受过严重灾难的一些国家的人民深恐一旦有一个日本军界首脑上台，可能重整旗鼓，带领他的国民和国家重新推行侵略政策。

印度大使说，他能理解中国和菲律宾人的这种恐惧心理，但把事情说得言过其实了。战后的日本与战前迥然不同。日本已再没有能推行冒险政策的财力。

我问，在日本人民中间传播着的共产主义危险性怎样。

拉马爵士答道："很小。"日本共产党在国会仅占两三个席位。该党可能利用人民经济上的苦难来使自己有所发展，但据他看来，不可能有很大的发展。日本是否会成为共产主义国家，主要取决于日本人民能维持生计的程度。从整体来看，事实上日本人民的境况似乎要比中国和印度的老百姓强。他在日本旅居一年期间曾在该国广泛旅游，从未见过任何乞丐或衣衫褴褛的人，而在上海及中国其他各地，以及在印度，到处都有许多乞丐。但是为防止日本变成共产主义国家，还是有必要使其经济振兴起来。

我说，据我了解，日本人民对美国人极为尊敬，甚至卑躬屈膝。我问道，依他看，这是装出来的样子还是悔罪的真情流露。

他答道，这完全是一种假象。日本人民从来都是崇拜优胜者的，而美国人在对日战争中明显地占了上风。美国的军事和经济力量给日本人民的印象非常深刻。他们相信日本之所以被美国击败，是因为美国比它强大。他记得当年审判东条的时候，日本人民毫不关心，直到东条表示这场战争及一切失败由他全面负责与天皇无关的态度时，才使日本人民对东条产生一些敬佩之意。

这位印度大使还说，日本的天皇统治实质上是一种法西斯独裁制度，而且法西斯主义的浪潮也是起源于日本。希特勒和墨索里尼只不过是模仿日本，企图建立一个神话式的人物来笼络人民。至于在日本，则天皇从来都是被人民当作一种象征和神话人物的。因此鼓励日本走上民主道路是为了远东的其他国家及整个世界的利益,而且在人民的经济福利得到满足之前,民主是无法发展的。按他的说法,从整体来看,当前日本人民吃的穿的都比中印两国人民强。

当我说到我知道日本人的日常食物热量比中国和印度人民平均水平高时,他说确实如此。虽然他充分了解历史上民主与侵略并非完全水火不相容,但他认为要使日本在民主道路上继续走下去,不向共产主义靠拢,就有必要进一步发展其经济。就英帝国来说,它主要是由大不列颠在 1832 年议会选举法修正条令颁布后建立起来的。他反复申言,按现状看,战后的日本确实没有什么可怕之处。

现在把话题转到朝鲜的局势上来,我想讲一讲我曾接受韩国访美友好代表团的来访,和我打算从这些韩国要人直接了解一些朝鲜问题的情况。当时各大国,特别是美国、中国和苏联,还有朝鲜的爱国人士,都在关注这些问题。韩国友好代表团是由韩国总统的特别代表赵炳玉博士率领的。9 月 25 日,他由几位随员陪同来我处作礼节性拜会。后来我才知道,赵博士是美国占领当局领导下的警察总监,人们都认为他是韩国的保守派。

赵炳玉告诉我,他们在美国完成一般任务之后,打算前往巴黎出席联合国大会。他对我在历次国际会议上采取支持韩国的立场深表感谢,并请求我以后继续给予赞助和支持。我在答辞中强调了中韩两国密切相连的关系,并指出,朝鲜的战略地位,对保持太平洋地区,特别是远东地区的稳定与和平是一个重要因素。

赵说,从他与代理国务卿罗伯特·洛维特的谈话看来,对于我方才指出的一点,美国还没能充分意识到。

听了这番话,我不禁想起谭绍华与远东事务助理国务卿巴特沃思会谈后于 8 月 12 日提出的报告。巴特沃思向谭博士阐明了美国对韩国定于 8 月 15 日在汉城宣告成立临时政府的态度,并给他一份美国届时准备发表的声明副本。他说,美国为这次开国大典派出的大使级全权代表,将故意拖延行期,在汉城庆典结束后到达，以便由驻南朝鲜美军司令官霍奇将军，先行代表美国政府出席庆典。正式代表要到 19 日才能到达，并只能以一种临时的承认与新政府举行会谈，这种承认究竟是实质上的承认，还是法律上的承认，将不予澄清。他并说，谈判仅限于讨论美国占领军的撤退问题，和政府职能的移交问题。（美国这一策略的用意当然可以有多种的解释。）

现在再讲我和赵炳玉的谈话，我们接着就讨论了韩国参加联合国的愿望。他说，韩国和他们使团的主要意图，是要争取韩国被接纳为会员国，但是由于苏俄拥有否决权，韩国对进入联合国一事并不抱多大希望。不过韩国希望本届联大，至少要承认现政权为朝鲜的合法代表。我问他知不知道各主要国家的态度，他说，英国政府抱着一种犹豫、踌躇的态度，而印度则是过分地墨守法规。

关于韩国的军事力量问题，他说，美国政府对建立一支韩国武装部队的重要意义认识得太迟了，但最后总算开始提供训练用的武器和装备。韩国自然没有重武器，不过，美军移交过来的装备中倒是有一些重机枪。据他估计，北朝鲜武装部队大约有二十万人，并有苏俄顾问，因他曾在北朝鲜呆过几年，故认为这个估计是可靠的。对比之下，南朝鲜只有一支六万人的警察部队。而他指出，这些警察只有步枪、手枪等轻武器，而且还没有受过训练。

赵还表示，希望能谒见杜鲁门总统，以便使他把韩国的重要性铭记在心，尤其是目前北朝鲜政权已经和华北的中共政权签订了同盟条约，韩国就更为重要了。他说，以上情况在与副国务卿洛维特会谈的时候，已经告诉他了。

于是我说，我看美国政府是逐渐在把亚洲纳入它的全球战略之中。

赵炳玉临走时告诉我，他和他们使团访美后，即将前往巴黎，部分人员业已到达法国首都。他还不知道现在已到莫斯科的北朝鲜代表团是否会去巴黎，因为法国驻莫斯科大使馆是否会给他们必要的签证,他尚未得到确实消息。但他表示,即使他们到了巴黎,他也当然不会和他们会面。在整个谈话中,他留给我的印象是,对北朝鲜入侵和苏联的阴谋,非常害怕。

10月4日晚,我设宴招待赵炳玉和他的访美使团成员。中国客人中有后来出任驻韩国大使的刘驭万。当时他是联合国朝鲜问题临时委员会的大会报告员,正取道美国去巴黎向大会提出报告。席间谈话的主要话题是如何促成朝鲜的统一。赵炳玉和使团成员都对北朝鲜的意图极为忧虑。因为他们认为,北朝鲜部队是由苏联装备和训练的,在数量和实力上都比还在组建中的南朝鲜武装部队优越。

那天上午,参加驻汉城联合国朝鲜问题委员会工作的一位中国顾问告诉我,加拿大和澳大利亚的代表对委员会的态度都有所指责,并对南朝鲜国民政府是否有权宣称该政府为朝鲜的国民政府一事存有疑问,因为由朝鲜问题委员会主持的南朝鲜选举,北朝鲜并没有参加。他说,印度代表也不准备与中美两国合作。中美两国在处理有关朝鲜的一切重大问题上都是密切合作的。

出乎意外,我收到出席巴黎联大的王世杰外长10月22日致委员长电文副本,其中有一段内容与此有关,引人注意。电报说,由于中国代表团的斡旋,柏林问题可以得到和平解决。至于朝鲜问题,英国持赞成中国立场的态度。中国的立场当然是应该正式承认韩国政府,但对北朝鲜政权则不能予以承认;美国驻朝鲜部队一定要等到南朝鲜政府能够组成一支足以维持治安与秩序的部队时,方能撤退。

9月和10月间进行的许多会谈,既没有局限于只谈亚洲问题,也不是单纯地谈欧洲问题,而是包括了整个国际舞台。例如9月14日,我与土耳其大使埃尔金的会谈,就不像前面已经提及的只谈意大利的局势,而且包括了土耳其、中国、东南亚的局势、柏林危机,以及美国大选等。

经我询问,他向我介绍了美国援土工作的开展情况。接着向我打听中国的局势。他认为这个问题对全世界都非常重要,因为它是对付共产主义扩张的世界性问题的一部分。

我说,军事形势目前比较平静,但估计,这只是暂时的平静,因为共产党正在准备一次新的攻势。不过国府对此有足够的警惕,并能应付。如果美国继续以提供军事物资和装备的方式给予援助,应付起来将能较过去更加有效。

埃尔金说,共产党在中国和东南亚的活动,是共产党整个扩张计划的一部分。他认为共产党在东南亚活动的激增是莫斯科煽起的,其目的是扰乱各西方民主国家,特别是美国,美国很多重要原料,诸如锡、橡胶等都是依靠这一地区供应的。然而他并不认为,俄国现在就要挑起战争,因为它一直害怕另一次战争。它的一举一动,都是基于这种恐惧,并为第三次世界大战作准备的。

我问他对解决柏林危机的前景有何见解。

埃尔金说,他认为不会取得全面解决。莫斯科不想和解,而是想保持这种紧张局面,至少要拖到美国大选之后再说。俄国是有本钱拖下去的,因为它觉得自己在欧洲很强大,从俄国到中欧,所有战略据点都有它的部队驻守。而美国在欧洲的军事力量是微不足道的,一旦红军决定向大西洋沿海地带推进,包括法国在内的欧洲国家,谁也阻挡不了。莫斯科当前所采取的拖延政策,自有其政治目的。俄国所以要保持这种紧张局势,是想让美国老百姓相信战争危机确实存在,并把这种责任推给杜鲁门政府。

埃尔金认为,以标榜美苏和解维护和平为手段进行竞选的华莱士,肯定会从杜鲁门手中夺走大量选票。华莱士并不可能就此取胜,但他必将进一步削弱杜鲁门的当选机会。他认为危机的延续,还将使美国孤立主义的情绪大为增长,这正是莫斯科希望看到的发展趋势。

然而土耳其大使认为,如果杜威在大选中当选总统,那时候莫斯科就会乐于和美国达成协议了。他又说,莫斯科方面采取拖延态度的另一原因是它判断杜鲁门政府肯定要下台,与它达成协议毫无用处。

我说，我也觉得克里姆林宫里的俄国首脑们，都是十分现实主义的人物。他们只重效果，不问其他。

埃尔金完全同意我的看法，并说，斯大林和他的同僚们心目中只有实力，别无其他。只要他们认为他们的力量在欧洲占着上风，他们就要不断捉弄美国，考验它的耐性，藉以推行他们的统治和扩张政策。

10月1日，中国空军驻华盛顿办事处主任毛邦初举行晚宴，招待空军部长斯图尔特·赛明顿。宴后我和赛明顿谈得十分投契。我们探讨了中国的时局，以及向美军采购物资的问题。赛明顿接着问我，共产党看来比国军强大，这是什么原因？从这里我们就谈论起俄国和国际共产主义运动对中国时局的影响，进而，我们又谈论了世界其他地区所受影响的问题。

共产党之所以在国内占有明显优势，我提出的第一点理由是，国军在自己控制的地区必须处处遵守法纪，因而有所掣肘，而共产党则无所顾忌，每占领一个地方，就对富户、地主进行剥夺和打击。

我接着说，第二点是共产党有俄国人的支援。俄国人把日本的精锐部队——关东军缴械之后，就将其全部武器移交给共产党。此外，俄国人一直在利用从沈阳兵工厂缴获来的机械制造武器与军火，供给共产党。这所兵工厂原是全国最大的，日本人占领沈阳后，接管了这个厂子，并加以发展，其规模之大甚至超过日本国内大部分兵工厂。俄国人起初把兵工厂的机械设备搬到西伯利亚，可是后来又运回哈尔滨等地，并就地开始为中共生产武器与弹药。这就说明了为什么难以找到共产党使用苏式武器与军火的证据，因为俄国人使用沈阳兵工厂的设备，生产出来的日式武器与弹药就足以满足中共的需求了。

我说，第三，中共有几方面的积极支援，一是经过苏联训练的日本战俘，二是来自北朝鲜的朝鲜人，三是来自苏联卫星国家外蒙古共和国的蒙古人。就在三天以前，日本外务省向日本议会提出报告说，现在有五万日本战俘参加中共部队在满洲作战。

这就一目了然，中国的共产党问题并不仅仅是中国的问题，而是世界问题的一部分，这是我的一贯看法。最近一个时期许多东南亚国家，诸如缅甸、马来亚、印度支那等国，都爆发了共产党的活动，这就进一步证实了这一看法。自从亚洲各国共产党本年年初在加尔各答集会以来，世界这一地区就连续不断地爆发共产党活动。今天曼谷的苏联大使馆，是东南亚规模最大的外交使团，馆员之多与苏联在泰国的具体业务极不相称，它似乎已经成了指挥东南亚共产党活动的大本营。我并说，苏联驻开罗大使馆的人员也是大幅度地超编。

赛明顿问，泰国人爱好和平，心地善良，怎会容忍俄国人干这种勾当呢？

我说，我估计泰国政府一直在害怕得罪苏联。

赛明顿说，他也认为俄国是在亚洲施展谋略，它想看看美国有什么对策。

我说，眼下美国的注意力好像集中在欧洲，特别重视柏林危机。可是苏联人却是欧、亚并重的。他们始终按着一项长期政策行事，并认为时间对他们有利。所以当欧洲各强国全神贯注于欧洲的时候，俄国人却不声不响地在亚洲准备条件，扩充实力。俄国是一个横跨欧亚两洲的大国，它的政策一贯是控制欧亚两洲，因为他认识到，它与各民主国家的抗衡是，而且必然是一场全球性斗争。

赛明顿接着问我对欧洲复兴计划有何看法。

我说，欧洲复兴计划作为一种遏制共产主义扩张的手段，倒是一项不错的策略，但仅此一端是不够的。我担心，即便把西欧各强国重新武装起来，也不足以威慑苏俄。只有美国采取积极而有力的政策，建设自己的武装力量，援助其他各国，才能使俄国人清醒过来。因为他们知道只有美国是与他们势均力敌的，这就是他们总把美国当作真正对手和敌人的原因。

赛明顿问我，俄国人有没有原子弹，是不是想挑起第三次世界大战。

我说，出席联大的苏联首席代表维辛斯基虽然暗示过美国对原子弹并没有垄断权，这显然是企图造成一种印象，就是俄国也有。我认为俄国如果真的拥有原子弹，它肯定会提出一项更为明确的声明。有可能俄国人已经发现了原子弹的制造公式，但是如果他们仅仅能制造几颗，那也没有多大用处。数量是个重要的因素，而且他们也知道，美国在这方面比他们领先。此外，我认为俄国人是现实主义者，他们不会不知道在军工生产的工业潜力方面，他们还落后于美国。

赛明顿说，他和我的看法一致。斯大林除非看到另一次战争对俄国有利并且认为有绝对把握之前，是不会发动战争的。他接着又问我对铁托的现实政策有何见解，他对铁托的政策还有某些怀疑之处。

我说，与其说铁托是一位国际共产主义者，勿宁说他是一位为祖国事业献身的独裁者。我说，我认为铁托目前正处于困难境地。如果他有把握从西方强国取得支援，他很可能宣布一项与莫斯科不合作的明确政策。不过在目前他必须摸索而行，所以在执行一种有点暧昧和谨慎的政策。

赛明顿说，他对与铁托合作的可能性还有某些疑窦，接着就换了个新话题。他问，中国的公众舆论对于美国的对日政策是否逐渐有所理解。他说，日本是个岛国，无论与俄国发生什么样的冲突，它都可以作一个十分有利的基地。汪洋大海把日本与大陆隔离开，是一个极为有利的条件，这和二次世界大战期间英国与欧洲的关系毫无二致。如今日本业已解除武装，并没有重新上升为军事大国的危险。但是重要的是要支持它壮大起来，从而一旦与俄国发生任何冲突，它就可以发挥积极作用。日本军人是训练有素的队伍，骁勇善战。

我插话说,无论与俄国发生什么样的冲突,仅仅在日本拥有一个基地是不够的。

赛明顿说,美国空军可以轻而易举地炸毁俄国仅有的几个工业中心。一旦做到这一点,就有把握打败俄国。第二次世界大战期间,在德国就曾出现过这种情况。美国轰炸机在德国境内炸毁了六个工业中心,炸掉了四十来个重要城市之中的十二个,而英国正是这种军事行动的重要基地。如果将来要对俄国展开空袭,英国可以再次充作基地。

我问他,加拿大北部是否可以作为空军基地,赛明顿说,加拿大北部虽然也可以使用,但是从英国飞往俄国航程短得多。他接着说,对付俄国他是主张采取强硬立场的。他觉得,如果到了非摊牌不可的地步,美国就必须挺身而出。美国有许多要人也是主张先发制人的战争的。他认为,俄国人所尊重的只有一样东西,就是实力。

我说,如果能使俄国人认识到,一旦最坏的情况出现,美国对之是有所准备的,那就有可能与他们达成协议,因为我不相信俄国人当真愿意出现摊牌的局面。后来,我给赛明顿讲了一段故事,这段故事是一位白俄血统的美国公民讲给我听的。这位公民问过一位苏联驻联合国的军事代表,为什么他的政府在和西方大国谈判时那样地毫不妥协,并对他说,时间不长了,最后关头很快就要到来。这位苏联代表说,他的政府从来不肯在最后五分钟,甚至在最后一分钟到来之前,中断谈判的。换句话说,克里姆林宫知道,今年是美国大选之年,而美国人民是害怕战争的,当然要最大限度地利用美国的政治局势和美国人民的心理。

赛明顿说,他也认为那正是莫斯科的意图。

我说,在军事领域里,美国胜过俄国是毫无疑义的。俄国虽然有一支强大得多的陆军,但没有海军。我不清楚俄国有多少空军。

赛明顿说,俄国有一支大约一万五千架飞机的强大的空军。

他答复我的另一个问题说,虽然美国有些飞机比较先进,但俄国的空军还是比美国强大。就数量而言,美国可能要用两年时间才能赶上俄国。

两星期后,我主要就军事援助问题,与杜鲁门总统的参谋长李海海军上将长谈了一次。在会谈临结束时,我说还有一个问题想向他请教。我问他对欧洲局势,特别是对当时在美苏关系中造成如此紧张局面的柏林危机有何看法。局势的紧张程度是否最近就要导致摊牌?

李海上将说,他个人认为欧洲局势十分紧张,比上个月要严重得多,但是美国人并不打算在近期内打响第一枪。然而双方都怒不可遏,出事是可能的,不是这边就是那边,都有可能开枪,这是危险之所在。

我说,如果西方列强的确不想打仗,俄国人那方面也是十分现实的。俄国人十分清楚,他们和西方强国一样,目前并未作好战争准备,而且如果他们挑起战争,从长远看,他们的实力是敌不过西方列强的。

海军上将说,我的看法是正确的。

我又指出,俄国人也完全清楚,美国人手中掌握着原子弹。

这位海军上将说,俄国人目前还没有原子弹,但是以后总会有的。有些美国人认为,有了原子弹,下次大战就可能为时甚短,但他并不同意这种见解。原子弹可以屠杀大批的人——主要是妇女和儿童——这在日本已经见过了。一旦战争爆发,美国可能向有限的几个俄国工业中心投掷原子弹,但这种行动并不足以促使俄国很快溃败。

我说,俄国是一个广袤无垠的大陆国家,即使有原子弹也很难制服。

李海上将说,美国没有陆军,而苏联在地面部队方面是最强大的。美国必须尽快地建设自己的陆军,但那是需要时间的。他认为,即使西方强国拥有原子弹,下次大战也必然要旷日持久。

他知道,苏俄的边境东西相距八千英里,南北达三四千英里。所以,像俄国这样的庞然大国,仅仅炸毁几个工业中心是无法使之降服的。

这位上将想起了1941年6月希特勒入侵俄国的往事,他(李海)曾在维希举行鸡尾酒会庆祝此事,因为他想藉此机会向盟国祝贺。当时各盟国很少有人了解到这一点,但他觉得他是正确的。究竟应该先进攻英国还是先进攻俄国,希特勒在这个问题上自己和自己,也和他的伙伴们有争论。他作出了首先进攻俄国的决定,意味着他注定要失败。

我说,上将的见解肯定是正确的,事实证明,这是一种非常大胆而有远见的预言。

这位上将说,这种正确见解是以他所掌握的历史知识为依据的。我会得出同样的结论,因为我也通晓历史。他说,请看看拿破仑吧。他是当年一位最伟大的将军,他对俄国的出征就是以悲惨的失败告终的。德国有希特勒这样的领袖,是件不幸的事,行刺希特勒的尝试出现过很多次,倘有一次得手,德国可能就不会战败,历史也必将是另一种样子。

李海上将接着说,他不相信不久就会爆发战争,战争爆发的时刻,恐怕他已经在阿林顿公墓里长眠了。但是万一发生战争,那必然是一场持久战。那时候,俄国可能也有了原子弹,而且有了大量的储存。譬如在类似纽约这样的大城市投掷几颗原子弹,固然要给城市居民造成重大破坏,但并不能迫使美国停止战斗。

我说,我的看法也是这样。如果俄国对纽约或其他美国中心城市发动这样的袭击,非但不能迫使美国人投降,而且绝对动摇不了美国人打到底的决心,那么战争的最后结局就不问自明了。

上将说,由于两国相距遥远,俄国会感到难于进犯美国,正像美国难于进犯俄国一样。

我说,俄国要取得最后胜利肯定是困难的。首先一条是,美国有一支海军部队,而俄国几乎没有。

上将说,美国的地面部队是比不上俄国的。

我说,要建立美国的陆军部队,需要十八个月到两年的时间,这个我知道。

这位海军上将说,要建立起一支足够的大型部队,能为执行各项实际任务,作出种种必要的部署,是需要那么多时间的。但是一旦让美国人认识到这样做的必要性,他们一定会对这种需要做出反应。我说,这一点我是确信无疑的,上次世界大战证明,美国是能够在短时期内建立起一支拥有八九百万人的世界最强大的部队的。这时李海上将接着说,那是一支全世界装备最好,拥有一千万人的部队。

三天以后,即 1948 年 10 月 19 日,我回拜了奥利弗·弗兰克斯爵士,他是 7 月间接替英弗查佩尔担任英国驻美大使的。他是牛津毕业生,我听说他是第一次出任外交使节。我觉得他有些腼腆,但风度翩翩。他虽然很少主动讲话,但对我所提的种种问题,都对答得十分坦率。他认为,安理会在柏林危机的处理上不会有多大成果,但他和我的看法一致,认为把对抗双方的主张亮明肯定会有助于缓和紧张局势。事实上他认为紧张局势已见缓和。他说,关于美国对西欧军事租借法的会谈,并没有取得多大进展。他估计新政府将由杜威和共和党人执政,在新政府成立以前,也不能指望会取得多大成果。他和我的看法一致,认为英国和美国政府之间在体制上与工作上差别很大,要想使国内(他既指伦敦也指南京)人士理解美国政府的种种举措,简直难上加难,让人生气。

10 月 25 日,我回访土耳其新任驻美大使埃尔金先生。他和该国外长一道在莫斯科执行过特殊任务,也曾在巴尔干各国和巴黎任职,这些我在前面没有提到。我们用法语交谈,因为他对英语不太熟悉,我选择这种语言谈话,似乎使他觉得和我在一起比较自在。这次谈话照例是一般性质的漫谈,我把话题引向国际局势,特别是就当时在外交界引起重视的种种问题交换情报和看法。

当我提及柏林危机,以及安理会开会研究柏林问题时,他告诉我,他刚刚听说,维辛斯基在安理会上,对柏林危机决议案投了反对票。

我说,我也听到了这个消息,觉得不足为奇,因为苏联在安理会上依靠否决权应付局面,似乎已经成了它的一贯做法。

埃尔金说,这次表决在美国总统大选之前举行,他很高兴,因为这有助于消除有可能与俄国人达成和解的任何疑虑。此外,苏联在安理会行使否决权,这就进一步证明了派遣首席法官文森前往莫斯科,就此问题和斯大林直接谈判的企图是何等愚蠢!

关于这个问题,我愿引述一段我在 10 月 8 日的日记中所写的记事。

> 杜鲁门总统打算派首席法官文森前往莫斯科向斯大林呼吁解决柏林危机的消息一透露,引起了一场轰动。这件事在星期二夜间(10 月 5 日),就遭到当时在巴黎的国务卿马歇尔的否定。可是白宫官员试图把广播时间安排在星期二晚上,由杜鲁门宣布文森代表团之行,这就泄露了机密,引起了这场轩然大波。

也就是说,这个打算是在被马歇尔否决掉三天之后,通过一家广播电台泄漏出来刊诸报端的。原来早些时候,曾有几位白宫官员奉杜鲁门之命,来到这家电台,要求安排一次全国性广播,由他宣布文森代表团的访苏之行。很多人不但觉得和俄国人接触不合时宜,而且认为这是一种想绕过当时正忙于处理这件事的安理会的企图,同时也是一种不与英法两国协商的单独行动。为了柏林问题,这两个国家曾和美国一起,向联合国提出过多国参加的联合呼吁。

现在,再回到我与埃尔金大使的谈话,我说,维辛斯基对安理会中各中立国家促使柏林问题实现和解的努力,表面上表示欣然同情的态度,显然是他想引起舆论界注意的一种策略。

埃尔金说,美国人在外交上尚少经验,比不上欧洲人。他们老实,认为跟什么人都可以打交道,总觉得别人也和他们自己一样。

我的看法是,美国人心地善良,但有点天真,因为他们这个民族还年轻,处处真心实意。(这并不意味着历史悠久的民族就没有真心实意。)接着我又提起那天早上,苏兹贝格在《纽约时报》上发表的一篇文章。作者指出,俄国人看起来是聚精会神地在对付西欧,但对征服西亚与中东也是不遗余力的。他说,苏、土边界的形势有所缓和,但苏联对伊朗北方的压力又在增加。

埃尔金说,他虽然没有亲自读过这篇文章,但认为其论点是正确的。他并说,伊朗军队和土耳其军队不同,没有受过良好的训练,装备也不行。直到最近,伊朗军队才用美国供应的装备,开始增强实力。但并不足以应付伊朗边界上的苏联军队。

埃尔金接着说,至于土耳其,不但苏联的压力最近已经减轻,而且俄国方面一直在那里进行试探,想与土耳其和好。不过,他的政府并不打算鼓励来自莫斯科的这种性质的明确提议。我问埃尔金,俄国进行这种试探有什么不可告人的用心。他说,有两个动机,首先,莫斯科向土耳其提出这种友好的明确提议之后,就意味着可以向全世界宣告,既无需要也无必要由美国向土耳其提供更多的武器和军事物资。第二,如果土耳其接受了这种提议,世界其他各国就会认为它已毫不含糊地被纳入了苏联的势力范围,而不再承认它是西方强国的朋友和盟国。但是他强调说,他的政府的既定政策是和各民主强国休戚与共。

我说,苏联的策略目的是使土耳其看来在全世界处于孤立地位,埃尔金说,一点不错,这正是莫斯科的意图。

我说,我本人并不相信俄国人打算发动战争,或者已作好战争准备。可能是他们对西方民主国家怀有的恐惧心理导致他们采取了这种不妥协的态度。

埃尔金说，俄国人并不想打仗。他们确是在采取守势，但是为了使他们的守势取得成功，他们在外交上是采取攻势的。他们知道自己没有美国强大。他们不仅没有原子弹，他们的军火生产也远远满足不了需要，工业生产力也不充足。所以只要西方各强国坚定不移，俄国人是不肯也不敢对他们挑起武装冲突的。

埃尔金记得上次跟我说过，半年前，当马尔科斯企图在希腊北方的科尼察成立政府时，据说俄国和它的卫星国准备承认他的政府。但一经华盛顿与伦敦毫不含糊地宣布，俄国或巴尔干各国如果承认马尔科斯政权，即将构成宣战理由的事件之后，就不再听到成立马尔科斯政府的消息，也没有人再提承认之事了。

埃尔金又说，令人高兴的是，美国和西欧列强业已开始重新武装和加强军备。他们的实力越强，俄国人就越会加快屈服，接受和解。土耳其已决意继续和西方列强作朋友。

我问埃尔金是否真正到过莫斯科担任职务，他说，他从未被派往克里姆林宫，只是在1939年10月，曾和萨拉科格卢外交部长一道在莫斯科呆了三个星期，谈判苏土互助条约。当时他在土耳其外交部担任政治司司长。莫斯科之行使他看清了俄国人的精神面貌。

我说，我不知道俄国人究竟想要什么。难道他们害怕受到西方列强的支配吗？

埃尔金说，他认为俄国人并不害怕西方列强。但是，根据马克思、列宁和斯大林的学说，共产主义思想意识和苏联的安全是血肉相联密不可分的。因此只有整个世界都实现了共产主义，俄国才会感到本身安全和有保障。接着，他扼要地重述了刚才提到的俄土会谈中莫斯科的变卦行为。准备签订的俄土互助条约全文，是根据俄国人要求的条款在安哥拉拟定的。土耳其政府费了很大力气，才取得了英法两国对草约的认可。可是当土耳其外长前往莫斯科准备签字时，莫洛托夫却跟他说，在这段时间里情况变了，所以苏联政府要求对条约文本作两处修改。第一，一旦土、德之间发生战争,条约中有关俄国援助土耳其的条款必须宣告无效。第二,必须拟定计划,由俄、土两国共同防守达达尼尔海峡。这两处修改,萨拉科格卢都不能接受。俄方要求修改的第一条——德、土一旦发生战争就宣告无效——是从根本上取消了土耳其签订该项条约的本意。至于第二点,即共同防守达达尼尔海峡,土耳其不能接受,因为这与蒙特勒公约中的条款相抵触。这个问题闹到了斯大林那里,当萨拉科格卢晋见他时,斯大林提起了这两处修改。可是当萨拉科格卢坚决申明,如果斯大林坚持这两条,他的代表团就要立即返回土耳其时,斯大林马上说,他可以理解为什么萨拉科格卢不同意这两条,并补充说,不管怎样,这两项新条款草拟得太轻率了。

就在这段时间里,里宾特洛甫由柏林赶到了莫斯科,在里宾特洛甫逗留期间,土、苏之间的会谈间断了四天。等到萨拉科格卢与莫洛托夫恢复会谈的时候,莫洛托夫再次坚持两项修改建议中的第一项,于是谈判破裂,土耳其代表团于1939年10月19日飞返安哥拉。后来以土耳其为一方,以英法两国为另一方的同盟条约在安哥拉签订了。事实上,萨拉科格卢在莫斯科就给安哥拉拍了电报,报告会谈破裂,建议立即在安哥拉与英法两国签订同盟条约。但是土耳其总统决定等代表团确已离开莫斯科的时候再签,因为担心苏联政府会借此说,谈判破裂的原因是土耳其与英法签订了同盟条约。埃尔金说,这次事件表明,苏联人一向是现实主义的。

接着,我们就当时已经六十八岁的斯大林的健康情况交换了情报。埃尔金在答复我的问题时表示忧虑说,一旦斯大林去世,苏联政府的政策必将变得更加具有侵略性,因为年轻的激进派正对已取得的胜利洋洋自得,并对苏联的实力充满信心,而斯大林则年事已高,经验丰富,自然是谨慎而现实的。

于是我说,国际局势之紧张实在是由于俄国不讲道理的态度所造成。我说,希望美国大选过后,莫斯科能与西方列强取得和解,即便是暂时停止争吵,也是好的。

埃尔金认为,苏俄已经采取了守势。当它一直力图采取强硬而不妥协的态度时,它确实已经感到与美国和各西欧强国相比,自己还存在着相对的脆弱之处。所以埃尔金对西欧各强国业已开始重新武装,感到特别高兴。当我说到,似乎只有实力才是俄国人听得懂的唯一语言时,埃尔金说,美苏之间的形势在朝着正确的方向发展,并说俄国今后会变得更通情达理一些,最后一定会和西方民主国家取得和解。正像他讲过的那样,他认为当俄国大声叫嚷,并试图向全世界显示它的强大的时候,它实际上是知道自己的虚弱的。他预计,俄国人今后一定会向西方妥协,以便赢得时间,作好他们的军事准备。

第二天,我接待了前来进行礼节性拜会的匈牙利新公使安德鲁·希克。他告诉我,他过去在他的前任万贝里博士领导下,任华盛顿大使馆文化参赞。我在日记中写道:

> 希克腼腆,缺乏自信,他说他是在西方文化熏陶下长大的,匈牙利现在虽然由共产党统治,最后一切都会搞得令人满意的。他只呆了十来分钟,显然是不想多谈什么,也许他对一位正在与共产党交战的国家使节,没有更多的话好说。

10月27日,我接待了瑞典大使哈尔曼·埃里克松先生。他也是来作礼节性拜会的。对于这次交谈我很感兴趣,因为我借此机会可以听他谈论该国与苏俄的关系,对苏俄的政策与活动,中国人总是感兴趣的。

我问他,瑞典的社会舆论对于成立北大西洋联盟和制定集体防御计划是否颇为关心,各报一直在用很大的篇幅报道这个问题。

这位大使回答说,他的国家对这一大事十分关心,因为这对他的国家与西方大国都关系极大。但他认为由于他的国家处于易受进攻的突出地带,不会参加西方集团。在过去的两个世纪当中,瑞典与俄国曾多次发生战争,俄国目前的扩张对瑞典形成了严重威胁。他深信,如果瑞典参加西方集团,俄国就会以战略需要为理由,立即占领芬兰。这种发展趋势肯定会使瑞典的处境变得更加困难,所以它避免与西方大国联合,结成同盟,这样既对瑞典本身有利,也同样有利于西方大国。从芬兰的情绪与态度来看,尤其是这样。由于上次芬苏战争的结果,芬兰把它最富庶的省份之一——卡累利阿割给了苏联。可是该省五十万芬兰人没有一人愿意留在那里,他们全都迁徙到芬兰各地去了。这就给拥有三百五十万人口的芬兰强加上一项极大的重担。(这项情报资料确实很有重要意义,因为我和一般人一样,对于世界的这一地区并没有进行过及时的研究。)

埃里克松也说,虽然芬兰在向俄国偿付三亿美元的巨额赔款,可是芬兰境内并没有苏联军队,而且芬兰共产党的势力一直在削弱,芬兰最近的大选结果就是一个明证。芬兰与苏联的关系是正常的;由于芬兰当局不想恶化他们与俄国的关系,因此他们对待国内共产党十分谨慎。芬兰目前的政策与态度是想在瑞典与俄国之间起一种缓冲作用。

这位大使在回答有关该国共产党的地位问题时说,共产党在瑞典议会中的席位已由十五席降到七席,并说,该国要不是实行比例代表制的话,他们连这样少的席位也得不到。但是议会全部三百个席位中的七个共产党人在数字上是无足轻重的,对政府的政策起不了多大作用。

在回答另一个有关挪威处境的问题时,他说挪威就不同了。挪威在上次大战中曾遭到入侵,目前仅有一支不大的部队。而瑞典则一直拥有一支强大的武装力量,并且还在不断加强。

谈到丹麦,埃里克松说,它也一直在考虑参加西方联盟的问题,但也感到踌躇,因为它是一个平原国家,一旦发生战争,很容易遭到入侵,在几小时内就可以被占领。

大家都十分担心第三次世界大战的爆发,我问埃里克松看法如何,我还说,不过我本人并不认为大战迫在眉睫。

埃里克松答道,据他看来,俄国也罢,西方国家也罢,都不想战争。危险在于,如果它们不改变当前的紧张局面,某些意外事件就可能发生,从而陷入一次武装冲突。他觉得美国人在这种局势的处理上颇为急躁,英国人希望谨慎从事,法国人更加如此。他倒有些认为俄国有意在美国大选之后和西方达成某种和解。

我知道这位瑞典大使来自他的伦敦任所,也曾出使过巴黎,于是我就请他谈谈对这两个国家的观感。

埃里克松说,虽然英国的生活依旧艰苦,但是他们的经济复苏工作一直在取得进展。配给制度执行得很好,人们都很尊重官方和法律。这是值得称赞的事情,与法国当前的情况形成了鲜明的对比。在法国,有钱的人在黑市上要什么有什么,而穷人则在遭受极大的苦难。他觉得法国在政治上四分五裂,它的分裂状态不仅导致它本身的极度衰败,西方集团也受到了连累。在法国取得政治上的稳定以前,西方列强是很难形成一个极其强大的整体,来对付共产党的威胁的。

第二天晚上,我出席美国退休外交家克拉伦斯·休斯先生在他马萨诸塞大街的寓所举行的宴会。这次宴会是按传统做法安排的,宴前喝鸡尾酒,有五道大菜,进餐时间备有四种美酒,宴后还喝了利口酒。食品烹调精美,很像维多利亚女皇时代的款式,或是第一次世界大战前的巴黎风味。宾客们真是棋逢对手,传统礼节个个精通,应酬辞令人人娴熟。那是一个令人心情舒畅的夜晚,使国际事务的较重大事件暂释于怀,并使例行宴会所流行的简单方式为之一变。

第二节　美国国内政治——总统选举

当然我们现在来忖度杜威领导下的共和党政府,是否会在美国的对华政策上有所变革,倘使有所变革,其规模,其时间,是否足以改变中国的大局,已是毫无意义了。但在 1948 年,这个问题对中国来说曾是极端重要的。第二次世界大战以后,从中国角度来看,共和党人对中国问题一般都是始终采取赞助态度的,共和党总统候选人托马斯·杜威也是这样。我在《论援华计划》一文中有一节是这样提的,杜威在竞选演说中,曾把援华与中美友谊列为一项主题,而且赞成军援与经援双管齐下,这与民主党政府迥然不同。

我连续发出一系列电报,把所有反映他的态度,以及他可能采取的对华政策的演说和声明,统统上报外交部和外长王世杰。例如,有一份 1948 年 4 月 1 日发给外长的电报,报告了杜威州长在威斯康星州发表的总统竞选演说。电报说,杜威谴责杜鲁门总统发布命令,停止一切对华援助,以迫使中国政府接纳共产党参加政府。他说,这些训令成了美国历史上最愚蠢、最使人愤慨的文件,并且说,这些训令直到一个月前才宣告作废。这就难怪美国公众对中国局势的看法一直是混淆不清、惊慌失措了。

6 月 24 日,我在发给外交部的一份电报中说,伊利诺斯州州长被推举出来,在共和党代表大会上致开幕词,他详尽阐述了共和党的政策纲领。他在演说中对民主党政府的外交政策进行了一系列攻击,其主要论点如下:1.美国参加上次大战,是为了保证它在太平洋地区不会面临再次遭受进攻的危险。日本虽已战败,而苏联依旧占据着千岛群岛、北朝鲜和中国东北,因此处于足以威胁阿拉斯加和美国太平洋沿岸的有利地位。2.民主党政府的外交政策,听任苏联进入、占领柏林并在德黑兰与雅尔塔两次会议上,民主党总统曾同意苏联进攻并占领波兰与中国。在波茨坦会议上,另一位民主党总统曾同意苏联扩大其欧洲占领区。民主党当然不能宣称,民主党政府的政策是一种超党派的政策,用以掩盖失策,逃避责任,因为共和党一次都没有参加上述三次会议。最后,杜威州长说,共和党的纲领公开宣告,在外交政策方面,我们对中国要继续培育传统友谊,并重申我们的对华态度,就是要维护它的领土完整与独立。

这份电报中还报告了鲁斯夫人在这次党代表大会上所发表的一篇攻击政府的外交政策的演说。她说,民主党总统一再对苏俄作出秘密让步,在雅尔塔会议上,他走得更远,甚至剥夺中国对东北的主权。

6月27日,我又致电外交部,报告杜威作为共和党总统候选人后的第一次记者招待会。电报说,杜威州长宣称,杜鲁门政府的对华经援政策过分吝啬。为了帮助自由中国抵抗共产主义,美国必须向中国派遣军事顾问,给予必要的物资和更大的经济援助,以巩固它的币值。他本人一再提倡给予更多的援助,以挽救中国。他说应该牢记,中国在上次大战中是为它本身而战,也是为美国而战。因此美国必须帮助国民政府维护它的自由。这位州长还声明,到了适当时候,他一定要改正现政府所犯的重大错误。

1948年9月30日,我向南京外交部和正在巴黎出席联大的王世杰外长提出报告,大意如下:杜威州长在盐湖城发表的演说中,就外交政策问题提出了九条原则。一条是拥护联合国,一条是援助欧洲。除此之外,他在第四条中特别声明,美国必须不再忽视自己的盟国——中国,还说,太平洋与大西洋的两洋外交政策,与维持两洋的两支海军有同等的重要性。他还再次谴责政府在东北问题上与华北问题上一再向苏联让步,说这些让步确实都有损于中国人的利益,况且政府在作出这些决定时,事先并未和国民政府协商。

电报说,总的说来,杜威一次次的声明都显示了他对政府过去几年来的对华政策何等不满,从中国角度来看,他抱的又是何等疑惧的态度。另外,据说如他获胜,在竞选期间担任他的外交事务顾问的约翰·福斯特·杜勒斯就会出任新国务卿。由于老赞疣马歇尔将军,被公认为美国当前对华政策的总建筑师,又由于人们觉得,他与国府要人的种种误会使他的对华政策产生了偏见,所以渴望杜勒斯出任国务卿一职。

杜勒斯,我在哥伦比亚大学上学的时候就认识了,我一向称赞他是一位第一流的外交权威。在当时,他是中国许多友人中的一位,至少在私人交往中可以这样说。由于我们是多年老友,一见面总要谈国际局势,坦率地交换意见。甚至,我还记得他不仅坦率地提出个人看法,而且有几次简直是直言不讳地批评政府的对华政策与态度。我很尊重他的意见,因为长期以来他一直研究中国问题和远东问题。他常常跟我说,当年他外祖父约翰·福斯特,在本杰明·哈里森总统任内当过国务卿,曾应中国总理各国事务衙门的邀请担任顾问,参加过 1894 年中日甲午战争结束后的和平谈判。从那时候起,他就和中国结了缘。后来,中国又任命福斯特为出席 1907 年第二次海牙会议的三个代表之一,杜勒斯也是随员,担任秘书。杜勒斯告诉我,在那以前,当李鸿章因公访美时,他的外祖父曾为他引见。再者,大家都知道,年轻的杜勒斯跟这位外祖父关系十分亲密,他的名字就是他外祖父的姓,而这位外祖父对中国的阅历与知识深受中国人的尊重,杜勒斯正是受了他的熏陶。此外,另一位国务卿,即杜勒斯的表叔——罗伯特·蓝辛,也经办过很多远东事务,曾负责签订有名的蓝辛—石井协定。

杜勒斯对政府当时实行的政策并不中意,应该做哪些事才符合美国本身的利益,他有自己的主见。他曾向我吐露过这样的心意,有朝一日如果他出任国务卿(这在当时是有很大可能的),他将设法在政府政策界限之外,多为中国出力。我在 6 月 27 日发出的电报结尾特别提到的杜威以总统候选人的身份,在第一次记者招待会上发表的宣言,其中包括非常肯定的援华声明,很可能就是由他的外交政策顾问杜勒斯起草并和他磋商之后发表的。

至于杜威州长,我对他的了解大部都是间接的。我与他会面只不过两三次。我们并没有谈论过外交或国外问题,但他对中国表示关心,可是并没有说明他对中国了解到什么程度。他总给我这样一种印象,在外交问题上,杜勒斯是他最好的朋友和顾问,杜勒斯要讲的话肯定也反映出他的观点。他们的关系非常密切。

现在我想换个话题,谈谈 1948 年 5 月 4 日和杜勒斯谈话中所涉及的总统大选问题。谈话一开始,就很自然地说起有关援华的情况。他在谈论各种问题的时候说,美国的援外政策在 1948 年 11 月政府更迭之前不能指望有什么改变,而这种更迭几乎是可以肯定了的。他还说,即使到那时候,美国的外交政策除对华政策外,也不会有多大改变。我向他打听这次大选的前景。他说,史塔生颇有进展,出人意表,但他还是提不了名,因为他在共和党内无足轻重。杜勒斯认为杜威还是占最大优势。(当时看来仿佛千真万确,直到最后一分钟仍是如此。)

然而我这已经不是第一次谈论大选问题了。根据我的日记所载,我第一次谈论 1948 年总统大选,是在 1947 年 7 月 1 日。那天我在双橡园举行晚宴,招待众议院议长约瑟夫·马丁。这位议长为人精明而友好,他告诉我,新的继任法规定,如果杜鲁门总统在任期内发生什么意外,他就要接替他。他还说,即便就 1948 年的总统大选的前景来说,他(马丁)也很有希望被提名为共和党总统候选人。不管怎样,在 1948 年的费城代表大会上,他将要担任主席。

据马丁议长对政局所作的分析,当时杜威州长被提名的希望最大。他说,杜威是一位有才能的官员,并在纽约州取得了极好的成就。他的唯一缺点是遇事墨守成规,演说时缺乏热情与鼓动力。参议员罗伯特·塔夫脱虽然也为人冷漠和缺乏吸引力,却是公认的一位出色的立法专家,对国民政府的问题十分熟悉。他说,塔夫脱在提名单上居第二位。至于史塔生,他在党内没有后台,前途不大,这位议长说,但是可能甚至很可能有几匹黑马①被

---

① 选举中预想不到的得胜者。——译者

提名,其中也有他本人,他在广大党员中颇负盛名。

马丁认为共和党候选人无论如何也会当选,因为民主党要分裂。很多南方的民主党人宁可选共和党候选人,也不选民主党候选人杜鲁门。另一方面,华莱士正在全力为自己竞选,并且已从杜鲁门手中夺走了加利福尼亚州的选票。马丁再次提到杜威说,他以工作可靠而闻名,不像罗斯福,很少实践竞选时许下的诺言。

1947年12月3日,我在一次宴会上同一位忘了名姓的参议员聊天。他跟我和众议员周以德说,魏德迈说过,如果麦克阿瑟具有艾森豪威尔的品格,艾森豪威尔具有麦克阿瑟的头脑,他们两位都会成为1948年的优秀总统候选人。我觉得这是极其恰当的评论。艾森豪威尔的最大美德,一种人间罕见的美德,就是他的和蔼可亲,这在1952年给他带来了很大好处。这是一种出自本性的和蔼态度,谁见了他也会立即产生一种亲切之感,觉得他是一位心地十分善良、真心诚意的人。我喜欢他,谁也没办法不喜欢艾克①。第二次世界大战期间,邱吉尔宁愿要艾森豪威尔担任欧洲盟军最高统帅而不要马歇尔,我听说这是重要原因之一。

1948年5月27日,参议员罗伯特·塔夫脱打电话给我,怂恿中国在巴勒斯坦问题上支持联合国。记得有一回他对我说过,在这个问题上,他对美国政府的政策不能理解,他个人无法左右;但在11月大选之后,他对这个问题也许会有所作为。我估计,他和许多人一样,是预料共和党在这次竞选中会取胜的。而且随着时间的流逝,已有迹象表明,预定在一个月内在费城举行的共和党代表大会上,塔夫脱本人很可能成为共和党提名的候选人之一。

6月26日,共和党代表竞选大会结束了,刚从费城归来的贝祖贻前来汇报,在共和党大会提名杜威为共和党总统候选人之后,他曾在费城与蒲立德举行过一次会谈。蒲立德对他说,他认为杜威、沃伦这对候选人竞选势力很大,在即将到来的大选中,共

① 艾森豪威尔的昵称。——译者

和党胜利在握。蒲立德还和杜威恳谈过一次,力主杜威发表一项声明,给中国以更大的援助以与中共作战。(6月25日,杜威的确在记者招待会上发表了这样一项声明,但不知是否循蒲立德之请。这份声明我在6月27日已经电告外交部。)

同一天,即6月26日,我电告外交部,《纽约先驱论坛报》那天早晨刊登了美联社发自南京的一条电讯。电讯中说,中国政府的高级官员们都表示,希望共和党在即将举行的美国总统大选中获胜,因为共和党在援华问题上必将格外热情,此外,有一位民主党总统,曾与苏联签订秘密协定出卖了中国。我在电报中作了评论,并警告说,美国的社会舆论一贯不欢迎外国的政府官员在美国内政事务中采取偏袒态度。我说,为了避免并预防美国当局作出不利反应,引起美国人的反感,我们应该聪明一些,在行将来临的总统大选中保持缄默。

6月28日收到外交部复电。复电中说,我国政府并未就美国总统大选发表任何评论。少数人士有其个人看法,但对本部人员一直严加告诫,奉行保持缄默的方针。

6月30日,我特地陪同陈立夫去参议院访问塔夫脱,因为陈立夫很想以国民代表大会副主席的身份,会晤美国国会的首脑们。这位参议员面露倦容,对共和党费城代表大会的结局表示失望,因为他为提名下过很大功夫。他的情绪与一个月前他来看望我,讨论巴勒斯坦问题时的乐观态度相比,迥然不同了。当然,那时候在国会大厦里都觉得他被提名的可能性,即便不能凌驾于杜威州长之上,也是不相上下的。

陈立夫说,他访问共和党大会时正值印第安纳州宣布它的五十张选票投给塔夫脱参议员。这位参议员说,这个数目是不够的。陈立夫说,这次大会显示了共和党的惊人团结,塔夫脱的退出意味着终于支持杜威。塔夫脱听了默然不语。我们赶紧把谈话引向援华问题。塔夫脱说,不能指望从现政府得到更多的援助了。这和杜威在5月间的说法类似。要等到明年1月份,他指的是共和党执政的时候。他建议我和杜勒斯恳谈一下，他说，杜勒斯在外交事务上是杜威的顾问，而且对中国态度友好，如我所知，这是完全真实的。

后来，我又陪着陈立夫去看望更为活跃的范登堡参议员。新泽西州参议员史密斯和另外一位熟人陪我们一道前去。范登堡对共和党大会的结局看来无动于衷。他好像如释重负，十分轻松。他认为除非柏林局势恶化，国会是不会召开特别会议的。他开玩笑地说，杜鲁门总统可能希望在竞选期间，召开一次特别会议，把国会中的全体共和党人都召集到一起。

一星期前，即6月24日，我见到希腊大使增兹拉米斯的时候，他对共和党大会的结果也发表了一点意见。他认为杜威被提名为总统候选人实属上选。他说，很多人盼望范登堡获得提名，可是他认为，由杜威当总统，范登堡出任参院外交委员会主席，杜勒斯担任国务卿，将是一个十分强有力的班子，他们对国际问题颇有远见，并有丰富的工作经验，足以应付这些问题。他认为，可以预期明年的共和党政府一定会采取坚定不移的外交方针。

7月7日，贝祖贻汇报了与蒲立德的另一次谈话。蒲立德跟他说过，共和党被提名的杜威州长曾请他再次前往中国，搜集有关最新形势的情报，供他（杜威）秋季竞选之用。贝祖贻认为，蒲立德没有必要再去，可是我跟他说，杜威提出的主意很重要，因为我相信，这种情报不仅在杜威的竞选演说中有用，而且随后杜勒斯也很需要。（全部主意很可能都是杜勒斯本人提出来的。）我告诉贝，早在5月间，我曾就美国对华政策问题和杜勒斯进行过一次长谈，并要求适当地扩大对华援助。杜勒斯深表同情，但他说所有这一切必须等到11月选出一位共和党的总统的时候。我说，根据杜勒斯的意见，必须对中国全力支持，但是不能指望当前的政府会采取什么行动。

9月14日，我接待了华盛顿公共关系问题专家威廉·古德温。他说，共和党在参议院中赢得可靠的多数对中美两国都是极关重要的。他说,没有这个条件,杜威的援华外交政策就不易通过。古德温的论点是——倘若中国共产化,美国就要遭受重大损失,负担大大加重。他认为,帮助中国在亚洲战胜共产党,是美国反共战争的最便宜的投资。

成千上万的人都认为,杜威肯定会在11月的第一个星期二当选,古德温不过是其中之一。他们对此满怀信心,居然把总统大选这件事本身丢在一旁,只是为保证共和党在参议院中取得多数席位,以及诸如此类的问题而操心。1948年11月1日,总统大选的前一天,我出席了一次宴会,大家喊喊喳喳,谈的尽是大选的前景。一如我在日记中所述,似乎人人都认为杜威将出任下届总统,宴会的男女主人罗伯特·古根海姆夫妇更是这样,他俩都是共和党人。

有人问我,如果杜鲁门获胜,谁可能出任下届国务卿。但是我觉得自己是外国使节,不便直接作答,就向最高法院法官杰克逊提出这个问题。他说,已经提出了几个人,如美国驻伦敦大使卢·道格拉斯、艾夫里尔·哈理曼和迪安·艾奇逊。但是他认为,杜鲁门企图派最高法院大法官文森前往莫斯科,就柏林危机问题与斯大林会谈是一个严重错误,言下之意可能是,杜鲁门竞选的前景并不那么美妙。可以肯定,首都许多人士都觉得,这事给他的竞选带来了严重的损害。

那天夜里,我在日记中写道,我的黑人司机在返回双橡园途中问我对大选的预测。他还说,他想选杜鲁门,可是又怕杜威有把握当选。跟我的司机说话就不必那样谨小慎微了。我告诉他,这真是一场势均力敌的选举战,竞争之激烈远非人们所能想象;但是杜威很可能以微弱的多数当选,在参议院里则要平分秋色,甚至民主党要占去多数席位。

我在那天晚上的日记中接着写道:

> 几乎所有的报纸、专栏作家和广播评论员都断定杜威要进白宫。他们的注意力已经转移到下届内阁的组成方面。

连民主党的要人们也都绝望了。民主党全国竞选委员会主席麦格拉思参议员业已委托华盛顿的一家不动产商行出售他在首都的住宅。若干杜鲁门内阁的成员已经在和共和党要人们拉关系，显然是企图留任，或者谋求其他重要职位。但是马歇尔将军业已在巴黎向报界人士声明，他切盼离职退隐一段时间，他并希望 12 月份就这样办。（此事证实了马歇尔将军在巴黎联大会议期间亲口对王世杰所讲的话。）

11 月 2 日星期二，是选举的日子，这天放假，可是我照常上班去了。所有的预测都肯定杜威当选。我在日记中写道：

> 大选这一天，到处是一派紧张气氛，人人都在等候着结果，有些人在揣度杜威是否能取得压倒性胜利。可是最初的消息显然对杜鲁门有利，整个晚上的确是他一路领先。我凌晨两点才睡下，感到他已经当选，但还是很想知道确切的结局，因为经过统计公布出来的选票还只有百分之七十。令人惊讶的是，他在衣阿华、俄亥俄、伊利诺斯和马萨诸塞等州都占领先地位，在加利福尼亚则不分上下。

11 月 3 日清晨的广播报道，依旧是杜鲁门占优势，证实了我前一天晚上的预感。我对这些和以前从报纸、广播里看到听到的大相径庭的来自全国各地的报道，所显示的人们对杜鲁门的出乎意外的支持，感到困惑不解，大为震惊。我觉得人们一定会把这看作是一个富有戏剧性的惊人之事，有钱阶级和商业金融界更是如此。他们指望共和党稳操胜券。我在日记中写道：

> 十一点一刻，办公室椅子后面的收音机报告说，杜威退出竞选，并已给现在密苏里州独立城的杜鲁门打去祝贺电话，而当时的选票还只算出百分之九十，西部地区和太平洋地区更是这种情况。发自密苏里州独立城的电讯说，大批报刊记者涌进杜鲁门寓所要求接见和发言。有几位记者给他带来一份《芝加哥论坛报》（麦考密克上校办的报纸）上午七

点出版的"号外",头版大字标题写的是"杜威击败杜鲁门"。杜鲁门总统说:"真是惊人消息。"

股票价格惨跌,主要股票落价五点到十五点,道·琼斯平均指数这一天的收盘价格下降了七点……

尽管报纸、广播长期以来一直在打击他,尽管南方四个州的"老地盘"叛变,华莱士又脱离民主党,自己组成新党——进步党,自行奔走选票,可是杜鲁门创造了奇迹,他胜利了。直到现在,人们才发现,民主党中只有杜鲁门一个人对竞选的胜利抱有绝对信心。

那一天,我给蒋介石总统直接拍去电报,给外交部拍的是一份比较详尽的报告,要求向总统呈交一份副本。第一份电报说,选票虽然尚未统计完毕,可是选举结果业已完全定局。杜威州长已公开宣布,承认杜鲁门竞选胜利,并为他的成功发出了贺电。至于新国会,选举的结果也趋于明朗,民主党赢得了两院的多数席位。我最后说,所有这一切似乎都出乎美国公众的意料之外。

我在第二份电报中说,民主党在选举中大获全胜,因此,白宫与国会今后就形成了一个坚强的政治集体。所以今后有关内政与外交政策方面的工作,可以避免摩擦与冲突。我说,杜鲁门本人对中国的同情态度并不差,而且不抱偏见。近两年来,只是因为内阁中有些成员,尤其是国务院与五角大楼中的某些人,对中国缺乏同情,使我们在与美国政府的交往中遇到许多困难。但是杜鲁门的威信今后将不断提高,而且他肯定要重新组阁。在外交政策上与重要的国内政策上,他当然可以更多地强调个人的见地,并加以坚持。他对自己的见解,也就不必像过去那样,要求格外谦虚,并将急切倾听甚至听从阁员们的意见。

我说,使我担心的倒是国会的形势。民主党左翼对我们总是缺乏同情,而众议院外交委员会主席一职,肯定要落到索尔·布卢姆的手中。我解释说,布卢姆是犹太人,是一位重要的犹太复国主义者。他担任委员会主席已逾十年,在他任职期间对我们的态度还过得去,不算太坏。但是他对我们在联合国中对以色列问题所采取的那种政策,表现极大不满,因而在中国问题上,时常坚持从中作梗的态度。因此我建议,在发表议论和一般表态的时候,我们对他要特别谨慎。我说,我这方面一定尽力向他说明情况,争取他的谅解。然而我恳切要求,如果我们要就以色列问题在联合国中发表意见,一定要特别慎重行事,以免造成更多的误会。

那天晚上,在澳大利亚大使梅金举行的宴会上,主人告诉我,他有一种可靠的预感,杜鲁门是不会输掉的。他甚至已经让他的新闻秘书停发向本国政府报告杜威肯定要当选的那份电报。梅金说,就在大选的前几天,他在芝加哥看到了听众响应杜鲁门演说的情景。他们是热情高涨,尽情地向他欢呼。他从这一点上推断,民意和报纸以及其他新闻工具,罗珀民意测验和盖洛普民意测验所作的预言,可能是两码事。

我在11月4日,星期四的日记中是这样写的:

> 每一位重要的民意分析者,对两位总统候选人的当选机会竟然都搞得如此谬以千里,这使舆论界至今惊讶不已。《华盛顿邮报》向杜鲁门总统发出请柬,邀他参加乌鸦宴①,所有新闻、广播、期刊方面的主要人物都将被邀请并饷以乌鸦肉,只有杜鲁门则被当做主宾吃真正的火鸡。宴会上要请他讲一讲,他对大选结果作出准确预测的办法和对大多数选民的心意,是怎样作出正确估价的。

我也记下了几家报纸的评论:

1. 佛罗里达州杰克逊维尔《时代联合报》:"杜鲁门实现了原无可能的事。"

2. 明尼苏达州圣保罗《电讯报》:"杜鲁门取得惊人

---

① 在美国,吃乌鸦肉是被迫承认错误之意。——译者

胜利。"

3.堪萨斯城《明星报》:"昨天选举中的政治大反复,是当代惊天动地的大事。"

4.纽约州奥尔巴尼《纽约人新闻》:"毫无疑问,杜鲁门的竞选活动使他一跃而为创造奇迹的当代政治家。"

美国人温和厚道地承认了杜鲁门的胜利,即便许多指望共和党总统掌权的人也同样承认,这种情况使我于11月25日读了约翰·费希尔写的一篇论美国政治的文章之后,不禁摘录了几条论点(这篇文章发表在《哈泼斯月刊》1948年12月号):

> 美国肯定地是一个靠约翰·卡尔霍恩所说的美国人的"服从多数"的原则团结在一起的充满欢乐和不同利害关系的国家。两大政党哪个也没有明确的思想体系,也不曾有一个在一种新的思想体系或信仰上建立起来的第三党。美国在政治上的成功秘诀是普遍接受并执行这样一项原则,即不得使用武力把任何一个阶级的特殊利益强加于其他阶级,各种利益集团都遵守和解、互让和容忍精神。所以每一个特定的集团派别在立法上都可以设法否决(阻碍议案通过),但这只能用于挫败其他派别联合,决不能用于谋取私利损及所有其他派别。这就与欧洲的和拉丁美洲的政党不同了,那些党是在各种明确的、独立的、没有和解余地的思想体系上建立起来的,所以某党一旦获胜,它就千方百计地暗算、压制,直至摧毁别的党派,必要时,还要使用武力。于是我就想起了那些由政治家和学者组成的中国政党,他们过分重视学说与主义的学术重要性,而不是以支持全国各方面,例如工人、农民、商业集团等等的实际利益为坚实基础。

11月5日,我与蒲立德共进午餐,他即将以参议院援外监督委员会代表身份前往中国。蒲立德本人声明支持杜威,反对杜鲁门,其理由是,罗斯福与杜鲁门两位总统领导的民主党政府犯了许多严重错误。之后,他就在该委员会主席布里奇斯参议员主持下就职,这项任命一星期前就宣布了。(蒲立德是个民主党的终身党员,但他毅然提出这一声明,并未因此而有所顾忌。)蒲立德跟我说,杜威与共和党在大选中的失败,使他们在援华问题上陷入了无能为力的境地。他和大多数人一样,对选举结果深感出乎意料。他说,不过他要到中国去调查,为即将在 12 月或 1 月间召开的国会监督委员会进行调查研究和搜集证据。他要离开六个星期,圣诞节以前回来。可是据我私下了解,布里奇斯对蒲立德说过,处于少数地位的共和党,在援华问题上发言依旧起作用,而且蒲立德在这个问题上的报告将是来自这方面的很有用处的新材料。

真想不到,迟至 1948 年 12 月 17 日举行的一次午餐上,这次总统大选仍然是谈论的主题。这次午宴是有八个人出席的便宴,其中有英国、巴西、加拿大、澳大利亚、古巴、伊朗和中国的大使,东道主自然是巴基斯坦大使伊斯帕哈尼。所有的客人都讲了他们的种种猜测,有的猜对了,有的猜错了。伊斯帕哈尼和梅金两位大使说,他们猜对了,因为他们见到了杜鲁门在一次大会上露面时听众所作出的反应。巴基斯坦大使补充说,他觉得人们会把他当作竞争失败者来加以支持的。英国大使奥利弗·弗兰克斯、古巴大使贝尔特、加拿大大使朗都承认自己是拙劣的预言家。我说,我预料杜威在竞选中可能与对方势均力敌,不会取得大胜,参议院要归民主党,众议院也可能归民主党,我这样讲,是想要大家看看,我虽然是个不高明的预言家,可还是个有趣的伙伴。

还有一件大事我没有谈到,那就是南京方面对总统大选结果的反应。11 月 5 日,我亲自起草一份给外长王世杰的"绝密"电报,这份电报大致地概括了这种反应,和我个人关于大选的种种看法。我说,美国最近的总统大选结果不仅使我们感到意外,就是美国各界也认为一反常情,出乎意料。可是,驻华的新闻记者们一再发出电讯报道,说中国朝野对民主党的胜利极为失望,有一条电讯居然如此扬言:行政院坚决请求辞职的原因,也是对美国大选的结局感到失望,他们认为,今后要想增加美国对华的援助必将空前困难。我说,这些电讯肯定要在美国这儿制造误会。今天早晨,《纽约时报》的社论,根据报界由中国发来的电讯,指摘我国政府的观点离奇,特别是因为现在华盛顿的美国当局正在认真地重新考虑对华政策,并打算进行种种修改。

我说,据我个人看来,大选结果极其明确地表现了美国的民意。面对大选结局这样一个既成事实,我们不应继续多发议论,或有所反应。我国政界人士与美国记者交谈的时候,要特别谨慎,以防他们乘机加以利用,为他们的目的服务。

我请求外长考虑,是否可以暗示我国各大报,撰写并发表几篇社论,大意说,美国最近的大选结果充分证明了美国人的民主精神,并对这种精神表示钦佩。这些社论还可以补充说,他们认为援华政策的基础,是首先由民主党政府奠定的,而现在民主党将在华盛顿继续行使政权,我们确信,民主党一定会加强援华,以适应远东局势的需要,并加强中美两国之间的合作,借以为全世界的和平与稳定共同努力。

第八章　中国情势恶化之际的中美关系

1948 年 10 月—1949 年 1 月中旬

第一节　中国要求美援

1948 年 10 月—11 月中旬

1948 年 10 月和 9 月一样,获得军用物资的问题仍然是头等大事。虽然美国政府批准拨给特别军事援助已有好几个月,但一亿二千五百万美元特别军援专款项下的军用物资订货,还没有一项已运到中国。9 月 29 日,蒋介石总统电令我转给杜鲁门总统一份特别密电,呼吁杜鲁门大力推动和加速该项特别军援物资的采办。因为中国的军事局势十分危急,唯有立即采取措施或可有助于扭转战局。在我看来,密电措辞极为迫切,语气近乎告急,说明军事局势确实十分严重。但收电时已是夜晚,我无法送往白宫,而且总统也不在华盛顿,他到西部俄克拉何马州进行竞选活动去了。第二天早晨,我把密电连同一封私人信送交杜鲁门的私人参谋长海军上将李海,请他转交总统。李海立即受理并保证总统当天下午便可收到。

这类电报通常由国务院转交,但在当时的情况下,时间因素十分重要。不仅这次,而且在那整个时期都是如此,因我认为必须办事迅速,使得中国大使馆的工作和工作作风遵循一种颇为特殊的方式。所以,具体到蒋总统的这份电报,我便不想通过国务院转送,而且当时杜鲁门的私人秘书也随总统离开了华盛顿。

第二天,1948 年 10 月 1 日晚,我出席了中国空军驻华盛顿办事处主任毛邦初为招待美国空军部长赛明顿夫妇而举行的宴会。我和赛明顿进行了畅谈。我发现他对中国与共产党作战表示同情,并感到关切。我们谈话一开始,他便问我中国的局势如何。我告诉他,由于山东省会济南失守(济南是一个工业中心和铁路中心,也是联结华北和华东的枢纽,于 9 月 24 日被共军占领),局势十分严重。共军正在进攻沈阳以南的战略据点锦州,同时在向平绥铁路展开攻势,企图攻占绥远省会归绥。

赛明顿说,他也知道军事局势对中国政府来说是严重的。他刚刚获悉锦州南面的飞机场已被共产党占领。他说,他对局势感到焦虑,并愿能有所助益。

我告诉他,约十天前我曾会见国防部长福莱斯特,并请他答应中国按 1945 年标准部件价格从美国陆军库存中购买军用物资,并指示美国海军迅速予以装运。但现在由于济南陷落,局势大为恶化,前一天蒋介石总统亲自向杜鲁门总统呼吁,该电已由我转交。此外,我曾写信给福莱斯特,请他对于我们会面时我向他提出的两项物资迅速采取行动。

赛明顿说,如果我把我给福莱斯特部长的信送一份副本给他,他第二天上午便可向福莱斯特谈起这件事。我答应第二天一早送去。之后,如前面所提到的,对于俄国在中国和其他国家共产党问题上所扮演的角色,讨论良久。

次日晨,我如约将信的副本送交赛明顿,并附便笺。但出乎意外的是不易找到他。先听说可能在切维蔡斯的高尔夫球场找到他,以后又说他去联合车站迎接杜鲁门总统了。我们赶到车站,原来他确曾到那里迎候总统,不过此时已返回办公室。因此,信和便笺最后送至五角大楼他的办公室。

然而,随着 1948 年即将终了,加速采办 1948 年援华法中一亿二千五百万美元特别援助项下的军用物资只是援助问题的一部分,还需谋求 1949 年继续援助,9 月 24 日在我和来美参加世界银行理事会会议的我国财政部长王云五的首次谈话中,我们讨论内容之一就是美国继续援助的问题。

王云五认为这种援助为中国所必需,他愿在美对此进行探讨。我告诉他,这件事已与包括国会人士和共和党各领袖在内的若干方面进行过几次非正式讨论。当时的局势已很清楚,极其重要的是中国必须竭尽全力进行影响深远的重大改革。改革并不一定要立即取得具体效果,但一定要证明我们确实在认真地改革。为了说服美国国会考虑 1949 年继续援助我国,这样做是绝对必要的。我对他说,我的希望是获得三年的经济援助,每年五亿美元。当然,能拿到二十亿更好。但由于共和党控制的新国会对经济很认真,并由于美国的经济情况不稳定,不论是对欧洲还是对中国的援助,过于大方会遭到美国人民的反对。如果总数为十亿,头一年我们可以拿到比如说五亿,第二年三亿,第三年两亿。这样一笔援助应当而且一定能使中国摆脱经济困难。王云五表示,如果三年拿不到十五亿,他十分赞成这种逐年下降的分配办法。他也完全赞成厉行改革。他说,货币改革方案他已准备两个月了。

他叙述完平衡金元券的新预算的进展情况后,我告诉他,重要的是把这项工作坚持到明年 4 月,届时国会很可能要通过法案,就对外援助重新作出决定。他以出人意外的乐观情绪回答说,他对局势能够控制到 1949 年 6 月 30 日。但到那时以后就非拿到美援不可。

我对他说,第二重要问题是军援,但不是像目前那样以货币形式援助,而是供应武器和弹药,并派遣军事技术人员进行支援。重要的是使美国参与我们的军事行动并得到他们的全面合作。我还告诫说,在此期间,当我们寻求美国全面援助时,应避免提出我国的主权问题。中国借重美国援助彻底解决了共产党问题之后,就可以全力投入建设。同时,我们还要记住美国在本质上并不是帝国主义,我们什么时候叫他们撤走,他们就会撤走,而在目前,重要的是取得他们的全力支援。没有这种支援,我担心我们无法在可以预见的将来成功地应付共产党的叛乱。王云五同意这种看法,表示希望我于年底回南京述职,和政府特别是和委员长讨论政策问题。

在随后的一个星期里,我陪同王云五进行了一系列的礼节性访问。首先访问的是洛维特。在那里,我不得不冲淡一下王云五的乐观论调,我强调指出,中国无论是在经济方面还是在财政方面,都远远没有摆脱困境,仍然需要外援。第二次访问也在当天,即9月28日星期二,所谈内容几乎完全是援助问题以及援助与中国局势的关系。

这次是访问经济合作署署长霍夫曼,时间在下午四时左右。寒暄两句之后,我说,王云五不仅在新的币制改革方面起了很大的作用,而且和美国对华援助的中方管理工作也有很大关系。

王云五说明了发行金元券以取代法币的情况。

我说,这次改革是一种大胆的尝试,但鉴于旧币的不断贬值,改革看来是必要的。这也可以证明中国政府进行改革的决心。我说,当前美国对中国的援助极为有用,但这只是个开始,以后必须继续下去。

霍夫曼表示美国对中国的援助在他的心目中占有主要位置。美国人民整个来说对中国是友好的,而且确实是热爱中国人民的,但近年来对中国政府有很多批评。在美国人民的心目中,中国和中国政府有明显的不同。对中国政府的尖锐批评是由于对它的办事方法感到不满。根据他个人的体验,他可以说美国各地,包括太平洋沿岸在内,有个普遍感觉,即认为中国政府,也就是委员长和他的政权过去没有、现在也没有为人民的利益做多少事;美国的这些地方一向十分同情中国,对中国怀有深厚的友情。

霍夫曼在表述他的想法时,确实非常坦白直率。他说美国人的看法是中国政府应以提高人民的福利为其主要目标。可是委员长与自由主义人士之间看来有着巨大的分歧。前者似乎为一群反动分子所包围,后者则较能体察人民的需要,并对为人民利益服务具有强烈的愿望。他个人说不准这种批评是否正确。但事实是美国人民一方面对中国人民保持着传统的友谊,另一方面对中国政府及其为中国人民利益服务的诚意没有信心。为了使美国人民更好的了解中国,必须做大量的宣传联系工作。

我插话说,中国共产党的代理人以及其他国家的共产党人,包括美国共产党人在内,一贯进行的宣传在很大程度上混淆了视听,从而损害了中国政府和委员长的形象。

霍夫曼说,毫无疑问,那些人是在宣传。不过事实胜于雄辩,美国人民就是要看中国的实情。他个人是十分敬佩委员长的,委员长在建设现代化的中国方面确实是诚心诚意的。但委员长似乎未能在政府中使用积极的、有自由主义思想的年轻人。在美国,人们愈来愈怀疑委员长能否解决中国的问题以及能否建设一个新中国。他记得在国会关于援华的辩论中和国会各委员会就此问题举行的听证会上,有人认为委员长的统治不会超过三个星期或三个月,并且认为当前的国民党政权已经没有希望。他说,他不同意这种看法,并认为委员长能够使中国摆脱困境。

王云五说,委员长是唯一能够使中国团结一致的人。

我说,最近二十年来,在促进国家统一和现代化工作方面,委员长的确做了不少事。

霍夫曼说,国会中有人认为掌握华北兵权的傅作义是一位第一流的军人。由于他不是作为一位将军而是作为一位行政官员为所辖地区人民做工作,所以他能赢得人民的信任和合作还有人提到副总统李宗仁是一位眼光远大、有自由主义思想的人,可是委员长不和他说话,也不见他。他无法证明这些传说的真实性,可是它们使美国人民心目中对继续援助蒋介石及其政府是否明智产生了怀疑。

我说,我从某些方面也曾听到过这类怀疑和批评,并曾设法向他们解释中国局势的巨大困难。首要的任务是解决共产党的问题,这个问题已给中国带来一场严重的战争。委员长和他的同仁确已尽力而为,这是王云五可以作证的,但人们并非总是能完全理解他们的工作是多么艰巨。

霍夫曼说,他认为最重要的是能于明年初在国会说明美国的对华援助使用得当,效果很好。在这个基础上,他会要求补充援助,以便把援华计划继续执行到1949年6月底。然后在4月下半月,根据充分的事实,他就能到国会要求把援助延续三年或者四年。

我说,这种延续是极重要的,因为目前的对华援助固然很有帮助,但不大够。我个人认为这只是个开端。要使中国能从危难中摆脱出来,必须以更大的规模把援助计划延续三四年。

王云五认为这是非常必要的。

霍夫曼说,他之所以坚决主张援华的每一分钱在使用上必须极为谨慎,以及赖普汉先生对此十分认真严格,都是这个原因。他不能让国会对援华款项在使用上有丝毫的怀疑和批评。就国会的继续援助来说,如有贪污或无能的丝毫猜疑,就会致中国事业于死命。他又说,赖普汉也许显得很严厉和死板,但他正是为了中国的利益才完全按照他(霍夫曼)的指示办事的。霍夫曼还说,他打算12月份去中国,亲自了解援华计划执行的实际情况和进展,以便能在第二年初向国会提请补充援助。亲自访华并实地了解情况之后,他就会和国会议员进行更有力的辩论。

听到霍夫曼打算访华之后,我表示十分高兴,并向他保证,他将受到最热诚的欢迎。我相信这位署长亲自访华必将十分有益,这不仅是在要求国会继续援华方面,而且还使委员长和我国政府要员有机会和他会面,以听取他的意见和宝贵建议。我确信委员长和他的同仁会渴望并珍视这样的会晤。

霍夫曼说,他当然很高兴和委员长会晤。他将先去朝鲜,然后再去中国亲自了解情况,以便向国会提出关于援华计划的意见以及与中国政府交换意见的情况时,处于更有利的地位。他又说,赖普汉是一位第一流的人选,干得很出色。对他说来,接受驻华特别代表团团长这个职务是个很大的牺牲。但他很同情中国,他的见解很正确。霍夫曼自己有这样的印象,即赖普汉的主要目标是保证使援助计划以最可靠和最有效的方式实施,不使人对援华每一分钱的使用产生丝毫怀疑。这就是赖普汉的主要责任,至于援助计划的具体执行,则由赖普汉交给他的顾问和同事办理。

我再次向霍夫曼保证,他在中国将受到热烈的欢迎,并表示希望他的访问成为事实。

霍夫曼说,他将于11月先去欧洲,12月去中国。

我在那天的日记中写道:

> 和霍夫曼的会谈很重要,他说话直截了当,甚至达到坦率的程度,但十分诚恳,出于善意。他说,美国有许多人认为委员长无力挽救中国的局势,他们寄希望于其他人。他暗示了傅作义和李宗仁,和他们接触过的美国人都认为他们不错。王云五和我极力说明,在目前中国的危难中,只有委员长能够保持中国的团结一致。霍夫曼说,他本人对委员长非常钦佩,并认为美国应该继续支持委员长;所以,十分重要的是要很好地利用美援,大力进行改革。这样,他明年在国会上提出继续援华,甚至是更大规模的援助时,才能处于有力的地位。

10月4日,财政部长王云五离华盛顿去纽约。我在那天的日记中,记下了杜鲁门总统上午接见韩国友好代表团团长赵炳玉(该代表团与王云五约同时到达华盛顿),然而国务院礼宾司官员伍德沃德却一直未能安排王云五会见总统。

第二天,我也去纽约参加远东美国商工理事会在华道夫-阿斯多里亚饭店举行的招待会。会后,我拜访了王云五,以便就若干问题在他回南京以前和他讨论并听取他的意见。讨论的第一个问题是所谓长期偿付租借物资协定项下的到期汇款问题。款已由南京汇到,必须立即交付美国国务院或财政部。

第二个问题是草拟一份军事援助计划和一份经济援助计划,递交美国政府,以便下届国会开会时讨论。我再次强调中国不仅需要武器和弹药,而且需要各军兵种的参谋人员及技术人员。我重申在中国面临共产党进攻的严重危急关头.不必担心美国干涉或侵犯中国主权的问题。我们应该担心的倒是美国不愿与我们通力合作,唯恐卷入我们的反共斗争。不必担心美国的帝国主义,因为共产党的叛乱被镇压下去以后美国将非常急于撤退它的人员。镇压是绝对必要的,是建设中国的先决条件。只靠我们自己而没有外援,即便中国自己能够做到,那也是旷日持久的事。王云五完全同意我的意见。

第三点是关于王云五和蒲立德的谈话。王云五对我说,蒲立德认为中国应向美国要求巨额援助,除经济援助外,应要求每年十亿美元的军事援助。蒲立德还认为来年春天国会必然会投票赞成对中国的继续援助,并认为重要的是共产党的叛乱必须予以彻底肃清。他曾问王云五要做到这一点需要多少钱。我感到:

> 蒲立德过于乐观,特别是鉴于共和党总统候选人杜威已表示,新国会着重经济观点,因此即使要求三年对华援助二十亿美元也为数过多。

王云五对此表示同意。

我们讨论的第四点是星期二我们和霍夫曼会谈时他提到的对外宣传的必要性。我请王云五设法从速给大使馆 1948 年上半年过期未付的经费再汇一万二千美元。我向他解释了我们怎样节俭使用每一分钱,并指出没有必要像美国专家提出的诸如在未来的选举中花费大笔的钱。我告诉他最好不要干预选举活动,一个共和党占多数的参议院不见得像人们说的那样坏。(共和党占多数的参议院固然可能着重经济观点,但是民主党占多数的参议院可能阻挠共和党政府的计划。)另一方面,要想使美国人充分了解中国的问题,有必要花些钱进行一般的宣传联系工作。

10 月 12 日,毛邦初对我谈到他就美国对中国空军的援助问题向委员长提出的建议。委员长已通过外交部指示就美国对中国空军的全面长期援助进行谈判,并指定了两个具体项目:第一,供应装备与物资;第二,设立中美空军联合参谋部。毛邦初要求我正式向国务院提出此事。我对他说,我自当尽力而为,但我认为这件事和取得一亿二千五百万美元特别援助专款项下的物资供应以供急用比起来,是次要的。当前考虑到美国的总统大选以及华盛顿政府可能更迭,这件事看来不够成熟,而且相当不合时宜。在最近六周或两个月内,从美国当局那里不会得到什么。毛邦初表示同意我的估计。

四天后,我和杜鲁门总统的参谋长李海海军上将在白宫进行了一次重要的谈话。我们很熟,最初在维希相识,那时我们经常见面,交换情报并商讨我们共同关心的有关法国政局和维希政府的问题。这次我去找他则有个特殊目的,就是想知道杜鲁门总统对蒋介石总统的信有什么反应以及何时作复,因为委员长急待回音。

李海说,他收信的当天下午便转交总统;总统于 10 月 3 日回到白宫后,他又对总统提过。总统说,他将尽力把中国所需的武器和弹药从速装运,并将依此作复。李海不知复信是否已经发出,但他肯定这就是总统对来函的反应。他告诉我,总统逗留不到两天就又离开华府去做竞选旅行了。但他预计总统当天下午回来,届时他自当询问复函是否发出。(我后来获悉,总统复函确于那天即 10 月 16 日发出。)

我对总统的态度表示感谢,然后告诉李海,两周来中国的军事局势更趋严重,国军对武器和弹药的需要更加迫切。我提到了以我国国防部长何应钦和次长为一方与美国大使司徒雷登、巴大维将军及白吉尔海军上将为另一方在南京共同制定的七个军和三个师的装备供应方案(这就是所谓七军三师方案)。我说明了这一方案所需的装备和物资,以 1945 年的标准价格计算,约需三千七百万美元,包括弹药的补充在内。南京的理解是不仅计价以 1945 年标准价格为基础,而且运输将由美国海军免费办理。这两点已由我国外交部长王世杰通知了在巴黎的马歇尔将军,并由我通知了美国国防部长福莱斯特,同时已由 7 月被派来美专门办理军需品采购的中国军品采购团通知了美国陆军当局和魏德迈将军。

我说,美国陆军认为对计价方法难以同意,同时海军免费运输也要看用的是什么船只。最近的情况是:根据我国外交部长从巴黎发来的电报,马歇尔对他说,七军三师方案所需大部分物资将不迟于 1948 年 12 月 1 日运到中国,而已被任命为陆军发言人和与中国军品采购团联系的联络官魏德迈则称,只有部分物资,即方案中最急需部分的百分之四十,可于 12 月 1 日自西海岸起运。显然,这两种说法不同。

李海说,中国外长的说法太乐观了,与华盛顿陆军和海军当局的陈述不符。首先,在西海岸港口,只有整个方案中的百分之二十物资将不迟于 1948 年 12 月 1 日备妥运往中国。他认为来自巴黎的说法是不对的。

我说,中国大使馆曾向国务院提及此事,国务院也是这个意见。

李海说,他与这一方案没有什么关系,他只是把他听到的情况告诉我。但他担心 12 月 1 日起运未免太慢,而且也许为时已晚。

我说,正是这个原因我国政府才十分着急,我特来请他尽力协助加速办理。

李海答应待下午总统回来后,他请总统命令陆军部长提前起运以应中国急需。但他认为陆军方面的人办事总是慢慢腾腾的。

我告诉李海,上次我和福莱斯特见面时,他表示很同情,并说也愿尽快把物资运往中国。他曾令卢茨将军设法加速办理此事,并答应查询海军免费运输的问题。但当福莱斯特强调行动迅速的重要性时,卢茨似乎由于某些原因而难以执行他的命令。据卢茨说,按照现行法令,美国陆军不能再把老式武器及弹药宣布为剩余物资。为此,从陆军存货中供应中国的武器和弹药必须予以补充,而补充就只能按时价办理。我举 0.30 口径子弹的价格为例,1945 年每千发 45 美元,而陆军目前所开的重置价格为每千发105 美元,如果成本加大,价格还将再次上调,这是合同中价格调整条款规定的。此外,陆军要求用最新的防水防火箱包装,这也会提高成本。至于装运,卢茨说,那应由海军答复。在向李海叙述这些情况之后,我说,看来卢茨将军是一位典型的军人。

李海说,卢茨是新来的,他是国防部长的军事顾问。他本人不认识卢茨,但曾听说过这个人。不过,陆军按重新购置的成本计价还是可以理解的。事实上,陆军库存不多,而且由于目前世界局势紧张,感到有必要把库存充实起来。美国复员过快,并且销毁了大量的军需物资。他听说但并不确知,陆军甚至把大批军需物资抛到海里,结果是无法应付当前的局势,并迫切需要把陆军充实起来。但是,如果有命令让陆军供应中国所需物资,陆军是会执行命令的。

这位海军上将解释说,国防部长有权指令陆军供应,而陆军必须服从。但是他认为国防部长不会采取这样的正式行动。他说,唯一能发布这种命令的人是总统。总统回来后,他将立即报告他,并建议他召见陆军部长,指示他加速办理发往中国的物资。李海担心的是总统大概不会坚决要求陆军部长这样做。要是罗斯福总统,情况就不同了。罗斯福打算办一件事,就召见有关部门的负责人,直率地吩咐他办这办那。杜鲁门过于和善,不愿得罪人。因此,即使他办一件事,往往并不坚决表示非办不可。

我对李海表示感谢,并说他那样做将是很大的帮助。

随后,李海问我是否办成了一些事,以及采办的物资是否用特别军援专款支付。

我说，是这样，而且根据中国大使馆的要求，国务院已从这笔专款中付给美国陆军部七千万美元。可是至今中国什么也没到手。我说，在这一点上，我愿告诉他，据美国陆军部称，延误的责任在中国方面。卢茨曾当着我的面对福莱斯特说，中国需要物资的清单9月中才交到陆军部。可是，如我曾告诉福莱斯特的那样，第一份清单是中国军品采购团7月中交给陆军部的。那时陆军当局说要调查一下中国清单里哪些货可从陆军库存中提供。他们还说，将于9月1日给中国初步答复。初步答复是9月2日交来的，可是只包括清单上的一小部分。最后的答复尚无下文。七军三师的装备供应方案制定后，于9月送交美国陆军部，方案中包括第一份清单的若干项目。美国陆军部说，他们为此必须重新全面调查，而且至少再需要六个星期。但由于中国方面一再要求加速办理，最近情况是第一批货将于12月1日自西海岸起运。

李海说，他与总统进行拟议中的谈话时，将指出已交付美国陆军部七千万美元这一事实，但他认为他不应提计价问题，因为更重要的问题是立即行动。

我表示完全同意，并说，迅速发运援华物资是头等大事，计价问题是次要的。要求按1945年的标准价格计价是因为援助资金为数有限。中国陆军的配额是八千八百万美元左右，其中包括武器和弹药以外的项目，如通信兵部队、军事运输和军医的装备和补给品。配额中用于武器和弹药的总数不到八千万美元；如果采办价格不降低到1945年的标准价格，那是买不了多少东西的。我对李海说，他把装运速度放在最重要的地位是完全正确的，同时他作为一位公认的海军领袖，必能给我指明怎样才能实现拟议中的海军运输。魏德迈曾对中国军品采购团说，第一批物资迟至12月1日起运的原因是需要查明美国海军可以利用什么船只来承担这一任务。

李海说，魏德迈的说法不错。他补充说，魏德迈曾在华工作，并与中国当局相处融洽，但他不能说随魏德迈赴华的人员都是如此。我说,在我看来,魏德迈并无全权,他在与中国军品采购团来往中只是作为美国陆军部的发言人。李海说,情况正是这样。魏德迈不能做决定,只能传达陆军部嘱他对中国人说的话。

至于安排海军运输的困难,李海说,这可能是由于海军已制订其本身物资的装运计划,为了承担中国的物资运输,它必须重新研究和调整计划。但他认为那用不了多长时间,而且如果国防部长或海军部长决定优先装运援华物资,这是能办到的,并且美国海军会这样办的。

李海告诉我,总统在华盛顿度过周末之后,将于星期一去迈阿密。他将陪同总统前往,并相信会有更多机会详谈中国局势。该做的事是由总统授权白吉尔就地处理。他说他深知白吉尔的为人。就其个人的品德而言,白吉尔决不推卸责任,只要给他必要的权力,他准能完成任务。

我立即表示李海刚才所说的意见,如果能够办到,那是非常切实可行而且有益的,因为我从各方面都听到白吉尔不仅同情中国的需要,而且熟悉中国的情况。

李海说,他相信一旦装运,货物将直接运往青岛。

我说是的,并补充说,货物也将运往天津,因为物资将主要用于华北。然后我提出另一件事,借以听取李海个人的反应和意见。我告诉他,空军部长赛明顿很同情中国的问题和需要,中国空军驻华盛顿的代表根据他的建议,在一封信中,向他概述了中国空军的需求。信中提出两点建议:第一,向中国空军提供某些装备和物资;第二,设立中美空军联合参谋部,负责制订计划。中国空军需要更多的物资,这一点是明显的。关于建立联合参谋部,我认为希腊树立的榜样促使毛邦初和我国政府力求在中国对共产党的战斗中获得美国更大的合作。我想知道李海认为怎样才能迅速达到这个目的。

关于第一点,李海认为美国空军可以供应中国某些东西,譬如,美国本身不用的过时的飞机,但这些飞机对中国空军还是很有用的。他知道中国共产党根本没有空军。他说为了应付紧张的国际局势，美国空军正用最新型的飞机更换它现有的装备。不存在供给中国新式飞机（如星座6型）的问题；因为中国不需要这种飞机，也没有人会驾驶，但美国空军总有飞机和补给品可供出让。

我表示完全同意并强调中国并不要求新式飞机，而只要求美国空军可以出让的飞机，因为中国共产党根本没有空军。最新消息说，共军只有五六架飞机可供使用。

关于第二点，李海认为那是意味着中国空军聘用美国空军高级官员作顾问，他能理解他们是很有用的。

我同意他们将以顾问身份供职，但希望他们在制订空军计划方面和中国空军参谋长密切合作。

李海说，美国不想卷入中国的战争，但他相信美国可以派若干空军军官作为中国空军的顾问前往。

我说，中国很不愿意美国卷入对共产党的战争，但中国需要美国的合作以使其本身的努力更有成效。

李海认为最好的办法是中国空军的代表和美国空军共同制定一个具体计划，说明中国方面的需求和美国空军库存中可提供的物资。关于联合参谋部，李海表示最好也制订一个具体方案，说明所需顾问的人数和性质以及准备分配给他们的任务。方案在美国空军合作下制订以后，他认为可以由我正式提交国务院，由国务院提请总统和国防部长决定。没有这样一个具体方案，他担心向国务院进行这方面的交涉不会迅速得到结果。国务院会要求提交计划，以便研究并提交总统决定。没有具体方案就无法做出决定。他将在时机到来时，向总统进言，并敦促总统予以批准。

我感谢他的建议。接着，我提出了欧洲局势问题，并由此进入了关于苏美紧张关系的讨论。之后，我对他用这么多时间和我谈话表示感谢。我还表示希望在他和总统谈话后，如有消息，务必见告。李海说,他一定照办,因为他愿随时把情况告我。我为李海所表示的同情态度和乐于相助自然万分高兴,在中国军事局势日益恶化的情况下,尤其如此。

10月20日,我在贝祖贻于卡尔登饭店举行的招待赖普汉的午宴上见到赖普汉。他作为经济合作署驻华特别代表团团长刚刚由中国回来报告工作。他告诉我,前一天他曾谒见杜鲁门总统。在记者招待会上以及向总统汇报时,他主张继续并增加对中国的援助。可是他又说,报纸关于招待会的报道称,在继续援华方面,经济合作署打算请求国会下年度"授权"直接与中国各省主席商谈拨款与贷款,因为中国中央政府对目前的援助分配不当。他没有透露他自己对此的反应,而只是对我说,报道还提到美国政府人士打算要求授权直接把军需品分配给各地方司令官,他们都是些有才干的将领,但由于蒋委员长不信任他们,中央政府没有分配给他们足够的美国武器和弹药。

午宴后,我把上述谈话的要点打电报报告委员长,并通过他转告行政院长翁文灏。我请他们注意在物资分配,特别是军用物资的分配方面须符合要求,应根据实际需要而不要出于派系偏见,以便扩大戡乱的战果。我给在巴黎的王世杰发了一份同样的电报。

那天下午,我把毛邦初请来,还有王守竞在场。我把我和李海关于请杜鲁门总统支持并批准对我方建议的增加空军援助,以及成立中美空军联合参谋部的谈话,通知了他们。毛邦初说,他将准备一份方案,但又说,目前连委员长也指示说,成立联合参谋部,时机尚不成熟。

10月27日,韩朝宗上校和王守竞前来报告美国陆军和魏德迈办公室有关向中国装运武器和弹药的最新消息。到那时为止,不管马歇尔在巴黎对王世杰是怎么通知的,华盛顿的正式答复是百分之四十的最急需品将于1948年12月1日前自西海岸起运(百分之四十的最急需品是全部物资的百分之二十,因全部物资中最急需品占百分之五十。),其余则将于 1949 年 1 月 1 日前起运。27 日,韩上校证实了巴黎来的更正,即约七千吨物资将于 11 月起运,12 月到达中国,其余一万吨则将于 12 月 1 日起运,年底到达中国。

我已多次谈到王世杰与马歇尔在巴黎的会谈。1948 年秋,当战争在东北和长城以南激烈进行,且国军方面情况相当不利时,加速办理现有援助物资和取得美国更多的援助,就成为愈来愈紧迫的问题。我把大使馆按南京指示在华盛顿做的工作随时报告南京,而如上所述,9 月初此事又在巴黎进行。9 月份,各国参加联合国大会第三届会议的代表团齐集巴黎。中国代表团以外交部长王世杰为首、美国代表团则由马歇尔国务卿率领。这使王世杰与马歇尔有机会就中国问题进行上面提到的直接讨论,尽管这个问题也正在华盛顿和在南京商谈。当然,即使在那时,整个事情的关键人物恰好就是马歇尔。我在华盛顿和国务院当局的几乎全部谈话所给我的印象肯定是最后决定取决于马歇尔,而他当时却在巴黎。

王世杰和蔼可亲,坚忍沉着,很适于和马歇尔这样的人打交道。他很少发脾气,自制能力很强。从他寄给我作参考的他与国务卿的会谈记录中,可以看到,由于他温文尔雅,沉着冷静,从而使马歇尔肯于开诚相见,这点对于王世杰了解马歇尔对中国的真实印象、看法和不满是很重要的。其次,王世杰是一位很谨慎的人,他严格按委员长的旨意办事,从不越雷池一步。所以在整个会谈中,他总是郑重其事地强调哪些话是他个人意见,还不知道委员长是什么意见;并强调为了正式答复马歇尔,还得先向委员长请示。因此,马歇尔似乎很喜欢他,对他的沉着和坦率态度有深刻的印象。

10 月 31 日,我研究了他寄来的会谈记录。那天上午我还收到了他的两封密函,内附有他与当时均在巴黎的马歇尔、杜勒斯和霍夫曼讨论各项问题的记录,以及他给马歇尔的备忘录的抄件和他致委员长和行政院长报告会谈情况的电报副本。因为我在华盛顿也正在办理这些事务,所以王世杰随时将情况通报我,他的这种做法令人十分感激,而且是足与欧美开明国家外事机关的优良传统媲美的。

两封密函中的第一封是王世杰 10 月 25 日的亲笔信。信中称,有若干问题他打算向马歇尔提出,而且在他们第二次长达两个半小时的会谈中已经提出来了。首先是欧洲局势、原子弹问题、朝鲜问题和日本赔款问题。他认为这些问题的讨论情况,可在他回国后报告委员长,所以他未对我详述。但另有三个他认为更为紧迫的问题,他打电报报告了委员长。在他给我的信中,附有该电的副本,发电日期为 9 月 29 日。

据该电称,王世杰首先提出了日本问题。这个问题我将另述。第二,他提出了日本以前所统治的岛屿问题。马歇尔表示,他认为为了对付苏联,美国保卫琉球群岛是必要的。他还问王世杰,中国对琉球群岛抱什么态度。王世杰答道,他个人认为中国政府可以同意由美国政府承担琉球群岛防务的意见,但整个琉球群岛应置于中美联合托管之下。第三,马歇尔问王世杰,如果美国政府派麦克阿瑟将军去中国接替巴大维将军,中国将作何反应;但马歇尔紧接着又说,这是他个人随便问问而不是正式建议。王世杰报告称,对这个问题,他并未明确答复马歇尔。然后,他在结束电报时请求委员长对这三个问题给予指示。

第一封信还报告了他于同日晚和杜勒斯的谈话。据我回忆,这次谈话是经马歇尔同意的。事实上,马歇尔敦促他和杜勒斯交谈,杜勒斯是美国代表团的成员。王世杰的第二封信是他离开巴黎的前夕即 10 月 26 日写的。信中说,他刚给我发出第一封信,就接到委员长的电报,嘱他再次和马歇尔会谈,而马歇尔恰好请他吃午饭。在宴会上,他们进行了又一次详谈,这次集中谈了对华军事援助问题。

马歇尔提出了"军事援助"这个词组的含义与范围问题。他问究竟是指什么,并说,这必须首先明确。如果它意味着和美国对希腊的援助相同的含义,他担心那会给中国政局带来深远的后果。他认为这一点应予慎重考虑。马歇尔还说,在他提出对华军援的认真的建议之前,他必须知道他能否获得中国军官的热诚合作。他说,举例来说,对前线总司令是否具备应有的条件和参谋总长的品格是否适宜,必须首先加以慎重研究。

关于派赴中国担任高级军事顾问的合适人选,王世杰说,马歇尔提出了一个人的名字,并讨论了另外两个人。马歇尔还谈到美国驻华大使的适宜人选问题。他们又讨论了一个人。王世杰提了这个人的名字,但因事关极端机密,我认为我不宜辜负他对我的信任而在此公布。

王世杰的信接着转到我个人的一件事。这件事我以前曾提请他注意并征求他的意见。鉴于华盛顿的情况以及当时在华盛顿和整个美国政治活动的复杂性,我很想回国亲自向政府报告。王世杰说,他将向委员长提出此事。最后,他在附言中说,他刚刚接到委员长来电称,听说援华方案提交国会时,有人建议将这种援助直接分配给各省。委员长嘱他特别注意这一点,并设法阻止这种不合理的做法。王世杰说,他自己没有听到这种说法,但他只是提一下,以便我记住并加以注意。他附寄了委员长来电的副本,并说,他注意到,据华盛顿各报报道,经济合作署可能有这种意见。

王世杰还把他10月22日给蒋介石总统的电报副本寄给我,并通知我,他曾和经济合作署的霍夫曼进行了一次令人满意的交谈。他要求霍夫曼向国会提出对中国每年四亿五千万美元的三年经济援助和每年五亿五千万美元的三年军事援助方案。他还邀请霍夫曼访问中国。王世杰说,霍夫曼同意把长期援华方案定为三年。关于每年十亿美元的总数,霍夫曼没有立即拒绝,但称军事援助应由新总统在全盘决定对华执行积极援助的政策时予以解决。至于三年的经济援助,霍夫曼建议应采取逐年减少的方式,以便使中国在三年经济援助之后能够处于自立的地位。但霍夫曼也知道国会的辩论一般要花很长时间,因而打算提请将于1月召开的新国会通过增加拨款的临时法案,以满足4月至6月这三个月的需要。他建议中国同时起草一个适当的方案。

霍夫曼表示愿意赴华视察,以便回国后能向国会报告。意味深长的是,他还表示衷心希望蒋介石总统立即实施几项显著的改革以引起公众注意;并采取步骤,扭转对政府不利的战局,因为他最担心的是国会的某些议员由于中国的目前局势而对中国完全失去信心。最后,霍夫曼对王世杰说,考虑到驻青岛美国海军部队的最终撤离,他决定不中止执行对东北和华北的援助计划。(显然,为了无需因保护美方设施和人员而维持在那里的驻军,曾考虑过停止对北方的援助。)

王世杰还告诉我,他离开巴黎回国后,蒋廷黻博士将与马歇尔保持联系,并随时将情况告我。蒋廷黻是中国驻联合国代表团的常驻首席代表,他去巴黎是作为第二代表协助王世杰的。王世杰回国后,他自然代王世杰担任代表团团长,并以与王世杰相同的身份代表政府与马歇尔会谈。

11月中,我才接到蒋廷黻报告会谈情况的第一封信。在此期间,即11月的前两个星期,我的注意力自然一方面集中于美国的总统选举,另一方面集中于东北和江苏省徐州地区军事局势的严重发展。此外还要办理一些其他重要事务。

11月9日,我收到外交部长来电,其中包括委员长致杜鲁门总统的信,嘱我转交。信中称,已收到杜鲁门10月16日给委员长信的复函,随后说明了中国战局吃紧以及苏俄在使形势恶化中所起的作用。委员长呼吁杜鲁门"加速并增加军事援助,同时发表一项坚定的声明,支持我国政府为之而战的事业。"他还要求美国向中国派遣"一位高级军事官员与我国政府商定军事援助的具体方案,包括美国军事顾问参加指挥作战在内"。

11日是停战纪念日,在美国是假日,但我还是设法和洛维特在国务院进行了长谈。洛维特是马歇尔在巴黎期间的代理国务卿，会谈时他由远东司司长巴特沃思陪同。我的目的是寻求对两部分问题的答案，一部分是送达白宫的委员长11月9日致杜鲁门总统信中提出的，另一部分是外交部长王世杰致在巴黎的马歇尔的电报中提出的。

我告诉洛维特，中国的局势处于千钧一发之际。因此，蒋介石总统致电杜鲁门总统发出紧急呼吁，我已于11月9日星期二转交，并将电文副本通过巴特沃思办公室送交洛维特。第一个问题是要求美国发表对华政策声明，以提高中国前线战斗部队的士气和后方人民的信心。第二个问题是要求美国加速并扩大军事援助，派遣高级军官与中国政府共同拟订援助方案，包括参加指挥作战在内。

我接着说，11月5日我国外交部长王世杰给在巴黎的马歇尔打电报提出两个问题：第一，美国政府能否派一位高级军官与中国最高指挥部共同制订一个援助计划，包括参加总参谋部作战计划的讨论；第二，假如中国政府向联合国安全理事会提出苏联在东北支持中国共产党的问题，中国能否指望美国政府在安理会给予全力支持。

我指出，蒋介石总统提出的第二个问题和王世杰提出的第一个问题是相同的，所以只有三个问题。我又说，据当天《晨报》的消息，国家安全委员会讨论了中国的局势，因此我特来询问对于向总统和国务卿提出的这三点是否已作出决定。我说，洛维特如能告诉一些消息，我将十分感激，并愿转告我国政府。

洛维特说，除我刚才所提到的三点外，中国政府还提出了另外一个问题，即美国政府能否同意派遣美国军官到战场上指挥中国军队。国家安全委员会已讨论了中国的局势。关于发表对华政策声明的问题，这要由总统来决定，他（洛维特）不清楚总统的态度是什么。洛维特说，至于刚说到的第四点，问题本身实际已含有答案，就是"不行"。中国在遭受巨大挫折之后，要求美国政府接替指挥中国军队,这是没有道理的。中国政府提出的问题似乎是说需要几乎所有级别的美国军官,直到少尉。

我说,我接到的电报中没有提到这一点。但鉴于军事局势逐日迅速恶化,终于提出这个问题是可以理解的。这也许是在战局像目前如此恶化之前提出的。

洛维特说,美国接到这种请求是在战局恶化之后,而不是以前。美国派军官指挥中国军队无异于为打内战负责,这自然是办不到的。他说,国务卿已通过在巴黎的中国驻联合国代表答复王世杰提出的问题,王世杰在一二日前当已得到回复。

我说,我未得知王世杰接到回复,因而前来询问。

关于派遣高级军官赴华的问题,洛维特说,美国政府认为在中国当前局势下,任何个人——不论是谁,艾森豪威尔将军也好,麦克阿瑟将军也好,或其他任何一位高级军官——都不能扭转中国的局势,而且也不清楚这样一位高级军官在目前情况下能干什么,一个人做不了多少事。他说,所有报告均表明,既不缺武器弹药,也不缺技术指导,但士兵不想打仗,而这是真正困难之所在。

洛维特接着说,至于增加援助,这要由新国会决定。没有国会的授权,美国政府什么也不能办。不过政府一直在尽力加速办理对华援助。例如,一批军用物资已于11月4日从关岛起运,另一批于11月9日从西海岸起运。还有一批运往中国的物资将从远东起运,另一批将从美国起运。原定12月1日起运的一批将提前于11月17日运出。

我指出,美国高级军官的作用不仅在于同我国制订军援计划,而且可对作战方案提供意见。这样一位高级军官,运用最近世界大战的战术经验,对中国军队会有很大帮助,中国正是由于缺少具有这种经验的军官而失利。

洛维特说,巴大维将军和白吉尔将军以及他们各自的工作小组已在中国,就设计与制订后勤方案而论,他们完全胜任。然而他听说中国并没有充分利用这些工作小组。

我说,我知道取得美国高级军官的全面帮助和合作涉及许多方面,包括就前线指挥官与南京最高指挥部之间的最佳协调方式以及前线各部门指挥官之间的协作等提出意见。而这些方面自然涉及为各部门选用优秀军官的问题。我又说,我断言一旦派遣拟议中的高级军官,他对这些及其他方面提出的意见会受到欢迎。

洛维特指出,过去美国屡次提出这类建议,然而据他查阅过去两年来的档案记载,中国均一律置之不理,并未实行。至于向安理会提出东北问题,他说,马歇尔已告知巴黎的中国代表,中国政府对此事的决定应作认真考虑,因为如果没有把握获得充分的支持,将此问题提到安理会就没有意义。

我解释了我国打算向安理会提出这个问题的理由。第一,想使全世界知道中国共产党之所以对中国构成如此巨大的威胁是由于得到苏联及其国际共产组织的支持。苏联违背了1945年的中苏条约,其中苏联保证只支持中国国民政府。第二,我国报纸以及立法院和监察院所反映的舆论,甚至敦促政府废除中苏条约,将问题提交联合国安理会。舆论认为这一行动会使中国人民更清楚地了解目前危机的根本原因。我这样说当然并不意味着中国当前的困境没有其他原因。然而,苏联支援中国共产党的政策无疑是其主要原因。

洛维特说,在巴黎的国务卿已告知中国代表,美国政府对此没有意见。但他指出,对这个行动,既有赞成的意见,也有反对的意见。洛维特补充说,苏联也将出席安理会,它自然要对此问题阐明它的立场。因此,他认为这样做对中国目前的局势不会带来什么好处。

我同意我国局势已如此严重,因而将东北问题提交联合国与否并非十分迫切的问题。接着,我们又回到美国总统发表政策声明的问题上。我指出,这样做会产生良好的效果。虽然我国政府和我自己都知道美国政府过去曾经而且现在仍然在经济上与军事上援助中国,但中国有这样一种印象,即美国固然在给中国数目不大的援助,可是已对中国失去兴趣,并准备放弃中国。这种印象受到反对政府的人们的宣扬。自然,我很清楚情况并非如此,不过此时此刻总统的公开声明会对中国人民产生有益的心理影响。

洛维特一再说,这要由总统来决定,因为这是总统个人声明。在回答我的另一个问题时,他告诉我,杜鲁门总统将于11月22日返回华盛顿。我说,我想总统在决定发表声明以前,当与国务院商议。洛维特说,是的,并说总统还将与他的参谋人员商议,在当前局势下可以说些什么做些什么。

我问洛维特,美国政府决定对青岛采取什么政策。意思是驻青岛的美国舰队仍留在那里还是撤退。

洛维特回答说,那要根据将来形势的发展而定。如果中国共产党进攻青岛,美国海军将不负防卫责任。那要由中国当局进行抵抗以保卫该市。这个原则也适用于上海或南京。

巴特沃思解释道,美国当前在青岛和上海的地位和1943年以前不同,因为已于1943年放弃了在中国的治外法权。因此,美国无权也没有责任保卫青岛、上海或中国其他任何地方。那是中国政府的责任。

洛维特说,如果中国共产党进攻青岛,应由中国人保卫它,美国海军不能也不会参加对共产党的战争。

我说,这当然是一条正确的法律原则;我之所以提出这个问题是想弄清楚美国的态度,另外还有一点我想得到澄清。据《晨报》报道,美国国家安全委员会曾考虑能否把援助直接送交中国各省及地方当局。关于这一点,我回顾了赖普汉在华盛顿最近举行一次记者招待会的报道。报道说,他呼吁给中国以更多的援助。报道中提到拟请国会授权把军事援助直接送交中国各省政府。我说,我想知道这则报道有多大的真实性,美国政府在审议今后对华援助计划时是否确实已在考虑这个问题。在现实情况下，我认为，倘如这种援助有助于稳定前线的局势，则把军事援助送交中国各地方司令官不会有什么困难。

我说，我国政府支配军援的目标一直是充分发挥它的作用并收到最大的效果。我相信这也是美国政府援助中国的目标。举例说，华北的傅作义既是一位第一流的军人，又是一位好的行政官，深得当地人民的信任。如果美国在华的代表认为他得到的援助应该多一些，他们就此提出的意见，会受到中央政府的欢迎。事实上，最近政府已将所得军用物资的百分之三十，包括武器弹药，分配给傅作义，而他的军队只占全国武装部队总数的百分之十。

洛维特说，根据美国援外法，美国政府只能援助中华民国。因此，很清楚，即使中国共产党组成了政府，美国政府也不能予以援助。

我说，根据援华法的规定，这是很清楚的。

巴特沃思说，美国政府已向南京说明，决不直接向各省主席或各省政府提供援助而损害中央政府的权力。

洛维特说，关于经济援助，我可询问经济合作署。

巴特沃思问道，我刚才提出的那一点是否根据南京的指示。

我请巴特沃思不要误解我的意思。我个人认为，如果美国在华代表认为应给傅作义更多的物资，那就只需向南京中央政府提出。如这种援助实属迫切需要，并可望取得最大效果，我肯定南京将乐于讨论并予以接受。换言之，不应越过中央政府向各省或地方当局提供援助。先和中央政府商谈这类问题不仅有利于中央政府力求实现中国的统一，而且也符合美国赞助中国统一的传统政策。

谈话结束时。我再次问道，洛维特认为总统是否有可能在从基维斯特回来之前给蒋介石总统复信。洛维特回答说，总统可能这样做，因为国务院已给他送去了关于中国局势的资料和国务院的意见。

当晚我在日记中写道：

> 洛维特说还有一个第四点，即派遣美国军官参加中国前线作战部队，这使我感到惊异。他很冷淡，毫无同情心，他说这种要求是不恰当的，没有道理的。美国无论如何也不能对中国军队的失败负责；困难不在于缺乏武器弹药，而在于缺乏斗志等等。整个谈话虽然彬彬有礼，但令人沮丧。

> 巴特沃思在回答我的"东北有消息么"的问题时高兴地说，一切平安无事；并说美国领事馆和领事馆工作人员一点也没有受到骚扰，那里的英国领事馆和法国领事馆也一样。言外之意，共产党人毕竟不是坏人，是可以打交道的。

我听到第四点时感到惊异，并不是由于我不知道这些事（我尚未接到有关此事的电报），而是由于竟会提出这种要求。委员长强调不得侵犯中国主权曾几何时？最近我一直着重说明无需为此担心，然而我未曾料到，用洛维特的话说，我国竟要求美国军官指挥战场上的中国军队。这比我接到的任何报道更使我深切地感到我国的局势多么严重。

两天后，委员长收到了杜鲁门总统的复信。除了保证美国对于现有的援华计划将继续竭力从速付诸实现以外，复信对委员长或王世杰提出的各点均避免作正面回答。杜鲁门提到了马歇尔以前对其中几点的答复，并提请中国注意在中国已有美国驻华联合军事顾问团团长巴大维少将，以及他个人和马歇尔1948年3月的公开声明。

15日，我接到蒋廷黻的来信，告诉我他和马歇尔在巴黎接触的情况。实际上，这也是一封说明所附他致南京外交部长各电的信。这些电报报告了他与马歇尔谈话的要点以及马歇尔对所谈各点的答复。第一封电报的日期是11月6日，即他和马歇尔谈话的那天。他在该电中报告说，关于美国派军官作为顾问参加指挥作战以及指派一位高级军官赴华问题，马歇尔表示需请杜鲁门总统决定。马歇尔答应立即给总统打电报,但他又说,他认为高级使节的人选十分困难。虽然各报推测将选派麦克阿瑟赴华,但实际上这是行不通的。这样一位高级使节要取得成就,必须是熟悉中国情况的人,否则在短时间内他无法做出任何成绩。他心目中倒是有另一个人,不过这事应该慎重考虑。

至于加速装运军用物资问题,马歇尔说,他已尽到最大努力。第一批将于 12 月 1 日运抵青岛,一周后即可到达前线。关于搜集日本国内的这类物资一事,他说,他不知道能弄到多少,不过他可以要求华盛顿说明情况。

然后蒋廷黻谈到了向联合国提出苏联支援中国共产党的问题,并征求马歇尔的意见。国务卿说,他必须先和这个问题的专家讨论一下,然后才能答复。但他又说,由于缺乏确证,这一着充满困难。他说,在过去三年中,美国一直密切注视形势。虽然美国政府倾向于认为苏联向中国共产党秘密提供大量援助,但未能得到确凿的证据,即未能得到美国能在国际会议上提出的证据。马歇尔进一步解释道,如中国提出这个问题,其结果不过是联合国决定派出一个观察组。这样一个组织的效果不会是令人十分满意的。更需要考虑的是,如果苏联要求参加这个小组,莫斯科肯定会弄出更多纠纷。所以他认为向联合国呼吁是弊多利少。不过他还是很谨慎。他说,在正式答复之前,他想先听听直接负责这个问题的专家的意见。

然后,值得玩味的是,马歇尔的话转到了中国当前的困难局势。他说,事态的发展正如他所预料的那样。谈过去的事当然没有用处,即使再加以讨论,也于事无补。尽管这样,他还是提到了他任驻华特使时设法做的事。他说,在他出使期间,曾竭力援助中国装备军队和运兵至东北。但他感到奇怪的是,中国舆论对他进行抨击。他可以理解为什么大学生非议他,但他不明白为什么上海各界人士,如商界、劳工界以及《大公报》的编辑王芸生也反对他的工作。(国务卿的这些话,看来是反映他对这些批评感到不快和不满,而且他认为这种批评必定是官方授意的。)马歇尔又说,苏俄于其对华政策一直是精心掩饰的,不让人了解其实质。他相信苏俄政府从一开始即采取步骤避免任何国际指责。

马歇尔接着回到了美国军官参加指挥作战的话题上。他说,中国方面必须有适当的对等人选。他说,他不知道徐州前线的司令官和长江以北其他地区的司令官是些什么人,但对此应加考虑。(我认为这是极其微妙地提到他在中国时的建议,即改组中国的军事指挥机构并选用他认为合格的人承担各项军事责任。)至于在途中的军用物资,马歇尔说,已决定基本上运往青岛,但他想知道现在是否应转至上海。

当天即 11 月 15 日晚上,外交部长来电把杜鲁门总统答复委员长去信的要点告我。照外交部长的看法,答复包括三点:第一,美国政府将尽力加速向中国运送军火。一艘船已于 4 日离开关岛,7 日离开日本;另一艘船已于 9 日驶离西海岸。第二,美国不宜派高级官员赴华。第三,至于委员长要求发表政策声明,总统已于 3 月 11 日发表一个声明,宣称他赞同给予中国援助,不赞成中国政府吸收共产党参加政府;因此,他认为没有再发表声明的必要。王世杰说,尽管措词微妙而谨慎,但美国没有做出新决定的愿望。他指出,复信要点和马歇尔当面向他说的完全一致,例如,马歇尔只同意把军火及军用物资加速运往青岛以及让顾问团仍留在南京。

关于中国因苏俄支持中国共产党而拟将中国局势问题提交联合国的想法,王世杰说,马歇尔认为弊多利少,但声称无论如何这要由中国自己决定。王世杰说,鉴于中国各方面的呼声,政府认为几乎不可能不向安理会提出。他征求我的意见。他希望我在白宫会见总统时,(我曾告诉他,我已约定 24 日会见总统。)着重说明中国政府把这个问题提交联合国的愿望,并强调美国似应把援华问题看作是代表两党的,或者如他所说,是"超党派的"。

11 月 17 日,我直接电复王世杰,说明我对向联合国控诉苏联是否可取的意见。我说，我理解这样诉诸公断的目的是使全世界明了谁是谁非，从而获得公众的支持。但是这方面有三点应加以考虑：第一，当今国际纠纷迭起，安理会成员处理希腊、巴基斯坦与印度、荷兰与印度尼西亚、柏林以及巴勒斯坦等问题已感到很忙。我担心如我们目前提出东北问题，安理会很难把注意力集中在这个问题上。第二，考虑到安理会的组成，我告诉他，大多数成员国均有其本身的问题和困难。尽管他们对上述不同问题的关心有程度的差别，但他们或多或少必定都是顾虑重重。因此，我担心他们不能坦率表明支持我国的意见，不能给我们全力支持。如美国愿给我们以全力支持，其他国家也许会采取同样立场。如美国不能保证给予我们这种支持，而且不赞成我们把问题提交安理会，我国即难以在安理会得到有力支持，也就达不到任何目的。相反，只能使问题在议事日程上成为又一个僵局。第三，因此，愚见以为目前最重要的还是在军事方面。如我们能在稳定战局方面有所作为，则国际舞台上一般印象会有所改善。届时我们可重新考虑这个问题，那时提出也许对我们更为有利。

总之，我国政府是想谴责苏联违反 1945 年的中苏条约，支持中国共产党，从而对中国军事局势的恶化至少负有部分责任。但我认为通过联合国这样做，并不明智，因为这个问题极端重要，而局势对中国如此不利，以致不能期望在联合国得到满意结果，甚至不能期望在联合国中的讨论对我们有利。相反，在联合国展开此项讨论将为苏联攻击国民政府提供讲坛。苏联可能设法说明，1945 年控制整个局势的毕竟是中国政府，而今局势对它不利，它就企图归罪于别人。

关于敦促美国政府在援华问题上采取"超党派"立场的问题，外交部长也征求我的意见。我于 11 月 18 日以第 231 号电报答复说，我们必须十分谨慎，从各个角度对每个步骤加以考虑。由于共和党在总统竞选中的立场，我们不应立即向美国政府提出这个问题。我提醒外长，在竞选运动中，共和党各领袖都强调如在大选中获胜,加强对华援助为其施政方针之一。他们反复宣称杜鲁门的民主党政府自始至终没有和国会中的共和党各领袖磋商过,杜鲁门的政策完全是民主党的政策,共和党对这种考虑不周的政策的不良后果不能分担责任。如果在这时候我们对杜鲁门总统强调两党对外政策,这很可能引起误解,甚至可能使他认为我们意在干预美国内部的政治活动。此外,民主党在参议院和众议院都已获得多数,在援华问题上,他们是否愿意和共和党少数派磋商仍然是个问题。因此,在这个时候以不向杜鲁门总统提出这个建议为宜。

两天以后,我接见了彭学沛部长和谭绍华公使。彭学沛随中国代表团参加了在巴黎举行的联合国大会,自巴黎途经华盛顿回国。他已和谭绍华拜访了巴特沃思,并前来告知会谈情况,内容是中国想把东北问题提交联合国安理会。巴特沃思对他们说,只有中国才能决定提出与否。不过他认为这个问题有两个方面,既有利,也有弊,是一把双刃剑。谭绍华说,当时他给彭学沛解释说,这句话的意思是巴特沃思认为这要看怎样使用这把剑。但巴特沃思予以否认。他说,他的意思是苏联也可以用这把剑来反对中国,而苏联至今似乎是想避免与中国公开摊牌。

那天下午,我设午宴招待彭学沛部长,介绍他和华盛顿新闻界的重要人士见面。波特(大概是《纽约时报》的记者)提问最多,其中有一些很直率的问题。他问我,中国对雅尔塔会议有什么看法。我坦率地说,我们一点也不喜欢它。我国人民一直不愿苏联插手对日作战,因为我们认为当时日本业已准备投降,并已放出探询和平的气球。我们认为,如果没有雅尔塔会议和波茨坦会议,俄国会力图以另外某种方式参加对日作战。因此我们勉强接受了美国的劝告,同莫斯科订立了条约,尽管背着中国达成的雅尔塔协定是倒退的一步。但当美国以绅士态度坚持执行这个协定并坚持中国按其同意的条款行事时,俄国却不履行1945年8月中苏条约所附换文中规定的只援助中国国民政府的义务。

在这方面,我可以提一下大约两周后我和马歇尔的前任国务卿贝尔纳斯的谈话。我在国防部长福莱斯特夫妇为政府官员、外交使团,以及社会、商界和新闻界名流举行的招待会上遇到贝尔纳斯。这是美国阁员第一次举办这样盛大的社交活动,到会人士极多。贝尔纳斯对我说,他很担心中国的局势,他认为美国应予援助,譬如说,派遣一队空军,他告诉我,他已在当晚的宴会上和福莱斯特谈了这件事。他感到遗憾的是政府尚未能对此下决心。我对他说,我们的困难是由于苏联对中国共产党的援助和煽动。我说,甚至东北的重要港口大连尚未交还中国。贝尔纳斯说,中国的困境是世界问题一部分,他愿能有所帮助。他对中国抱有深厚的同情。

至于援助中国空军的问题,毛邦初于 11 月 17 日来访并告知关于请求美国向中国空军提供 B-24、B-25 和 A-26 飞机一事。他已见过空军部长助理惠特尼和空军参谋长范登堡。他们说,美国已不再生产这些飞机,现在生产的是中型轰炸机。所要求的各型飞机都太轻了,甚至 B-29 也已认为是轻型轰炸机。毛邦初对他们说,他看到了一些 B-25,不过枪炮都已拆除。惠特尼和范登堡答应调查一下,相信如果有就可以提供。毛邦初还报告说,惠特尼甚至认为美国应派一位高级军官协助中国。我告诉毛邦初,这显然是他个人的意见。至于 1948 年 11 月进一步要求的各种形式援助,只有明了中国事态发展和美国反应的背景,才易于理解。

第二节　中国局势及美国的反应

1948 年 10 月—11 月

从 10 月中至 11 月中,中国战局失利的消息一个接着一个。10 月 14 日,虽然官方否认了山东烟台的失守,但据报辽宁锦州已被共军攻占。锦州是东北国军的补给基地,它的失守使在北面长春和沈阳的国军陷入危急情况,而同时山西太原和陕西西安也感到吃紧,这就使整个战局空前严重。与此同时,辽宁的港口城市营口的收复仍未得到证实。

10 月 18 日,国内传来了更多令人沮丧的消息,说是防守长春的一个军投降了共军,烟台已被占领,锦州郊区的锦县也弃守。10 月 19 日更为不利的消息传来。《纽约先驱论坛报》上午版刊登了斯蒂尔斯的一篇文章,其中叙述了锦县和山东济南损失的武器弹药、军粮军衣和汽油等物资的情况。特别使人沮丧的是这些军需品大部分是美国援助的。这个报道可能有些言过其实,但我读起来感到异常沉重。更糟的是,长春于次日被共军占领,而十日后沈阳又告失守,使前线的不利情况达到顶点。

10 月 30 日,无线电和自动收报机都传来了东北首府沈阳失守及随后一片混乱的消息。还有未经证实的消息说,十二个师被共军俘虏。这则报道更为令人沮丧,因为它还附加了对委员长日益不满的评论。它说,到处都反对委员长。10 月 31 日,无线电广播说,委员长曾向部下将领声称,中国内战三个月内将见分晓,但据同一报道说,南京的外交界人士和华盛顿美国官方的看法则认为国军已败,共产党的胜利——早则数周,晚则数月——已成定局。据报道,委员长也说沈阳损失了二十万士兵。

继沈阳之后,东北小城镇一一落入共军之手。11 月初,整个东北失守,国军兵力损失惨重,其中包括几个最精锐的军。这样,共军即可进军华北,在华北他们已占领了许多地区。其至在通往南京的战略据点江苏徐州也发生了战斗。11 月 13 日我在日记中写道:

> 战局很糟。据说共军已绕过徐州,不过消息尚未证实。看来共军包围了徐州。国军虽配备装甲兵团,但无法突围。

以后我听说,共军知道国军拥有重型装备,特别是重型坦克,就使其士兵并征当地农民围绕徐州挖掘壕沟,因此即便国军能够冲出重围,坦克也无法越过。这样持续相当一段时间之后,共军看到国军已被牢牢围困在徐州,无法逃脱,就南下直捣南京。

10 月 18 日晚,我设宴招待我国著名画家汪亚尘先生。他画的鱼在国内和美国一些地方享有很高的声誉。我请的客人都是中国人。席间谈到我国的局势时,大部分客人表示失望。汪亚尘告诉我,他最近接到上海家信透露,逮捕并处决囤积居奇的奸商和大投机商使人们深感不安。他在席上说,因做买卖而被枪毙,这在中国历史上还是头一次。

11 月 13 日,参事陈之迈来到我的办公室告诉我陈布雷骤亡的消息。陈布雷是委员长的密友和机要秘书。我立即打电话给他的兄弟,得知陈布雷因前方和后方局势迅速恶化,病情加重,突然中风而死。但后来证实他是吞服过量的安眠药自杀的,因为他对时局感到绝望。他始终追随委员长,为委员长效力一生。他感到时局无望,因而轻生。他在自杀之前,写了许多信,其中一封写给委员长,其他写给几位好友,在信中说,尽管他曾竭力及时指出,但仍出现大量失误,对此甚感遗憾。这些信没有全部公开,只发表了几封。至今许多关心当时政局的人仍想知道他临终致委员长信中究竟写了什么内容。

我当时对徐州及其周围的战局十分担心,并希望设法说服美国政府给我国以更多的援助。合众社的麦克唐戈尔和冈萨雷斯要求会见我,并称只想请我为他们提供些背景材料,我答应了。但结果是他们把我提供的材料立即发表。他们问我,在徐州一带的战局这样严重的时刻,中国最希望什么样的帮助。我告诉他们,如美国政府发表一个对华政策声明,将会鼓舞中国人民的情绪,同时我们也渴望获得更多和更快的军事援助。我对他们说,我不反对美国把军事物资直接火速运交中国各指挥官或地方当局,但必须通知中央政府并征询其意见,而不宜越过。

会见的日期是 11 月 13 日。两天以后,我参加在华盛顿举行的联合国粮食及农业组织第四届会议的开幕会议。虽然我正在处理因国内战局恶化而引起的许多问题,工作十分繁忙,政府还是委派我为参加这次会议的中国首席代表。为了协助完成这个任务,政府派了一个由农业部次长率领的代表团,该团已于一周前到达美国首都。

在联合国所属的这个组织的开幕会议上,议事日程的第一项是选举主席。大家认为,经过粮食及农业组织总干事、美国代表团团长诺里斯·多德长时间的努力,说服美国农业部长查尔斯·布兰南放弃他当主席的愿望之后,这个问题早已解决了。然而他的努力似乎失败了。当粮食及农业组织理事会主席、澳大利亚的布鲁斯勋爵(他是我在伦敦时的一位老朋友)迎接我时,他对我说,他为布兰南不肯放弃主席一职而感到遗憾。他又说,如果在会上公开选举一位合适的主席,他相信大家会一致选举我。我立即对他说,布兰南担任这个工作是再合适不过了,因为会议在华盛顿召开,他是美国的农业部长。(按国际惯例,通常由东道国政府的代表任会议主席,这是成规。事实上,在选举时,我附议提名布兰南为会议主席。结果我是唯一的发言人。这使选举得以顺利进行。)布鲁斯勋爵说,无论如何应选我为第一副主席,以便在布兰南缺席时可能由我主持会议。那天下午布兰南当选为主席后,他本人立即对我说,他愿我经常代替他主持工作。

选举主席这件事似乎不涉及政见。被选的人只要有些经验,熟悉国际会议,使会议能顺利而迅速进行即可。大家都很清楚,在这类会议上,易于发生威信的问题。通常,小国的代表团很关心被选入各委员会,为了使自己的代表当选往往争得不可开交。至于这次会议,它将处理作为一种救济事业的粮食分配问题以及促进和协助会员国提高粮食生产。

11月15日以后的至少两周之内,联合国粮食及农业组织理事会的会议占了我很多时间。自然我还是十分关心国内局势,并极力设法随时了解时局的发展。11月16日的报纸,关于徐州附近战斗的消息说法不一。但据报载,南京美国大使馆和上海美国总领事馆已通告全体美国侨民撤离中国,除非他们准备承受"面对挺进中的共产党的危险情况"。我在日记中称这种声明为"不必要地扰乱人心的通告"。然而这却足以说明美国政府的心情。例如,11 月 5 日荣罗斯(音译)少校来看望我。他是华裔美籍公民,他的妻子是我的老朋友陈立庭的女儿。他在回答我的问话时对我说,他在国务院工作了好几年。他认为国务院给他在中国负责的机构的指示主要是注意苏联在中国的活动,至于中国的利益那只是次要的。他不能理解为什么国务院某些人士对中国竟有如此偏见,甚至看不到构成中国局势的那些重大问题。他说,国务院倾向于相信可以和中国共产党打交道,而不信任国民政府。

我自己非常清楚美国国务院和政府缺乏同情心。事实上,11 月 4 日我致电外交部说,白宫已发表了杜鲁门总统提交国会的 4 至 6 月份的援外咨文(这份咨文自然是以国务院呈送总统的报告为依据的)。在有关中国的一节中,咨文说:第一,南京由于分配援华粮食的配给制失败,未能履行其义务;第二,中国无力及时支付计划项下的开支;第三,公布上海地区米价与实际情况不符;第四,帐目既不真实又不及时;第五,公务员的待遇太低,因而情绪低沉。但咨文又说,上述情况不一定完全是由于中国政府的蓄意行动,或由于忽视与美国签订协议中的条款,而实际是由于政治、经济和军事局势的不稳定。尽管最后的几句语气缓和,但美国政府对中国态度和情感决不是同情,这是极为明显的。

这种情况特别令人焦心,因为几天前还可以指望美国新政府的对华态度转为友好,当时选举结果已证实现任政府还要继续执政四年。这个政府的对华政策主要是国务院制订的,诚如崔存璘 11 月 15 日的报告所说,国务院断定南京政权的倒台无法避免,而共产党政府一旦组成后,美国将予以事实上的承认。他建议我电告南京固守长江南岸,并按他的理解把美国国务院的结论告知南京。

大使馆的工作那时是这样分配的,当办理外交问题时,如我自己不能去国务院,我就派公使衔参事谭绍华去;办理一般行政及类似事务的次要问题时,就派崔存璘去。崔先生在华盛顿工作已逾十五年,和国务院许多人都很熟,他们也喜欢他。他和国务院经常保持密切联系。为此,他能以非官方甚至以私人的方式和国务院的人无拘无束地进行坦率而友好的交谈。我因而对他的报告印象颇深。他也知道国务院对南京有一种失败主义情绪,而对共产党则有好感。我告诉他,一年多来我就意识到他们对南京和委员长抱有偏见,看来现在他们在内心里急于看到委员长政府的垮台,甚至在设法促其实现。

与此同时,中央通讯社华盛顿分社社长卢祺新打电话对我说,他刚从总统休假地佛罗里达州基维斯特的比尔先生那里听到一个消息。比尔是《时代》杂志的著名记者,也去了基维斯特;美国报纸和期刊的做法是,不管总统去哪里,总派自己的记者随行采访。比尔告诉卢,有人问到在中国目前危急关头对它提供更多援助以及发表政策声明的问题,总统回答说,他在和蒋总统联系中,并正在根据国会授权,执行一亿二千五百万美元军援的计划。新的援助则需等待新国会组成后再说。他无意召集即将任满的第80届国会特别会议来讨论援华问题。卢说,普遍的印象是杜鲁门总统的声明措辞谨慎,他对协助中国摆脱困境没有热情或关切的表示。我在日记中写道:"我不感到惊异",情况并未出我所料;如有出入,我认为是我讲的不够,而不是讲过了头。实际上,美国政府似乎准备将委员长的政府一笔勾销,彻底放弃。

11月12日,亨培克来到双橡园探望我。他为杜威州长竞选总统失败而感到失望。他相信共和党在援华上比民主党强得多。共和党人曾明确保证要为反对共产党扩张而斗争的中国制订更大更有效的援助计划。亨培克曾任国务院远东司长,1945年被任命为驻荷兰大使。我们曾在许多国际会议上会晤和交谈。在德国入侵荷兰时,荷兰政府迁至英国,他随之去英。那时我任中国驻伦敦大使,我们时常见面,对时局交换情报和进行讨论。按他的话说,他 12 日来访是要弄清徐州前线的情况和全国战局的形势。我请他吃午饭,以便长谈。

在我们谈话中,他说了一桩有趣的故事,我猜想他是意在鼓励。他说,1938 年,胡适博士到国务院会见他,说了些中国情况混乱以及无法继续抗战的话。胡适问他,中国是否应与日本媾和,亨培克坚定地回答说,中国并没有完全战败,如果坚持下去,继续战斗,结果准好;但如放弃战斗,那就无望了,一切都完了。

我对他回顾了在布鲁塞尔会议上他当着我的面和他的法国与英国同事讲的话。他们认为中国缺乏继续抗日的意志或能力,他表示不同意并坚决认为中国不会投降,即使这意味着战斗三年甚至十年。他的英法同事认为整个战争三个月内就会结束,因为照他们看来,中国无论如何也支持不了三个月以上。我记得在谈论布鲁塞尔会议时,我提到了这件事。亨培克当时甚至打赌说,中国有能力继续抗战,结果他赢了。

在吃饭的时候,我的心情和亨培克差不多。对于来自我国的报道和美国政府的失败主义态度,我固然感到沮丧,但从我国过去的历史却得到鼓舞。说实在的,我过去从未想到整个大陆会丢给共产党,也想不到共产党人所作所为竟完全背离了中国人的传统观念。我只是认为他们打仗是为了夺取政权,但他们毕竟是中国人,不会像诸如俄国革命时俄国共产党人那样行事。在这方面,我可能是太乐观了,也许我不完全了解中国共党人的性格和特点。我总以为他们接受共产主义意识形态,那是为了他们的政治目的,即取得莫斯科的支持,以保证政治斗争的最后胜利。我没有想到他们竟会走极端,他们的行事竟完全违反我国的传统和我国的政治哲学。这也许是出于我的天真。

由于我的这种看法以及我通常对个人利益的漠视,我失去了留在国内的动产和不动产,其中有我的贵重物品,我在华盛顿会议以前那段时期的个人书信文件,以及从父亲继承下来的顾家财产中我应分得的一份,包括田地和城市不动产。不知怎么回事,我从来不像一般人那样关心自己的利益。现在回想起当 1946 年对日作战胜利后我回国时，曾在委员长的建议下去北京和天津和他会晤，那时委员长打算去北方，同时这也出于我个人的愿望，因我在那里住了那么多年。我自己的家实际是在北京，但我在天津也有一所房子。我个人的全部财物几乎都在北京或天津；一些贵重物品，如我第一位妻子的珠宝、外钞和金币等都存在花旗银行的保险柜内。我的女儿特别建议我去察看一下。但我和许多老朋友阔别多年，很想见见他们，因而忙于访友，竟未感到应该亲自去看看花旗银行的保险柜。我只给北京的该行经理打了个电话。他的回答使我如此丧气，以致我连去也没去看一眼。他说，日本人进城后，把保险库都打开了，并把所有能在国际市场上变价的东西都拿走了。

同样，在 1948 年国内战局恶化的时候，我也没有采取任何步骤。回想起来，我从来也没考虑到这件事。那时我忙于处理工作中的重大问题，想不到这件事，更无暇去办理。也许，我想当然地以为有我的侄子会照料各房的，包括他父亲的、我的和我二哥的全部财产。原先，他父亲，即我的大哥掌管我们各房的房地产和存款。大哥死后，即由我的侄子接管，我以为他会妥善办理。

事实证明，这是办不到的。据闻共产党到上海后，可以说把什么东西都拿走了。他们拿走了房子和田地，甚至恐吓说，除非把全部帐簿和地契都交出来，否则他们就清查顾家的老帐，看看我家逃避了多少地税，而且必须补交。（传统的做法是，交纳地税通常是一个和收税人商量的问题，收税人习惯于加码，以作为他自己的一份。这是一种讨价还价。）我从未对这种事操过心，我也不懂。但共产党肯定是为拿走私人财产寻找正当理由而制订了一套奇妙的办法。不是所有的人家都保存五年或十年以上的老帐目。如果能找到这种老帐，共产党一查帐，追溯到几乎一百年前的太平天国年代，看看这家究竟逃避了多少税。这些都得加在一起清算。

对汇丰银行就是这样办的,这是该行华籍经理兼顾问的遗孀告诉我的。共产党控制大陆两年以后,查了这家银行和一些其他银行的帐,特别是储户名单。他们要了解有多少存款人已经死亡,遗留的存款无人认领。多少年来,数以百计的华人存户留下存款,无人认领,其中有的数目很大,超过法定年限之后,这些钱即归银行所有,成为其资产的一部分。据说,仅这一项就达数百万镑之多。因为共产党扬言要清查的帐目数额如此巨大,各银行很快就"妥协"了。汇丰银行未交现款,而交出了它自己的全部不动产,包括位于上海外滩的富丽堂皇的总行大楼在内。此外,该行还把中国储户的名单交给了共产党的有关机构,即专为办理银行事务而组成的一家公司。当然,银行也不太吃亏,因为交出的财产大部分早已作为这些年的折旧而摊销了。

至于我的个人书信文件,全部都留在天津那所房子里;其中有华盛顿会议前那个阶段的,1905 至 1912 年我在哥伦比亚大学上学时期的,1915 至 1920 年我初次出使华盛顿时期的,1912 至 1914 年与 1922 至 1928 年我在北京政府任职年代的,以及剪报和我的四篇论文等。至今我不确知这些是怎么丢失的。在中日战争时期,那所房子被为日本人效劳的汉奸所占住。但他们没有动房子里的东西。我间接而不是直接听说,共产党统治天津后,我一直雇用看管房子的几名仆人怕受我连累而把房子烧了。共产党认为我是蒋介石的亲信,仆人们怕惹麻烦;为了不吃苦头,他们把所有东西都烧了。

我曾写信设法弄清这种传说是否真实,但毫无结果。我仍然希望这是不真实的。在战乱年代,有的仆人会趁机盗窃一些贵重物品。为了掩饰他们的行为,就说失火把一切东西都烧了。至少这是一些人逃避被控偷盗的惯用伎俩。因此,我还是抱着希望,也许是一线希望,那就是仆人们只是把一些值钱的东西如艺术品、字画、个人衣物等据为己有;而仆人拿了以后,共产党把书信文件和其他东西拿走了。假如共产党拿到了这些书信文件,他们不大可能予以销毁。例如,他们已对胡适的书信文件及早年的日记,加以分类编目。对其他一些著名人士的书信文件,他们也是这样做的。我的书信文件没有政治性,我所有的是一些十分珍贵的外交史料。例如,有一个卷宗里的全部会议记录和文件是关于谈判和解决战争赔偿要求的,这些要求是由辛亥革命战争引起的;另一个卷宗是关于中英谈判西藏问题的,我和这次谈判有着密切关系。我希望这些文件仍在中国某地或者在共产党接收的天津那所房子里,或者已转移到其他地方。

最近,一位香港的中国朋友告诉我,大陆的局势当时恶化得如此之快,以致很多人措手不及。但她得悉我没有采取任何措施保护我的财产时,她很惊讶。她说,这特别是因为许多和我共事的中国朋友,以及委员长的公认的追随者中的一些豪门名流,都处理了他们的在华财产。她以为我也那样办了。所以我想我是很粗心大意的。幸而我的子女迄今未因此而表示不满,尽管他们有理由对我进行指责。

11月15日,卢祺新前来报告杜鲁门总统对报界发表冷漠无情的谈话之后不久,蒋荫恩来对我说,他曾见到白宫副新闻秘书埃本·艾尔斯。蒋荫恩是获准参加白宫记者招待会的唯一中国记者。艾尔斯刚从基维斯特回来,他曾说杜鲁门同情中国。我在日记中写道,这是"一种照例敷衍的词令"。蒋荫恩报告了艾尔斯对他提出关于孔祥熙任命问题的回答。

10月31日,译电室递给我委员长打来的一份令人难解的奇怪的电报。电报说,鉴于促进中美更密切合作的重要性,他派孔祥熙为他私人驻华盛顿的代表,以个人身份协助我办理交涉事宜。委员长说,孔祥熙可以更加自由地进行活动,联系国会领袖与他们商讨经济与军事援华问题。

事情并不出我所料。我早就感到孔祥熙对这个差事谋划已久。1948年春夏之际,他数度来美,以给南京留下他努力促进美国援华的印象,从而实现他的愿望。他不止一次地要我打电报给委员长报告他在华盛顿的奔走,尽管当时援华计划已大体决定,除通过正常外交渠道联系外,已经没有多少事情待办。但委员长显然是听从了南京某些人的要求,决定给我打电报,以采取步骤实现孔祥熙的愿望。当时外交部长在巴黎参加联合国大会尚未回国,也许这也是促使委员长做出这一决定的原因。不管怎样,继给我打电报之后,蒋总统又致电马歇尔将军。

11月6日,我在纽约主持一个婚礼时,打电话给谭绍华。(他前一天晚上给我打电话,我不在。)他说,孔祥熙的幼子孔令傑同孔祥熙的秘书交给了我妻子一封信,她又请他(谭)转交给马歇尔。信是蒋总统亲笔签名的,并附有英文译本,其主要内容是通知马歇尔,他已任命孔祥熙为他个人的全权代表,他完全信赖他,并请马歇尔与孔合作。谭绍华说,英译本与原信有些出入。译文说,任命孔祥熙为驻美国政府的特派代表,全权处理紧急的军事与经济问题。我对谭绍华说,这事不急,等我星期一回华盛顿再办。

11月7日星期日,我去里弗代尔孔祥熙的家拜访他。我们谈了两个多小时。孔夫人殷勤地下楼来参加我们的谈话。我问孔祥熙什么时候去华盛顿。他说,他在华尔街有个办公室,访问者甚多,难以脱身去华盛顿。我们闲谈杜鲁门的竞选活动。孔夫人一再强调她始终坚信杜鲁门会获胜。她说她打赌赢了,我想她是和她的丈夫打赌。我说,我没有料到杜威会失败,不过我认为选举会是势均力敌的。

孔祥熙接着谈到王世杰对他的怨恨,只因为他任行政院长时没有使王世杰入阁任教育部长。孔解释说,他当时无能为力,因为那是委员长的意思。然后我们谈到美国坚决要求彻底改组中国政府。孔祥熙夫妇都有政学系把持政府的看法。

我没有立即提到委员长打给我关于任命孔祥熙的电报或委员长致马歇尔的信。但当谈话临近结束时,孔祥熙提出了这件事。他说,他事先不知道这一任命,既没有答应也没表示意见。

他说,这完全是委员长个人的意见,他感到突然。我说,这个主意不错,而且事实上很有好处,因为孔祥熙多年来一直是委员长的忠诚的合作者。孔夫人说,孔祥熙始终尽忠尽职;不论是任行政院长还是任财政部长时,他遇到困难总是揽到他自己身上,而不让委员长为难。但她认为,在中国糟糕的是多做事就意味着多出错;少做事就少出错,不做事就不出错。

我说,孔祥熙最好是接替我的职务,从外交方面说,这样办才合适。他实际比我能有作为,因为委员长对他了解更深,时间也更长。任命一位第二代表,不论职称叫什么,都会形成在同一国家有两位大使的局面,而且两位都有全权,都应该得到委员长的充分信任,这将使工作复杂化,使美国政府感到为难,不知该怎么办。即使我们两人尽力互通情报,外界也会有疑虑。

孔祥熙解释说,他将把全部日常和行政事务交由大使馆办理。但我说,要是这样的话,如他不担任大使职务,大使馆有一位代办就足够了,他可以指挥代办以保证协调一致。孔祥熙坚持说,若是那样,他就不接受委员长的任命。而孔夫人(大部时间是她在说话)则竭力劝我同意这种安排。我说,这种情况在战时有,在平时则没有。平时如有特别事件,就需要这样的特使,但特使只作短时间的访问,从来没有常任的。我引克里普斯爵士最近访问华盛顿为例,他来美是商谈借款问题,尽管在名义上他是来参加世界银行及货币基金组织会议的。孔祥熙夫妇立即说他们也是短时间的。孔夫人说只待到 1949 年 3 月,孔祥熙则说他将于 1949 年 6 月回国。谈到这里已经是下午七点廿分,我于是起身告辞。

这是一次非常坦率而又十分友好的谈话。但我还是认为,如孔祥熙要作为委员长的代表在华盛顿逗留,由他接替我担任大使要比这种复杂的安排简单得多。这样安排定会引起许多误会,不仅大使馆和孔的使团之间可能发生摩擦,而且美国国务院和白宫也会误解。以 11 月 25 日我在日记里记的一桩怪事为例:

> 我得到报告称,孔祥熙昨天没有来,并称,今天杨继曾将军告诉谭绍华公使说,孔祥熙没有派人叫他去报告军援情况,所以他断定孔祥熙没有来;但是就在星期二(23日)晚上,毛邦初将军对杨继曾说,孔祥熙即将到达华府,并愿在拜会杜鲁门总统之前听取关于军援情况的汇报;毛邦初嘱咐杨继曾不要把这事告诉我。

虽然写得不大清楚,但这段日记说明互相误解会出现什么情况。我已约定11月24日去白宫会见杜鲁门总统,孔祥熙则正设法在同一时间去拜会总统而不让我知道。我的那段日记继续写道:

> 昨天(11月24日)我为这个报告和下述情况而十分烦恼;黄仁泉就在我拜会总统的当天两次前往白宫,显然是为孔祥熙安排约会。

黄是孔祥熙的亲信,住在华盛顿,主要是作为孔祥熙和国会及白宫秘书处之间的联络官一类的人物。由于在华盛顿居住了多年,他结识了美国首都的许多政界领袖。事实上,他常和一些众议员和参议员打扑克牌。

第二天11月26日,外交部次长叶公超从南京给我打电话;在谈话快结束时,我对他说,孔祥熙曾设法会见杜鲁门总统,马歇尔认为,为中国设想,此事很不妥当。我料想国务卿不喜欢别人干预中美之间的正常外交事务。当天晚些时候,蒋荫恩来电话报告了同一桩事。他询问了白宫秘书处,确知孔祥熙曾前往白宫,但总统由于手头上有紧急公务,没有接见他。秘书处的人则对蒋荫恩说,孔祥熙"那么有钱,应该过个安静舒适的生活,过得快活些,而不要惹人讨厌"。

现在再回到蒋荫恩16日的报告。他说,在答复关于孔祥熙的任命的提问时,艾尔斯只说了一句:"宋子文在哪里?"这显然是把话岔开,并不意味着他们更喜欢宋子文。这说明人们一提到孔便想到宋,孔宋总是联在一起的。

第二天 11 月 17 日,我和沃尔特·斯通、帕克·拉穆尔两位先生进行了一次重要的谈话。我想不起他们是以什么身份来访的,大概是和国会有关;是同共和党众议员或参议员一起工作的。他们说,他们来此是想探讨以保全国务院面子的方式,为中国获得更多、更快援助的办法。他们说,国务院一直是坚决而不可调和地反对委员长领导下的中国政府。斯通问是否有人能代替委员长。我说,看不出谁有足够的威望可以统率中国的全部军队,使他们服从命令。在中国,威望极为重要,而中国军队十分复杂,充满了派系和集团。

一起吃午饭的一位纳尔逊先生问道,中国为什么不早从东北撤退。我说政府很难做出一项决定。从军事上说,撤退是合理的,但从政治上说,则是不行的,因为那会遭到在关内的几万东北流亡者的反对,其中有的还在政府任要职。(我记得有一次蒋委员长对我说,这正是他的困难。在政治以及军事争端的复杂局势中,总有些无法估量的因素,使得问题更加复杂,更难找到简单的解决办法。)

我还对他们说,中国一直在竭力进行经济、政治和军事方面的改革。我列举了通过宪法,选举国民大会、改组政府以及当时正在进行的币制改革等。我说,所有这些措施都证明了我国进行改革及自立的决心。

同一天,我在华盛顿接待了中国空军的毛邦初将军。毛邦初和我的崔参事一样,都主张以长江为界,防御共军;以若干海军舰艇,同时派足够的空军沿江巡逻,防止共军渡江。他认为应该而且能够为此制定一个援助计划,并已就此致电国防部长何应钦。不过,我对此怀疑。我认为要有效地保卫南京,首先必须固守徐州。

第二天,11 月 18 日,我在日记中写道:

> 徐州之战,国军获胜。这是一个非常及时的胜利,给政

府以喘息之机,借以重新整顿以备未来。(这是我日记中好的方面,以下所记则是可悲之处。)美联社和合众社记者为向美国新闻界与舆论界证实所传胜利的真实性,曾飞临战场上空,他们所作的目击报道则颇多不利于政府的宣传,以致任何有利的事态发展立即受到怀疑,而对南京传来的任何不利消息则立即置信不疑。

与这种反政府偏见有关的是,一般说来,美国未能认识中国共产主义的本质以及中国共产党与苏俄的关系。鉴于苏俄及共产主义的威胁,柏林危机的持续使美国更急于在欧洲加强西方各民主国家。但在远东,他们却没有把二者联系起来看。共和党是联系起来看的,民主党则显然不是。事实上,在公众和美国政府许多领袖的心目中,中国共产党人是农业改革者的概念仍占上风。他们不知道中国共产党统治下会是什么样子。

许多美国人对中国共产党的真正意图的这种估计也许是无意识的,然而这并非绝无仅有,因为一些中国人,即许多所谓自由主义分子的中国人,也认为已到变革的时候,而且应该变革。他们对国民政府如此缺乏信心,以致愿意接受任何变革,以期情况好转。他们和许多美国人一样,没有充分认识到中国共产主义运动的本质,以及莫斯科与延安之间亦即苏俄与中国共产党领导人之间的关系。当然,中国共产党在争取国外同情和支持的宣传中,努力强调他们帮助农民的纲领。但这是共产党的策略,为了达到目的,什么理由有利就提什么。也就是说,对于他们来说,为了达到目的,可以不择手段。

早在1945年旧金山会议时,我个人就坚决主张中国代表团内应有共产党人参加。我坚持努力实现这一想法,以便向全世界显示一个联合阵线。我的这种尝试起初自然招来了某些方面的非议和委员长的误解。但我的想法完全不同。我不考虑他们的打算。我记得1945年初罗斯福总统曾以同样理由敦促中国这样办。这样做的目的是为了展现一个统一的中国。但是许多中国的自由主义分子确实认为可以同共产党共事，甚至到了 1948 年他们也还是这样想，以求实现变革，因为他们对当时的政府十分厌恶和不满。同样地，在美国，公众根本不了解情况。普遍的感觉是共产主义是危险的东西，不过中国共产党人和苏联共产党人不大一样。有些人相信中国共产党人更接近人民，他们来自人民，他们的事业是为了人民的利益，同时也为了他们自己的利益。

同时，如我以前所说以及我 11 月 18 日日记中写的那样，美国的新闻界和舆论怀疑南京政府的意图和能力。虽然报刊的同情态度颇有分歧，许多记者，在我和许多人看来，似乎倾向于过高评价共产党的事业，从而不利于国民党政府的事业；到 1948 年 11 月，这种情况已持续多时。举例来说，华盛顿一家报纸——大概是《华盛顿邮报》——刊登了一位女专栏作家的文章，我认为这篇文章指责不当，甚至是别有用心。文章的中心内容是指责中国大使馆举办奢华的招待会，挥霍无度。文章问道，中国大使馆为何不顾中国的巨大财政困难和依靠美援，而大手大脚地请客。她指出在大使馆宴会上，不仅饭菜穷奢极侈，而且酒也是法国进口的珍品。她说，大使馆，也就是中国政府，必然为此所费不赀。

对此我觉得与其说是可气，倒不如说是可笑，因为这位专栏作家似乎只是想非难中国而已。但是她做得很不高明，因为外交使团的应酬是一种公认的职责。这是外交官与驻在国首都各界重要领袖人物保持联系的一种方式。应酬不限于而且也不应限于其他外交使团的成员，而是理应扩大到驻在国的各界领袖。事实上，在像美国这样的国家里，这种应酬更为重要和必要，因为舆论对政府的决策起着重要的作用。换言之，在美国这样的民主国家，使美国公众了解情况和把本国或本国与美国之间的主要问题和特殊问题告知美国政府同样重要。

11 月 19 日，考虑到 24 日我和杜鲁门总统的约会，我召集驻华盛顿的中国军官开会，讨论他们认为在未来三四个月里我国军队最迫切的需要，以便拟定向美国政府提出的要求。军品采购代表团的负责人杨继曾将军主张完成七军三师装备方案;海军的刘永仁中校和王上校要求几艘特种海军舰艇。军品采购代表团的钱立将军则要一万五千辆卡车,包括轮胎和备件。空军驻华盛顿办事处的毛邦初将军提出一个完整的方案,包括武器弹药、飞机和船舶,用以保卫长江防止共军南下。他认为守住长江就能制订并实现迫使共军北撤的计划。杨继曾不同意。他认为从历史上和现代战略上看,长江是守不住的。我的武官皮将军赞成毛邦初的看法。我自己则表示怀疑,并与杨继曾有同样的看法。

第二天,我接待了彭学沛部长和谭绍华公使。我曾提到他们来访并报告他们和巴特沃思谈话的情况,但没有提到巴特沃思曾祝贺中国在徐州战役的胜利,并希望继续不断取得胜利。那天中午,我设午宴招待彭学沛;晚上举行冷餐会,介绍他与驻华盛顿的我国官员见面。我们都感到我们的行政机构、军队以及政府各级机关大有改革的余地。出席的每个人几乎都谈到自己在执行任何方案,甚至政府批准的正式方案中的痛苦经验。大家觉得主要障碍在于贫穷,结果是方案的预算不得不削减,或实际付款的数目削减得远低于批准的预算。

11月24日,我拜会了杜鲁门总统。这天的约会异常繁重,那天晚上,我真不知道我是怎样过来的,处理完办公室的工作以后我还不觉得太累。这天我有九个约会,包括联合国粮食及农业组织的一个会议,提名粮食及农业组织理事会成员的总务委员会所属小组委员会的会议、远东委员会的会议,和到白宫拜会总统,时间分别为九点二十分,九点半,十点半和十二点半。下午四点,我到肖勒姆饭店拜访马克·韦莱-拉瓦尔先生商谈粮食及农业组织全体会议的程序问题。四点一刻,我主持了粮食及农业组织全体会议。5点,杜鲁门总统夫妇在肖勒姆饭店举行招待会;七点我在全国广播公司电视上露面;8点参加粮食及农业组织会议的比利时代表沃泰尔和克罗纳克二位先生的晚宴。

事实上,那天早晨,出乎意料粮食及农业组织的一位行政人员通知我,下午的全体会议由我主持,并由我介绍杜鲁门总统在大会上讲话。我们商谈了会议的程序,并解决了不同意见。九点卅分的小组委员会会议也由我当主席,大部分讨论集中在粮食及农业组织理事会成员的选举问题上:墨西哥同厄瓜多尔竞选,印度同巴基斯坦和暹逻竞选,希腊和波兰同法国和丹麦竞选。

十二点半和杜鲁门总统的谈话仅十二分钟,但由于我发言时审慎而中肯,并由于我注意倾听他的讲话,因而我得以把想到的三点完全讲了出来。他和往常一样,对我友好亲切。我在日记中写道:

> 我对他讲话用的是美国英语而不是英国英语。我们谈得很融洽。他的健康情况极佳,这不仅是由于在基维斯特的休假,而且是由于最近竞选获胜的喜悦。当他说他仍然要支持委员长的政府时,我得到的印象是马歇尔将军想听任委员长倒台。

根据我口授的谈话记录,我首先对总统说,我请求见他是为了讨论中国的危急的军事局势。国军和共军一直在徐州附近激战,徐州是南京的门户。

杜鲁门说,他知道局势十分严重。当天早晨他得到一份令人不安的报告,大意是中国政府军的三十二个师携带全部装备投降了共军,这些装备大部分是美国供应的。他说,这是非常严重的损失。

我是相当乐观的,因为正如我对总统所说的那样,我尚未得到这样的消息,而且我不能想象徐州前线的情况会是这样。我认为这个消息指的是以前在东北的战斗。

杜鲁门说,他听说这个报告指的是徐州附近的战斗。(后来证实这是真的,我的消息太不及时。)

我说一个月前,国军在东北南部损失惨重,但也没有三十二个师之多。据南京报道,那里损失了十到十二个师,包括装备。

但在徐州前线,国军正在奋勇作战,并竭力击退共军的进攻。政府再次希望挫败共军的攻势。挫败之后,仍需为今后三四个月的行动做好准备。

总统说,东北的失守不仅对中国而且对美国也是一个沉重的打击。他对东北的情况深为不安。

我同意这种不幸结局是由各种情况相结合而造成的。不过目前共产党已威胁到华中,亟需予以制止,否则整个中国将被共产党侵占,并受它的统治。换句话说,中国在竭力对付这种威胁的时候急需美国精神上和物质上的援助。我知道长期援助只能由国会决定,而国会明年1月才开会,并且须俟国会讨论和辩论之后才能采取行动。总统说,我说得完全正确。我又说,可是在今后三四个月的时间内,精神上和物质上的支援更为急需。首先,中国政府深信杜鲁门总统会在中国当前面临危机的情况下提供这种支援。中国政府和委员长对于在美国陆军部和空军部协助下加速装运一亿二千五百万美元特别援助项下采购的军用物资,表示感谢。我知道而且已向我国政府报告总统特别关注此事,并亲自命令国防部门加速发运援华物资。我告诉总统,我曾会见李海上将,他对我谈到总统的深切关注。事实上,我认为总统的支持,部分是由于李海的敦促。记得我曾提出强烈要求,请李海向总统转达,并请他协助敦促总统全力以赴。

杜鲁门说,事情确是这样。他愿尽力把援华物资运往中国,这些物资是以国会批准的特别援助基金支付的。

然后我提到我国政府想请总统采取的具体援助措施。第一是一项同情和支持中国目前斗争的声明,这一斗争旨在维护中国的统一和独立以及保卫世界的自由和民主事业;约在十八个月前总统在国会曾就援助希腊和土耳其问题发表了保卫世界的自由民主事业的重要声明。我知道总统曾在3月初宣告美国政府援华的愿望。

杜鲁门说,完全正确,而且在他给委员长最近来信的答复中已予通知。

我接着说,我还知道总统在最近竞选运动中曾再次表示赞同援华。不过在中国处于这种危急关头之时,如总统发表另一项声明,重申在中国反共斗争中美国政府全力支持中国的立场,那是极为有益的。这可以提高前线国军和后方老百姓的士气,心理影响极大。

杜鲁门说,关于援华问题,他曾和马歇尔谈过几次,那天早晨又和他讨论了一次。这事还将在 11 月 26 日星期五的各部部长会议上讨论。他告诉我,届时将作出决定。

我对他表示感谢,并说,中国希望的第二种形式的援助是派遣一位高级军事特别代表协助中国政府制定与共产党继续作战的全面计划。计划应包括作战部署,以及有关武器弹药装备事宜与补给体制。中国政府希望最有效的利用一切美国援助,因而非常需要与珍视这样一位代表在美国军事顾问团以及在华的美国其他军事代表的协助下,所提供的建议与合作。

我说,第三种形式的援助是提供所谓七军三师方案的武器弹药。这个方案是中国国防部长和美国驻华军事代表共同制定的。所说的七军三师实际上约等于十个师。武器弹药已开始装运,是从美国陆军库存中获得的,价款由特别援助专款中拨交陆军部。经中美双方代表在南京共同按美国政府支付的原价计算,整个方案约计三千七百万美元。这是美国陆军部原来实付的数字。但现在陆军部认为此数不敷整个方案的需要,因为陆军部不按原价而按重置价格计算。其结果是陆军部用已经到手的三千七百万美元只能执行方案的一半,如不追加拨款,就不能执行方案的其余一半。但由于一亿二千五百万美元的特别援助专款几乎已经用罄,并由于必须全面执行这个方案以使中国能够继续与共军作战,因此我国政府切盼美国政府设法解决这一困难。我说,我个人请求他命令国防部门按 1945 年标准价格——即美国政府的原价——而不要按重置价格计算。这将使美国陆军部能够迅速全面执行这个方案。

我接着说,第四种形式的援助是供应更多的飞机和炸弹。最近徐州附近的战斗,国军获胜,空军起了很重要的作用,同时大量耗用了设备和弹药,因而我国急需更多的飞机和更多的炸弹。我国需要几种型号的飞机,如 B-24 和 B-25。不过据说目前没有这两种型号,因此中国政府愿获得 A-26 和 PB-4Y 型的飞机。我说,我不愿使总统为各项细节而费神,因而准备了一份备忘录,其中列举目前我国政府请求美国政府援助的要点及主要援助形式。

我将备忘录交给总统。他粗看了一遍后说,他先和马歇尔将军谈一谈,再向内阁会议提出。但他同时又告诉我,关于援华问题,他已和马歇尔讨论过好几次,并仍愿支持委员长的政府。他十分同情苦难的中国人民,热切希望委员长能进行改革,以减少人民的痛苦,提高人民的福利,并使中国真正走上民主的道路,从而实现人民对政府的信任和合作。

我说,委员长和中国政府一直力图改革与进步,但各项努力尚未全部见效。我可以告诉总统,我国政府以及委员长将沿着这个方向继续努力,因为他们充分意识到同共产党斗争必须取得人民的真诚合作。我又说,从个人来说,如果他想到什么我国政府应当采取的具体措施,我必作为机密向我国提出建议。我确信我国政府会乐于加以考虑与采纳。随后我起身告辞,并说,经过这样紧张的竞选活动并取得辉煌胜利,总统气色这样好,我非常高兴。

杜鲁门总统听到我的话很感动。他说,事实上,他喜欢竞选运动,从未感觉疲倦,也从未像目前这样感觉良好。只是许多人现在认为有必要对发生过的一些事情作许多解释。

那天下午的粮食及农业组织全体会议是一个礼仪性的会议,唯一内容是听总统发表演说。杜鲁门偕夫人及小姐同来。文森夫人、布兰南夫人和我的妻子陪他们坐在来宾席上。总统由美国农业部长、会议主席布兰南和总干事多德陪同登上讲坛时,我欢迎他并陪他就座;我因主持会议,坐在他的左面。他的演说很好,为时十分钟,很有内容,阐明了他的农业和粮食政策,并主张批准小麦协定。他表示希望苏联参加粮食及农业组织,以有利于其他领域的合作。

会后,总统在饭店的宴会厅举行招待会。总统、农业部长,以及杜鲁门夫人和布兰南夫人在门口欢迎来宾。之后不久,我同皮宗敢将军在全国广播公司电视节目里露面。在那里相当难受,因为屋子太热,而且耀眼。此外,主持人的开场白说得太长,以致皮将军和我都未能念完稿子。但我后来听说收看人数约达四百万。晚上,粮食和农业组织的比利时代表团的晚宴结束了这一天的活动。

我曾提到 11 月 26 日叶公超次长从南京打来电话。他的主要目的是通知我,蒋夫人不久来美。但我们谈的时时不短,我乘机弄清徐州附近的真实情况,这特别是因为杜鲁门的消息和我的大不一样。叶公超先说徐州附近的战局不算太坏,下一个战役已在徐州以南打响,这是关键的一仗。胜负如何,两天内可见分晓。但当我问他杜鲁门有关我军在徐州附近损失三十二个师的消息是否真实时,他说是真的,并说,邱清泉将军的四个军损失了三个。(这个损失特别令人不安,因为这是一支配备美式重武器的精锐部队。)他说,东北锦州和沈阳丢失的武器辎重是惊人的。他还说,孙科刚被任命为行政院长,以接替翁文灏。孙科接受了任命,但他去上海住医院动手术,十天后才能组阁。他想让吴铁城、翁文灏和张群任政务委员。叶公超认为王世杰很可能蝉联外交部长。

当时我必是对我国的局势感到十分忧虑,因为两天后我又打电话给叶公超以交换情报。他告诉我战局危急。如徐州驻军能够撤出,并参加南面的战斗,局势或许可以稳定六十至九十天,但这一点并无把握。政府正在计划迁都,至少先把立法院、监察院、司法院和考试院迁到重庆,行政院迁到广州。蒋总统将留在南京,万不得已再走,但海军和空军将迁往台湾。

叶公超还告诉我,政府实际上已经瘫痪,只有外交部和国防部还在工作。外交部王世杰部长已向新任行政院长孙科提出辞职,孙科尚未作任何表示。王世杰因此又转向总统辞职。叶公超说,传闻张群或我将继任外长。但我立即对叶公超说,这时我无意回国,而且华盛顿的工作确实很重要。我恳切希望王世杰为国家着想,不要在此刻坚持引退。

第三节　蒋夫人访问华盛顿敦促美援

1948 年 11 月 25 日—12 月 30 日

11 月 25 日星期四是感恩节。为了稍事锻炼,我步行四十五分钟去办公室,并在办公室草拟致马歇尔国务卿的备忘录,陈述我国需求武器弹药、飞机和炸弹的情况。突然间接到了外交部长王世杰打来的电报,询问关于美国众议员索尔·布卢姆建议委员长与杜鲁门总统会谈援华一事。对此我感到有些意外。我派蒋荫恩去见布卢姆试探一下,因为这是布卢姆想出的主意,他还想打电话给蒋夫人提出这个建议。我认为这位众议员是受蒋荫恩的怂恿,而没有想到有许多重要问题必须先加以慎重考虑。我在日记中写道:

> 徐州战局这样危急,委员长目前能出国吗?在政府内外对他日益不满的情况下,他出国在政治上是明智之举吗?请他出国这个主意的背后是什么?这会不会激励他的政敌使他难以回国?杜鲁门赞同这次访问吗?不经国会批准,总统能做些什么?国会能召开特别会议吗?国会采取迅速行动的前景如何?如果国会对援华不能采取迅速而有效的行动,这对委员长会产生什么后果?

我暗示蒋荫恩不要着急,先不要安排布卢姆给南京打电话。

1949年1月国会复会时,布卢姆将任众议院外交委员会的主席。他是纽约州的议员,因而很有影响。我想他主要是得到犹太居民的支持。犹太居民总的来说是同情中国的,因为他们希望中国在美国、特别是在联合国支持以色列的事业。我以前讲过在当时的情况下,布卢姆和犹太居民对于中国在联合国对以色列问题所持的立场有些失望。不过从目前这件事来看,他仍然同情我们的事业,并急于帮助。结合我在日记中提出的一系列问题,他似乎不仅希望促成委员长和杜鲁门之间的会晤,而且希望委员长出席国会的特别会议,或者国会能召开这样一次会议来研究援华问题。

第二天早晨,当我忙于联合国粮农组织理事会的小组委员会关于提名补缺理事的报告草案时,外交部次长叶公超来电话。经过几次努力,我们终于在中午通话。他告诉我,蒋夫人不顾王世杰和委员长的劝阻,决定访美。接着,他传达了业经委员长同意的王世杰的下述口头指示:第一,蒋夫人将以私人身份访美,她将应美国各团体的邀请向美国政府中和美国人民中她的朋友们介绍中国的局势。(这是此次访问目的的官方说法!)第二,她不得公开露面。第三,她将是马歇尔将军夫妇的客人。第四,孔家的人,无论长幼,均不得参加她的活动;她的一切活动均须通过驻美大使馆并与之商议安排。第五,她将在华盛顿逗留一周至十天,至多不超过两周。

从叶公超那天的电话里,我第一次听到蒋夫人即将来美的消息。但同日下午,国务院新闻发布官麦克德莫特宣布了蒋夫人计划访美。记者问他,蒋夫人是否应美国政府的邀请。他说他的声明只限于他已经宣布的内容。他显然是不愿回答,只是补充说,他对蒋夫人的访问计划和细节,一无所知。

不久之前,蒋荫恩曾来报告孔祥熙访问白宫和布卢姆建议委员长访问华盛顿之事。他说,布卢姆已见到杜鲁门。如布卢姆事后对记者所说,对于邀请委员长会谈的建议,总统回答说,他看不出此刻委员长怎能离开中国。下午五点,我亲自访问了布卢姆,以弄清事情的真相。他也告诉我,总统是那样回答的,证实了我从蒋荫恩那里听到的情况。尽管总统不赞成邀请蒋委员长访美,布卢姆仍然认为争取援华的最好办法是委员长或蒋夫人出席众参两院外交委员会联席会议作证。他准备试探参议员康纳利(将任参议院外交委员会主席)、参议员范登堡(现任参议院外交委员会主席)和众议员伊顿(现任众议院外交委员会主席)的意见。他告诉我,如果他们同意,便可召集会议,邀请蒋夫人到会讲话。议员们可以向她提问,并得到她的答复。这是促使国会采取行动的最好办法。

他要求我请蒋夫人指出要他向她提出哪些问题,以便她有机会答复。他认为这比她自己发表声明好。他还关心她在华盛顿的食宿。他觉得马歇尔的利斯堡住宅设备不太好,并建议她住在约瑟夫·戴维斯家。他自愿去要求戴维斯款待她。他非常热心,不过我认为他的全部建议都尚需认真考虑。

11月27日,鲁斯来电话,要求我在12月1日的华美协进社会议上讲一讲中国的局势。他说,许多朋友都厌恶当前的反华宣传,因此,讲一讲以激励中国的朋友是有好处的。后来,纽约中华新闻社主任倪源卿奉董显光之命来和我商量关于蒋夫人访美的宣传事宜。董显光那时是政府的新闻局长。我把蒋夫人访美的原委、背景和目的统统告诉了倪源卿,并建议等我和她谈过以后再发表。在我的日记中,我记下了他完全反对蒋夫人在安排活动日程中与孔家发生联系。

两天后,当我出席联合国粮农组织全体会议,参加对中国提案的辩论时,谭绍华来电话建议我派人去旧金山迎接蒋夫人,因为他刚刚获悉美国国务院将派礼宾司的米尔前往。我先提出崔存璘,但崔不愿去。他说,他从未见过蒋夫人。谭绍华不能去,因为他的血压或者毋宁说是他的心脏不适应高空飞行。最后请武官皮宗敢代表大使馆前往,他答应了。事实上,当我于五点十五分亲自用电话要求他执行这一任务时,我发现他非常想去。(皮将军当过委员长的侍从武官,因而认识蒋夫人,而且蒋夫人认为他不错。)

事情这样忙乱,是因为通知大使馆蒋夫人30日到达旧金山的电话来晚了。至于到达华盛顿的时间,随行的中国驻纽约领事游建文于次日(30日)晚来电话说,第一夫人和他已到旧金山,将于12月1日上午十点到达华盛顿。他还告诉我蒋夫人已收到我拍往南京的欢迎电报。我在回答他的问题时说,我将去华盛顿机场飞机舷梯旁迎候,而不进入机舱。

12月1日,我接到的第一次报告说,蒋夫人一行将提前到达,但后来还是按原定时间到达。据游建文说,这是为了不打乱迎接她的人的原定计划。那天到机场的大约有六十名中国人,美国方面,最显要的人物有马歇尔夫人,国务院礼宾司官员伍德沃德及夫人、巴特沃思夫妇以及代表总统的白宫空军武官兰德里上校。马歇尔将军当时因在瓦尔特雷德医院住院观察,未能亲到机场。

伍德沃德按我的意见安排好,由我作为中国驻美大使首先迎接蒋夫人,其次是马歇尔夫人、我的妻子、巴特沃思夫妇,然后轮到孔祥熙。待我们欢迎她后,蒋夫人将由我们陪同和站在我们后面约二十码远的新闻界代表及摄影记者见面寒暄并摄影。在这种场合,总是要事先做好安排,以免临时混乱。

然而,飞机一到,正当我走近舷梯时,孔祥熙竟冲上前去问候蒋夫人,结果出现了蒋夫人不得不同时伸出两只手的尴尬局面,她右手和孔握手,左手和我握手。同时,摄影记者一拥而上,抢拍王世杰的女儿(她那时是纽约的居民)向蒋夫人献花的镜头。接着是一片混乱。马歇尔夫人拽着蒋夫人的胳膊走向停在飞机旁她自己的车子,同时问她是否要发表声明,因为后面跟着一大群记者。蒋夫人说"不",马歇尔夫人即把她推入车内。车子刚要开动,我跑过去叫司机停住,同时把兰德里上校从人丛中拉过来介绍给坐在车上的蒋夫人,说明他代表总统,并感谢他到机场来,同时感谢总统派他来。(这样做是完全必要的。)

国务院为游建文派来的汽车也乱了套。游本来应与蒋夫人同乘她的汽车,可是蒋夫人的汽车没等他上车就开走了。原来给他派的车子这时又已为蒋夫人的女仆和马歇尔的女仆占用,两人都不愿换乘装有行李的另一部车子。最后,其中一个人答应和司机并坐,游建文才有个后座。在此之前,中华新闻社主任倪源卿、大使馆二等秘书兼新闻发布官顾毓瑞和蒋荫恩均曾建议蒋夫人讲几句话,哪怕只表示致意也好,否则新闻界人士以及新闻影片和摄影记者都深为失望和不快。但他们的建议未被采纳。

我回到大使馆呆了十分钟,口授几句声明供蒋夫人批准发表。然后我前往弗吉尼亚州利斯堡马歇尔夫妇的住所。在利斯堡的加油站,我遇到了中央社驻华盛顿代表卢祺新和五六位新闻记者和摄影记者。他们想为蒋夫人拍照,可是无法进入马歇尔的住宅,要我帮忙。我答应尽力而为。我见到蒋夫人时,先向她谈了我代她起草的声明。她也感到需要发表声明,并提出了几点很好的修改意见。然后她很周到地拿给马歇尔夫人过目,同时和她商量是否可接见新闻及摄影记者。马歇尔夫人说,她怕蒋夫人感到劳累,如果蒋夫人和我认为应该那样做,她不反对。于是摄影记者们被准许进来。但照相占的时间太长了,两位夫人一起照,又单个照,坐着照又走着照,尽管我有许多其他事情要对她讲,竟没有机会。我必须搭两点半的班机去纽约,以应鲁斯之请在华美协进社作关于中国局势的讲演。

讲演会五点钟在华美协进社举行。我从来没有看到过这么拥挤的会场。事实上,一反惯常的做法,他们使用了扩音器,以使楼上楼下的人都能听见。大约有八百人到会,许多人宁愿站在会议室外,因为会议室又小又挤。主持人鲁斯说,这是中国的灾难时刻,并说明局势是何等危急。但他高度赞扬我在中国近三十年来的所有危机中始终为国家服务,致力于建设现代化的中国。他非常友好。全国广播公司的人员也在场,并安排好让我通过他们的广播网回答问题。因此,我讲完之后,回答了他们提出的问题以供广播:对蒋夫人访美有何看法? 中国需要多少援助? 中国是否将向联合国安理会提出苏联违反中苏条约的问题? 等等。

次日,我返回华盛顿。我打电话给游建文,要求蒋夫人指定我会见她的日期。但一整天也未获回音。当倪源卿又向我请示关于蒋夫人访美的宣传安排时,我只是说,她不愿接见记者,也不愿做广播讲话,至少目前是这样。他说,他高兴的是我在利斯堡的安排平息了报界的失望和愤怒。他还报告说,国务院的新闻发言人说,那天下午四点蒋夫人同马歇尔夫人去瓦尔特雷德医院探望马歇尔将军,但实际上六点才见面,历时约四十五分钟。

倪源卿离去之后,蒋荫恩来报告当天早些时候杜鲁门总统举行记者招待会的情况。总统讲了不少,但没有提到中国。直到有的在场记者提出问题,他才说他要会见蒋夫人,但尚未安排。他对于援华未置评论,关于派麦克阿瑟将军去中国的可能性,他断然回答"没有"。蒋荫恩又说,白宫的罗斯和国务院的麦克德莫特两位新闻发布官所说的话,给人的清楚印象是他们没有制定按官方来访者接待蒋夫人的任何计划。当然,她的确不是官方来访者。

晚上,人们到处寻找皮将军。委员长给夫人打来一份电报,皮将军是最适于送交电报的人。译电自然由大使馆办理,电文是:

> 余有新计划,详情即将电告,为此,希推迟会见马歇尔将军。

第二天 12 月 5 日,详电来了。电文很长,文中敦促美国政府发表支持中国政府的声明,并说,委员长愿引退"让贤"。我不确知蒋夫人在第二次会见马歇尔时是否提到了这几点。国务院那天下午发布的新闻稿说,蒋夫人于上午十一点由马歇尔夫人陪同去瓦尔特雷德医院再次会见马歇尔将军,并共进午餐,直至下午四点三刻离去。她临走时,一位记者问她是否感到有收获,她反问道"有谁见到马歇尔将军而不感到有收获呢?"然而,我自己的印象是这次访问并不是令人鼓舞的。我觉得她离开医院时所拍照片的面部表情说明了这一点。

那天早晨我曾再次约见蒋夫人,但游建文的答复还是和以前一样,就是一旦夫人确定时间,他便通知我。显然,她忙于和马歇尔将军商讨各项事务的计划,无暇考虑了解华盛顿的背景或以前情况。第二天上午,游建文打电话对我说,蒋夫人打算发表一项声明。他在电话里把声明全文读了一遍,并补充说,她原想通过大使馆发表,后来觉得最好由她自己发表。我的印象是,她要知道我对声明的反应,但又不愿这样说。

我认为声明措词巧妙,但流露出强烈的情绪而且用意明显。熟谙政治声明的人一眼便可看出,她对在医院与马歇尔的会谈极为失望。声明草稿说,她来美国未经与中国或美利坚合众国的任何人商量,因为只有尽心报国,心神才得安宁,她说,"我访问的后果由我个人负责,而且只由我一个人负责。"

然而我没有向游表示对声明的意见,因为她对我只字未提她与马歇尔两次谈话的性质,而且自从在利斯堡我初次见她时要求指定会见日期,以后数日内又一再请求,她却始终未予约见。但我认为这是一个过早的和感情冲动的声明,很容易引起各种推测和评论。我对游建文说,大使馆可以办理有关声明发表的事务性工作,但绝不能用大使馆的名义。最后,游建文说,在日期后面注明地点为弗吉尼亚州利斯堡更好。我觉得这是个好主意。我告诉他,我将打电话给他,让我的速记兼打字员在电话里用速记把全文记下来,以保证正确无误。然后我打电话让顾毓瑞执行这一任务。

到了大使馆,我和陈之迈、谭绍华和顾毓瑞研究了以下几点:第一,声明的动机是什么;第二,它会产生什么影响,读者会得出什么结论;第三,现在发表是否明智;第四,如果现在不发表,何时发表为宜。顾毓瑞一直跑进跑出准备副本并让各报待命。我告诫他不要通知他们,因为利斯堡很可能提出修改甚至整个声明也许会撤销。我说,我们应该至少等半小时再着手。

果然不出所料,游建文又打来电话,要求把"美利坚合众国"改为"美国",并把"后果由我负责"一句取消。我们都认为这样很好。顾毓瑞打算让各报做好发表声明的准备,我仍然告诫他不要通知他们。果然,十五分钟后,游建文第三次来电话,让我们把声明压到下午五点,届时他将确切告知发表与否。

下午三点刚过,游建文的电话来了,但我不在,顾毓瑞又出去吃午饭了。下午六点,我给游建文打电话。他告诉我,蒋夫人决定不发表声明了。他问我有什么意见。我说,以不发表为好,因为关于蒋夫人这次访问的种种推测正在平息下去。(这是我对游建文的解释的答复。他曾解释说,蒋夫人之所以最初要发表声明,是因为各报说她的访问是受了蒲立德的鼓舞。)我说,不管怎样,现在发表声明为时尚早,因为她和最高级人物的会谈还没有结束,她还没有会见总统。会谈结束后再讲岂不更好。

六点半,游建文来电话告诉我,《先驱论坛报》刊登了多诺万的一篇文章;其中说,蒋夫人曾打算发表一项声明,但后来大使馆把这件事给搁下了。文章还说,有人看到了声明的副本,属于呼吁性质,并引用了中国"生死搏斗"这句话。我告诉游建文,没有人能看到副本。但有可能在顾毓瑞自行让各报待命时,说了原文的某些内容。至于究竟是什么事使蒋夫人决定撤销声明,我认为很可能是她征求了南京和委员长的意见,得到了否定的答复。

12月5日星期日早晨,我再次打电话给在南京的叶公超,告诉他自从星期三至今我没见到过蒋夫人。我向他报告了报界对于她这次访问以及对她的接待的一般评论。他说,王世杰准备向委员长建议嘱蒋夫人会见杜鲁门总统后回国,以便结束访问。接着,我们讨论了我国的局势。星期一晚上,有六七次电话商谈蒋夫人草拟的另一份声明。这是她拟在珍珠港事件周年纪念日发表的一篇声明。我提出了几处修改意见,均被采纳;以后又做了些修改,最后约于下午七点发出。仍然有人提出修改意见,但已经晚了,顾毓瑞已将稿子发出。

当天晚上,我要求游建文敦促蒋夫人参加 12 月 8 日美国援华联合总会华盛顿委员会举办的义卖。该委员会渴望蒋夫人光临,这特别是因为杜鲁门夫人已答应到场。可是游建文说,她自己认为最好不露面。我请她在星期二以前再仔细考虑一下。星期二晨,使我惊奇的是我的妻子告诉我,委员会主席弗雷德里克·布鲁克夫人(华盛顿的慈善家和社会领袖)于星期一晚没有接受蒋夫人的谢绝。随后,布鲁克夫人亲自告诉我,她已请蒋夫人的外甥孔令杰少校再向蒋夫人劝驾。我也打电话给游建文,请他向蒋夫人着重说明美国妇女渴望她表示盛情赞助,甚至杜鲁门夫人都愿意这样做,而美国其他妇女都自愿努力工作。我的解释和这种做法起了作用。她决定出席,但提出了条件;条件是她不讲话,也不得有任何讲话。布鲁克夫人得知后很高兴。到场时间定为星期三上午十一点半。

我的妻子陪同蒋夫人从伍德兰大道到五月花饭店中国厅,义卖即在那里举行。布鲁克夫人和魏德迈夫人站在入口的一边,亨培克博士、约翰逊先生、利特尔将军、美国援华联合总会副主席鲁尔先生和我站在另一边迎接蒋夫人。蒋夫人和我均未料到,布鲁克夫人竟在扩音器前讲话感谢蒋夫人的光临。由于事前讲明不安排讲话,所以蒋夫人听到讲话后感到吃惊,这时我敦促她致答词。她讲得非常好,说了几句很得体的话,并赠锦缎一块义卖。她被引到各桌前介绍给到场的中美妇女,然后又由我的妻子陪同离去。

她对约翰逊先生说,在她离开华盛顿之前,希望能会晤他和他的夫人。尽管我连续三天要求她指定接见时间,以便向她谈谈她的任务和华盛顿最高当局的态度以及华盛顿和美国全国对她这次访问的一般反应,可是她对我只字未提。我认为她也许无意和我讨论这些事,所以当游建文那天下午到我办公室来访时,我请他不必再催问此事了。

游建文向我询问美国总统和美国政府对于支持和援助我国政府的真实态度。他告诉我,蒋夫人于 11 月 26 日离开南京,因而没有看到我关于 24 日会见总统的情况报告。游建文没有说是蒋夫人叫他问的,但他要一份那个报告的抄件。他说,我以前拍给南京的电报,他均有抄件,其中包括我报告和洛维特谈话的那份电报。

我说,这正是我要求见蒋夫人的原因。我认为她应该了解这些会谈的情况和美国总统、国务院和国防部的态度以及报界和公众对增加对华援助的意见。当然,她究竟需要什么资料、情报或建议,她自己最能判断。也许,她认为什么也不需要。这就是我请他不要催她约见的原因,特别是我知道她必有许多伤脑筋的事以及她面临着艰巨的任务和难以应付的局面。

早些时候,游建文曾打电话询问怎么会有一篇新闻报道提到,蒋夫人会见杜鲁门时将提出三点要求,即援华声明、向南京派遣高级军官以及增加军事物资的供应。我对他说,大使馆没人透露这个消息;这个报道不过是旧事重提,把报纸发表过的王世杰和其他人在巴黎和马歇尔会谈时提出的要求和在南京向美国大使馆以及在华盛顿提出的要求,重述一遍而已。然而,这事一再提出,看来蒋夫人对此消息颇为不快。

次日,我把我和杜鲁门总统会谈的记录及 11 月 24 日在白宫我和他讨论援华时交给他的备忘录的抄本给蒋夫人送去,同时附有致游建文的信,说明我由于刚刚得知蒋夫人离开南京时不了解这些内容,所以把文件送去。我又写道:

> 也许她对这些文件认为无用或不感兴趣,但是鉴于她即将访问杜鲁门总统并和他会谈,我认为把文件送去备她参考,是我的职责。

我估计她收到这封信后,将不得不找我谈话。同时按照游建文的要求我送去了一份对报界声明的草稿。

我记载的各次声明,多少是个人性质的,但我把它们列入文件之内送去以说明我的态度。首先,我认为把情况完全介绍给第一夫人,并向她提出有关这次重要访问的适当建议和忠告,使她能圆满完成任务,这是我的职责。虽然我觉得我的处境有些出乎意外而且很不正常,但我终于能够把我认为蒋夫人在和美国总统会谈中国局势之前所值得了解的,甚至是必须知道的情况告诉她,这使我很高兴。其次,在中国(在其他国家可能也一样),一般印象总是说外交使团并非总是警觉尽职的。假如一个特别使团未能完成任务,则这种批评更为突出。这是把责任推卸给常驻国外使团的惯用方法。

不出所料,蒋夫人接到我的信后,就通知我去见她。第二天12月10日,她的秘书中午给我打电话,要我下午二点去见她,而这时只剩四十五分钟了。来电话时,我正在办公室,于是我没吃午饭便去利斯堡,两点到达,她仍在吃午饭。我等了约十分钟。先出来的是游建文,然后是她。她板着面孔,不像往常那样愉快和自然。大部分时间她让我说话。我称赞她驾临星期三美国援华联合总会举办的义卖和她的简短讲话。我说,讲话使每个人都高兴,并将产生良好的效果,因为那些美国妇女将函告美国援华联合总会的全国一百多个地方委员会。她听了似乎高兴,并说,她只是讲了几句感谢的话而已。

但在那件事情之前,当我向她建议,一旦布鲁克夫人致词欢迎,她就讲几句感谢的话时,她最初是拒绝的。这说明令人不感兴趣的建议,可能是有益的。她刚从中国来,并为那里的局势忧心忡忡,当然希望尽可能不作公开讲话。然而了解当地气氛和舆论倾向的局内人,能够感到在特定情况下最宜如何行事。具体到这件事,美国援华联合总会完全是一个自愿的组织。该会自愿工作,参加者都是中国的真诚朋友,这些知名妇女深深地同情甚至热爱中国和中国人民。譬如布鲁克夫人是一位老年妇女,身体也不大好,却同意承担这一工作。这完全出于她同情中国和热爱某些中国人。当然,如果蒋夫人不愿讲话,这也没有关系,但我料想布鲁克夫人看到义卖进行顺利,又有杜鲁门夫人和蒋夫人光临,异常高兴,情不自禁,愿意讲几句欢迎的话,既然布鲁克夫人已经讲了,我就建议蒋夫人也讲几句作为答谢。结果事情就是这样顺理成章了。

现在回到我和蒋夫人的谈话上。我说,我送上会谈记录和备忘录,为的是把杜鲁门总统的态度和想法告诉她。我解释说,我和总统谈话时,他正打算把中国问题提交 11 月 26 日的内阁会议决定。但后来我获悉那次会议没有做出决定。我得到的消息是马歇尔说话最多,而且显然对内阁很有影响。我还告诉她,我曾把我国急需军用品的清单先后送交马歇尔和杜鲁门。会议之后,杜鲁门立即将清单提交国防部门处理。我告诉她,总统对中国和中国政府是同情的;我们会见时,他向我讲了意味深长的话,他说那天早晨他再度和马歇尔讨论了中国局势问题,而且他仍然愿意支持委员长领导下的中国政府。我的含意是明确的,但蒋夫人显然不愿讨论这一点,因此,我就采取略微不同的方式继续讲下去。我说,杜鲁门固然可以坚持自己的权力,即使他的决定和国务院的意见相反,他也可自行决定,但他过于钦佩马歇尔而不愿这样干。但我指出,在巴勒斯坦问题上以及在决定撤退美国驻青岛的海军方面,他确实是这样做的。换句话说,我向她讲了总统不受国务院支配的一些事例。尽管如此,我告诉她,华盛顿局面的关键在于马歇尔。

我接着说,刻不容缓的是今后三四个月的援助,以使我国稳定战局;三年长期援助计划可稍后再提交国会。我告诉她,必要的有三件事,即总统发表支持中国反共的政策声明,派遣高级军官率领的军事代表团,和增加援华军用物资。

说到这里,她神色严峻地说,这三点要求的公布使她更加为难,她要知道谁把这三点透露出去。我问她,这怎么会使她更加为难。她说,马歇尔告诉她,这使美国政府在就这几点做出决定方面陷于困境。她说,不予公开,事情就好办些。我说,她所指的必是报纸上有关她将向杜鲁门总统提出中国需要什么的新闻报道或者推测。但《纽约时报》的文章是旧事重提,这些以前在报纸上已登载过,其来源是根据巴黎、南京和华盛顿的电讯。在巴黎,王世杰和蒋廷黻与马歇尔曾进行商谈;在南京,此事曾与美国大使司徒雷登磋商过;在华盛顿,我曾向总统及国务院提出过此事。这不是什么新奇的事情。甚至在基维斯特这三点就为人所知。杜鲁门在那里休假时,我曾于11月9日把委员长的信转交给他。

她说,她看过的是一封很短的信,其中没有提到这三点。但我说,这三点在信中提到了,而且以后《纽约时报》和《先驱论坛报》驻基维斯特的记者把同样的内容电告华盛顿各报。尽管如此,大使馆严格认真地拒绝把该信提供发表。我又说,无论如何,让人们了解中国所需,实际是有利也有弊。例如,斯克里普斯—霍华德报系的鲁斯和罗伊·霍华德就派出专人搜集内幕消息,借免凭空写稿,以便有力地支援中国的事业。另外,报界和公众舆论认为美国政府对华政策一点也不明确,他们要求加以澄清。

我还告诉她,我刚刚获悉,马歇尔因手术后需要长期休养,正再次考虑辞职(动手术的日期是7日)。我问她,她和他谈话时是否察觉到这一点。她说,他的手术是医生早就建议的。显然她以为这消息不大可靠。她认为马歇尔不会辞职,尽管这是马歇尔亲口对我说的。我说,马歇尔向中国提了许多建议,既未被采纳也未见实行,他显然感到失望。杜鲁门也曾对我说,他竭诚希望我国政府能对政治、财政和军事作重大改革,并减轻人民的痛苦。蒋夫人说,政府该做的事很多,她相信她和马歇尔的谈话会使他更好地了解没有做这些事的原因。在战争持续的情况下,这些事是做不到的。

她说,她希望在今后几天他恢复健康之后与他继续会谈。这给了我一个鲜明的印象,即最近她不会离开华盛顿,而将继续努力。我说,这是为中国进行的一项艰巨工作,但我认为她承担这项工作很有勇气,充满爱国热忱。她说,当她看到我们的士兵为我们的事业而战斗与献身时,她感到承担这个工作是她的责任,不惜任何牺牲。我说,为取得外援而作出的一切进一步的努力都是有益的,我们虽都为同一目的而努力,但没有人比她更能胜任。

接着,她问我还有什么事要对她说,显然她是记着我给她的那封信。我说有,我有许多事想跟她谈,但我知道那天下午她将和杜鲁门进行重要会谈,因此我不想使她劳神。她微微一笑,好像是我猜透了她的心思。我起身告辞。她也站了起来,然后以严厉的声调说,她要对我说一件事。她问黄仁泉将被撤职,是否真有其事。

(黄仁泉曾挂名为大使馆随员,但从未到过大使馆。他只是为孔祥熙和孔家的人奔走办事。我想蒋夫人来后,他也为她办事。但王世杰是个纪律严明的人。这就是说,多年来,在一个特定问题上,当他持不同意见时,不论外交部长是谁,他总是直言不讳地对外交部提出批评。王在总统府中任委员长的机要秘书,又长期居政府高位,他完全能这样做,所以他自己当了外交部长,他把他认为该办的事以及过去他曾规劝历任外交部长办的事,都要予以办理。在这种情况下,外交部当发现黄仁泉一直没有为大使馆办事后,便下令停发他的薪金。我并不反对黄的职务,因为在我国复杂的政治环境中,这类事情无关紧要。如认为他对政府某些要人有用,为国家着想,为什么要予以反对呢?但王世杰领导下的外交部很认真,而且我想会计部门的主管是王世杰的自己人。)

我把这类事情的通常做法告诉了蒋夫人,我解释说,黄仁泉已调到外交部,但到 10 月份才离开大使馆。我曾建议外交部继续支付他的以及同样情况的某些人的薪金,而且直到 4 月份都照付了。但 4 月间外交部来电询问他何时回国,并称他的薪金将于

4月30日停发。其后,他虽然于10月份美国前参议员克拉克赴华时同行回国,可是实际上他的名字仍列于大使馆名册。蒋夫人反复说,只要她在美国并需要他在美国替她办事,她就不让撤销他的职务。我说,如果她需要他帮忙,就不会撤销他的职务。听了这话,她先走出客厅(这是她的习惯),并在上楼时说再见。

我的这段日记或许颇为有趣:

> 我有这样一种印象,就是她并不急于见我,因为她的心情不好,为她的使命和她遭到的冷遇感到烦恼,也许还因为她的亲戚和黄仁泉在背后说我的坏话,她对我的态度不那么友好和自然,和我们以前在各种场合见面时都迥然不同。奇怪的是,在我们四十五分钟的谈话中,她一次也没有对我说她是怎样决定接受访美使命,访美的目的,委员长或政府的希望,马歇尔将军的态度,她想象中援助的前景等等。好像她安排这次会见只是为了避免人们批评她不愿了解我提供的情报或意见。可以说,这是不得不走的形式。

六点过后不久,蒋荫恩来电话,大概是从白宫打来的。他报告说,蒋夫人白宫之行已告结束,并已偕同马歇尔夫人离去。当记者问她是否有好消息或者她是否将再次会见总统时,她说这要由总统来回答。她神色严峻,冷冷地一笑,给人的印象是会谈没有成就。六点半,蒋荫恩又来电话说,白宫副新闻秘书艾尔斯发布消息说:"总统说,蒋夫人陈述了中国的情况,他同情地予以倾听。"记者问,总统是否将再次接见她,艾尔斯说:"无可奉告。"对这个消息,新闻报道补充道,下午五点开始用茶点,杜鲁门小姐斟茶,总统及总统夫人接待了蒋夫人和马歇尔夫人。没有其他客人在场或被邀请。五点半,总统把蒋夫人领到他的书房里去会谈。

次日,蒋夫人的兄弟宋子安来访,征询我对增加美援的前景的意见。他走后,蒋荫恩带来了白宫与国务院人士盛传的报道。内容离奇古怪,我不大相信,不过还是记下了,因为蒋荫恩和白宫的记者与白宫工作人员以及国务院人士很接近。他通常每天到记者室去几次听闲谈。报告反映了他们讲的话。其中之一说,蒋夫人来美其实是个人原因,敦促美援的使命只是借口。这些原因是:第一,与委员长发生口角,委员长从沈阳回到南京,为时局担忧,把美国的态度归咎于宋氏家庭;第二,避免被共产党俘虏的危险,和为她个人的安全;第三,孔家和她在美国总统选举之前曾大做股票投机买卖,指望在共和党获胜后哄抬价格,结果大赔,他们来美是为了收拾财务上的烂摊子。我对蒋荫恩说,这些报道离奇古怪,不可靠。

那天晚上,游建文便中来访,晚饭后和我的客人一起谈话。我告诉他,华盛顿接近马歇尔家的人曾暗示蒋夫人最好不要延长她在利斯堡的逗留。但游建文说,马歇尔夫人挽留她。显然,他对委员长也是这样说的。第二天上午,我打电话给南京的叶公超。他说,王世杰曾向委员长建议,既然她已经见到杜鲁门总统,委员长应即嘱她回国。可是委员长说,她打来电报说,马歇尔要求她继续逗留。

叶公超还说,委员长密令外交部调查中国驻华盛顿大使馆打字员泄漏重要情报的问题。外交部回答说,重要文件一向由中国打字员缮打。我对叶公超说,蒋夫人曾向我抱怨泄漏她准备向杜鲁门总统提出的我方要求。她要求了解消息是怎样泄漏的。我向叶公超解释说,南京美国大使馆将消息告诉《纽约时报》记者利伯曼,利伯曼向他的报社发出报道,这些情况他是完全了解的。接着,我们把话题转到我国的政局。

次日,基于走漏消息的报告并应委员长关于调查此事发生经过的要求,我在大使馆召开了一个会议,目的是教育管理大使馆机密文件的人员特别提高警惕,并提出新的保密措施,特别是关于密码电报的保管、分发与传递,密码与其他保密文件的缮打和向大使馆馆员分发,以及对中外人士的谈话等。我要求制订细则,以确保大使馆机密文件的保密。

那天下午,游建文来访,他对我说,他已把我说的某些接近马歇尔家的美国友人劝告蒋夫人搬出利斯堡,而不要逗留到不受欢迎的时候的话告诉了蒋夫人。但蒋夫人说,马歇尔夫人挽留,在马歇尔住院期间,不能丢下她离去。我则把经济合作署霍夫曼的声明和美国国务院授意下的一份关于蒋夫人访美使命的声明告诉了游建文。前一个声明我已送交他转呈蒋夫人披阅;后一个声明说:"美国驻华外交代表与军事代表将最新消息随时向美国政府详细报告。"这显然是暗示蒋夫人没有继续留在华盛顿的必要。

　　驻加拿大大使刘锴在参加巴黎联合国大会后经华盛顿回任,也曾和蒋夫人谈话。他在返回渥太华之前,于 12 月 17 日来大使馆辞行。他说,他曾去利斯堡对蒋夫人作了短暂的拜访。当他问她准备在马歇尔夫人那里逗留多久时,他发现她很不高兴。她回答道,马歇尔夫人要求她继续逗留。他还问她,美国政府对我们采取有利行动的前景如何。她的答复给他的印象是,马歇尔可能会有所作为。刘锴说,使他惊异的是,她似乎对美国政府的观点以及有关中国局势的普遍气氛毫不了解。他的印象是她把自己局限于她的亲戚的小圈子里,只和他们讨论并决定她的行动。美国人的看法是,她的访美是不成功的。

　　我自己于 14 日访问了蒋夫人,但这一次约会实际上是顾毓瑞的错误所造成的误会。鲁斯从纽约打电话给我说,美国援华联合总会的人对于蒋夫人现在应该做什么,意见分歧。有人主张她既已和马歇尔和杜鲁门正式会晤,应即公开露面,从而以公众舆论来影响他们。但鲁斯本人认为这样办没有好处。他说,蒋夫人此行是要会见这两个人,而且在美国目前这种情况下,美国民众对于政府的任何对华政策都会予以支持。如果舆论跟不上,需要加以激励使其支持政府,那就不一样了。但既然美国政府的对华政策不利,向公众呼吁不仅没有好处,而且会激怒美国政府,这是毫无意义的,或许还有害处。我听到这个消息后,本想要求游建文来见我。但由于我忙于其他事务,我嘱一位工作人员告诉顾毓瑞来见我。顾毓瑞误解了那位工作人员的意思，打电话为我与蒋夫人约见。结果，蒋夫人要求我立即前往见她。

我一见到她，就把鲁斯的话告诉了她。她说，关于他的第一点，即目前她不应向美国公众呼吁，她完全同意。至于第二点，即美国援华联合总会成员对她的邀请，她说，她离美之前很愿意和他们见面。她要我转达她对他们的款待和诚挚友谊的谢意。她说，她把鲁斯夫妇看作中国的挚友。她对我讲这话时，口气非常认真而肯定。我谈到了霍夫曼在上海的声明，以及美国国务院最近发布消息对那个声明表示不同意。我还告诉她，委员长引退的消息经追查系来自香港，南京已予否认。她插话说，她已经知道了，好像是要打断我的话，表明她不愿和我谈论这件事。于是我不再谈此事并结束谈话。谈话总共只用了十分钟。

12月14日，美国援华联合总会的执行副主席鲁尔来访。他敦促蒋夫人在美国公众面前露面，美国公众对她个人和中国是极为同情和仰慕的。但和鲁斯一样，他说美国援华联合总会的意见是有分歧的。他还说，他曾会见孔祥熙，并曾敦促他对美国援华联合总会的行政开支有所捐赠，以说明中国也予资助并使中国人能利用美国人捐助的每一分钱。但孔祥熙没有这样做。鲁尔又说，他打算解散力量薄弱的地方委员会，而加强积极活动的地方委员会。

第二天，游建文来索取太平洋剩余物资协定的副本，我立即给了他一份。傍晚，我和贝祖贻有个约会。他告诉我，他刚从伍德兰大道蒋夫人寓所来。他匆匆离开那里，因为孔令杰跑进去说，洛维特就要到了。起初我对此有些怀疑，理由之一是三个小时前我因约会见到了洛维特，而他一点也没提到这件事。我嘱顾毓瑞核实一下。他回报说，他向黄仁泉询问这次拜访，黄断然否认。但当12月20日我再次见到贝祖贻时，他说那是千真万确的，因为他是清清楚楚地听到孔令杰对蒋夫人说的。

最后，蒋荫恩在国务院为我调查了一下，事情才弄清楚了。

新闻处的官员听到有人直接提到这件事,非常诧异,并询问是怎样得知的,从而无意中承认了这件事的真实性。我认为洛维特是去传达杜鲁门对她的呼吁的答复,以使她完全相信她的使命——像那天洛维特和我谈话时说的那样——是"不成功的",并促使她回国。

在此期间,我于 12 月 18 日和于斌大主教进行了一次很有趣味的谈话。他从中国经罗马前来美国了解美国对华的真实态度。我们的谈话一部分涉及蒋夫人的访美。于斌说,委员长非常赞成蒋夫人此行,以之作为争取马歇尔的手段,因为他认为一个女人比任何男人都能干。但于斌本人认为蒋夫人来美或许过早,或许过迟,因而不可能成功。

12 月 21 日星期二,王守竞来访。他刚刚应约与黄仁泉和孔令傑会面。他说,黄和孔令傑告诉他,蒋夫人的使命失败了,但她决不能空手回去。问题是带什么回去。两人曾问他,根据军援的情况,他有何建议。他们讨论了 1945 年价目单的原来计价,按此计价就可以全部完成七军三师的装备计划,而如按重置成本的现行价格计算则只能完成计划的一半。蒋夫人也曾要求按 1945 年的价格计算,但显然是难以获得马歇尔的允诺。另一个意见是要求提供海军飞机、轰炸机和 PB-4Y 飞机,我和杜鲁门会谈时以及我给国务院的备忘录中都曾提到。也许我们可以要求并获准以现金支付 1946 年太平洋剩余物资协定的未交付部分。换句话说,由于该协定的未支付部分已无货可供,王守竞想出的主意是要求美国政府以现金而不以维修器材付与中国。但我指出,国会不拨款,美国政府是弄不到现款的。最后,王守竞建议要求美国为其在中国修筑各飞机场支付八千万美元。在何应钦将军致史迪威将军的一封信中曾提到这些飞机场要无偿的归还中国,但史迪威从未确认收到此信或答应这个条件。(这是孔祥熙与美国财政部长小摩根索在 1949 年达成的解决办法的一部分,但后者明确地拒绝把它看作美国的义务。)

我对王守竞说,在他应孔令傑和黄的邀请去见他们之前,最好先和我商量一下。如果是蒋夫人召见他,情况就不一样了。孔令傑和黄不一定能够向她提出最妥善的建议和意见。无论如何,他提出的关于飞机场的具体建议是行不通的,而只会激怒美国政府,美方不可能付现款。王守竞回答说,他们急于设法使蒋夫人不空手回去,否则她无法"交帐"。他以为她在接受这次几乎没有成功希望的使命之前应和我商量一下。于是我告诉他,蒋夫人显然不愿见我或任何能向她提供意见或帮助的人。

同一天,我得知蒋夫人从利斯堡搬到了伍德兰大道她自己的住处。我从王守竞处得知蒋夫人将于次日会见马歇尔。那天是星期三,我得到报告说,蒋夫人曾两次去瓦尔特雷德医院看他。我还获悉马歇尔的一位知心朋友告诉蒋荫恩说,代理国务卿洛维特将于星期四或星期五发表一项对华声明,作为蒋夫人去医院访问的结果。

后来,洛维特对报界说,蒋夫人于12月27日还拜会了他。12月29日中午蒋荫恩参加了国务院的记者招待会。他说,洛维特向聚集的记者透露,蒋夫人于12月27日星期一到国务院拜会了他,并"重申以前的援华请求"。12月30日蒋荫恩报告说,杜鲁门在记者招待会上也被问到蒋夫人的活动情况。蒋荫恩说,当一位记者向总统询问蒋夫人的今后计划以及他是否将再次会见她时,他生气了,他说,他不知道她的计划,而且不准备再见她。不到一个星期之后,蒋夫人离开华盛顿去纽约了,但直至1950年1月10日她才离美回国。

蒋夫人访问华盛顿的幕后原因是什么? 当时情况这样不妙,而且经过我在华盛顿的联系、会谈与试探以及在巴黎与南京的会谈,我国政府对美国的观点已十分清楚,蒋夫人为何在此最后时刻前来访美? 从官方的内部情报里,我找不出明确的答案。这次访问并未就其原委或理由与大使馆商议。据我所知,这件事也未与外交部长商议或征得他的同意。他只是被告知要派这样一个使节。

在正常情况下,派遣这样一个使节,需要进行充分的商讨,以考虑其得失利弊以及成功的可能或程度。但事实上,我只是在美国国务院宣布蒋夫人计划访美之前几个小时,而且只是在她 1948 年 12 月 1 日到达之前四天,才得知这次访问的。我没有机会就这次访问是否适时或适当向我国政府表示我的意见。我只能表示最良好的祝愿和当她到达时在机场向她致意,并且只要有成功的可能,就尽力使她的访问获得成功。

然而,根据国内的政治和军事形势,特别是军事形势,突然决定派遣特别使节的动机是不难推测的。早些时候,委员长没有想到局势会恶化得这样快,但局势确实急剧恶化了。1948 年 11 月,东北失守,共军在直捣首都途中开始围困徐州。回想起来,徐州的第二战役显然是决定性的。在国民党内部,反对派日益抬头。主和派逐渐壮大,虽然还没有像 1949 年 1 月以后那样大喊大叫,但已为人所注意。总之,委员长面临政府更迭的强大压力。

委员长的回答是,如果其他人赞成谈判,他在必要时就单独和共产党打下去。从他的观点来看,他只能这样说和这样做。他不能屈从反对派去和共产党谈判;以他的政治和军事背景以及过去的经历,他决不能这样做。作为一个意志极为顽强的人,他决心继续战斗。但他未能想到战局会恶化得如此之快。当局势确实急剧恶化时,当共军几乎兵临南京城下时,他根据美国过去的政策,自然指望华盛顿、特别是杜鲁门和马歇尔予以援助,以提高全国的士气。如果反应不利,他肯定就会引退。

委员长作为最后一着拿出的,是 11 月初向美国提出的四点要求,其中包括要求美国军官直接指挥中国军队。他向来反对可以被解释为让外国人干涉的任何做法,因为他说中国必须维护主权和独立。所以,如果不是局势危急到如此地步,他决不会提出这样的要求。那是最后的一着,甚至连蒋夫人访美,也可以理解为委员长寻求一切途径,用以敦促美国对那几点要求做出有利反应的愿望的一部分。他必定是说,他的最后决定,将取决于蒋夫人访美的结果。如果华盛顿支持他,答应给予更多的援助和派遣军事代表团,他就干下去。然而访美之行失败了,而且从我们呆在华盛顿的人看来,显然谁也不能促使美国政府进一步有所作为,于是他决心下野了。

为什么访美失败是预料中的必然结局呢?当蒋夫人离开南京时,援华的谈判已在华盛顿、南京和巴黎进行了一些时候,对我方各项要求已经予以详尽讨论。正如代理国务卿和总统本人于11月24日在华盛顿对我表示的那样,以及正如马歇尔在巴黎对我国外交部长王世杰、和王世杰回国后对蒋廷黻直接答复的那样,美国的态度和政策显然是坚定不移的,而且所有这些都已在杜鲁门对委员长11月去信的复函中着重说明。虽然其中一个问题,即迅速装运援华物资,在华盛顿和巴黎有些进展;但对其他问题,美国均予以坚决拒绝,据我看来,这都是根据马歇尔的意见行事的。

显然,委员长夫妇也是这样看法,因为蒋夫人访美的重点是马歇尔而不是杜鲁门,尽管拜会总统以使他了解这些问题并直接向他请求美援是必要而且十分恰当的。但无论如何,我当初就认为她将提出的问题必是在华盛顿、南京和巴黎曾经讨论并已遭到拒绝的同样问题。进一步的敦促也不可能改变美国的立场,这个立场事实上是奠基于马歇尔作为特使来华的经历。特别是战局急剧恶化,其恶化的性质远远超出了预期之外,不仅更令人失望,而且也进一步捆住了华盛顿的手脚,使之难以提供迅速而充分的援助。再者,战局的情况还必然使马歇尔感到他是正确的,并使他有理由说:"我早就说过是这样。"

实际上,在巴黎会谈以及我和杜鲁门的会谈中,美国曾不止一次指出它希望我国政府实行它建议的政治改革和军队改革,而且他们不明白为何这些建议得不到采纳。我的会谈记录说明,我们尽力解释了未予采纳的原因,但那种解释没有也不可能起作用,因为那时必须正视我国的实际情况,而美国政府特别是马歇尔则感到我国局势已发展到美国无能为力的地步。蒋夫人访美之前,这种情况已经很明显了。她固然在出国之前没有看到有关我和杜鲁门会谈内容的去电,可是我知道她看到了那个时期有关我在华盛顿会谈的所有其他电报。我料想她也必然看到了王世杰和蒋廷黻从巴黎发出的许多电报。尽管如此,她还是出访了。我认为就蒋夫人而言,这是一种爱国行动,因为她一定知道很难获得成功。

还有一个问题:是谁促成决定这次访美的? 我是从叶公超 11 月 26 日电话中第一次得知蒋夫人即将访美。那次电话使我认为有两种可能。一是蒋夫人不顾委员长的反对,自行决定并坚持访美;另一可能是他们原已商量过,而且委员长也已同意,只是委员长对活动的性质和范围与蒋夫人的意见不一致。在后一种情况下,委员长的意见占了上风,因为他吩咐外交部把蒋夫人的访美和他所同意的活动范围通知我,尽管后来有些变化。不论是哪种情况,像我已经说过的那样,委员长夫妇可能都认为在整个美国援华问题上的关键人物是马歇尔,因而这次访问的目的是和马歇尔进行个人直接联系。

蒋夫人比委员长对马歇尔一家人和美国更为熟悉。她可能认为,由她亲自来把委员长和马歇尔之间在中国发生的误会解释开,并向国务卿力陈中国局势的严重性,而中国局势最终会对美国在远东的地位和利益发生重大影响,这样做也许能促使国务卿采取积极的行动。这就好像指望一位美国的国务卿能够如同中国的委员长一样,在美国贯彻其个人决定。但实际上,由于美国政治制度的性质,要做出重大决定必须以广泛的支持为基础,不仅要得到华盛顿和国会的大多数政治领袖的支持,而且要得到舆论的普遍支持。

这次访美选定的时间也极不恰当,因为目的是直接联系马歇尔。1948 年总统大选之前已流传马歇尔退休之说,到 11 月底蒋夫人出发之时,看来很可能不久将任命一位新的国务卿。此外,新国会已经选出而尚未开会,这就排除了国会对援华采取迅速而有利的行动的可能性。诚如于斌大主教所说,这次访美实非其时。

第四节 中国政府建议和谈期间的美援前景

1948 年 12 月 1 日—1949 年 1 月中旬

12 月 1 日,在华美协进社的集会上沃德·梅尔维尔向我提出了一个问题。他是我在哥伦比亚大学时的亲密同学之一,后来成为著名的实业家、哥伦比亚大学校董会的董事和该大学的捐助人。他对问题的提法说明中国局势在一般人印象中是何等严重。他问我,在中国这种局势下,我原定 1 月份参加汉密尔顿授奖宴会的计划是否还靠得住,因为他们要在宴会之前举办鸡尾酒会招待我。我说,靠得住,我一定到。

12 月 3 日,谭绍华带韩朝宗上校来见我,讨论如何向国务院提出我国所需军事物资的新的清单。由于徐州武器弹药库损失惨重,这个问题已更加紧迫。国军最后于 12 月 2 日撤出徐州,该城随即被共军占领。韩上校当时是军品采购代表团的代理团长,团长杨继曾将军即将回国。谭绍华和韩来后不久,杨继曾前来辞行。他带来了两份清单,一份是各兵工厂的地点和产品,另一份是 1947 年损失的武器弹药数目,均作为我的机密参考材料。我以前曾索取这些材料,因为关于国军丢弃大量武器弹药的谈论甚多,我要弄清事实的真相。他当然是了解内情的人,至少他能为我弄到准确的材料。

12 月 5 日,我打电话给在南京的叶公超。我们谈完蒋夫人访美之后,话题就转到国内的局势。我得知由于黄维的第十二兵团突围参加战斗,战局有些好转。黄伯韬在全军覆没之后自杀,但他也给了敌人以重创。叶公超还说,他于 11 月 28 日对我说的迁都之议已作罢论,目前只疏散一些家属。由于南京卫戍司令实行车站进站许可证制度,秩序已经恢复。我问组织新阁的进展情况,他说,新任行政院院长孙科仍住在医院,新阁组成还得一个星期。同时,张群正协助孙科和拟入阁的官员磋商。但王世杰还是要辞职,政府工作处于停顿状态。

我请叶公超转告王世杰继续进行向美国政府和国会提出长期援助计划的准备工作。我说,还应向经济合作署署长霍夫曼力陈必须要求国会批准 1949 年 4 月至 6 月 30 日的临时援助,就像他将为援欧而做的那样。叶公超说,翁文灏自愿于辞去行政院长职务后承担这一工作。但对他的辞呈并无肯定答复,使他意志消沉。

第二天中午,亨培克来了解有关我国战局和《华盛顿邮报》所载拉铁摩尔文章中出人意外的态度的最新消息。那篇文章转弯抹角地提出美国不应干预中国的革命,说那是一场农民革命。在这方面,我们还议论了对白修德、裴斐、费正清和爱德华·卡特等人的态度。

12 月 12 日,我再次给叶公超打电话。他对我说,王世杰仍决心辞职,孙科已出医院,何时返回南京尚未决定,张群和吴铁城正代表孙科和拟入阁的人选磋商。他又一次说战局好转,南京局势一般来说比较稳定。我问他如何看待路透社的电讯,即由于新阁中将包括张治中和邵力子,与共方和谈与妥协是可能的。(他们二人后来由代总统李宗仁委派为和谈代表,与共产党商谈和平,现仍在共方。)叶公超回答说,孙科要求并已获得全权。我问是否在政策方面和人事方面的全权,他说是的。

12 月 6 日,在美国国务院一个部门工作的一位朋友到双橡园来吃饭。他的谈话很有意思,但我不确知是否可靠。他说,国务院的报告表明担心由于孙科有许多左派朋友而倾向于与共产党和谈。他说,美国反对和谈,他本人认为这样做是一个极大的错误。他说,美国的意思是设法协助南京固守长江南岸,并准备在美国援助下反攻。按照那天我的记载,我听到了与此相反的其他消息。

他说,国务院的政策制定人刚进行了讨论。大多数同意通过下届国会增加对华援助,但把名称改为对中国反共事业的援助,意思是援助不一定集中于南京的国民政府或基于与该政府的合作。他还说,国务院和南京美国大使馆都有少数人赞成与共产党讲和。

至于从中国观点来看美援的实际情况,我愿引用1948年12月1日有关我国需求的一份节略。这在当时是"绝密"文件,并且是作为我们制定美援计划和敦促援助的概要而编制的。

1.争取美援问题包括两个基本方面:一是与目前紧急情况的重要性相适应的适当计划,且须足以彻底稳定中国局势,从而使国民政府能在其领土上,特别是在长城以南,行使其权力;二是使中国能度过美国国会采取行动前的三至四个月紧急期间的短期方案。尽管根据1948年援华法的现行援助计划尚未完成,且以援华法的特别拨款(一亿二千五百万美元)所购买的大部分武器弹药运抵中国尚需时日,美援问题的这两个方面是互相补充与不可分割的。

2.短期方案包括下列目标:

(甲)美国总统发表美国政府同情与支持中国的声明,并表示继续提供适当援助。

(乙)美国政府提供技术援助,其方式是派遣由一位高级军官率领的军事代表团,以协助中国制订作战战略、条例、训练、补给等方面的有效规划,制定时须适当考虑可以利用的美国资源、美国政府避免卷入的愿望,美国政府的财政政策以及影响美国政府、国会和美国民众的心理因素。为了使美国政府能够接受,任何规划都必须把上述各点考虑在内。

(丙)在美国国会未采取新的行动的情况下,谋求美国政府力所能及的即时援助。

（丁）将以 1948 年援华法项下特别拨款支付的武器弹药加速运交中国。

（戊）洽谈以较低价格而不以重置价格采购美国陆军库存武器弹药和其他补给品。

3.目前的军事物资采购计划系以 1948 年的援华法为依据。根据该法令，自四亿美元的总额中，以赠款形式提供不超过一亿二千五百万美元的拨款作为对华的追加援助。我国政府决定将此项拨款全部用于武器弹药和其他军事物资的购置；陆军、空军和海军的分配额分别为八千七百五十万美元，二千八百万美元和九百五十万美元。以援华法项下资金所购置的飞机和空军装备已开始运华，且进展情况正常。其原因是大部分飞机和装备是 1948 年 4 月 2 日前按照 8⅓ 空军大队方案订购的；从去年底我国政府即大力执行该方案，当时美国当局表示将继续办理。

4.陆军采购计划的进展则不如预期的那样迅速。谈判中最困难之处在于所谓七军三师方案*，该方案是我国国防部和美国代表于 8 月底在南京拟定的。该方案所需全部费用由两国代表根据 1945 年的标准价格共同估计为 37,783,386.68 美元。按照这个估计数字，从八千七百五十万美元的陆军配额中将此款于 9 月间转交美国陆军部为支付整个方案专用。但按陆军部最近的计算，完成该方案所需费用总计为 74,987,810 美元，即几乎为在南京原估计总数的一倍。因此，陆军部未能按原定方案提供全部物资。症结在于陆军部的最新计算系以重置价格为依据，而这就比 1945 年的标准价格高得多。

5.已向美国总统和国务卿提出了增加并迅速提供精神方面和

---

* 该方案的主要内容包括下列各项：步枪 124,383 支；自动步枪 8,104 支；机关枪 1,566 挺；冲锋枪 8,920 支；81 毫米迫击炮 720 门；60 毫米迫击炮 3,260 门；75 毫米榴弹炮 252 门；37 毫米平射炮 252 门；子弹 317,864,500 发；迫击炮弹 1,836,000 发；37 毫米炮和 75 毫米榴弹炮炮弹 166,800 发。

物质方面援助的紧急请求,具体内容如下:

(甲)要求美国政府尽力给予更多的精神上和物质上的援助,这特别是考虑到今后三四个月是中国抗击共产党侵略的斗争的生死攸关阶段。

(乙)要求美国总统发表适当的正式声明,支持中国为之而战的自由事业。

(丙)要求派一位高级军官并授权他协同中国政府制订军事援助的全面规划。

(丁)要求加速对华装运特别赠款购置的武器弹药。

(戊)要求美国政府按 1945 年标准价格确定整个七军三师方案的费用,并授权陆军部采取紧急行动以完成该方案。

(己)要求提供七十三架 A—26 攻击轰炸机和二十四架 PB—4Y 海军轰炸机以及总计五千七百吨的各类炸弹,并按 1948 年 7 月 15 日签订的无限制合同(W—ANL—CH—1575 号)继续交付 P—47N 飞机。

12 月 7 日,贝祖贻来谈。他证实了我的印象,即经济合作署已停止筹划对华的长期援助,而且署长霍夫曼终于改变了不访问中国的主意,因为他确实要看看中国局势,然后向国会提出报告。(事实上,他三天之后到达了上海。)晚上,贝先生又来告诉我,他和经济合作署中国处处长哈伦·克利夫兰共进午餐时作了长谈。克利夫兰告诉他,经济合作署、国务院和财政部的代表曾讨论对华的长期援助,而且他的同事纳尔逊和皮尔斯曾致力于拟订一个对华经济援助计划,以备 1 月间国会开会时提交国会。但是中国最近的种种事件,特别是军事上的挫折,迫使他们把工作全部搁置下来,以待中国事态的发展。对此,贝祖贻力陈可将计划备妥,以待上级对他们开绿灯时应用,但克利夫兰说,这是不可能的。计划原来打算利用东北的资源,如出口大豆以帮助关内恢复经济,以及利用华北煤炭供应华中的工业。但是随着东北失守和华北面对共军入侵而十分危急,那些打算必须勾销,或者至少要等待局势明朗以后再说。他说,局势多变,无法据以筹划,谁也说不清今后两三个月内共军会推进到什么地方。

作为个人机密谈话,克利夫兰还说,以前拟订的援助计划是以与中国政府合作为基础的。但很难说这个计划是否仍然可行。老实说,他不知道能从中国政府指望什么。他重复说,经济合作署的代表和国务院与财政部的代表曾讨论这个问题。并补充说,考虑到情况不确定,他们曾设想直接或间接援华的可能性。贝祖贻问他,间接援助指的是什么。他回答说,私下里讲,他是指可按照地方的需要,与地方当局合作,向地方当局提供援助。他认为国会在 1 月开会以后不会立即讨论援外问题。他认为援华问题将与援欧问题同时提出讨论。

按照贝祖贻的说法,克利夫兰所描绘的中国前景毫不令人高兴,看不到光明。不可否认,中国的局势令人很不满意,甚至使人沮丧。尽管贝祖贻和我以及我们所有的人仍在为美援奔走,但经济合作署处理援华全部事务的克利夫兰对计划的制订踌躇不前,这是很自然的。然而我还是倾向于采取积极态度;以我和我国驻加拿大大使刘锴的谈话为例,就反映了这一点。

12 月 10 日,刘锴刚从巴黎回来便到大使馆来看我。他说,在巴黎,所有的人对蒋夫人访美都感到诧异,不知是怎么促成这一访问的。他们还讨论了一旦共产党攻占南京,我国驻外各大使和公使应该怎么办。所谓他们,他指的是我国驻法大使钱泰、驻苏大使傅秉常、驻意大使于焌吉和他自己。他告诉我,有的主张立即辞职,有的反对。但普遍对现政权不满,觉得变一变对中国来说会好一些,甚至在我国官员和驻外代表中也有这种看法。我说,即使南京陷落,战斗还会继续下去。总会有一个代表中国的政府,尽管它也许设在广州或重庆。美国和其他反共国家必然继续承认它,即使他们也许同时对共产党政权予以事实上的承认。

现在再回到美援问题上来。我在前面已提到 12 月 11 日蒋夫人的兄弟宋子安来访,问我对于美国扩大援助前景的看法。我告诉他,美国人民对中国的传统友谊是牢固的,援助是会给的。不过,给多少,给谁,以及什么时候给,都是使美国政府烦恼的问题。他们说,有三件事情使他们在做出决定时感到伤脑筋:第一,美国资源有限,因而是否有足够的资源是个问题;第二,这种援助不得影响或损害欧洲复兴计划;第三,美国不得卷入中国的战斗,以免引起美苏战争。我对他说,这些在一定程度上可能是借口,真正的原因则是我国局势不定,不知两三个月后会变成什么样子。所以最重要的是我们守住蚌埠,保卫南京。

12月13日,中华新闻社社长倪源卿来访,我给他看了霍夫曼最近抵达上海后向报界发表的一份有关中国局势和美国继续援华问题的声明。声明的基本意思是说,援助取决于能否由一个代表大多数中国人民、保证不奴役人民并确保政治自由和宗教自由的联合政府取代蒋政权。声明说,如果共产党接管中国,就不给援助。但声明没有明说共产党参加联合政府的问题,只是暗示共产党不得在联合政府中占支配地位。

第二天下午,我接见了《纽约时报》的詹姆斯·赖斯顿先生。他想了解一些蒋夫人访美、会谈结果以及美援情况的背景材料。他强调指出,援华问题由于对个人的意见而变得复杂了。我想他指的是马歇尔对委员长的不满。我对他说了目前美国政府之所以不给更多精神上和物质上援助的原因,并提到了诸如腐败之类的批评。他说,问题已超出这个范畴,现在的问题是对个人的意见。这就是当时流行的看法。

中午,我接见了凌道扬。他是我在上海圣约翰大学时的老同学。当时他正同我一起参加联合国粮农组织会议。他是农林专家,有几位好朋友在白宫工作。将近11月底,他对我说,他在白宫的一些朋友一直在讨论对华政策。他曾说,我应他之请为他们草拟的那份声明已提供他们研究讨论;他们都赞成援助,只有马歇尔是绊脚石。

14日他来告诉我,白宫继续研究和讨论了对华政策,其结果一俟杜鲁门批准,便写入他给国会的外交政策咨文中。据凌道扬说,在白宫讨论外交政策的那批人认为委员长应该让位,让其他人设法治理中国。他们认为只要委员长在位,他们便对中国无能为力。他们属意于李宗仁或任何其他人。他们并不十分反对委员长本人,而是反对他的亲属和周围的人。他说,杜鲁门为人质朴,并坚决认为靠剥削中国人民而发财的人是靠不住的。(由此可见,我得到的报告和情报是各种各样的,有的可靠,有的不大可靠。然而这些消息在当时广为流传,并影响着或渲染着蒋夫人访问华盛顿以及我尽力奔走美援时的气氛;人们会记得她是最近在12月10日会见杜鲁门的。)

凌道扬于12月21日再度来访。他告诉我,白宫那批人将随杜鲁门离开华盛顿,新年后才能回来。他要我请他们参加午宴或晚宴。他们要求他写一份李宗仁的履历。他们给他的鲜明印象是,只有中国更换了领导人,美国才能给予援助。(这也是蒋荫恩在白宫所得到的印象。)凌道扬还说,杜鲁门曾告诉他的僚属,他不喜欢和那位女人打交道,中国大使完全可以照管中国在美国的利益。

这个期间,我还在国务院会见了代理国务卿洛维特。我于12月15日下午拜访了他,打听关于发表对华政策声明的前景,以及对于中国要求的选派高级军官一事是否有新的决定。我对洛维特说,我希望得到澄清。我提到了约一个月前我和他的谈话以及正好三个星期以前我和杜鲁门总统的会谈,内容都是关于美国政府增加对中国抗击共产党威胁的援助的可能性。我说,当时杜鲁门告知我,他将对中国政府在我面交的备忘录中所提出的建议加以研究,并将提交内阁会议讨论和决定。我希望知道研究结果,特别是希望知道关于发表对华政策的新的声明,是否已经做出决定,抑或仍在研究。

洛维特说没有。他又说,蒋夫人也曾要求国务卿发表对华政策声明,以后又向杜鲁门总统提出这个要求。

接着我提到了那天上午在记者招待会上洛维特自己的说明和他对记者所提问题的答复。我说，我已把情况向我国政府做了汇报。

洛维特说，正如他在记者招待会上所说的那样，美国政府的对华政策没有改变。杜鲁门在给委员长的复函中已把这一点讲清楚。总统以前曾发表过三次对华政策声明，他不打算再发表新的声明了。也许总统的复函未经大使馆转交，但他以为中国政府已将其内容通知我。

远东司司长巴特沃思当时也在座。他说，总统复函是直接由美国驻南京大使馆递交委员长的。

我说，我国政府已将杜鲁门复函的大意通知我。但我的理解是，复函不过是初步的答复，而发表另一项声明的问题将予以考虑。自那以后，一些时间已过去了，我想知道是否打算发表新的声明。

洛维特答道，没有这个打算，因为情况没有多大变化，无须发表新的政策声明。美国政府的政策还和过去一样。他接着提到那天上午他在记者招待会上所谈的三点，即：美国和其他大国承认委员长的政府是中国政府；美国政府继续执行经国会批准的援助委员长领导下的中国政府的政策；美国政府将在国会法令范围内加速这种援助。

我问道，洛维特的关于美国态度的说明是否也适用于中国政府要求选派高级军事代表赴华一事，尽管我已得知总统在最近举行的记者招待会上对这一点所做的答复。（杜鲁门总统在 12 月 2 日的记者招待会上，只在有人提问时，他才提到中国。关于援华，他说没有什么要说的。当有人问他是否要派麦克阿瑟到中国去，他直截了当的说"不"。）

洛维特答道，关于这一点，总统已公开宣布了"不"。我说，我理解总统的否定答复仅仅是指记者提出的那位将军而言。洛维特表示同意，因为所提的问题是总统是否要派麦克阿瑟将军去中国。但他说,在中国战局的现状下,总统答复中所表明的政策适用于其他任何一位级别高和能力大的将军。此外,他认为这个问题以前已由马歇尔在巴黎和中国外交部长王世杰的会谈中做了详尽的答复。马歇尔曾指出美国难以派遣高级军事代表或作战军官参加中国内战。另外,总统在致委员长的复函中也提到了马歇尔对王世杰的答复。看来委员长要求选派高级军事代表并提出其他事项的那封信和马歇尔给王世杰的答复相互错过了。他相信我国政府已把情况通知我。他还补充说,中国的建议是先在巴黎提出的,马歇尔的答复是经国务院同意的。

我回顾了由王世杰和在他离法后由蒋廷黻在巴黎和马歇尔商谈的情况。我说,我曾在10月下旬和11月中旬先后接到马歇尔与王世杰和蒋廷黻的会谈记录。但我国战局发生了变化,我想知道现在有无选派高级军事代表赴华的可能性。

洛维特答道,不派军事代表的理由现在仍然适用,目前并不打算改变政策。

然后我提到了经济合作署长霍夫曼在上海的声明中所述美国继续援助与否的条件。我说,我从国务院新闻发布官麦克德莫特的发言得知国务院的意见,即霍夫曼在发表声明之前未经国务院同意。

洛维特说,情况正是这样。霍夫曼发表的声明,国务院事前毫无所知。正如他说过的那样,美国对华政策一如既往。

看到洛维特显然对这一点坚决不再多讲,我提出了第二点。我对他说,几天之前,英国外交大臣贝文在下院声称,英国对华政策仍以1945年12月的莫斯科三国协定为基础,该协定重申三国遵循不干涉中国内政的政策。贝文并声称,英国由于自身的财政和经济困难,对中国的目前境况无法提供援助。他还说,他的政府将把拯救中国局势的责任交由美国承担。我指出,莫斯科三国协定系由美国、苏联和英国的外长以公报形式发表的。我问道,英国政府曾否和美国政府讨论中国局势,贝文在议会的声明是否两国交换意见的结果。

洛维特说，把有关中国局势的主要责任交给美国，这是贝文自己的意见，美国政府事前毫无所知。他对此并不感到惊异，因为全世界似乎都想把世界上任何局势的责任交给美国。

对此我说，我认为这是可以理解的，由于第二次世界大战以及美国的力量和资源，美国被推上了领导世界的地位。

洛维特说，美国的力量不是无限的，而且就美国而言，它肯定无意承担超过它必须承担的义务。为此，我又提出了一个问题，诱使他讲更多的话；他以前的答复都不是很明确的。这次他说，美国和英国两国政府关于中国问题的交换意见是一般的外交磋商，并无特殊意义。这样，我得知两国曾就中国问题会谈，但洛维特不对我多讲。

接着，我提出了另一个问题，希望洛维特予以澄清。我说，据我收到的报道，最近苏联政府表示反对美国对华大量援助。（我想到的是这样一则报道，即苏联大使潘友新于 11 月 25 日拜会杜鲁门，警告美国政府对中国政府的任何积极援助将被苏联认为是不友好的行为。）我说，我不知道这个报道是否有事实根据，希望洛维特先生对此能有所透露。

洛维特回答说，这是不真实的。他不知道向美国政府提出过这样的意见。

对此，我说，如果报道属实，我会感到惊讶，因为这和 1945 年 8 月 11 日中苏条约的条款是抵触的。

洛维特说，听我提起中苏条约，他感到快慰，因为他最近听说中国政府急欲将此条约的问题提交联合国安理会，期望予以废除。

但我向他指出，我的话并不意味着苏联政府信守中苏条约。因为尽管苏联政府在条约中同意向中国国民政府提供援助，但它是否确实履行了义务，这是有问题的。中国政府认为，苏联政府并未遵守条约，因此，中国对于苏联政府对条约所持的态度感到不满。

巴特沃思说，我这样讲就清楚了。

洛维特说，最近这类谣传很多，但均无事实根据。

当天下午五点，我召集谭绍华公使、杨云竹公使和顾应昌开会，嘱咐他们对于美国有关日本经济改革的指令不要提出任何批评。这解决不了任何问题。他们三位对于美国的态度，特别是对美国提交远东委员会的阐述政策的文件，感到十分焦虑不安。显然，美国是从一个新的角度考虑日本问题，也就是说，联系中国大陆的局势来考虑。但我认为，鉴于我国的危机以及我们全神贯注于本国的局势，批评或激怒美国政府是无益的。

三天之后我接见了朱世明将军。我要他去会见美国陆军当局，商谈对七军三师方案按 1945 年的价格计算的问题。这个问题之所以再度提出，是因为如按现价计算，则资金不足以完成这个方案，而且这个方案的执行业已停顿。他说，他在南京曾和委员长谈过，了解到在价格问题上不宜坚持。我告诉他，我的意思是先把物资运走，价格问题以后再由双方协商调整，否则就会使装运停顿，造成延误。我又说，我虽曾为此敦促国防部长福莱斯特和白宫的李海海军上将，然而正如卢茨将军和以前魏德迈将军所反映的那样，美国陆军的态度很坚决，他们坚持要按重置价格计算。

霍夫曼由华返美后，于 12 月 21 日向杜鲁门总统汇报情况。他离开总统那里时，向记者声称，他将中止执行中国的建设计划。贝祖贻去告诉了克利夫兰。第二天他来说，鉴于前一天发表的霍夫曼对记者的谈话，克利夫兰同意最好发表一个澄清援华情况的声明。他说，霍夫曼正在国会大厦报告他此行情况，他可以为此与霍夫曼联系。他还说，报纸上大字标题"援华建设冻结"是不确切的。

第二天下午晚些时候，贝祖贻又来报告他和霍夫曼谈话的情况。他在谈话中设法弄清霍夫曼对今后援华问题的真实态度。

据贝祖贻说,霍夫曼说由于他对中国的目前局势担忧,他已下令所有的建设计划立即停止执行,甚至也适用于台湾的建设计划。霍夫曼的理由是,他要在国会面前保持强有力的地位。只要中国的局势仍然动荡不定,他就不能冒受国会指责的风险。他对国会负有说明他经手的每一分钱的责任。霍夫曼还打算推迟要求国会对 1949 年 4 月 3 日至 6 月 30 日三个月的临时援华拨款作出决定。他说,考虑到中国的局势,在国会目前这种气氛下,恐怕再也弄不到一分钱。

贝祖贻还对我说,他在和克利夫兰谈话中,得知克利夫兰已代霍夫曼起草一个声明,阐明经济合作署关于继续援华的立场。声明的要点是,建设计划虽已中止执行,但有关人员仍予保留;一俟计划付诸实施前的全部调查工作结束并对各项报告加以全面研究之后,即将考虑并最后决定计划的执行问题。贝祖贻说,他不喜欢这个拟议中的声明,因为他认为在当前情况下它不会有何裨益。但克利夫兰似乎决心把它交给霍夫曼发表。

12 月 24 日,皮宗敢来向我报告,从美国载运军火去我国的第二艘美国船沃什伯恩号在驶往台湾北部港口基隆卸货途中,中断航程,停在冲绳,南京为此非常着急。皮宗敢说,他曾去美国陆军部探听消息,但答复是无可奉告,而且此事必须向国务院提出。因此,我嘱谭绍华去国务院探询。国务院的人说,船在冲绳停泊纯属技术上的原因,并无政治上的含意。然而皮将军认为这只是一种外交辞令,真正的原因仍有待查清。我自己的看法也是如此。

1948 年的圣诞节正好在这个时候到来了。天气预报说圣诞节有雪,但雪一直没下。节日寒冷而晴朗。有时我以办理一些小事为乐,以求暂时忘却那些现实问题。那天我在日记中写道:

> 我的工作人员按照社会的、官方的和私人的三份名单发出了数百份圣诞贺片,但我发现仍然漏了很多人。我又添了十几份,自己写好地址,并付邮寄。

下午，我去费城度周末。12月27日星期一，我照常返回华盛顿工作。谭绍华向我报告，蒋夫人因皮宗敢未向他报告关于沃什伯恩号停在冲绳的事而对他不满，这特别是因为委员长已经知道此事。谭绍华说，他和王守竞已去国务院再度询问中途停船的事。国务院的人声称，他们不知道原因，但不会有政治问题。我为此打电报给外交部，建议他们向美国西太平洋海军司令白吉尔询问原因。可是如我在日记中所记的，我在前一周获得机密报告称，司徒雷登大使曾电杜鲁门总统，建议不要再给委员长运送军援物资。我对该报告的可靠性以及该船是否由于大使的建议而耽搁，均无法确定。但不用说，该建议一经采纳实行，只能加剧我国日益恶化的战局并削弱仍在筹组中的新内阁的地位。谣传新内阁将考虑和谈问题，然而如果美国撤销对华的军事援助，新内阁对共产党将处于什么样的讨价还价的地位呢？

12月18日，我和于斌大主教进行了一次十分有趣的谈话。在叙述蒋夫人访问华盛顿那一节里，我曾提到这次谈话。谈话的重点是我国的局势。他说，我国局势在三个月时间内迅速恶化，是由于许多综合因素所造成的，诸如：第一，山东省会济南以及沈阳的陷落；第二，金圆券币制改革的失败使人民对政府失去信心；第三，杜威竞选总统的失败，南京曾指望他迅速增加援助。

他告诉我，甚至对委员长敬慕备至的张治中将军也主张与共产党和谈。但当人们问张治中对共产党有否把握时，他说没有。对此，委员长说，与共产党言和，无异于投降。委员长宣称，如果其他人停止战斗，他决心继续战斗；如果其他人都离开他，他决心把政府维持下去。据于斌说，傅泾波（司徒雷登大使的得意华人秘书和亲信得力助手）和某些大学教授，特别是燕京大学的教授，相信可以争取毛泽东奉行一种中国式的温和的纲领，因为毛泽东在东北和李立三是对立的，而李立三是彻头彻尾的莫斯科的工具。但于斌说，作为领导人继续战斗的只有一个人，那就是委员长。没有他，共产党终将取得统治地位，不论它对于联合政府和温和纲领的态度如何。

就是在这时候，这位大主教提到了蒋夫人访美，并说委员长赞成这次访问，作为争取马歇尔的手段。于斌还说，委员长在回答他的问题时说，只要有利于"戡乱抗战"，任何条件都可以接受，并令王世杰在巴黎就此询问马歇尔。然而马歇尔一直没有提出条件，美国政府也没有提出。

我和于斌谈话后两天，孙科向报界发表声明说，他的内阁将进行和平谈判，但须是体面的和平；他的内阁不是一个投降内阁。吴铁城将军任行政院副院长兼外交部长。那天早些时候，王世杰打电报给我，感谢我三年来的工作和诚挚的合作，意思是说他即将离开外交部。

王世杰拍来这样一份电报，我认为他待人很周到。我记得，从即将卸任的外长那里接到这样的感谢电，还是第一次，尽管在我长期外交生涯中，我国外交部的领导人曾多次更动。我还必须说，作为外交部长，王世杰干得很好。他懂得将他所做的事随时告知各驻外使馆具有重要作用，正如我总是随时详告外交部我的工作情况那样。毕竟我们好比是在同一条航船上操作，应当齐心协力。可是这一点并不是每一位继任的外交部长都能理解的。这倒不是他们故意要使各驻外使馆，比如说我的大使馆对情况茫然无知，而只是他们没有想到，对于同一问题外交部在我国首都进行的工作与大使馆在国外所进行的工作，两者之间有着极为重要的关系。

新任外交部长吴铁城任职时间不长，我对他也很熟悉，和他是朋友。过去在他先后任上海市长和国民党秘书长时，我们时常见而，至少我在国内时是这样。他是广东人，和孙科是同乡，又是孙科的知心朋友和支持者。他虽然是位将军并曾任广州警察局长，但实际不是军人，而是长期担任政界要职，但在外交方面并没有丰富的经验。上海是个大城市，有许多领事馆和众多的重要外商领袖，他作为上海市长，自然要处理一些地方性的涉外问题。

在日本入侵期间,他曾遇到不少涉及外事的棘手问题。尽管如此,我想在 1949 年初的情况下外交方面的主动权可能是操在孙科手里。孙科对外交问题一向极为关心。

12 月 22 日,孙科内阁宣告成立。我注意到八位无部长职务的阁员中,大部分是反对和共产党妥协的。新闻报道说,内阁在和战方面有决定政策的全权。报道说,如果委员长拒绝和平,内阁就辞职;如果委员长接受和平,则他本人将引退。无论如何,当前的目标是稳定战局,以便处于和共产党讨价还价的较好地位。

12 月 23 日,据另一则南京外交记者发出的报道说,在讨论和战问题时,新内阁似倾向于和共方进行和谈,但感到难于向共方提出。有人提议请苏俄从中斡旋。另一方面,苏联的意见是由四国联合调解,而这个意见美国不接受。

这几天报纸上充满了中国政府改组的报道,而我则未从外交部正式接到片言只字。所以我在第二天打电话给外交部询问最近情况。12 月 27 日,新阁组成名单寄来了。12 月 28 日,刚从国内回来的吴先生(我驻巴黎时的三等秘书、驻伦敦时的二等秘书)来访,并告知我国内情况。他所谈到的关于委员长决心和共产党继续战斗的消息,我是已经知道了的。他说,委员长在这方面很坚决。在政府要员的会议上,委员长曾宣称,他决不同意将国都迁离南京以及与共产党言和。他要到会的人不必再提这个问题。

同一天,传至华盛顿的消息说,中国共产党公布了战犯名单,其中有委员长和我的名字。这个消息的发表使提出和共产党谈判和平的那些人感到懊丧,肯定不是因为其中有我的名字,而是因为有委员长的名字以及新内阁中七位阁员的名字,包括行政院长孙科在内。

那天华盛顿《明星晚报》有篇社论特别指出,把蒋介石总统的名字和我的名字列入战犯名单是极不合理的。第二天,参加了国务院举行的记者招待会的一位我国记者报道称,洛维特对中国共产党提出的战犯名单也表示遗憾,他说,名单不能反映中国人民和承认南京国民政府为中国合法政府的包括美国政府在内的各国政府的意见。一天后,杜鲁门总统在记者招待会上,表示同意代理国务卿对中国共产党公布战犯名单的谴责。

那些天,许多新闻记者的报道反映他们对中国缺乏友好的感情。这种不友好的感情本已在美国政府对援华问题的政策上表现出来了。以前我曾提到华盛顿一家报纸的专栏作家写了一篇文章,指责中国一直在请求美援,而大使馆却用进口名酒和昂贵的菜肴举行豪华的招待会。我猜想,其言外之意是大使馆挥霍美援的钱。部分由于这个原因,而更主要的是因为外交部鉴于民族危机,决定不举行双十节招待会,几年来我取消了全部外交宴会,尽管报纸上那篇文章所指出的情况并不真实。大使馆的正式招待会是由外交部汇来的招待费开支的。根据我的经验,这笔招待费往往不敷开支而由我个人添补。我并不是富翁,但我的家庭倒还富裕;由于我父亲事业上的成就和他的俭朴,他积攒了一笔不算很大的财产,从而使他的儿子们不必为家庭生计操心。

还有许多其他事情可以说明一些新闻记者具有急于撰文批评中国或中国外交官的倾向。12月31日我在日记中写道:

> 我的负责新闻工作的二等秘书顾毓瑞报告说,有一位安德森先生(皮尔逊的助手)问他,我买了一百股新泽西州美孚石油公司的股票,是否真有其事。他打听我卖出了多少,以及约计的财产总额。我告诉顾毓瑞,确有其事。我购买股票作为我妻子的信托基金,而且我几个月或几年只卖一次,因为我购入是为了投资。但我对他说,我看不出这种交易有什么新闻价值,这是我的私事,和公务无关。至于说我的财产总额,过去三十年来,在欧洲、美国和中国都认为我是个富翁。不过假如我把实情告诉他们,他们定然感到吃惊或失望,因此我不想破灭他们的幻想。

安德森得知这些以后,只要皮尔逊不再提,他就不再谈这件事。

　　我愿意补充指出，皮尔逊为他的专栏搜集材料，非常急于加入批评国民政府的行列。几年以后，他大肆渲染毛邦初的问题，毛邦初于50年代初被控贪污公款六百多万美元。原来是毛邦初当时正对皮尔逊的机构予以财务上的支持。但这是一个漫长而复杂的，甚至是痛苦的故事，我将在适当的时候加以叙述。我在这里提一下，只是为了强调有许多人乐于挖国民政府的墙脚，并相信对它的任何遣责。

　　再举一个例子，12月23日晨，谭绍华公使、陈之迈参事和顾毓瑞来和我商量，有关纠正报纸上刊载的一则令人不快的报道，其中指责中国政府大量浪费美国的对华援助。他们已经草拟了一项声明，用以纠正这个失实的报道。谭绍华一向是位十分细心的起草人，他坚持认为我们声明中所举的事实并不完全准确，措词也需要加以斟酌。因此，我对他们说，不要用大使馆的名义，而用中国政府官方人士的名义发表，这样比较合适。但陈之迈和顾毓瑞则都认为谭绍华的看法过于谨慎。他们主张对于国务院的声明，现在用不着回避公开的纠正。我觉得我自己的意见是一个折衷办法，并请他们想一想"三个臭皮匠，赛过诸葛亮"这句中国谚语。他们终于放弃了他们的意见，而同意了我的建议。

　　老实说，和报刊以及各方面对我国政府的拙劣指责作斗争并不是轻而易举的事。中国青年党领袖曾琦12月31日来访说，他曾拜会众议员布卢姆。（曾琦原系来华盛顿就医，但以后留下进行政治活动。）他说，布卢姆对中国政府的印象极坏，他和他辩论了一个多小时。我把一些难以回答的问题告诉了曾琦。例如，原来国军与共军的力量对比至少为三比一，为什么经过三年战争之后，国军趋弱，而共军日益强大？为什么国军丧失的武器比美国援助的总数还要多？我对他说，我曾尽力解释，但是宣传的最重要的依据是事实。我说，南京没有随时把国内情况告知大使馆，而美国记者却根据实地观察所见，把中国的局势逐日电告其本国。我们和他们争辩，必须掌握全部事实以及战斗情况的详尽报道。

我对曾琦说这些事，是因为他要求我转发几封致南京的电报，以催寄委员长答应的汇款。电报是拍给委员长的私人朋友和顾问张群、财政部长、国民党秘书长和中央银行总裁的。我想汇款一定是供宣传工作之用，因为曾琦是认为宣传工作做得不够的人士之一。例如，当我为了回拜他的过访而于12月22日去医院拜访他时，目的也是和他谈宣传方面的一个问题。他曾要求我看一下拍给委员长的那封电报稿，并代他发出。在电稿中，他要求委员长指示宣传部搜集关于国共谈判破裂的资料以及中国共产党攻击美国的事实，译成英文，寄至美国。

我给他带来了一份这种资料及英文译文的目录和我在1947年1月就谈判破裂所发表的讲话稿副本。我告诉他，1946年下半年我本人曾致电委员长建议采取这些步骤。委员长回电说，他已命令宣传部照办，于是资料寄到了大使馆。资料包括谈判的破裂经过，记载于中文和英文两本小册子中。因此，曾琦修改了他的电报。

委员长的新年文告最初是从自动收报机逐节收到的，以后得自中华新闻社。文告写得很好，措辞巧妙。他提出的接受与共产党和谈建议的五个条件是：第一，无害于国家的独立完整；第二，维护国家的统一；第三，确保宪法与民主；第四，军队一体化，即全部军事力量合并为统一的国家的军队；第五，人民能够维持其自由的生活方式与目前最低生活水准。

几家新闻社打电话给大使馆，请我加以评论。我的新闻秘书顾毓瑞向我报告此事时，我吩咐他不要发表任何评论。我说，文告已说得很清楚了，我们不得随意加以评论；事关大局，我们尚不知政府关于和战的最后决定。我把公使衔参事陈之迈找来，向他和顾毓瑞告诫这一点，并要求他们研究总统文告的涵义。我们都同意这个文告是对国内和平呼吁的一种闪烁其词的回答，其真正涵义在于中国共产党无论如何不会接受所提的条件。(事实上,这时正是委员长引退的前夕,他即将站到一边,他要把这样做的理由对国内讲清楚,同时也要对全世界说明白。)

我给蒋夫人写了封信,附上一份关于到 1948 年 12 月 31 日止我们用美国国务院掌握的一亿二千五百万美元办理采购和支付的情况说明,同时附上委员长新年文告的副本。随后,合众社的两名记者来要求我说明中国局势或提供背景材料。实际上,他们着重想要我说明我对美国对华政策以及继续援华的前景的看法。我向他们作了不得发表的概括而坦率的说明,强调指出美国现在对共产党的威胁已认识得更清楚了,并说明对影响亚洲和欧洲的这一全球性问题予以全面考虑的必要性。

在新年那一天,我和我的妻子拜访了蒋夫人。为答复我的要求,游建文前一天来电话说,蒋夫人愿在新年那天上午十一点半接见我们,并在 1 月 2 日接见大使馆和我国政府其他驻美机构的工作人员,地点都在伍德兰大道她的寓所。那天,夫人特别和蔼可亲。十五分钟后孔祥熙来和我们一起谈了四十分钟。我提到了国内局势和有关委员长下野的谣传。蒋夫人说,她把他们记下来了,就是说,那些"造谣"的人,意思是不只是共产党人。她说,"将来再跟他们算账"。我称赞她自己的新年祝词和委员长的新年文告写得好。她说,她是应合众社之请写的,而委员长的文告是他决心与共产党继续战斗的明确声明。她告诉我,她确信局势终会好转,洛维特的声明澄清了美国对中国的态度。她说,那是个很好的声明;然而我在日记中写道:"果真如此?今后着实不能令人放心。"

下午一点一刻,我在大使馆举行招待会,招待大使馆工作人员、政府其他机构的人员和华盛顿的华侨。时间原定为上午十一点半,因我赴蒋夫人之约而推迟了。和往常一样,我讲了几句话,表示对我国前途的信心和尽力贯彻政府政策的决心。这次我引用了委员长文告的结束语:"暴力能劫取我东北,却不能征服我们的民族。"

关于大使馆工作人员晋谒蒋夫人向她致敬一事,游建文打来电话说,蒋夫人希望在接见他们时尽量随便一些,不必列队,她将和他们握手。以后又来电话说,蒋夫人不想跟所有的人握手,而只和少数几位握手,并嘱我同游建文商定。

那天在她伍德兰大道寓所的实际情况是这样的。在那里,我和游建文商量了一下;我对他说,如蒋夫人不愿握手,那完全可以,因为按中国礼节,不是握手而是鞠躬。我们刚说完,蒋夫人便突然下楼,走进客厅。当时已经来到的只有十来个人,我逐个作了介绍,蒋夫人在门口和他们一一握手。然后我请她到室内,把陆陆续续到的客人介绍给她。这是很累人的,因此我请她坐下等候其他人。一小时后,我提出,如她感到疲倦,可以退场,或者,如她认为客人应先离去,我可以带头。可是她说,她喜欢和客人在一起聊天。五分钟后,我请孔祥熙对蒋夫人说,如果她想退场,可以请便。孔对她说了之后,她立即起身,和我及其他几个人握手后,便离开客厅上楼。接见就此结束,大体说来,相当圆满。

有趣的是蒋夫人和毛邦初的交谈。毛邦初由皮宗敢陪同,他一见到蒋夫人,便提到滞留在马尼拉和冲绳的载运军火和物资的那两艘船。她说,十天前她就知道这件事。她已经跟马歇尔说了,他答应命令他们开行,原来推迟的命令是国家安全委员会决定的。皮只对蒋夫人说了一声"是的",但就在前一天他告诉我,他要去见美国陆军方面的人,以查明这两艘船是否确实已离开那两个港口驶向基隆,因为听说直到12月30日那两艘船还停泊在原来港口。显然,蒋夫人不是失望,便是不大相信那两艘船仍被滞留的最新报告。

1月4日,我得知陈诚将军被任为台湾省主席,接替魏道明。我认为这是委员长莅台的前奏;各报的南京电讯公开说,台湾将成为南京流亡政府的所在地。1月6日,游建文来访,告知蒋夫人已于当天上午去纽约。他曾说,她嘱他做回国的准备,但那是圣诞节以前说的,现在还没有什么迹象表明她要回国。他还说,当他们还在南京时,听说张群再次被敦请出任行政院长,并将在接任之前来美与马歇尔商谈援华的前景。可是孔祥熙被任为总统个人特使的消息激怒了张群,使他取消访美并拒绝出任行政院长。

当时,反对国民政府或其施政方式的舆论,甚嚣尘上,人人思变。我已经提到翁文灏、王世杰和其他部长都坚持辞职。要找一个愿意并能胜任的人在委员长手下驾驭政府显然是困难的。

1月8日,报载南京拟请美国、英国、法国,可能还有苏联出面斡旋与共产党媾和。我打电报给新任外交部长吴铁城,询问这一报道以及政府拟迁都台湾的报道的真相。我还向他询问公众普遍支持政府和平建议的真实背景情况。

第二天,广播报道称,南京正式请求四国调停与共产党的战争以实现和平,并称苏联肯定包括在被请求调停的诸国之内。不久我得悉,请求斡旋的备忘录系由吴外长于1月8日递交司徒雷登大使,而且同样的照会已送交法国、美国和苏联政府。事实上,我刚刚拟好我在亚历山大·汉密尔顿授奖宴会上的讲话稿,我的秘书傅先生就递给我吴铁城拍来的一份电报,其中有请求四国进行调解的备忘录的原文,备忘录已送四国驻南京大使转交其各自的政府。

那天是星期日,我在日记中写道:

> 整个文件措辞谨慎,但在结尾提出,中国政府欢迎他们对于如何结束我国国内敌对行为发表意见。这份电报使我的讲稿不适用了,因为我的要点是主张自由国家结成联合阵线以反对共产党的威胁,并有必要订立像欧洲北大西洋公约那样的亚洲安全互助公约。既然南京现在把苏联看作朋友,要求它帮助结束我国的冲突,显然我不能讲激怒他们的话。所以我修改了整个讲稿,午夜才改完。

调解的整个想法使我颇为诧异，因为事关重大，有否成功的希望以及可行与否，不仅要在国内秘密地加以全面考虑，而且还要试探世界各大国首都的意见。但是显然这个主意是匆忙形成的，为的是试试看。对于这种做法是否可行，以及四国利害之间错综复杂的矛盾，主要是美苏之间的矛盾，负责的那些人并没有认真研究。当时正是美国以及其他国家的一些有头脑的领导人担心两个大国可能发生冲突的时候。至于英国，它对中国的国内冲突一贯采取中立政策，未必会做出有利的反应。事前既未同我国驻外大使商量，也未试探外国政府的意见。南京也许觉得在当前情况下没有时间这样做，也许鉴于国内局势危急而不能这样做。

关于提出四国调停这个主意的由来，我最初推测是孙科和他的亲信提出来的。孙科对外交问题十分关心，孜孜不倦地阅读当时有关国际问题的书籍，而且他曾数度访欧，特别是曾作为特使到莫斯科与俄国人谈判。他一向被人认为是苏俄的朋友，而且实际上是中苏友协的会长。但当1969至19670年冬我访问台湾时，我拜会了他并向他提出了这个问题，以便核实。他说，他记不清了，并嘱我询问叶公超。他提醒我叶公超当时在吴铁城手下任外交部次长，而且很熟悉那时情况。

我听从他的意见，于1970年12月18日星期四到荣民总医院专门看望了叶公超。他患流行性感冒后，正在休养。我向他提出这个问题。他对我提出这个问题感到高兴，因为当初他没有时间把此事的来龙去脉告诉我。

看来他对这件事记得很清楚。他说，那时委员长已离开南京，回到浙江奉化老家，不过他仍然是总统。副总统李宗仁行使总统职权，以实现与共产党媾和的政策，当时共军正向南京推进，迅速压迫仍在抵抗的残余国军。

叶公超说，1948年底李宗仁与共军媾和的政策曾遭到委员长的反对。行政院长孙科和外交部长吴铁城均前往上海，剩下李宗仁执行他的和平政策。叶公超以外交部次长的身份照管着外交部的事务,每天向上海的孙科和吴铁城汇报。临近 12 月底,张治中将军(原系委员长的忠实拥护者,公认为两位继承人之一,另一位是胡宗南。)向南京的副总统建议求助于苏联,请它出面调停结束内战。在盛世才与俄国人决裂并由边疆调到重庆之后,张治中一直负责新疆省工作,并有机会在失去对美国的信赖后和俄国人建立友谊。

叶公超说,副总统李宗仁欣然接受了张治中的建议后,便约见苏联大使罗申。叶公超虽然是外交次长并主持外交部工作,但按照张治中的意见,故意不让他参加这次会见。尽管如此,他了解到罗申在听取李宗仁关于由苏联出面调停的建议,以及关于中国与苏联是天然的朋友,而中国和美国则不是的保证后,显然并不大信服。他表示怀疑莫斯科会接受这种要求,并询问是否也曾要求华盛顿出面调停。不过他还是答应把这一请求报告莫斯科。李宗仁召见叶公超,把这件事告诉了他。于是叶公超打电话报告上海的孙科和吴铁城。两人都大吃一惊。他们根本不赞成南京的这一举动,特别是因为两人都不相信莫斯科会接受这种请求。

由于叶公超没有特别说明请求苏联调停国共内战结果如何变成请求四国调停,后来,我写信给我国前驻阿根廷大使王之珍(现在是外交部所属外交领事人员讲习所所长),请他向叶公超了解。

王之珍于 1970 年 5 月 26 日复信说,按照我的要求,他已问了叶公超,还问了胡庆育(当时他和叶同任次长)和崔义田。(音译。他当时为外交部东亚司人员,与此事有关。)他从这三个人处得到的答复是相同的。

最初是李副总统约见苏联大使,向他提出请苏联调停中国内战,但莫斯科不愿单独调停,并建议加上美国。(这已在叶公超说到罗申询问是否还要求美国出面调停时暗含指出了。)我方于是决定再加上英国和法国,所以成为四国调停。因此外交部训令驻四国的大使馆照办。然而四国均婉言拒绝。但王的复信又说，他询问的这三个人都说，他们所说的完全是凭个人记忆，因为这件事在档案里没有留下任何记载和文件。

1月10日，即我收到外交部长吴铁城电告致四国备忘录全文的第二天，我又收到了新任行政院长孙科和新任外交部长的另一封电报。来电嘱我向美国国务卿说明我国政府请求斡旋的意图，并有三点指示：第一，力促美国与苏联同意联合行动；第二，如办不到，则要求美国单独或与英法联合发表支持南京对共产党的和平呼吁的声明；第三，如果都办不到，则请美国在联合国安全理事会支持中国，南京将向安理会提出这个问题。我立即要求会见代理国务卿洛维特，他指定的时间为1月13日星期四上午十一点三刻，因第二天我要去纽约参加哥伦比亚大学的亚历山大·汉密尔顿授奖宴会，而在这之前他没有时间接见我。

同一天晚些时候，谭绍华来提请我注意，我国政府要求四国出面调停这一做法的法律含义。他说，按照国际法，这就意味着承认中国共产党为交战的一方，以及从属于这种地位的一切权利；甚至事实上的承认也会继之而来。我完全同意他的意见，但我说政府急于使共产党承认政府本身在和谈中的平等地位。（当时共产党正试图无视国民政府，拒绝与南京打交道，并宣称他们现在代表全国，他们的政府是中国的合法政府。）我告诉谭绍华，向联合国安理会提出这个问题具有同样的含义，因为中国共产党必然要求派代表团，而且要求受到和中国政府代表团同等待遇。我说，南京面对严峻的危急战局，显然是想采取现实主义的做法。

经过一番思考之后，我决定不给南京拍电说明这些法律上的涵义，因为事情已经办了，甚至已见诸文字。这表明我国局势已何等危急，因为政府在采取这一行动时，显然没有时间考虑它的涵义和可能带来的后果；或者，虽然考虑了，仍觉得非办不可。于是，由于洛维特把会见时间定为星期四上午，我就把这一情况电告孙科和吴铁城，并说明洛维特在会见我和给我明确答复之前，也许要和杜鲁门总统以及伦敦、莫斯科和巴黎商量一下。

1月11日我去纽约。纽约地方检察官霍根先生陪同我去比尔特莫尔饭店，汉密尔顿宴会即在此举行。路上他告诉我，他接到电话说，饭店门前将有示威群众，所以他布置了警察保护我。我到达饭店时没有看到示威群众，但后到的客人说，约有三十名中国学生举着标语牌，其中只有几个是用中文写的。至于宴会本身和各讲话人的令人感兴趣的论点，我将在另节叙述。

1月12日，日报登载一则伦敦新闻电讯说，英国政府决定拒绝南京为了促进和平而请英国介入中国内战的要求。这则报道称，英国政府认为为时已晚，无能为力。美国政府则不置评论。在那天洛维特举行的记者招待会上，他承认美国政府收到了中国政府的密电，但拒绝透露其内容。

第二天，即1月13日，我在国务院会见了洛维特。这是我急切期待的一次会晤，想借此了解美国对南京要求国际调停的反应。我首先向洛维特说明了我之所以要见他，是为了询问他，美国政府对中国外交部长吴铁城于1月9日在南京送交司徒雷登大使的备忘录中，有关中国政府提出的要求是否已作出决定。我对他说，按中国政府给我的指示，我国政府的主要愿望是美国、苏联、英国和法国在中国政府与中国共产党之间进行斡旋，以实现和谈。此外还有两点可供选择。

洛维特说，他知道备忘录的内容。美国对中国政府的要求已在最高一级予以极其认真的考虑，并已作出初步决定。该决定当已电达司徒雷登大使转告中国政府。我问决定是否已通知中国政府，他答道复照是电达司徒雷登大使的，请他提出意见并向国务院报告。因此，也许还会有些修改，而且由于尚未最后确定，他认为最好先不把美国对中国政府要求的态度告诉我。

和往常一样，巴特沃思也在座。他说，电报是前一天晚上拍出的，但尚未接到司徒雷登的复电。

我问美国政府是否已与苏联政府联系并了解其反应。我说，

中国政府希望美国政府与苏联政府之间,在充当调解人以实现和
谈方面达成谅解。

洛维特答道,在目前美苏关系的情况下,不能指望达成谅解。
他问中国政府是否已得到苏联政府的答复。

我说,据我所知,没有得到答复。

洛维特问中国政府是否曾向中国共产党直接提出建议。

巴特沃思插话说,美国政府和中国共产党没有正式关系,因
此无法和他们直接联系。

洛维特说,据来自南京的报道,中国政府某些领导人正在与
中国共产党人联系。

我说,有一些人有共方的朋友,但我想他们尚未能与共产党
正式取得联系。我国总统在新年文告中和行政院长孙科于声明
中所提出的和平建议,中国共产党必已得知,但至今他们尚未直
接或正式答复。据我的理解,我国政府要求美国政府和苏联政府
充当调解人的意思是由同情中国政府的美国充当中国政府方面
的调解人,而苏联政府则代表中国共产党。

洛维特于是告诉我,美国尚未与莫斯科联系。

我说,据报载伦敦电讯,英国政府曾与美国政府商讨此事。
我问英国政府是否已将其反应向美国说明。

洛维特说,中国政府要求把这件事视为绝秘,但不仅伦敦,而
且南京都发表了这一请求。英国人未曾和他本人商量,他们也许
已把意见告知国务院。

巴特沃思说,中国政府把备忘录分别发往四国政府,并未要
求联合行动。

对此,我说,根据我接到的指示,我理解斡旋由四国分别或共
同进行,完全由四国决定。

洛维特问道,既然我谈到在促成和谈方面美国政府与苏联政
府之间的谅解,那么,英国和法国怎么办呢?

我答道,如英国政府和法国政府愿意和美苏两国一起进行斡

旋,中国政府也是欢迎的。我于是提出了第二点。我说,如在作为调解人进行斡旋以实现和谈方面,美国未能和苏联政府达成谅解,中国政府希望美国单独或者与伦敦及巴黎共同发表声明,赞赏中国政府的和平诚意并表示恢复和平的愿望。

洛维特说,他想知道中国政府是否真诚希望和平。他说,对此不是要进行讨论,而只供他个人参考。他问道,中国政府要求美国发表声明支持它的和平意图,其目的是否向中国人民证实它的和平愿望是真诚的?而委员长本人又将做什么呢?

我回答他问题的第一部分说,中国人民理解政府和平愿望的诚意,这种愿望正是响应人民的普遍希望。事实上,他们已一致拥护政府的和平倡议。至于问题的第二部分,我说委员长在他的新年文告中已说得很清楚,"和平果能实现,则个人的进退出处,绝不萦怀,而一惟国民的公意是从"。我接着说,我国政府要求美国发表声明的目的,在于使共产党相信在中国实现和平不只是中国政府和人民的愿望,也是各主要大国的愿望。中国政府认为中国的局势固然主要是关系中华民族的问题,但对整个世界和平前途的关系与影响也有重大的意义。

我说,如以上两点都办不到,还有第三点。政府训令我询问美国能否支持我国政府把实现和平问题提交联合国安全理事会。我说,我当然知道这将取决于前两点的结果,但我想知道洛维特是否把第三点看作整个问题的一部分,并是否愿意这样处理问题。

洛维特说,是的,美国政府把这一点视为整个问题的一部分。他告知我,美国对这一点的态度将在复照中说明。他不能提出复照的具体日期,但认为日内即可发出。

我说,复照想必通过司徒雷登大使直接递交我国政府;为了了解其内容,我可否再次拜会他。

这位代理国务卿说,他认为没有必要,因为一经最后决定,自将由巴特沃思执行。他会让巴特沃思把决定告诉我。

我说,我将乐于和巴特沃思保持联系。

和洛维特的谈话给了我一个清晰的印象,即美国对于南京要求它斡旋以促成国共和谈的反应是冷淡的,尽管他不愿把拍给司徒雷登的复照告诉我。他拒不把详情告诉我的理由是,已授权司徒雷登提出修改,但尚未获复。可是不把详情告诉我,显然是巴特沃思的主意。每当洛维特难以自圆其说时,他总是出来为他解围。从巴特沃思的谨慎和冷淡来看,他把我看成了苏联大使;一位美国外交官对待一位中国使节的这种态度和举动是极为罕见的。我和美国人打了三十五年交道,还没有遇到过这种情况。

在那些日子里,新闻界部分人士显然还把我看作朋友,因为许多知名新闻记者和专栏作家经常来访,了解最新消息、背景材料或对某一些消息的评论,这些消息不一定都涉及中国。其中一位著名记者就是埃德加·莫勒。那天他来拜访,要我在印度尼西亚事件上帮他的忙,显然他是代表荷兰人的,尽管他先打听中国的局势。他的论点是,荷兰人在印尼主张和平与秩序,反对共产主义,并愿引导印尼人走自治和最终独立的道路,而目前印度尼西亚本身还没有能够有效的组织自治和发展经济的领袖。我解释说,中国的国策主张非自治民族获得自由,尽管中国在印尼的利益在荷兰统治下比较安全,因为印度尼西亚人已表现仇恨和嫉妒中国人,并毁灭了中国人的许多财产和生命。

1月16日朱世明将军来访。他奉蒋夫人之命来了解我和洛维特会谈的情况。我把会谈要点告诉他,以供蒋夫人参考。1月14日我派谭绍华拜会巴特沃思,探询能否获得美国对我国备忘录的复照副本。他回来后我得知尚无副本;可是我刚收到外交部的通知说,美国的复照已于1月13日送达外交部,复照拒绝了我国的要求。谭绍华说,巴特沃思说明国务院还没收到送交外交部的最后文本。我想,无论如何外交部来电并非极端令人失望。来电说,美国似乎并不反对一个或几个其他大国单独或共同进行调解。